Die ultimative FRITZ!Box-Bibel

Das Praxisbuch

Wolfram Gieseke

Markt+Technik

Gratis-Download

Wenn Sie auf die Buch-Webseite www.mut.de/pdf-book/0094 gehen und den Code **0094** eingeben, können Sie gratis das Spiel *Skat Stammtisch* downloaden.

ISBN 978-3-98810-094-8

8., aktualisierte Auflage
Espenpark 1a
90559 Burgthann

Produktmanagement Christian Braun, Burkhardt Lühr
Herstellung Jutta Brunemann
Korrektorat Petra Heubach-Erdmann
Covergestaltung David Haberkamp
Coverfotos © FRITZ! GmbH; Freepik
Satz inpunkt[w]o, Wilnsdorf (www.inpunktwo.de)
Druck mediaprint solutions GmbH, Paderborn
Printed in Germany

Vorwort

Ihre FRITZ!Box ist Zugang zum Internet und zugleich das unsichtbare Herzstück eines modernen, vernetzten Zuhauses. Ob DSL, Kabel, Glasfaser oder Mobilfunk: Sie sorgt nicht nur für eine stabile Verbindung, sondern verwandelt sich nach Bedarf in eine vollwertige Telefonanlage, die DECT-Telefone, Festnetzgeräte und Fax mühelos integriert. Gerade jetzt, wo Homeoffice und flexibles Arbeiten zum Alltag gehören, wird ihre Zuverlässigkeit zum entscheidenden Faktor.

Doch das ist erst der Anfang. In Ihrer FRITZ!Box steckt ein beeindruckendes Repertoire an Funktionen, das viele Nutzer kaum erahnen: Sie wird zum Anrufbeantworter, Medienserver, Netzwerkspeicher oder sicheren Fernzugang. Sie streamt Internetradio und Podcasts, verteilt USB-Geräte im gesamten Netzwerk und übernimmt auf Wunsch die Steuerung von Licht, Heizung und anderen Smart-Home-Komponenten.

Dieses Buch zeigt Ihnen nicht nur, wie Sie Ihre FRITZ!Box schnell, sicher und optimal einrichten. Es öffnet Ihnen die Tür zu all den Möglichkeiten, die in Ihrem Gerät schlummern – und die Ihren Alltag spürbar komfortabler machen können. Besonders die erweiterten Smart-Home-Funktionen, die nun auch Geräte vieler anderer Hersteller einbinden, werden ausführlich und praxisnah erklärt. Ebenso der optimierte Online-Monitor, die verbesserte Kindersicherung mit Tickets für zusätzliche Online-Zeit und viele weitere Neuerungen im aktuellen FRITZ!OS 8.

Wenn Sie Ihre FRITZ!Box endlich voll ausreizen möchten oder entdecken wollen, was wirklich in ihr steckt, dann ist dieses Buch Ihr perfekter Begleiter.

Wolfram Gieseke

PS: Auf www.gieseke-buch.de finden Sie aktuelle Informationen zu diesem und anderen meiner Bücher und können mit mir in Kontakt treten.

Inhaltsverzeichnis

1. Ihre FRITZ!Box – Überblick und schnelles Einrichten

Der erste Teil dieses Buches macht Sie mit Ihrer FRITZ!Box vertraut und hilft Ihnen dabei, diese möglichst schnell und reibungslos anzuschließen und in Betrieb zu nehmen. Auch wenn Ihre FRITZ!Box bereits im Einsatz ist, lohnt es sich, durch diese Seiten zu blättern. Die Vorstellung der Anschlüsse, Tasten und Kontrollleuchten kann auch bei der weiteren Lektüre immer wieder als Referenz dienen. Und beim Verbinden der FRITZ!Box mit dem Internet werden Sie vielleicht überrascht sein, welche alternativen Möglichkeiten das Gerät bietet.

FRITZ!Boxen können sich äußerlich deutlich unterscheiden, haben aber trotzdem viele Gemeinsamkeiten (Bild: FRITZ! GmbH)

1.1 Lernen Sie Ihre FRITZ!Box kennen

Egal, ob Sie Ihre FRITZ!Box gerade erst aus der Verpackung nehmen oder ob sie schon länger ihren Dienst in Ihrem Haushalt versieht: Zum Einstieg möchte ich Sie mit den Äußerlichkeiten dieses kleinen Kastens vertraut machen. Denn trotz der geringen Größe finden sich daran eine Menge Anschlüsse, Tasten und Kontrollleuchten. Es ist hilfreich, deren Bedeutung und Funktion zu kennen und zu verstehen. Auf diesen ersten Seiten können Sie auch jederzeit noch mal nachschlagen, wenn in den weiteren Kapiteln von bestimmten Anschlüssen oder Tasten die Rede ist.

Anschlüsse

Das Wichtigste an jeder FRITZ!Box sind die Anschlussmöglichkeiten. Denn bei fast allen FRITZ!Boxen muss man (neben der Stromversorgung) mindestens ein Kabel einstecken, damit sie sinnvoll nutzbar sind (Ausnahmen sind die LTE-Modelle, die sich per Mobilfunk mit dem Internet verbinden). Die Anschlüsse finden sich überwiegend an der Rückwand der FRITZ!Box. Bei einigen Modellen werden aus Platzgründen aber auch Seitenwände für einzelne Ansteckmöglichkeiten genutzt. Bei der Anzahl und auch bei der Anordnung der Anschlüsse gibt es teilweise erhebliche Unterschiede zwischen den verschiedenen Modellen. Letztlich sind es aber wieder die gleichen Arten von Anschlüssen, die sich überall wiederfinden.

Was braucht Ihre FRITZ!Box genau?

Welche Ansprüche Ihre FRITZ!Box genau an die Stromversorgung stellt, können Sie auf dem Typenschild an der Rück- bzw. Unterseite ablesen. Dort ist die Artikelnummer des Originalnetzteils abzulesen. Direkt darunter finden Sie die Leistungsdaten (siehe Abbildung). Auf jedem Netzteil finden Sie ebenfalls ein Typenschild mit denselben Symbolen und Angaben. Suchen Sie ein Netzteil, dessen Angaben sich mit denen Ihrer FRITZ!Box decken. Polung und Spannung müssen identisch sein. Die Leistung des Netzteils darf höher sein als vorgegeben. Oftmals reicht auch schon eine geringere Leistung. Ist sie zu niedrig, kann es allerdings zu Instabilitäten und zu Fehlfunktionen der FRITZ!Box kommen. Wer in dieser Hinsicht am falschen Ende spart, handelt sich also schnell Probleme ein, die sich nicht unbedingt sofort auf die Ursache zurückführen lassen.

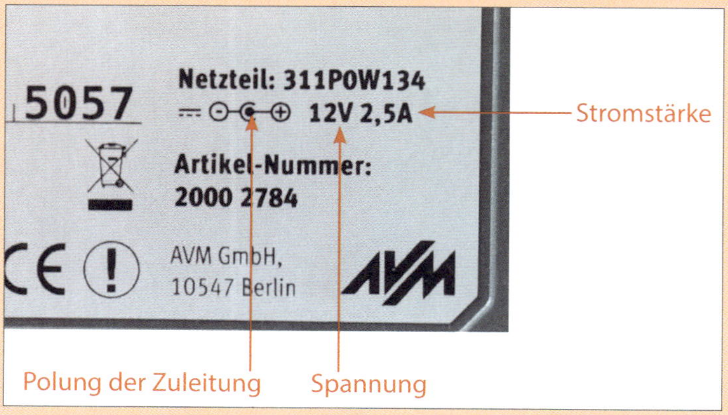

Hinweis: Im Folgenden werden alle Anschlussmöglichkeiten vorgestellt, die bei gängigen FRITZ!Box-Modellen üblich sind. Sie werden an Ihrer FRITZ!Box in der Regel die meisten, aber nicht alle davon vorfinden. So gibt es einen CABLE-Anschluss nur bei Kabelmodellen, einen DSL-Anschluss nur bei DSL-Modellen, eine Möglichkeit zum Einstecken von SIM-Karten nur bei LTE-Modellen usw.

Stromversorgung (Power)

Alle FRITZ!Boxen benötigen eine Stromversorgung. Dazu liegt ein Netzteil bei, das Sie verwenden sollten, da es optimal zum Leistungsbedarf Ihrer FRITZ!Box passt. Sollte ein Netzteil fehlen oder defekt sein, können Sie es durch ein passendes ersetzen, das auch nicht unbedingt ein Original von FRITZ! sein muss. Achten Sie aber darauf, dass nicht nur der Stecker rein physisch in den Anschluss passt. Auch die inneren Werte müssen stimmen.

- FRITZ!Boxen benötigen in der Regel eine Spannung von 12 V.
- Der Anspruch an die Stromstärke unterscheidet sich und ist im Laufe der Jahre allmählich gestiegen. Ältere Modelle begnügen sich mit 1,5 A. Aktuelle Geräte hingegen liegen eher bei 2,5 A und mehr.
- Die Polung des Anschlusses ist immer gleich und entspricht dem Standard für solche Netzteile. Die Strom führende Plus-Ader liegt innen, die Minus-Ader außen. Prüfen Sie bei einem Ersatzteil trotzdem unbedingt, ob der Stecker korrekt gepolt ist.

Netzwerkanschlüsse (LAN)

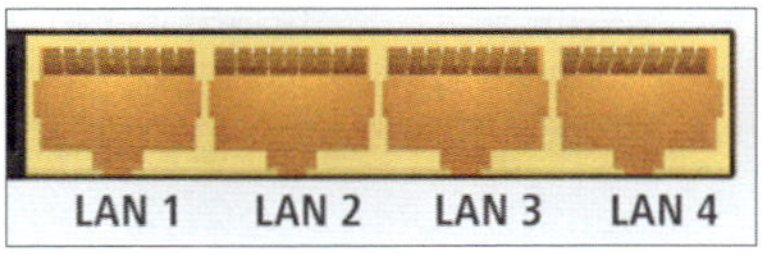

Die Netzwerkanschlüsse dienen dazu, Geräte wie PCs oder Drucker per Netzwerkkabel mit der FRITZ!-Box zu verbinden und ihnen so den Zugang zum lokalen Netzwerk und zum Internet zu ermöglichen. Die meisten Modelle bieten vier Netzwerkanschlüsse mit den Bezeichnungen LAN 1, LAN 2, LAN 3 usw. Einige Modelle verfügen nur über einen LAN-Anschluss. Dieser lässt sich aber bei Bedarf mithilfe eines Netzwerkswitches für wenig Geld erweitern.

Welchen der LAN-Anschlüsse Sie verwenden, ist in den meisten Fällen egal. Auch eine Reihenfolge muss nicht eingehalten werden. Ausnahme: Wenn Ihre FRITZ!Box nicht über einen separaten Uplink-Netzwerkanschluss (siehe nachfolgenden Abschnitt) verfügt, dann übernimmt der LAN-1-Anschluss dessen Rolle.

Wenn die FRITZ!Box also über ein anderes Netzwerkgerät wie etwa ein externes Modem oder einen Router die Verbindung zum Internet herstellen soll, muss dessen Kabel unbedingt in LAN 1 eingesteckt werden. Stellt die FRITZ!Box die Internetverbindung beispielsweise per DSL her, können Sie LAN 1 hingegen uneingeschränkt nutzen.

NBase-T für 2,5-Gbit/s-Netzwerk

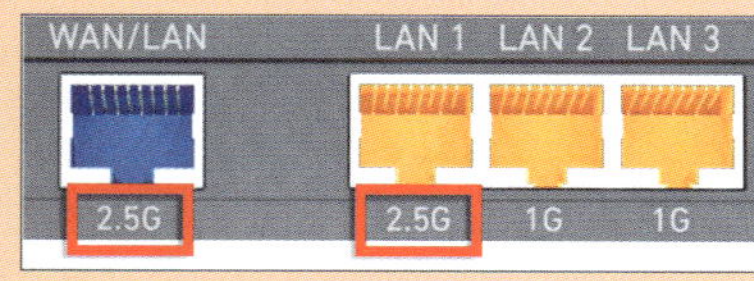

Bei neueren Geräten ist der LAN-1-Anschluss nach dem NBase-T-Standard ausgeführt und erreicht bis zu 2,5 Gbit/s Datendurchsatz. In dem Fall ist dieser Anschluss mit der Beschriftung *2.5G* versehen. Voraussetzung für die Nutzung ist eine Gegenstelle, die ebenfalls (mindestens) diese Geschwindigkeit beherrscht, sowie ein Netzwerkkabel, das mindestens dem Standard CAT5e entspricht. Ansonsten können Sie aber auch diesen LAN-Anschluss wie gewohnt nutzen, da er abwärtskompatibel ist und ggf. auf die üblichen 1 Gbit/s herunterschaltet.

Folgende Dinge sollten Sie beim Verwenden der Netzwerkanschlüsse beachten:

- Verwenden Sie Netzwerkkabel, deren Kapazität zu den jeweiligen Netzwerkgeräten passt. Sind FRITZ!Box und Netzwerkgerät zu Gigabit-Ethernet fähig, dann braucht es auch ein entsprechendes Netzwerkkabel, um die volle Geschwindigkeit zwischen ihnen zu erreichen.
- Stecken Sie den Stecker des Netzwerkkabels immer so weit in die Anschlüsse, dass die kleine Plastiknase einrastet. Der Stecker sollte sich auch durch stärkeres Ziehen nicht wieder entfernen lassen. Nur dann ist sichergestellt, dass der Stecker nicht im Laufe der Zeit herausrutscht und die Netzwerkverbindung irgendwann scheinbar grundlos nicht mehr funktioniert.
- Sollten trotz richtigem Kabel und leistungsfähiger Endgeräte die Daten nur tröpfeln, kontrollieren Sie in der Weboberfläche der FRITZ!Box unter *Heimnetz/Netzwerk/Netzwerkeinstellungen* die *LAN-Einstellungen*. Sind Anschlüsse hier auf den stromsparenden *Green Mode* eingestellt, erreichen sie maximal 100 Mbit/s. Für Verbindungen mit 1 oder 2,5 Gbit/s aktivieren Sie die entsprechenden Anschlüsse in der Spalte *Power Mode*.

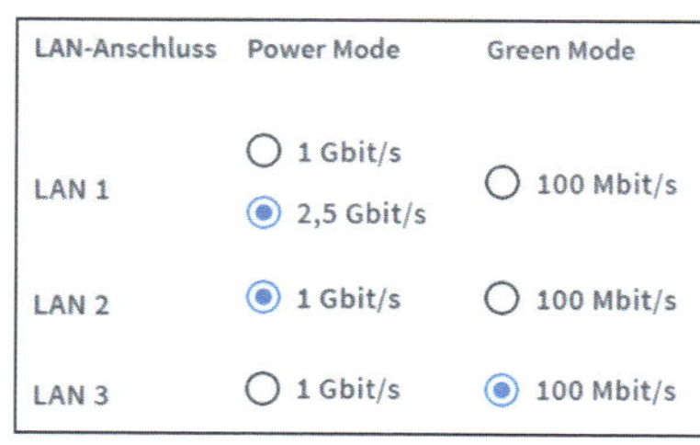

LAN-Anschluss	Power Mode	Green Mode
LAN 1	○ 1 Gbit/s ◉ 2,5 Gbit/s	○ 100 Mbit/s
LAN 2	◉ 1 Gbit/s	○ 100 Mbit/s
LAN 3	○ 1 Gbit/s	◉ 100 Mbit/s

Netzwerk-Uplink (WAN)

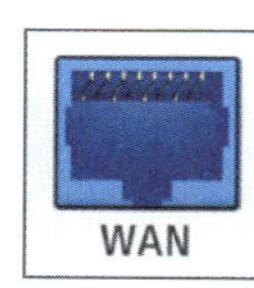

Einige FRITZ!Box-Modelle verfügen über einen zusätzlichen Netzwerkanschluss, der mit *WAN* bzw. *WAN/LAN* gekennzeichnet ist, dem Kürzel für **W**ide **A**rea **N**etwork. Wenn die FRITZ!Box den Zugang zum Internet nicht selbst herstellt, wird sie über diesen Anschluss mit einem Router bzw. externen Modem beispielsweise des lokalen Kabelbetreibers oder für einen Glasfaserzugang verbunden. Damit die FRITZ!Box den Internetzugang über ein externes Gerät herstellt, muss der Anschluss zwangsläufig am WAN-Anschluss erfolgen! Nur wenn

Ihr Modell über keinen speziellen WAN-Anschluss verfügt, verwenden Sie stattdessen *LAN 1* – siehe vorangehender Abschnitt.

Wenn Ihre FRITZ!Box etwa per DSL selbst die Internetverbindung aufbaut, wird ein vorhandener WAN/LAN-Anschluss dafür nicht benötigt. In dem Fall muss er aber nicht brachliegen, sondern Sie können daran ein beliebiges Netzwerkgerät anschließen, wenn die anderen LAN-Buchsen bereits belegt sind. So gewinnen Sie einen fünften Netzwerkanschluss hinzu. Einzustellen brauchen Sie dazu nichts. Wenn die FRITZ!Box selbst die Internetverbindung herstellt, widmet sie den zusätzlichen WAN-Anschluss intern automatisch zu einem LAN-Anschluss um.

USB-Anschlüsse

Auch ältere FRITZ!Box-Modelle verfügen über mindestens einen USB-Anschluss, neuere Modelle meist über zwei. Wenn Sie an der Rückseite Ihres Gerätes einen bzw. den zweiten USB-Anschluss vermissen, nehmen Sie auch die anderen Seiten der FRITZ!Box in Augenschein. Der zweite USB-Port versteckt sich gern an der linken Seite.

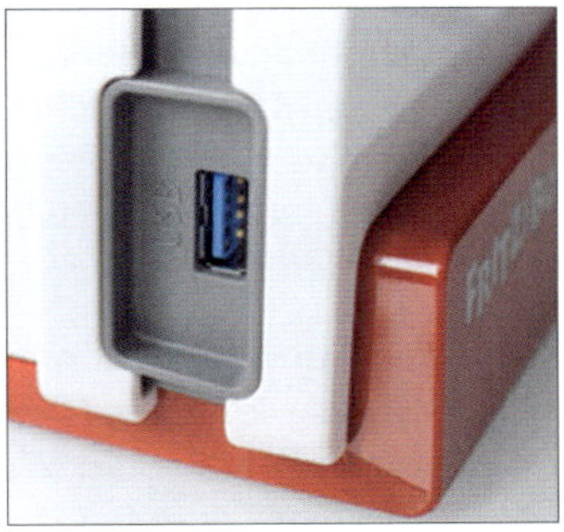

Bei älteren Geräten handelt es sich meist um USB-2.0-Anschlüsse, neuere Modelle beherrschen in der Regel das schnellere USB 3.0, was Sie am blauen Innenleben der USB-Anschlüsse erkennen. Aber auch wenn Ihre FRITZ!Box »nur« USB 2.0 kann, brauchen Sie sich nicht zu grämen. Auch die USB-3.0-Ports der neueren Modelle führen nicht zum Geschwindigkeitsrausch. Sie sind zwar schneller als USB 2.0, aber die Datenraten sind längst nicht mit Geschwindigkeiten zu vergleichen, die man beispielsweise an USB-3.0-Anschlüssen direkt am PC erzielt.

Es lohnt also nicht, eine besonders leistungsfähige externe Festplatte anzuschaffen, da die FRITZ!Box deren Leistungsfähigkeit nicht wirklich ausschöpfen würde.

Was können Sie mit den USB-Anschlüssen anfangen?

- Sie können externe Speichermedien in Form von USB-Sticks oder externen USB-Festplatten anschließen. Ein kleiner USB-Stick lohnt sich allemal, da er den internen Speicher der FRITZ!Box erweitert. Das ist insbesondere dann sinnvoll, wenn Sie Ihre Box als Anrufbeantworter und Faxempfänger nutzen möchten. Soll die FRITZ!Box darüber hinaus als Netzwerkspeicher und/oder Medienserver dienen, ist eine USB-Festplatte empfehlenswert. Bei zwei USB-Anschlüssen können Sie auch zwei Speichermedien (beispielsweise USB-Stick und USB-Festplatte gleichzeitig) anschließen. Mehr dazu finden Sie auf Seite 232.

- Um USB-Geräte wie etwa Drucker übers Netzwerk von verschiedenen PCs aus nutzen zu können, können Sie diese an die FRITZ!Box anschließen. Über einen speziellen Treiber stellt die FRITZ!Box diese dann den angeschlossenen Rechnern wie ein lokales Gerät zur Verfügung. Mehr dazu finden Sie auf Seite 245.
- Mit einem passenden Mobilfunk-USB-Stick können Sie Ihre FRITZ!Box um Mobilfunk-Internet erweitern. Das kann vor allem als Ausweichmöglichkeit genutzt werden, zu der die FRITZ!Box automatisch wechselt, wenn beispielsweise die DSL-Verbindung gestört ist. Dabei muss allerdings genau beachtet werden, welche FRITZ!Box-Modelle mit welchen Mobilfunk-Sticks harmonieren (siehe auch Seite 64).

Telefonanschlüsse (FON 1, FON 2, FON S0)

An den mit *FON* bezeichneten Buchsen können Sie Telefonendgeräte anschließen. Achtung: Sollten Sie noch einen analogen Telefonanschluss oder eine Telefonanlage verwenden, verbinden Sie diese auf keinen Fall mit den FON-Anschlüssen. Dieser wird stattdessen in den DSL- bzw. DSL/Telefon-Anschluss gesteckt!

- An *Fon 1* und *FON 2* können analoge Telefoniegeräte angeschlossen werden, also beispielsweise Telefone, Anrufbeantworter oder Faxgeräte. Auch Türöffner oder Alarmanlagen mit analogem Telefonausgang können ggf. hier angeschlossen werden. Häufig sind einer oder beide FON-Anschlüsse doppelt ausgeführt: einmal als RJ11- und einmal als TAE-Stecker. In diesem Fall sind diese beiden Anschlüsse gleich bezeichnet und parallel geschaltet. Je nach vorhandenem Anschlusskabel können Sie entweder die RJ11- oder die TAE-Buchse nutzen. Belegen Sie aber pro Anschluss nur eine der Buchsen, also einen der beiden *FON 1*- und einen der beiden *FON 2*-Anschlüsse. Der andere sollte jeweils frei bleiben.

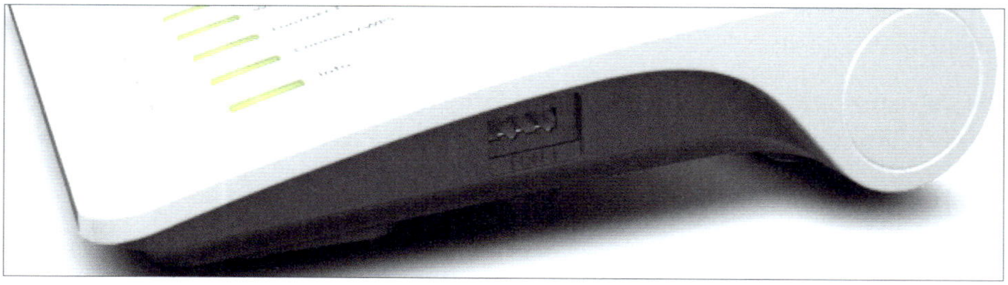

Die TAE-Buchsen der FON-Anschlüsse finden sich bei einigen Modellen an den Seiten

- Viele FRITZ!Box-Modelle haben zusätzlich eine RJ45-Buchse als *FON S0*-Anschluss. Dieser dient dazu, ISDN-Endgeräte anzuschließen. Sie können ein Gerät direkt anschließen oder auch einen Bus für mehrere ISDN-Endgeräte einrichten. Die FRITZ!Box reicht alle ISDN-Merkmale und -Funktionen an die angeschlossenen ISDN-Endgeräte weiter. Welches Gerät auf welche Telefonnummer reagiert, konfigurieren Sie an den Endgeräten.

DSL-Anschluss

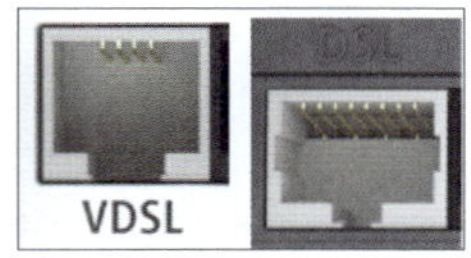

An allen FRITZ!Box-Modellen mit integriertem DSL-Modem finden Sie einen RJ45-Anschluss mit der Beschriftung *DSL* oder *VDSL*. Bei älteren Modellen ist dieser häufig auch mit *DSL/TEL* beschriftet. Diese Buchse verbinden Sie mit Ihrem Telefonanschluss. Im Lieferumfang Ihrer FRITZ!Box ist dazu ein passendes Kabel enthalten. Dieses ist an allen Enden mit Beschriftungen versehen:

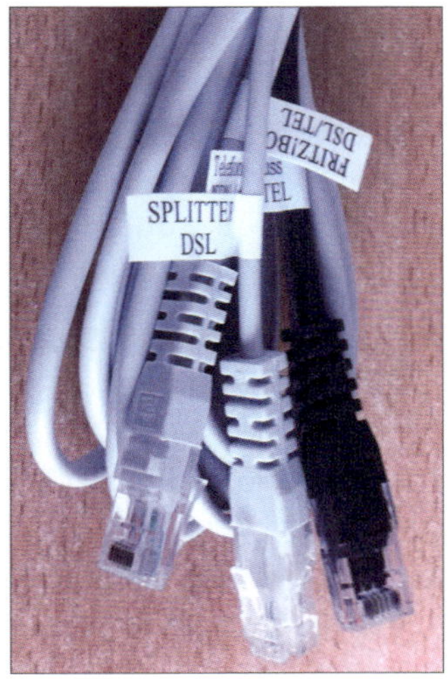

- Das Ende mit *FRITZ!BOX DSL/TEL* gehört an diesen Anschluss Ihrer FRITZ!Box.
- Das Ende mit *Telefonanschluss* gehört in die Telefondose, im Zweifelsfall in die mit *F* beschriftete TAE-Dose.
- Hat Ihr Kabel am anderen Ende zwei Anschlüsse mit *Telefonschluss ISDN/analog TEL* und *SPLITTER DSL* und Sie verwenden einen reinen VoIP-Anschluss, stecken Sie das helle, mit *SPLITTER DSL* beschriftete Ende in die Telefondose. Das dunkle Kabelende wird in diesem Fall nicht benötigt.
- Sollten Sie noch einen Anschluss mit echtem Telefon-Festnetz nutzen, gehört der *SPLITTER DSL*-Stecker an den DSL-Splitter Ihres Telefonieanbieters. Den dunkleren *Telefonanschluss*-Stecker verbinden Sie in diesem Fall mit dem *F*-Anschluss der Telefondose.

Anschlüsse passen nicht?

Das mitgelieferte Anschlusskabel besitzt an allen Enden RJ45-Stecker. Bei einer klassischen Telefonanschlussdose können Sie damit nicht viel anfangen. Auch bei DSL-Splittern findet man nicht immer eine entsprechende Buchse vor. Deshalb liegen Ihrer FRITZ!Box üblicherweise RJ45-zu-TAE-Adapter bei. In diese können Sie die RJ45-Anschlüsse unten einstecken. Dann stecken Sie den Adapter in die passende TAE-Dose des Telefonanschlusses. Hinweis: Bei einem Y-Kabel liegen zwei Adapter bei. Verwenden Sie dabei jeweils den farblich zum Kabelende passenden Adapter.

Kabelanschluss (CABLE)

FRITZ!Boxen für Kabelanschlüsse haben an der Rückseite einen mit *CABLE* beschrifteten Koax-Anschluss, durch den sie mit dem vorhandenen Anschlusskabel des Betreibers verbunden werden können. Verbinden Sie dazu ein Koax-Kabel mit diesem Anschluss. Das andere Ende des Kabels wird an der Multimediadose des Kabelanschlusses angesteckt. Häufig gibt es dort einen speziellen Datenanschluss, der für diesen Zweck zu bevorzugen ist.

Glasfaser (Fiber)

Bei FRITZ!Box-Modellen für den Betrieb an einem Glasfaseranschluss finden Sie an der Rückseite einen mit *Fiber* beschrifteten Glasfaseranschluss. Das Kabel dafür finden Sie nicht zwangsläufig im Lieferumfang der entsprechenden FRITZ!Box, sondern es muss vom Betreiber des Glasfaseranschlusses bereitgestellt werden, da die Anschlüsse noch nicht standardisiert sind. Aufseiten der FRITZ!Box sollte das Kabel über einen (üblicherweise blauen) SC-Stecker verfügen.

SIM-Karte (SIM-Card)

Bei FRITZ!Box-LTE-Modellen für Internet via Mobilfunk benötigen Sie eine SIM-Karte Ihres Mobilfunkanbieters. Diese muss in die FRITZ!Box eingesteckt werden. Hierfür finden Sie an der Rück- oder Unterseite einen schmalen Schlitz vor, der mit einem SIM-Kartensymbol und/oder der Beschriftung *SIM-Card* versehen ist.

1. Halten Sie die FRITZ!Box so, dass der Schlitz zu Ihnen zeigt und Sie die Beschriftungen an der Box lesen können.
2. Stecken Sie nun die SIM-Karte mit den Kontaktflächen nach unten und der abgeschrägten Ecke der Karte nach links in den Schlitz in den Kartenschacht ein.
3. Schieben Sie die SIM-Karte mit leichtem Druck in den Schacht, bis sie spürbar einrastet.

Es ist normal, dass die SIM-Karte einige (wenige) Millimeter aus dem Gehäuse ragt. Sollten Sie die SIM-Karten irgendwann entfernen oder austauschen wollen, drücken Sie sie zunächst erst wieder vorsichtig ins Gehäuse hinein, um sie zu entrasten. Wenn Sie dann loslassen, kommt Ihnen die Karte einige Millimeter entgegen und Sie können sie mit den Fingernägeln oder ggf. einer Pinzette ohne großen Widerstand ganz aus dem Schacht entnehmen.

LTE-Antennen

Bei FRITZ!Box-Modellen mit LTE-Funktion finden Sie an der Rückseite teilweise mit *LTE* beschriftete Schraubanschlüsse vor. In diesem Fall gehören zum Lieferumfang meist auch LTE-Antennen in passender Anzahl. Schrauben Sie diese an die Buchsen, wenn Sie die LTE-Funktion nutzen möchten.

Sie können hier aber auch das Antennenkabel einer externen LTE-Antenne anschließen, die Sie beispielsweise zur Empfangsoptimierung außen an der Hauswand mit Blickrichtung zum nächsten LTE-Sendemast angebracht haben. So können Sie auch an Standorten im Randbereich von LTE-Funkzellen einen ausreichenden Empfang erzielen.

Tasten

Die Anzahl an Tasten an Ihrer FRITZ!Box ist überschaubar. Viele und vor allem ältere Modelle kommen mit zweien aus. Bei neueren Modellen findet man meist drei separate Tasten, um die Bedienung zu vereinfachen. Hinweis: Bei älteren Modellen finden sich die Tasten meist deutlich abgesetzt hinten links auf der Oberseite. Bei einigen Geräten sind sie auch als Minitaster auf der Rückseite platziert. Bei neueren Modellen sind drei Tasten mit den dazugehörenden Kontrollleuchten integriert. Da muss man etwas genauer hinsehen, um die Tasten als solche zu erkennen.

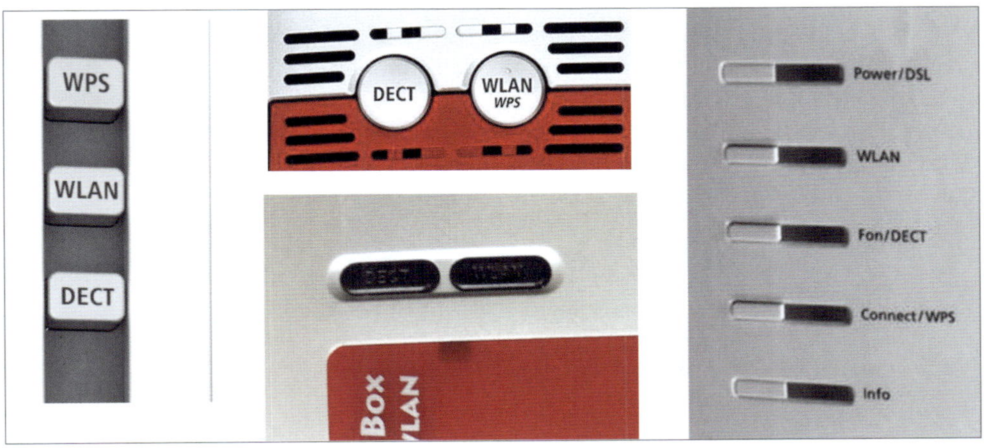

Verschiedene Varianten für die Anordnung der Tasten bei den FRITZ!Box-Modellen

Im Folgenden sind die einzelnen Tasten jeweils mit einem Beispiel für die Ausführung bei typischen FRITZ!Box-Modellen illustriert. An Ihrer konkreten FRITZ!Box wird die Taste also meist etwas anders aussehen. Aber die Beschriftung sollte in eventuellen Zweifelsfällen weiterhelfen.

WLAN-Taste

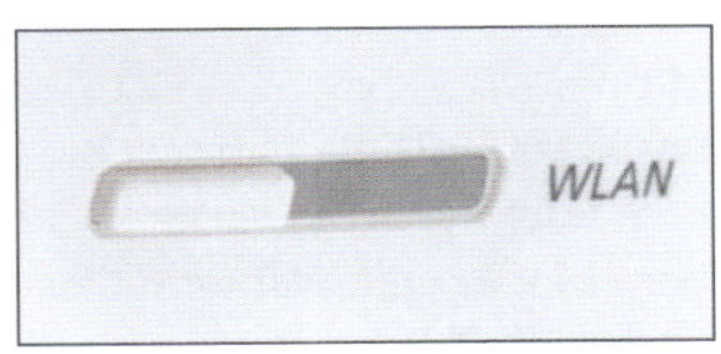

Mit der *WLAN*-Taste schalten Sie das Drahtlosnetzwerk Ihrer FRITZ!Box nach Bedarf ein oder aus. Viele Anwender lassen das WLAN einfach rund um die Uhr laufen, was auch kein Problem ist. Manche möchten aber auch Stromverbrauch und Elektrosmog reduzieren und aktivieren WLAN deshalb nur zu bestimmten Zeiten (das geht auch automatisch, siehe Seite 98). Aber auch bei Problemen mit WLAN-Geräten kann es hilfreich sein, das WLAN der FRITZ!Box zwischenzeitlich kurz aus- und dann wieder einzuschalten.

Zur Kontrolle der Taste dient die WLAN-Kontrollleuchte. Ist sie an und Sie drücken diese Taste, geht die Leuchte (mit kurzer Verzögerung) aus. Das WLAN ist nur deaktiviert. Ist das WLAN abgeschaltet (und die Lampe aus), drücken Sie ebenfalls kurz auf die Taste, um es wieder einzuschalten. Auch hier kann es wieder zu einer Verzögerung bei der Kontrollleuchte kommen.

Das Reaktivieren des WLAN kann ein paar Sekunden dauern, und die Leuchte geht erst an, wenn das Drahtlosnetzwerk tatsächlich wieder steht und für andere Geräte erreichbar ist.

WPS- bzw. Connect/WPS-Taste

Wi-Fi Protected-Setup (WPS) ist eine einfache Methode, ein Mobilgerät sicher mit einem WLAN zu verbinden, ohne lange Zahlenkolonnen eintippen zu müssen. Auf Seite 110 wird der Vorgang genau beschrieben. Hier deshalb nur die kurze Erklärung, dass man den Anmeldevorgang am Mobilgerät startet und dann mit einem Tastendruck an der FRITZ!Box bestätigt. Für diesen Tastendruck verwenden Sie die *WPS*- bzw. bei neueren Modellen die *Connect/WPS*-Taste.

WLAN/WPS-Taste

Bei einigen FRITZ!Box-Modellen sind die WLAN- und die WPS-Funktion in einer Taste zusammengefasst. Diese ist dann auch dementsprechend mit *WLAN* und *WPS* beschriftet.

In dem Fall gilt:

- Mit einem kurzen Druck nutzen Sie die WLAN-Funktion, schalten also jeweils das WLAN ein oder aus.
- Um die WPS-Funktion zu verwenden, drücken Sie die Taste so lange, bis die WLAN-Kontrollleuchte an der FRITZ!Box zu blinken beginnt. Lassen Sie die Taste dann los. Nun wird die WPS-Anmeldung bestätigt.

DECT- bzw. Fon/DECT-Taste

Mit der *DECT*- bzw. *Fon/DECT*-Taste können Sie DECT-Mobilteile an der DECT-Basis der FRITZ!Box anmelden. Die Vorgehensweise ist auf Seite 262 ausführlich beschrieben. Hier daher nur die Kurzform: Starten Sie das Anmelden mit dem Mobilgerät. Während dieses eine Basis sucht, drücken Sie die *DECT*-Taste an der FRITZ!Box so lange, bis die DECT-Leuchte zu blinken beginnt. Dann wird die Verbindung zwischen Basis und Mobilteil automatisch hergestellt.

Eine andere Funktion der *DECT*-Taste ist der Suchruf für Mobilteile: Sollten Sie ein Mobilteil verlegt haben, drücken Sie kurz auf die *DECT*-Taste. Dann klingeln alle angemeldeten Mobilteile mit ihrem Standardklingelton. Ein erneuter Druck auf diese Taste oder eine beliebige Taste an einem Mobilteil beendet den Suchruf.

Tasten an der FRITZ!Box gegen versehentliche Nutzung sperren

Sie können die Tasten an Ihrer FRITZ!Box sperren, sodass sie nicht versehentlich oder ungewollt benutzt werden. Das kann sinnvoll sein, wenn das Gerät im Einzugsbereich spielender Kinder oder übereifriger Putzkräfte installiert ist. Die Einstellung dafür finden Sie in der Weboberfläche der FRITZ!Box unter *System/Tasten und LEDs* in der Rubrik *Tastensperre*. Wenn Sie diese Sperre nutzen, denken Sie aber unbedingt daran, sie jeweils zu deaktivieren, bevor Sie die Tasten verwenden möchten.

Kontrollleuchten

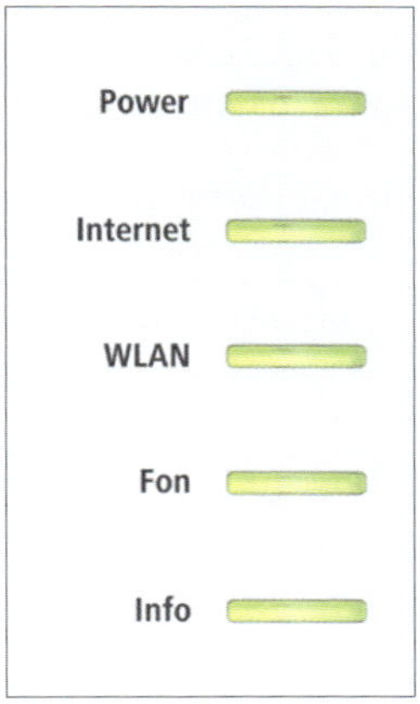

Die Kontrollleuchten an Ihrer FRITZ!Box signalisieren den Betriebszustand und den Status der verschiedenen Verbindungsarten und Funktionen. Die Signalisierung kann durch dauerhaftes Leuchten, durch Blinken sowie durch verschiedene Farben erfolgen.

Die meisten FRITZ!Boxen haben fünf Kontrollleuchten. Allerdings gibt es bei den vielen Modellen Unterschiede bei Bedeutung und Funktion. Deshalb stelle ich im Folgenden mehr als fünf Arten von Kontrolllampen vor, aus denen Sie sich die passenden für Ihr Modell aussuchen können.

Kontrollleuchten ausschalten

Unter *System/Tasten und LEDs* haben Sie bei neueren Modellen in der Rubrik *LED-Anzeige* die Möglichkeit, die Helligkeit der LEDs zu steuern oder automatisch ans Umgebungslicht anpassen zu lassen. Außerdem können Sie die LED-Anzeige ausschalten. Die Kontrollleuchten blinken dann nur noch beim Start der FRITZ!Box oder bei wichtigen Ereignissen.

Power

Eine *Power*-Leuchte ist an jeder FRITZ!Box vorhanden. Häufig ist die Beschriftung noch mit der Art der Internetverbindung ergänzt, also beispielsweise *Power/DSL*, *Power/Cable* oder *Power/LTE•DSL*.

Sie signalisiert den grundsätzlichen Betriebszustand:

- Ist die Leuchte aus, ist die FRITZ!Box ausgeschaltet. Kontrollieren Sie ggf. die Stromversorgung des Gerätes.

- In der Regel sollte die Lampe aber dauerhaft an sein. Das bedeutet, die FRITZ!Box läuft und es besteht eine Verbindung zum Internet.
- Falls die Lampe blinkt, läuft die FRITZ!Box, aber die Verbindung zum Internet ist gestört. Es kann aber auch sein, dass die Verbindung (beispielsweise nach einem Neustart) gerade hergestellt wird. Dann blinkt die Lampe typischerweise ein Weilchen, bis sie dauerhaft an bleibt.

Internet

Einige FRITZ!Box-Modelle verfügen über eine Kontrollleuchte mit der Beschriftung *Internet* (ohne Telefonsymbol, siehe nachfolgenden Abschnitt). Diese spielt eine Rolle, wenn für die Onlineverbindung ein externes Modem etwa für Internet via Kabel oder Glasfaser zum Einsatz kommt.

- Ein konstantes Leuchten zeigt in diesem Fall an, dass die externe Internetverbindung funktionsfähig ist.
- Blinkt die Lampe hingegen, funktioniert zwar die Verbindung zum externen Modem oder Router, aber es besteht (noch) keine Internetverbindung.

✆ Internet

Bei älteren FRITZ!Box-Modellen finden sich meist zwei Kontrollleuchten, die mit einem Telefonhörer-Symbol versehen sind. Eine davon ist zusätzlich mit *Internet* beschriftet.

- Sie leuchtet auf, solange eine Telefonverbindung über einen VoIP-Anschluss besteht.
- Zusätzlich kann diese Lampe blinken, wenn eine Nachricht in der Sprach-Mailbox eines VoIP-Anschlusses vorliegt. Dies klappt aber nur, wenn der entsprechende Telefonieanbieter diese Signalisierung unterstützt.

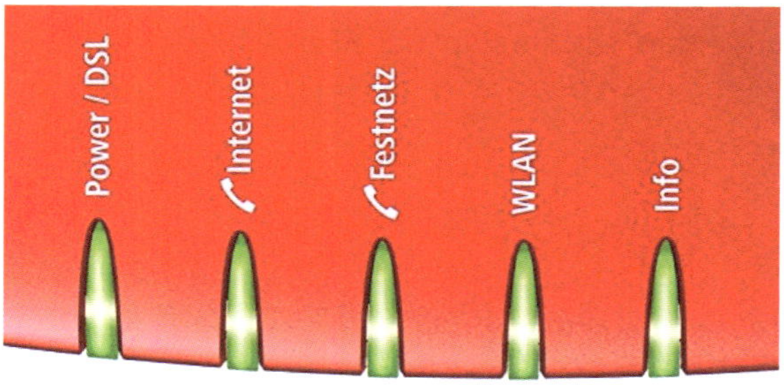

Ältere Modelle unterscheiden zwischen Internet- und Festnetz-Telefonie

✆ Festnetz

Die zweite Kontrollleuchte mit Telefonhörer-Symbol ist mit *Festnetz* beschriftet und hat die gleiche Funktion, allerdings für Festnetzanschlüsse (die aber mittlerweile immer seltener werden). Das Lämpchen leuchtet also während einer Telefonverbindung und blinkt ggf., wenn eine Nachricht auf der Sprach-Mailbox des Telefonieanbieters vorliegt.

> **Anrufbeantworter vs. Sprach-Mailbox**
>
> Um eine Begriffsverwirrung zu vermeiden: Mit Sprach-Mailbox ist ein Anrufbeantworter »im Netz« gemeint. Also eine digitale Mailbox beim Telefonieanbieter, die Nachrichten für Sie aufzeichnet, wenn Sie einen Anruf nicht entgegennehmen. Über vorliegende Nachrichten werden Sie beispielsweise über ein Blinken des Telefons (oder der FRITZ!Box) oder spätestens beim nächsten Gespräch informiert. Ein Anrufbeantworter hingegen meint ein Gerät, das bei Ihnen zu Hause steht. Die FRITZ!Box selbst kann diese Aufgabe übernehmen oder aber Sie schließen einen tatsächlichen Anrufbeantworter an die FRITZ!Box an. Wichtig ist, dass Sie sich für eine der Varianten entscheiden. Wenn Sie Ihre Anrufe durch die FRITZ!Box oder einen separaten Anrufbeantworter abwickeln lassen möchten, sollten Sie bei Ihrem Telefonanbieter sicherstellen, dass eventuelle Sprach-Mailboxen deaktiviert sind. Das kann man recht einfach überprüfen, indem man sich beispielsweise mit dem Mobiltelefon einfach mal selbst anruft und abwartet, was passiert, wenn niemand den Anruf entgegennimmt.

Fon

Das *Fon*-Lämpchen signalisiert bei neueren FRITZ!Box-Modellen den Zustand der Telefonie-Funktionen. Auf eine Unterscheidung zwischen Festnetz- und Internettelefonie wie bei älteren Modellen wird dabei verzichtet, da es mittlerweile kaum noch Festnetzanschlüsse gibt und das Telefonnetz von allen Anbietern weitestgehend auf VoIP umgestellt wurde.

- Das Lämpchen bleibt aus, solange kein Gespräch geführt wird und auch sonst kein Telefonieereignis stattgefunden hat, das die Aufmerksamkeit des Benutzers erfordert.
- Während eine Telefonieverbindung – egal ob via Internet oder Festnetz – besteht, ist die Leuchte an.
- Außerdem blinkt das Fon-Lämpchen, während ein neues Gerät via DECT, Smart Home oder Powerline angemeldet wird. Es kann auch blinken, wenn neue Nachrichten in der Sprach-Mailbox Ihres Telefonieanbieters vorliegen. Das klappt aber nur, wenn der jeweilige Anbieter diese Funktion unterstützt.

WLAN

Die *WLAN*-Lampe signalisiert den Zustand bzw. die Funktionen des Drahtlosnetzwerks:

- Solange die Lampe aus bleibt, ist das WLAN Ihrer FRITZ!Box abgeschaltet. Mobilgeräte können sich solange nicht mit der FRITZ!Box verbinden und auch nicht über die FRITZ!Box ins Internet gelangen.
- Leuchtet die Lampe dauerhaft, ist das Drahtlosnetzwerk eingeschaltet und funktioniert ordnungsgemäß.
- In verschiedenen Situationen blinkt die WLAN-Kontrollleuchte vorübergehend, etwa wenn das WLAN der FRITZ!Box ein- oder ausgeschaltet wird, wenn Änderungen an

den WLAN-Einstellungen (beispielsweise eine Kennwortänderung) vorgenommen werden oder wenn eine Anmeldung per WPS durchgeführt wird (siehe Seite 110).

Bei neueren Modellen blinkt die WLAN-Leuchte zusätzlich während des Anmeldevorgangs von DECT-, Smart-Home- oder Powerline-Geräten.

Connect

Bei neueren FRITZ!Box-Modellen unterstützt Sie eine *Connect*-Kontrollleuchte beim Anmelden zusätzlicher Geräte für WLAN, DECT, Smart Home oder Powerline. Solange keine solche Anmeldung läuft, bleibt die Lampe aus.

- Blinkt das Lämpchen langsam, wurde der Anmeldevorgang erfolgreich gestartet. Dies ist beispielsweise die Rückmeldung, dass Sie die *DECT*- oder *WPS*-Taste an der FRITZ!-Box lange genug gedrückt haben. Warten Sie nun einfach ab.
- Sowie ein Anmeldevorgang ausgeführt wurde, leuchtet die Lampe eine Weile dauerhaft. So können Sie sicher sein, dass das neue Zusatzgerät sich erfolgreich mit Ihrer FRITZ!Box verbunden hat.
- Sollte es bei einem Anmeldevorgang zu einem Problem kommen, blinkt die Kontrollleuchte schnell. Das kann beispielsweise passieren, wenn mehrere Geräte gleichzeitig versuchen, sich mit der FRITZ!Box zu verbinden. In diesem Fall sollten Sie den Anmeldevorgang nach einer kurzen Wartezeit erneut starten.

Signalstärke-Leuchten

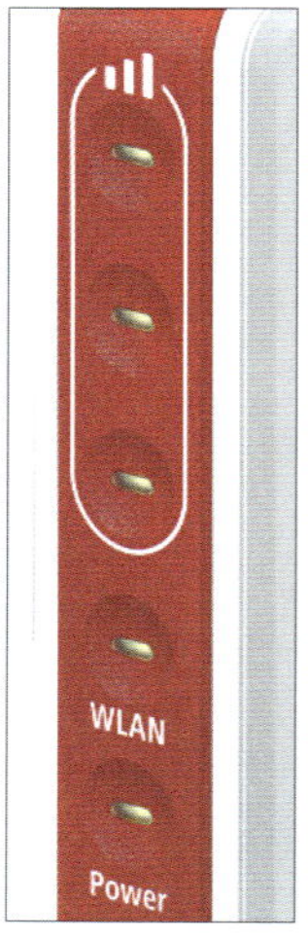

Einige LTE-Modelle verfügen über Kontrollleuchten zum Anzeigen der Signalstärke des Mobilfunknetzes, die anstelle einer Beschriftung mit einem Signalbalken-Symbol versehen sind. Diese sind einfach zu interpretieren: Je mehr der Leuchten an sind, desto stärker ist das Mobilfunksignal. Dies kann man sich durchaus zunutze machen, etwa wenn man im Haushalt die Stelle mit dem besten Empfang ausfindig machen möchte. Zusätzlich blinken diese Leuchten, wenn ein Update der FRITZ!Box vorgenommen wird. Und man kann einen Online-Monitor einrichten, durch den die Lämpchen blinken, wenn eine bestimmte Menge an Online-Zeit oder Datenverkehr erreicht ist. So lässt sich ein Mobilfunktarif, der ein bestimmtes Zeit- oder Datenvolumen umfasst, effizient ausnutzen.

Info

Die *Info*-Leuchte kann für verschiedene Zwecke verwendet werden und ist die einzige der Kontrolllampen, deren Funktion vom Anwender selbst (in Grenzen) bestimmt werden kann (im Menü der Weboberfläche unter *System/Tasten und LEDs*). Eine beliebte Anwendung ist beispielsweise das Signalisieren neuer Anrufe, Faxe oder Nachrichten auf dem Anrufbeantworter.

- Normalerweise ist die Leuchte aus. Das bedeutet, dass keines der eingestellten Ereignisse eingetreten ist.

- Leuchtet das Lämpchen dauerhaft grün, ist eines der dafür konfigurierten Ereignisse eingetreten.
- Auch ein grünes Blinken kann eines der konfigurierten Ereignisse anzeigen. Zusätzlich blinkt das Info-Lämpchen immer grün, wenn ein Update der FRITZ!Box stattfindet oder während DECT- oder Smart-Home-Geräte angemeldet werden.
- Wenn die Kontrolllampe rot leuchtet oder blinkt, ist ein Fehler aufgetreten. Öffnen Sie in diesem Fall die Weboberfläche Ihrer FRITZ!Box. Auf der Übersichtsseite finden Sie einen Hinweis auf den Fehler und ggf. Tipps zur Behebung.

Wenn Sie »Stick & Surf« nutzen, um die Zugangsdaten Ihres WLAN auf einem FRITZ!WLAN-USB-Stick zu übertragen, wird die Info-Anzeige ebenfalls zur Hilfestellung genutzt: Während die Daten übertragen werden, blinkt die Anzeige. Ist die Übertragung abgeschlossen, leuchtet die Lampe dauerhaft. Sie können den USB-Stick nun abziehen.

Lieferumfang

Wenn Sie eine FRITZ!Box neu in Betrieb nehmen oder beispielsweise ein gebrauchtes Gerät erworben haben, sollten Sie stets den Lieferumfang prüfen. Der genaue Umfang unterscheidet sich bei den verschiedenen Modellen, beispielsweise bei den mitgelieferten Kabeln. Bei einem Kabel-Internetzugang etwa sind nun mal andere Kabel erforderlich als bei einem DSL-Anschluss.

Folgende Komponenten sollten Sie immer in der Verpackung finden:

- FRITZ!Box
  Ohne das Gerät selbst wäre es sinnlos. Prüfen Sie aber am besten anhand des Typenschildes an der Rück- bzw. Unterseite des Gerätes, ob Sie auch das richtige Modell erhalten haben. Auf dem Typenschild stehen auch die wichtigsten Zugangsdaten für Ihre FRITZ!Box. Diese gelten nach Auslieferung, bis Sie sie ggf. verändern. Aber auch nach einem Rücksetzen der Box auf die Werkseinstellungen gelten diese Zugangsdaten wieder.
- Netzteil
  Mit dem Original-Netzteil sind Sie auf der sicheren Seite. Wesentlich ist allerdings, dass die Eckdaten des Netzteils mit den Vorgaben auf dem Typenschild der FRITZ!Box übereinstimmen (siehe Seite 12).
- Netzwerkkabel
  Üblicherweise liegt jeder FRITZ!Box ein Netzwerkkabel bei. Damit können Sie beispielsweise einen PC direkt mit der FRITZ!Box verbinden. In vielen Fällen ist es gelb, um es auf einfache Weise von den anderen mitgelieferten Kabeln unterscheiden zu können. Meist ist es mit der Beschriftung *LAN-Kabel* versehen.
- Kurzanleitung
  Eine kurze Anleitung führt Sie kompakt durch die wesentlichen Schritte des Anschließens und Einrichtens Ihrer FRITZ!Box.

Lieferumfang prüfen

In der Kurzanleitung ist üblicherweise der genaue Lieferumfang Ihres konkreten FRITZ!Box-Modells aufgeführt. Die einzelnen Komponenten sind dabei auch dargestellt, sodass eine leichte Zuordnung möglich ist, welches Kabel und welcher Adapter nun für welchen Zweck vorgesehen sind.

Abhängig von Modell und Anschlussart können außerdem weitere Komponenten in der Verpackung enthalten sein:

- DSL/Telefonkabel
  Bei FRITZ!Boxen für DSL-Anschlüsse liegen Kabel bei, um die Box mit dem Telefonanschluss verbinden zu können. Dieses Kabel ist entweder ein einfaches Kabel mit zwei RJ45-Anschlüssen oder ein Y-Kabel mit insgesamt drei solcher Anschlüsse.
- Koaxialkabel
  FRITZ!Boxen für Kabelanschlüsse werden mit einem Koaxialkabel ausgeliefert. Damit verbinden Sie die passende Buchse an der Rückseite mit der Multimediadose Ihres Kabelanschlusses.
- RJ11-/TAE-Adapter
  Modelle für DSL-Anschlüsse bringen ein Kabel für die Verbindung mit der Telefondose bzw. dem DSL-Splitter mit. Die Kabelenden sind mit RJ45-Steckern versehen, die sich in Standard-Telefondosen aber nicht direkt einstecken lassen. Deshalb sind Adapter von RJ11 auf TAE beigelegt. Bei einem Y-Kabel finden Sie zwei Adapter vor, die Sie jeweils am farblich passenden Kabelende verwenden.
- TAE-/RJ11-Adapter
  Häufig sind die analogen Anschlüsse FON 1 und FON 2 doppelt ausgeführt – einmal als RJ11- und einmal als TAE-Buchsen. Bei manchen Modellen sind einzelne Anschlüsse aus Platzgründen nur als RJ11-Buchsen ausgeführt. In diesem Fall legt der Hersteller einen TAE-auf-RJ11-Adapter bei, damit Sie auch Endgeräte mit TAE-Stecker direkt an die FRITZ!Box anschließen können.
- Software-CD
  Bei älteren Modellen legte der Hersteller eine CD bei, auf der verschiedene Software sowie das vollständige Handbuch als PDF-Datei enthalten waren. Wenn bei Ihrer FRITZ!Box eine solche CD vorhanden ist, können Sie sie getrost im Karton liegen lassen. Laden Sie sich bei Bedarf die jeweils aktuellste Softwareversion von den Webseiten des Herstellers herunter (www.fritz.com). Bei neueren Modellen wird auf das Beilegen von CDs sinnvollerweise gleich verzichtet.
- FRITZ!Notiz bzw. Servicekarte
  Bei neueren FRITZ!Box-Modellen liegt eine Servicekarte bei, die meist als FRITZ!Notiz gekennzeichnet ist. Sie enthält einige wesentliche Informationen zum Betrieb der FRITZ!Box sowie die ab Werk eingestellten Daten für Name, WLAN-Netzwerkschlüssel

sowie ggf. das Kennwort für die Weboberfläche der FRITZ!Box. Auf der Rückseite können Sie Ihre eigenen Einstellungen notieren, wenn Sie die Standardeinstellungen verändert haben. Diese Karte kann gut in einer (verschlossenen?) Schreibtischschublade griffbereit liegen.

- Nachträge zur Kurzanleitung
  Wenn es notwendig sein sollte, legt der Hersteller Korrekturen oder Ergänzungen zur beigefügten Kurzanleitung als separates Dokument bei. Überfliegen Sie den Nachtrag, ob er für Sie wesentliche Informationen enthält.

Exkurs: Unterschiede zwischen den FRITZ!Box-Modellen

Der Hersteller FRITZ! bietet eine große Auswahl an aktuellen FRITZ!Box-Modellen an. Historisch gibt es noch einige mehr, die mittlerweile nur noch auf dem Gebrauchtmarkt zu bekommen sind. Und es werden in Zukunft sicher noch einige Modelle dazukommen. Da ist es nicht ganz einfach, den Überblick zu behalten.

Im Folgenden machen Sie sich mit den Unterschieden zwischen den verschiedenen FRITZ!-Box-Modellen vertraut.

Die verschiedenen Anschlussarten

Es gibt verschiedene Möglichkeiten, das heimische Netzwerk mit dem Internet zu verbinden. Alles in eine FRITZ!Box zu packen, wäre unsinnig und wenig kosteneffektiv. Deshalb bietet FRITZ! für die verschiedenen Zugangsarten unterschiedliche Modelle an:

- DSL bzw. VDSL
  Die meisten FRITZ!Boxen sind für den Betrieb an (V)DSL-Anschlüssen gedacht. Dieses ist sozusagen der Standard, deshalb tragen diese Boxen neben der Modellnummer kein weiteres Kennzeichen.
- Kabel
  Einige FRITZ!Boxen sind neben der Modellnummer mit der Ergänzung *Cable* versehen. Diese sind für die Verwendung an einem Kabelanschluss vorgesehen.
- Glasfaser
  Zunehmend mehr Verbreitung finden Modelle mit Glasfaseranschluss, da diese Zugangsart auch außerhalb von Ballungszentren allmählich Fuß fasst. Sie sind am Namenszusatz *Fibre* und im Zweifelsfall am gleichnamig beschrifteten Glasfaseranschluss an der Rückseite zu erkennen.
- LTE
  FRITZ!Boxen mit dem Namenszusatz *LTE* oder *5G* verfügen über ein Mobilfunk-Modem und können damit eine Verbindung per Mobilfunk im schnellen LTE-Standard aufbauen.

Hinweis: Die meisten aktuellen FRITZ!Boxen können neben ihrer eigentlichen Zugangsart zusätzlich einen Onlinezugang über das Mobilfunknetz herstellen, der beispielsweise als

Ausweichverbindung genutzt werden kann. Allerdings benötigen Sie dazu einen Mobilfunk-USB-Stick (mehr dazu auf Seite 64).

Ältere Gerätebezeichnungen

Die Modellbezeichnungen wie *Cable* und *LTE* finden sich bei neueren Modellen. Historisch gab es noch einige andere Bezeichnungen bzw. Namensergänzungen, die bei älteren Modellen teilweise noch zu finden sind und die ich hier deshalb kurz aufführen möchte:

- WLAN
  Heute kaum noch vorstellbar, aber manche frühe Modelle der FRITZ!Box hatten keine WLAN-Funktion. Irgendwann gab es dann Varianten dieser Modelle mit WLAN, die zur Abgrenzung die Namensergänzung *WLAN* erhielten.
- Fon
  Ähnlich wie bei WLAN gab es Modelle ohne Telefoniefunktion. Diese hatten keine Telefonanschlüsse und konnten nicht als Telefonanlage fungieren. Zur Abgrenzung erhielten Modelle mit dieser Funktion anfangs die Namensergänzung *Fon*. Bei aktuellen Modellen ist die Unterstützung von zumindest Internettelefonie und DECT-Mobilgeräten inzwischen Standard.
- SL
  Die Namensergänzung *SL* erhielten früher abgespeckte OEM-Varianten der gängigen Modelle (siehe Hinweiskasten »Rote Modelle vs. schwarze Modelle«). Die SL-Versionen waren im Funktionsumfang eingeschränkt, indem sie beispielsweise weniger Speicher aufwiesen oder keine Anschlüsse und Funktionen für Festnetztelefonie umfassten.
- vDSL
  Die ersten FRITZ!Boxen beherrschten nur einfaches (A)DSL. Mit dem Aufkommen des schnelleren VDSL gab es auch erste Modelle, die dieses unterstützten. Diese erhielten zur Kennzeichnung den Namenszusatz *vDSL*. Mittlerweile können alle aktuellen DSL-Modelle auch VDSL, sodass diese Unterscheidung nicht mehr erforderlich ist.
- AX/5G
  Hat ein Modell eines dieser Kürzel, ist das ein Hinweis auf eine bestimmte Technologie, die es beherrscht. Teilweise gibt es ein Vorgängermodell ohne Kürzel. Dann ist das neue Modell im Wesentlichen baugleich, bringt aber zusätzlich Unterstützung für neuere Mobilfunk- oder WLAN-Standards mit. Teilweise gibt es auch zwei Varianten eines Modells mit 5G bzw. LTE.

Rote Modelle vs. schwarze Modelle

Vielleicht ist Ihnen schon aufgefallen, dass es sowohl rote (auch Weiß mit etwas Rot) als auch schwarze FRITZ!Boxen gibt. Letztere wurden für große Telekommunikationsanbieter hergestellt, die sie ihren Kunden im Rahmen des Vertragsverhältnisses überließen (man spricht dabei auch von OEM-Geräten im Gegensatz zu klassischen roten

Retail-Modellen). Bei gleicher Modellnummer bieten die OEM-Geräte im Wesentlichen die gleichen Leistungen. Im Einzelfall können sie kostenoptimiert sein, etwa indem der interne Speicher kleiner ist oder ein USB- bzw. FON-Anschluss eingespart wurde. Vor allem aber sind die Geräte vom OEM-Partner »gebrandet«, sowohl äußerlich auf dem Gehäuse als auch im Inneren bei der Konfigurationssoftware. Eventuell sind auch bestimmte Verbindungsparameter fest vorgegeben.

Mehr ins Gewicht fällt hingegen die Tatsache, dass erfahrungsgemäß FRITZ! für die roten Endkundenmodelle länger Modellpflege betreibt und Aktualisierungen der Firmware anbietet. Dies ist auch der Grund, warum die schwarzen OEM-Geräte am Gebrauchtmarkt meist günstiger zu bekommen sind als die vergleichbaren roten Retail-Versionen.

Faustregel für Modellnummern: Höher ist neuer und besser

Entscheidend für die Unterscheidung der verschiedenen FRITZ!Box-Modelle ist die Modellnummer. Leider gibt es dabei kein System, nach dem man aus der Modellnummer die Leistungsfähigkeit oder Funktionsvielfalt ableiten könnte. Als grobe Faustregel kann man nur sagen, dass der Hersteller die Modellnummer aufsteigend vergibt. Eine FRITZ!Box mit einer höheren Nummer ist also ein neueres Modell. In der Regel ist es damit auch technologisch weiter entwickelt und beherrscht etwa neuere Protokolle und schnellere Standards.

Es kann aber durchaus sein, dass eine neuere FRITZ!Box weniger Funktionen bietet als ein älteres Modell. Beispielsweise kann ein neues Modell USB 3.0 und schnelleres WLAN bieten, aber auf FON-Anschlüsse verzichten. Ein älteres Modell hingegen beschränkt sich auf USB 2.0 und einen langsameren WLAN-Standard, erlaubt es dafür aber, klassische Schnurtelefone oder ein Faxgerät anzuschließen. Hier gilt es abzuwägen, was einem persönlich wichtiger ist. Oder man sucht sich ein noch höheres Modell, das die neueren Standards mit allen Telefoniefunktionen kombiniert. Wenn Sie vor der Frage stehen, welche FRITZ!-Box Sie anschaffen möchten, gilt es grundsätzlich, die folgenden Bereiche zu betrachten und ggf. nach persönlichem Bedarf zu gewichten:

- Internetzugang
  Selbstverständlich muss die Zugangsart DSL, Kabel, Glasfaser oder LTE passen. Bei DSL haben Sie eine gewisse Modellauswahl, bei den anderen Zugangsarten beschränkt es sich ohnehin auf wenige aktuelle Modelle.
- WLAN-Standards und -Geschwindigkeit
  Beim WLAN unterstützen die neusten Modelle in der Regel auch die aktuellen Standards und somit die schnellsten Verbindungen. Ob man nur deshalb immer das neuste Modell haben muss, kann jeder für sich entscheiden. Wenn allerdings viele WLAN-Geräte im Einsatz sind und regelmäßig auch größere Datenmengen transferieren, ist es durchaus sinnvoll, darauf zu achten.

- Netzwerkanschlüsse
  Die meisten FRITZ!Boxen bieten vier oder fünf Netzwerkanschlüsse. Es gibt aber auch Modelle mit nur einem. Das muss aber kein Ausschlusskriterium sein, denn ein einfacher Netzwerkswitch kostet nur wenige Euro und schafft zusätzliche Anschlussmöglichkeiten.
- USB-Anschlüsse
  Wer USB-Speicher und beispielsweise einen Drucker anschließen möchte, benötigt ein Modell mit zwei USB-Ports. Ob USB 2.0 ausreicht oder es unbedingt USB 3.0 sein muss, hängt vom Verwendungszweck ab. Wer die FRITZ!Box regelmäßig als Netzwerkspeicher nutzen möchte, profitiert aber von schnelleren Transfers.
- Telefoniefunktionen
  Eine grundlegende Entscheidung ist, ob Sie sich auf VoIP und DECT-Geräte beschränken oder auch Schnurtelefone oder etwa ein Faxgerät nutzen möchten. In dem Fall muss es ein Modell mit FON-Anschlüssen sein. Haben Sie noch ISDN-Geräte im Einsatz, die Sie weiter nutzen möchten, achten Sie außerdem auf einen *FON S0*-Anschluss.

Der optimale Standort für Ihre FRITZ!Box

Wenn Sie Internet per DSL oder Kabel nutzen, stellt sich die Frage nach dem Standort meist nicht wirklich, sondern es liegt nahe, die Box in der Nähe des entsprechenden Anschlusses zu platzieren. Schließlich möchte man kein Kabel quer durch die Wohnung liegen haben.

Wenn Sie aber verschiedene Anschlussmöglichkeiten haben oder die Möglichkeit einer dezenten Kabelverlängerung besteht, lohnt es sich durchaus, über den optimalen Standort nachzudenken.

Zentrale Position für gute Funkreichweite

Entscheidend sind dabei die Drahtlosfunktionen der FRITZ!Box, insbesondere WLAN und DECT (und damit ggf. auch Smart-Home-Geräte). Diese profitieren von einem möglichst zentralen Standort der FRITZ!Box in Ihrem Haushalt. So wird gewährleistet, dass alle Geräte eine möglichst gleich starke Verbindung zur »Zentrale« haben.

Wenn dies aus den oben genannten Gründen nicht möglich und/oder Ihr Haus sehr weitläufig und mit dicken Wänden ausgestattet ist, lässt sich das aber auch lösen. Sowohl für WLAN als auch für DECT gibt es Repeater, die das Netzwerk in schlecht versorgten Bereichen verstärken. Mehr dazu lesen Sie auf Seite 123.

Um einen möglichst guten und ungestörten Empfang zu gewährleisten, sollten Sie außerdem Folgendes beachten:

- Platzieren Sie die FRITZ!Box möglichst an einer erhöhten Position, also eher auf einem Schrank als im Bodenbereich.

- Halten Sie Abstand zu typischen Stör- und Reflexionsquellen wie Mikrowellen, DECT-Basisstationen oder großen Elektrogeräten mit Metallgehäuse.
- Die FRITZ!Box sollte möglichst nicht durch andere Gegenstände abgedeckt werden. Insbesondere in den Richtungen, in denen typischerweise Drahtlosgeräte genutzt werden, sollten sich möglichst wenige Hindernisse befinden.

Tipps zum Aufstellen der FRITZ!Box

Haben Sie die grundsätzliche Entscheidung getroffen, wo die FRITZ!Box platziert werden soll, können Sie die Box auf ihren Füßen aufstellen, sodass die (meisten) Kabel an der Rückseite zugeführt werden. Viele Modelle können Sie alternativ mit Schrauben hochkant an einer Wand aufhängen, wobei die Kabel von unten zugeführt werden.

Die zweite Variante ist unter Umständen platzsparender und hat den Vorteil, dass die FRITZ!Box dadurch gleichzeitig fixiert wird. Ansonsten ist es dem Gerät egal und auch für die Bedienung spielt es keine große Rolle, da Lampen und Tasten so angebracht sind, dass sie in beiden Positionen genutzt werden können.

Beachten Sie beim Aufstellen bitte die folgenden Punkte:

- Wählen Sie einen trockenen und möglichst staubfreien Ort. Im Bad oder in der Küche in der Nähe des Spülbeckens wäre die Gefahr von Wasserspritzern zu groß.
- Die FRITZ!Box wird im Dauerbetrieb deutlich warm. Vermeiden Sie wärmeempfindliche Oberflächen. Auch hochwertige Möbel mit empfindlicher Oberfläche sollten ggf. durch eine Unterlage geschützt werden.
- Wegen der Wärmeentwicklung sollte das Gerät auch nicht auf einem Teppich oder einer Polsterung stehen, um die Luftzirkulation durch das Gehäuse nicht zu behindern.
- Auch die Luftschlitze an den anderen Seiten und oben müssen stets frei bleiben, damit Luft zirkulieren kann und kein Wärmestau entsteht. Die FRITZ!Box wird passiv nach dem Konvektionsprinzip gekühlt. Das bedeutet, dass die im Gehäuseinneren erwärmte Luft durch die Schlitze nach oben entweichen kann. Gleichzeitig strömt unten und an den Seiten durch die Schlitze frische, kühlere Luft ins Gehäuse nach.
- Der Vollständigkeit halber sei noch erwähnt: FRITZ!Boxen sind grundsätzlich nicht für den Außeneinsatz gedacht. Auch in Feuchträumen wie Badezimmern, Waschküchen oder in nicht isolierten Nebenräumen sollten sie nicht eingesetzt werden, da die Luftfeuchtigkeit die empfindlichen Bauteile auf Dauer beschädigen dürfte.

Die FRITZ!Box anschließen

Die Anschlüsse Ihrer FRITZ!Box können Sie nach Belieben nutzen. Einzig der Stromanschluss ist immer unerlässlich. Und bei DSL-, Kabel- und Glasfaserboxen muss die entsprechende Verbindung für den Internetzugang hergestellt werden. Alles Weitere ist optional und richtet sich nach Ihren Bedürfnissen.

Grundsätzlich sollten Sie sich dabei an folgender Reihenfolge orientieren:

1. Platzieren sowie ggf. befestigen Sie die FRITZ!Box an ihrem endgültigen Standort.
2. Stellen Sie zunächst die Stromversorgung her. Da die FRITZ!Box keinen Ein-/Ausschalter hat, schaltet sie sich dabei automatisch ein und startet. Das ist auch in Ordnung so. Die weiteren Anschlüsse können Sie jederzeit bei laufendem Betrieb vornehmen oder auch wieder trennen.
3. Stellen Sie dann die Verbindung zum DSL-, Kabel- bzw. Glasfaseranschluss her. Bei LTE-Modellen stecken Sie die SIM-Karte ein. Nehmen Sie dann ggf. die Schritte zum Konfigurieren der jeweiligen Zugangsvariante vor.
4. Sofern Sie noch einen echten Festnetzanschluss haben oder die FRITZ!Box hinter eine Telefonanlage geschaltet werden soll, verbinden Sie die Box mit dem Telefonanschluss.
5. Schließen Sie nun Netzwerkendgeräte wie PCs, Drucker und andere kabelgebundene Netzwerkkomponenten an. Ebenso verbinden Sie Switches, die das Netzwerk erweitern. Auch Drahtlosgeräte können sich nun mit der FRITZ!Box verbinden.
6. Stecken Sie schließlich bei Bedarf analoge und ISDN-Endgeräte an und melden Sie DECT-Mobilteile an der FRITZ!Box-Basisstation an.

1.2 Vorbereitung zur Ersteinrichtung

Jede FRITZ!Box wird mit bestimmten Werkseinstellungen ausgeliefert. Sie muss zunächst für Ihren Internetzugang konfiguriert sowie ggf. in ein vorhandenes Heimnetzwerk integriert werden. Keinesfalls sollten Sie die FRITZ!Box direkt beispielsweise per Kabel mit vorhandenen Netzwerkkomponenten verbinden. Stattdessen nehmen Sie erstmalig mit einem einzelnen PC, Notebook oder Smartphone Verbindung zur »jungfräulichen« FRITZ!Box auf.

Dafür gibt es prinzipiell zwei Möglichkeiten:

- Sie können einen PC oder ein Notebook, die mit einer Netzwerkschnittstelle versehen sind, mit einem der LAN-Anschlüsse der FRITZ!Box verbinden. Nach dem Einschalten können Sie dann auf dem PC die Weboberfläche der FRITZ!Box aufrufen und die Ersteinrichtung durchführen.
- Die zweite Variante verzichtet auf Kabel und verwendet stattdessen das WLAN der FRITZ!Box, um die Erstverbindung herzustellen. Sie können dafür ebenfalls einen PC oder ein Notebook verwenden, aber selbst ein Tablet oder ein Smartphone eignet sich hierfür.

Verwenden Sie die Variante, die Ihnen angenehmer erscheint. Das Netzwerkkabel erfordert eventuell etwas Aufwand, dafür wird die Verbindung anschließend praktisch automatisch hergestellt. Bei der WLAN-Variante brauchen Sie nicht unterm Schreibtisch rumzukriechen, müssen dafür aber die Zahlenkolonne für den Netzwerkschlüssel eintippen.

PC per Netzwerkkabel anschließen

Wenn Sie die Ersteinrichtung per Netzwerkkabel vornehmen möchten, benötigen Sie dafür nur einen entsprechenden PC bzw. ein Notebook mit Netzwerkanschluss. Ein passendes Netzwerkkabel gehört zum Lieferumfang Ihrer FRITZ!Box (üblicherweise das gelbe Kabel).

Sollte das fehlen, können Sie genauso ein anderes Netzwerkkabel aus Ihrem Fundus verwenden. Allerdings sollte es ein echtes Netzwerkkabel sein und kein einfaches ISDN-Kabel. Sie verwenden dieselben RJ45-Stecker, aber meist ist nur die Hälfte der Kontakte tatsächlich beschaltet.

Den PC für die Erstkonfiguration vorbereiten

Damit der PC eine Verbindung zur FRITZ!Box in den Werkseinstellungen vornehmen kann, muss er entsprechend konfiguriert sein. Die Standard-Konfiguration der meisten Geräte ist dafür geeignet. Wurde aber von dieser Konfiguration abgewichen, kann es dadurch zu Problemen kommen. Überprüfen Sie deshalb die Konfiguration und passen Sie sie ggf. an.

Bei einem PC mit Windows 11 gehen Sie dazu wie folgt vor:

1. Klicken Sie in der klassischen Systemsteuerung auf *Netzwerk- und Freigabecenter*.
2. Im Netzwerk- und Freigabecenter klicken Sie links im Aufgabenbereich auf *Adaptereinstellungen ändern*.

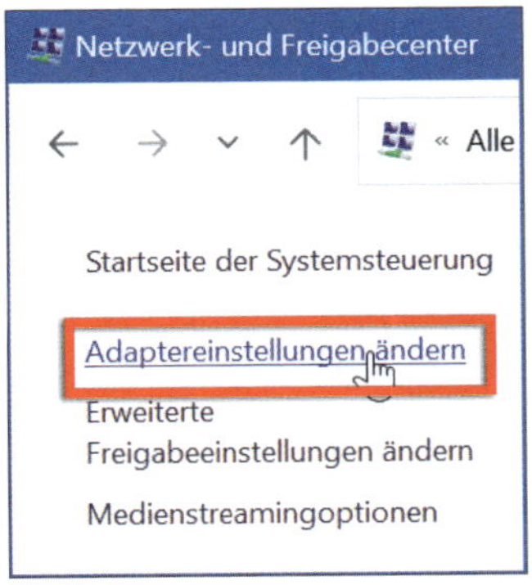

3. Damit gelangen Sie in die Übersicht über die Netzwerkverbindungen, in der Sie die Verbindung Ihres Ethernet-Anschlusses mit einem Doppelklick öffnen und dann deren *Eigenschaften* anzeigen.
4. Wählen Sie dort in der Liste der Elemente *Internetprotokoll Version 4 (TCP/IPv4)* aus und klicken Sie darunter rechts erneut auf *Eigenschaften*.

5. Aktivieren Sie im anschließenden Dialog oben die Option *IP-Adresse automatisch beziehen*.

6. Wählen Sie außerdem im Bereich darunter die Option *DNS-Serveradresse automatisch beziehen*.
7. Klicken Sie anschließend zweimal auf *OK* und einmal auf *Schließen*.

Damit ist der PC so eingestellt, dass er beim Zustandekommen einer Netzwerkverbindung die wesentlichen Konfigurationsdaten vom Partner am anderen Ende – also in diesem Fall von der FRITZ!Box – bezieht. Die Box wiederum ist ab Werk so eingestellt, dass sie die wesentlichen Daten der Netzwerkkonfiguration den angeschlossenen Netzwerkgeräten auf Anfrage zur Verfügung stellt. Dadurch wird sichergestellt, dass FRITZ!Box und PC miteinander kommunizieren und Sie die Weboberfläche zur Konfiguration der FRITZ!Box öffnen können.

FRITZ!Box und PC verbinden

Für den folgenden Vorgang sollte die FRITZ!Box bereits mit Strom versorgt und zumindest physisch mit Ihrem jeweiligen Internetzugang verbunden sein. Der PC bleibt zunächst aus.

1. Nehmen Sie das gelbe Netzwerkkabel aus der Verpackung der FRITZ!Box (oder ggf. ein anderes geeignetes Netzwerkkabel) und stecken Sie es am PC in dessen Netzwerkanschluss ein. Die Anschlüsse bei Netzwerkkabeln sind symmetrisch, sodass es keine Rolle spielt, welches Ende mit dem PC und welches Ende mit der FRITZ!Box verbunden wird.

2. Stecken Sie dann das andere Ende des Kabels in einen der LAN-Anschlüsse an der Rückseite Ihrer FRITZ!Box. Welchen Sie verwenden, spielt keine Rolle.
3. Schalten Sie nun den PC ein und warten Sie ab, bis das Betriebssystem vollständig gestartet ist.
4. Öffnen Sie einen beliebigen Webbrowser. Edge ist bei Windows ohnehin dabei, aber Firefox oder Chrome eignen sich ebenso. Die Weboberfläche der FRITZ!Box lässt sich mit allen gängigen Browsern nutzen.
5. Geben Sie in der Adresszeile des Webbrowsers die Adresse *http://fritz.box* ein. In den meisten Fällen reicht sogar *fritz.box* als Adresse aus, aber einige Browser haben damit Probleme. Mit der langen Version sind Sie auf der sicheren Seite.

6. Damit öffnen Sie die Weboberfläche zur Konfiguration der FRITZ!Box. Diese will zunächst ein Kennwort von Ihnen wissen. Bei neueren FRITZ!Box-Modellen ist dieses in den Werkseinstellungen festgelegt. In dem Fall finden Sie es auf der beigelegten Servicekarte. Bei älteren Modellen ist kein Kennwort vorgegeben, sondern Sie legen an dieser Stelle selbst eines fest.

7. Nach erfolgreicher Anmeldung startet automatisch der Assistent zum Einrichten Ihrer FRITZ!Box.

Wie Sie mit dem Assistenten den Internetzugang Ihrer FRITZ!Box konfigurieren, lesen Sie auf Seite 37.

Mobilgeräte per WLAN verbinden

Die zweite Variante für die Erstkonfiguration ist ein WLAN-Gerät. Hierfür brauchen Sie keinerlei Kabel in die Hand zu nehmen oder gar an der vorhandenen Verkabelung etwas zu verändern. Stattdessen verwenden Sie ein (beinahe) beliebiges WLAN-Gerät.

Das kann ein PC mit WLAN-Hardware sein, ein Notebook, ein Tablet (Windows, Android oder iPad) oder auch ein Smartphone.

Wichtig ist nur, dass das Gerät sich per WLAN mit der FRITZ!Box verbinden kann und dass es einen Webbrowser bietet. Das folgende Beispiel zeigt die Vorgehensweise mit einem Windows-Gerät. Auch bei Geräten mit Android oder iOS müssen Sie aber nur wissen, wie Sie eine WLAN-Verbindung zu einem neuen Drahtlosnetzwerk herstellen.

Welches ist das richtige Drahtlosnetzwerk?

Üblicherweise besteht der Name aus *FRITZ!Box*, gefolgt von der Modellnummer sowie ggf. Namensergänzungen, also beispielsweise *FRITZ!Box 7690 CJ*. Für Zweifelsfälle ist er als *WLAN-Funknetz (SSID)* auf der Servicekarte bzw. FRITZ!Notiz sowie auf dem Typenschild an der Unter-/Rückseite des Gerätes abgedruckt.

In eng besiedelten Innenstädten oder Hochhäusern kann es durchaus vorkommen, dass zwei gleiche FRITZ!Box-Modelle in unmittelbarer Nähe in Betrieb sind. Wenn Ihr Nachbar den Standardnamen seiner Box nie geändert hat, finden Sie in diesem Fall leider zwei gleichnamige WLAN-Netzwerke vor. Im Zweifelsfall kommt das mit dem stärkeren Signal von Ihrer eigenen FRITZ!Box. Ansonsten können Sie es nur ausprobieren.

Die Anmeldung an einer fremden FRITZ!Box wird mangels Kennwort scheitern.

1. Schalten Sie die FRITZ!Box ein und warten Sie ein, zwei Minuten, bis das Gerät gestartet ist. Entscheidend für den Vorgang ist, dass die mit *WLAN* beschriftete Kontrollleuchte an der FRITZ!Box dauerhaft an ist. Dann ist das WLAN der FRITZ!-Box einsatzbereit.

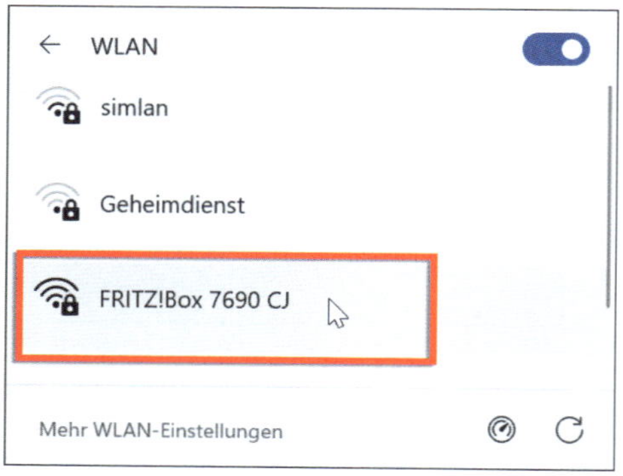

2. Klicken Sie auf das WLAN-Symbol unten rechts im Infobereich der Windows-Taskleiste. In der so geöffneten Liste der vorhandenen WLANs sollte sich nun ein Eintrag für das Drahtlosnetzwerk der FRITZ!Box finden.
3. Klicken Sie den Eintrag in der Liste an, um ihn auszuwählen. Mit einem Klick auf *Verbinden* können Sie die Kontaktaufnahme starten.

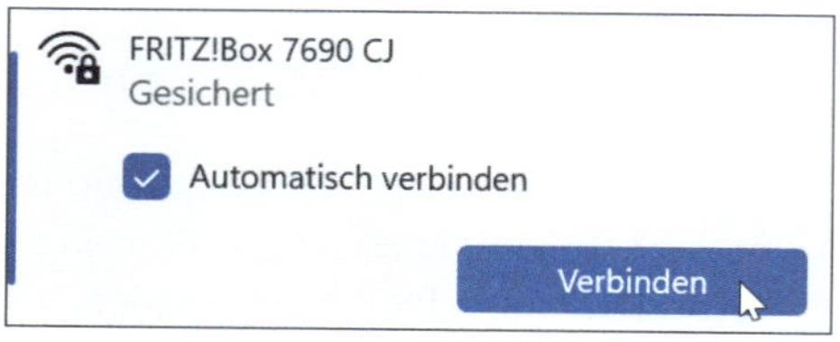

4. Da das Drahtlosnetzwerk gesichert ist, müssen Sie nun den Netzwerksicherheitsschlüssel eingeben. Sie finden ihn an der Rück-/Unterseite des Gerätes sowie auf der Servicekarte Ihrer FRITZ!Box. Klicken Sie dann auf *Weiter*.
5. Das Gerät stellt nun die WLAN-Verbindung zur FRITZ!Box her. Das sollte nur wenige Sekunden dauern. Anschließend zeigt das Verbindungssymbol an, dass eine WLAN-Verbindung aktiv ist.

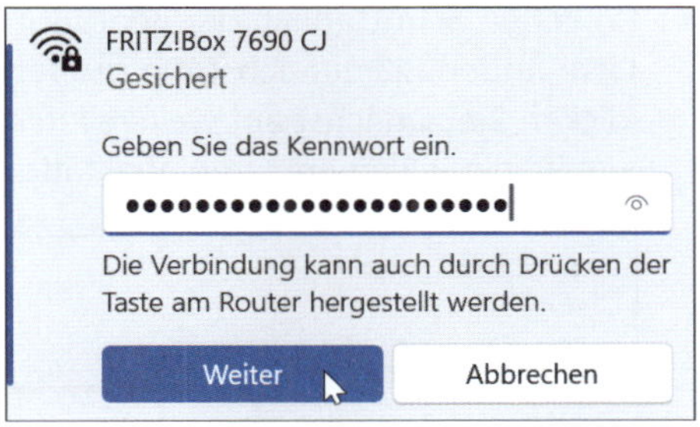

Es kann sein, dass das WLAN-Symbol mit einem Warnhinweis versehen ist. Der besagt, dass Ihr Gerät zwar mit einem Drahtlosnetzwerk verbunden ist, dieses aber über keine Internetverbindung verfügt. Das liegt daran, dass der Internetzugang der FRITZ!Box erst noch eingerichtet werden muss. Das können Sie mit dem im nachfolgenden Abschnitt beschriebenen Assistenten erledigen. Anschließend steht das Internet auch dem Mobilgerät automatisch zur Verfügung.

Der Assistent für den Internetzugang

Damit Sie Ihre FRITZ!Box und damit Ihr Heimnetzwerk möglichst schnell online bekommen, startet beim ersten Verbinden mit einer neuen oder zurückgesetzten FRITZ!Box automatisch ein Assistent. Er setzt voraus, dass die physische Verbindung zum Internetzugang (beispielsweise das Kabel zum Telefonanschluss oder Splitter) bereits korrekt vorgenommen wurde. Dann führt er Sie durch die notwendigen Schritte wie etwa das Eingeben der erforderlichen Zugangsdaten.

Den Assistenten neu aufrufen

Sollte die Weboberfläche Ihrer FRITZ!Box nicht den Assistenten anzeigen, sondern die normalen Konfigurationsseiten, wurde der Assistent bereits durchgeführt oder ggf. abgebrochen. Sie können ihn aber jederzeit erneut aufrufen, um die Verbindungsart zu ändern oder Zugangsdaten zu korrigieren. Klicken Sie dazu in der Navigationsleiste am linken Rand auf *Assistenten* und dann auf *Internetzugang einrichten*.

Der genaue Ablauf unterscheidet sich bei jedem Internetzugang ein wenig. Das folgende Beispiel zeigt die häufigste Variante eines DSL-Zugangs. Bei Kabel-, Glasfaser- oder Mobilfunkanschlüssen unterscheiden sich Texte und Auswahlmöglichkeiten etwas, aber der Assistent führt Sie auch dort zielsicher durch die notwendigen Schritte.

1. Im ersten Schritt (nach der Begrüßung) wählen Sie Ihren Internetanbieter aus. In der Liste finden Sie zunächst die großen überregionalen Anbieter. Ist Ihrer nicht dabei, klicken Sie zunächst auf *weitere Internetanbieter*. Sie erhalten dann ein weiteres Auswahlfeld mit kleineren, regional tätigen Anbietern.

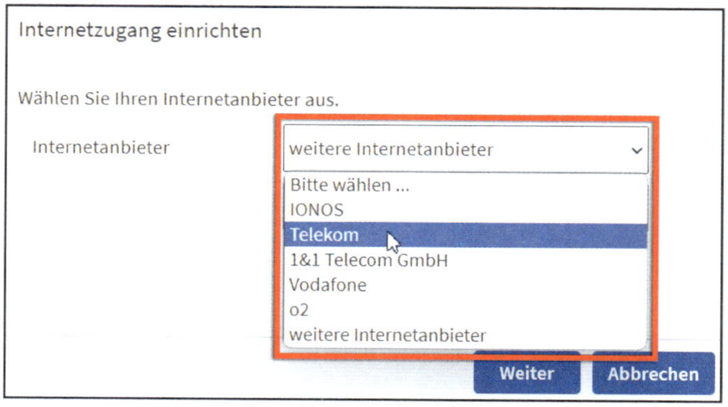

2. Die weiteren Schritte hängen vom gewählten Anbieter ab. Hier gibt es verschiedene Varianten. Teilweise müssen Sie die vom Anbieter übermittelten Zugangsdaten in einem Formular eintragen. Andere Anbieter stellen ihren Kunden stattdessen einen Start-Code zur Verfügung. Den muss man nur korrekt eintippen, dann kann die FRITZ!-Box die weitere Konfiguration automatisch vornehmen.

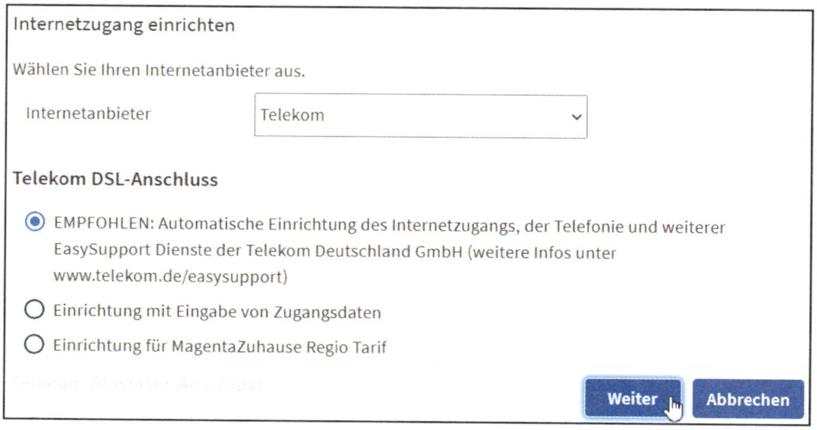

3. Geben Sie nun wie vom Assistenten gewünscht die benötigten Zugangsdaten ein. Die Abbildung zeigt das typische Eingabeformular für einen Telekom-DSL-Zugang und dürfte mit zu den komplexesten Varianten gehören. Bei vielen anderen Anbietern beschränkt es sich auf Benutzername und Kennwort oder einen Anmeldecode. Die Daten erhalten Sie in jedem Fall von Ihrem Internetanbieter. Sollten sie noch nicht vorliegen, nehmen Sie Kontakt zu dessen Kundendienst auf.

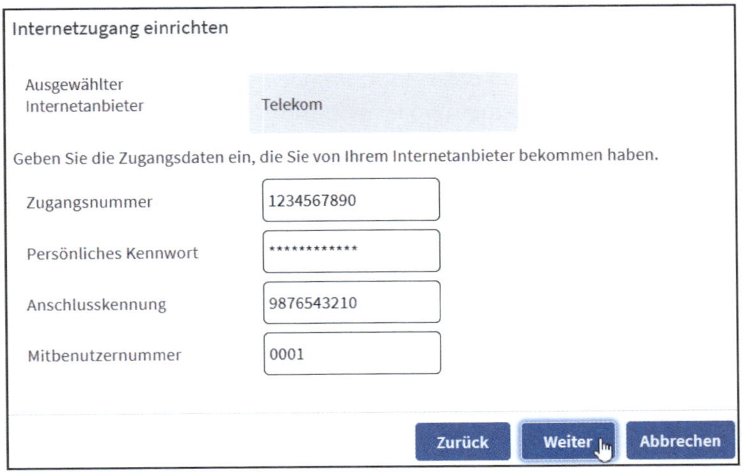

4. Schließlich präsentiert der Assistent Ihnen eine Zusammenfassung der gewählten Zugangsvariante. Überprüfen Sie hier noch einmal alles. Die Option *Internetverbindung nach dem Speichern der Einstellungen prüfen* sollten Sie eingeschaltet lassen. So testet der Assistent, ob der Kontakt zum Internet mit den eingegebenen Zugangsdaten erfolgreich hergestellt werden kann. Falls nicht, können Sie Ihre Angaben direkt korrigieren. Klicken Sie auf *Weiter*, um die Daten zu speichern und den Verbindungstest durchzuführen.

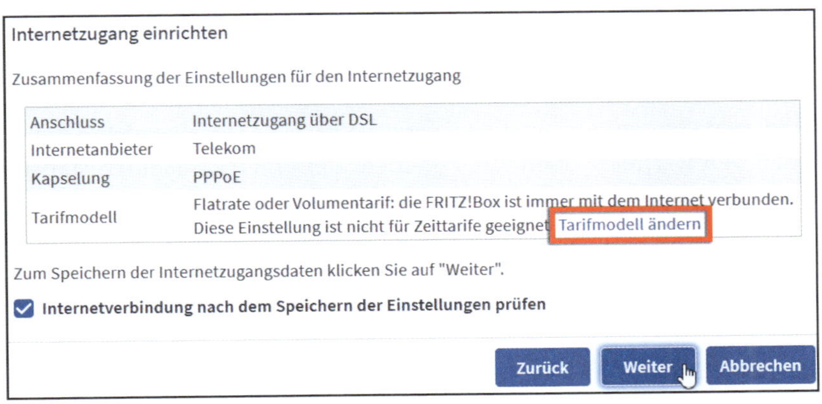

Anbieter nicht dabei?

Sollte Ihr Internetanbieter weder in der einen noch in der anderen Liste zu finden sein, wählen Sie in der ersten Liste *weitere Internetanbieter* und in der zweiten *andere Internetanbieter*. Im weiteren Verlauf bekommen Sie dann die Gelegenheit, einen Benutzernamen und ein Kennwort einzugeben. Sollte das nicht reichen oder sollten Sie diese Daten nicht kennen, fragen Sie bei Ihrem Anbieter nach, wie die Verbindung über eine FRITZ!Box herzustellen ist.

Das richtige Tarifmodell gewählt?

Beachten Sie in der Zusammenfassung das Feld *Tarifmodell*. Die FRITZ!Box geht standardmäßig von einer Flatrate bzw. einem volumenbasierten Tarif aus und hält die Internetverbindung deshalb rund um die Uhr aufrecht. Sollten Sie allerdings einen zeitbasierten Tarif haben, kann das ungünstig sein und unnötige Kosten verursachen. In diesem Fall können Sie auf *Tarifmodell ändern* klicken und ein entsprechendes Tarifmodell wählen.

5. Anschließend speichert der Assistent die Zugangskonfiguration und führt eine Prüfung der Internetverbindung durch (sofern Sie in Schritt 4 nicht ausdrücklich darauf verzichtet haben). Der Vorgang kann eine kurze Weile dauern. Lassen Sie die FRITZ!Box solange in Ruhe arbeiten und aktualisieren Sie die Anzeige in Ihrem Webbrowser nicht manuell.

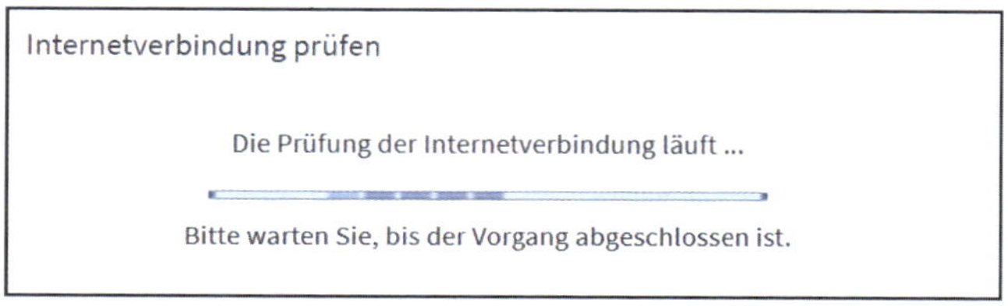

6. Hat alles geklappt, erhalten Sie eine Erfolgsmeldung. Die FRITZ!Box ist nun für den Internetzugang konfiguriert. Alle Geräte, die sich mit der FRITZ!Box per Netzwerkkabel oder Drahtlosnetzwerk verbinden, können diesen Internetzugang automatisch nutzen.
7. Abschließend haben Sie die Möglichkeit, die Option *Diagnose und Wartung* zu steuern. Sie ist standardmäßig eingeschaltet und sorgt dafür, dass Diagnosedaten von Ihrer FRITZ!Box an den Hersteller übermittelt werden. Der ermittelt dadurch statistische Daten über die Nutzung seiner Geräte und mögliche Probleme. Wenn Sie sich an dieser Erfassung nicht beteiligen möchten, deaktivieren Sie die Option, bevor Sie den Assistenten abschließen.

Sollte die Verbindung mit dem Internet nicht funktioniert haben, erhalten Sie eine entsprechende Meldung mit Hinweisen, etwa die korrekte Verkabelung zu überprüfen.

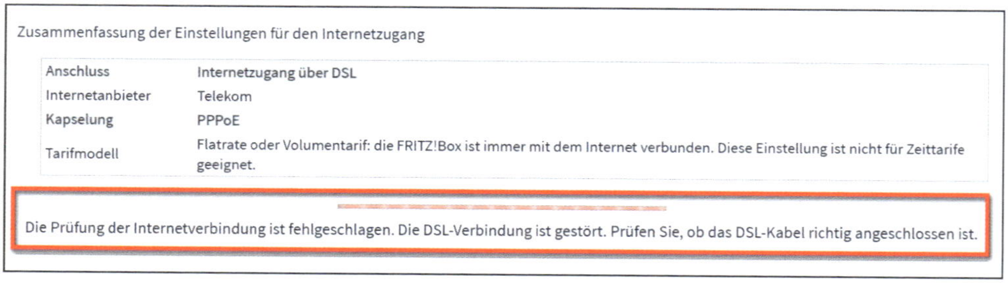

Kontrollieren Sie, ob die Internetverbindung mit den Zugangsdaten erfolgreich hergestellt wurde

Folgen Sie den Hinweisen und verwenden Sie die *Zurück*-Schaltfläche, um ggf. Zugangsdaten zu ändern und den Verbindungstest erneut durchzuführen.

Den Assistenten abbrechen

Wenn etwas nicht klappt, Ihnen Zugangsdaten fehlen oder Sie nicht sicher sind, können Sie den Assistenten jederzeit beenden. Klicken Sie dazu auf die *Abbrechen*-Schaltfläche unten rechts und bestätigen Sie die Rückfrage mit *Assistent beenden*.

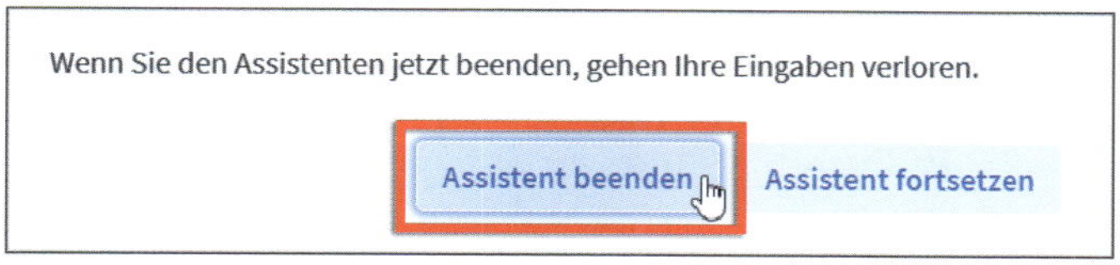

Der Vorgang wird dann abgebrochen und die bereits vorgenommenen Änderungen und Eingaben werden verworfen. Sie gelangen stattdessen zur normalen Weboberfläche Ihrer FRITZ!Box. Sie können den Assistenten später jederzeit erneut aufrufen, indem Sie in der Navigationsleiste an der linken Seite ganz unten auf *Assistenten* klicken und dann *Internetzugang einrichten* wählen.

1.3 Die Benutzeroberfläche der FRITZ!Box

Die Konfiguration und Administration der FRITZ!Box erfolgt über eine Weboberfläche. Einzelne Funktionen lassen sich auch über FRITZ!-Apps oder angemeldete Mobilteile vornehmen, aber die ganze Fülle an Einstellungs- und Steuerungsmöglichkeiten erreichen Sie nur hier. Die Weboberfläche zeigt sich nach dem Durchführen (oder ggf. auch Abbrechen) des Einrichtungsassistenten beim ersten Start der FRITZ!Box. Anschließend wird die Oberfläche immer angezeigt, wenn Sie sich bei Ihrer FRITZ!Box anmelden. Hierfür benötigen Sie lediglich einen Webbrowser, der Standard-Webtechniken wie JavaScript beherrschen sollte. Das können Edge, Chrome oder Firefox am PC sein, ebenso wie Mobilbrowser auf Ihrem Tablet bzw. Smartphone mit iOS oder Android.

1. Geben Sie im Webbrowser Ihrer Wahl die Adresse *http://fritz.box* ein. Oftmals reicht auch bereits *fritz.box*. Sollten Sie den Gerätenamen Ihrer FRITZ!Box verändert haben, geben Sie stattdessen diese Bezeichnung ein.

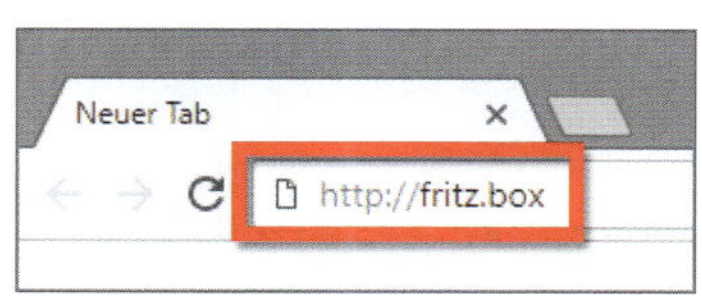

2. Der Webbrowser zeigt Ihnen dann zunächst den Anmeldedialog, wo Sie das Kennwort eintippen. Bei neueren Modellen gibt es ein Werkskennwort, das Sie an der Rückseite und auf der Servicekarte abgedruckt finden. Haben Sie ein eigenes Passwort für Ihre FRITZ!Box festgelegt, tippen Sie selbstverständlich dieses ein.

3. Nach der Anmeldung mit dem korrekten Kennwort sehen Sie im Webbrowser die Weboberfläche Ihrer FRITZ!Box. Diese startet immer mit der *Übersicht*-Seite.

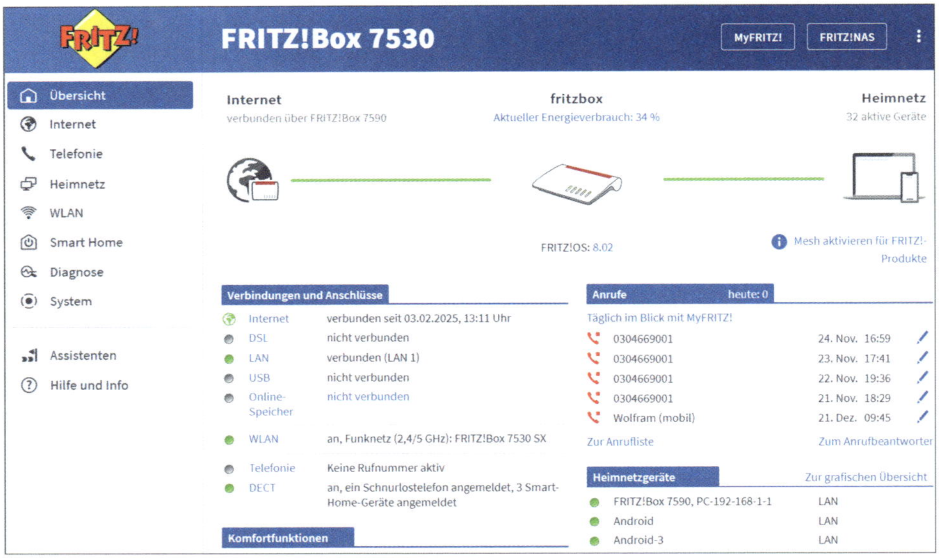

Die Weboberfläche startet immer mit der Übersichtsseite

Optimale Breite des Browserfensters

Die Weboberfläche passt sich automatisch an die vorhandene Fläche des Bildschirms bzw. des Browserfensters an. Achten Sie deshalb darauf, das Fenster nicht zu klein bzw. insbesondere nicht zu schmal zu machen. Sonst blendet die Oberfläche die Navigationsleiste am linken Rand aus. Stattdessen finden Sie dann oben links neben der Bezeichnung Ihrer FRITZ!Box ein Menü-Symbol, über das Sie die Navigationsleiste bei Bedarf einblenden können. Das geht auch, ist aber etwas umständlicher.

Die Übersichtsseite

Die Übersichtsseite verschafft Ihnen – ganz wie der Name es verspricht – einen schnellen Überblick über das, was bei Ihrer FRITZ!Box gerade los ist.

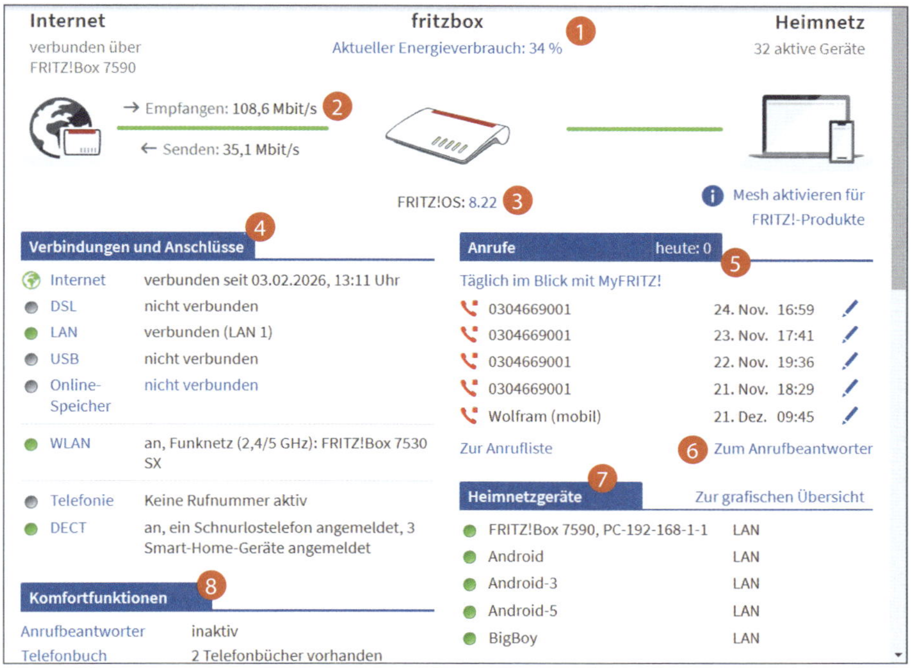

1 *Aktueller Energieverbrauch*

Hier zeigt die FRITZ!Box an, wie viel Prozent ihrer Maximalleistung sie gerade erbringt. Der Wert hängt davon ab, welche Funktionen aktiviert und wie viele Geräte angeschlossen sind. Im Wesentlichen sollte man hier auf Abweichungen vom Üblichen achten. Ein dauerhaft sehr hoher Wert kann ein Anzeichen dafür sein, dass Ihre FRITZ!Box mit ihren Aufgaben überlastet ist. Die Bezeichnung *Aktueller Energieverbrauch* ist eine Verknüpfung zum Energiemonitor. Hier können Sie im Detail sehen, welche Komponenten was verbrauchen.

2 *Internetzugang und -geschwindigkeit*

Die Grafik im oberen Bereich veranschaulicht den Internetzugang Ihrer FRITZ!Box. Der Globus ganz links steht für das Internet und die Linie von dort zur FRITZ!Box für Ihre Internetverbindung. Je nach Art des Zugangs können Sie an der Linie direkt die aktuellen Geschwindigkeiten für Download und Upload ablesen. Die Linie von der FRITZ!Box nach rechts symbolisiert Ihr Heimnetzwerk. Sind beide Linien grün, liegen keinerlei Störungen vor und Ihre Netzwerkgeräte können über die FRITZ!Box mit dem Internet kommunizieren.

3 *FRITZ!OS-Version*
Links oben sehen Sie die Versionsnummer der aktuell installierten FRITZ!OS-Version. Ein Klick darauf ruft Informationen zu Änderungen und neuen Funktionen dieser Version auf. Haben Sie weitere FRITZ!-Produkte wie Repeater oder Mobilteile zum Telefonieren im Einsatz, können Sie deren Softwarestand hier auch überprüfen lassen.

4 *Verbindungen und Anschlüsse*
Dieser Bereich zeigt kompakt den derzeitigen Status Ihrer FRITZ!Box-Funktionen an. Liegen Störungen vor, kann man das hier auf den ersten Blick erkennen. *Internet* und *Telefonie* sind Abkürzungen zu den entsprechenden Einstellungen Ihrer FRITZ!Box. Außerdem sehen Sie hier, welche Anschlüsse der FRITZ!Box belegt sind. Die Bezeichnungen der Anschlussarten sind Verknüpfungen, die Sie direkt zu den Einstellungen für diese Anschlüsse bringen.

5 *Anrufe*
Wenn Sie die Telefoniefunktionen Ihrer FRITZ!Box nutzen, finden Sie hier eine Liste der letzten Anrufe. Besonders praktisch: Stehen Nummern in der Liste, die keinem Kontakt zugeordnet sind, können Sie hier direkt einen Kontakt anlegen oder die Nummern einem vorhandenen Kontakt zuordnen (mehr dazu auf Seite 290). Mit *Zur Anrufliste* geht es zur ausführlicheren Liste.

6 *Anrufbeantworter*
Fungiert Ihre FRITZ!Box auch als Anrufbeantworter, sehen Sie in der Anrufliste sofort, ob neue Nachrichten vorliegen, und können diese mit dem Wiedergabesymbol direkt abspielen. Mit *Zum Anrufbeantworter* geht es zur Detailseite des Anrufbeantworters (mehr dazu auf Seite 273).

7 *Heimnetzgeräte*
Diese Liste gibt Ihnen einen ersten Überblick auf die Geräte in Ihrem Heimnetzwerk, die über ein Netzwerkkabel oder WLAN mit der FRITZ!Box in Verbindung stehen. Einige der Geräte können direkt angeklickt werden, wenn sie über eigene Webseiten zum Konfigurieren oder Steuern verfügen. Mit *Zur grafischen Übersicht* geht es zur ausführlichen Heimnetzliste.

8 *Komfortfunktionen*
In diesem Bereich sind verschiedene Funktion Ihrer FRITZ!Box versammelt. Der genaue Umfang hängt davon ab, welche Komfortfunktionen Sie aktiviert haben. Jeder Eintrag verrät Ihnen wichtige Informationen wie etwa den verfügbaren Speicherplatz für den NAS-Netzwerkspeicher. Gleichzeitig ist die Bezeichnung der Funktion eine Abkürzung zur Seite mit den entsprechenden Einstellungen.

Das Hilfsmenü der Weboberfläche

Oben rechts in der Weboberfläche finden Sie zwei Punkte, die ein Hilfsmenü zum Steuern des Webzugangs symbolisieren:

- Mit *Kennwort ändern* legen Sie ein neues Kennwort für den Zugang zur Weboberfläche Ihrer FRITZ!Box fest (siehe unten).

- Mit *Abmelden* können Sie sich jederzeit sicher von der Weboberfläche verabschieden. Die rechts daneben ablaufende Zeit zeigt Ihnen an, wann Sie – ohne weitere Interaktion – automatisch abgemeldet würden. Ein Klick auf diesen Zähler setzt die Zeit jeweils auf die Maximaldauer zurück.

Der sichere Zugang zur FRITZ!Box

Die Weboberfläche gewährt Ihnen Zugang zu sämtlichen Einstellungsmöglichkeiten Ihrer FRITZ!Box. Dementsprechend sollten nur Sie selbst oder ggf. andere vertrauenswürdige Personen Zugriff darauf erhalten. Von Haus aus ist die Weboberfläche mittels Kennwort und Zugangsbeschränkungen geschützt. Sie können Änderungen an diesen Vorgaben vornehmen, sollten dabei aber Umsicht walten lassen.

Das Kennwort für die Weboberfläche ändern

Ihrer FRITZ!Box kommt entweder mit einem ab Werk voreingestellten Kennwort oder Sie haben beim ersten Anmelden ein eigenes Kennwort festgelegt. Gerade im ersten Fall ist es sinnvoll, das Werkspasswort durch ein eigenes Kennwort zu ersetzen. Zwar bekommt jede FRITZ!Box ihr individuelles Geheimwort verpasst. Aber ein selbst erdachtes Kennwort ist sicherer und ggf. auch besser zu merken. Und auch ein eigenes Kennwort sollte man aus Sicherheitsgründen in regelmäßigen Abständen wechseln.

1. Um das Kennwort zu ändern, klicken Sie auf das Symbol für das Hilfsmenü oben rechts.
2. Wählen Sie im Menü den Punkt *Kennwort ändern*.
3. Damit öffnen Sie eine Einstellungsseite mit einem Eingabefeld, in dem Sie das neue Kennwort eingeben können.
4. Beachten Sie dabei die Anzeige für die Qualität des gewählten Kennworts unmittelbar unter diesem Feld. Sie reagiert dynamisch und wird nach jedem Zeichen aktualisiert.

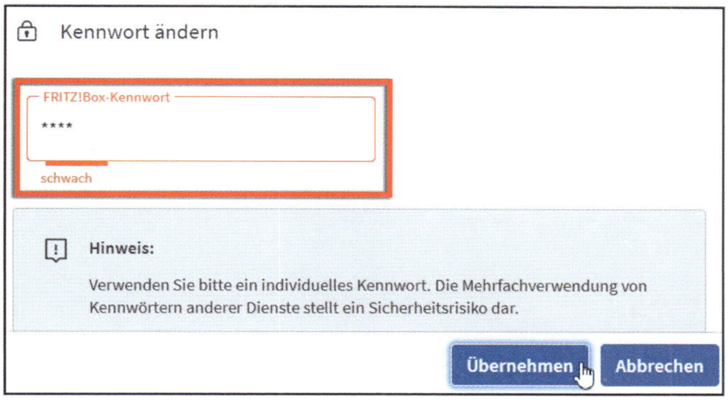

5. Wählen Sie ein Kennwort, das mindestens die Bewertung *mittel* erzielt. Das erreichen Sie, indem Sie nicht aufeinanderfolgende Buchstaben und Ziffern kombinieren. Noch

besser wäre die Bewertung *gut* oder gar *stark*. Dazu müssen Sie die Buchstaben und Ziffern mit Sonderzeichen (?, &, % usw.) ergänzen.

6. Aus Sicherheitsgründen werden üblicherweise anstelle der eingetippten Zeichen nur Punkte angezeigt. Mit dem Augensymbol rechts im Eingabefeld können Sie aber jederzeit zu einer Klartextanzeige des Kennworts wechseln, um Vertipper auszuschließen.
7. Haben Sie ein sicheres Kennwort gefunden, das Sie sich gut merken können, klicken Sie unten auf *Übernehmen*.

Die Weboberfläche auch aus der Ferne nutzen

Standardmäßig können Sie die Weboberfläche Ihrer FRITZ!Box nur von einem Gerät aus öffnen, das in Ihrem lokalen Heimnetzwerk angeschlossen bzw. per WLAN angemeldet ist. Es kann aber durchaus sinnvoll sein, auch von unterwegs auf die FRITZ!Box zugreifen zu können, etwa um Smart-Home-Funktionen zu bedienen oder Anrufe abzuhören (wobei das auch per Fernabfrage via Telefon funktioniert). Das geht, wenn zwei Bedingungen erfüllt sind:

- Es ist grundsätzlich ein Zugriff auf Ihre FRITZ!Box von außerhalb möglich, etwa durch die Nutzung von MyFRITZ! oder einem anderen VPN (siehe Seite 215).

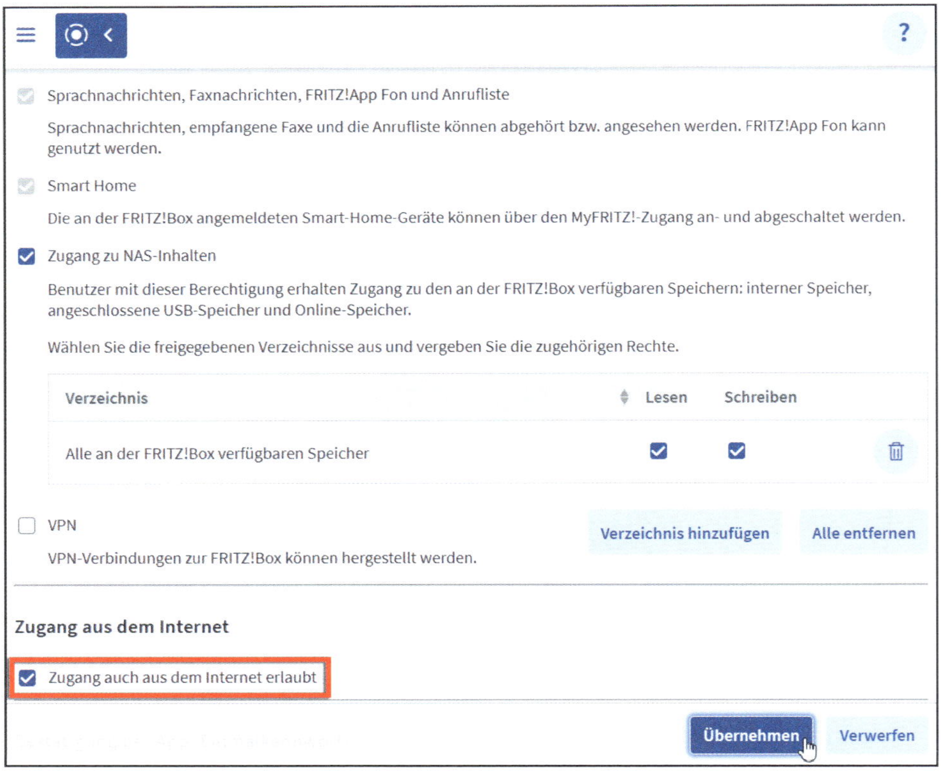

Der Zugriff von außerhalb des Heimnetzwerks muss ausdrücklich zugelassen werden

- Es muss ein Benutzer in der FRITZ!Box eingerichtet sein, dem der Zugang aus dem Internet ausdrücklich erlaubt ist.

Auf Seite 226 wird die Benutzerverwaltung der FRITZ!Box ausführlich vorgestellt. An dieser Stelle deshalb nur der folgende Hinweis: Wenn Sie einen Benutzer neu hinzufügen oder einen der vorhandenen Benutzer bearbeiten, finden Sie in dessen Profil die Option *Zugang auch aus dem Internet erlaubt*. Aktivieren Sie diese Option, damit dieser Benutzer sich auch von außerhalb des eigenen Heimnetzwerks bei der FRITZ!Box anmelden darf. Unterhalb dieser Option finden Sie verschiedene Berechtigungen, was der Benutzer genau tun darf. Stellen Sie sicher, dass hier die für die Aufgaben erforderlichen Optionen aktiviert sind, beispielsweise *Sprachnachrichten, Faxnachrichten, FRITZ!App Fon und Anrufliste*, um den Anrufbeantworter aus der Ferne per Weboberfläche abhören und einstellen zu können.

Assistenten für wichtige Einstellungen

Ein Punkt unten im Hauptmenü Ihrer FRITZ!Box lautet *Assistenten*. Damit rufen Sie eine Seite mit Einstellungen für verschiedene typische Aufgaben Ihrer FRITZ!Box auf. Jede startet einen Assistenten, der Sie Schritt für Schritt durch alle Einstellungen für die jeweilige Aufgabe führt. So können Sie hier etwa Telefongeräte mit der Box verbinden (drahtgebunden und drahtlos), Telefonnummern verwalten oder den Zustand Ihrer FRITZ!Box überprüfen. Alle diese Funktionen und Einstellungen lassen sich in den anderen Menüs ebenfalls erreichen und dort teilweise noch flexibler einstellen. Aber die Assistenten sind für viele typische Verwaltungsaufgaben ein guter Ausgangspunkt.

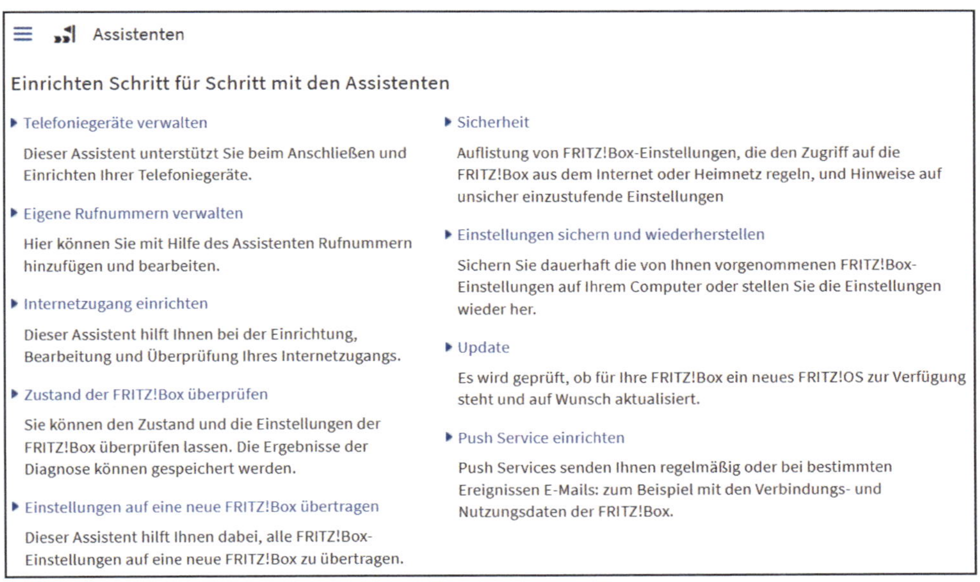

Die Assistenten unterstützen Sie beim Erledigen typischer Einstellungsaufgaben

1.4 Die FRITZ!Box mit dem Internet verbinden

Zu den zentralen Aufgaben einer FRITZ!Box gehört es, den angeschlossenen bzw. angemeldeten Netzwerkgeräten den Zugang zum Internet zu ermöglichen. Dieser kann auf verschiedene Weisen erfolgen. Die gängigsten sind ein DSL- oder ein Kabelanschluss. Mobilfunk (LTE) und Glasfaser sind noch weniger verbreitet, aber auf dem Vormarsch. Die meisten FRITZ!Box-Modelle unterstützen eine dieser Anschlussarten direkt. Viele neuere Modelle können außerdem LTE als alternative Zugangsart nutzen, um beim Ausfall des Hauptzugangs eine Ersatzverbindung aufbauen zu können.

Einige wenige FRITZ!Box-Modelle enthalten kein Modem für eine der erwähnten Zugangsarten. Sie sind darauf angewiesen, sich für den Onlinezugang mit einem externen Modem oder einem Router zu verbinden, um deren Internetkonnektivität nutzen und an andere Netzwerkgeräte weiterreichen zu können. Das ist übrigens eine Eigenschaft aller FRITZ!-Boxen. Neben der eigentlich unterstützten Verbindungsvariante können Sie auch jede andere Variante nutzen, sofern Sie über ein entsprechendes Modem oder einen Router verfügen, mit denen sich die FRITZ!Box verbinden kann. Sie können also beispielsweise ein DSL-Modell auch für einen Kabelanschluss verwenden, sofern Sie über ein Kabelmodem verfügen, das sich über einen Netzwerkanschluss mit der FRITZ!Box verbinden lässt.

Auf den folgenden Seiten stelle ich die verschiedenen Möglichkeiten, eine FRITZ!Box mit dem Internet zu verbinden, jeweils ausführlich vor. Ihr eigenes Modell kann niemals alle beschriebenen Varianten unterstützen. Aber Sie werden vermutlich feststellen, dass auch mit Ihrer FRITZ!Box mehr als nur eine Variante möglich ist.

Internetzugang per DSL

Die weitaus meisten FRITZ!Box-Modelle unterstützen von Haus aus den Internetzugang per DSL bzw. VDSL. Das bedeutet, sie haben ein DSL-Modem eingebunden und können direkt mit der Telefondose verbunden werden. Die FRITZ!Box stellt über das integrierte DSL-Modem die Internetverbindung selbstständig her und reicht den so hergestellten Onlinezugang an alle anderen Geräte im Heimnetzwerk weiter. Dabei kommen mittlerweile fast ausschließlich moderne IP-basierte Anschlüsse zum Einsatz, bei denen auch die Telefonieverbindungen per VoIP über das Internet hergestellt werden.

Klassische Analog- oder ISDN-Anschlüsse, bei denen das Signal per Splitter zwischen DSL und Telefonie aufgeteilt werden müsste, werden für Privatkunden praktisch nicht mehr angeboten, weshalb ich auf diese Variante nicht weiter eingehe.

Bei einem IP-basierten Zugang ohne klassischen Telefonanschluss braucht nur ein Kabel von der FRITZ!Box zum Telefonanschluss gelegt zu werden.

1. Stellen Sie sicher, dass an Ihrer Telefondose keine Telefone oder sonstige Geräte mehr angeschlossen sind. Dies gilt auch für eventuelle Nebenanschlüsse.

Achtung: Bei der Umstellung vom klassischen Festnetz auf IP-basierten Anschluss muss auch der zuvor genutzte DSL-Splitter entfernt werden. Er wird bei IP-basierten Anschlüssen nicht mehr benötigt.

2. Lokalisieren Sie bei Ihrer FRITZ!Box an der Rückseite den RJ45-Anschluss mit der Beschriftung *DSL* bzw. *VDSL* oder bei älteren Modellen *DSL/TEL*.

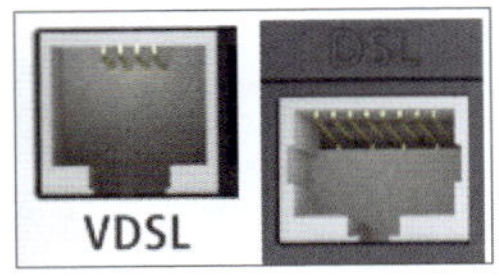

3. Zum Lieferumfang Ihrer FRITZ!Box gehört ein Verbindungskabel, das an einem Ende einen RJ45-Stecker mit der entsprechenden Beschriftung hat. Dieses Ende gehört in die DSL-Buchse der Box.
4. Beim anderen Ende dieses Kabels gibt es zwei Varianten:

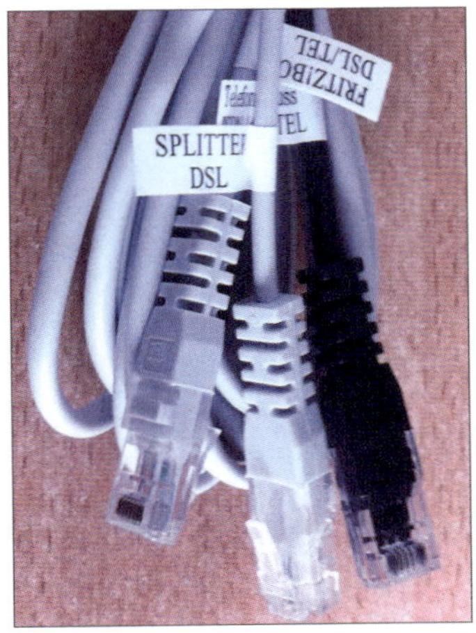

   - Befindet sich an diesem Ende nur ein Stecker, der mit *Telefonanschluss* beschriftet ist, gehört dieser direkt in eben diesen, im Zweifelsfall in die mit *F* beschriftete TAE-Dose.
   - Teilt sich das Ende in zwei Anschlüsse mit den Bezeichnungen *Telefonanschluss ISDN/analog TEL* am einen und *SPLITTER DSL* am anderen, ist dieses Kabel für einen klassischen Festnetzanschluss vorgesehen. Das macht aber nichts. Stecken Sie das helle, mit *SPLITTER DSL* beschriftete Ende in die Telefondose. Das dunkle Kabelende lassen Sie in diesem Fall einfach unbenutzt.

   Sollte kein Kabel vorhanden sein, können Sie aus Ihrem Fundus oder aus dem Zubehörhandel ein herkömmliches Telefonkabel mit RJ45-Steckern verwenden. Achten Sie nur darauf, dass alle Adern voll beschaltet sind.

5. Wenn Ihre Telefondose nur TAE-Buchsen hat, finden Sie im Lieferumfang der FRITZ!Box üblicherweise einen RJ45-auf-TAE-Adapter, den Sie einfach zwischenstecken können. Sollte mehr als ein Adapter beiliegen, wählen Sie den, der farblich zum Kabelende passt.

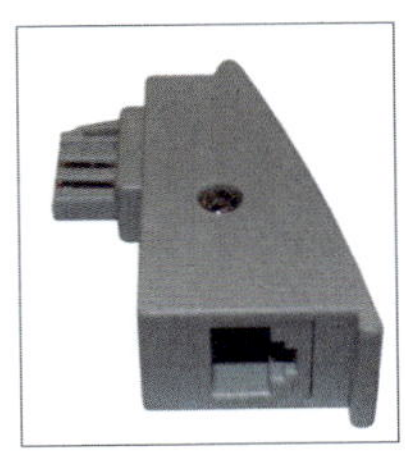

6. Führen Sie abschließend den Einrichtungsassistenten in der Weboberfläche der FRITZ!Box aus (siehe Seite 37). Wählen Sie zu Beginn die Option *Anschluss an einen DSL-Anschluss* aus und geben Sie im Folgenden beispielsweise Ihre Zugangsdaten ein, damit die DSL-Verbindung genutzt werden kann.

Sie können das Kabel bei laufender FRITZ!Box einstecken. Die Box bemerkt es, wenn ein Kabel ein- oder ausgesteckt wird, und reagiert automatisch darauf. Allerdings kann es beim Herstellen der DSL-Verbindung durchaus etwas dauern, bis sich das DSL-Modem mit der Gegenstelle am anderen Ende der Leitung synchronisiert hat.

Bei einem IP-basierten Anschluss wird die FRITZ!Box direkt mit der Telefondose verbunden

Internetzugang per Kabelanschluss

Ist Ihr Haushalt mit einem Kabel-Internetzugang versorgt, können Sie ein entsprechendes FRITZ!Box-Cable-Modell direkt daran anschließen, um das Kabelinternet für alle Geräte im Heimnetz nutzbar zu machen. Umfasst der Kabelanschluss auch einen IP-Telefonanschluss, kann die FRITZ!Box auch darauf zugreifen.

Sollten Sie parallel zu Ihrem Kabelanschluss noch klassisches Festnetztelefon haben, können Sie dieses mit den FRITZ!Box-Cable-Modellen allerdings nicht nutzen.

1. Schließen Sie die FRITZ!Box noch nicht an die Stromversorgung an. Sollte dies schon geschehen sein, trennen Sie die Stromversorgung für die nachfolgenden Schritte zunächst wieder.
2. Lokalisieren Sie an der Rückseite Ihrer FRITZ!Box den Anschluss mit der Bezeichnung *CABLE*. Es handelt sich hierbei um eine Buchse für ein Koaxialkabel, wie es beispielsweise ebenso bei Antennen für SAT-TV verwendet wird.

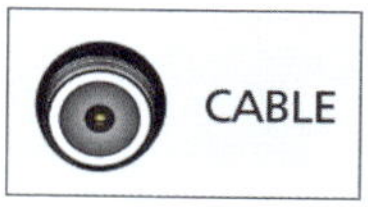

3. Für die Verbindung mit der FRITZ!Box benötigen Sie ein Koaxialkabel. Üblicherweise finden Sie ein solches im Lieferumfang Ihrer Kabel-FRITZ!Box. Sollte es nicht mehr vorhanden sein oder die Länge nicht ausreichen, können Sie stattdessen aber ein beliebiges anderes Koaxialkabel mit passenden Steckern verwenden.

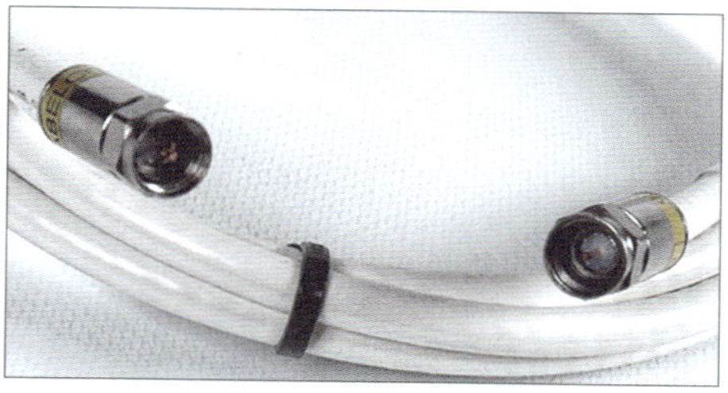

4. Ein Ende des Koaxialkabels – egal welches – gehört in den *CABLE*-Anschluss der FRITZ!-Box.

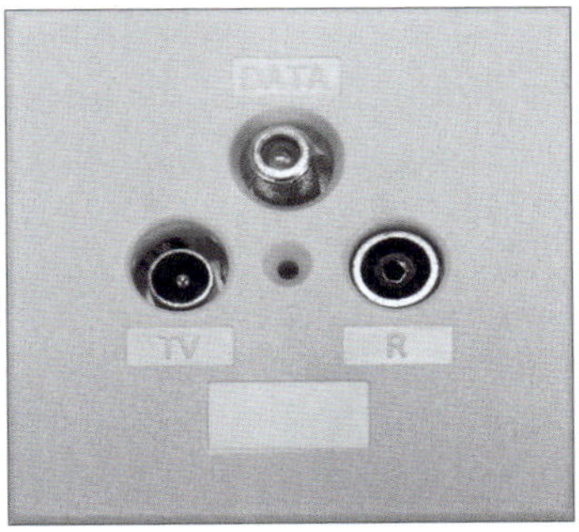

5. Das andere verbinden Sie mit der Multimediadose Ihres Kabelanschlusses. Üblicherweise gibt es dort nur eine Buchse mit passendem Anschluss, die meist mit *DATA* beschriftet ist.
6. Stellen Sie nun die Stromversorgung Ihrer FRITZ!Box (wieder) her.
7. Führen Sie abschließend den Einrichtungsassistenten in der Weboberfläche der FRITZ!Box aus (siehe Seite 37). Wählen Sie zu Beginn den Anschluss an einen Kabelanschluss aus und geben Sie im Folgenden beispielsweise Ihre Zugangsdaten ein, damit die Kabelverbindung genutzt werden kann.

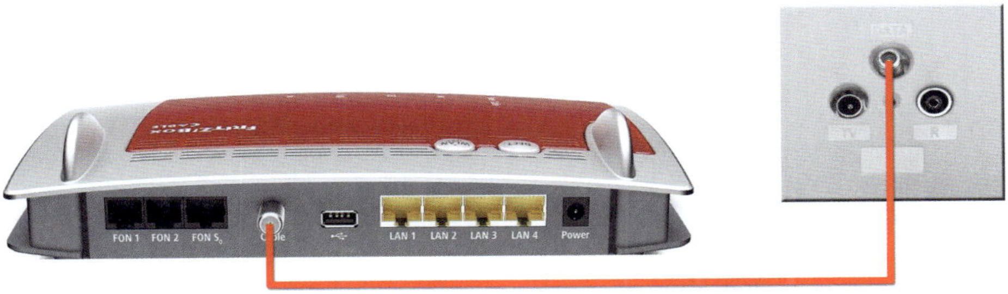

Beim Kabelanschluss wird die FRITZ!Box direkt mit der Multimediadose verbunden

Anschluss per Kabelmodem

Wenn zu Ihrem Kabelanschluss ein spezielles Kabelmodem gehört, das den Internetzugang bereitstellt, wird die FRITZ!Box nicht mit dem Kabelanschluss verbunden, sondern mit diesem Modem. Befolgen Sie in diesem Fall die auf Seite 55 beschriebenen Schritte.

Kabelboxen im Bridge-Modus

Eine Besonderheit bei einigen Kabelmodellen der FRITZ!Box ist der Bridge-Modus. Dabei können einzelne Netzwerkanschlüsse der FRITZ!Box so geschaltet werden, dass die daran angeschlossenen Geräte direkten Zugriff auf das interne Kabelmodem der FRITZ!Box haben. Sie können dadurch selbst einen Zugang zum Internet mit eigener Internetadresse usw. herstellen. Diese Anschlüsse sind vom Heimnetzwerk der FRITZ!Box logisch vollkommen getrennt.

Die im Bridge-Modus angeschlossenen Geräte können nicht auf andere Teilnehmer des Heimnetzwerks zugreifen und umgekehrt. Allerdings wirken sich auch die Firewall- und Filterfunktionen der FRITZ!Box dann nicht auf diese Anschlüsse aus.

1. Öffnen Sie in der Weboberfläche Ihrer FRITZ!Box das Menü *Internet/Zugangsart*.
2. Wechseln Sie auf der rechten Seite zur Rubrik *Bridge-Anschlüsse*.
3. Machen Sie hier bei den Anschlüssen, die im Bridge-Modus betrieben werden sollen, ein Kreuzchen.
4. Klicken Sie unten auf *Übernehmen*.

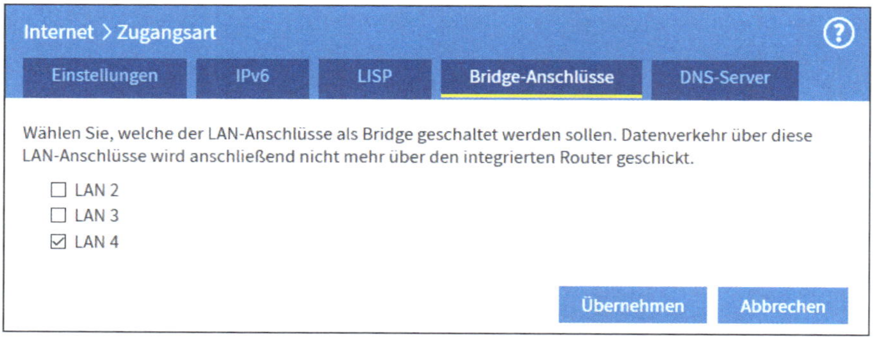

Am Kabelanschluss können einzelne LAN-Anschlüsse in den Bridge-Modus umgeschaltet werden

Internet per Glasfaser

Noch weniger verbreitet, aber auf dem Vormarsch ist der Internetzugang per Glasfaser. Die Leitung besteht in diesem Fall aus feinen Adern von Lichtwellenleitern aus Kunststoff oder Quarzglas, durch die Lichtimpulse geschickt werden. Die Signale laufen darin nicht nur mit Lichtgeschwindigkeit, sondern auch mit einer höheren Bandbreite als bei Kupferkabeln. Zudem ist Licht praktisch unempfindlich gegen Störeinflüsse und kann größere Entfernungen überbrücken. Nachteil der Glasfaser: Die Leitungen sind deutlich teurer und der einmalige Aufwand beim Verlegen etwas höher. Bei Verbindungen zwischen Netzknoten wird heute schon an vielen Stellen Glasfaser eingesetzt. Bei der Verlegung der »letzten Meile« zu den Haushalten trifft man Glasfaserkabel wegen der Erschließungskosten hingegen noch nicht so häufig an. Trotzdem gehört Glasfaser die Zukunft, da nur mit dieser Technologie deutliche Steigerungen bei den Übertragungskapazitäten erreicht werden können.

Wenn Sie über einen Glasfaseranschluss und eine glasfaserfähige FRITZ!Box verfügen, können Sie diese direkt mit dem Anschluss verbinden. Beispielsweise hat die FRITZ!Box 5690 ein integriertes Glasfasermodem, sodass Sie für den Internetzugang keine weitere Hardware benötigen. Stellt Ihnen Ihr Telekommunikationsanbieter hingegen ein separates Glasfasermodem mit Netzwerkanschluss zur Verfügung, können Sie im Prinzip jedes FRITZ!Box-Modell verwenden (mehr zu dieser Variante auf Seite 55).

1. Lokalisieren Sie an der Rückseite Ihrer FRITZ!Box den Anschluss mit der Bezeichnung *Fiber*. Es handelt sich hierbei um eine Buchse für ein Koaxialkabel, wie es beispielsweise ebenso bei Antennen für SAT-TV verwendet wird.

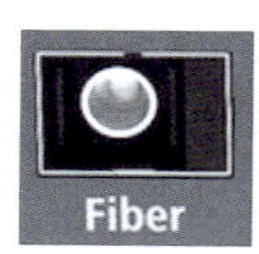

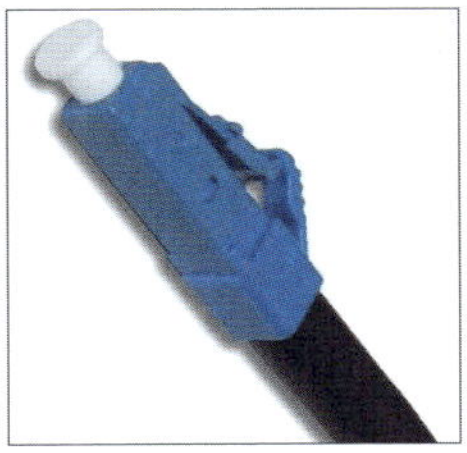

2. Ein Glasfaserkabel gehört nicht immer zum Lieferumfang Ihrer FRITZ!Box. Üblicherweise sollte vom Anbieter des Glasfaseranschlusses ein für dessen System passendes gestellt werden. Auf der Seite der FRITZ!Box sollte es einen SC-Stecker (meist blau) haben.
3. Entfernen Sie ggf. die Schutzkappe, die das Ende des Lichtleiters vor Schmutz und Beschädigungen schützen soll. Stecken Sie den SC-Stecker in den *Fiber*-Anschluss der FRITZ!Box.

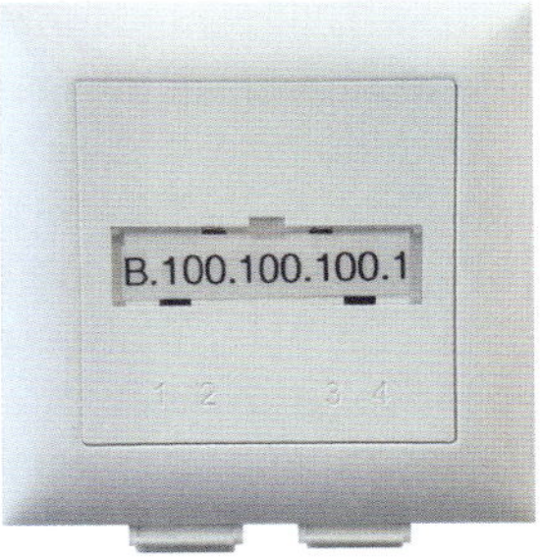

4. Das andere Ende des Kabels stecken Sie in eine passende Buchse der Glasfaseranschlussdose. Achten Sie beim Verlegen des Glasfaserkabels darauf, dass dieses weder geknickt noch gequetscht wird. Auch Biegen sollte in einem lockeren Radius erfolgen, um das Lichtsignal nicht zu dämpfen oder gar zu stören.
5. Führen Sie abschließend den Einrichtungsassistenten in der Weboberfläche der FRITZ!Box aus (siehe Seite 37). Wählen Sie zu Beginn den Anschluss an einen Glasfaseranschluss aus und geben Sie im Folgenden beispielsweise Ihre Zugangsdaten ein, damit die Glasfaser-Verbindung genutzt werden kann.

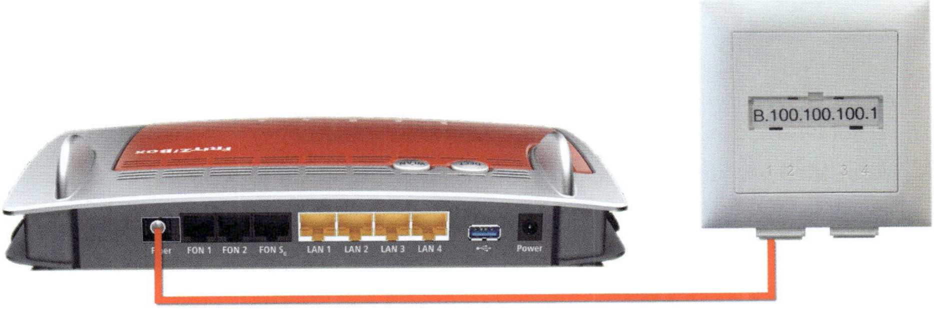

Beim Glasfaseranschluss wird die FRITZ!Box per Lichtwellenleiter mit der Anschlussdose verbunden

Sonderfall Fibre to the building (FTTB) mit G.Fast

Beim vollwertigen Glasfaseranschluss wird der Lichtleiter bis in die Wohnung gelegt und dort an eine FRITZ!Box angeschlossen (FTTH). Bei FTTB hingegen endet die Glasfaser beispielsweise im Keller. Von dort werden die Daten über vorhandene Telefonkabel weitergeleitet, was gerade bei größeren Bestandsbauten Glasfaser schneller und günstiger macht. In solchen Fällen ist keine FRITZ!Box für Glasfaser erforderlich. Stattdessen wird ein spezielles Modem vor eine beliebige FRITZ!Box geschaltet. Alternativ gibt es von FRITZ! auch Modelle mit G.Fast-Unterstützung (z. B. 7682 oder 7632), die solche Anschlüsse direkt nutzen können.

Internet per LTE-Mobilfunk

Alle neueren FRITZ!Boxen bieten die Möglichkeit, Internet via Mobilfunk zu nutzen. Allerdings verfügen nur die LTE-Modelle über ein eingebautes LTE-Modem und einen SIM-Karten-Einschub. Bei den anderen Modellen muss man hingegen das komplette Mobilfunk-Modem an einem USB-Anschluss nachrüsten. In diesem Abschnitt geht es speziell um die LTE-Modelle mit eingebautem Modem. Wie Sie bei anderen FRITZ!Boxen ein Mobilfunk-Modem nachrüsten und verwenden, lesen Sie auf Seite 64.

Eine FRITZ!Box mit eingebautem LTE-Modem erkennen Sie am zuverlässigsten anhand des SIM-Karten-Einschubs auf der Rück- bzw. Unterseite. Einige Modelle zeichnen sich außerdem dadurch aus, dass sie an der Rückseite Anschlüsse für zusätzliche LTE-Antennen besitzen. Dann finden Sie im Lieferumfang die dazu passenden Antennen, die Sie einschrauben sollten, wenn Sie die LTE-Funktion verwenden möchten. Alternativ bieten diese Anschlüsse die Möglichkeit, eine leistungsfähigere externe Antenne anzuschließen. So können Sie beispielsweise an einem Standort mit schwachem LTE-Signal eine externe Antenne außen an der Hauswand anbringen, das Kabel von dort zur FRITZ!Box legen und hier anschließen.

1. Für den Internetzugang per Mobilfunk benötigen Sie eine SIM-Karte Ihres Mobilfunkanbieters nebst der dazugehörenden PIN.

2. Auf der Rück- bzw. Unterseite Ihrer FRITZ!Box finden Sie bei LTE-fähigen Modellen einen SIM-Karten-Einschub. Stecken Sie die SIM-Karte hier mit dosiertem Druck ein, bis sie spürbar einrastet.
3. Wenn Ihr FRITZ!Box-Modell mit zusätzlichen LTE-Antennen ausgeliefert wurde, sollten Sie diese nun an die mit *LTE* beschrifteten Buchsen an der Rückseite anschrauben.

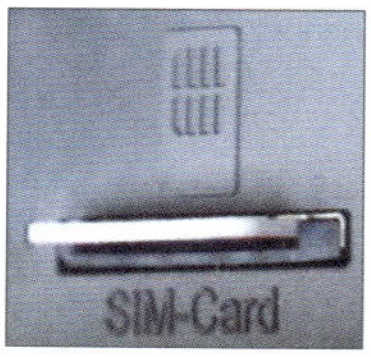

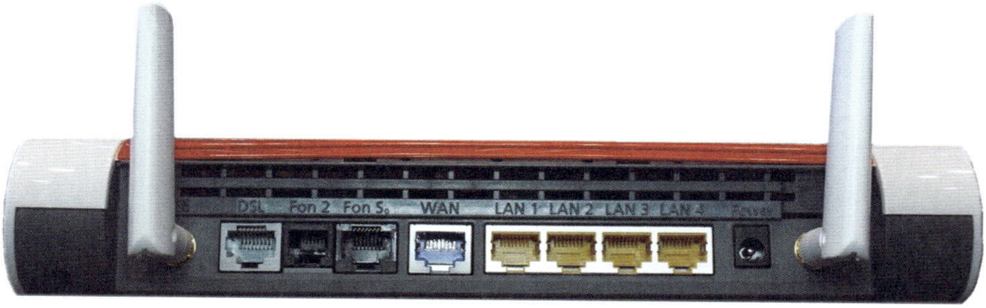

4. Führen Sie abschließend den Einrichtungsassistenten in der Weboberfläche der FRITZ!Box aus (siehe Seite 37). Wählen Sie zu Beginn den Zugang per Mobilfunk aus und geben Sie im Folgenden die PIN der SIM-Karte sowie ggf. weitere Zugangsdaten ein, damit die Verbindung genutzt werden kann.

Das Tarifmodell beachten

Der Einrichtungsassistent legt als Tarifmodell standardmäßig eine Flatrate bzw. einen volumenbasierten Tarif zugrunde, was bei DSL, Kabel und Glasfaser auch überwiegend sinnvoll ist. Bei Mobilfunktarifen gibt es aber eine größere Zahl von Varianten, unter anderem auch zeitbasierte Tarife. Dann wäre es nicht ratsam, die Mobilfunkverbindung rund um die Uhr aufrechtzuerhalten, sondern sie sollte jeweils nur bei Bedarf hergestellt werden. Achten Sie in diesem Fall also unbedingt auf die Zusammenfassung zum Abschluss des Einrichtungsassistenten und passen Sie das Tarifmodell dort ggf. an, damit die FRITZ!Box das passende Einwahlverhalten an den Tag legt.

Internet von einem externen Modem

Auch wenn Ihre FRITZ!Box für die am Standort vorhandene Zugangsart kein internes Modem mitbringt, müssen Sie nicht gleich zu einem anderen Modell wechseln. Die meisten FRITZ!Boxen können mit einem externen Modem zusammenarbeiten. Dieses baut die Onlineverbindung auf und reicht sie an die FRITZ!Box weiter. Die FRITZ!Box richtet das Heimnetzwerk ein und stellt die Internetverbindung darüber allen anderen Geräten zur Verfügung.

Diese Variante ist praktisch, wenn Sie beispielsweise von einem Haushalt mit DSL-Anschluss in einen mit Kabel- oder Glasfaseranschluss umziehen. Sie können Ihre FRITZ!Box dabei weiternutzen, indem Sie ein Kabelmodem zwischen FRITZ!Box und Anschlussdose schalten. Dieses sollte Ihnen der Kabelnetzbetreiber zur Verfügung stellen.

Mit einem externen Modem kann man der FRITZ!Box auch artfremde Zugangsarten beibringen

1. Stellen Sie zunächst sicher, dass das Modem mit dem Internetzugang verbunden und betriebsbereit ist. Üblicherweise geben Kontrollleuchten am Gehäuse Auskunft darüber, ob Betriebsbereitschaft besteht.
2. Für die Verbindung zwischen FRITZ!Box und Modem benötigen Sie ein Netzwerkkabel mit RJ45-Steckern an beiden Enden. Sie können dafür das (meist gelbe) Kabel aus dem

Lieferumfang Ihrer FRITZ!Box verwenden, aber ebenso ein handelsübliches Netzwerkkabel.

3. Stecken Sie ein Ende des Netzwerkkabels in den Netzwerkausgang des Modems.
4. Das andere Ende stecken Sie an der Rückseite Ihrer FRITZ!Box in den mit *WAN* bzw. *WAN/LAN* bezeichneten Netzwerkanschluss. Ist kein solcher vorhanden, stecken Sie das Kabel stattdessen in den *LAN 1*-Anschluss der FRITZ!Box. (Wichtig: Es muss *LAN 1* sein, nicht 2, 3 oder 4!)

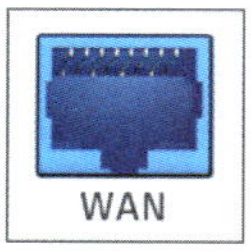

Die FRITZ!Box für das externe Modem konfigurieren

Mit der physischen Verbindung zwischen Box und Modem ist es noch nicht getan. Die FRITZ!Box muss so eingerichtet werden, dass sie mit dem Modem kommuniziert und dessen Onlineverbindung nutzt. Für einige große Kabelanbieter sind bereits fertige Profile hinterlegt. Wenn also Ihr Internetanbieter in der Auswahlliste namentlich aufgeführt ist, sollten Sie ihn auch dort auswählen und dann die weiteren Schritte ausführen. Das geht meist schon direkt mit dem Einrichtungsassistenten (siehe Seite 37).

Die folgende Anleitung beschreibt die schwierigere Variante, bei der man alle Einstellungen selbst vornehmen muss.

1. Öffnen Sie die Weboberfläche Ihrer FRITZ!Box und rufen Sie das Menü *Internet/Zugangsdaten* auf.
2. Wählen Sie rechts in der Rubrik *Internetzugang* bei *Internetanbieter* zunächst *weitere Internetanbieter* und dann darunter *anderer Internetanbieter* aus. Sollte in einer der Auswahllisten Ihr Anbieter aufgeführt sein, können Sie ihn aber auch direkt wählen.
3. Legen Sie nun einen beliebigen Namen für die anzulegende Verbindung fest.

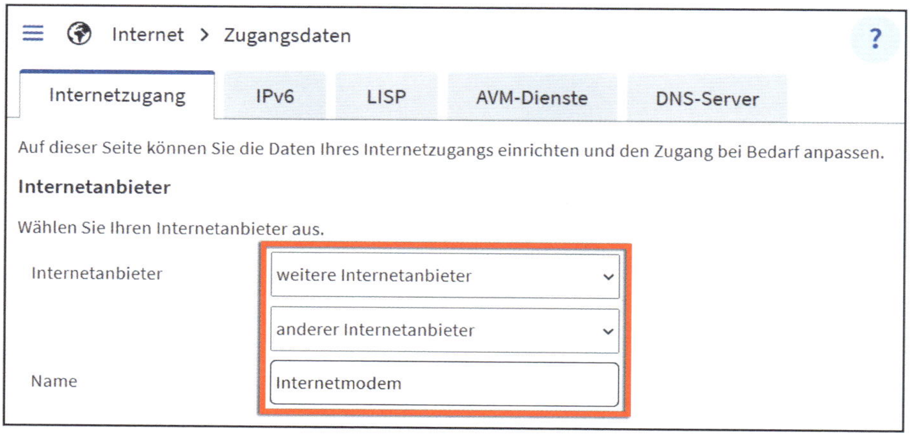

4. Durch die Auswahl *anderer Internetanbieter* werden im Menü darunter zusätzliche Optionen angezeigt, mit denen Sie die Art des Zugangs einstellen.

5. Wählen Sie im Bereich *Anschluss* die Option *Anschluss an externes Modem oder Router*.

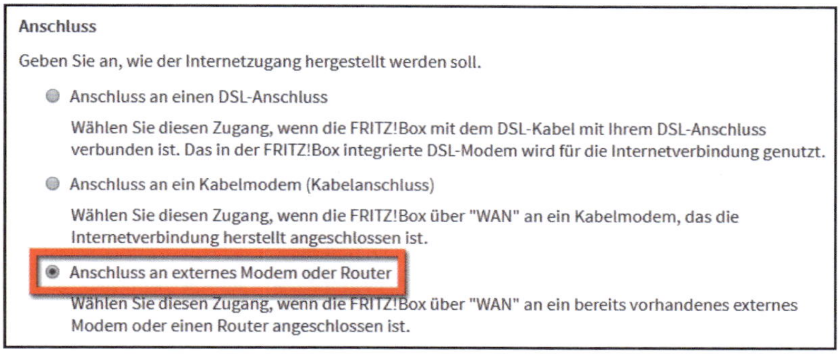

6. Entscheiden Sie sich im Bereich *Betriebsart* für die Option *Internetverbindung selbst aufbauen*. Sollte das Modem selbst ein lokales Netzwerk aufbauen, können Sie auch die andere Variante verwenden, die dann aber dem Anschluss an einen Router entspricht (siehe Seite 59).

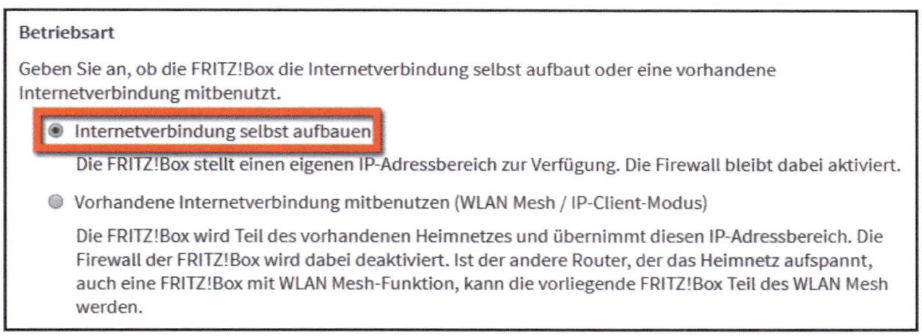

7. Wenn *Zugangsdaten* für die Modemverbindung benötigt werden, tragen Sie in diesem Bereich *Benutzername* und *Kennwort* ein. Andernfalls wählen Sie die Option *Nein*.

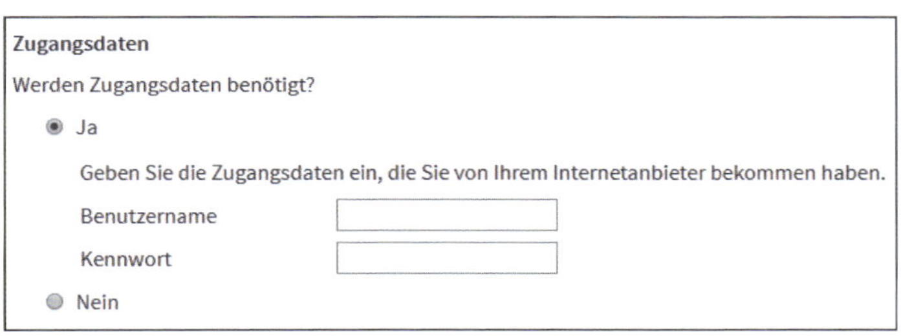

8. Im Abschnitt *Verbindungseinstellungen* können Sie die Bandbreite Ihrer Internetverbindung für *Downstream* und *Upstream* angeben. Diese Daten können Sie im Zweifelsfall bei Ihrem Anbieter erfragen. Diese Information ist nicht elementar, wird aber für die Priorisierung von wichtigen Internetdiensten wie beispielsweise IP-Telefonie verwendet.

9. Achten Sie schließlich darauf, dass ganz unten die Option *Internetzugang nach dem "Übernehmen" prüfen* aktiviert ist.
10. Klicken Sie dann auf *Übernehmen*, um die vorgenommenen Einstellungen zu speichern und den Verbindungsaufbau zu testen.

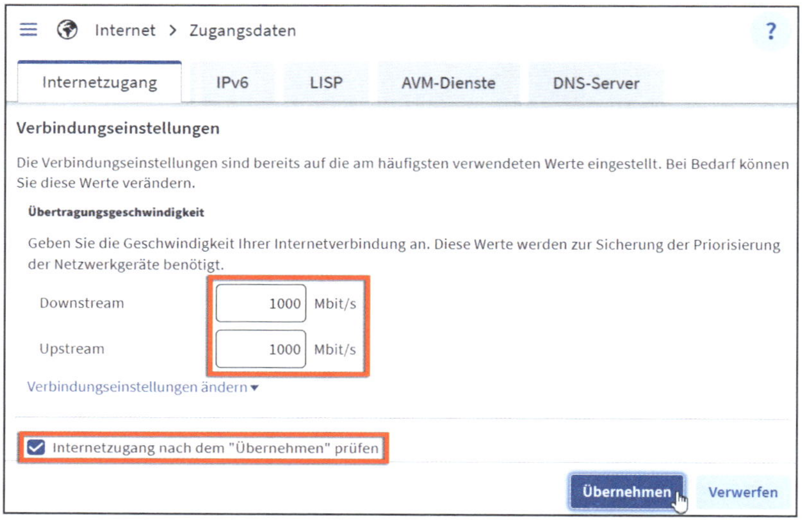

Externes Modem vs. Router

Was ist der Unterschied zwischen dem Anschluss an einem externen Modem und dem an einem Router, wie er im nachfolgenden Abschnitt beschrieben wird? Immerhin wird das Kabel in beiden Fällen am selben Anschluss der FRITZ!Box eingesteckt. Technisch ist es aber eben doch ein wesentlicher Unterschied: Das angeschlossene Modem wird durch die FRITZ!Box gesteuert, um darüber eine Onlineverbindung herzustellen. Dann handelt die FRITZ!Box mit dem Server am anderen Ende der Leitung die Details des Internetzugangs aus. Damit stellt sie dann den Zugang an im Heimnetzwerk angeschlossenen Geräten zur Verfügung. Die FRITZ!Box behält dabei eine zentrale Rolle im Heimnetzwerk.

Beim Anschluss an einen Router ist dies etwas anders, da der Router selbst über Internetkonnektivität verfügt und diese an die angeschlossenen Geräte weitergibt. Die FRITZ!Box ist bei dieser Variante »einfach nur« eines dieser angeschlossenen Geräte. Sie kann zwar auch wichtige Aufgaben übernehmen, wie etwa WLAN und Telefonie bereitzustellen. Aber die zentrale Rolle für den Internetzugang bleibt beim Router. Dies muss man bei der Organisation des Netzwerks ggf. beachten, da bestimmte Aufgaben wie beispielsweise das Vergeben von lokalen IP-Adressen nur von einer Instanz vorgenommen werden dürfen. Der nachfolgende Abschnitt geht auf diese Besonderheiten ein.

Internetzugang über einen anderen Router

Eine FRITZ!Box muss nicht zwangsläufig zur Zentrale Ihres Heimnetzwerks werden. Sie kann sich auch als Teilnehmer eines vorhandenen Netzwerks eingliedern, dessen Internetzugang mitnutzen und selbst nur bestimmte Aufgaben wie etwa als WLAN-Basisstation oder Telefonanlage wahrnehmen. Oder aber sie nutzt nur den Internetzugang des übergeordneten Netzes und spannt selbst ein eigenes Unternetzwerk auf, dem sie diesen Internetzugang sowie ggf. eigene Dienste zur Verfügung stellt.

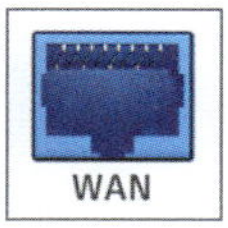

Bei beiden Varianten ist die physische Verbindung allerdings die gleiche: Verwenden Sie ein Netzwerkkabel (beispielsweise das der FRITZ!Box beiliegende gelbe) und stecken Sie dieses in einen Netzwerkeingang des Routers. Den anderen Stecker verbinden Sie mit dem *WAN*- bzw. *WAN/LAN*-Anschluss Ihrer FRITZ!Box. Sollte keine solche Buchse vorhanden sein, verwenden Sie stattdessen *LAN 1*.

1. Öffnen Sie das Menü *Internet/Zugangsdaten*.
2. Wählen Sie rechts in der Rubrik *Internetzugang* bei *Internetanbieter* die Option *weitere Internetanbieter* und dann *anderer Internetanbieter* aus.
3. Legen Sie einen beliebigen Namen für dieses Netzwerk fest.

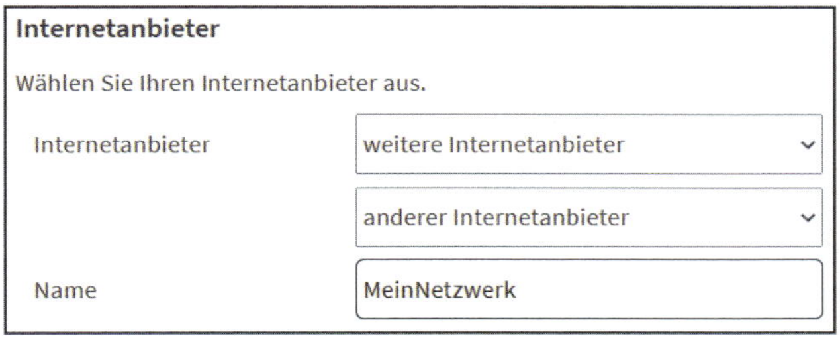

4. Wählen Sie darunter im Bereich *Anschluss* die Option *Anschluss an externes Modem oder Router*.

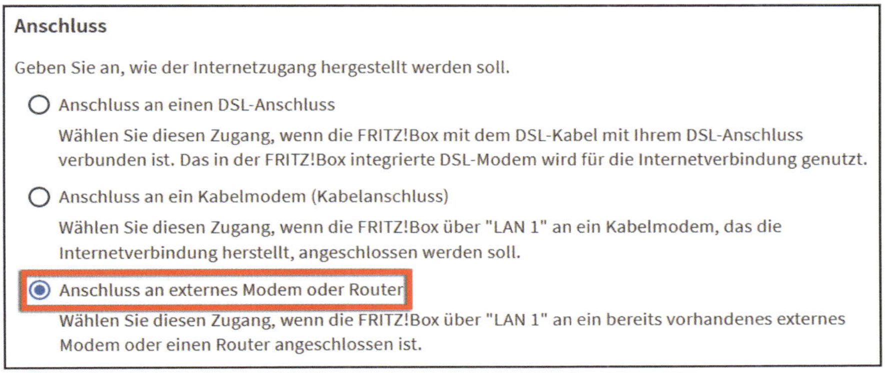

5. Bestimmen Sie dann im Abschnitt *Betriebsart*, wie die FRITZ!Box den Router verwenden soll:

   - *Internetverbindung selbst aufbauen*
     Die FRITZ!Box nutzt den Internetanschluss des Routers, errichtet aber ein eigenes Netzwerk für alle bei ihr angeschlossenen und angemeldeten Geräte. Diese können also nur mit der FRITZ!Box und anderen mit ihr verbundenen Geräten kommunizieren. Den Internetzugang des Routers gibt die FRITZ!Box an ihre Klienten weiter. Die Geräte im Netzwerk der FRITZ!Box können aber nicht mit anderen am Router angeschlossenen Geräten kommunizieren. Das hat den Vorteil, dass die FRITZ!Box die völlige Kontrolle über ihr eigenes Subnetz behält. Dementsprechend kann dieses Netzwerksegment auch vollständig in der FRITZ!Box konfiguriert werden. Und Sicherheitsmaßnahmen wie Firewall und Filter wirken sich auf alle angeschlossenen Geräte aus.
   - *Vorhandene Internetverbindung mitbenutzen*
     Möglicherweise soll die FRITZ!Box kein eigenes Subnetz eröffnen, sondern als gleichberechtigter Teilnehmer am Netzwerk des Routers teilnehmen? Das ist dann sinnvoll, wenn der Router das lokale Netzwerk an sich schon zufriedenstellend organisiert und die FRITZ!Box nur Zusatzfunktionen wie WLAN, Telefonie, Netzwerkspeicher usw. beisteuern soll. Dazu muss die FRITZ!Box aber für die anderen mit dem Router verbundenen Geräte erreichbar sein. Deshalb darf sie kein eigenes Subnetz aufmachen, sondern muss sich am vorhandenen Netzwerk beteiligen.

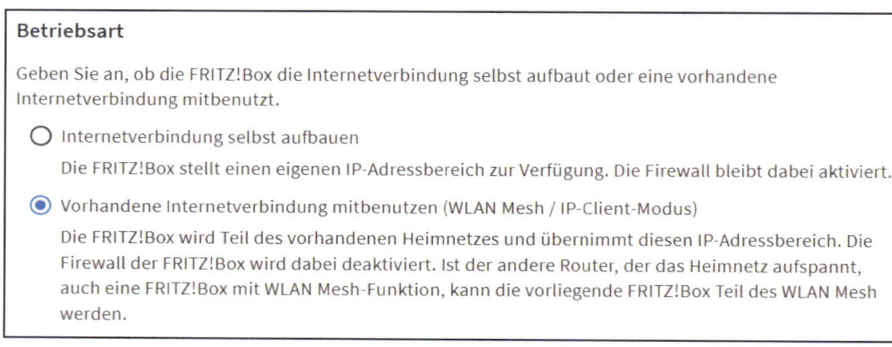

6. Abhängig von der gewählten Variante können Sie darunter ggf. weitere Verbindungseinstellungen vornehmen, was aber in der Regel nicht erforderlich ist. Einige Hinweise dazu finden Sie im Folgenden.

Wenn Sie ein eigenes Subnetz wählen, können Sie ggf. Zugangsdaten angeben, die für das Herstellen der Internetverbindung erforderlich sind. Außerdem können Sie die Übertragungskapazität der Internetverbindung getrennt für Downstream und Upstream angeben. Die FRITZ!Box nutzt diese Daten, um die Priorisierung wichtiger Datenübertragungen wie etwa Internettelefonie zu gewährleisten. Weitere Einstellungsmöglichkeiten werden sichtbar, wenn Sie auf *Verbindungseinstellungen ändern* klicken.

> **Mehrere DHCP-Server in einem Netzwerk?**
> Wenn sich im lokalen Netzwerk bereits ein DHCP-Server befindet, kann die FRITZ!Box ihre Interneteinstellungen von diesem beziehen. Lassen Sie dazu die Option *IP-Adresse automatisch über DHCP beziehen* eingeschaltet. Im Feld *DHCP-Hostname* können Sie den Namen festlegen, unter dem die FRITZ!Box im Netzwerk ansprechbar sein soll. Ist kein DHCP-Server vorhanden oder soll die FRITZ!Box ganz bestimmte feste Einstellungen verwenden, schalten Sie die Option *IP-Adresse manuell festlegen* ein und tragen die Daten in den so aktivierten Eingabefeldern ein.

Internetzugang per WLAN

Neuere FRITZ!Box-Modelle können den Internetzugang auch per WLAN herstellen. Dazu melden Sie sich in einem vor Ort vorhandenen Drahtlosnetzwerk an. Das kann sinnvoll sein, wenn am Standort der FRITZ!Box kein Netzwerkanschluss vorhanden ist und ein entsprechendes Kabel nur mit hohem Aufwand gelegt werden könnte.

Eine andere Variante kann sein, dass der Internetzugang mit einem Smartphone via Mobilfunk hergestellt wird. Dieses Smartphone spannt einen WLAN-Hotspot auf, den die FRITZ!Box via WLAN-Tethering mitbenutzen kann. Das Drahtlosnetzwerk muss (auch) im 2,4-GHz-Bereich senden und eine Verschlüsselung auf Basis von WPA2 verwenden, damit die FRITZ!Box sich damit verbinden kann.

1. Öffnen Sie in der Weboberfläche der FRITZ!Box das Menü *Internet/Zugangsdaten*.
2. Aktivieren Sie auf der rechten Seite in der Rubrik *Internetzugang* bei *Internetanbieter* die Option *weitere Internetanbieter* und dann darunter *vorhandener Zugang über WLAN*.

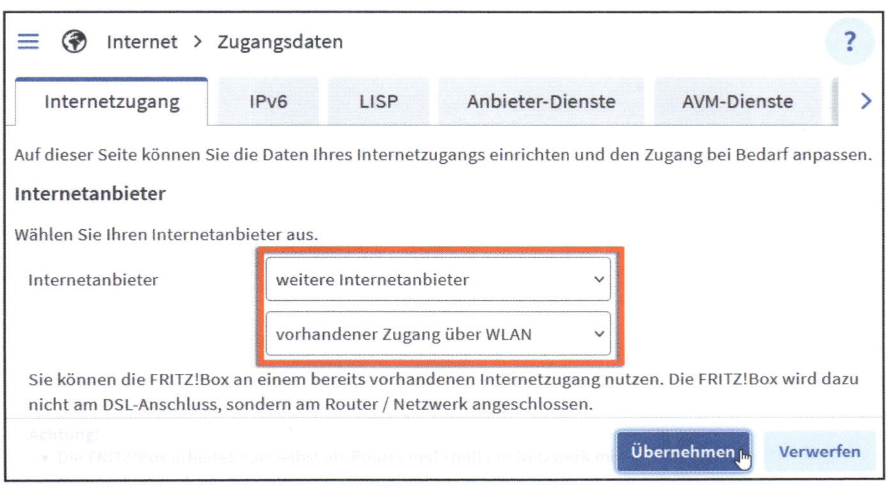

3. Sie sehen nun darunter im Abschnitt *WLAN-Geräte* eine Liste der Drahtlosnetzwerke, die die FRITZ!Box im Moment erreichen kann. Beachten Sie dabei das Symbol für die Empfangsstärke (danach ist die Liste standardmäßig auch sortiert). Es ist wenig sinnvoll, ein Funknetzwerk mit nur einem Balken auszuwählen, da sich die Empfangsqualität auf die verfügbare Bandbreite auswirkt. Mit einem solchen Netzwerk wäre die Internetverbindung für Ihre FRITZ!Box und die angeschlossenen Geräte voraussichtlich langsam und instabil.
4. Die Liste enthält außerdem nur Netzwerke im 2,4-GHz-Bereich. Suchen Sie aus der Liste das gewünschte WLAN-Netzwerk aus und setzen Sie bei diesem Eintrag ganz links ein Häkchen.

5. Bestimmen Sie ganz unten auf der Seite den *WPA-Modus* (siehe Seite 84) und den *WLAN-Netzwerkschlüssel* für das gewählte Drahtlosnetzwerk, damit sich die FRITZ!Box dort anmelden kann.

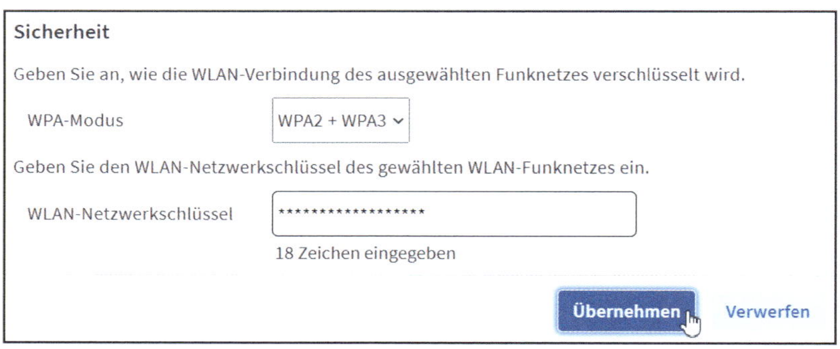

6. Klicken Sie danach ganz unten auf *Übernehmen*.
7. Spezielle Funktionen wie etwa ein Gäste-WLAN kann die FRITZ!Box in diesem Zugangsmodus nicht gewährleisten. Sollten Sie eine solche Funktion verwenden, muss sie deaktiviert werden. Darauf macht die FRITZ!Box mit einem Hinweis aufmerksam. Bestätigen Sie diesen ggf. mit *Ok*.

8. Die FRITZ!Box versucht nun, die Verbindung zum gewählten WLAN aufzunehmen. Das kann einige Sekunden dauern. Warten Sie so lange ab, wie die Fortschrittsanzeige im Webbrowser dargestellt wird.

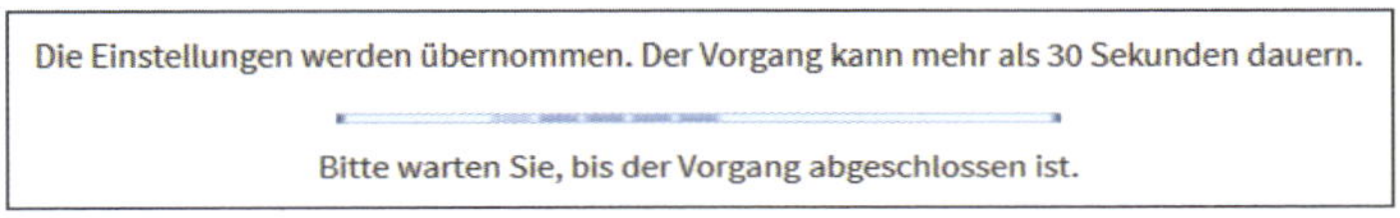

9. Hat der Zugang geklappt, wird im Browser abschließend eine Erfolgsmeldung angezeigt, die Sie mit *OK* bestätigen. Gab es Probleme, überprüfen Sie zunächst, ob Sie das richtige WLAN-Netzwerk ausgewählt und den passenden Netzwerkschlüssel eingegeben haben.

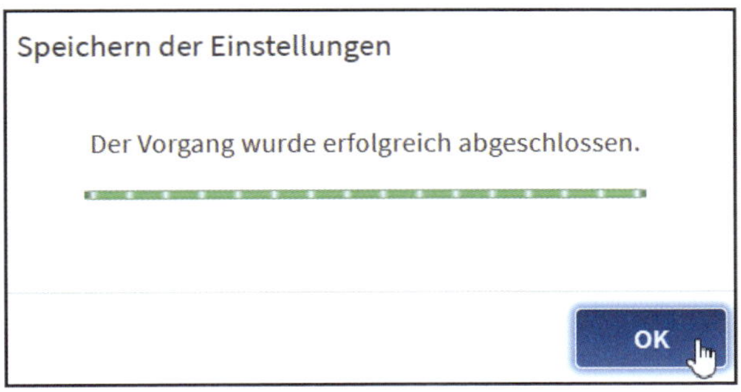

Die FRITZ!Box bezieht nun die Internetverbindung vom gewählten Drahtlosnetzwerk. Sie spannt aber auch in dieser Konfiguration ihr eigenes (Sub-)Netzwerk auf. Den hier angeschlossenen Netzwerkgeräten stellt sie den Internetzugang zur Verfügung. Die Geräte können mit der FRITZ!Box und untereinander kommunizieren, nicht aber mit anderen Geräten im Drahtlosnetzwerk des Internetzugangs.

Gleichzeitig kann die FRITZ!Box selbstverständlich wie gewohnt ein eigenes WLAN-Netzwerk einrichten. Auch die hier angemeldeten Geräte erhalten Zugang zur FRITZ!Box und deren Subnetzwerk, können aber nicht mit Teilnehmern des übergeordneten WLAN kommunizieren. Diese Segmentierung des Netzwerks kann man durchaus auch als Vorteil sehen. Denn das Teilnetzwerk der FRITZ!Box bleibt in sich geschlossen und die in der FRITZ!Box aktiven Filterregeln und die Firewall schützen die Teilnehmer.

Internetzugang per Mobilfunk-USB-Stick

Die meisten FRITZ!Box-Modelle können eine Internetverbindung per Mobilfunk herstellen, auch wenn sie eigentlich für den DSL-, Kabel- oder Glasfaserzugang ausgelegt sind. Allerdings benötigen Sie dazu ein wenig Hilfe in Form eines Mobilfunk-USB-Sticks. Diesen können Sie direkt an einen USB-Port Ihrer FRITZ!Box anschließen.

Welche Mobilfunk-Sticks werden unterstützt?

Es gibt eine große Auswahl an Mobilfunk-USB-Sticks. Solange die Hersteller sich an die Standards halten und auf proprietäre Spezialitäten verzichten, sollte die FRITZ!Box damit klarkommen. Wenn Sie einen UBS-Stick beispielsweise an Ihrem Windows-PC anschließen und er ohne Weiteres erkannt und in Betrieb genommen wird, sind die Chancen recht hoch, dass die FRITZ!Box das auch schafft. Minimalanforderungen sind die Unterstützung von AT-Befehlssatz und USB-Tethering. Generell sollten Sie sich beim Kauf entweder vorab informieren oder sich ein Rückgaberecht bei Nicht-Funktionieren zusichern lassen.

1. Wenn Sie einen Mobilfunk-USB-Stick in Ihre FRITZ!Box einstecken, prüfen Sie anschließend zunächst unter *Heimnetz/USB/Speicher* in der Rubrik *Geräteübersicht*, ob dieses als *Mobilfunk-Modem* (in der Spalte *Gerätetyp*) erkannt wurde.
2. Ist das der Fall, finden Sie nun ein Menü unter *Internet/Mobilfunk* vor.
3. Hier können Sie den Internetzugang per Mobilfunk-Stick ganz oben mit der Option *Internetzugang über Mobilfunk aktiv* einschalten.

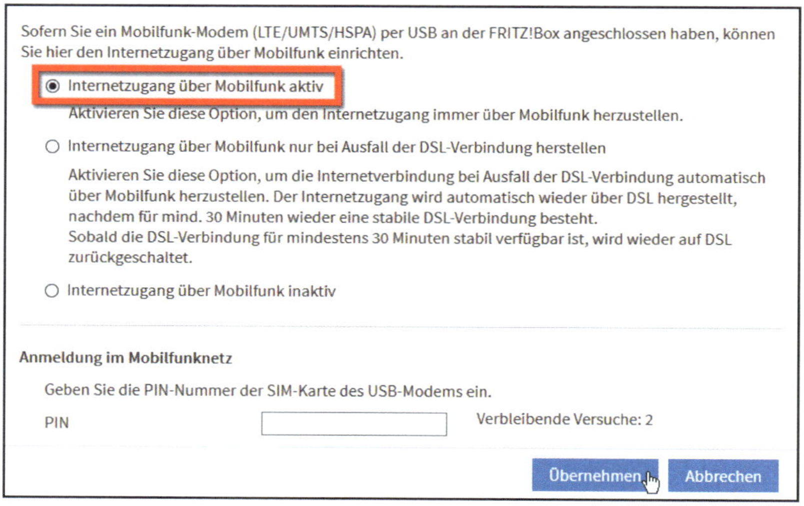

4. Im Bereich *Anmeldung im Mobilfunknetz* können Sie die PIN für die verwendete SIM-Karte hinterlegen.

5. Im Bereich *Internetzugang* wählen Sie den *Mobilfunk-Betreiber* aus, für dessen Netz die SIM-Karte gilt. Sollte Ihr Anbieter im Menü nicht aufgeführt sein, wählen Sie *Andere Betreiber* und geben die erforderlichen Daten von Hand ein.
6. Sollte Ihr Mobilfunktarif zeitbasiert abgerechnet werden, können Sie bei *Automatisch trennen* angeben, nach welcher Zeit ohne Aktivität die Verbindung jeweils beendet werden soll.
7. Ganz unten können Sie die Einstellungen *Übernehmen*, um Ihre FRITZ!Box auf Internet per Mobilfunk umzustellen.

Mobilfunk als Backup bei DSL-Ausfall

Dass eine FRITZ!Box per Mobilfunk-Stick dauerhaft den Weg ins Internet findet, wird eher die Ausnahme sein. Aber die vorangehend beschriebene Vorgehensweise ist die Voraussetzung für eine andere Variante, bei der eine Mobilfunkverbindung nur ersatzweise zum Einsatz kommt, wenn die eigentliche Internetverbindung der FRITZ!Box per DSL, Kabel oder Glasfaser gestört ist. In diesem Fall kann die Box automatisch auf eine vorkonfigurierte Mobilfunkverbindung umschalten, bis der reguläre Onlinezugang wieder funktioniert.

1. Konfigurieren Sie zunächst wie vorangehend beschrieben die Verbindung per Mobilfunk-Stick.
2. Wenn die FRITZ!Box sich erfolgreich per Mobilfunk ins Internet einwählt, öffnen Sie erneut das Menü unter *Internet/Mobilfunk*.
3. Wählen Sie auf der rechten Seite nun die Option *Internetzugang über Mobilfunk nur bei Ausfall der ...-Verbindung herstellen*. Klicken Sie unten auf *Übernehmen*.

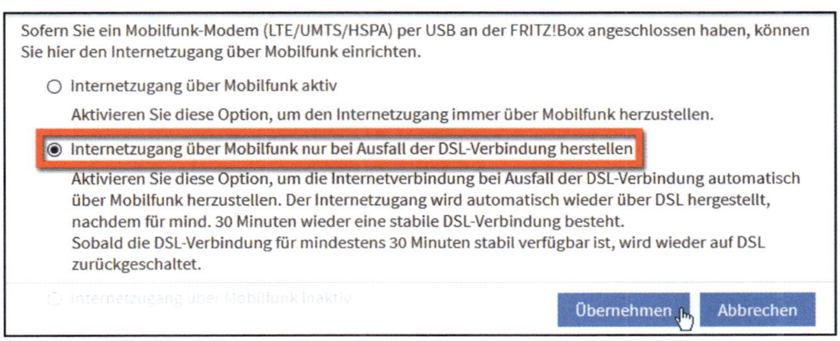

Detaillierte Verbindungseinstellungen

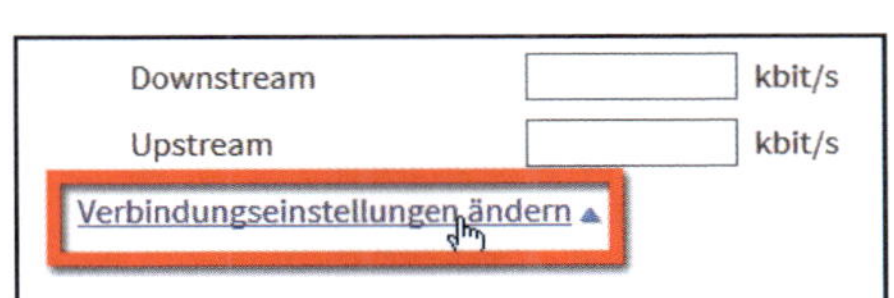

In der Weboberfläche Ihrer FRITZ!Box unter *Internet/Zugangsdaten* können Sie in der Rubrik *Internetzugang* im Abschnitt *Verbindungseinstellungen* mit dem Link *Verbindungseinstellungen ändern* zusätzliche Einstellungen ausklappen. Diese sind in den meisten Fällen nicht erforderlich, können im Einzelfall aber hilfreich sein. Welche Optionen genau angezeigt werden, hängt dabei von der Art der Verbindung sowie teilweise von den darüber vorgenommenen Grundeinstellungen ab.

- *Internetverbindung*
  Für die üblichen Flatrate- oder volumenbasierten Tarife ist es sinnvoll, die Onlineverbindung rund um die Uhr offen zu halten. Nutzen Sie hingegen einen zeitbasierten Tarif, sollte die Verbindung nur bei Bedarf hergestellt und anschließend wieder abgebaut werden. Wählen Sie in diesem Fall die Option *Bei Inaktivität trennen*. Im Feld darunter können Sie angeben, welche Zeitspanne ohne Datentransfer als Inaktivität gewertet wird.

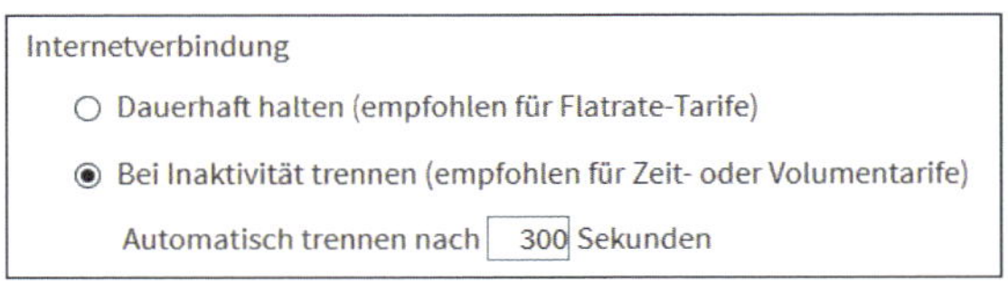

- *VLAN-Einstellungen*
  Ein virtuelles LAN ist ein logisches Teilnetz innerhalb eines physikalischen Netzwerks. Die Komponenten des VLAN werden über eine spezielle ID miteinander verbunden. Auch die Datenpakete können mit dieser ID gekennzeichnet sein und werden dann nur an andere Teilnehmer dieses virtuellen Netzwerks weitergeleitet. Eine VLAN-ID sollte aber nur in sehr speziellen Szenarien erforderlich sein. In diesem Fall teilt Ihr Internetanbieter Ihnen diese mit, sodass Sie sie hier eintragen können.

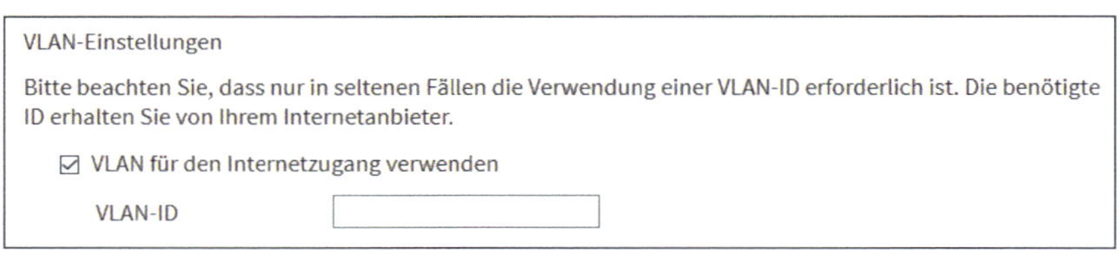

- *DSL-ATM-Einstellungen*
  Die DSL-Zugänge sind weitestgehend standardisiert, und für die großen Anbieter kennt die FRITZ!Box die nötigen Parameter schon von Haus aus. Bei kleineren Anbietern oder bei speziellen Situationen kann es aber notwendig sein, abweichende Einstellungen zu verwenden. In diesem Fall finden Sie in den erweiterten Verbindungseinstellungen den Abschnitt *DSL-ATM-Einstellungen*. Nehmen Sie hier nur Einstellungen vor, wenn Ihr

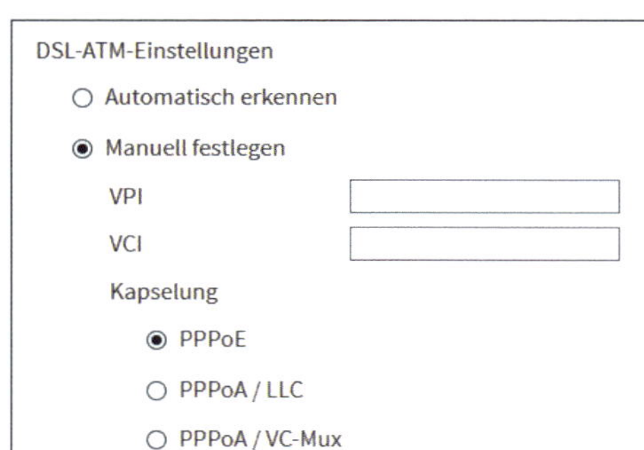

DSL-Anbieter Sie dazu auffordert und Ihnen die korrekten Parameter für Ihren Zugang mitteilt.

- *IP-Einstellungen*
  Dieser Abschnitt ist wichtig, wenn die FRITZ!Box Teil eines anderen Netzwerks ist und nicht (nur) selbst ein Netzwerk aufspannt. Dann können Sie hier die wesentlichen Netzwerkeinstellungen konfigurieren. In der Standardeinstellung bezieht die FRITZ!-Box diese Daten automatisch von einem DHCP-Server im Netzwerk, was für die meisten Anwendungsfälle auch ausreichend ist. Alternativ können Sie aber auch die Option *IP-Adresse manuell festlegen* wählen und in den dadurch aktivierten Eingabefeldern die entsprechenden Adressen und Daten angeben. Die FRITZ!Box verwendet diese Einstellungen dann immer für ihren Netzwerkzugang.

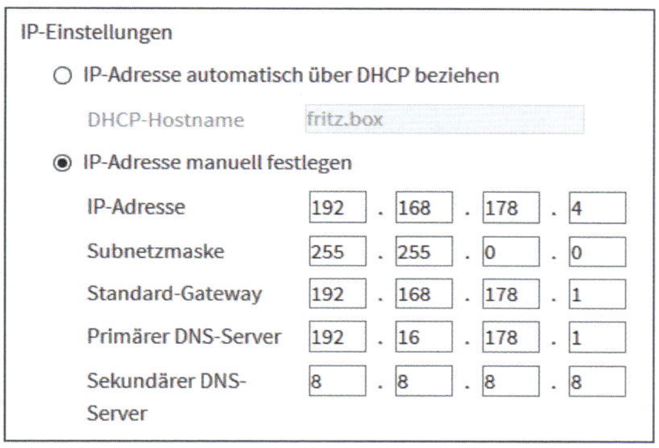

- *PPPoE-Passthrough*
  Wenn Sie an Ihre FRITZ!Box Geräte anschließen, die ihrerseits eine eigene direkte Einwahlverbindung über den vorhandenen Onlinezugang durchführen müssen oder sollen, aktivieren Sie die Option *Angeschlossene Netzwerkgeräte dürfen zusätzlich ihre eigene Internetverbindung aufbauen*. Die FRITZ!Box leitet dann die entsprechenden Steuerdaten an das interne oder externe Modem weiter. Eine so hergestellte Verbindung befindet sich außerhalb des von der FRITZ!Box gewährten Heimnetzwerks, und auch Schutzmaßnahmen wie Firewall-Filter gelten dafür nicht. Außerdem kann eine solche zusätzliche Direktverbindung Extrakosten verursachen. Aktivieren Sie diese Option deshalb nur, wenn diese Funktionalität wirklich benötigt wird.

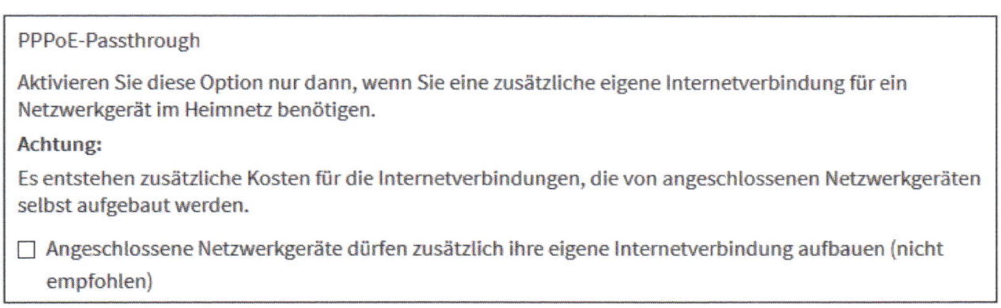

Die FRITZ!Box am IPv6-Anschluss

Besondere Beachtung verdient die Frage, ob die FRITZ!Box an einem IPv6-fähigen Internetzugang angeschlossen ist und wie dieser genau arbeitet. IPv6 ist der Nachfolger des lange Zeit genutzten IPv4. Als dessen Hauptproblem erwies sich im Laufe der Zeit die Adresslänge von 32 Bits, wodurch die Anzahl der insgesamt möglichen IP-Nummern theoretisch auf »nur« 4,3 Milliarden begrenzt wird. In der Praxis liegt diese Zahl aufgrund verschiedener organisatorischer und formaler Einschränkungen noch darunter. Das klingt zwar immer noch viel, aber schon vor einigen Jahren war klar, dass es dadurch zu ernsthaften Problemen kommen würde. Deshalb wurde der Nachfolger von vornherein mit einer Adresslänge von 128 Bits entwickelt. Und da die Adressknappheit bei IPv4 mittlerweile tatsächlich eingetreten ist, unterstützen mehr und mehr Internetanbieter und -geräte IPv6.

Welche FRITZ!Box-Modelle können IPv6?

Der Schlüssel zu dieser Frage ist die Zahl im Namen Ihrer FRITZ!Box, genauer ausgedrückt die zweite Ziffer davon. Geräte, bei denen diese zweite Ziffer eine 2 oder höher ist, beherrschen IPv6, also beispielsweise Modelle mit den Nummern 3370, 7270, 7330, 7360, 6320, 7490, 7580 unterstützen IPv6. Ausnahme: Das Modell 7270v1 unterstützt IPv6 nicht (die Angabe v1 finden Sie aber nur auf dem Typenschild an der Unterseite). FRITZ!Box-Modelle mit einer 1 als zweiter Ziffer wie etwa 7170 sind generell nicht IPv6-fähig.

Prinzipiell ist IPv6 also eine sinnvolle Sache. Es gibt allerdings auch Gründe, die gegen seinen Einsatz sprechen. Denn die große Anzahl verfügbarer IP-Adressen verführt dazu, mit diesen Nummern eben nicht mehr zu haushalten. So erhält jedes Gerät (auch im Heimnetzwerk) eine eigene eindeutige IPv6-Adresse, die es prinzipiell lebenslang behält. Es tritt im Internet also mit seiner eigenen individuellen Adresse auf und ist dadurch wiedererkennbar und verfolgbar. Theoretisch ist es prinzipiell sogar im Heimnetzwerk von außerhalb erreichbar. Das verhindert allerdings die FRITZ!Box, die direkte Zugriffe auf Geräte auch per IPv6 nur dann zulässt, wenn der Anwender dafür gezielt eine Ausnahmeregel definiert hat.

IPv4 oder IPv6?

Was also nun verwenden? Grundsätzlich müssen Sie sich nicht mal unbedingt entscheiden, denn Ihre FRITZ!Box ist Dual-Stack-fähig. Das bedeutet, sie kann IPv4 und IPv6 gleichzeitig nebeneinander betreiben. Wichtiger für die Entscheidung ist eher, was Ihr Internetanbieter am Anschluss zur Verfügung stellt.

- **natives IPv4**
  Sollten Sie noch einen reinen IPv4-Anschluss verwenden, fällt die Entscheidung leicht. Es spielt dann nicht einmal eine Rolle, ob Sie IPv6 in Ihrer FRITZ!Box aktivieren oder nicht. Sie können übrigens trotzdem IPv6-Verbindungen nutzen, falls Sie darauf angewiesen sind. Diese müssen dann allerdings durch IP4-Verbindungen getunnelt werden.

- **natives IPv4 und natives IPv6 (Dual Stack)**
  IPv4 oder IPv6 oder am besten beides gleichzeitig. Aus der Sicht eines Privatnutzers ist dies die beste Lösung. Wer ausdrücklich IPv6 nutzen will, kann dies tun. Es gibt aber nur wenige Vorteile. Insbesondere, dass Netzwerkgeräte dauerhaft unter ihrer individuellen IPv6-Adresse erreichbar sind, macht das Hantieren mit DynDNS und Portweiterleitungen überflüssig. Ansonsten bringt IPv6 aber in Bezug auf Geschwindigkeit oder Datendurchsatz keinerlei Vorteile.
- **nur natives IPv6**
  Diese Konfiguration ist die schwierigste, denn dabei handelt es sich oft um sogenannte DS-Lite-Anschlüsse. Diese unterstützen nativ nur IPv6 und müssen deshalb auch IPv4-Verbindungen durch IPv6 tunneln (DS-Lite). Der Anschluss hat keine eigene öffentliche IPv4-Adresse mehr bzw. teilt sich diese Adresse mit mehreren anderen Teilnehmern. Dadurch ist das Heimnetzwerk nicht mehr zuverlässig von außen erreichbar. Es klappt nur, wenn man ein IPv6-fähiges DynDNS nutzt und auch die zu erreichenden Netzwerkgeräte IPv6 beherrschen.

Wirklich Gedanken muss sich also nur machen, wer einen sogenannten DS-Lite-Anschluss hat, bei dem nur natives IPv6 anliegt. Will man dann reine IPv4-Geräte im Heimnetzwerk für den Zugriff aus dem Internet freigeben, muss man leider einige zusätzliche Schritte unternehmen. Diese sind auf Seite 231 beschrieben. Einfacher ist es ggf., wenn der Internetanbieter eine »öffentliche IPv4-Adresse« als zusätzliche – kostenlose oder kostenpflichtige – Leistung anbietet.

IPv6 in der FRITZ!Box aktivieren und steuern

Abhängig davon, ob Ihr Internetanbieter IPv4 oder IPv6 anbietet, können Sie entscheiden, was davon Sie nutzen möchten.

1. Öffnen Sie in der Weboberfläche Ihrer FRITZ!Box das Menü *Internet/Zugangsdaten* und wechseln Sie rechts in die Rubrik *IPv6*.
2. Hier können Sie ganz oben mit *IPv6-Unterstützung aktiv* zunächst die IPv6-Funktionen Ihrer FRITZ!Box grundsätzlich ein- oder ausschalten.
3. Darunter im Abschnitt *IPv6-Anbindung* geht es darum, ob und wie die FRITZ!Box IPv6 verwenden soll:
   - Wenn Ihr Internetanbieter (auch) IPv4 am Anschluss unterstützt, sollten Sie die Option *Native IPv4-Anbindung verwenden* wählen, insbesondere wenn Sie Vorteile wie öffentliche IPv6-Adressen ohnehin nicht nutzen möchten.
   - Bietet Ihr Provider nur IPv6 an, wählen Sie die Option *Native IPv6-Anbindung verwenden*. Bei einem DS-Lite-Anschluss müssen Sie zusätzlich die dann angezeigte Option *IPv4-Anbindung über DS-Lite herstellen* einschalten.
   - Mit *Nur IPv6 verwenden* setzen Sie komplett auf IPv6. Tun Sie das nur, wenn alle Geräte IPv6 beherrschen bzw. für IPv4-Teilnehmer anderweitige Vorkehrungen getroffen wurden.

- Nutzen Sie einen reinen IPv4-Anschluss, möchten (oder müssen) aber auch IPv6-Verbindungen herstellen, ist die Option *IPv6-Anbindung mit Tunnelprotokoll verwenden* richtig. Wählen Sie dann im Abschnitt *Verbindungseinstellungen* das verwendete Tunnelprotokoll aus.

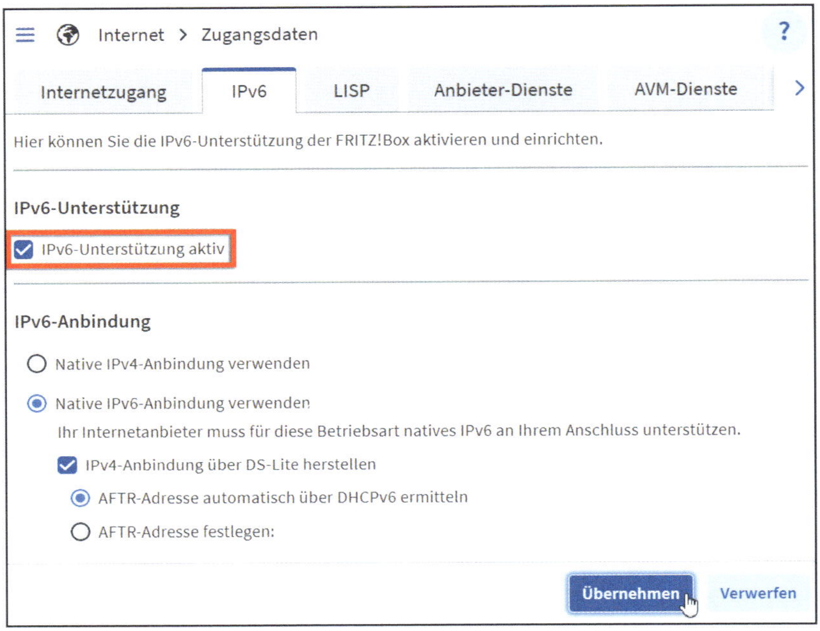

4. Abhängig vom gewählten Anbindungsmodus werden weitere Optionen eingeblendet. Auch der Inhalt des Abschnitts *Verbindungseinstellungen* kann sich dadurch verändern. Bringen Sie ggf. bei Ihrem Internetanbieter in Erfahrung, welche Einstellungen genau vorgenommen werden sollten. Ansonsten belassen Sie es im Zweifelsfall zunächst bei den Standardwerten.
5. Ganz unten bei *Weitere Einstellungen* können Sie die IPv6-Adresse der FRITZ!Box zufällig festlegen lassen, sodass sie regelmäßig eine andere IPv6-Adresse erhält. Das kann eine Maßnahme im Sinne von Sicherheit und Datenschutz sein. Allerdings müssen Sie dann sicherstellen, dass Sie Ihren Anschluss bei Bedarf auf andere Weise zuverlässig von außerhalb erreichen können (beispielsweise über Ihr MyFRITZ!-Konto).
6. Den MTU-Wert können Sie auch nur manuell verändern, wenn Ihr Internetanbieter oder eine bestimmte IPv6-Anwendung dies ausdrücklich erfordert. So kann es beispielsweise für VPN-Verbindungen an DS-Lite-Anschlüssen sinnvoll sein, den MTU-Wert zu verringern, um Verbindungsprobleme zu beheben.

1.5 Sonderfall FRITZ!Box-Modellwechsel

Während es in diesem Kapitel vor allem um das erstmalige Einrichten einer FRITZ!Box geht, möchte ich abschließend auf ein Szenario eingehen, das für langjährige FRITZ!Box-Nutzer sicher auch eine Rolle spielen kann. Denn auch wenn die Geräte viele Jahre im Einsatz sein können und zudem überdurchschnittlich lange vom Hersteller mit Updates versorgt werden, kann es doch sinnvoll sein, irgendwann auf ein anderes Modell zu wechseln. Vielleicht weil sich die Art des Internetzugangs ändern soll (beispielsweise beim Wechsel von DSL zu Glasfaser) oder weil ein neueres Modell zusätzliche Leistung und Funktionen bietet.

Die aktuelle Version von FRITZ!OS unterstützt diesen Wechsel mit einem eigenen Assistenten. Dieser kann praktisch alle Daten und Einstellungen der FRITZ!Box und auch von weiteren verbundenen FRITZ!-Geräten wie Repeatern, FRITZ!Fons usw. automatisch auf das neue Gerät übertragen, sodass der Betrieb anschließend reibungslos fortgesetzt werden kann.

Voraussetzungen für die Einstellungsübertragung

Damit das automatisierte Übertragen der Einstellungen von einer in Benutzung befindlichen FRITZ!Box auf ein Austauschmodell gelingen kann, müssen folgende Voraussetzungen erfüllt sein:

- Die »alte« FRITZ!Box muss das Gerät sein, dass den Internetzugang für Ihr lokales Heimnetzwerk bereitstellt.
- Auf beiden Geräten muss FRITZ!OS in der Version 7.56 oder neuer installiert sein, da die Übertragungsfunktion mit dieser Version eingeführt wurde.
- Sie müssen zu beiden Geräten physikalischen Zugang haben, also Tasten drücken und Kabel ein- bzw. ausstecken können.
- Sie müssen sich am besten mit einem PC bzw. Notebook, notfalls mit einem Smartphone oder Tablet auf der Weboberfläche der alten FRITZ!Box mit einem Administratorkonto anmelden können.

Die beiden FRITZ!Box-Modelle können verschiedene Modellnummern haben und auch unterschiedliche Internetzugangsarten verwenden (also beispielsweise die »alte« DSL und die »neue« Glasfaser). Das Verfahren unterstützt Sie also auch beim Wechsel auf eine andere Internetzugangsart. Allerdings muss der Internetzugang für das neue Gerät bereits betriebsbereit sein, und Sie benötigen in diesem Fall ggf. zusätzlich die Zugangsdaten für die neue Technologie.

Vorbereitungen vor der Übertragung

Damit die Übertragung reibungslos klappt, sollten Sie zuvor ein paar Dinge überprüfen und ggf. erledigen:

- Stellen Sie sicher, dass bei der alten FRITZ!Box das Betriebssystem FRITZ!OS auf dem aktuellen Stand ist (siehe Seite 352). Das können Sie beim »neuen« Gerät auch tun, aber das wird im Laufe des Übertragungsvorgangs ohnehin überprüft und ggf. nachgeholt.
- Sofern es sich beim »neuen« Gerät nicht ohnehin um ein nagelneues Produkt im Auslieferzustand handelt, setzen Sie dieses auf den Werkszustand zurück (siehe Seite 364).
- Wenn weitere FRITZ!-Geräte mit der FRITZ!Box verbunden sind, sollten auch diese zuvor auf den neusten Softwarestand gebracht werden. Das betrifft beispielsweise FRITZ!Repeater, FRITZ!Fon sowie Smart-Home-Produkte.
- Wenn Sie FRITZ!-Apps auf Ihrem Smartphone/Tablet verwenden, überprüfen Sie auch dort auf Aktualität und halten Sie Ihr Smartphone während des Übertragungsvorgangs bereit.

Planen Sie für den Vorgang bis zu 30 Minuten ein, währenddessen ist Ihr Heimnetzwerk vorübergehend nicht verfügbar. **Wichtiger Hinweis:** Es ist immer sinnvoll, vor einem solchen wichtigen Schritt eine möglichst vollständige Sicherung Ihrer FRITZ!Box durchzuführen. Allerdings wird dies im Rahmen der Übertragung ohnehin vorgeschlagen, weshalb ich es bei den Vorbereitungen nicht ausdrücklich erwähne.

Die Übertragung durchführen

Wenn die Voraussetzungen passen und alle Vorbereitungen erledigt sind, können Sie jederzeit den Assistenten starten, der die Übertragung von einem Gerät zum anderen durchführt.

1. Öffnen Sie in der Weboberfläche der »alten« FRITZ!Box den Bereich *Assistenten* und klicken Sie hier auf *Einstellungen auf eine neue FRITZ!Box übertragen*, um den Assistenten aufzurufen.
2. Die erste Begrüßungsseite brauchen Sie nur zur Kenntnis zu nehmen und können den Vorgang dann mit *Starten* beginnen.

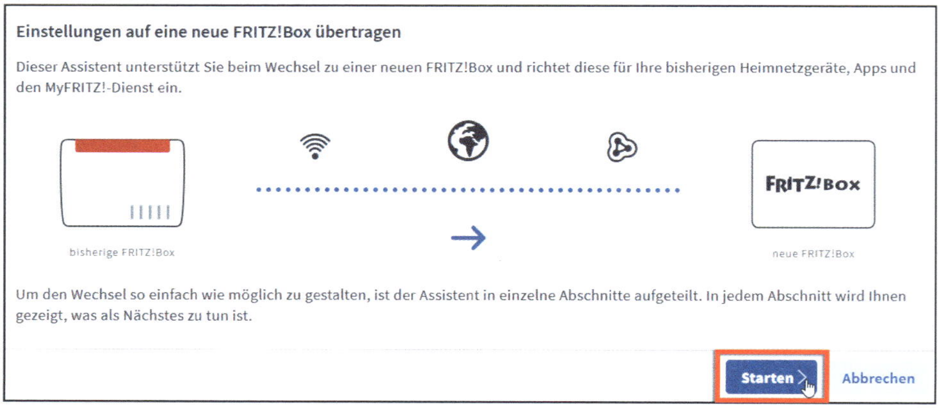

3. Der Assistent fordert Sie als Erstes auf, eine Sicherung der Einstellungen sowie Telefonie-Daten vorzunehmen. Die entsprechenden Dialoge bietet er praktischerweise auch gleich an. Sie sollten dieser Aufforderung unbedingt nachkommen. Mit den gesicherten Daten können Sie den Betrieb mit der alten FRITZ!Box ggf. schnell wieder aufnehmen, wenn beim Wechsel zum neuen Gerät doch etwas schiefgehen sollte.
4. Erst wenn Sie beide Sicherungen durchgeführt haben (die erstellten Dateien finden Sie im *Downloads*-Ordner des PCs), bekommen Sie unten eine *Weiter*-Schaltfläche eingeblendet, mit der Sie zum nächsten Schritt gelangen. Sollten bereits aktuelle Sicherungsdaten vorliegen, können Sie diesen Schritt aber mit *Weiter ohne Sicherungsdatei* überspringen.
5. Im nächsten Schritt versucht der Assistent nun, alle Geräte zu erkennen, die mit der alten FRITZ!Box verbunden und somit vom Umzug betroffen sind. Diese werden in den Rubriken *Mesh Repeater und Telefone* sowie *Smart-Home-Geräte* (soweit vorhanden) aufgeführt. Finden Sie hier jeweils die Anmerkung *Alle Geräte haben sich erfolgreich bei Ihrer bisherigen FRITZ!Box gemeldet*, sieht das schon mal gut aus. Wenn nicht bzw. um auf Nummer sicher zu gehen, sollten Sie den oder die Bereiche ausklappen und sich überzeugen, ob alle Einträge hellgrün hinterlegt sind.

   Falls nicht:

   - Eventuell hat das Gerät sich nur noch nicht gemeldet. Manche Smart-Home-Geräte beispielsweise haben keine ständige Verbindung, sondern setzen sich nur alle x Minuten mit der Basis in Kontakt. In solchen Fällen können Sie den Vorgang beschleunigen, indem Sie die Komponente durch einen Tastendruck manuell aus dem Schlaf wecken.

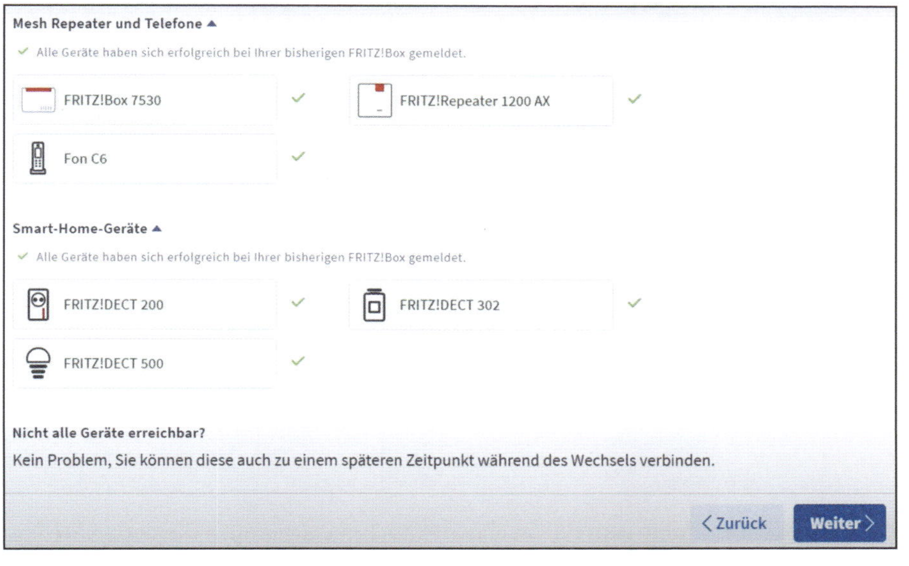

- Nicht alle Geräte können automatisch umziehen. Wenn Sie beispielsweise DECT-Telefone eines anderen Herstellers nutzen, bleiben diese außen vor und müssen nach dem Umzug einmal manuell bei der neuen FRITZ!Box angemeldet werden. Aber selbst einige ältere FRITZ!-Produkte sind nicht für den automatischen Wechsel geeignet, wie etwa FRITZ!DECT 300 und FRITZ!Fon MT-F.

6. Stellen Sie also sicher, dass alle Geräte grün unterlegt sind, bei denen die Übertragung möglich sein sollte. Notieren Sie sich ggf. die anderen Geräte, um sie später manuell umzuziehen. In jedem Fall können Sie mit *Weiter* zum nächsten Schritt vorangehen.
7. Als Nächstes folgt der wichtige Hinweis, dass die neue FRITZ!Box sich für den Umzug in den Werkseinstellungen befinden muss, also im Auslieferzustand. Wenn Sie das Gerät neu erworben und frisch ausgepackt haben, können Sie davon ausgehen, dass dies so ist. Andernfalls erhalten Sie mit *Sie haben bereits Änderungen vorgenommen* Hinweise, wie Sie das Gerät auf den Auslieferzustand zurücksetzen. Steht die neue Box auf den Werkseinstellungen, können Sie mit *Weiter* fortfahren.
8. Nun stellt der Assistent sicher, dass die Rahmenbedingungen für den Start des Umzugs stimmen. Dazu muss die neue FRITZ!Box bereitstehen (auf Werkseinstellungen), aber sie darf zu diesem Zeitpunkt weder mit dem Netzwerk noch mit dem Stromnetz verbunden sein. Sie sollte also ohne jedes Kabel vor Ihnen auf dem Tisch stehen. Wenn das der Fall ist, klicken Sie auf *Weiter*.
9. Stellen Sie nun erst die Stromversorgung bei der neuen FRITZ!Box her. Warten Sie dabei vorsichtshalber kurz ab, bis diese gestartet ist. Eine dauerhaft leuchtende WLAN-LED ist dafür ein guter Indikator.
10. Stecken Sie dann ein Netzwerkkabel in einen beliebigen Netzwerkanschluss auf der Rückseite der neuen FRITZ!Box. Stecken Sie das andere Ende des Kabels in einen der Netzwerkanschlüsse der alten Box. Sollte dort keiner frei sein, stecken Sie vorübergehend eines der dort angeschlossenen Geräte aus. Klicken Sie dann auf *Weiter*.
11. Drücken Sie nun zunächst an der alten FRITZ!Box einmal kurz die *Connect-* bzw. *Connect/WPS-Taste*, sodass die dazugehörende LED zu blinken beginnt. Wiederholen Sie diesen Vorgang dann an der neuen FRITZ!Box. Achten Sie darauf, dass zwischen beiden Tastendrücken nicht mehr als zwei Minuten liegen dürfen. Klicken Sie dann auf *Weiter*.

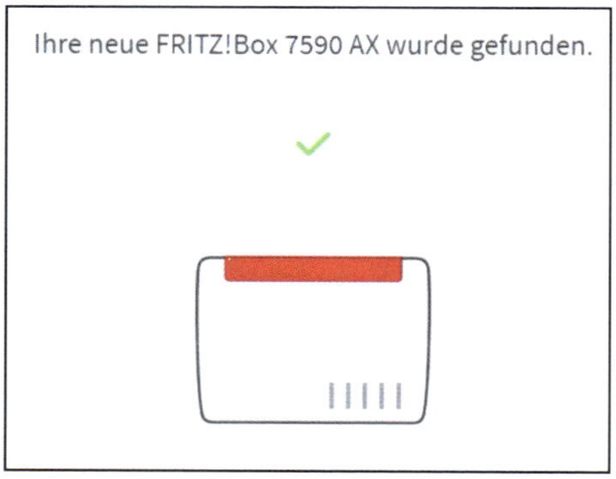

12. Der Assistent sollte nun ggf. nach einer kurzen Wartepause die neue FRITZ!Box identifiziert haben und mit der korrekten Modellbezeichnung auf dem Bildschirm anzeigen. Wenn das passt, klicken Sie auf *Weiter*.

13. Nun kann es ein wenig dauern, während der Assistent den Wechsel zur neuen FRITZ!-Box vorbereitet. Wenn er sich dann wieder meldet (und alles geklappt hat), befinden Sie sich bereits auf der Benutzeroberfläche der neuen Box. Klicken Sie hier auf *Weiter*.
14. An dieser Stelle erfolgt das eigentliche Übertragen der Einstellungen, was ggf. ein wenig dauern kann. Warten Sie ab, bis der Vorgang abgeschlossen ist und Sie unten auf *Weiter* klicken können.
15. Wenn Sie an Ihrem Internetzugang nichts verändert haben, wählen Sie im anschließenden Schritt *Nein, der Internetanbieter bleibt gleich*. Wenn Sie hingegen auch die Zugangstechnologie wechseln, müssen Sie an dieser Stelle die entsprechenden Einstellungen vornehmen. Wählen Sie in diesem Fall *Ja, der Internetanbieter wird gewechselt*, um zusätzlich den Assistenten für den Internetzugang der neuen FRITZ!Box auf den Plan zu rufen, der Sie durch die erforderlichen Schritte führt.

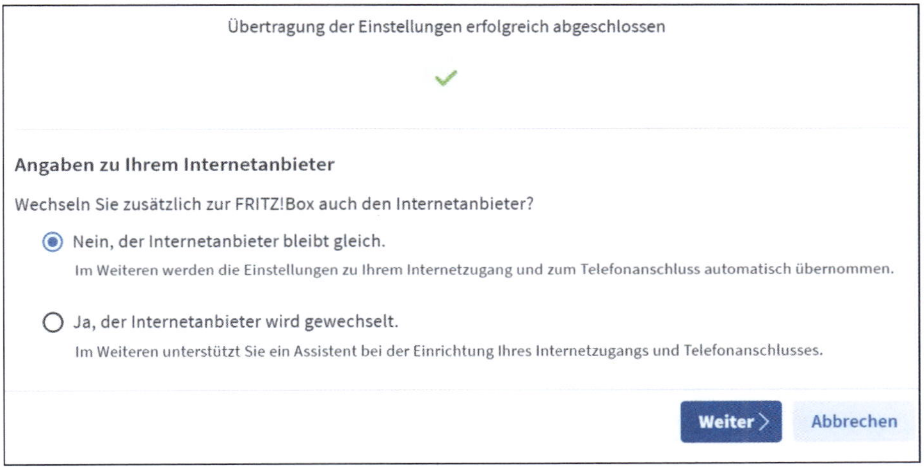

16. Nun wird die neue FRITZ!Box neu gestartet, damit die übertragenen Einstellungen in Kraft treten können. Warten Sie so lange ab, bis der Assistent meldet, dass der Neustart erfolgreich abgeschlossen wurde. Klicken Sie dann auf *Weiter*.
17. Jetzt geht es daran, mit der neuen FRITZ!Box den Internetzugang herzustellen. Stecken Sie dazu das entsprechende Kabel (DSL, Glasfaser oder Koax) bei der alten FRITZ!Box aus und in die neue ein. Wenn Sie bei der Gelegenheit die Zugangstechnologie wechseln, entfernen Sie bei der alten FRITZ!Box das alte Kabel und stecken bei der neuen das neue Kabel ein. Klicken Sie dann auf *Weiter*.
18. Sobald die Internetverbindung wieder steht, überträgt der Assistent den MyFRITZ!-Zugang (sofern Sie einen nutzen) von der alten FRITZ!Box auf die neue. Sie können anschließend also Ihr vorhandenes MyFRITZ!-Konto einfach weiternutzen. Auch FRITZ!-Apps und Fernzugriffe, die sich darauf stützen, sollten direkt wieder funktionieren. Das Übertragen kann einige Minuten dauern.

19. Nun werden alle Geräte, die der Assistent in Schritt 5 erfolgreich erkannt hat, auf die neue FRITZ!Box umgemeldet. Je nach Anzahl der Geräte kann das etwas dauern. Auch hier können Sie wieder nachhelfen, indem Sie Geräte, die nicht ständig mit der Basis in Verbindung stehen, mit einem kurzen Tastendruck aus dem Tiefschlaf wecken. Kontrollieren Sie, ob bei allen Geräten ein grünes Häkchen angezeigt wird. Erst dann sollten Sie unten mit *Weiter* fortfahren.

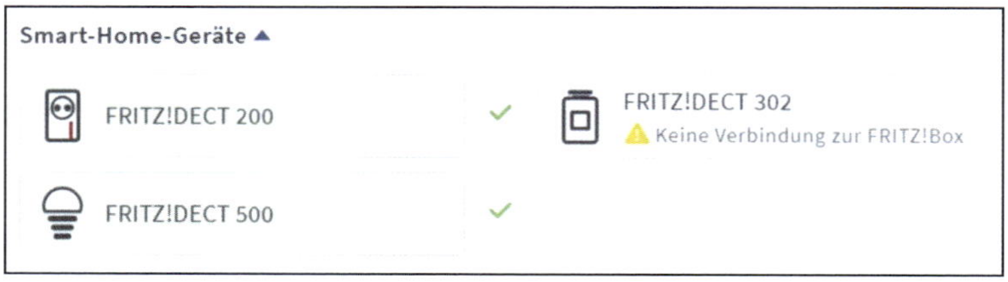

20. Damit haben Sie den Umzug auf die neue FRITZ!Box erfolgreich absolviert. Als Letztes wird nun noch die alte FRITZ!Box auf die Werkseinstellungen zurückgesetzt, sodass Sie diese beruhigt abgeben können. Entfernen Sie das Netzwerkkabel, mit dem Sie die beiden Boxen verbunden hatten, und warten Sie, bis am alten Modell keine LEDs mehr leuchten. Entfernen Sie dann das Stromkabel dieses Gerätes.
21. Sollten jetzt noch Netzwerk- und/oder USB-Kabel in der alten FRITZ!Box stecken, entfernen Sie diese und stecken sie entsprechend in die neue FRITZ!Box ein. Klicken Sie nun auf *Fertig*, um den Assistenten abzuschließen. Sie gelangen dann zur Weboberfläche der neuen FRITZ!Box.

Wenn der vorangehend beschriebene Assistent in Schritt 5 Geräte vermeldet hat, die sich nicht automatisch auf eine andere FRITZ!Box umziehen lassen, müssen Sie nun noch etwas von Hand nacharbeiten. Haben Sie sich eine Liste notiert, können Sie diese jetzt ggf. schnell abarbeiten und diese Geräte manuell bei der neuen Box anmelden.

2. WLAN sicher und problemlos betreiben

Zu den wichtigsten Aufgaben und Funktionen der meisten FRITZ!Boxen gehört es, ein Drahtlosnetzwerk für mobile Geräte wie Smartphones, Tablets und Notebooks, aber ggf. auch Smart-Home-Geräte und Ähnliches bereitzustellen. Das beherrschen praktisch alle FRITZ!Box-Modelle, die derzeit auf dem Markt zu haben sind. Unterschiede gibt es allerdings bei den unterstützten Frequenzen und Standards und somit bei den erzielbaren Bandbreiten der Drahtlosverbindungen. Neuere Modelle bieten zudem zusätzliche Funktionen an, wie etwa das Einrichten eines Gäste-WLAN für Besucher, das vom eigenen Heimnetzwerk sauber getrennt bleibt und auf bestimmte Internetanwendungen wie Web und Mail beschränkt werden kann.

2.1 Ein eigenes WLAN-Netzwerk einrichten

FRITZ!Boxen werden ab Werk mit aktiviertem WLAN ausgeliefert. Zum einen ermöglicht das, die Ersteinrichtung und Konfiguration unkompliziert mit einem Mobilgerät vorzunehmen. Zum anderen wollen die meisten FRITZ!Box-Besitzer ohnehin ein Drahtlosnetzwerk nutzen, sodass man ihnen das Einrichten dadurch ersparen kann.

Wenn Sie also nach dem Anschließen und Einschalten Ihrer FRITZ!Box mit einem Mobilgerät nach erreichbaren WLANs suchen, wird das Drahtlosnetzwerk Ihrer FRITZ!Box in der Liste aufgeführt werden. Im Auslieferungszustand trägt es üblicherweise einfach die Modellbezeichnung Ihres Gerätes, also so etwas wie »FRITZ!Box 7590 RX« oder ähnlich. Meist finden Sie diese Bezeichnung auch auf der Servicekarte sowie auf dem Aufkleber an der Rückseite Ihrer FRITZ!Box. Dort können Sie auch den Netzwerkschlüssel ablesen, den Sie eingeben müssen, um sich im WLAN der Box anzumelden.

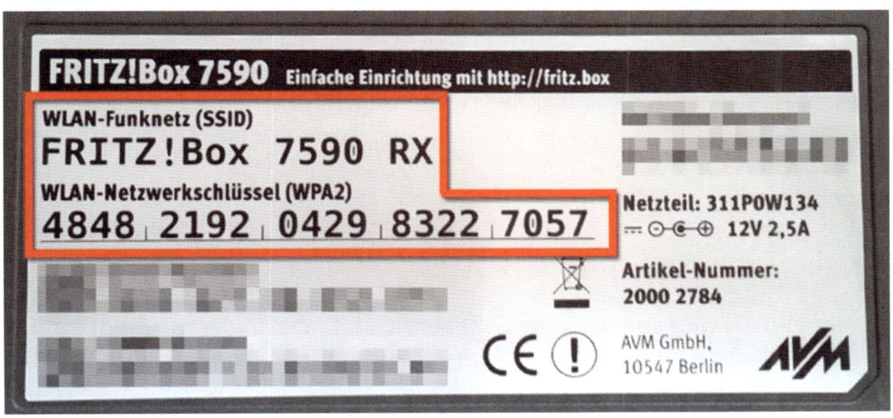

Die Zugangsdaten für das WLAN der FRITZ!Box finden Sie auf der Unterseite des Gerätes

Die ab Werk vorgegebenen Einstellungen können Sie im Prinzip beibehalten und Ihr WLAN damit auf Dauer betreiben. Jede FRITZ!Box bekommt im Werk ihren eigenen sicheren Netzwerkschlüssel »eingebrannt«. Allerdings gibt es gute Gründe dafür, sowohl den Namen des Funknetzes als auch den Zugangsschlüssel individuell zu ändern:

- Der Name des Funknetzwerks ist sehr allgemein gehalten. Gerade in Mehrfamilienhäusern und dichtbesiedelten Wohngebieten kann es schnell passieren, dass einer Ihrer Nachbarn dasselbe FRITZ!Box-Modell besitzt. Dann heißen die beiden gleich und sind nur schwer auseinanderzuhalten.
- Außerdem verrät die Modellbezeichnung, welche FRITZ!Box sowie ggf. welche Art von Internetzugang Sie verwenden. Diese Information muss man nicht mit jedem teilen.
- Ein zugegebenermaßen eher theoretisches Argument: Der Name des Netzwerks ist Bestandteil des WPA2-Verschlüsselungsalgorithmus. Wenn Sie es beim vorgegebenen Standardnamen belassen, machen Sie es Hackern also etwas leichter, die Verschlüsselung zu knacken.
- Durch das Ändern des WLAN-Namens zeigen Sie Außenstehenden, dass Sie es können und nicht zu den technisch völlig unbedarften Zeitgenossen gehören. Und schließlich ist ein individueller Name für das eigene WLAN ja auch eine schöne Sache.
- Der ab Werk festgelegte Netzwerkschlüssel ist sicher und für jedes Modell einzigartig. Sie brauchen also nicht zu befürchten, dass jemand anderes mit demselben FRITZ!-Box-Modell Zugang zu Ihrem Netzwerk erhält. Aber der Schlüssel steht nun mal an der FRITZ!Box selbst dran, wo ihn jeder ablesen könnte, der Zugang zu Ihrem Haushalt hat. Das ist nicht immer gewünscht. Außerdem wollen Sie anstatt der kryptischen Zahlenkette ja vielleicht lieber ein »sprechenderes« Passwort verwenden, das Sie sich besser merken können.

Werksvorgaben nicht vergessen

Auch wenn Sie die voreingestellten Namen und Schlüssel durch eigene Daten ersetzen, sollten Sie den Aufkleber an der FRITZ!Box keinesfalls entfernen oder unlesbar machen. Wenn Sie Ihre FRITZ!Box irgendwann einmal auf die Werkseinstellungen zurücksetzen sollten, werden diese ursprünglichen Namen und Schlüssel wieder verwendet. Dann wäre es ungünstig, wenn Sie beispielsweise den Netzwerkschlüssel nicht mehr ablesen könnten.

Eigener Name für das Drahtlosnetzwerk

Der Name eines WLAN wird abgekürzt als SSID bezeichnet, was für **S**ervice **S**et **ID**entifier steht, auf gut Deutsch in etwa »Netzwerkname«. Dieser Name kann inhaltlich beliebig sein. Manche nutzen die Gelegenheit für Humor oder um sich selbst zu verwirklichen. Formal sollten Sie aber in jedem Fall folgende Einschränkungen beachten:

- Eine SSID darf maximal 32 Zeichen umfassen.
- Es wird zwischen Groß- und Kleinschreibung von Zeichen unterschieden (»abc« ist ein anderer Name als »ABC«).
- Standardbuchstaben und Ziffern können Sie beliebig verwenden, deutschsprachige Umlaute (ä, ü, ö usw.) sowie ß hingegen sollten Sie vermeiden.
- Gängige Sonderzeichen wie -, ?, $ sind nicht ausdrücklich verboten. Allerdings ist nicht gewährleistet, dass alle WLAN-Geräte korrekt damit umgehen können. Deshalb wird von der Verwendung eher abgeraten.

Die Namensänderung durchführen

Wichtiger Hinweis vorab: Wenn Sie eine Namensänderung Ihres WLAN durchführen, können sich die bislang am Netzwerk angemeldeten Geräte nicht mehr damit verbinden (auch wenn Sie die Netzwerkschlüssel beibehalten). Sie müssen also **alle** WLAN-Geräte anschließend einmal neu beim umbenannten Drahtlosnetzwerk anmelden. Planen Sie das mit ein, bevor Sie sich an die Umbenennung machen.

1. Um einen eigenen Namen für Ihr WLAN festzulegen, öffnen Sie in der Weboberfläche Ihrer FRITZ!Box das Menü *WLAN/Funknetz*.
2. Auf der rechten Seite finden Sie hier das Feld *Name des WLAN-Funknetzes (SSID)* und gleich daneben den *WLAN-Netzwerkschlüssel*.
3. Beides sind Eingabefelder, mit denen Sie den von Ihnen gewünschten Namen oder auch einen anderen Netzwerkschlüssel eingeben können.

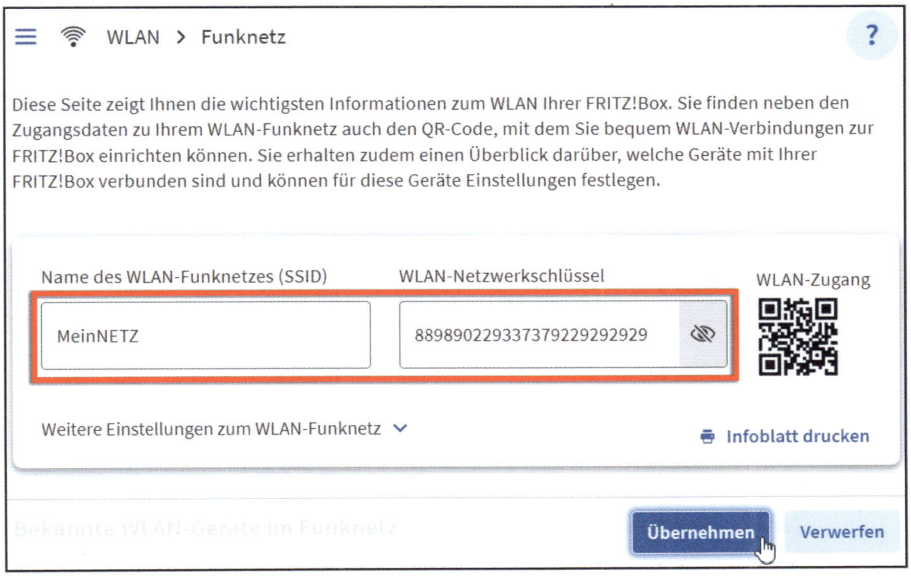

4. Klicken Sie unten auf *Übernehmen*, um die Namensänderung durchzuführen.

5. Das WLAN der FRITZ!Box wird nun abgeschaltet und anschließend mit dem neuen Namen wieder aktiviert. Das kann einige Sekunden dauern.
6. Melden Sie anschließend die ggf. vorhandenen WLAN-Geräte am nun umbenannten Drahtlosnetzwerk neu an.

Getrennte SSIDs für 2,4 und 5 GHz?

Aktuelle FRITZ!Box-Modelle funken parallel im 2,4- und 5-GHz-Bereich und bieten die Möglichkeit, verschiedene SSIDs für diese Frequenzbereiche zu verwenden. Das kann sinnvoll sein, wenn man bestimmte WLAN-Geräte dazu zwingen möchte, entweder nur den 2,4- oder nur den 5-GHz-Bereich zu benutzen. Im Allgemeinen ist das nicht nötig. Wenn beide SSIDs identisch sind, tritt ein Automatismus in Aktion: Beherrscht ein Gerät nur 2,4 GHz, verbindet es sich auch nur damit. Kann ein Gerät hingegen zwischen 2,4 und 5 GHz umschalten, verwendet es automatisch den Frequenzbereich, der einen besseren Empfang verspricht.

Soweit die Theorie – in der Praxis kann es dabei aber Probleme geben, etwa wenn ein Gerät beharrlich im 5-GHz-Bereich bleibt, obwohl das Signal dort schwächer ist. Oder wenn ein 5-GHz-fähiges Gerät sich im 2,4-GHz-Bereich die Bandbreite mit anderen teilt, statt den höheren Bereich zu nutzen, der ihm allein zur Verfügung steht.

In solchen Fällen kann es helfen, die beiden Frequenzbereiche namentlich zu unterscheiden und den störrischen Teilnehmer nur in dem WLAN anzumelden, dessen Frequenzen er nutzen soll. Generell wäre die Empfehlung aber: Solange es keine Probleme damit gibt, verwenden Sie denselben Namen für beide SSIDs und überlassen es damit den Geräten selbst, welchen Frequenzbereich sie nutzen.

1. Öffnen Sie dazu unterhalb des Eingabefeldes für *Name des WLAN-Funknetzes (SSID)* den Abschnitt *Weitere Einstellungen zum WLAN-Funknetz*.
2. Schalten Sie dort die Option *Unterschiedliche Namen für WLAN-Funknetze verwenden* ein.

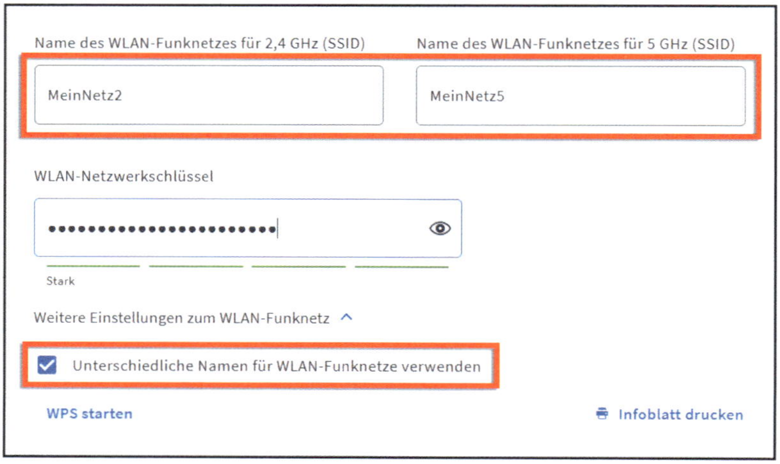

3. Dadurch werden darüber anstelle eines Eingabefeldes für jeden Frequenzbereich jeweils eigene Felder angezeigt, in denen Sie abweichende Funknetznamen festlegen können.
4. Klicken Sie anschließend unten auf *Übernehmen*, um die Einstellungen zu speichern und das WLAN mit den veränderten Bezeichnungen neu zu starten.

Den Namen des WLAN verbergen?

In den WLAN-Einstellungen Ihrer FRITZ!Box finden Sie ganz unten im (ausgeklappten) Abschnitt *Weitere Informationen zum WLAN-Funknetz* die Option *Name des WLAN-Funknetzes verstecken*. Es wird dann in Übersichtslisten von WLAN-Geräten nicht angezeigt, sondern beim Anmelden muss der WLAN-Name ausdrücklich angegeben werden, um die Verbindung zu ermöglichen.

Dies mag als zusätzlicher Schutz erscheinen, nach dem Motto: »Ein WLAN, das man nicht findet, kann man auch nicht hacken.«

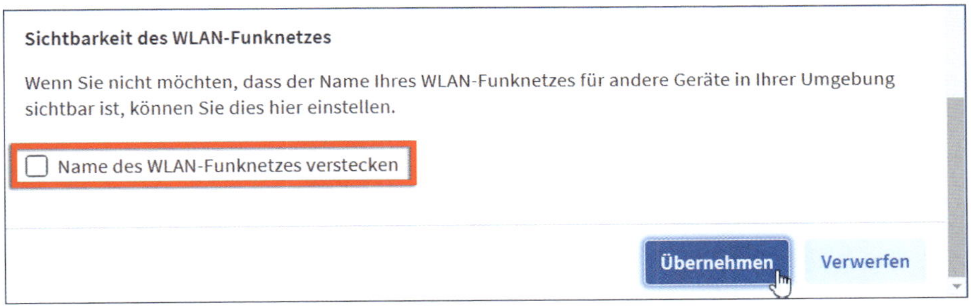

Tatsächlich bietet diese Variante aber keinen Schutz, sondern sorgt nur für unnötige Umstände. Denn das WLAN verzichtet nicht wirklich auf das Aussenden seiner Kennung (dann wäre es nicht erreichbar). Stattdessen sendet es seine Kennung mit einer Markierung, dass sie versteckt werden soll. Die meisten WLAN-Klienten halten sich zwar daran, aber es ist technisch kein Problem, diese Vorgabe zu ignorieren und auch alle »versteckten« WLANs ausfindig zu machen und zu kontaktieren.

Kurz: Den technisch unbedarften Nachbarn können Sie damit vielleicht hinters Licht führen. Einen echten Schutz gegen fähige Angreifer bietet es hingegen nicht. Dafür macht es das Anmelden am WLAN unnötig umständlich.

Kennwort und Verschlüsselung optimal wählen

Neben dem Netzwerknamen ist der Netzwerkschlüssel der zweite entscheidende Anteil am Zugang zum WLAN-Netzwerk. Sie können nicht nur den Schlüssel selbst ändern, sondern auch das Verschlüsselungsverfahren oder sogar ganz auf eine Verschlüsselung verzichten. Da es hier um die Sicherheit Ihrer Daten geht, ist bei diesen Einstellungen besondere Umsicht anzuraten.

Alle Geräte neu anmelden

Bitte beachten Sie schon bei der Planung, dass Sie nach einer Änderung des Netzwerkschlüssels alle Geräte neu am WLAN anmelden müssen, da sie mit dem alten Schlüssel dann keinen Zugang mehr erhalten.

1. Die Einstellungen für die Verschlüsselung des WLAN finden Sie in der Weboberfläche im Menü *WLAN/Sicherheit* in der Rubrik *Verschlüsselung*.
2. Hier können Sie ganz oben zunächst festlegen, ob überhaupt mit einer Verschlüsselung gearbeitet wird oder nicht. Ein unverschlüsseltes Netz wäre vollständig offen und könnte von jedermann in Reichweite genutzt werden, ohne einen Netzwerkschlüssel anzugeben. Es wird in den Übersichtslisten der meisten Mobilgeräte auch mit der Anmerkung »offen« oder »ungesichert« ausgezeichnet und würde deshalb ungebetene Gäste so sicher anziehen wie Motten das Licht. Verwenden Sie die Option *unverschlüsselt* deshalb nur, wenn Sie tatsächlich ein offenes WLAN einrichten wollen und sich ggf. durch andere Maßnahmen vor Missbrauch und eventuellen rechtlichen Folgen abgesichert haben!

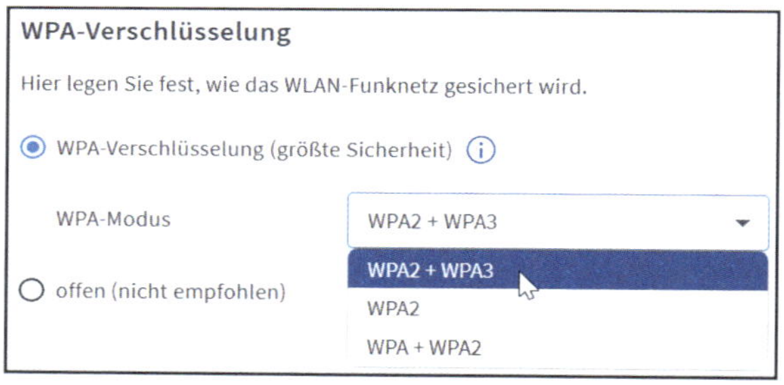

3. Haben Sie die Verschlüsselung aktiviert, können Sie darunter den *WPA-Modus* wählen. Die verschiedenen FRITZ!Box-Modelle bieten verschiedene Standards an. Beachten Sie bitte die nachfolgende Auflistung zur Wahl der bestmöglichen Verschlüsselungsverfahren.
4. Direkt darunter können Sie Ihren *WLAN-Netzwerkschlüssel* eingeben, also das Kennwort, mit dem der Zugang zu Ihrem WLAN geschützt sein soll. Beachten Sie dabei die Anzeige für die Qualität unterhalb des Feldes. Sie reagiert dynamisch und wird nach jedem Zeichen aktualisiert.
5. Wählen Sie ein Kennwort, das mindestens die Bewertung *mittel* erzielt. Das erreichen Sie, indem Sie nicht aufeinanderfolgende Buchstaben und Ziffern kombinieren. Noch besser wäre die Bewertung *gut* oder gar *stark*. Dazu müssen Sie die Buchstaben und Ziffern mit Sonderzeichen (?, &, % usw.) ergänzen. Verwenden Sie dafür aber möglichst nur gängige Sonderzeichen wie -, #, +, ?, =, %, &. Andernfalls steigt die Gefahr, dass einzelne WLAN-Klienten ein Sonderzeichen nicht korrekt umsetzen und sich deshalb nicht beim Netzwerk anmelden können.

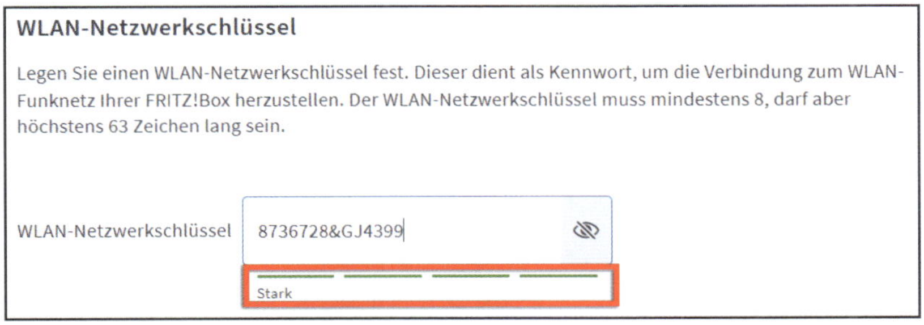

6. Unter *Weitere Sicherheitseinstellungen* können Sie die Stick-&-Surf-Funktion deaktivieren (siehe Seite 115). Üblicherweise sollten die im WLAN angemeldeten Geräte auch untereinander kommunizieren können (etwa wenn das Smartphone Bilder oder ein Video zum Smart-TV streamen soll, damit der es abspielt). Sollten Sie gute Gründe haben, auf diese Möglichkeit verzichten zu wollen, können Sie sie hier abstellen.

Geschützte Anmeldungen mit PMF

Mit der Option *Unterstützung für geschützte Anmeldungen von WLAN-Geräten (PMF) aktivieren* können Sie **P**rotected **M**anagement **F**rames einschalten. Damit werden schon beim Herstellen der Verbindung zwischen Mobilgerät und WLAN-Router verschlüsselte Datenpakete verwendet, um Angriffe zu verhindern. Der Haken an der Sache: Manche älteren WLAN-Geräte kommen mit diesem relativ neuen Standard nicht zurecht und können sich nicht mehr anmelden. Für solche Fälle bleibt die Funktion mit dieser Option abschaltbar. Grundsätzlich empfiehlt es sich aber, diese Option für ein Mehr an Sicherheit einzuschalten.

7. Auf die Einstellungsmöglichkeiten im Bereich *WLAN-Zugang beschränken* geht der nachfolgende Abschnitt ausführlich ein, sodass Sie diesen zunächst überspringen können. Klicken Sie auf *Übernehmen*, um die Änderung des Netzwerkschlüssels zu speichern.
8. Nach der Änderung wird das WLAN der FRITZ!Box deaktiviert und anschließend mit der neuen Verschlüsselung wieder eingeschaltet. Wichtig: Beachten Sie bitte, dass Sie alle bis dahin verbundenen Drahtlosgeräte anschließend mit dem geänderten Netzwerkschlüssel neu anmelden müssen.

Die Verschlüsselungsverfahren

- WEP
  Ältere FRITZ!Boxen bieten womöglich noch das sehr alte **W**ired-**E**quivalent-**P**rivacy-Verfahren an. Dieses stammt aus der WLAN-Kinderzeit und gilt schon lange nicht mehr als sicher. Es reichte, den Datenstrom eines WLAN einige Zeit lang aufzuzeichnen, um daraus den verwendeten Netzwerkschlüssel zu ermitteln. Moderne WLAN-Geräte unterstützen WEP deshalb meist nicht mehr. Verwenden Sie dieses Verfahren also keinesfalls.

- WPA (TKIP)
  Als kurzfristige Reaktion auf die Schwächen von WEP wurde **W**i-Fi **P**rotected **A**ccess als der Nachfolger entwickelt. Die Abkürzung in Klammern steht für **T**emporal **K**ey **I**ntegrity **P**rotocol und bezeichnet das verwendete Sicherheitsprotokoll. WPA ist deutlich sicherer als WEP, gilt mittlerweile aber auch als angreifbar. Außerdem beschränkt TKIP die Verbindungsgeschwindigkeit auf 54 Mbit/s.
- WPA2 (CCMP)
  Dauerhafter sicherer Nachfolger von WEP ist WPA mit dem Sicherheitsprotokoll **C**ounter Mode with **C**ipher Block Chaining **M**essage Authentication Code **P**rotocol. Es gilt bis heute als sicher, sofern ein ausreichend langer Netzwerkschlüssel (mindestens 20 Zeichen lang mit Groß- und Kleinbuchstaben sowie Sonderzeichen und Zahlen) verwendet wird. Außerdem erlaubt es deutlich höhere Verbindungsgeschwindigkeiten.
- WPA + WPA2
  Bei diesem Verfahren nutzt die FRITZ!Box standardmäßig WPA2. Sollte sich allerdings ein Gerät anmelden, das nur WPA beherrscht, wird für die Verbindung mit diesem Gerät (und nur diesem) das einfachere WPA genutzt. Alle anderen Verbindungen funken weiter mit dem stärkeren WPA2.
- WPA2 + WPA3
  WPA3 ist die aktuelle Version des sicheren WPA-Verfahrens mit zeitgemäßen Verschlüsselungsmethoden und besonderem Schutz gegen wörterbuchbasierte Attacken. Sie kann (und sollte) aber nur in Verbindung mit WPA2 eingesetzt werden, da ältere Geräte ohne WPA3-Unterstützung sich sonst nicht mehr mit dem Funknetz verbinden könnten. Geräte ohne WPA2-Unterstützung bleiben dabei außen vor. Allerdings sollte man solche Geräte aus Sicherheitsgründen ohnehin zeitnah ersetzen.

Fazit: WPA2 sollte beim gewählten Verschlüsselungsverfahren auf alle Fälle dabei sein, WEP auf gar keinen Fall. Gegen die Kombination von WPA + WPA2 spricht eigentlich nur, dass man dabei nicht mitbekommt, welche WLAN-Geräte nicht mehr auf dem aktuellen Sicherheitsstandard funken und deshalb in absehbarer Zeit ersetzt werden sollten.

Zugangssteuerung per MAC-Adresse

Jedes Gerät, das mit einem Netzwerkadapter ausgerüstet ist, hat eine eindeutige **M**edia-**A**ccess-**C**ontrol-Adresse. Das gilt sowohl für kabelgebundene Ethernet-Anschlüsse als auch für drahtlose WLAN-Adapter. Bei der Netzwerkkommunikation spielt diese Adresse eine wichtige Rolle. Jedes Netzwerkgerät auf der Welt hat also eine eindeutige, ihm in der Hardware zugeordnete Zeichenfolge, über die es identifiziert und adressiert werden kann.

Beispiel für eine MAC-Adresse: 7D:89:F5:68:31:D7

Diese MAC-Adresse kann man – theoretisch – auch zur Zugangssteuerung verwenden. Geräte mit bestimmten MAC-Adressen dürfen sich an der FRITZ!Box anmelden, andere nicht. Tatsächlich bietet die FRITZ!Box einen solchen Mechanismus. Aber: Einen wirklichen Schutz bietet dieser nicht. Denn MAC-Adressen sind zwar einzigartig, aber nicht fälschungssicher. Es ist möglich und nicht mal besonders aufwendig, die MAC-Adresse insbesondere eines Drahtlos-Netzwerkgerätes abzugreifen und dann ein anderes Gerät unter Vorspiegelung dieser Adresse beim WLAN anzumelden.

Kommen Sie also bitte auf keinen Fall auf die Idee, auf eine Netzwerkverschlüsselung zu verzichten und stattdessen den Zugang ausschließlich über die MAC-Adresse zu begrenzen. Allerdings kann die MAC-Adresse ein zusätzlicher Mechanismus sein, den Zugang zum WLAN zu kontrollieren.

1. Die Einstellungen für die MAC-basierte Zugangskontrolle finden Sie unter *WLAN/ Sicherheit* rechts in der Rubrik *Verschlüsselung*.
2. Suchen Sie hier den Abschnitt *WLAN-Zugang beschränken*. Hier sind alle Geräte aufgeführt, die jetzt gerade an Ihrem WLAN angemeldet sind oder es in der Vergangenheit irgendwann waren.

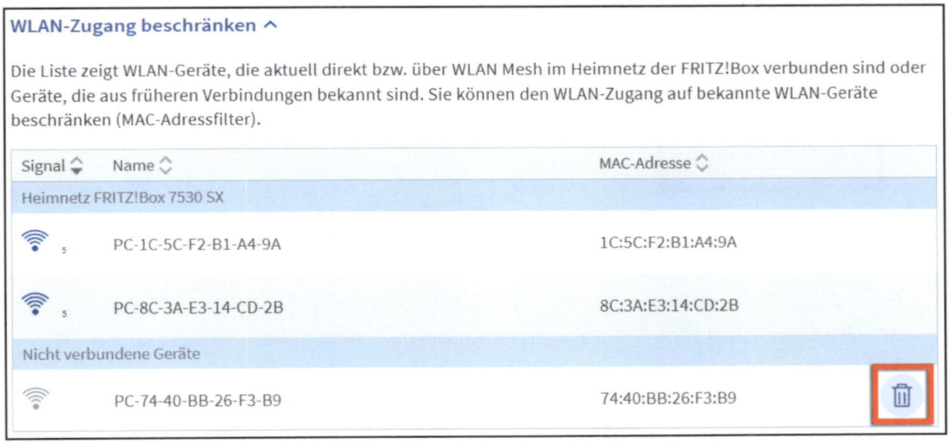

3. Wollen Sie den Zugang auf bestimmte Geräte beschränken, löschen Sie nun alle unerwünschten Geräte mithilfe des Papierkorb-Symbols ganz rechts aus der Liste. Sind nur Geräte in der Liste enthalten, die auch zum Zugang berechtigt sein sollen, ist alles vorbereitet.
4. Schalten Sie dann unterhalb der Liste die Option *WLAN-Zugang auf die bekannten WLAN-Geräte beschränken* ein.

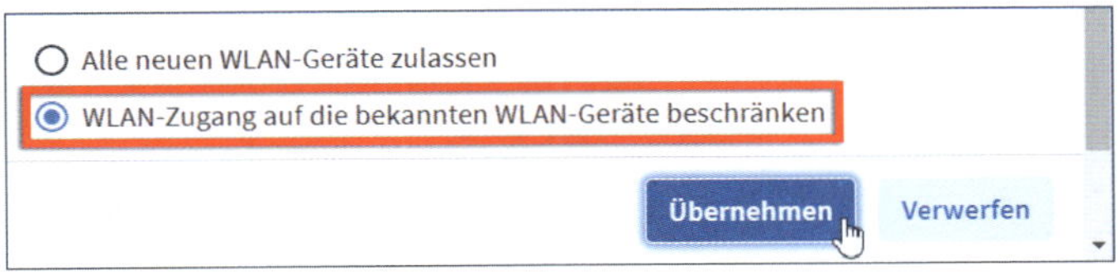

5. Wichtig: Klicken Sie abschließend ganz unten auf *Übernehmen*, um diese Änderung der Einstellungen zu bestätigen.

MAC-Adressen zur Sperrliste hinzufügen

Ab sofort können Sie nur noch die Geräte mit Ihrem WLAN verbinden, die in der Liste stehen. Alle anderen werden abgelehnt. Beachten müssen Sie, dass sich das Anmelden neuer – zulässiger Geräte – dadurch verändert. Das Gerät kann sich zwar mit der Netzwerkkennung anmelden, wird dann aber abgelehnt, weil seine MAC-Adresse nicht in der Liste der zulässigen Geräte steht. Um das Gerät der Liste hinzuzufügen, müssen Sie seine MAC-Adresse kennen. Diese steht teilweise auf dem Typenschild außen am Gehäuse oder lässt sich beispielsweise bei Smartphones und Tablets in den Einstellungen des Gerätes ablesen (Geräteinformationen).

1. Mit der passenden MAC-Adresse ausgerüstet, öffnen Sie wiederum das Konfigurationsmenü *WLAN/Sicherheit* Ihrer FRITZ!Box.
2. In der Rubrik *Verschlüsselung* öffnen Sie erneut den Abschnitt *WLAN-Zugang beschränken* und klicken diesmal unterhalb der Geräteliste auf *WLAN-Gerät hinzufügen*.

3. Im anschließenden Dialog tippen Sie die MAC-Adresse des hinzuzufügenden Gerätes ein. Um Groß- und Kleinschreibung brauchen Sie sich dabei nicht zu kümmern.
4. Klicken Sie dann auf *WLAN-Gerät hinzufügen*, um die Adresse in die Liste aufzunehmen. Den Verschlüsselungsdialog können Sie einfach ohne *Übernehmen* verlassen, wenn Sie sonst keine Einstellungen verändert haben.

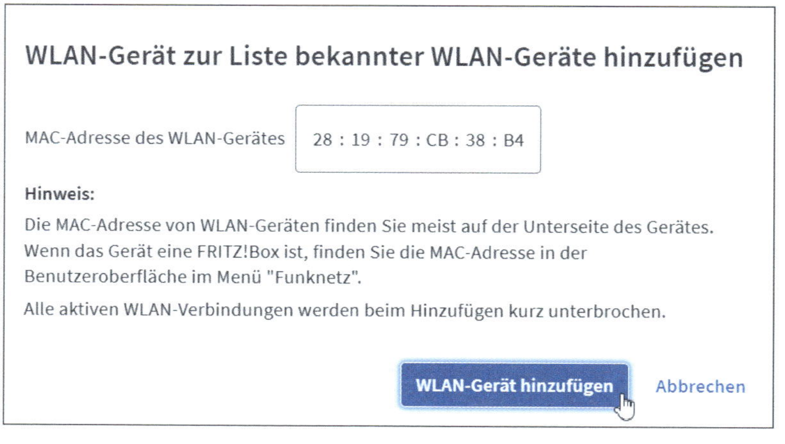

> **Geräte ohne MAC-Adresse hinzufügen**
> Wenn Sie die MAC-Adresse einer Netzwerkkomponente nicht herausbekommen können, gibt es einen einfachen »Trick«, wie Sie das Gerät trotzdem in die Liste bekommen: Schalten Sie die Option für die Beschränkung des WLAN-Zugangs einfach kurzzeitig wieder auf *Alle neuen WLAN-Geräte zulassen*. Dann melden Sie das neue Gerät am WLAN an und warten, bis es in der Liste aufgeführt wird (ggf. mit *Aktualisieren* nachhelfen). Nun schalten Sie wieder auf *WLAN-Zugang auf die bekannten WLAN-Geräte beschränken* zurück und kontrollieren, ob sich in der kurzen Zeit auch kein weiteres Gerät angemeldet hat und nun zusätzlich auf der Liste steht.

Funkkanäle und Frequenzen – Theorie und Praxis

Eine kleine Vorbemerkung sei erlaubt: In diesem Abschnitt wird es recht technisch, denn es geht um WLAN-Standards, Frequenzen, Kanäle und nutzbare Bandbreiten. Damit müssen Sie sich nicht unbedingt beschäftigen. Standardmäßig kümmert sich Ihre FRITZ!Box automatisch um diese Einstellungen. Und sie verfügt über verschiedene Mechanismen, um die Parameter dafür zu optimieren. Die meisten Besitzer einer FRITZ!Box werden sich deshalb über diese Dinge gar keine Gedanken machen.

Allerdings gibt es in immer mehr Haushalten Internet und WLAN. In dicht besiedelten Gebieten oder großen Mehrfamilienhäusern sitzen deshalb unter Umständen mehrere oder auch viele WLAN-Basisstationen eng aufeinander. Dann geht es im Funknetz lebhaft zur Sache. Und WLAN ist nun mal ein geteiltes Medium, bei dem sich alle die vorhandene Bandbreite teilen müssen. Wenn viele gleichzeitig mitmachen, bleibt für den Einzelnen entsprechend weniger übrig. Dann kann der Stream zur besten Abendzeit schon mal haken oder ein größerer Download ungewohnt lange dauern.

Fazit: Solange Sie mit Ihren Drahtlosgeräten keine Probleme und jederzeit schnelle Datentransfers oder störungsfreie Streams, Videochats oder Onlinespiele genießen können, machen Sie sich über die technischen Details keine großen Gedanken. Ihre FRITZ!Box erledigt das für Sie. Wenn Sie aber konkrete Probleme haben und die Automatismen der FRITZ!Box an ihre Grenzen stoßen, kann es helfen, sich mit den Hintergründen zu beschäftigen und die Parameter des Drahtlosnetzwerks individuell anzupassen.

WLAN-Standards

Die wichtigste Grundlage für die Kommunikation in drahtlosen WLAN-Netzwerken ist die Normenfamilie IEEE 802.11 (**I**nstitute of **E**lectrical and **E**lectronics **E**ngineers). Eine solche Norm definiert quasi eine »Sprache«, in der Geräte auch unterschiedlicher Hersteller miteinander kommunizieren können. Wenn beide Geräte die Spezifikationen einhalten und die Norm korrekt und vollständig implementieren, werden sie immer eine Verbindung herstellen und darüber Daten austauschen können. Wie der Begriff »Normenfamilie« schon andeutet, gibt es für WLANs verschiedene Normen, die sich historisch entwickelt haben.

Der ursprüngliche Standard 802.11 wurde 1997 verabschiedet und war an den Möglichkeiten und Bedürfnissen der damaligen Zeit orientiert. Aber die technische Entwicklung schritt mit rasantem Tempo voran, sodass die Norm alle paar Jahre um neue Möglichkeiten erweitert wurde:

- 802.11
  überträgt maximal 2 Mbps (Mbit/s) im Frequenzband 2,400–2,485 GHz. Allerdings gibt es kaum noch Produkte, die ausschließlich diesen Standard verwenden. Fast alle Geräte sind aber abwärtskompatibel.
- 802.11a
  überträgt bis zu 54 Mbps im Frequenzband 5 GHz, was zum damaligen Zeitpunkt (1999) aber beispielsweise in Deutschland noch gar nicht dafür freigegeben war.
- 802.11b
  überträgt maximal 11 Mbps im Frequenzband 2,400–2,4835 GHz, wird aufgrund der begrenzten Kapazität in aktuellen Geräten nicht mehr genutzt.
- 802.11g
  überträgt bis zu 54 Mbps im Frequenzband 2,400–2,4835 GHz und ist noch immer ein weitverbreiteter Standard.
- 802.11n
  kombiniert die beiden Frequenzbänder und kann bis zu 72,2 Mbps im Frequenzband 2,400–2,4835 GHz und bis zu 150 Mbps im Frequenzband 5 GHz übertragen. Durch mehrere Sende- und Empfangsantennen (MIMO) kann theoretisch ein Datendurchsatz von bis zu 600 Mbps erzielt werden. Dies ist derzeit der De-facto-Standard für WLAN-Geräte.
- 802.11ac
  kann abhängig von der Kanalbreite bis zu 867 Mbps erzielen. Häufig kombinieren Geräte 3x3-MIMO mit 80-MHz-Kanalbreite zu einer Kapazität von bis zu 1.299 Mbps. Theoretisch sind mit 8x8-MIMOs bis zu 6.936 Mbps möglich.
- 802.11ad
  Eine Spezialvariante, die im Frequenzband 60 GHz eine wesentlich geringere Reichweite hat (typischerweise nur innerhalb eines Raumes), dafür aber eine wesentlich höhere Übertragungskapazität von mehreren Gbps (Gbit/s). Dieser auch als »Wireless Gigabit« bezeichnete Standard soll das drahtlose Übertragen von unkomprimierten Videos ermöglichen.
- 802.11ah
  Ebenfalls eine spezielle WLAN-Variante im Frequenzband 900 MHz mit Ausrichtung auf Smart-Home-Geräte (WiFi HaLow), die geringere Übertragungskapazität, dafür aber eine größere Reichweite von bis zu 1 km schafft und auch mit einer sehr großen Anzahl von Teilnehmern zurechtkommt.
- 802.11ax
  Aktuelle FRITZ!Boxen unterstützen bereits diesen auch als Wi-Fi 6 oder WLAN ax bezeichneten Standard. Wie sein Vorgänger funkt er im 2,4 und 5 GHz-Band, kann aber

prinzipiell das gesamte Frequenzband zwischen 1 und 6 GHz nutzen, wenn dieses für Wi-Fi freigegeben wurde. Theoretisch kann damit eine Datenrate von 11 Gbit/s erreicht werden. In der Praxis fließen Daten auf kurze Distanzen etwa viermal so schnell wie bei 802.ac. Zusätzlich wurden Maßnahmen zur Optimierung der Sendeleistung implementiert, wodurch Störungen zwischen benachbarten Drahtlosnetzwerken verringert werden können.

- 802.11be
  Diese Spezifikation definiert den Wi-Fi-7-Standard mit weiteren Steigerungen der Datendurchsatzrate auf bis zu 23 Gbit/s. Dadurch können WLAN-Verbindungen in der Praxis schneller als Ethernet-Netzwerke übertragen. Erreicht wird dies u. a. durch **M**ulti-**L**ink-**O**perationen (MLO), wodurch Verbindungen zwischen WLAN-Basis und -Client mehrere Funkbänder gleichzeitig nutzen können.

> **Datenrate: Brutto vs. Netto**
> Bei den hier angegebenen Übertragungsleistungen handelt es sich – soweit nicht anders angegeben – um theoretische Höchstwerte. In der Praxis liegen die tatsächlich nutzbaren Datenraten nur etwa bei der Hälfte dieser Werte. Außerdem ist die reale Kapazität abhängig von der Empfangsqualität. Ist ein Mobilgerät sehr weit von der FRITZ!Box entfernt, ist die Übertragungskapazität deutlich geringer, als wenn es direkt daneben steht. Schließlich muss beachtet werden, dass – etwas vereinfacht ausgedrückt – sich alle in einem WLAN angemeldeten Geräte die verfügbare Qualität teilen. Funken zehn PCs gleichzeitig, erhält also jeder einzelne (etwas vereinfacht erklärt) nur ein Zehntel der Gesamtkapazität. Ausnahme: Die verschiedenen Mobilgeräte verteilen sich auf die unterschiedlichen Frequenzbänder.

2,4 GHz vs. 5 GHz

Eine wichtige Unterscheidung ist Ihnen bei Ihrer FRITZ!Box oder hier im Buch vielleicht schon aufgefallen: Bei den aktuellen WLAN-Normen unterscheidet man vor allem zwischen den Frequenzbereichen 2,4 und 5 GHz. Während ältere FRITZ!Boxen nur die 2,4-GHz-Frequenzen beherrschen, senden aktuelle Modelle zusätzlich auch im 5-GHz-Bereich. Dabei kann man wählen, ob 2,4 MHz, 5 MHz oder beides gleichzeitig zum Einsatz kommen soll. Beide Bereiche haben verschiedene Eigenschaften und unterschiedliche Vor- und Nachteile:

- **2,4 GHz**
  Dieser Frequenzbereich bietet eine höhere Reichweite, dafür aber geringere maximale Übertragungskapazität. Er eignet sich gut für die meisten Anwendungen mit einem normalen Datendurchsatz wie Websurfen, Mailen oder auch Audiostreams. Da die älteren WLAN-Normen ausschließlich diesen Frequenzbereich nutzten, wird er von den meisten älteren und neueren Geräten beherrscht. Dementsprechend ist er in dichten Umgebungen aber auch oftmals stark ausgelastet, was zu Engpässen und Störungen führen kann.

- **5 GHz**
  Aktuelle WLAN-Normen umfassen zusätzlich den Frequenzbereich um 5 GHz. Die höheren Frequenzen bringen zwar eine geringere Reichweite mit sich, dafür sind aber höhere Datenraten möglich. Dementsprechend empfiehlt sich dieses Frequenzband insbesondere für Geräte, die große Datenmengen übertragen, etwa beim Videostreaming.

WLAN ist ein geteiltes Medium

Wichtig für das Verständnis möglicher Engpässe und Probleme ist die elementare Erkenntnis, dass WLAN ein geteiltes Medium ist. Wenn Sie einen PC per Netzwerkkabel an Ihre FRITZ!Box anschließen, kann der PC zumindest bis zur FRITZ!Box die volle Kapazität dieser Netzwerkleitung für sich nutzen. WLAN aber ist, als wenn mehrere PCs an einer Leitung hängen. Wenn beispielsweise fünf PCs gleichzeitig Daten transferieren möchten, steht jedem Einzelnen nur ein Fünftel der Gesamtkapazität zur Verfügung.

Übertragen auf ein WLAN bedeutet das etwas vereinfacht: Wenn ein WLAN maximal 150 Mbps übertragen kann und fünf Mobilgeräte gleichzeitig mit maximaler Kapazität senden und empfangen wollen, stehen jedem Gerät nur 30 Mbps zur Verfügung. Nun klingt das immer noch ordentlich und es ist ja auch eher selten, dass Sie mehrere Ihrer Mobilgeräte gleichzeitig mit voller Kraft nutzen.

An der Stelle kommen aber die Nachbarn ins Spiel: Nehmen wir an, Sie leben mitten in einem Mietshaus mit zehn Wohnungen und direkt nebenan ist noch ein weiteres Haus mit zehn Wohnungen. Und jeder Mieter hat sein eigenes WLAN mit Geräten im 2,4-GHz-Bereich. Nun wollen alle abends um 20:00 Uhr auf ihrem Tablet die Tagesschau im Livestream sehen. Selbst wenn in diesem Frequenzbereich 50 Mbps möglich wären, blieben dann pro Tablet nur 2,5 Mbps übrig. Da kommen die Nachrichten dann eher blöckchenweise auf den Bildschirm. Zugegeben ein extremes Beispiel, aber es sollte die Problematik verdeutlichen.

WLAN individuell optimieren

Ihre FRITZ!Box bietet Ihnen die Möglichkeit, durch verschiedene Parameter das Verhalten Ihres WLAN in Bezug auf Frequenzbänder, Kanäle und Sendeleistung individuell anzupassen. Üblicherweise ist das nicht nötig, aber wenn Sie so wie in dem vorangehend beschriebenen Mietshaus wohnen oder an Ihrem Standort zumindest mehrere benachbarte WLANs feststellen, kann ein wenig WLAN-Tuning sinnvoll sein. Eine grundlegende Entscheidung können Sie bereits direkt im Menü unter *WLAN/Funkkanal* treffen, wenn Ihre FRITZ!Box 2,4 und 5 GHz beherrscht. In diesem Fall können Sie entscheiden, welches der Frequenzbänder zum Einsatz kommen soll:

- Benutzen Sie noch Mobilgeräte, die nur 2,4 GHz können, müssen Sie diesen Bereich logischerweise auch aktivieren.
- Geht es hingegen nur um Geräte mit 5-GHz-Frequenzband, kann es sinnvoll sein, nur diesen Bereich zu nutzen. Er wird teilweise noch weniger genutzt und bietet mehr Leistung. Lediglich die Reichweite kann geringer sein.

- Häufig wird es aber am besten sein, wenn Sie beide Frequenzbereiche parallel nutzen. Dann kann sich jedes Gerät seinen Frequenzbereich »aussuchen«, und die Gesamtkapazität verteilt sich schon mal auf zwei Bereiche.

Wichtig sind dabei die SSIDs der beiden Frequenzbereiche: Wenn beide denselben Namen verwenden, können Geräte, die an einem der beiden WLANs angemeldet wurden, automatisch auch das andere verwenden. Das ermöglicht es Geräten für beide Frequenzbänder, flexibel jeweils zum besser passenden Bereich zu wechseln. Verwenden Sie hingegen verschiedene SSIDs, hat das den Vorteil, dass Sie einzelne Geräte zu einem bestimmten Frequenzband zwingen können, indem Sie sie eben nur am WLAN mit der entsprechenden Frequenz anmelden.

Stark belegten Funkkanälen ausweichen

WLAN unterteilt alle verwendeten Frequenzbereiche in verschiedene Kanäle. Standardmäßig wählt die FRITZ!Box automatisch aus, welche Kanäle sie verwendet. Dazu beobachtet sie die Belegung der Kanäle und sucht für sich selbst welche aus, die möglichst frei sind. Das klappt meist gut, kann aber bei vielen benachbarten WLANs auch zu suboptimalen Ergebnissen führen. Außerdem kann man durch manuelles Einstellen Kanäle vermeiden, die beispielsweise durch mangelhaft entstörte elektrische Geräte beeinträchtigt werden und deshalb nur verminderte Übertragungskapazität bieten.

1. Öffnen Sie in der Weboberfläche das Menü *WLAN/Funkkanal*.
2. Auf der rechten Seite ist standardmäßig die Option *Funkkanal-Einstellungen automatisch setzen* gewählt. Dann kümmert sich Ihre FRITZ!Box um alles Weitere.
3. Wollen Sie manuell in die Kanalverteilung eingreifen, wählen Sie stattdessen die Option *Funkkanal-Einstellungen anpassen*.
4. Dadurch werden die Einstellungen darunter aktiviert. Hier können Sie ggf. für beide Frequenzbereiche den bevorzugten Kanal einstellen. Mit *Autokanal* bleibt es bei der automatischen Wahl durch die FRITZ!Box. Sie können also auch nur für 5 GHz einen manuellen Kanal vorgeben und für 2,4 GHz die Automatik aktiviert lassen.

5. Haben Sie Änderungen an den Kanaleinstellungen vorgenommen, klicken Sie unten auf *Übernehmen*.

Nach einer Änderung der Kanaleinstellung sollten Sie überprüfen, ob der neue Kanal tatsächlich weniger belegt ist und dementsprechend eine bessere und stabilere Leistung bietet. Eine Möglichkeit dazu bietet Ihre FRITZ!Box selbst, wie der nachfolgende Abschnitt beschreibt.

Einschränkungen im 5-GHz-Frequenzband

Auch wenn Ihnen Ihre FRITZ!Box im 5-GHz-Frequenzband eine Menge Kanäle zur Auswahl anbietet und diese teilweise wie leer gefegt sind, eignen sich nicht alle Kanäle in allen Situationen gleich gut. Viele WLAN-Geräte beschränken sich auf die Unterstützung der 5-GHz-Kanäle 36 bis 48. Wenn Sie Ihre WLANs manuell auf einen höheren Kanal verlegen, können diese Geräte sich nicht mehr verbinden. Das kann man aber durch einfaches Versuchen herausfinden. In den Kanälen 52 bis 140 gibt es eine Überschneidung mit Radarfrequenzen, wobei Radar Vorrang hat. WLAN darf diese Kanäle deshalb nur unter der Bedingung nutzen, dass diese regelmäßig auf vorrangige Funkquellen überprüft und in diesem Fall nicht genutzt werden. Daran hält sich auch die FRITZ!Box und würde dementsprechend automatisch zu anderen Kanälen umschalten. Dadurch verlieren die gerade angemeldeten Geräte allerdings ihre Verbindung. Die FRITZ!Box berücksichtigt solche Einschränkungen bei der automatischen Kanalwahl. Wenn Sie Funkkanäle manuell einstellen, müssen Sie solche Probleme aber selbst beachten.

Die Funk-Umgebung Ihres WLAN analysieren

Die Notwendigkeit zum individuellen Optimieren der WLAN-Einstellungen besteht nur, wenn in Ihrer unmittelbaren Nachbarschaft gleich mehrere andere Drahtlosnetzwerke senden. Damit Sie die Auslastung der Funkfrequenzen vor Ort erkennen können, bringt die FRITZ!Box Analysewerkzeuge mit. Diese ermitteln die Funkteilnehmer und stellen sie grafisch dar. Auch diese Informationen finden Sie in den Einstellungen zu *WLAN/Funkkanal*. Gehen Sie dazu im Menü nach unten bis zum Abschnitt *WLAN-Umgebung*.

- Im Bereich *Auslastung des aktuellen Funkkanals* sehen Sie, wie stark der gerade gewählte Kanal in Prozent vom Maximum belegt ist. Beachten Sie bitte, dass Sie mit dem Reiter die Darstellung oben zwischen dem *2,4-GHz-Band* und dem *5-GHz-Band* umschalten können. Nach einem Wechsel an den Kanal-Einstellungen muss sich diese Anzeige aber immer erst eine Weile aufbauen, um aussagekräftig zu sein.

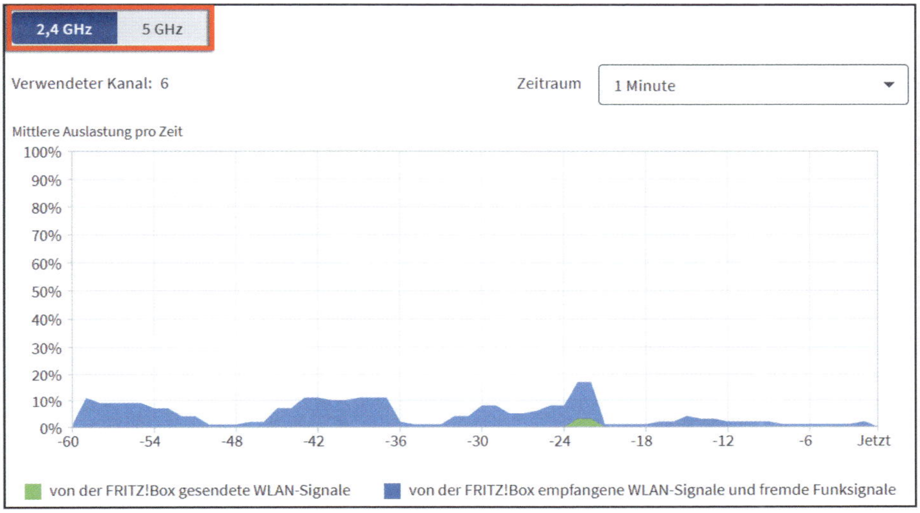

- Während die Auslastung immer nur für den gerade gewählten Kanal angezeigt wird, sehen Sie bei *Belegung der WLAN-Funkkanäle* eine Übersicht der Nachbarkanäle. Denn um eine möglichst hohe Datenübertragung zu gewährleisten, werden immer mehrere nebeneinanderliegende Kanäle gebündelt. In der Grafik ist Ihr eigenes WLAN-Funknetz grün dargestellt. Der Kreis unten gibt den gewählten Kanal an. Der grüne Balken erstreckte sich über die maximal genutzten Kanäle. In Blau werden die von anderen Teilnehmern verwendeten Kanäle angezeigt. Wichtig: Die Umschaltung von 2,4 auf 5 GHz oben bei der Kanalauslastung wirkt sich auch auf diese Anzeige aus!

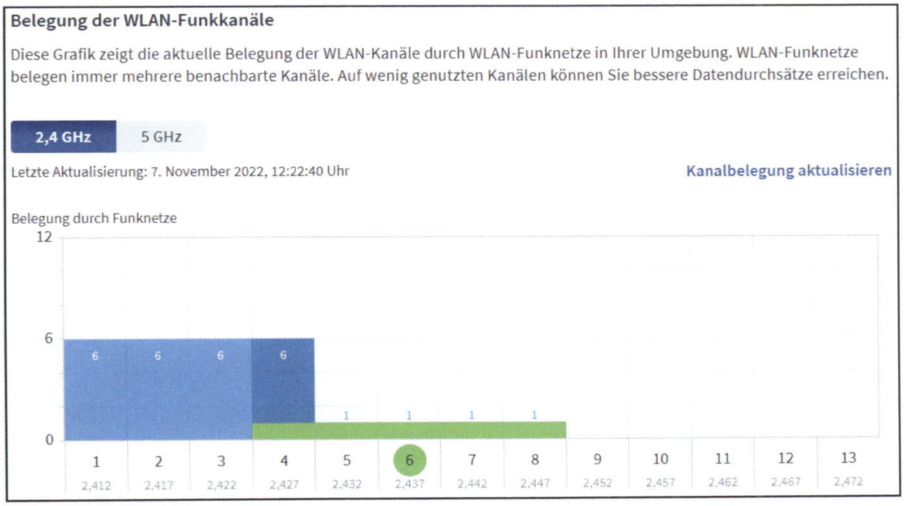

- Ganz unten im Bereich *Andere WLAN-Funknetze in Ihrer Umgebung* sehen Sie schließlich im Klartext, welche anderen WLANs in Ihrer Nachbarschaft aktiv sind. Das Empfangssymbol ganz links verrät jeweils, wie stark bzw. wie weit entfernt das Funknetz ist. Der *Name* gibt ggf. Aufschluss über den Besitzer, wenn der eine »sprechende« Bezeichnung gewählt hat. Daneben lesen Sie die Frequenz ab, auf der dieses Netzwerk funkt. In der Spalte rechts daneben können Sie den von diesem WLAN gewählten *Kanal* ablesen. Die *MAC-Adresse* gibt ggf. Aufschluss über das Gerät, das als Basisstation fungiert. Hinweis: Wenn ein Funknetz mit demselben Namen zweimal mit verschiedenen Kanälen in der Liste auftaucht, funkt es parallel auf 2,4 und 5 GHz. Ist ein Repeater im Spiel, kann ein Netzwerk mit identischen Namen, Kanälen und Frequenzen mehrfach aufgeführt werden (aber mit verschiedenen MAC-Adressen). Funknetze ohne Namen hat der Besitzer so konfiguriert, dass sie ihre SSID verbergen (siehe Seite 80).

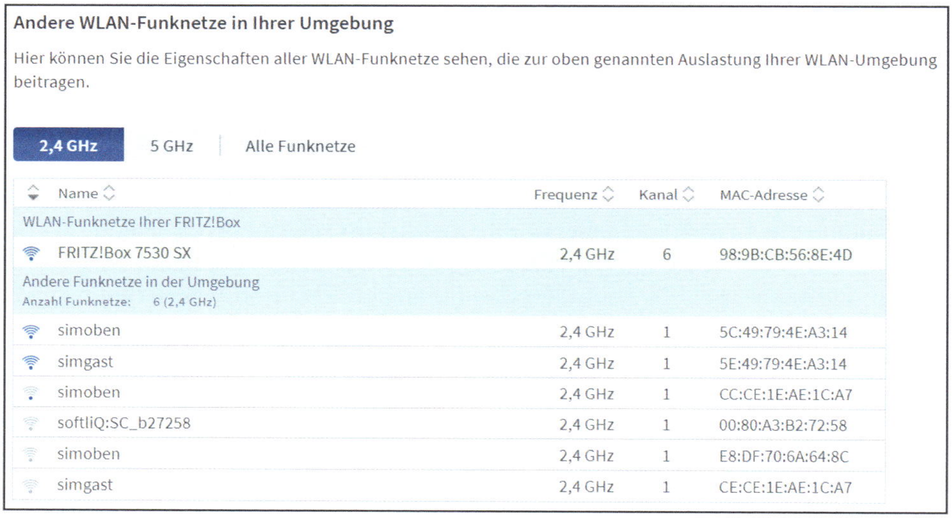

Andere WLAN-Funknetze in Ihrer Umgebung

Hier können Sie die Eigenschaften aller WLAN-Funknetze sehen, die zur oben genannten Auslastung Ihrer WLAN-Umgebung beitragen.

2,4 GHz | 5 GHz | Alle Funknetze

Name	Frequenz	Kanal	MAC-Adresse
WLAN-Funknetze Ihrer FRITZ!Box			
FRITZ!Box 7530 SX	2,4 GHz	6	98:9B:CB:56:8E:4D
Andere Funknetze in der Umgebung Anzahl Funknetze: 6 (2,4 GHz)			
simoben	2,4 GHz	1	5C:49:79:4E:A3:14
simgast	2,4 GHz	1	5E:49:79:4E:A3:14
simoben	2,4 GHz	1	CC:CE:1E:AE:1C:A7
softliQ:SC_b27258	2,4 GHz	1	00:80:A3:B2:72:58
simoben	2,4 GHz	1	E8:DF:70:6A:64:8C
simgast	2,4 GHz	1	CE:CE:1E:AE:1C:A7

Aus der MAC-Adresse den Hersteller ermitteln

MAC-Adressen werden nicht völlig willkürlich vergeben, sondern folgen einer gewissen Logik. Damit ein Hersteller jedem seiner Netzwerkgeräte eine eigene MAC-Adresse mitgeben kann, braucht er dafür einen großen Block an MAC-Adressen, den er vergeben kann. Dazu werden die ersten drei Abschnitte einer Adresse für einen Hersteller reserviert. Die restlichen drei Abschnitte kann er dann in Eigenregie seinen Geräten zuweisen. Das hat zur Folge, dass man die ersten drei Teile einer MAC-Adresse einem bestimmten Hersteller zuordnen kann.

Bei der für die Vergabe zuständigen IEEE.org gibt es dazu eine durchsuchbare Datenbank unter https://regauth.standards.ieee.org/standards-ra-web/pub/view.html. Wählen Sie hier als Produkt *All MAC (MA-L, MA-M, MA-S)* und tippen Sie dann im Suchfeld die ersten drei Teile einer MAC-Adresse getrennt mit Bindestrichen ein, also beispielsweise *5C-49-79*. Klicken Sie dann auf *Filter* und warten Sie kurz auf das Suchergebnis. In der Liste finden Sie in der Spalte *Company Name* die Bezeichnung der herstellenden Firma. Bedenken Sie dabei, dass der Hersteller nicht unbedingt die Marke sein muss, die auf dem Gerät steht. Große Telekommunikationsanbieter wie Telekom, 1&1, o2 usw. fertigen ihre Geräte nicht selbst, sondern lassen dies durch Technologiefirmen wie beispielsweise Huawei oder eben FRITZ! erledigen.

Experteneinstellungen für das WLAN-Funknetz

Im Menü unter *WLAN/Funkkanal* können Sie weitere Einstellungen vornehmen, die die Funktionsweise des WLAN beeinflussen und dadurch spezielle Probleme lösen können. Stellen Sie hierzu zunächst sicher, dass im Bereich *Funkkanal-Einstellungen* die Option *Funkkanal-Einstellungen anpassen* aktiviert ist.

- **Maximale Sendeleistung**
  Bei *Maximale Sendeleistung* können Sie die Sendestärke und damit die Reichweite Ihrer FRITZ!Box begrenzen. Standardmäßig steht sie allerdings auf 100 %. Und warum sollte man sich auch mit weniger zufriedengeben? Ganz einfach: Je weniger weit das Funknetz Ihrer FRITZ!Box reicht, desto weniger kommt es mit anderen Funknetzen in Kontakt, mit denen es sich die verfügbaren Frequenzen teilen muss. Wenn Ihr Haushalt also relativ klein ist und Sie überall eine mehr als ausreichende WLAN-Abdeckung haben, kann eine Verringerung der Sendeleistung also scheinbar paradoxerweise dazu führen, dass sich die Übertragungskapazität erhöht. Einen Versuch ist es jedenfalls wert, ganz abgesehen davon, dass eine verringerte Sendeleistung auch Stromverbrauch und Elektrosmog reduziert.
- **WLAN-Autokanal inklusive Kanal 12/13**
  Diese Einstellung bezieht sich auf das 2,4-GHz-Frequenzband und wird nur angezeigt, wenn Sie oben die Einstellung *Autokanal* gewählt haben. Manche Geräte beherrschen nur die Kanäle 1 bis 11. Würde die FRITZ!Box automatisch auf die Kanäle 12 und 13 umschalten, hätten diese Geräte keine Verbindung mehr. Andererseits ist es durch diese Vorsichtsmaßnahme in den Kanälen 12 und 13 meist recht ruhig. Wenn Sie sicher sind, dass alle Ihre Geräte diese Kanäle beherrschen, sollten Sie die Option also einschalten.
- **WLAN-Geräte automatisch zwischen den Frequenzbändern sowie zwischen mehreren FRITZ!-Produkten im Mesh steuern**
  Wenn das 2,4-GHz-Frequenzband ausgelastet ist, kann die FRITZ!Box Dualband-Geräte (die sowohl 2,4 als auch 5 GHz beherrschen) auf den weniger ausgelasteten 5-GHz-Bereich ausweichen lassen. Voraussetzung dafür ist, dass für beide Frequenzbänder dieselbe SSID verwendet wird (siehe Seite 80). Standardmäßig ist diese Option aktiviert. Sie sollten sie nur abschalten, wenn Sie dies ausdrücklich nicht möchten und es lieber den Geräten überlassen wollen, welches Band sie bevorzugen.

- **WLAN-Koexistenz aktiv**
  Ist diese Option aktiviert, sucht die FRITZ!Box im 2,4-GHz-Bereich nach anderen WLAN-Basisstationen, die mit 40-MHz-Kanälen arbeiten. Findet sie welche, beschränkt sie sich selbst auf die kleineren 20-MHz-Kanäle. Die bieten zwar weniger Kapazität, aber durch das Vermeiden von Konflikten kann die Übertragungsleistung effektiv trotzdem höher sein. Die Suche wird regelmäßig wiederholt und ggf. wieder auf 40-MHz-Kanäle umgeschaltet, wenn keine »Konkurrenz« mehr zu erkennen ist. Diese Option ist gerade an dicht besiedelten Standorten mit vielen Funknetznachbarn sinnvoll. Woanders kann man sie abschalten und seiner FRITZ!Box die zusätzliche Mühe ersparen.

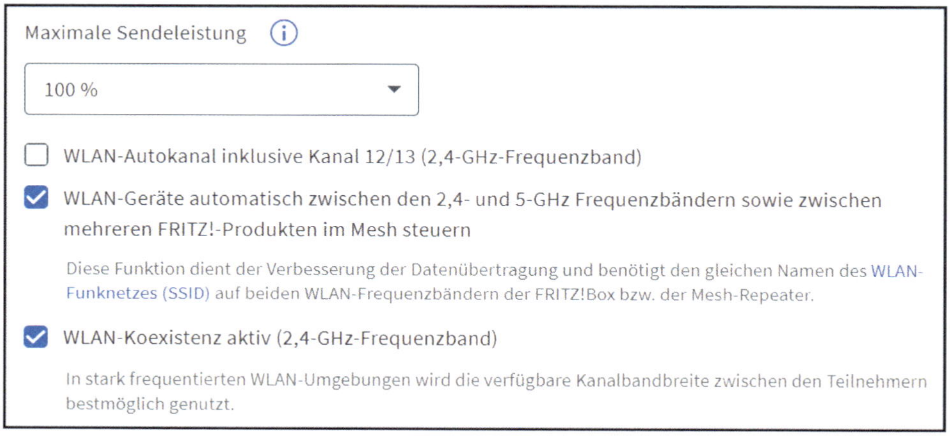

Vergessen Sie nach dem Verändern einer Einstellung nicht, ganz unten auf *Übernehmen* zu klicken, um diese Änderung zu aktivieren und dauerhaft zu speichern.

Drahtlosnetzwerk nur bei Bedarf nutzen

Auch wenn das WLAN Ihrer FRITZ!Box betriebsfertig eingerichtet ist, müssen Sie es nicht rund um die Uhr laufen lassen. Vielleicht benötigen Sie es nur gelegentlich, vielleicht möchten Sie es nachts abschalten (was mit der Zeitschaltautomatik im nachfolgenden Abschnitt komfortabler funktioniert), oder Sie möchten das Drahtlosnetzwerk während einer längeren Abwesenheit lieber abschalten?

Kein Problem, Sie können das WLAN jederzeit aus- und später wieder einschalten, ohne es jeweils neu einrichten zu müssen. Einen Ein-/Ausschalter finden Sie gleich an verschiedenen Stellen, sodass Sie sich die jeweils für Sie bequemste Methode aussuchen können. Übrigens: Sie können diese Methoden beliebig mischen, also ausschalten mit Methode A und später mit Methode B wieder einschalten oder umgekehrt.

FRITZ!Box

Eine einfache und schnelle Möglichkeit bietet die FRITZ!Box selbst mit einer Taste am Gehäuse:

- Bei den meisten FRITZ!Box-Modellen finden Sie eine separate mit *WLAN* bzw. *WLAN/WPS* beschriftete Taste vor.

- Bei neueren Modellen ist die Taste teilweise mit der WLAN-Kontrollleuchte integriert.

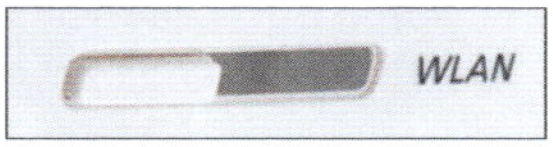

Um das Funknetzwerk abzuschalten, drücken Sie kurz auf diese Taste. Warten Sie kurz ab, bis die WLAN-Kontrollleuchte an der FRITZ!Box erlischt. Nun ist das Drahtlosnetzwerk deaktiviert. Ein erneuter kurzer Druck auf die Taste schaltet es später wieder ein. Beachten Sie, dass dieser Vorgang einige Sekunden in Anspruch nehmen kann. Wenn die Kontrollleuchte wieder angeht, ist das WLAN erreichbar.

MyFRITZ!

Wenn Sie WLAN per Weboberfläche steuern möchten, bietet MyFRITZ! den einfachsten Weg. Unter *http://fritz.box/myfritz* finden Sie eine kompakte, vereinfachte Oberfläche. Im Bereich *Komfortfunktionen* können Sie unter anderem das WLAN Ihrer FRITZ!Box bequem mit einem symbolisierten Schalter ein- und ausschalten. Da MyFRITZ! touchoptimiert ist, eignet sich diese Variante insbesondere auch für Smartphones und Tablets. Auch die My!FRITZ-App bietet eine komfortable Möglichkeit, das WLAN ein- und auszuschalten.

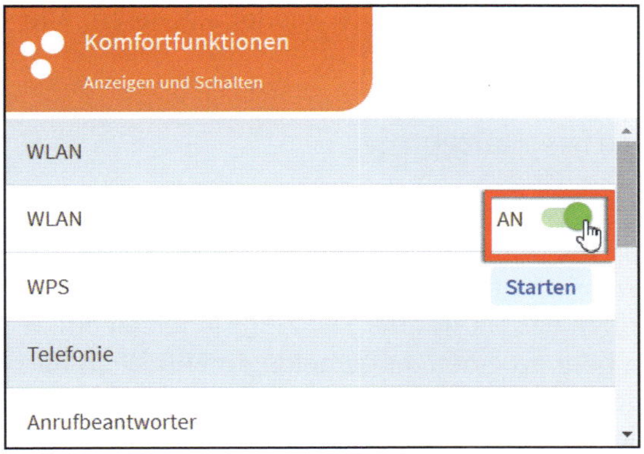

FRITZ!Fon

Wenn Sie ein FRITZ!Fon an Ihrer Box angemeldet haben, können Sie das WLAN jederzeit per Mobilteil steuern.

1. Drücken Sie auf die Menütaste.
2. Wählen Sie im Hauptmenü *Heimnetz*.
3. Wählen Sie im anschließenden Menü *WLAN*.

4. Hier finden Sie oben die Option *WLAN*. Das Häkchen links zeigt an, ob das Funknetz derzeit aktiviert ist oder nicht.
5. Um den Status zu verändern, steuern Sie auf den Eintrag und drücken die *OK*-Taste.

Auf dieselbe Weise können Sie das WLAN zu einem späteren Zeitpunkt auch einfach wieder ausschalten.

Tastencode

Auch wenn Sie DECT-Telefone anderer Hersteller an Ihrer FRITZ!Box betreiben, können Sie diese zum Steuern der WLAN-Funktion nutzen. Allerdings geht es nicht ganz so komfortabel per Menü, denn das gibt der DECT-Standard leider nicht her. Aber Sie können das Funknetzwerk jederzeit per Tastencode ein- oder ausschalten:

1. Heben Sie das Telefon ab bzw. drücken Sie bei Mobilteilen auf die grüne Hörertaste. Warten Sie, bis Sie ein Freizeichen hören.
2. Drücken Sie nun nacheinander die folgenden Tasten: **#96*0***.
3. Warten Sie auf einen Bestätigungston.
4. Legen Sie erst dann auf. Das WLAN ist nun ausgeschaltet.

Auf dieselbe Weise können Sie das Funknetzwerk später auch wieder aktivieren. Allerdings lautet der Tastencode dafür geringfügig anders: **#96*1***.

Das WLAN nach Zeitplan ein- und ausschalten

Drahtlosnetzwerke funken in bestimmten Frequenzen und erhöhen damit die allgemeine Belastung durch Elektrosmog. Feinfühlige Menschen bevorzugen es deshalb vielleicht, das WLAN nur zu Zeiten einzuschalten, wenn es benötigt wird, oder es zumindest während der Nachtruhe abzuschalten. Sie können das WLAN Ihrer FRITZ!Box jederzeit am Gehäuse, über die Weboberfläche, per App oder an einem angemeldeten FRITZ!Fon nach Bedarf ein- und ausschalten. Noch komfortabler geht es aber mit einer automatischen Funktion der FRITZ!Box, mit der diese Ihr WLAN nach Zeitplan ein- und ausschaltet.

1. Öffnen Sie hierzu in der Weboberfläche Ihrer FRITZ!Box das Menü *WLAN/Zeitschaltung*.
2. Aktivieren Sie auf der rechten Seite zunächst die Option *Zeitschaltung für das WLAN-Funknetzwerk verwenden*. Damit werden auch die weiteren Einstellungsmöglichkeiten aktiviert.
3. Standardmäßig ist die Option *Das WLAN-Funknetz wird erst abgeschaltet, wenn kein WLAN-Gerät mehr aktiv ist* eingeschaltet. Im Prinzip ist sie auch sinnvoll. Wenn Sie aber beispielsweise ein Smartphone oder Tablet zu Hause haben, dessen WLAN rund um

die Uhr aktiviert ist, wird die FRITZ!Box das WLAN niemals automatisch ausschalten. Es kann also sinnvoll sein, diese Option zu deaktivieren, um eine nächtliche WLAN-Auszeit quasi zu erzwingen.

4. Für einen einfachen Zeitplan reicht die Option *WLAN-Funknetz täglich abschalten von ... bis ...* mit entsprechenden Aus- und Einschaltzeitpunkten.

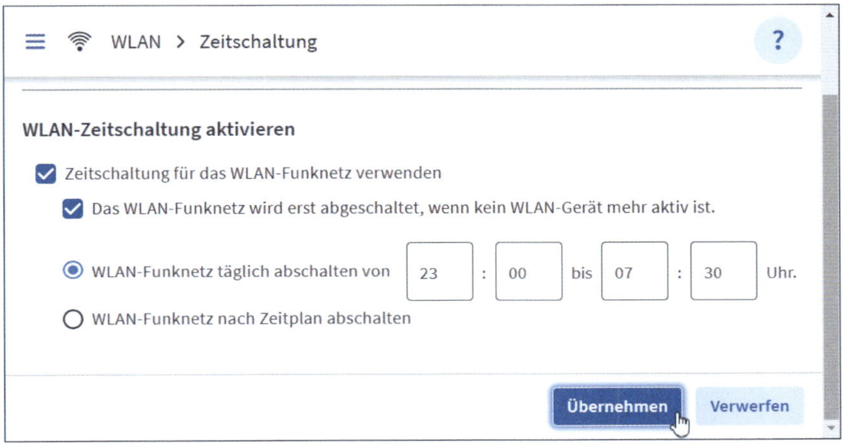

5. Benötigen Sie einen komplexeren Plan mit abweichenden Zeitpunkten an verschiedenen Wochentagen, wählen Sie stattdessen *WLAN-Funknetz nach Zeitplan abschalten.*

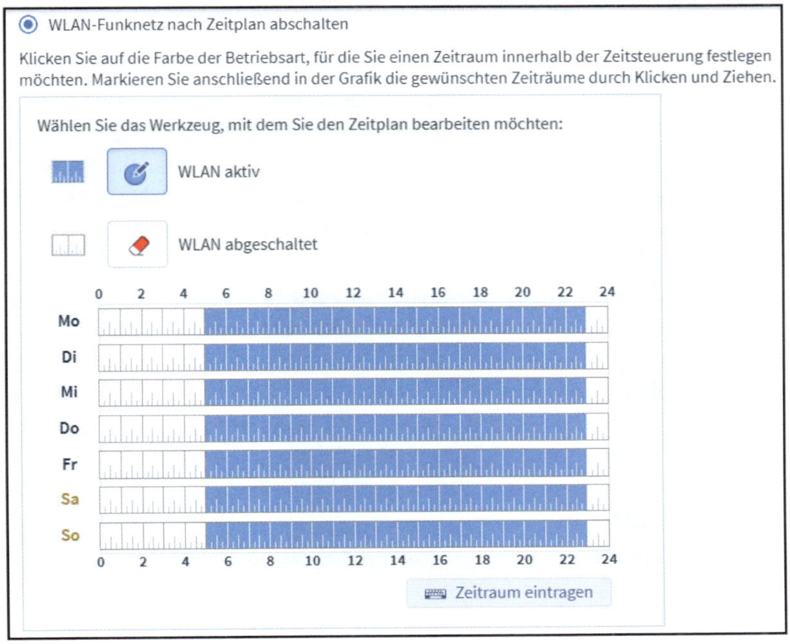

6. Das Menü wird dann um einen detaillierten Zeitplan erweitert. Die blauen Felder zeigen dabei an, wann das WLAN aktiviert ist.
7. Klicken Sie auf *WLAN abgeschaltet* und ziehen Sie mit gedrückter linker Maustaste dann über Zeiten, in denen Sie das Drahtlosnetzwerk nicht benötigen.
8. Umgekehrt können Sie mit *WLAN aktiv* auch blaue Blöcke und somit Zeiten hinzufügen.
9. Vergessen Sie bei allen Einstellungsvarianten nicht, am Ende ganz unten auf *Übernehmen* zu klicken, um die Änderungen dauerhaft zu speichern.

Zeitraum per Auswahlmenü festlegen

Falls Ihnen das Hantieren mit der Maus an dieser Stelle zu umständlich ist, klicken Sie stattdessen auf die Schaltfläche *Zeitraum eintragen* rechts darunter. Dann können Sie in einem Dialog den Zeitraum mit klassischen Auswahlelementen festlegen.

Sie können diesen Dialog mehrmals hintereinander verwenden, um beispielsweise abweichende Zeitpläne für verschiedene Wochentage zu erstellen.

Die WLAN-Zugangsdaten absichern

FRITZ! hat in den letzten Jahren einiges getan, um den Komfort für die Benutzer zu erhöhen und den Zugang zum WLAN der FRITZ!Box so einfach wie möglich zu machen. Allerdings ist ein guter Kompromiss zwischen Komfort und Sicherheit wichtig. Wo der genau verläuft, muss aber letztlich jeder Anwender für sich selbst festlegen.

Wer beispielsweise auch FRITZ!Fons einsetzt, kann über diese inzwischen viele Funktionen der FRITZ!Box direkt steuern. Das führt dazu, dass man beispielsweise an einem solchen FRITZ!Fon das gesamte WLAN steuern, neue Geräte anmelden und sogar das WLAN-Passwort im Klartext lesen kann. Mit anderen Worten: Jeder Besucher, der ein bisschen Ahnung von FRITZ!Boxen hat und Ihr FRITZ!Fon unbeaufsichtigt in die Hand bekommt, kann sich ungehindert Zugang zu Ihrem WLAN und einigen anderen Einstellungen verschaffen. Das muss kein Problem sein, wenn Sie zu Hause nur vertrauenswürdige Freunde empfangen und Handwerker o. Ä. permanent beaufsichtigen. Andernfalls empfiehlt es sich, die Standardeinstellungen Ihrer FRITZ!Box so zu ändern, dass wichtige Informationen und Funktionen ausreichend abgesichert sind.

1. Öffnen Sie in der Weboberfläche Ihrer FRITZ!Box den Bereich *Telefonie/DECT*.
2. Lokalisieren Sie hier in der Rubrik *Basisstation* den Abschnitt *Zugriffsschutz*, und schalten Sie hier die Option *Zugriffsschutz aktivieren* ein.
3. Legen Sie im Eingabefeld darunter die vierstellige *Zugriffsschutz-PIN* fest.

4. Mit den Optionen darunter steuern Sie, für welche Bereiche der Einstellungen beim Zugriff über ein DECT-Gerät jeweils diese PIN abgefragt wird.
   - *Zugriffsschutz für Rufumleitung*
     Rufumleitungen können nur nach Eingabe der PIN eingerichtet oder entfernt werden.
   - *Zugriffsschutz für WLAN-/Gastzugang*
     Nur mit PIN können WLAN und Gäste-WLAN ein- oder ausgeschaltet sowie der QR-Code oder das Kennwort für die Anmeldung angezeigt werden.
   - *Zugriffsschutz für Smart-Home-Geräte*
     Der Zugang zum Steuern von Smart-Home-Geräten wird durch die PIN geschützt.
   - *Zugriffsschutz für FRITZ!OS Update*
     DECT-Geräte benachrichtigen weiterhin über vorliegende Updates, aber das Update kann auf diesem Weg nur nach Eingabe der PIN durchgeführt werden.

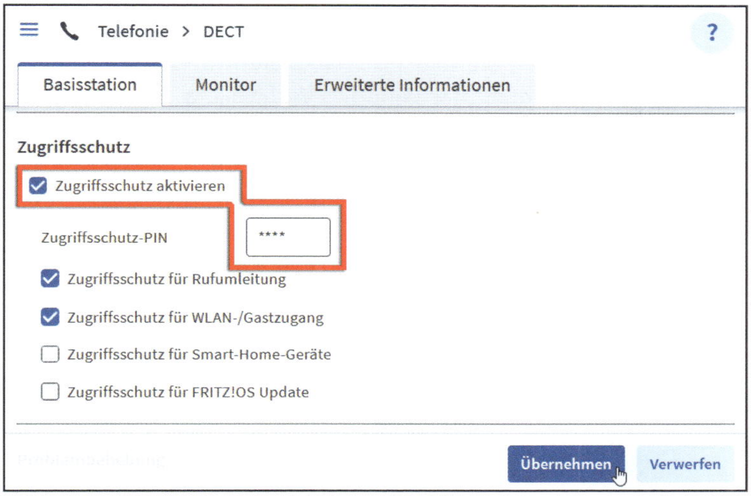

2.2 Mobilgeräte mit dem WLAN verbinden

Ist das WLAN-Funknetz Ihrer FRITZ!Box nach Ihren Vorstellungen eingerichtet, können Sie beginnen, Ihre Mobilgeräte damit zu verbinden. Dabei stehen Ihnen verschiedene Möglichkeiten zur Verfügung und die Vorgehensweise unterscheidet sich bei den verschiedenen Betriebssystemen wie Windows, Android oder iOS ein wenig.

WLAN-Zugang bei Windows konfigurieren

Die meisten Mobilgeräte machen es dem Anwender leicht, sich mit einem vorhandenen WLAN in Reichweite zu verbinden. Es sind dazu nur wenige Schritte nötig, die meist nicht mal einen Assistenten im engeren Sinne erfordern.

Verbindung zu einem neuen WLAN herstellen

Ist Ihr PC mit einem WLAN-Adapter ausgerüstet, erkennt Windows vorhandene Drahtlosnetzwerke automatisch und kann sich auch sofort damit verbinden. Allerdings ist der direkte Zugang zu WLAN-Netzen meist nicht ohne Weiteres möglich oder sollte es zumindest nicht sein.

Verschlüsselte Funkverbindungen sorgen dafür, dass sich nur berechtigte Benutzer mit dem Netzwerk verbinden dürfen. Deshalb muss der Zugang zu einem geschützten WLAN einmalig konfiguriert werden. Voraussetzung dafür ist, dass Sie das Kennwort für den Drahtloszugang kennen.

1. Wann immer Ihr PC keine Internetverbindung hat, zeigt Windows im Infobereich der Taskleiste das deaktivierte Globussymbol an. Klicken Sie darauf, um die Schnellaktionen anzuzeigen.

2. Stellen Sie hier zunächst sicher, dass die WLAN-Funktion des Gerätes aktiviert ist, bzw. holen Sie dies ggf. nach. Steht unterhalb der Schaltfläche *Verfügbar*, hat Windows WLAN-Netzwerke in der Umgebung ausgemacht.

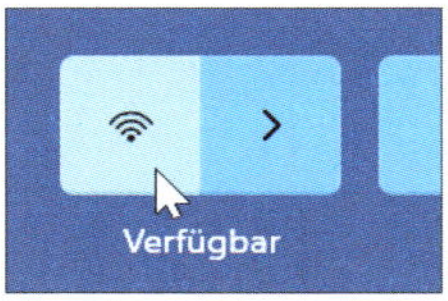

3. Klicken Sie in diesem Fall auf den Pfeil rechts neben dem WLAN-Symbol, um die Liste der verfügbaren Drahtlosnetzwerke zu öffnen. Ist das Symbol einer Verbindung mit einem Schloss versehen, handelt es sich um einen kennwortgeschützten Zugang. Tippen Sie auf das Netzwerk, das Sie verwenden möchten. Wenn die Verbindung bereits besteht, brauchen Sie die weiteren Schritte nicht durchzuführen, sondern können sofort weiterarbeiten.

4. Ist der Eintrag mit einer *Verbinden*-Schaltfläche versehen, können Sie darauf tippen, um die Verbindung herzustellen. Wenn Sie zuvor die Option *Automatisch verbinden* anhaken, stellt Windows diese Verbindung zukünftig automatisch her, wenn dieses Netzwerk in Reichweite ist.

5. Handelt es sich um ein verschlüsseltes WLAN, fragt der Assistent nach dem Netzwerksicherheitsschlüssel für die Verschlüsselung. Alternativ wäre dies der richtige Moment, um die *WPS*- bzw. *Connect*-Taste an Ihrer FRITZ!Box zu drücken, um den Zugang auf diese Weise zu autorisieren.

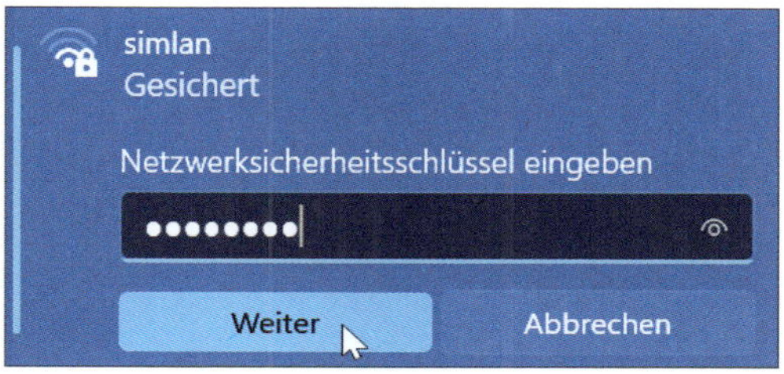

6. Der Assistent versucht jetzt, mit den gewählten Parametern eine Verbindung zum WLAN-Funknetzwerk aufzubauen.

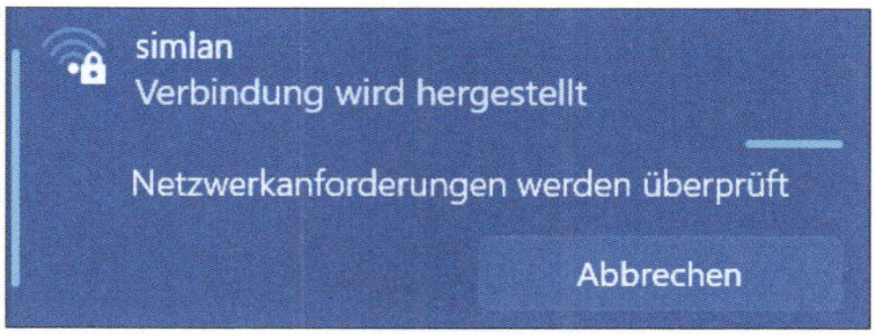

Ob das gelingt, hängt nicht nur vom korrekten Kennwort ab, sondern auch von anderen Faktoren wie der Reichweite des Netzes, dem verwendeten Funkstandard sowie eventuellen weiteren Sicherheitsmaßnahmen wie z. B. Zugangssperren anhand von Hardwareadressen (MAC-Adresse).

7. Konnte die Verbindung erfolgreich hergestellt werden, wird das Empfangssymbol in der Taskleiste ohne Einschränkungen angezeigt. Wenn Sie darauf klicken, sehen Sie in der Verbindungsübersicht beim Eintrag dieses Netzwerks die Meldung *Verbunden*.

Privates oder öffentliches Netzwerk?

Windows unterscheidet zwischen privaten und öffentlichen Netzen. In Privatnetzen werden Dateien und andere Ressourcen großzügig freigegeben.

Nutzt man hingegen allgemein zugängliche Netze wie WLAN-Hotspots, sollte man diese als öffentliche Netze einstellen. Dann verzichtet Windows auf Freigaben und andere Funktionen, durch die andere Teilnehmer dieses Netzwerks Zugang erlangen könnten.

Standardmäßig behandelt Windows neu hinzugefügte WLAN-Zugänge als öffentliche Netze mit entsprechenden Vorsichtsmaßnahmen. Deshalb kann es zu Problemen kommen, wenn Sie Verbindungen im lokalen Netzwerk mit anderen PCs herstellen möchten. In der Regel sollten Sie Ihre eigene FRITZ!Box deshalb zu einem privaten Netzwerk machen:

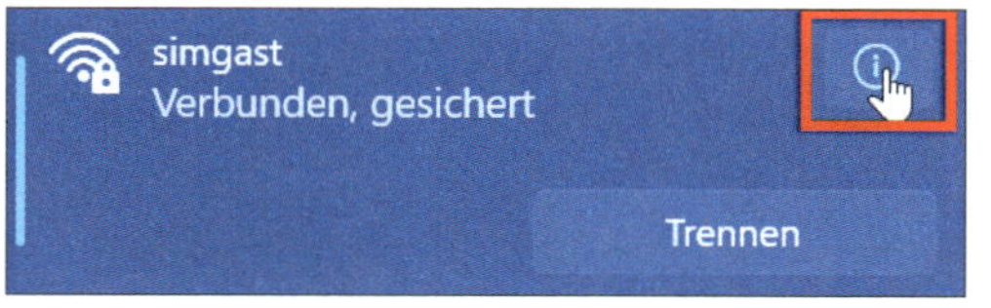

1. Öffnen Sie über das WLAN-Symbol in der Taskleiste die Liste der verfügbaren Netzwerke und verbinden Sie sich mit dem Netzwerk, dessen Zuordnung Sie ändern möchten (falls Sie nicht bereits verbunden sind).
2. Klicken oder tippen Sie im Eintrag dieses Netzwerks auf das kleine **i**-Symbol rechts oben.
3. Windows öffnet daraufhin in den Windows-Einstellungen die Eigenschaften dieses Netzwerks.
4. Hier können Sie nun im Abschnitt *Netzwerkprofiltyp* nach Bedarf die Zuordnung zu *Öffentliches Netzwerk* oder *Privates Netzwerk* durch Wahl der gleichnamigen Option vornehmen. Schließen Sie die Einstellungen danach einfach.

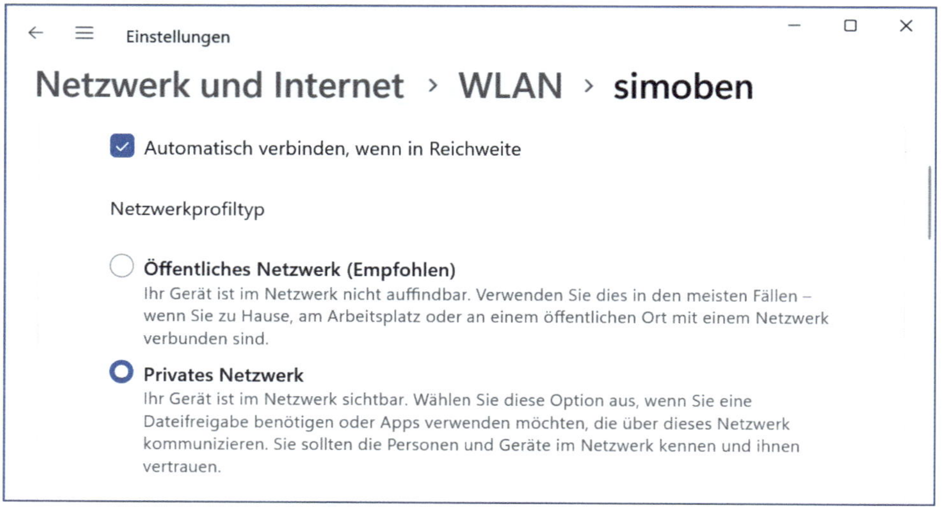

WLAN-Verbindungen bei Windows 10

Wenn Sie noch Windows 10 verwenden, ist die Vorgehensweise zum Herstellen einer WLAN-Verbindung zu Ihrer FRITZ!Box etwas anders. Auch Windows 10 erkennt aber automatisch das Vorhandensein eines Drahtlosnetzwerks und zeigt dies über die Netzwerkanzeige im Infobereich an.

1. Mit einem Klick auf dieses Symbol öffnen Sie den Netzwerkstatus am rechten Bildschirmrand. Hier sind alle Drahtlosverbindungen aufgeführt, die momentan zur Verfügung stehen. Tippen Sie auf den Namen (SSID) Ihrer FRITZ!Box.

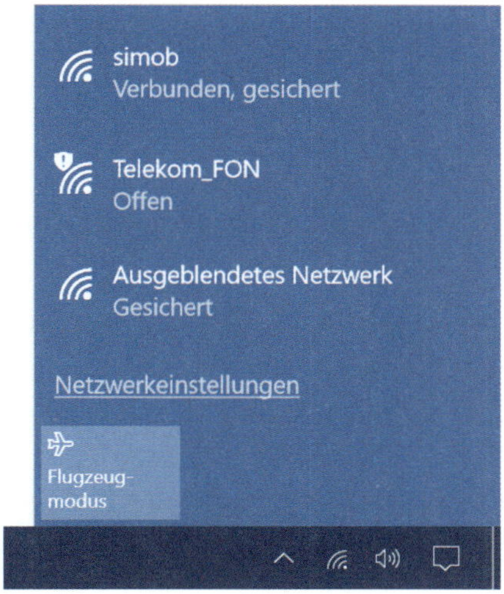

2. Ist der Eintrag mit einer *Verbinden*-Schaltfläche versehen, können Sie darauf tippen, um die Verbindung herzustellen. Wenn Sie zuvor die Option *Automatisch verbinden* anhaken, stellt Windows diese Verbindung zukünftig automatisch her, wenn dieses Netzwerk in Reichweite ist.

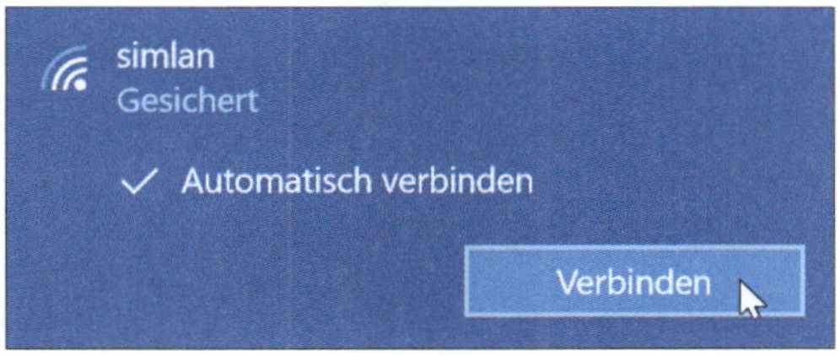

3. Handelt es sich um ein verschlüsseltes WLAN, fragt der Assistent nach dem Netzwerksicherheitsschlüssel für die Verschlüsselung. Sie können an dieser Stelle auch die *WPS*- bzw. *Connect*-Taste an Ihrer FRITZ!Box drücken, um den Zugang zu autorisieren.

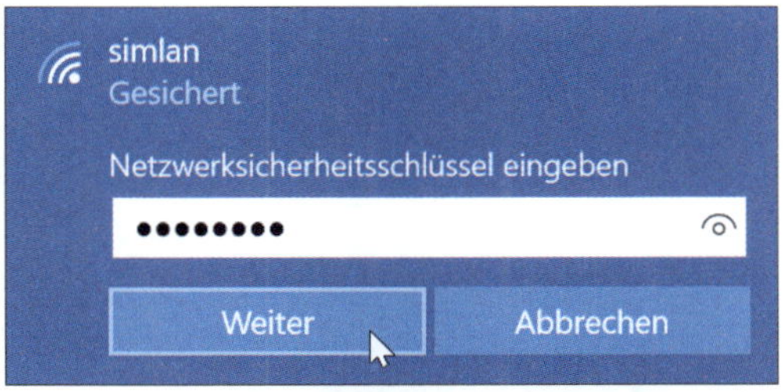

4. Konnte die Verbindung hergestellt werden, geben Sie an, wie Sie es bei diesem Netzwerk mit der Sichtbarkeit Ihres PCs für andere Teilnehmer halten möchten. Verbinden Sie sich mit Ihrer eigenen FRITZ!Box, können Sie aber ohne Bedenken *Ja* wählen.

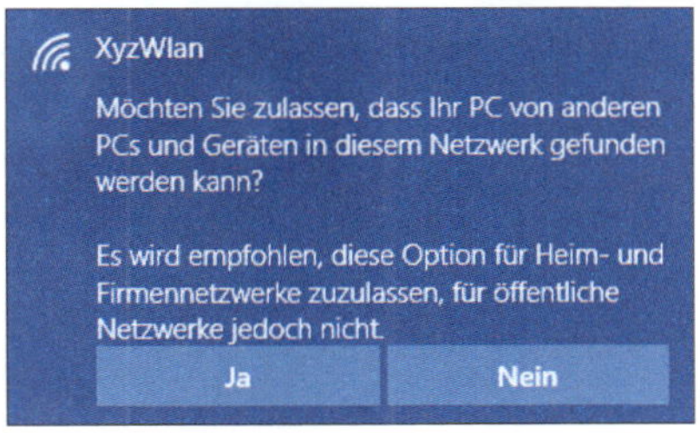

5. Wurde die Verbindung erfolgreich hergestellt, wird das Empfangssymbol in der Taskleiste ohne Einschränkung angezeigt. Wenn Sie darauf klicken, sehen Sie in der Verbindungsübersicht beim Eintrag dieses Netzwerks die Meldung *Verbunden*.

WLANs ohne Kennung

Wenn Sie Ihr Funknetzwerk so eingestellt haben, dass es seine SSID standardmäßig versteckt, antwortet es nicht auf die Kontaktversuche Ihres PCs.

In solchen Fällen müssen Sie dem kontaktsuchenden PC die SSID des WLAN mitteilen. Wenn er sie kennt, kann er Kontakt zum WLAN aufnehmen und erhält dann auch eine Antwort.

1. Öffnen Sie in den Windows-Einstellungen den Bereich *Netzwerk und Internet/WLAN* und klicken Sie dort auf den Eintrag *Bekannte Netzwerke verwalten*.
2. Klicken Sie auf der folgenden Seite ganz oben auf die Schaltfläche *Netzwerk hinzufügen*.
3. Geben Sie im anschließenden Dialog die Daten für den WLAN-Zugang so an, wie Sie sie vom Betreiber erhalten haben. Ganz oben bei *Netzwerkname* tragen Sie den Funknetznamen (SSID) des WLAN ein.
4. Bei verschlüsselten Netzwerken wählen Sie darunter den passenden Sicherheitsstandard aus und tippen den geheimen Sicherheitsschlüssel ein.

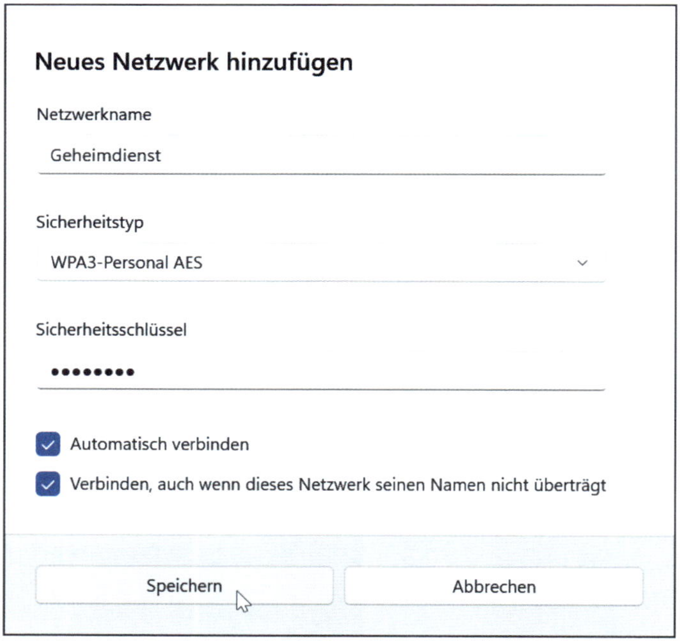

5. Soll die Verbindung mit dem Netzwerk bei Verfügbarkeit automatisch hergestellt werden, schalten Sie die Option *Automatisch verbinden* ein.
6. Wichtig: Aktivieren Sie ganz unten die Option *Verbinden, auch wenn dieses Netzwerk seinen Namen nicht überträgt.*
7. Klicken Sie schließlich unten auf *Speichern*, um die Verbindung hinzuzufügen.

WLAN-Zugang bei Android-Geräten

Wenn sich das Android-Gerät in Reichweite Ihrer FRITZ!Box befindet, können Sie es an Ihrem WLAN anmelden. Dies muss nur beim ersten Mal erfolgen. Anschließend stellt Android diese Verbindung automatisch wieder her, sobald dieses Netzwerk erneut in Reichweite ist.

1. In den *Einstellungen* Ihres Android-Gerätes finden Sie ganz oben die Kategorie *Netzwerk & Internet* (oder ähnlich).

2. Darin wiederum ist *WLAN* bzw. *Internet* der oberste Menüpunkt. Kontrollieren Sie mit dem angedeuteten Schalter, ob die WLAN-Funktion Ihres Smartphones aktiv ist. Andernfalls tippen Sie kurz darauf. Das Aktivieren dauert nur kurz, dann ist der *An*-Schalter farblich unterlegt, und Sie können Drahtlosnetzwerke verwenden.
3. Darunter finden Sie eine Liste der bekannten Drahtlosnetzwerke. Welche sich gerade in Reichweite befinden, erkennen Sie in der Liste rechts am Funksymbol. Tippen Sie den Eintrag für das Funknetzwerk Ihrer FRITZ!Box an.

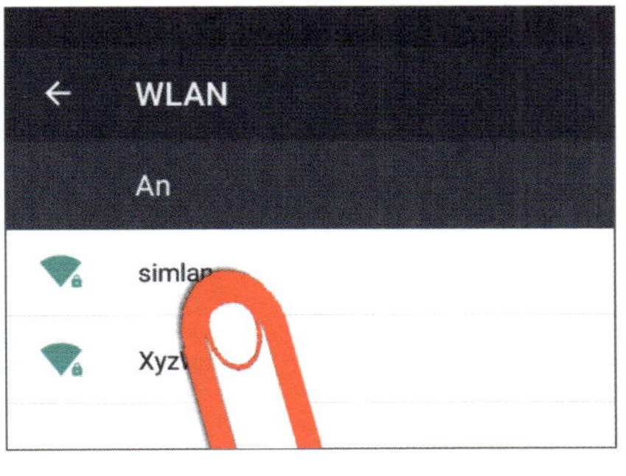

4. Wenn es sich um ein gesichertes Netzwerk handelt, geben Sie anschließend das Passwort dafür ein und tippen auf *Verbinden*.
5. Android stellt dann die Verbindung her. Hat alles geklappt, finden Sie oben in der Statuszeile das WLAN-Symbol, das zugleich die Empfangsstärke dieser Verbindung verrät.

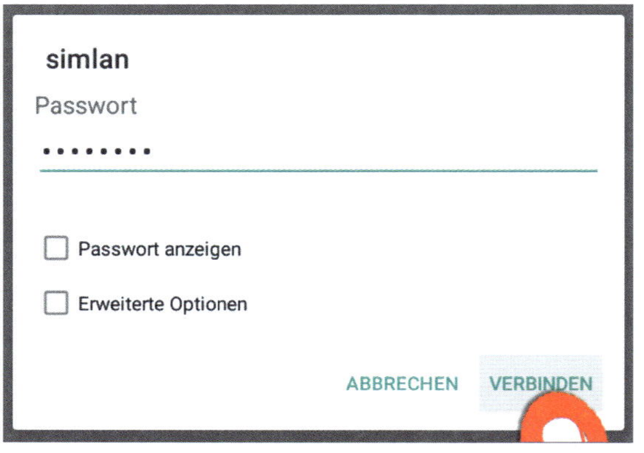

Eine einmal eingerichtete Verbindung wird automatisch wiederhergestellt, wenn Sie sich das nächste Mal in der Reichweite dieses Netzes befinden.

Versteckte WLANs bei Android

Wenn ein Drahtlosnetzwerk seine Netzwerk-ID nicht ausstrahlt, kann es nicht automatisch erkannt werden. In diesem Fall müssen Sie die Kennung wissen und eintippen, um die Verbindung herzustellen.

1. Tippen Sie in den WLAN-Einstellungen oben rechts auf das Menü-Symbol.
2. Wählen Sie im Menü ganz oben den Punkt *Netzwerk hinzufügen*.

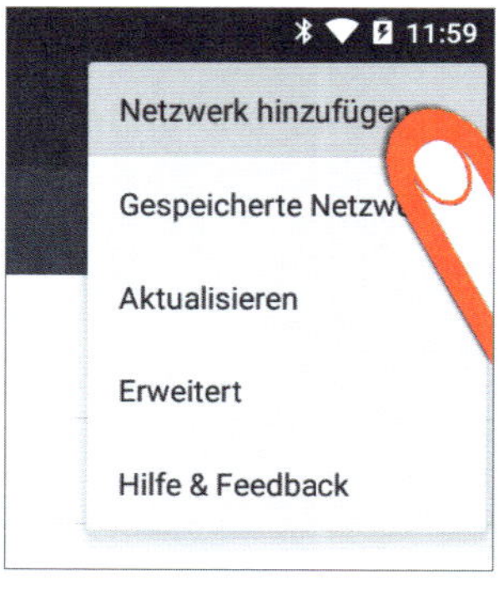

3. Im folgenden Dialog können Sie den *Netzwerknamen* und den verwendeten Sicherheitsstandard angeben (meist *WPA...*).

4. Dementsprechend wird ggf. ein weiteres Eingabefeld für das Passwort eingeblendet.
5. Tippen Sie dann auf *Speichern*. Befindet sich dieses Netzwerk in Reichweite, wird die Verbindung ggf. direkt hergestellt.

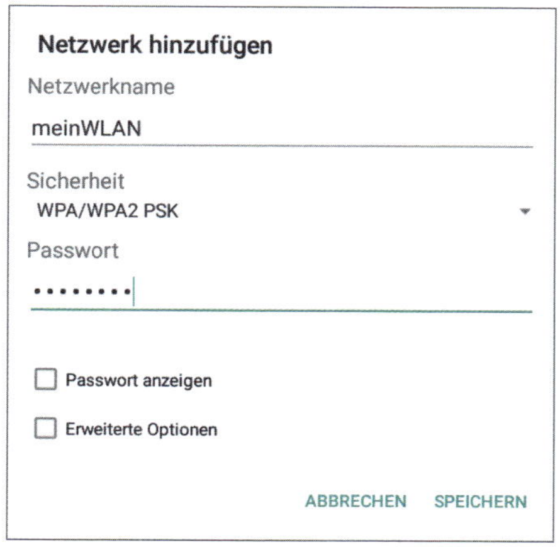

WLAN-Zugang bei Apple-Geräten mit iOS

Auch Apple-Mobilgeräte machen es den Anwendern nicht unnötig schwer, sich mit einem vorhandenen Funknetzwerk zu verbinden.

1. Wählen Sie *Einstellungen/WLAN* und stellen Sie sicher, dass *WLAN* aktiviert ist.
2. In der Liste darunter sehen Sie die verfügbaren Netzwerke. Sichere WLAN-Netzwerke mit Netzwerkschlüssel werden durch ein Schloss neben ihrem Namen gekennzeichnet.
3. Tippen Sie auf den Namen des Funknetzwerks Ihrer FRITZ!Box.
4. Geben Sie den Netzwerkschlüssel ein, den Sie für das WLAN festgelegt haben.
5. Tippen Sie anschließend unten auf *Verbinden*. Sollte diese Schaltfläche inaktiv sein, stimmt der eingetippte Netzwerkschlüssel nicht.

Wenn die Verbindung zum Funknetzwerk erfolgreich hergestellt werden konnte, wird neben dem Netzwerk ein Häkchen angezeigt und oben links auf dem Bildschirm sehen Sie ein Symbol für die WLAN-Verbindung.

An WLANs ohne Kennung anmelden

Sollten Sie die Kennung Ihres FRITZ!Box-WLAN versteckt haben, ist der Vorgang zum Anmelden etwas aufwendiger:

1. Wählen Sie auch hierzu *Einstellungen/WLAN* und vergewissern Sie sich, dass WLAN aktiviert ist.
2. Statt eines der angezeigten WLANs aus der Liste zu wählen, tippen Sie auf *Anderes*.
3. Geben Sie hier bei *Name* die SSID ein, die Sie in der FRITZ!Box-Weboberfläche für das WLAN festgelegt haben.
4. Tippen Sie nun unten links auf *Sicherheit*.
5. Wählen Sie den Verschlüsselungstyp aus, den Sie für das WLAN festgelegt haben. In der Regel dürfte dies *WPA2* sein.
6. Tippen Sie oben links auf *Anderes*, um zum vorherigen Bildschirm zurückzukehren.
7. Geben Sie hier bei *Passwort* den Netzwerkschlüssel für das WLAN ein.
8. Tippen Sie dann unten auf *Verbinden*.

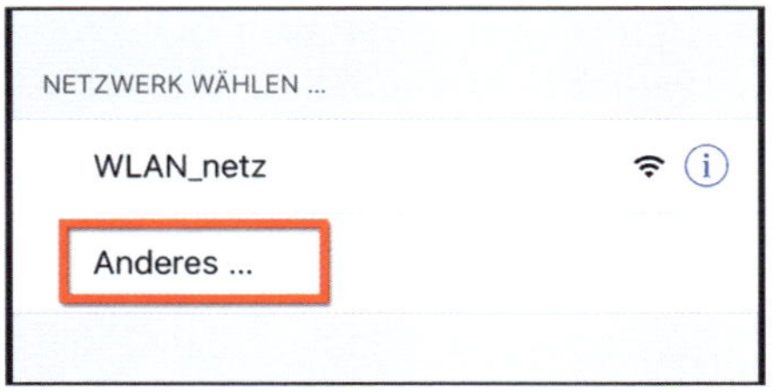

Geräte mit WPS per Tastendruck verbinden

Wi-Fi **P**rotected-**S**etup (WPS) ist eine Methode, ein Mobilgerät sicher mit einem WLAN zu verbinden, ohne sich mit Dingen wie SSID oder einem länglichen Netzwerkschlüssel herumschlagen zu müssen.

Stattdessen startet man den Anmeldevorgang auf dem Mobilgerät und bestätigt ihn dann mit einem Tastendruck oder Mausklick an der FRITZ!Box. Dadurch wird der Zugriff autorisiert und das Mobilgerät erhält Zugang zum WLAN.

Selbstverständlich muss man auch diese Anmeldevariante nur einmal pro Gerät ausführen. Zukünftige Verbindungen klappen dann von ganz allein.

> **WPS und Apple-Geräte**
>
> Falls Sie auf den folgenden Seiten eine Anleitung vermissen, wie Sie WPS-Anmeldungen bei Ihrem Apple-Gerät durchführen, hat das einen einfachen Grund: Apple unterstützt das WPS-Verfahren bei seinen Produkten grundsätzlich nicht. Als Grund dafür werden Sicherheitsbedenken angegeben, was allerdings nicht voll überzeugen kann. Auf Seite 114 lesen Sie mehr über mögliche Sicherheitsprobleme bei WPS und wie man WPS möglichst sicher einsetzen kann.

WPS-Anmeldung bei Windows-Geräten

Windows-Geräte unterstützen WPS von Haus aus. Und die Vorgehensweise dabei ist erfreulich einfach. Denn im Grund genommen müssen Sie dafür nichts Besonderes tun, sondern können sich an die Schritte halten, die auf Seite 101 beschrieben sind. Folgen Sie diesen, bis Sie den Netzwerkschlüssel eintippen müssten.

Während der Dialog zum Eingeben des Netzwerksicherheitsschlüssels angezeigt wird, aktiviert Windows automatisch auch die WPS-Funktion. Sie können nun also – anstatt den Netzwerkschlüssel einzutippen – die WPS-Anmeldung an der FRITZ!Box bestätigen, beispielsweise indem Sie die WPS-Taste am Gehäuse drücken.

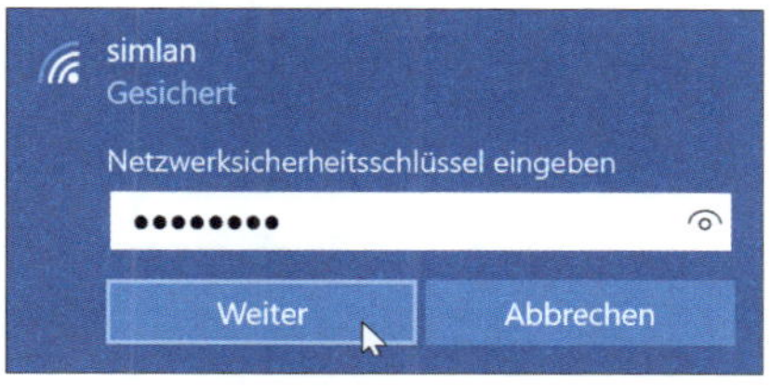

Kommt auf diese Weise eine Verbindung zustande, blendet Windows den Passwort-Dialog automatisch aus und das Gerät ist am Funknetzwerk Ihrer FRITZ!Box angemeldet.

WPS-Anmeldung bei Android-Mobilgeräten

Ähnlich wie bei Apple unterstützen aktuelle Android-Versionen die WPS-Funktion aus Sicherheitsgründen nicht mehr. Bei einigen Herstellern und älteren Geräten kann sie aber noch vorhanden sein. In diesem Fall finden Sie sie etwas versteckt in den Einstellungen Ihres Gerätes.

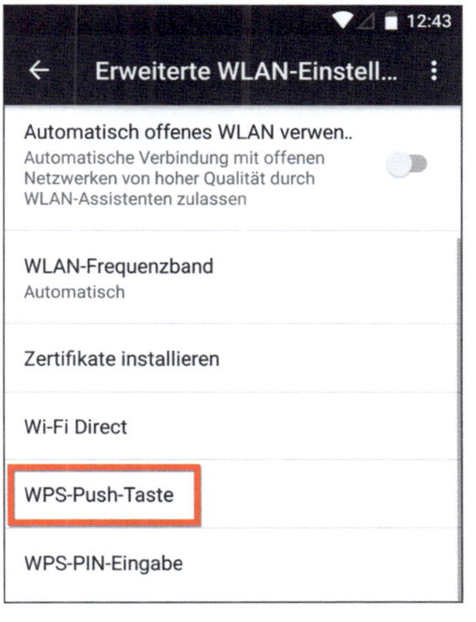

1. Öffnen Sie auf Ihrem Android-Gerät die *Einstellungen* und darin den Bereich *WLAN*. Bei den meisten Android-Geräten finden Sie diesen in der Kategorie *Drahtlos & Netzwerke*.
2. Tippen Sie oben rechts auf das Menü-Symbol und anschließend im Menü auf *Erweitert*. Bei einigen Geräten, beispielsweise von Samsung, finden Sie direkt im Menü einen Eintrag *WPS – Taste drücken*.

3. Tippen Sie im erweiterten Menü auf den Eintrag *WPS-Push-Taste*.
4. Android startet nun die Kontaktaufnahme. Währenddessen wird auf dem Bildschirm ein Fortschrittsdialog angezeigt. Solange der Balken von links nach rechts wächst, haben Sie Zeit, die Anmeldung zu vollenden.

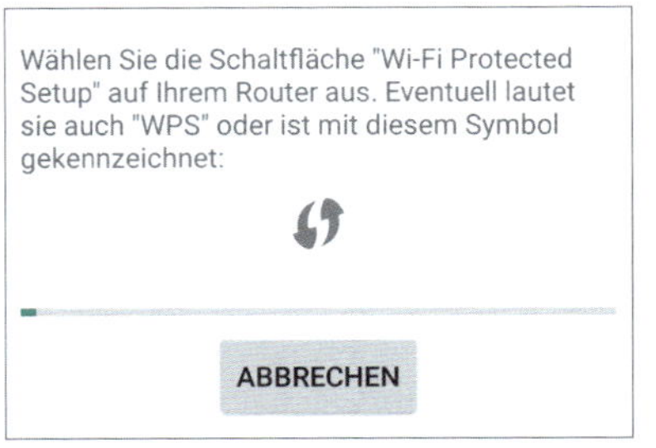

5. Bestätigen Sie nun wie nachfolgend beschrieben die WPS-Anmeldung an Ihrer FRITZ!Box, beispielsweise indem Sie die WPS-Taste am Gehäuse drücken.
6. Wurde die Verbindung erfolgreich hergestellt, bestätigt das Android-Gerät dies mit einem Hinweis, den Sie mit *OK* bestätigen.

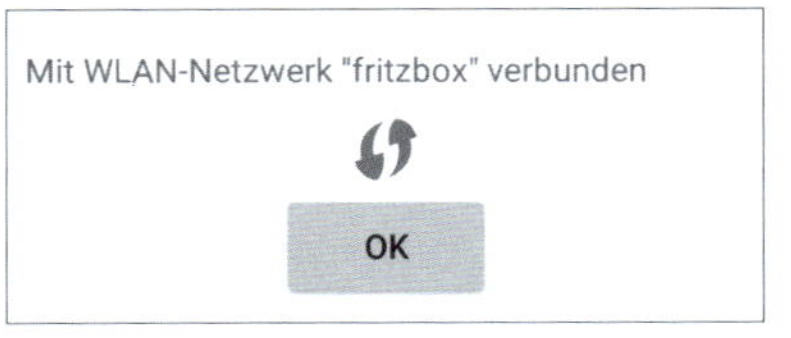

Anschließend ist Ihr Android-Gerät im WLAN Ihrer FRITZ!Box angemeldet, was Sie unter anderem am WLAN-Feldstärkesymbol in der Infoleiste überprüfen können.

WPS-Anmeldungen an der FRITZ!Box bestätigen

Der Kern beim WPS-Verfahren ist, dass man die Anmeldung eines neuen Mobilgerätes durch eine Bestätigung an der FRITZ!Box anerkennt. Man führt also eine Art Handschlag aus: Der eine hält die Hand hin und der andere schlägt ein.

Für das Bestätigen einer WPS-Anmeldung bietet die FRITZ!Box gleich mehrere Möglichkeiten, von denen Sie sich jeweils nach Situation und Vorliebe die bevorzugte aussuchen können:

- WPS-Taste am Gerät
  Ist die FRITZ!Box in Reichweite, ist die einfachste und schnellste Methode oftmals eine Taste direkt am Gerät. Jede FRITZ!Box hat entweder eine eigene *WPS*-Taste oder eine kombinierte *WLAN/WPS*-Taste. Der Unterschied: Bei einer *WPS*- bzw. bei neueren Modellen *Connect/WPS*-Taste brauchen Sie diese nur kurz zu drücken, um die WPS-Anmeldung zu bestätigen. Hat Ihre FRITZ!Box eine kombinierte *WLAN/WPS*-Taste, müssen Sie diese ca. sechs Sekunden lang drücken. Bei beiden Varianten beginnt dann eine der Kontrollleuchten der FRITZ!Box zu blinken, bis die WPS-Anmeldung erfolgreich durchgeführt wurde.

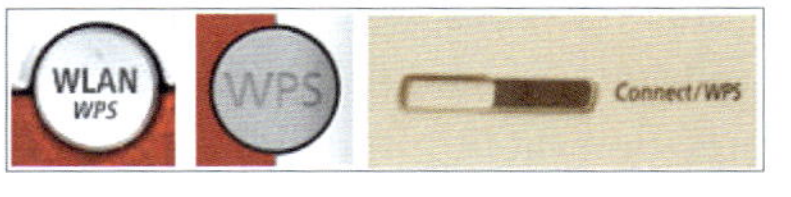

- WPS in der Weboberfläche
  In der Weboberfläche finden Sie die Funktion unter *WLAN/Sicherheit* in der Rubrik *WPS-Schnellverbindung*. Hier können Sie ganz oben überprüfen, ob WPS überhaupt aktiviert ist. Wenn ja, klicken Sie jeweils unten rechts auf *WPS starten*, um eine WPS-Anmeldung zu bestätigen.

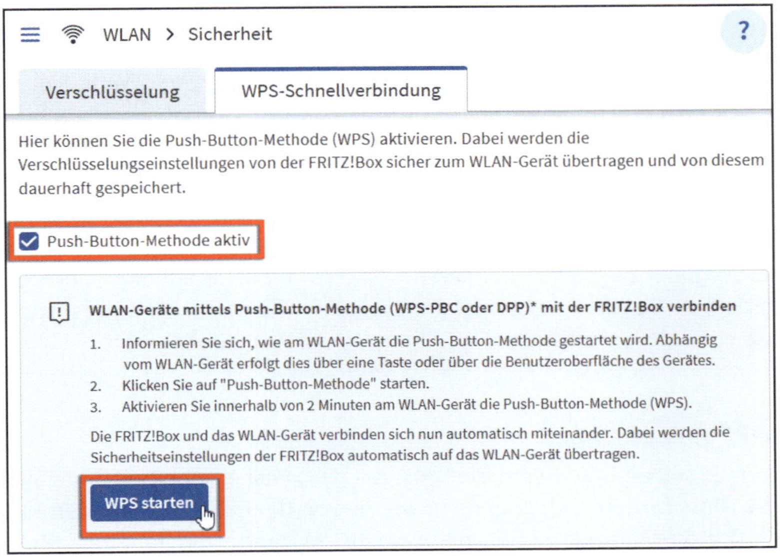

- WPS in MyFRITZ!
  MyFRITZ! bietet eine alternative Weboberfläche, die sich besonders auf Tablets und Smartphones per Touch besser bedienen lässt. Im Bereich *Komfortfunktionen* finden Sie unter *WLAN* den Eintrag *WPS*. Klicken Sie dort auf *Starten*, um die Verbindung per WPS zu bestätigen.

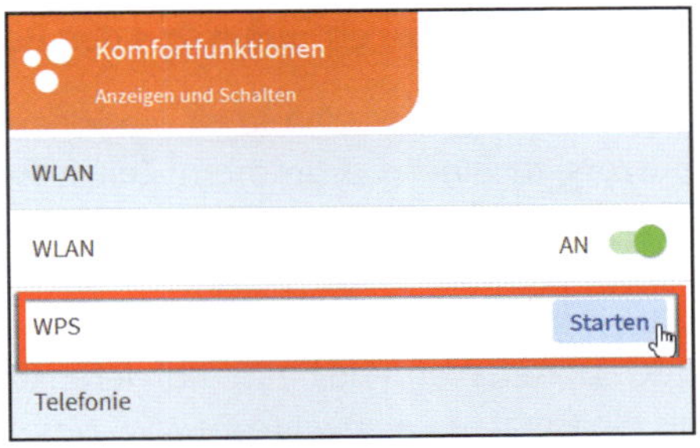

- WPS per App
  Eine weitere Möglichkeit, WPS komfortabel zu bestätigen, ist die *MyFRITZ!App*. Einmal für Ihre FRITZ!Box eingerichtet, können Sie diese jederzeit starten. Tippen Sie ggf. auf das Symbol links oben und wählen Sie *Komfortfunktionen*. Auf der so geöffneten Seite finden Sie unter *WLAN* die Schaltfläche *WPS starten*, mit der Sie eine WPS-Verbindung herstellen.

WPS: Höchstdauer beachten

Der Verbindungsaufbau per WPS darf nur eine bestimmte Zeit dauern. Wenn Sie also am WLAN-Gerät eine WPS-Verbindung starten, müssen Sie innerhalb eines bestimmten Zeitraums an der FRITZ!Box darauf reagieren, damit die Verbindung zustande kommt. Auch wenn Sie an der FRITZ!Box die WPS-Taste drücken, läuft diese Bestätigung nach einiger Zeit aus. Die Fristen sind angemessen gewählt (bei der FRITZ!Box ca. 120 Sekunden), sodass Sie sich keinen Stress deswegen machen müssen. Aber es ist sinnvoll, sich vorher über die Vorgehensweise zu orientieren. Sollte ein WLAN-Gerät eine sehr kurze WPS-Zeit vorgeben, die Sie nicht einhalten können, kehren Sie den Vorgang ausnahmsweise um: Starten Sie WPS zuerst an der FRITZ!Box und dann am Mobilgerät.

Sicherheit bei WPS-Anmeldungen

Das WPS-Verfahren ist seit einiger Zeit in die Kritik geraten, weil es eine bekannte Sicherheitslücke enthält. Diese bezieht sich aber nicht auf die von der FRITZ!Box standardmäßig verwendete Push-Button-Methode, sondern auf die PIN-Methode, die nur ältere Modelle noch alternativ anbieten. Bei dieser WP-Methode ist es bei einigen Geräten möglich, einen Teil der PIN zu ermitteln und den Rest mittels Ausprobieren zu erraten.

Die Push-Button-Methode ist hingegen gut abgesichert, da sie eine Interaktion des Benutzers zu einer bestimmten Zeit erfordert. Nun könnte es ja ein Angreifer schaffen, den Anwender zu beobachten und genau zu dem Zeitpunkt, wenn dieser bei seinem WLAN-Gerät WPS startet, eben auch ein eigenes Mobilgerät in den WPS-Modus zu versetzen. Was würde dann passieren? Ganz einfach: Die FRITZ!Box ist gegen solche Angriffe gewappnet. Wenn sie beim Aktivieren ihrer WPS-Funktion erkennt, dass sich gerade mehr als ein Gerät in Reichweite im WPS-Modus befindet, werden alle diese Geräte abgewiesen und die WPS-Funktion wird sofort deaktiviert.

Ist WPS mit der FRITZ!Box also absolut sicher? Nun ja, eine Möglichkeit gibt es tatsächlich, wie jemand WPS gegen Sie verwenden könnte: Wer Zugang zu Ihrem Haushalt und damit zu Ihrer FRITZ!Box hat – beispielsweise ein Besucher oder ein Handwerker –, könnte »im Vorbeigehen« die WPS-Taste an Ihrer FRITZ!Box drücken. Wenn er oder sie dann innerhalb von zwei Minuten WPS am Smartphone startet, gelingt der Zugang zu Ihrem WLAN und damit Ihrem Heimnetzwerk ganz einfach. Wenn Sie das für möglich halten und ausschließen möchten, gibt es zwei Möglichkeiten:

- **Deaktivieren Sie WPS**
  Sie können die WPS-Funktion Ihrer FRITZ!Box deaktivieren. Dann kann WPS weder per Taste noch per App oder MyFRITZ! ausgelöst werden. Wenn Sie WPS ohnehin nicht nutzen wollen, ist das die beste Methode. Und wenn Sie WPS gelegentlich verwenden wollen, müssten Sie es vorher jeweils aktivieren und anschließend wieder deaktivieren. Die Funktion dafür finden Sie unter *WLAN/Sicherheit* in der Rubrik *WPS-Schnellverbindung*. Schalten Sie hier die Option *Push-Button-Methode aktiv* aus.

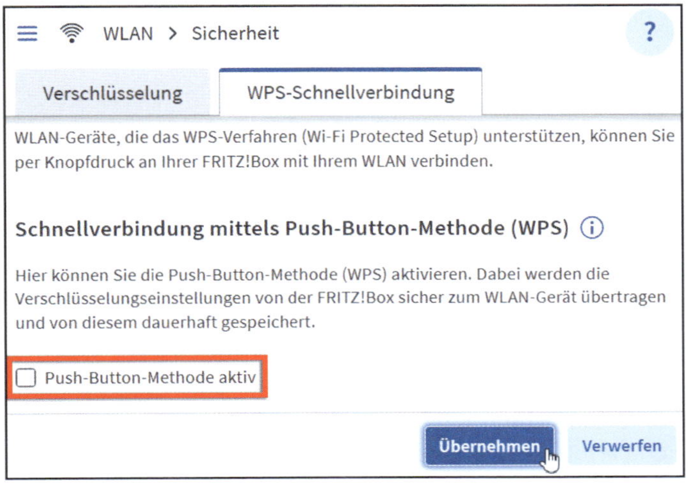

- **Deaktivieren Sie die WPS-Taste**
  Wollen Sie WPS nutzen, aber den Missbrauch der WPS-Taste verhindern, können Sie die Taste sperren. Leider gilt dies dann nicht nur für die WPS-Taste, sondern auch für alle Tasten an Ihrer FRITZ!Box. Öffnen Sie dazu das Menü *System/Tasten und LEDs* und dann auf der rechten Seite die Rubrik *Tastensperre*. Schalten Sie hier die Option *Tastensperre aktiv* ein. Die WPS-Taste hat dann keine Funktion mehr. Sie können WPS aber weiterhin per Weboberfläche, MyFRITZ! oder App verwenden.

Stick & Surf für FRITZ!WLAN-USB-Sticks

Der Hersteller der FRITZ!Box bietet unter der Bezeichnung *FRITZ!WLAN* eigene WLAN-USB-Sticks an, mit denen beispielsweise PCs ohne WLAN-Fähigkeit durch Einstecken eines USB-Sticks einfach darum erweitert werden können. Diese Sticks sind nicht unbedingt besonders preisgünstig, fügen sich aber gut ins FRITZ!-Ökosystem ein. Einer der Vorteile ist, dass man die Zugangsdaten zum WLAN der FRITZ!Box auf einfache Art und Weise auf einen solchen USB-Stick übertragen kann. Anschließend kann man diesen Stick in einen PC einstecken und er verbindet sich ohne weitere Maßnahmen sofort automatisch mit dem WLAN-Netz der FRITZ!Box.

Stick & Surf durchführen

Noch mal der Hinweis: Stick & Surf funktioniert nur mit Original-FRITZ!WLAN-USB-Sticks von FRITZ!. Es klappt nicht mit herkömmlichen Daten-USB-Sticks und auch nicht mit WLAN-USB-Sticks anderer Hersteller.

1. Wenn Sie einen FRITZ!WLAN-USB-Stick besitzen, stecken Sie ihn in einen USB-Anschluss Ihrer FRITZ!Box (bei mehr als einem Anschluss ist es egal, welcher).
2. Daraufhin beginnt die *Info*-Kontrolllampe an Ihrer FRITZ!Box zu blinken.
3. Die Daten werden nun auf den USB-Stick übertragen.
4. Warten Sie ab, bis das *Info*-Lämpchen an der FRITZ!Box nicht mehr blinkt. Das bedeutet, dass die Übertragung erfolgreich abgeschlossen wurde.
5. Ziehen Sie nun den USB-Stick von der FRITZ!Box ab und stecken Sie ihn in den USB-Anschluss Ihres PCs.

Sie können den so eingerichteten USB-Stick nacheinander an verschiedenen PCs verwenden, um diesen jeweils Zugang zum WLAN Ihrer FRITZ!Box zu verschaffen. Wenn Sie allerdings die SSID, den Netzwerkschlüssel oder den WPA-Modus der FRITZ!Box verändern, müssen Sie den USB-Stick erneut an die FRITZ!Box anschließen, um ihn mit den aktualisierten Daten zu versehen.

Bei Nichtgebrauch Stick & Surf besser deaktivieren

Ein Sicherheitsrisiko dieser Komfortfunktion soll nicht verschwiegen werden: Ist Stick & Surf aktiv, braucht jeder mit Zugang zu Ihrer FRITZ!Box einen solchen USB-Stick nur kurz in Ihre FRITZ!Box zu stecken und »kopiert« damit sozusagen die Zugangsdaten zu Ihrem WLAN. Wenn Sie selbst keine FRITZ!WLAN-USB-Sticks verwenden wollen, sollten Sie diese Funktion deshalb abschalten.

1. Öffnen Sie dazu in der Weboberfläche das Menü *WLAN/Sicherheit* und wechseln Sie rechts in die Rubrik *Verschlüsselung*.

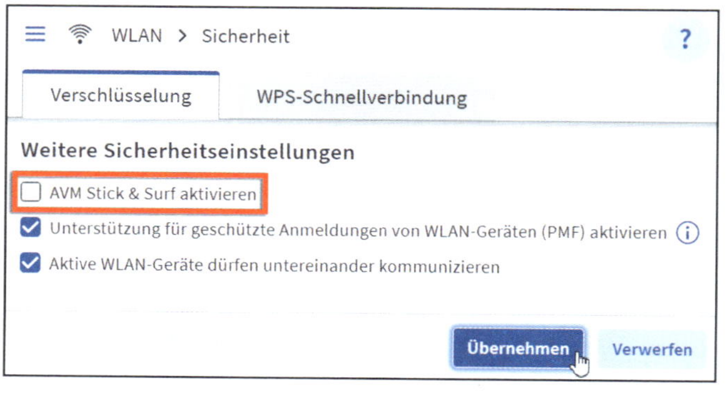

2. Schalten Sie hier im Abschnitt *Weitere Sicherheitseinstellungen* die Option *AVM Stick & Surf aktivieren* aus.
3. Klicken Sie dann unten auf *Übernehmen*, um diese Änderung zu speichern.

2.3 Die WLAN-Reichweite vergrößern

Ein wichtiger und viel diskutierter Punkt ist die Reichweite eines WLAN, und pauschale Aussagen zu diesem Thema sind wenig sinnvoll. Die tatsächliche Reichweite hängt von zu vielen Faktoren ab. Dazu gehört die Qualität der eingesetzten Hardware, die Leistungsfähigkeit der internen oder externen Antennen sowie der Raum zwischen Empfänger und Sender (also FRITZ!Box und einem Mobilgerät).

Innerhalb eines normalen Raums oder notfalls auch Großraumbüros sollte der Kontakt immer möglich sein. In einer Wohnung bzw. einem Haus hängt die Reichweite von den Wänden dazwischen ab. Bei Leichtbauweise dämpft jede Wand nur wenig, und es können auch mehrere Räume oder Stockwerke überbrückt werden. Stahlbetonzwischendecken, massive Wände oder verbautes Metall dämpfen das Signal wesentlich stärker, sodass schon im Nachbarzimmer Endstation sein kann.

Im Freien sind bei Sichtkontakt größere Reichweiten möglich, theoretisch zwischen 100 und 300 m. Befinden sich Gebäude oder z. B. auch dichte Bäume zwischen Sender und Empfänger, verringert das die Reichweite wiederum. Generell lässt sich sagen, dass man mit externen Antennen bei Bedarf sowohl die Sende- als auch die Empfangsleistung steigern und damit die Reichweite erhöhen kann. Allerdings hängt der Erfolg auch hier von den baulichen Gegebenheiten ab, da eine massive Stahlbetonwand oftmals mehr Leistung dämpft, als eine externe Antenne an Gewinn bringt.

Ist-Situation analysieren

Wenn es Probleme mit der Reichweite oder der in Randlagen des WLAN erzielten Leistung gibt, sollten Sie zunächst immer die Ist-Situation gründlich analysieren. Klar kann man sich auch auf sein Bauchgefühl verlassen, aber eine solide Datengrundlage ermöglicht bessere Entscheidungen und vermeidet ggf. unnötige Maßnahmen und Investitionen. Das Schöne bei WLAN ist, dass man das Analyse-Werkzeug oft schon in der Hand hält.

Reichweite und Empfangsstärke messen

Dieses Werkzeug kann Ihr Smartphone oder Tablet sein, das Sie mit einer App zum WLAN-Detektor aufrüsten, der Ihnen präzise Daten zu Reichweite und Signalstärke verrät. Wenn Sie ohnehin schon die *FRITZ!App WLAN* (siehe Seite 374) im Einsatz haben, können Sie diese auch für diesen speziellen Zweck einsetzen. In der Rubrik *Verbinden* zeigt sie Ihnen alle WLAN-Zugangspunkte in Reichweite an. Zu jedem Zugangspunkt erfahren Sie Folgendes:

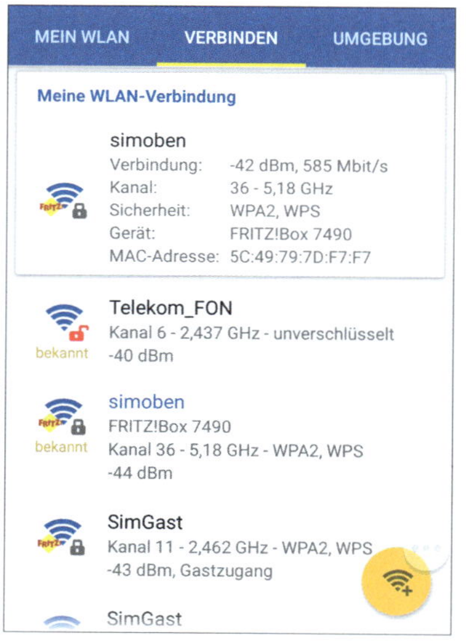

- die verwendeten Frequenzen und Kanäle.
- Zu Ihrem eigenen WLAN kann die App Ihnen sogar den momentan möglichen Datendurchsatz in Mbit/s verraten.
- Viel wichtiger ist aber die Empfangsstärke, die immer in negativen dBm angegeben wird.

Dieser Wert geht von einem idealen Signal aus und gibt jeweils an, wie stark dieses am aktuellen Standort gedämpft ist. Das bedeutet also, je kleiner der negative Wert, desto besser der Empfang. Allerdings werden Sie selbst direkt neben Ihrer FRITZ!Box keinen perfekten Wert (im Sinne von 0 dBm) erzielen.

- Im selben Raum mit der FRITZ!Box sollten Sie Werte um **-30 dBm** erhalten, was einer sehr guten WLAN-Signalstärke entspricht.
- Mit steigendem Abstand steigt die Dämpfung, wobei mit bis zu **-50 dBm** immer noch hohe Übertragungsraten zu erzielen sein sollten.
- Bis **-70 dBm** sollte noch immer ein stabiler WLAN-Empfang möglich sein, allerdings kann die Datenrate schon spürbar eingeschränkt sein, was sich beispielsweise beim Videostreaming direkt bemerkbar machen kann.
- Ab **-80 dBm** beginnt der kritische Bereich, in dem die WLAN-Verbindung leicht instabil werden kann, da äußere Einflüsse das Signal auch immer mal wieder in den roten Bereich drücken können.
- Jenseits von **-90 dBm** wird ein Kontakt zum WLAN nur in seltenen Fällen gelingen. Eine stabile Verbindung mit akzeptablen Datenraten ist dann aber keinesfalls möglich.

dBm: Dezibel Milliwatt

Auf die Gefahr hin, etwas sehr technisch zu werden: Die Maßeinheit dBm steht für Dezibel Milliwatt (mW) und gibt einen Leistungspegel an, der das Verhältnis der Leistung im Vergleich zur Bezugsleistung 1 Milliwatt angibt. 0 dBm entsprechen 1 mW. Eine Differenz von 3 dBm entspricht ungefähr einer Verdopplung bzw. Halbierung der Leistung. +3 dBm entsprechen also in etwa 2 mW, während -3 dBm 0,5 mW entsprechen. WLAN-Geräte arbeiten typischerweise mit einer Sendeleistung von 50–100 mW, was demzufolge ca. 17–20 dBm bedeutet. Wenn bei Ihrem Smartphone davon -30 dBm ankommen, sind das also 0,001 mW oder 1 Mikrowatt. Klingt wenig, reicht aber für eine stabile WLAN-Verbindung. Zugleich macht es aber deutlich, dass bei -90 dBm so wenig Energie beim Empfänger ankommt, dass man damit nicht mehr praktikabel Daten übertragen kann.

Auch wenn die *FRITZ!App WLAN* zum WLAN-Vermessen genutzt werden kann, möchte ich Ihnen trotzdem eine Alternative ans Herz legen. Im App Store von Android und Apple finden Sie unter dem Stichwort »WLAN-Scanner« eine ganze Auswahl.

Für Android empfehle ich die App *WiFi Analyzer*. Sie ist im Vergleich zur *FRITZ!App WLAN* informativer, übersichtlicher und aktualisiert sich schneller, sodass man beim Laufen durch die Räume die Daten quasi in Echtzeit angezeigt bekommt.

WiFi Analyzer startet standardmäßig in der Ansicht *Access Points*. Ansonsten können Sie im Hauptmenü am linken Rand jederzeit diesen Punkt auswählen.

- In diesem Modus zeigt die App eine Liste der erreichbaren WLAN-Basisstationen. Standardmäßig ist diese nach dem dBm-Wert sortiert.
- Gleichzeitig symbolisiert ein grünes, gelbes oder rotes Empfangssymbol mit entsprechenden Balken die Empfangsqualität.
- Zugleich gibt die App an, wieweit die jeweilige Basisstation von Ihrem aktuellen Standort in Metern entfernt ist. Dabei handelt es sich um eine Schätzung mit Bezug auf freie Sicht zwischen Sender und Empfänger. Da die App nicht wissen kann, wie viele und was für Objekte sich in der Sichtlinie befinden, kann sie keine reale Entfernung angeben. Die Aussage dieser Angabe ist also: Bei freier Sicht wäre die Basisstation in etwa so viel Meter von Ihnen entfernt.
- Mit dem Filtersymbol oben können Sie sehr genau bestimmen, welche WLANs die App berücksichtigen soll. Möchten Sie nur Ihr eigenes Funknetz beobachten, geben Sie dessen SSID ein. Ebenso können Sie sich auf eines der Frequenzbänder oder auf eine bestimmte Signalstärke beschränken. Mit *Anwenden* aktivieren Sie eine Filtereinstellung, mit *Zurücksetzen* entfernen Sie alle Filter später wieder.
- Rechts neben dem Filtersymbol finden Sie eine Pause-Taste. Damit stoppen Sie das Datensammeln und frieren die aktuellen Daten auf dem Bildschirm ein. Das ist nützlich, um sich beispielsweise Daten zu notieren.

Die App *WiFi Analyzer* bietet noch weitere spannende Funktionen, wie etwa die Kanalbewertung oder das Aufzeichnen des Signalverlaufs. Diese sind nützlich, wenn es trotz guter Netzabdeckung zu Problemen mit der Leistungsfähigkeit der Drahtlosverbindungen kommt. Dann können Sie damit analysieren, ob Ihre FRITZ!Box sich mit anderen WLANs ins Gehege kommt und ob das gezielte Ausweichen auf bestimmte Kanäle Abhilfe schaffen kann.

Eine WLAN-Heatmap erstellen

Ein weiterer Analyseansatz ist etwas aufwendiger, erlaubt dafür aber eine gründliche Erfassung der Funknetzversorgung im gesamten Haushalt oder sogar auf einem ganzen Grundstück. Dazu erstellen Sie eine Heatmap, die Ihnen den Empfang auf einer Karte visualisiert. So lassen sich Schwachstellen und Lücken systematisch erkennen und effiziente Lösungen finden.

Auch hierfür kann eine App Ihnen das Leben leichter machen. Für Android-Geräte gibt es beispielsweise die App *WiFi Heatmap*. Tippen Sie auf deren Hauptseite unten bei *Karte der Abdeckung* auf *Heatmap erstellen*. Wählen Sie *Innenbereich* (oder *Draußen* für das Erfassen des gesamten Grundstücks). Tippen Sie dann unten rechts auf das Plussymbol.

Nun benötigen Sie eine Grundlage für die Heatmap. Wenn Sie einen Grundriss der Wohnung bzw. des Hauses zur Hand haben, können Sie diesen mit der Smartphone-Kamera fotografieren und das Bild anschließend aus der Fotogalerie auswählen.

Danach geht es an das Vermessen der Räume, was nach folgendem Schema abläuft:

1. Bewegen Sie sich mit dem Gerät an eine beliebige Stelle Ihres Haushalts.
2. Ziehen Sie dann mit dem Finger die Standortmarkierung möglichst genau an diese Position auf dem Grundriss bzw. der Skizze.
3. Warten Sie ggf. kurz, bis sich unten der Messwert für die Empfangsstärke stabilisiert hat (und der Kreis still hält).
4. Tippen Sie unterhalb der Empfangsstärke kurz auf den Kreis. Die App trägt nun an dieser Stelle der Skizze einen entsprechenden Farbkreis für die Empfangsqualität ein.

Wiederholen Sie diese Schritte möglichst oft an verschiedenen Stellen Ihrer Räume. Besonders interessant sind dabei sicherlich die weit außen liegenden Ecken. Aber auch im Inneren können dicke tragende Wände oder Schornsteine für Schwachstellen sorgen. Mit jeder Messung entsteht ein vollständigeres Bild, insbesondere da die App die einzelnen Kreise nach und nach zu Flächen verbindet.

Die Eigenschaften einzelner WLAN-Geräte analysieren

Wenn es bei bestimmten WLAN-Geräten Probleme beim Herstellen der Verbindung bzw. bei deren Leistungsfähigkeit und Stabilität gibt, sollten Sie sich gezielt mit den Daten dieses Gerätes beschäftigen. Lokalisieren Sie hierzu den Eintrag des Gerätes in der Funknetzübersicht unter *WLAN/Funknetz* und klicken Sie dort rechts auf das Stift-Symbol. Dadurch öffnen Sie die Eigenschaften dieses Gerätes in der Rubrik *WLAN*:

- Im oberen Abschnitt *WLAN-Eigenschaften* (ohne Frequenzangabe) finden Sie verschiedene allgemeine Angaben, die sich nicht jederzeit durch wechselnde Standorte oder automatische WLAN-Optimierungen ändern. Dazu gehört das verwendete Verfahren zur *Verschlüsselung*.
- Die Angabe bei *QoS (Quality of Service)* verrät, ob das Gerät Techniken wie *WMM* (**W**i-Fi **M**ulti**M**edia) unterstützt. Das ist ein Verfahren, das übertragene Daten in verschiedene Kategorien unterteilt und dabei Inhalten wie Videostreams oder Sprachtelefonie eine höhere Priorität gibt, damit diese möglichst störungsfrei genutzt werden können. Beherrscht das Gerät solche Standards, dann unterstützt es diese Priorisierungen und beteiligt sich an der Optimierung der Datenübertragung.

Darunter beginnt der Abschnitt *WLAN-Verbindung*, der die wesentlichen Informationen über die Art und Qualität der drahtlosen Verbindung mit diesem Gerät umfasst:

- Ganz oben im Feld *Frequenzband* lesen Sie ab, welchen Frequenzbereich (2,4 GHz oder 5 GHz) die Verbindung verwendet. Dass ein bestimmtes Frequenzband genutzt wird, bedeutet nicht zwangsläufig, dass dieses Gerät nur dieses Band unterstützt. Ob ein Gerät dualbandfähig ist, erkennen Sie an den *Signaleigenschaften* (s. u.).

- Die verschiedenen WLAN-Standards werden auf Seite 87 vorgestellt. Hier können Sie ablesen, welche Standards konkret für die Verbindung zu diesem Gerät verwendet werden.
- Ob ein Gerät als WLAN-Repeater im Funknetz agiert, können Sie im Feld *Repeater-Betrieb* ablesen.
- Wie viele Daten tatsächlich fließen (können), verrät die *Datenrate*. *Aktuell* ist dabei der Realwert, also die Kapazität, auf die FRITZ!Box und WLAN-Gerät sich derzeit geeinigt haben. Dass diese unterhalb des theoretischen Bestwerts liegt, ist nicht ungewöhnlich. Ist sie aber wesentlich geringer, deutet dies auf erhebliche Empfangsprobleme hin.
- Mit welcher Kapazität das Gerät theoretisch Daten mit der FRITZ!Box austauschen könnte, gibt das rechte Feld *Maximal* an. Sie wird aufgrund verschiedener Faktoren wie WLAN-Standard, Frequenz, Kanalbreite, Anzahl der Streams usw. berechnet und stellt einen Idealwert dar.
- Die *Kanalbandbreite* kann 20 MHz, 40 MHz oder auch 80 MHz betragen. Das hängt davon ab, was die beteiligten Geräte beherrschen. Außerdem wählen FRITZ!Box und eventuelle Repeater im WLAN-Mesh automatisch eine optimale Bandbreite.
- Wie viele WLAN-*Streams* ein Gerät gleichzeitig aufbauen kann, wirkt sich direkt auf die Datenrate aus.
- Im Feld *Signalstärke* lesen Sie ab, mit welcher Dämpfung das WLAN-Signal vom Gerät bei der FRITZ!Box ankommt. Das kann interessant sein, wenn man etwa den Standort des Gerätes verändern möchte, um einen besseren Empfang zu erreichen. Wie der Wert zu verstehen ist, lesen Sie auf Seite 117.
- Bei *Signaleigenschaften* werden spezielle Eigenschaften des WLAN-Gerätes angegeben, mit denen sich der Datendurchsatz potenziell steigern lässt. Dazu gehört insbesondere die *Dualbandfähigkeit*, also die Möglichkeit, im 2,4- oder 5-GHz-Frequenzband zu funken und bei Bedarf jederzeit zwischen beiden hin- und herzuwechseln. Aber auch andere Techniken wie STBC werden hier aufgeführt, wenn das Gerät sie unterstützt. Generell lässt sich sagen: Je mehr Einträge in diesem Feld stehen, desto besser.

WLAN-Verbindung

Frequenzband	5 GHz	
WLAN-Standard	Wi-Fi 4	
Repeater-Betrieb (WDS)	Nein	
Datenrate	Aktuell ↓135 / ↑135 Mbit/s	Maximal ↓150 / ↑150 Mbit/s
Kanalbandbreite	40 MHz	
Streams	1x Sende-, 1x Empfangs-Datenströme	
Signalstärke	-43dBm	
Signaleigenschaften	STBC und Dualbandfähigkeit	

Aufstellort optimieren

Wenn Sie die Empfangssituation in Ihrem Haushalt analysiert haben, können Sie darangehen, die Abdeckung des Funknetzes zu erweitern. Eine erste Maßnahme kann darin bestehen, den Standort der FRITZ!Box selbst zu verändern. Prinzipiell sollte diese so zentral wie möglich stehen, um alle Räume gleichmäßig zu erreichen. Möglicherweise hat sich bei der Analyse ergeben, dass die WLAN-Abdeckung eben nicht so gleichmäßig ist oder dass beispielsweise unwichtige Räume gut abgedeckt sind, während andere wichtigere Räume im Funkschatten liegen.

Dann kann es ein probates Mittel sein, einen besser geeigneten Standort für die FRITZ!Box zu suchen. Das hat den Vorteil, dass Sie keine zusätzlichen Investitionen tätigen müssen und auch an der Konfiguration des Netzwerks als solchem nicht herumzubasteln brauchen. Dem stehen aber vielleicht bauliche Beschränkungen entgegen, wenn die FRITZ!-Box an die Übergabedose eines Internetversorgers angeschlossen sein muss und sich das Kabel nicht ohne Weiteres durch die halbe Wohnung verlängern lässt. Wenn es möglich ist, würde ich diesen Weg aber unbedingt gehen, da es sich um eine verhältnismäßig einfache, effektive und nachhaltige Lösung handelt, die keine Folgekosten und Komplikationen mit sich bringt.

Die FRITZ!Box mit Repeatern ergänzen

Wenn der Standort der FRITZ!Box nicht optimiert werden kann oder die zu versorgende Fläche zu groß bzw. mit zu vielen dämpfenden Hindernissen versehen ist, sollten Sie eine Verstärkung des Funknetzes durch WLAN-Repeater in Betracht ziehen. Vereinfacht ausgedrückt fügen Sie Ihrem WLAN dabei eine oder mehrere zusätzliche Basisstationen hinzu, die mit Ihrer FRITZ!Box in Verbindung stehen und jeweils die Gesamtabdeckung des Funknetzes erweitern.

Drahtlose Repeater

Bei WLAN-Repeatern gibt es zwei grundsätzlich verschiedene Arten. Drahtlos-Repeater verwenden für den Kontakt zur eigentlichen Basisstation das WLAN selbst. Sie können also nur an Stellen platziert werden, wo das Funknetz noch eine ausreichende Abdeckung hat. An dieser Stelle erweitern Sie das WLAN dann kreisförmig um seinen eigenen Sendebereich.

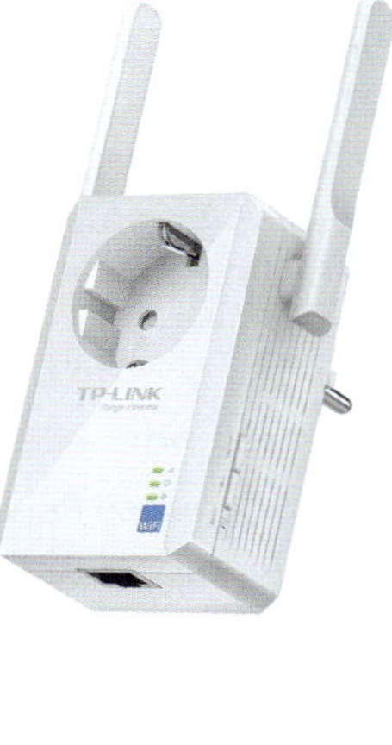

Ein weiterer Nachteil liegt in der Natur von WLAN: Der Router leitet alle Datenpakete, die er von der Basisstation empfängt, in sein eigenes Funknetz weiter. Da WLAN ein geteiltes Medium ist, teilen sich auch die Basisstation und der Repeater die vorhandenen Funkfrequenzen, deren Datenaufkommen sich dadurch praktisch verdoppelt. Ein WLAN-Repeater wirkt sich also immer auf den maximalen Datendurchsatz im Funknetz aus.

Dafür sind solche WLAN-Repeater für kleines Geld (ab ca. 20 Euro) zu haben, benötigen nur eine Steckdose am gewählten Standort und können dank WPS (siehe Seite 110) meist in wenigen Sekunden einsatzbereit gemacht werden.

Die Vorgehensweise variiert von Hersteller zu Hersteller, aber in der Regel sind nur die folgenden Schritte erforderlich:

1. Stecken Sie den WLAN-Repeater an einer geeigneten Stelle, wo noch ausreichend WLAN-Versorgung herrscht, in eine Wandsteckdose. Steckdosen in Hüfthöhe (oder höher) sind besser geeignet als solche in Bodennähe, da das Signal sich dann besser ausbreiten kann.
2. Warten Sie kurz, bis der Repeater gestartet ist und Bereitschaft signalisiert.
3. Drücken Sie nun die mit WPS oder einem Verbindungssymbol beschriftete Taste.

4. Bestätigen Sie anschließend in kurzer Zeit den WPS-Verbindungsaufbau, indem Sie die *WPS*- bzw. *Connect*-Taste an Ihrer FRITZ!Box drücken.

Damit ist der WLAN-Repeater an der FRITZ!Box angemeldet und erweitert ab sofort deren Funknetz. Er übernimmt dabei automatisch SSID und Netzwerkschlüssel der FRITZ!Box. WLAN-Geräte, die bereits bei der FRITZ!Box angemeldet waren, können das erweiterte WLAN also sofort ohne Weiteres nutzen bzw. zwischen beiden hin- und herwechseln. Hinweis: Wenn es sich bei dem Repeater um ein Gerät von FRITZ! handelt, sollten Sie diesen auch in das Mesh-Netzwerk Ihrer FRITZ!Box einbinden (siehe Seite 130).

WLAN-Repeater mit eigener SSID

Viele WLAN-Repeater ermöglichen es, dem Funknetz des Repeaters eine eigene, abweichende SSID zu geben. Das kann sinnvoll sein, um bestimmte Geräte dazu zu zwingen, sich in das Funknetz des Repeaters statt in das der FRITZ!Box einzubuchen. Eigentlich sollten WLAN-Geräte immer automatisch in das Funknetz wechseln, in dem sie den besten Empfang haben. Leider klappt das nicht immer, und manche Geräte bleiben im schwachen, instabilen WLAN der Basisstation, obwohl sie beim Repeater einen besseren Empfang haben könnten. Hin und wieder ist aber auch der ständige Wechsel eines Gerätes zwischen Basisstation und Repeater ein Problem. Auch dann kann es helfen, mit verschiedenen SSIDs Ordnung in die Sache zu bringen.

Kabelgebundene Repeater

Kabelgebundene Repeater verwenden für ihre Verbindung zur Basisstation ein Netzwerkkabel. Dadurch sind sie räumlich nicht an die Reichweite der Basisstation gebunden, sondern können überall dort eingesetzt werden, wo per Kabel ein Anschluss an das Heimnetzwerk möglich ist. Gegebenenfalls kann man sogar ein Netzwerkkabel gezielt zu der Stelle legen, wo ein WLAN-Repeater die optimale Wirkung entfalten kann.

Alternative Powerline

Wo kein Netzwerkkabel liegt und auch keines gelegt werden kann, ist Powerline ggf. eine Alternative. Dabei wird ein Powerline-Adapter mit der FRITZ!Box verbunden und in eine Steckdose gesteckt. Ein anderer kommt in eine Steckdose am gewünschten Standort. Die beiden Powerline-Adapter verbinden sich über das Stromnetz und am zweiten Adapter ist ein Netzwerkanschluss frei, der so genutzt werden kann, als wäre er direkt mit der FRITZ!Box verbunden. Diese Variante ist zwar nicht unbedingt kostengünstig, aber manchmal alternativlos oder zumindest einfacher als das Durchbohren von Wänden und Decken.

Es kann im Prinzip auch ein zweites WLAN entstehen, das von dem ersten räumlich völlig getrennt ist. Nehmen wir als Beispiel ein größeres Grundstück, auf dem sich neben dem Haupthaus auch noch in einiger Entfernung ein Gästehaus befindet. Um im Gästehaus WLAN anzubieten, könnte man dort eine eigene Basisstation aufstellen. Oder man installiert einen Repeater, der per Netzwerkkabel Verbindung zur Basisstation im Haupthaus hat. Dann erhält man zwei getrennte WLANs, die aber Zugangsdaten und Einstellungen teilen. Alle Geräte, die man bereits im WLAN des Haupthauses angemeldet hat, kann man ohne weitere Maßnahmen sofort auch im Gästehaus nutzen. Und auch in Zukunft wirken sich alle Einstellungsänderungen am Haupt-WLAN automatisch auch auf das »Satelliten-WLAN« aus.

Nicht alle WLAN-Repeater lassen sich auf diese Weise nutzen. Selbst wenn sie mit einem Netzwerkanschluss ausgerüstet sind, dient dieser unter Umständen nur dazu, kabelgebundenen Geräten den Netzwerkzugang via WLAN zu ermöglichen. Ob Ihr Repeater als Kabel-Repeater arbeiten kann, sollten Sie also jeweils in der Betriebsanleitung nachschlagen. In der Regel muss das Gerät dazu über eine eigene Weboberfläche für diese spezielle Betriebsart konfiguriert werden.

WLAN-Basisstationen als Repeater

Viele WLAN-Basisstationen lassen sich alternativ auch in einem Repeater-Modus betreiben. Das hat den Vorteil, dass sie an ihrem Standort nicht nur das WLAN erweitern, sondern ggf. sogar noch ihre eingebauten Netzwerkanschlüsse für kabelgebundene Netzwerkgeräte bereitstellen. Falls Sie noch eine WLAN-Basisstation in Ihrem Besitz haben (vielleicht ein Vorgänger der FRITZ!Box?), sollten Sie prüfen, ob diese als WLAN-Repeater noch eine sinnvolle Aufgabe erfüllen kann. Auch viele FRITZ!Box-Modelle lassen sich übrigens als Repeater betreiben, wie Sie auf Seite 128 nachlesen können.

Auch FRITZ! bietet eigene FRITZ!WLAN-Repeater an. Diese haben den Vorteil, dass sie die WLAN-Mesh-Funktion der FRITZ!Box unterstützen und so das Erweitern von deren WLAN besonders einfach und effizient machen. Allerdings arbeitet auch ein FRITZ!WLAN-Repeater standardmäßig im Drahtlosmodus. Um ihn per LAN mit der FRITZ!Box zu verbinden, gehen Sie so vor:

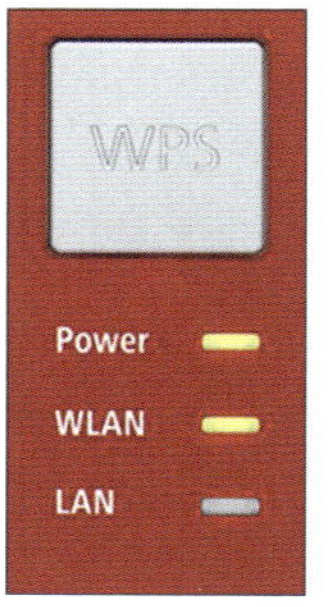

1. Stecken Sie den FRITZ!WLAN-Repeater in eine Steckdose. Warten Sie, bis am Repeater die Kontrolllampe für *Power* und *WLAN* dauerhaft leuchtet.
2. Stellen Sie dann mit einem Computer eine Verbindung zur Weboberfläche des Repeaters her. Dazu gibt es zwei Möglichkeiten:
   - Verwenden Sie das mitgelieferte Netzwerkkabel, um PC oder Notebook mit Netzwerkanschluss mit dem Repeater zu verbinden. Der Rechner sollte dann automatisch eine Netzwerkverbindung zum Repeater aufbauen, sofern der DHCP-Modus aktiviert ist.
   - Der FRITZ!WLAN-Repeater richtet im Auslieferzustand ein eigenes WLAN-Netzwerk ein. Die SSID entspricht der genauen Produktbezeichnung, also beispielsweise *FRITZ!WLAN Repeater 1750E*. Den Netzwerkschlüssel dafür finden Sie auf dem Aufkleber am Gerät. Meist ist er aber 00000000. Melden Sie sich mit einem Smartphone, Tablet oder Notebook an diesem Funknetz an.

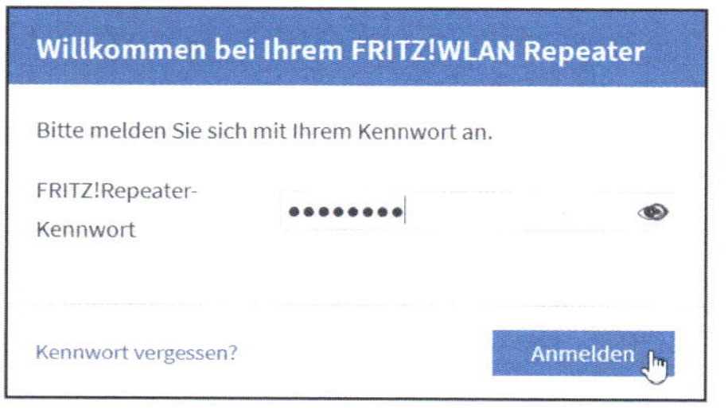

3. Starten Sie einen Webbrowser und öffnen Sie die Seite http://fritz.repeater. Beim ersten Kontakt werden Sie aufgefordert, das Kennwort vom Aufkleber am Gerät einzutippen bzw. ein Kennwort für die Benutzeroberfläche festzulegen.
4. Beim ersten Anmelden am Repeater startet automatisch der Einrichtungsassistent. Später können Sie diesen jederzeit im Menü unter *Assistenten* und dann *Zugangsart zum Heimnetzwerk ändern* erneut aufrufen.
5. Als Zugangsart ist ab Werk *WLAN-Brücke* vorgegeben, also die drahtlose Variante. Wechseln Sie hier zur Alternative *LAN-Brücke*.

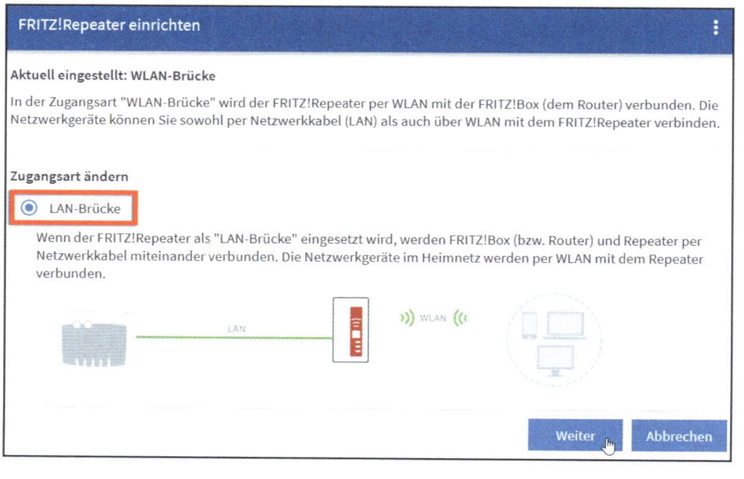

6. Üblicherweise dürfte in Ihrer FRITZ!Box der DHCP-Server (siehe Seite 152) aktiv sein, der die Daten für den Internetzugang automatisch vergibt. Dann ist bei *IP-Adresse* die Option *IP-Adresse automatisch beziehen* genau richtig. Wollen Sie dem Repeater eine bestimmte Adresse außerhalb des dynamisch vergebenen Adressraums zuweisen, wählen Sie stattdessen *IP-Adresse manuell festlegen* und füllen Sie das dadurch eingeblendete Formular aus. Beachten Sie dabei, dass Sie in diesem Fall selbst dafür Sorge tragen müssen, dass die eingegebenen Daten korrekt sind. Dies bezieht sich auch auf zukünftige Änderungen der Netzwerkkonfiguration, die Sie in Ihrer FRITZ!Box ggf. vornehmen.

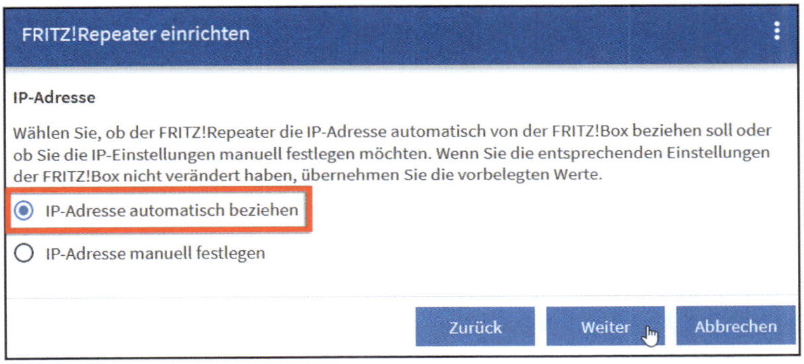

7. Geben Sie nun die Daten für das Funknetz des Repeaters ein. In den meisten Fällen übernehmen Sie dafür alles »eins zu eins« vom WLAN der FRITZ!Box selbst. Dann können alle an der FRITZ!Box angemeldeten WLAN-Geräte automatisch auch den Repeater nutzen und nach Bedarf zwischen FRITZ!Box und Repeater hin- und herschalten. In Ausnahmefällen kann es aber auch sinnvoll sein, den Repeater mit eigenen Zugangsdaten zu versehen, damit Sie genau steuern können, welche Geräte ihn benutzen können und welche nicht.

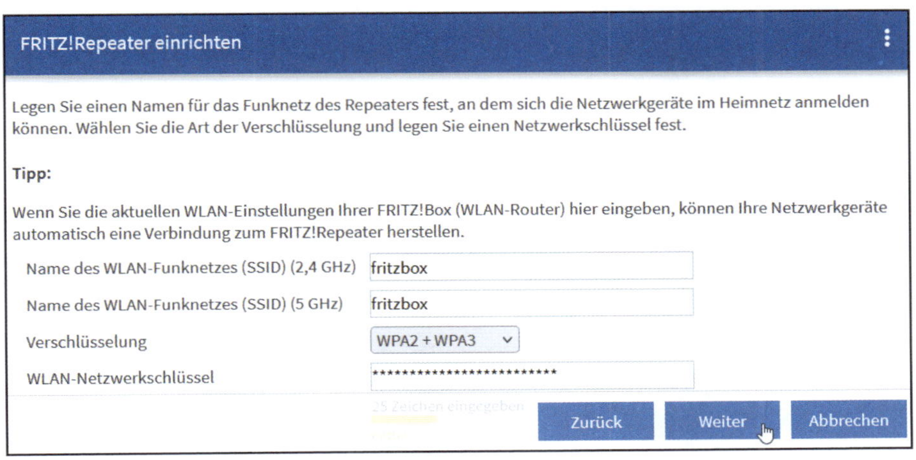

8. Abschließend sehen Sie eine Zusammenfassung der Daten. Stimmt so weit alles, klicken Sie unten auf *Fertigstellen*. Der Repeater wird nun entsprechend konfiguriert.

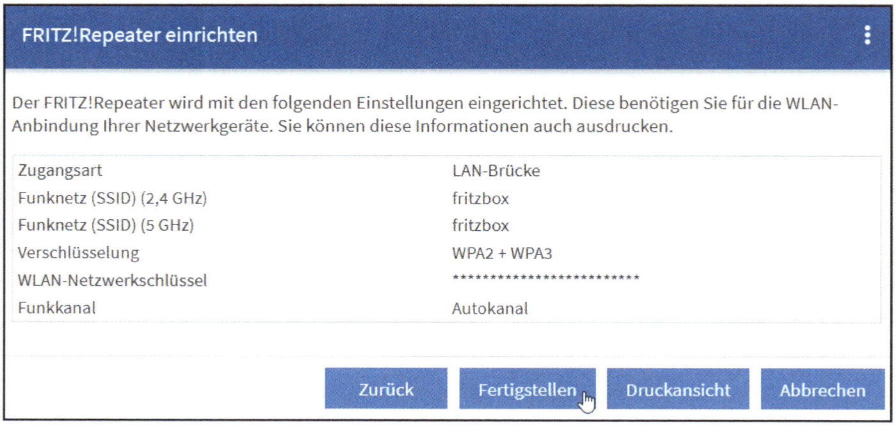

9. Platzieren Sie den Repeater nun (spätestens) am vorgesehenen Aufstellort und stellen Sie die Verbindung zur FRITZ!Box per Netzwerkkabel her. Dann geht das Gerät automatisch in den Repeater-Betrieb.

Wenn Sie einen FRITZ!Repeater mit Ihrer FRITZ!Box verbinden, sollten Sie zusätzlich sicherstellen, dass dieser auch in das Mesh-Netzwerk des Routers eingebunden ist (siehe Seite 316).

Eine ältere FRITZ!Box im Repeater-Modus betreiben

Wenn Sie noch eine ältere FRITZ!Box herumliegen haben oder günstig bekommen können, verfügen Sie vielleicht schon über einen leistungsfähigen WLAN-Repeater.

Denn auch ohne die neusten Mesh-Updates lassen sich die meisten FRITZ!Box-Modelle auf diesen Betriebsmodus umstellen (wie es bei neueren Modellen mit Mesh geht, lesen Sie ab Seite 131).

1. Öffnen Sie die Weboberfläche der als Repeater auserkorenen FRITZ!Box und dort das Menü *WLAN/Mesh Repeater* bzw. bei älteren Modellen nur *WLAN/Repeater*.
2. Auf der rechten Seite können Sie dann die *Betriebsart* wählen. Standardmäßig steht diese auf *Basisstation*. Wählen Sie stattdessen die Option *Repeater*. Bei Modellen mit den Mesh-Funktionen des aktuellen FRITZ!OS werden hier direkt die Begriffe *Mesh Master* (für die Basisstation) und *Mesh Repeater* (für Repeater) verwendet.
3. Damit wird darunter eine Liste der momentan in Reichweite befindlichen Basisstationen eingeblendet. Wählen Sie das WLAN Ihrer Haupt-FRITZ!Box aus und setzen Sie in dessen Zeile ganz links ein Häkchen.

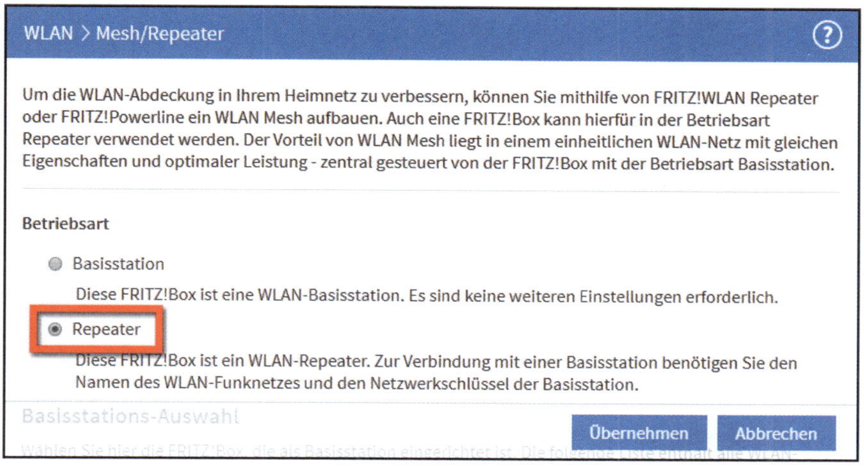

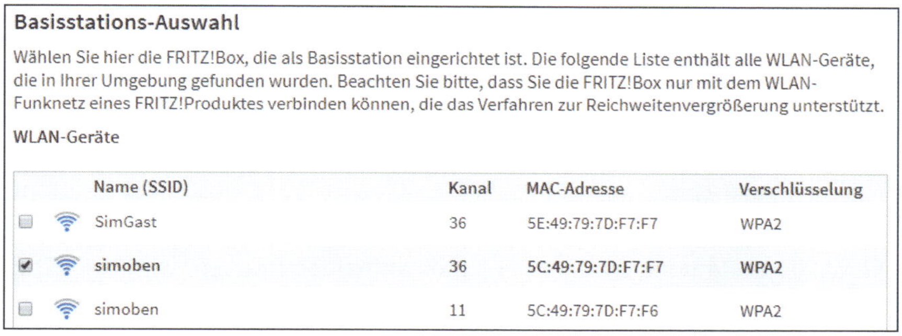

4. Gehen Sie nun ans untere Ende der Einstellungsseite. Hier tippen Sie im Abschnitt *Sicherheit* den *WLAN-Netzwerkschlüssel* für das WLAN Ihrer Haupt-FRITZ!Box ein.
5. Klicken Sie dann unten auf *Übernehmen*.
6. Wichtig: Zum Abschluss des Vorgangs müssen Sie an beiden FRITZ!Boxen jeweils (innerhalb von zwei Minuten) die WPS-Taste (siehe Seite 20) drücken. Dann stellen die beiden Geräte die WLAN-Verbindung untereinander her, und die zweite FRITZ!Box fungiert ab sofort als WLAN-Repeater der ersten.

FRITZ!Box als Repeater via Netzwerkkabel

Mit einer anderweitig ungenutzten FRITZ!Box ist auch die kabelgebundene Repeater-Variante möglich. Der Repeater-Modus aus dem vorangehenden Abschnitt unterstützt zwar ausdrücklich nur die Drahtlosvariante und eignet sich dafür nicht. Aber Sie können die FRITZ!Box anderweitig so konfigurieren, dass sie als kabelgebundener Repeater arbeitet. Ich werde die dafür erforderlichen Einstellungen hier nicht Schritt für Schritt darlegen, da sie alle an verschiedenen Stellen dieses Buches ausführlich beschrieben werden. Stattdessen fasse ich die notwendigen Einstellungen zusammen und verweise jeweils auf die Seiten mit weiterführenden Informationen.

- Stecken Sie bei der als Repeater vorgesehenen FRITZ!Box ein Netzwerkkabel in den *WAN-* bzw. *LAN 1*-Anschluss (siehe Seite 14). Das andere Ende des Kabels verbinden Sie direkt oder über einen Switch mit der Haupt-FRITZ!Box.
- Konfigurieren Sie die Repeater-FRITZ!Box dann wie vorangehend beschrieben als Teilnehmer im Netzwerk der Haupt-FRITZ!Box. Lassen Sie dabei die Repeater-FRITZ!Box ihre Internetdaten per DHCP vom Hauptgerät beziehen. Alternativ konfigurieren Sie die Repeater-Box manuell so, dass die Hauptbox als Gateway und Nameserver verwendet wird.
- Wichtig: Deaktivieren Sie bei der Repeater-FRITZ!Box den DHCP-Server (siehe auch Seite 152)! Diese Aufgabe übernimmt die Haupt-FRITZ!Box.
- Richten Sie dann das WLAN auf der Repeater-FRITZ!Box mit derselben SSID (siehe auch Seite 78) und demselben Netzwerksicherheitsschlüssel (siehe Seite 81) ein.
- Geben Sie der zweiten FRITZ!Box am besten unter *Heimnetz/FRITZ!Box-Name* einen anderen Namen, damit nicht beide FRITZ!Boxen im Heimnetz dieselbe Bezeichnung verwenden. Das ist vor allem wichtig, wenn Sie neben dem WLAN auch andere Funktionen des zweiten Gerätes wie Netzwerkfreigaben oder Medienserver nutzen möchten.

FRITZ!Box-Name und WLAN-SSID

Wenn Sie den Namen Ihrer FRITZ!Box ändern, wird Ihnen ggf. vorgeschlagen, auch die SSID Ihres WLAN-Funknetzes auf den neuen Namen anzupassen. Das können Sie selbstverständlich tun. Sie sollten aber bedenken, dass Sie in diesem Fall anschließend alle WLAN-Geräte neu an Ihrer FRITZ!Box anmelden müssen, da diese mit der »alten« SSID verbunden waren, die es nach der Änderung nicht mehr gibt. Wenn Sie das nicht möchten, können Sie die Umbenennung des WLAN an dieser Stelle mit *Abbrechen* verhindern.

Die Zweit-FRITZ!Box erweitert mit diesen Einstellungen das WLAN des Hauptgerätes an ihrem Standort. Gleichzeitig fungiert sie als Netzwerkswitch, sodass Sie an ihren ungenutzten LAN-Anschlüssen weitere Netzwerkgeräte anstecken können. Und Sie können selbstverständlich Komfortfunktionen wie Netzwerkfreigaben oder Medienserver weiter nutzen. Manche FRITZ!Box-Modelle können zusätzlich sogar als DECT-Repeater arbeiten und so nicht nur das WLAN, sondern auch die DECT-Reichweite des Hauptgerätes ergänzen. Leider ist das nach derzeitigem Stand nur mit den älteren Modellen 7240, 7270 (nur Version 3) oder 7390 möglich.

WLAN-Mesh

Wenn es um das Erweitern der Reichweite von Drahtlosnetzwerken geht, kommt man um das Modewort »Mesh« nicht herum. Das englische Wort lässt sich in diesem Zusammenhang am besten mit »Geflecht« übersetzen und bezieht sich darauf, dass mehrere Basisstationen und/oder Repeater gemeinsam ein möglichst lückenloses WLAN-Netz aufspannen sollen, das zugleich eine überall gleichbleibend hohe Kapazität bietet.

Das ist im Prinzip nichts anderes als ein effizientes Zusammenspiel von WLAN-Basis und Repeater(n), nur dass man sich um die Feinheiten dabei nicht mehr selbst zu kümmern braucht. Einmal miteinander verbunden, koordinieren sich die Zugangspunkte, stimmen sich bei der Kanalwahl ab und unterstützen die eingewählten WLAN-Geräte dabei, jederzeit nahtlos in das am aktuellen Standort optimale (Teil-)Netz zu wechseln.

WLAN-Mesh ist (bislang) kein Standard

Auch wenn immer mehr Hersteller mit dem Schlagwort »Mesh« werben: Bislang gibt es keinen offiziellen Standard, der Mesh näher definiert. Stattdessen kocht jeder Hersteller sein eigenes Mesh-Süppchen. Das bedeutet für den Verbraucher: Mesh-Systeme verschiedener Hersteller können nicht miteinander kombiniert werden. Man kann zwar beispielsweise an eine WLAN-Basisstation von Netgear einen WLAN-Repeater von TP-Link anschließen. Der Repeater wird das WLAN auch erweitern, aber es werden dabei eben nicht automatische Abstimmungen und Optimierungen zum Einsatz kommen, die Mesh eigentlich ausmachen. Wer von Mesh profitieren möchte, muss sich auf Komponenten eines Herstellers beschränken und vor dem Kauf am besten sicherstellen, dass diese auch zueinanderpassen.

Klingt prima, kostet bei einigen Herstellern allerdings auch richtig Geld. Wenn Sie eine FRITZ!Box besitzen, die nicht allzu alt ist, können Sie sich diese Ausgaben aber sparen. Denn FRITZ!OS hat ab der Version 6.90 seine eigene Mesh-Version integriert und seitdem kontinuierlich ausgebaut. Alle Produkte, die sich auf diese Version oder neuer aktualisieren lassen, sind also Mesh-fähig.

Mesh Master und Mesh Repeater

Ein bisschen Terminologie muss sein: In jedem Mesh-Netzwerk gibt es einen Mesh Master, in diesem Fall Ihre FRITZ!Box (oder eben eine davon). Einstellungen müssen Sie in der Regel nur an diesem Master-Gerät vornehmen, dann werden sie durch das Netzwerk an alle anderen Geräte weitergereicht. WLAN Repeater sind eben diese anderen Geräte, also weitere FRITZ!Boxen, FRITZ!Repeater oder FRITZ!Powerline-Adapter. Diese müssen einmalig mit dem Mesh Master verbunden werden (siehe im Folgenden).

Mesh-Verbindungen herstellen

Eine Mesh-Verbindung kommt nur zustande, wenn FRITZ!Box und Repeater mithilfe der physischen Tasten am Gehäuse miteinander verbunden werden. Verwendet man stattdessen die Weboberfläche oder App, kommt nur eine herkömmliche Repeater-Verbindung zustande. Wenn man also versehentlich bzw. in Unkenntnis dieser speziellen Sicherheitsvorkehrung (was wohl der Hintergrund sein dürfte) die »falsche« Anmeldungsvariante gewählt hat, hat man einen Repeater ohne Mesh-Funktion. Deshalb ist es wichtig, beim Herstellen der Mesh-Verbindung immer auf die richtige Vorgehensweise zu achten. Diese ist aber recht einfach und die Beschreibung nur deshalb etwas umfangreicher, weil je nach Modell verschiedene Verbindungstasten vorhanden sind. Man muss sich also danach richten, welche Taste die eigene FRITZ!Box hat. Will man einen Repeater als Mesh Repeater nutzen, nimmt man die einzige Taste, die dieser hat.

1. Drücken Sie zunächst am Mesh Master die Verbindungstaste: Wenn *Connect/WPS* oder *WPS* vorhanden ist, diese kurz drücken. Wenn nur *WLAN/WPS* oder *WLAN* vorhanden ist, diese sechs Sekunden lang drücken. Generell muss man drücken, bis die Leuchtdioden am Gerät anfangen zu blinken.
2. Dann drücken Sie innerhalb von zwei Minuten am Repeater die Verbindungstaste, also je nach Modell die Taste mit der Beschriftung *Connect/WPS*, *WPS*, *WLAN/WPS* oder *WLAN*. Diese drücken Sie jeweils so lange, bis die Info-Leuchte angeht.

Nun erledigen die beiden Geräte die Anmeldeformalitäten. Nach kurzer Wartezeit können Sie sich mit einem Blick in die Mesh Übersicht Ihrer FRITZ!Box davon überzeugen, dass der Repeater nun mit einem Mesh-Symbol(!) versehen ist.

Besondere Mesh-Szenarien

Man kann ein Mesh-Netzwerk recht flexibel gestalten. Allerdings muss man dabei teilweise die richtigen Schritte in der korrekten Reihenfolge ausführen, damit Mesh-Verbindungen zustande kommen. Hier Beispiele für spezielle Mesh-Szenarien:

- **Mesh Repeater kaskadieren:**
  Um größere Strecken zu überbrücken, kann man mehrere Repeater hintereinander hängen (kaskadieren), also FRITZ!Box -> Repeater 1 -> Repeater 2. Repeater 1 steht dabei im direkten Kontakt zur FRITZ!Box, Repeater 2 aber nur zu Repeater 1. Technisch ist das ohne Weiteres möglich, allerdings muss man dabei die Reihenfolge beachten. Repeater 2 muss zuerst in der Nähe der FRITZ!Box in Betrieb genommen werden und eine Mesh-Verbindung zwischen den beiden hergestellt werden. Anschließend platziert man Repeater 2 an seiner endgültigen Position und verbindet ihn mit Repeater 1. Dabei diesmal die Taste am Repeater 2 nicht nur kurz drücken, sondern gedrückt halten, bis die WLAN-LED zu blinken beginnt. Dann die Verbindungstaste an Repeater 1 normal drücken.
- **Mesh Repeater per Netzwerkkabel verbinden:**
  Viele FRITZ!Repeater verfügen über einen Ethernet-Netzwerkanschluss. So kann man sie per Kabel mit dem Mesh Master verbinden und das Mesh-Netzwerk so auch an weiter entfernte Stellen bringen. Das ist nebenbei auch effizienter, weil dadurch viel weniger Daten drahtlos übertragen werden müssen. Allerdings ist die Vorgehensweise wichtig: Zuerst den Repeater in der Nähe des Mesh ohne Netzwerkkabel per WLAN in Betrieb nehmen und die Mesh-Verbindung herstellen. Anschließend öffnen Sie die Weboberfläche des Repeaters und stellen dort *Heimnetz-Zugang/Zugangsart ändern* auf *LAN-Brücke* um. Dann schalten Sie den Repeater aus bzw. ziehen ihn aus der Steckdose. Nun verbinden Sie ihn an seiner endgültigen Position mit dem Netzwerkkabel und nehmen ihn dann in Betrieb.

Mesh in der Praxis

Die Idee von Mesh ist, dem Anwender das Leben so einfach wie möglich zu machen. Sie brauchen nur die entsprechenden Produkte miteinander zu verbinden. Zuvor sollten Sie nur prüfen, ob bereits die neuste FRITZ!OS-Version auf den beteiligten Geräten installiert ist. Sonst holen Sie das nach. Sollte ein Gerät noch eine Version vor FRITZ!OS 6.90 verwenden und sich auf eine neuere Version aktualisieren lassen, sollten Sie das dringend tun. Dann wird die Mesh-Funktion ggf. automatisch aktiviert.

Hinweis: Auch bei FRITZ!WLAN-Repeatern und FRITZ!Powerline-Adaptern kann und muss das Betriebssystem aktualisiert werden, falls sie noch ältere Versionen aus der Vor-Mesh-Zeit nutzen. Diese Aktualisierung können Sie direkt aus der Weboberfläche der FRITZ!Box heraus durchführen, wenn das Gerät verbunden und angemeldet ist.

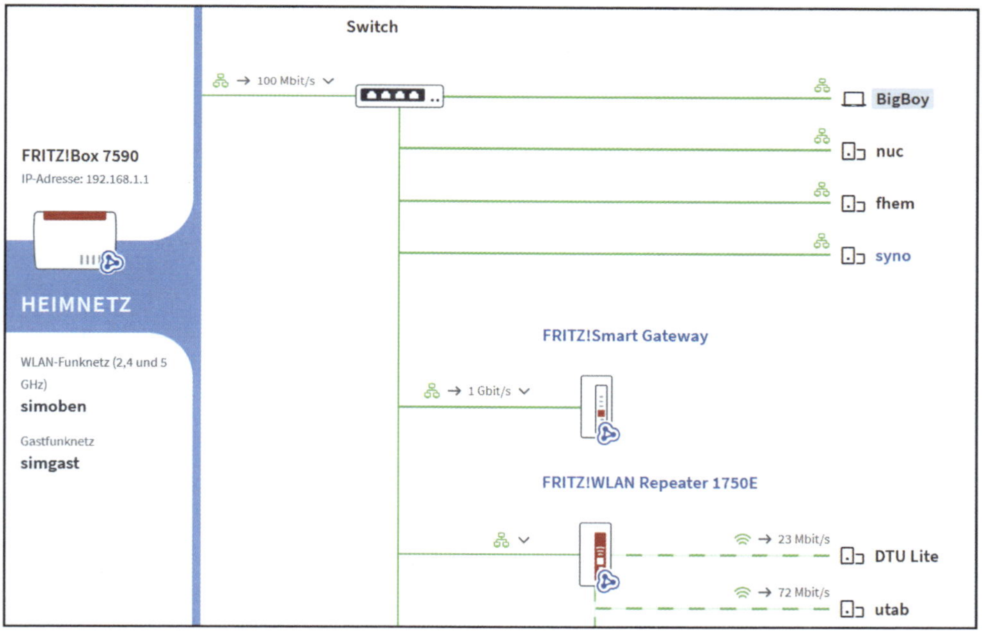

In der Übersicht können Sie verfolgen, wie das WLAN mit Mesh organisiert wird

Ansonsten können Sie dem Mesh nur bei der Arbeit zuschauen, wenn Sie möchten. Dazu öffnen Sie in der Weboberfläche der FRITZ!Box das Menü *Heimnetz/Mesh*. Auf der rechten Seite sehen Sie dann die visuelle *Mesh Übersicht* Ihres Netzwerks:

- Links oben ist Ihre FRITZ!Box eingezeichnet und mit einem blauen Mesh-Symbol versehen.
- Rechts daneben finden Sie weitere Komponenten der Netzwerkinfrastruktur wie Repeater, Powerline-Adapter oder weitere FRITZ!Boxen – alle grafisch dargestellt und ggf. mit einem Mesh-Symbol versehen.

- Gestrichelte Linien zeigen WLAN-Verbindungen im Netzwerk an, durchgezogene grüne Linien stehen für kabelgebundene Kontakte. An jeder Linie können Sie die Kapazität und weitere Details wie den Netzwerkanschluss an der FRITZ!Box oder den WLAN-Frequenzbereich ablesen.

Hinweis: Wenn für mehr als ein Gerät beispielsweise *LAN 4* als Anschluss angegeben wird, ist ein Netzwerkswitch im Spiel, der am *LAN 4*-Anschluss der FRITZ!Box steckt und an den seinerseits die Netzwerkgeräte angeschlossen sind.

Mehrere FRITZ!Boxen in einem Mesh

Wenn Sie mehr als eine FRITZ!Box in Ihrem Heimnetz angeschlossen haben, sollte nur eine davon die »Hauptrolle« spielen. Die andere kann und sollte die Einstellungen der anderen automatisch übernehmen, damit das Mesh-Prinzip seine volle Wirkung entfalten kann.

1. Öffnen Sie dazu in den Einstellungen der Nicht-Haupt-FRITZ!Box das Menü *Heimnetz/Mesh* und wechseln Sie dort in die Rubrik *Mesh Einstellungen*.
2. Hier können Sie im Abschnitt *Mesh Betriebsart der FRITZ!Box ändern* festlegen, wie dieses Gerät sich im Mesh verhalten soll. Damit sie als Repeater einer anderen FRITZ!Box arbeitet, wählen Sie *FRITZ!Box als Mesh Repeater*.
3. Geben Sie darunter an, auf welche Weise der *Heimnetz-Zugang* zum Mesh Master erfolgen soll.
4. Klicken Sie dann ganz unten rechts auf *Übernehmen*.

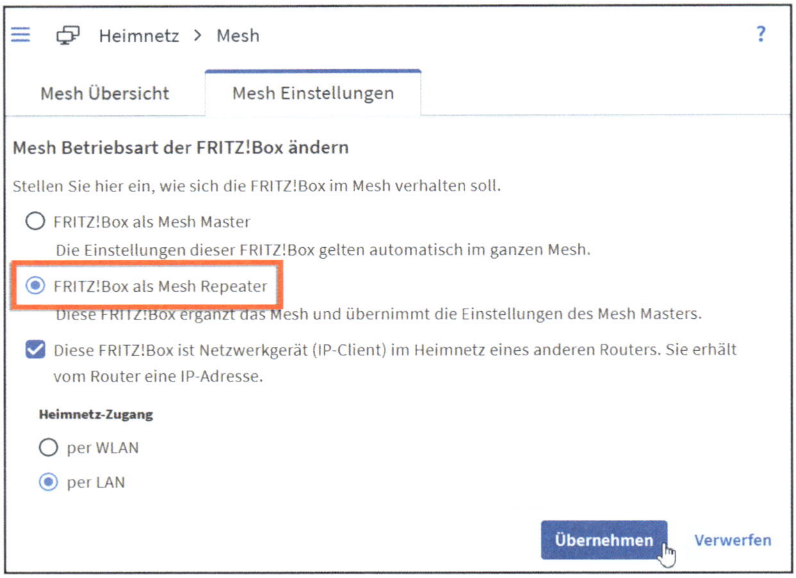

Wichtig: Unabhängig von der hier gewählten Einstellung muss die Mesh-Verbindung zwischen beiden FRITZ!Boxen wie beschrieben mittels der Verbindungstasten an den beiden Geräten hergestellt werden, damit eine echte Mesh-Verbindung zustande kommt. Nur dann wird der Repeater in der Mesh Übersicht mit einem blauen Mesh-Symbol angezeigt. Hat das geklappt, können Sie die Weboberfläche des Mesh Repeaters durch Anklicken in der Mesh Übersicht öffnen.

1. Wechseln Sie dort wiederum ins Menü *Heimnetz/Mesh* und darin in die Rubrik *Mesh Einstellungen*.
2. Gehen Sie dort nach unten zum Abschnitt *Einstellungen aus dem Mesh automatisch übernehmen*.
3. Hier sehen Sie, dass der Repeater vom Master alle relevanten Einstellungen für WLAN, aber auch Updates, Push-Dienst usw. übernimmt.
4. Soll der Repeater auch Telefoniedienste leisten, aktivieren Sie die *Verwendung des Telefonbuchs des Mesh Master*. Dann können Sie Telefonbücher zentral auf der Master-FRITZ!Box verwalten und überall nutzen.

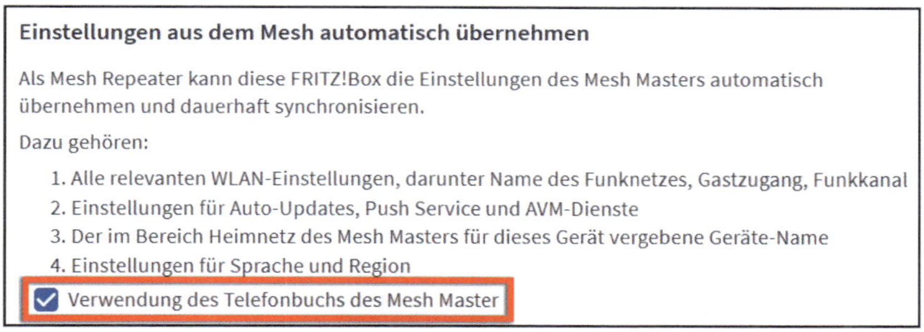

FRITZ!Box-Reichweite mit externen Antennen erhöhen

Wenn die bislang geschilderten Maßnahmen nicht reichen oder nicht geeignet sind, sollten Sie einen Umbau Ihrer FRITZ!Box erwägen. Gerade bei den neueren Modellen mit komplett innenliegenden Antennen lässt sich die Reichweite mit externen Antennen erfahrungsgemäß spürbar verbessern. Nun klingt so ein Umbau im ersten Moment vielleicht etwas Furcht einflößend, aber das muss er nicht sein. Es gibt fertige Bausätze, die alle benötigten Teile und spezielles Werkzeug beinhalten.

Ein Anbieter solcher Umrüst-Bausätze ist FriXtender (https://frixtender.de). Auf der Webseite finden Sie selbst entwickelte Bausätze für gängige FRITZ!Box-Modelle. Unter »selbst entwickelt« sind dabei durchaus professionelle Produkte zu verstehen, die hochwertige Komponenten verwenden und so durchdacht sind, dass sie mit wenigen, einfachen Teilen auskommen, die man ohne Elektronik-Kenntnisse und auch mit überschaubarer Geschicklichkeit in einer halben Stunde einbauen kann. Unterstützt werden Sie dabei von ausführlichen Anleitungen oder Umbauvideos, die jeden Schritt genau zeigen und ggf. erläutern.

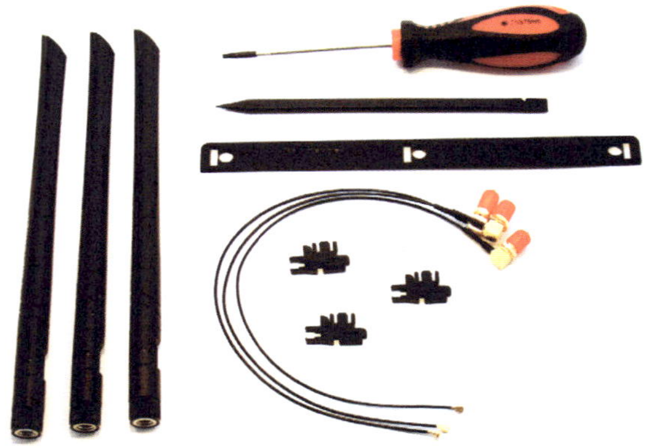

Ein FriXtender-Umbausatz für die FRITZ!Box 7590 besteht nur aus wenigen einfachen Komponenten

Solche Bausätze basieren darauf, dass die in die FRITZ!Box integrierten Antennen nicht fest verlötet sind, sondern Standardanschlüsse verwenden. Man kann also ohne irgendwelche Beschädigungen die vorhandenen internen Antennen entfernen und die Anschlüsse so nutzbar machen. Damit die externen Antennen sicher an der FRITZ!Box halten, gehört zum Bausatz eine einfache, aber effektive Befestigungsschiene, die an den hinteren Lüftungsgittern angebracht wird. Auch hier wird mit einrastenden Kunststoffteilen und Schraubverbindungen ohne Beschädigungen gearbeitet. Ein solcher Bausatz lässt sich also später ohne Rückstände und Spuren wieder entfernen und durch die Originalantennen ersetzen.

Der FriXtender-Bausatz führt die internen Antennenanschlüsse nach außen auf Standard-Antennenbuchsen

Das Besondere bei FriXtender ist, dass man viele Bausätze mit unterschiedlichen Antennen konfigurieren kann, um die FRITZ!Box für den jeweiligen Standort optimal umzurüsten. Bei einem mittigen Standort sind klassische Stabantennen mit Rundumabstrahlung oft die beste Wahl. Steht Ihre FRITZ!Box aber eher am Rand des abzudeckenden Bereichs, würde eine Stabantenne viel Energie in Richtungen verschwenden, wo sie gar nicht benötigt wird. In dem Fall können Panel-Antennen die bessere Wahl sein, mit denen sich das Signal kegelförmig in einen bestimmten Bereich abstrahlen lässt. Außerdem lassen sich die externen Antennenanschlüsse auch gut nutzen, wenn man Antennen nicht direkt an der FRITZ!Box, sondern mit einem Kabel verlängert anschließen will. So kann die FRITZ!-Box im Keller stehen, während sich die Antennen im Erdgeschoss befinden. Findige Bastler haben auch schon die FRITZ!Box im mittleren Stockwerk installiert und dann jeweils eine Antenne eine Etage höher und tiefer angebracht, um im gesamten Haus eine gute Funknetzabdeckung zu erreichen.

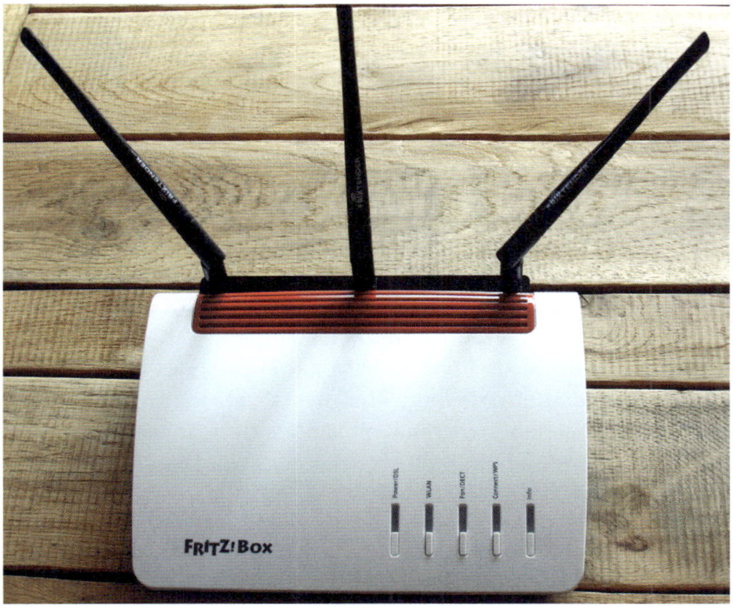

Das Ergebnis des Umbaus ist eine beeindruckende Antennengruppe, die sich zum Standort passend ausrichten lässt

2.4 Gäste-WLAN für Mitsurfer ohne Risiko

Ein WLAN gehört heute praktisch schon zum guten Ton. Und auch wenn man Besuch hat, hört man schnell mal die Frage: »Du, kann ich vielleicht mal dein WLAN benutzen?« Diese Bitte schlägt man nicht gern ab. Allerdings bedeutet der Zugang zum eigenen WLAN immer auch, dass der Besucher Zugriff auf das eigene Heimnetzwerk und die darin freigegebenen Daten und Dienste hat. Eigentlich sollte man das also nur tun, wenn man absolut sicher ist, dass man alle sensiblen Stellen durch zusätzliche Kennwörter zuverlässig abgedichtet hat. Außerdem muss man sicherstellen, dass Besucher mit der eigenen Internetverbindung kein Schindluder treiben, durch das man später selbst Ärger bekommen kann – Stichwort Filesharing und/oder Urheberrechtsverletzungen.

Um solche Gefahren effektiv auszuschließen, bieten Ihnen aktuelle FRITZ!Box-Modelle eine praktische Alternative: Ihre FRITZ!Box kann ohne zusätzliche Hardware neben Ihrem normalen WLAN ein zweites Drahtlosnetzwerk extra für Besucher aufspannen. Das bietet gleich mehrere Vorteile:

- Sie können Ihren Gästen ganz unkompliziert Zugangsdaten für ein WLAN mit Internetanschluss bereitstellen.
- Dieses WLAN ist von Ihrem eigenen WLAN und damit von Ihrem Heimnetzwerk vollständig getrennt, sodass es keine Zugriffe auf Ihre eigenen Daten geben kann.
- Das Gäste-WLAN kann im Funktionsumfang auf grundlegende Anwendungen wie Websurfen oder Mailtransfer beschränkt werden. Dadurch sind problematische Transfers wie etwa Filesharing unmöglich.
- Die Nutzung des Gastzugangs kann durch Filterregeln und Zeitvorgaben flexibel begrenzt werden.

Die Grenzen des Gast-WLAN

Die Stärken des Gäste-WLAN können sich in Ausnahmefällen auch mal zum Nachteil entwickeln. So sorgt die strikte Trennung zwischen Heimnetzwerk und Gästen dafür, dass Besucher eben nicht auf die heimische Musiksammlung des Gastgebers zugreifen oder im Gästezimmer den Smart-Home-Thermostat per Handy bedienen können. Und auch junge Gäste machen manchmal ein langes Gesicht, wenn sie mit dem Smartphone eine Runde ihres Lieblingsspiels zocken wollen. Die Begrenzung auf Mail und Surfen sorgt oft dafür, dass solche Multiplayer-Apps im Gäste-WLAN nicht funktionieren.

Privates Gäste-WLAN einrichten

Wenn Sie ohnehin ein WLAN-Netzwerk mit Ihrer FRITZ!Box betreiben, können Sie ein Gäste-WLAN jederzeit mit wenigen Mausklicks einrichten. Das geht sogar so schnell, dass man es nicht ständig aktiviert lassen muss, sondern ggf. nur bei bestimmten Anlässen oder wenn sich Besuch angekündigt hat, eben schnell aktivieren kann.

1. Öffnen Sie in der Weboberfläche der FRITZ!Box das Menü *WLAN/Gastzugang*.
2. Klicken Sie hier zunächst auf die Option *Gastzugang aktiv*. Dadurch werden die weiteren Einstellungen nutzbar.

3. Direkt darunter können Sie dann entscheiden, ob es ein *privater WLAN-Gastzugang* mit Anmeldung oder ein *öffentlicher WLAN-Hotspot* ohne Anmeldung wird. Diese Anleitung bezieht sich auf den privaten, gesicherten Gastzugang. Mehr zum öffentlichen Hotspot finden Sie im nachfolgenden Abschnitt.

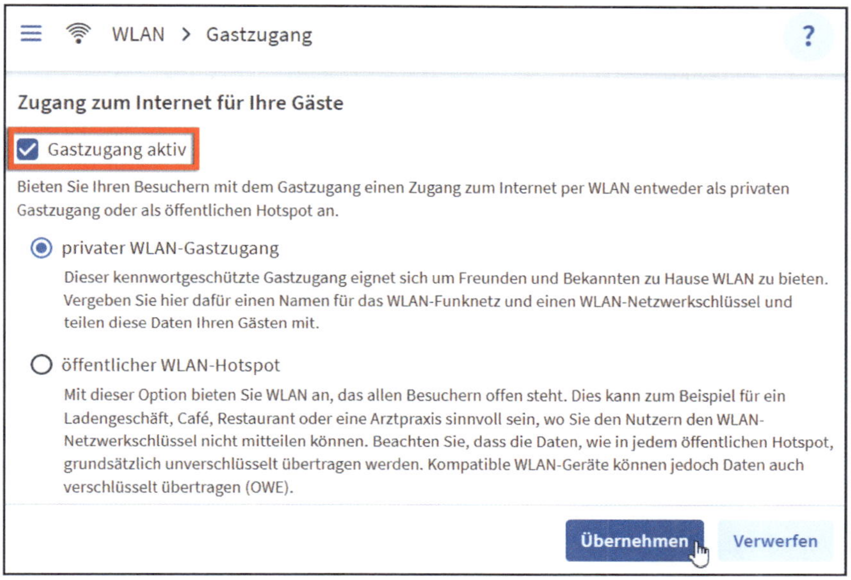

4. Wählen Sie einen Namen für das Gastnetz. Standardmäßig erhält es den Namen Ihres regulären WLAN mit der Ergänzung *Gastzugang*. Sie können aber eine beliebige Bezeichnung eingeben.

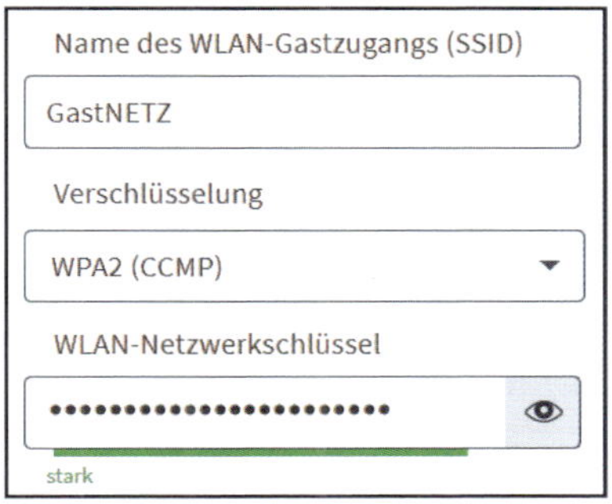

5. Geben Sie dann bei *WLAN-Netzwerkschlüssel* ein Kennwort mit 8–63 Zeichen ein. Idealerweise mischen Sie dabei Zeichen, Ziffern und Sonderzeichen. Das Kennwort sollte noch einigermaßen les- und buchstabierbar sein. Wenn Sie aber wie im nachfolgenden Abschnitt einen QR-Code für die Anmeldung verwenden, darf das Kennwort im Prinzip beliebig kompliziert sein.
6. Unter *Weitere Einstellungen* können Sie eine Vorschaltseite anzeigen lassen, die Gästen nach der Anmeldung angezeigt wird. Sie kann beispielsweise auf Nutzungsbedingungen und Einschränkungen hinweisen.
7. Außerdem können Sie die Funktion des Gäste-WLAN schon beim Aktivieren zeitlich beschränken. So braucht man es nach der Party nicht extra wieder auszuschalten und kann es auch nicht vergessen. Die Option *erst deaktivieren, wenn alle Gäste abge-*

meldet sind wartet (nach Ablauf der Frist) ggf. mit dem Abschalten, bis sich das letzte WLAN-Gerät aus dem Netz verabschiedet hat.

8. Haben Sie das Gäste-WLAN nach Ihren Wünschen konfiguriert, klicken Sie unten auf *Übernehmen*, um es zu aktivieren.

Einen öffentlichen Hotspot einrichten

Anstelle eines privaten, kennwortgeschützten Gastzugangs können Sie auch einen öffentlichen WLAN-Hotspot einrichten. Dieser kann ohne Kennwort von jedem genutzt werden und ist dadurch unkompliziert zugänglich, was es vor allem an Orten mit Publikumsverkehr wie Ladengeschäften, Lokalen, Praxen usw. ermöglicht, den Besuchern einen WLAN-Zugang einfach bereitzustellen. Allerdings sollten Sie ggf. über Filterregeln begrenzen, welche Anwendungen und wie viel Bandbreite den Besuchern zur Verfügung stehen.

> **Verschlüsselung beim öffentlichen Hotspot**
> Für einen öffentlichen Hotspot wird kein Kennwort festgelegt, und die Verbindungen erfolgen standardmäßig unverschlüsselt. Damit sind die Daten nicht geschützt und können prinzipiell abgehört und manipuliert werden. Neuere FRITZ!Box-Modelle nutzen zwar auch in diesem Fall eine Verschlüsselung (OWE – **O**pportunistic **W**ireless **E**ncryption), die aber nur zum Einsatz kommt, wenn sie auch vom Mobilgerät unterstützt wird.

Das Einrichten eines WLAN-Hotspots unterscheidet sich nicht wesentlich vom Einrichten eines privaten Gastzugangs. Wählen Sie hierzu im dritten Schritt der vorangehenden Anleitung die Option *öffentlicher WLAN-Hotspot*. Im weiteren Verlauf brauchen Sie dann nur einen Namen (SSID) festzulegen. Verschlüsselung und Netzwerkschlüssel entfallen. Die weiteren Optionen und auch die nachfolgenden Abschnitte zum Steuern und Begrenzen des Gastzugangs gelten für beide Arten von Gäste-WLAN.

Das Gäste-WLAN komfortabel steuern

In den Einstellungen des Gäste-WLAN findet sich – wie schon beschrieben – die Möglichkeit, dass Gästenetz jeweils nur für einen bestimmten Zeitraum zu aktivieren. Anschließend schaltet die FRITZ!Box es automatisch wieder ab. Die in der Weboberfläche vorgenommenen Einstellungen bleiben aber dauerhaft erhalten. Beim nächsten Mal können Sie das Gäste-WLAN also einfach direkt wieder einschalten, und es wird mit dem zuvor festgelegten Namen, Kennwort und der Funktion wieder aktiviert.

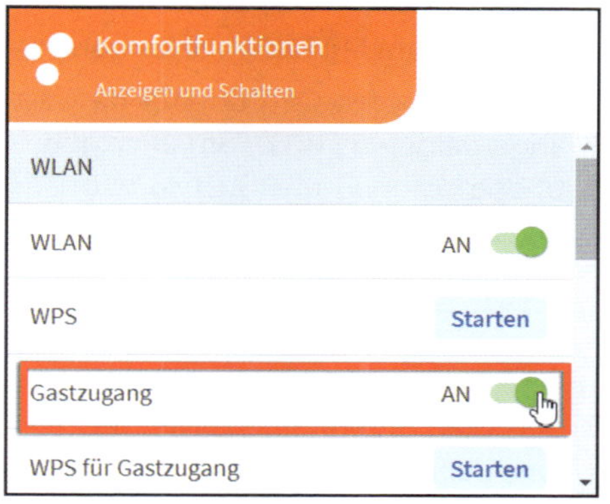

Sie müssen dabei auch nicht jedes Mal den etwas komplizierten Umweg über das WLAN-Menü nehmen. Schneller geht es über die *MyFRITZ!*-Schaltfläche oben rechts in der Weboberfläche: Hier finden Sie den Bereich *Komfortfunktionen*. Darin ist unter anderem auch ein Eintrag für den *Gastzugang* enthalten. Er zeigt den Status des Gäste-WLAN an, und man kann diesen mit dem Schaltersymbol auch direkt steuern. Es gibt aber noch weitere Möglichkeiten, das Gäste-WLAN auch ohne den Umweg über die Weboberfläche zu aktivieren.

Wenn Sie ein FRITZ!Fon angeschlossen haben, können Sie dieses dafür nutzen:

1. Drücken Sie auf die Menütaste.
2. Wählen Sie im Hauptmenü *Heimnetz* und im anschließenden Menü *WLAN*.
3. Hier finden Sie zwei Optionen. Die obere steuert das normale WLAN Ihres Heimnetzwerks, die untere den *WLAN-Gastzugang*. Steuern Sie auf den unteren Eintrag und drücken Sie die *OK*-Taste. Auf dieselbe Weise können Sie das Gäste-WLAN zu einem späteren Zeitpunkt auch einfach wieder ausschalten.
4. *Gast QR-Code* zeigt den QR-Code mit den Zugangsdaten auf dem Bildschirm des DECT-Mobilteils. Diesen können Gäste mit ihrem Smartphone scannen und so ohne weitere Eingaben Zugang zum Gäste-WLAN erhalten.
5. Alternativ zeigen Sie mit *Gast-Zugangsdaten* WLAN-SSID und Kennwort im Klartext an.
6. *Gast-WPS starten* aktiviert vorübergehend die WPS-Funktion der FRITZ!Box, so als würden Sie die entsprechende Taste an Ihrer FRITZ!Box drücken. Dann können Gäste sich per WPS mit Ihrem WLAN verbinden, ohne das WLAN-Kennwort angeben zu müssen.

Eine weitere Möglichkeit, das Gäste-WLAN zu steuern, sind Apps für Smartphones und Tablets wie die *MyFRITZ!App* oder *FRITZ!App WLAN*.

QR-Code für schnelles, unkompliziertes Anmelden ausdrucken

Damit Ihre Gäste das für sie vorbereitete WLAN auch nutzen können, benötigen sie die Zugangsdaten, also den Namen und den WLAN-Netzwerkschlüssel. Diesen kann man bei Bedarf einfach mitteilen oder ausdrucken und den Zettel an geeigneter Stelle aushängen oder zurechtlegen. Allerdings ist das Eintippen eines komplexen Passworts immer etwas umständlich und fehleranfällig. Deshalb stellt Ihnen die FRITZ!Box eine praktische Alternative zur Verfügung.

QR-Code am FRITZ!Fon anzeigen

Sie können den QR-Code für Ihr Gäste-WLAN auch direkt auf dem Bildschirm eines angemeldeten FRITZ!Fons anzeigen. Dort kann ein Gast ihn direkt mit seinem Smartphone scannen und sich so bequem im Gastnetz einbuchen. Wählen Sie dazu am FRITZ!Fon *Menü/Heimnetz/WLAN/Gast-Zugangsdaten* und warten Sie kurz, bis der QR-Code am Mobilgerät angezeigt wird.

In den Einstellungen für das Gäste-WLAN finden Sie ganz unten einen QR-Code, den Sie ausdrucken und für Ihre Gäste bereitlegen können. Die können diesen mit ihrem Smartphone oder Tablet mit einer beliebigen QR-Scanner-App einlesen. Das Mobilgerät erkennt darin dann automatisch WLAN-Zugangsdaten und richtet einen entsprechenden Zugang im Gerät ein. Anschließend verbindet sich das Gerät automatisch mit dem WLAN. Damit das Ganze zuverlässig klappt, halten Sie sich an folgenden Ablauf:

1. Richten Sie das Gäste-WLAN mit den gewünschten Optionen ein. Entscheidend sind dabei der Name, die Verschlüsselungsart sowie der WLAN-Netzwerkschlüssel. Die anderen Optionen können nachträglich ggf. verändert werden.
2. Aktivieren Sie dann das Gäste-WLAN mit *Übernehmen*.
3. Warten Sie kurz, bis das Gastnetzwerk mit diesen Einstellungen aktiviert wurde.
4. Klicken Sie dann auf derselben Einstellungsseite im Abschnitt *Schnell verbinden* auf die Schaltfläche *Infoblatt drucken*. Damit erhalten Sie eine Übersichtsseite mit den Zugangsdaten und dem QR-Code, den man beispielsweise hier direkt vom Bildschirm abscannen kann. Abhängig vom Webbrowser können Sie mit der rechten Maustaste darauf klicken und haben dann im Kontextmenü die Möglichkeit, das Bild zu kopieren oder auch als Datei zu speichern.

Wichtig: QR-Code nach Änderungen neu erstellen

Sollten Sie den Namen des Gäste-WLAN, die Verschlüsselungsmethode oder das Kennwort später ändern, müssen Sie den QR-Code neu ausdrucken, da der alte dann nicht mehr funktioniert. Änderungen an den sonstigen Eigenschaften, etwa die Beschränkung auf Surfen und Mail oder die Kommunikation der Geräte untereinander, können Sie hingegen jederzeit ändern, ohne den QR-Code erneuern zu müssen.

5. Eine andere gute Möglichkeit bietet aber oben *Seite drucken*. Damit nutzen Sie die Druckfunktion des Webbrowsers, um eine Übersicht mit allen Zugangsdaten für das Gastnetzwerk sowohl in Textform als auch als QR-Code auszudrucken. Diese Seite können Sie beispielsweise an einer passenden Stelle aushängen. Benötigt einer der Gäste WLAN-Zugang, können Sie einfach darauf verweisen, sodass die Besucher die Zugangsdaten entweder abtippen oder als QR-Code komfortabel einscannen können.

Besuchergeräte per WPS ins Gäste-WLAN lassen

Eine andere komfortable Option, Besuchern den Weg ins WLAN zu ermöglichen, ist das Anmelden per WPS (siehe Seite 110). Dies ist nicht nur für Ihr eigenes WLAN möglich, sondern auch für das Gäste-Netzwerk. Allerdings können Sie dafür nicht die *WPS*-Taste an der FRITZ!Box bemühen, sondern Sie müssen den Umweg über die Weboberfläche oder FRITZ!Fon nehmen.

1. Lassen Sie Ihren Besucher das Gäste-WLAN suchen und die Anmeldung per WPS starten.
2. Öffnen Sie dann im Webbrowser *MyFRITZ!*.
3. Unten rechts im Bereich *Komfortfunktionen* finden Sie den Eintrag *WPS für Gastzugang*. Klicken Sie rechts daneben auf die *Starten*-Schaltfläche.

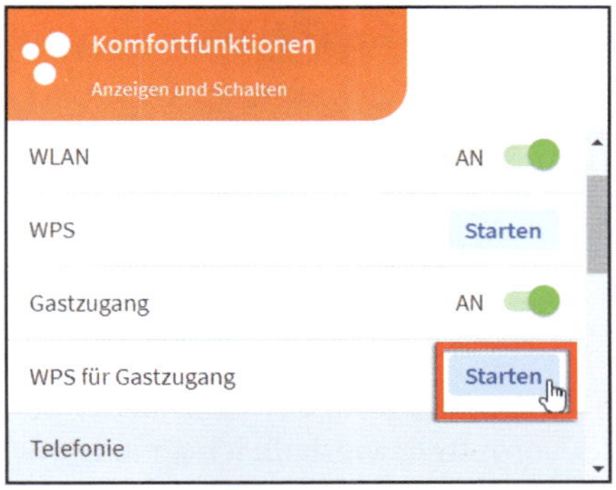

4. Sie können den Webbrowser nun direkt wieder schließen. Das Aushandeln und Herstellen der Verbindung erfolgt automatisch. Bei zukünftigen Besuchen kann Ihr Gast sich dann auch ohne diese Prozedur jederzeit wieder direkt mit dem Gäste-WLAN verbinden.

Alternativ und falls das einfacher zu finden und zu merken ist: Auch in den Einstellungen für das Gäste-WLAN unter *WLAN/Gastzugang* finden Sie im Abschnitt *Schnell verbinden* eine Schaltfläche *WPS starten*, die dieselbe Funktion hat.

Den Gästezugang mit Filterregeln flexibel steuern

In den Einstellungen für den Gastzugang finden Sie einige grundlegende Möglichkeiten, den Zugriff auf das Gäste-WLAN und die damit möglichen Funktionen zu steuern. In den Tiefen der Konfigurationsmöglichkeiten Ihrer FRITZ!Box verbergen sich aber noch weitere Rädchen, an denen Sie drehen können. Alle Benutzer des Gastzugangs bekommen automatisch ein Zugangsprofil namens »Gast« zugewiesen. Dieses Zugangsprofil können Sie in den Filtereinstellungen bearbeiten.

Es ermöglicht Ihnen,

- den Zeitraum für die Nutzung des Internetzugangs sehr flexibel einzuschränken,
- Filter für Internetseiten zu verwenden sowie
- detailliert festzulegen, welche Netzwerkanwendungen genutzt werden dürfen.

1. Öffnen Sie in der Weboberfläche Ihrer FRITZ!Box das Menü *Internet/Filter*.
2. Wählen Sie bei den Zugangsprofilen den Eintrag *Gast*.
3. Klicken Sie im so geöffneten Eintrag rechts auf das Stift-Symbol zum Bearbeiten.

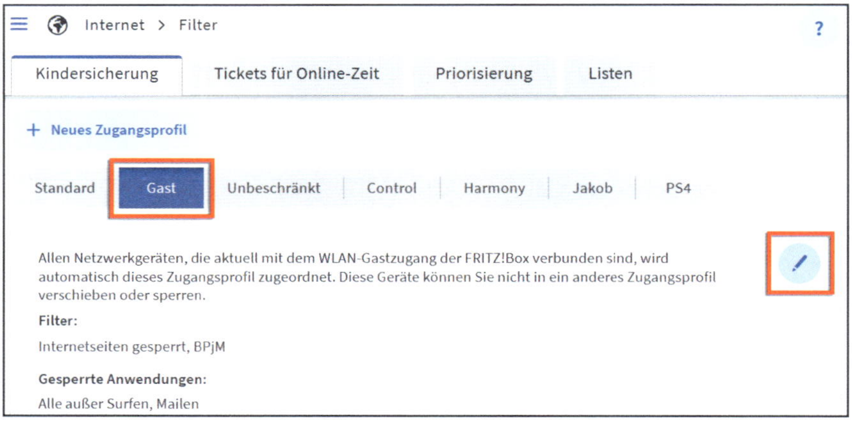

4. Die Bedeutung der verschiedenen Profileinstellungen wird auf Seite 221 ausführlich vorgestellt, weshalb ich an dieser Stelle darauf verweisen darf.

3. Internet ohne Risiko

Wie Sie Drahtlosgeräte per WLAN mit Ihrer FRITZ!Box verbinden, sodass diese das Internet nutzen und auch untereinander Daten austauschen können, wurde im vorhergehenden Kapitel ausführlich beschrieben. Die andere Variante der Vernetzung verwendet Kabel – entweder spezielle Netzwerkkabel oder Stromleitungen. In diesem Kapitel geht es um solche kabelgebundenen Geräte sowie darüber hinaus Sicherheitseinstellungen und Zugriffsmöglichkeiten auf die FRITZ!Box und die angeschlossenen Geräte von überall her.

3.1 PCs und andere Geräte per Netzwerkkabel anschließen

An der Rückseite Ihrer FRITZ!Box finden Sie mindestens einen, meist mehrere Netzwerkanschlüsse. Hier können Sie PCs, Drucker und sonstige Netzwerkgeräte anschließen, die dann mit der FRITZ!Box, mit dem Internet und untereinander kommunizieren können. Wenn die Anschlüsse nicht reichen oder wenn mehrere Geräte weiter von der FRITZ!Box entfernt stehen, können Sie Ihr Heimnetzwerk durch Switches erweitern. Und wenn ein Netzwerkkabel keine Option ist, kommt eventuell Powerline als alternatives Übertragungsmedium infrage. Die folgenden Seiten zeigen Ihnen, wie Sie all das zusammenbringen, optimal einrichten und bequem mit der FRITZ!Box steuern.

Netzwerkkabel direkt an die FRITZ!Box anschließen

An der Rückseite Ihrer FRITZ!Box finden Sie in der Regel vier oder fünf Netzwerkanschlüsse mit der Beschriftung *LAN 1* bis *LAN 4* sowie ggf. *WAN/LAN*. Bei einigen Modellen ist allerdings nur ein einzelner *LAN*-Anschluss vorgesehen. Hierbei handelt es sich um RJ45-Anschlüsse, in die Sie handelsübliche Netzwerkkabel einstecken können. Hier können Sie Ihre Netzwerkgeräte mit Ethernet-Anschluss direkt einstecken. Beachten Sie dabei Folgendes:

- Die Stecker müssen beim Einstecken spürbar einrasten. Am Stecker ist eine kleine Plastikwippe mit einer Plastikkante, die ins Steckergehäuse greifen muss. Der Stecker muss so in der Buchse stecken, dass er sich nicht herausziehen lässt, ohne dass man zuvor die Plastikwippe herunterdrückt. Nur so ist der Stecker gegen Herausrutschen gesichert. Andernfalls wird er – selbst wenn er anfangs richtig steckt und die Verbindung funktioniert – im Laufe der Zeit höchstwahrscheinlich aus der Buchse herausgeschoben werden.
- Verwenden Sie ein ausreichend leistungsfähiges Netzwerkkabel. Im Privatbereich für den gängigen Übertragungsstandard 1 Gbit/s reichen Kabel der Kategorie CAT5e immer noch aus, besonders wenn das Kabel lose zwischen Gerät und Netzwerkanschluss verlegt wird. Bei Umbaumaßnahmen oder beim Verlegen längerer Kabel durch Wände usw. sollten Sie schon jetzt zu einer besseren Kategorie wie CAT6A oder CAT7 greifen, um für die Zukunft und ein schnelleres 10-Gbit/s-Netz gerüstet zu sein. Die Kategorie

ist außen auf dem Mantel der Netzwerkkabel aufgedruckt (bitte auch die Hinweisbox zu Netzwerkkabeln beachten).

- Auch andere Kabel etwa für ISDN verwenden RJ45-Anschlüsse und passen dementsprechend physisch in die Netzwerkbuchsen. Allerdings sind bei diesen Kabeln oft nicht alle Adern vorhanden und die Adern sind nicht verdrillt und abgeschirmt. Deshalb funktionieren sie als Netzwerke nicht oder nur mit geringer Geschwindigkeit. Geben Sie also lieber ein paar Euro für ordentliche Netzwerkkabel aus.
- Netzwerkkabel gibt es in verschiedenen Längen, sodass Sie sie in etwa passend kaufen können. Los geht es bei 10 cm, aber auch 100 m Länge ist technisch kein Problem.
- Die Farben haben bei Netzwerkkabeln keine Bedeutung. Allerdings kann es hilfreich sein, verschiedenfarbige Kabel zu verwenden. So kann man auf den ersten Blick erkennen, welches Gerät an welchem Anschluss steckt.

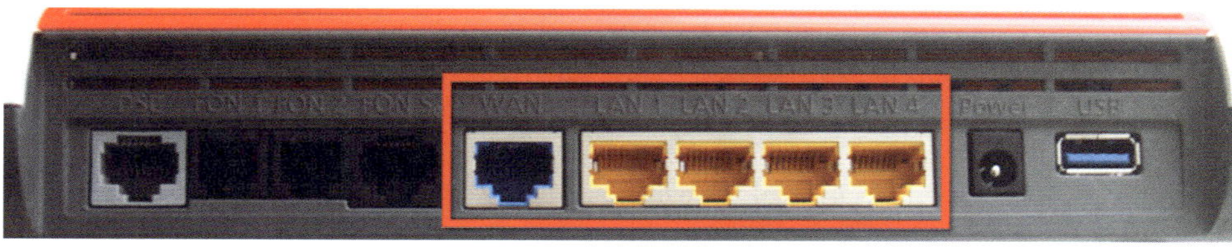

An der Rückseite Ihrer FRITZ!Box finden Sie meist mehrere Anschlüsse für Netzwerkgeräte

Netzwerkkabel – Kabelpaare, Abschirmung und Kategorien

Netzwerkkabel werden auch als **Twisted-Pair**-Kabel bezeichnet, weil zur Verminderung elektrischer Interferenzen jeweils zwei Drähte pro Doppelleiter miteinander verdrillt sind. Sie bestehen aus einer Anzahl isolierter Kupferdrähte und sind einfach und kostengünstig zu verlegen. Allerdings unterliegen sie physikalischen Begrenzungen bei der Übertragungsgeschwindigkeit und der Kabellänge. Fertig konfektionierte Twisted-Pair-Netzwerkkabel nennt man **Patchkabel** (to patch = flicken, zusammenbinden). Je nach Abschirmung unterscheidet man nicht abgeschirmte **UTP**- (**U**nshielded **T**wisted **P**air) und die besseren **STP**-Kabel (**S**hielded **T**wisted **P**air), bei denen jeder verdrillte Doppelleiter eine metallische Abschirmung besitzt. So sind bei **UTP**-Kabeln beide Doppelleiter gemeinsam abgeschirmt (und nicht jedes Paar für sich wie bei STP). Bei STP unterscheidet man zwischen **S/STP** (ein Drahtgeflecht als Paarschirm und eines als Gesamtschirm) und **F/STP** (ein Drahtgeflecht als Paarschirm und eine Folie als Gesamtschirm). Generell gilt dabei: Je aufwendiger die Abschirmung, desto besser sind die Signale gegen Störeinflüsse geschützt und desto höher ist die Geschwindigkeit, die erreicht werden kann.

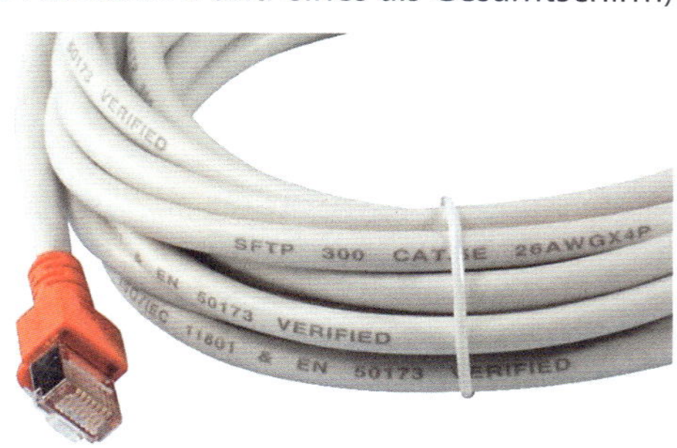

Um was für ein Netzwerkkabel es sich handelt, können Sie in der Regel auf dem Mantel ablesen. Dort sind der unterstützte Standard (beispielsweise CAT5e) und der Aufbau des Kabels (beispielsweise SFTP) in regelmäßigen Abständen aufgedruckt.

Twisted-Pair-Kabel werden über 1:1-Kontakte verbunden. Erfolgt die Verbindung von PC zu PC, müssen die Kontakte über Kreuz verschaltet sein; man spricht von **Crosslinked-** oder **Crosswiring**-Kabeln. Diese sind häufig in dunkleren Farben abgesetzt oder anderweitig farbig markiert. Erkennt ein Switch automatisch, ob es sich um ein gekreuztes oder ein normales Kabel handelt, nennt man das **Auto-MDIX**-Funktion. In dem Fall können Sie beide Arten von Kabeln verwenden und der Switch stellt sich automatisch darauf ein. Sollen mehr als zwei PCs verbunden werden, benötigt man einen **Hub** (veraltet) oder (besser) einen **Switch** (sternförmige Netzwerktopologie). Verfügt Ihre FRITZ!Box über mehrere Netzwerkanschlüsse, hat sie einen solchen Switch eingebaut. Trotzdem können Sie noch weitere Netzwerkswitches einbauen (kaskadieren), um zusätzliche Anschlüsse zu schaffen oder die Topologie Ihres Netzwerks den räumlichen Gegebenheiten anzupassen (siehe Seite 167).

Da die Ansprüche an den Datendurchsatz von Netzwerken immer weiter steigen, hat sich die Technik auch immer weiterentwickelt. Netzwerkkabel der frühen Jahre würden mit den heute üblichen Geschwindigkeiten schon gar nicht mehr zurechtkommen. Deshalb werden regelmäßig neue Spezifikationen veröffentlicht, die Kabel in eine bestimmte Kategorie einteilen.

Beim Kauf von Kabeln muss man deshalb darauf achten, dass sie der Spezifikation entsprechen, die für die gewünschte (und letztlich durch die anderen vorhandenen Netzwerk-Komponenten vorgegebene) Kapazität ausreichend ist. Wenn Kabel dauerhaft verlegt werden und ein Austausch mit Baumaßnahmen verbunden wäre, sollten sie unbedingt dem neusten am Markt verfügbaren Standard entsprechen, selbst wenn die vorhandenen Netzwerkgeräte die Kapazität derzeit noch nicht ausnutzen können. In wenigen Jahren kann das schon ganz anders aussehen und dann liegen die passenden Kabel bei Ihnen schon fertig in der Wand.

Besonderheiten am LAN-1- bzw. WAN-Anschluss

Im Prinzip können Sie die Netzwerkanschlüsse an der Rückseite Ihrer FRITZ!Box beliebig verwenden. Es macht keinen Unterschied, ob Sie ein Kabel in *LAN 2* oder *LAN 4* einstecken. Sie müssen auch nicht erst *LAN 1*, dann *LAN 2*, dann *LAN 3* usw. verwenden. Allerdings gibt es eine Besonderheit beim *LAN 1*- bzw. *WAN*-Anschluss:

- **WAN oder WAN/LAN**
  Der *WAN*- bzw. *WAN/LAN*-Anschluss ist dafür vorgesehen, die FRITZ!Box mit einem Router oder einem externen Modem zu versehen, durch die eine Verbindung zum Internet bereitgestellt wird. Dazu muss der Internetzugang entsprechend konfiguriert werden (siehe Seite 55). Ist ein solcher Zugang eingestellt, muss dafür dieser Anschluss genutzt werden. Verbindet sich die FRITZ!Box hingegen auf eine andere Weise mit dem Internet (also insbesondere mithilfe des eingebauten DSL-, Kabel-, Glasfaser- oder LTE-

Modems), kann er als zusätzlicher Netzwerkanschluss genau wie die Anschlüsse *LAN 1* bis *LAN 4* verwendet werden. Als einfache Faustregel gilt: Wenn der *WAN*-Anschluss frei ist und Ihre FRITZ!Box trotzdem ins Internet kommt, können Sie ein beliebiges Netzwerkgerät daran anschließen.

- **LAN 1**
  Bei FRITZ!Box-Modellen ohne *WAN*-Buchse übernimmt der *LAN 1*-Anschluss deren Aufgabe. Erhält die FRITZ!Box über ein externes Modem oder einen Router Zugang zum Internet, müssen diese zwangsläufig an *LAN 1* angeschlossen werden. Dieser Anschluss steht dann logischerweise nicht für andere Geräte zur Verfügung. Auch hier die Faustregel (wenn kein *WAN*-Anschluss vorhanden ist): Ist der *LAN 1*-Anschluss frei und Ihre FRITZ!Box kommt trotzdem ins Internet, können Sie ein beliebiges Netzwerkgerät daran anschließen.

Welche Anschlüsse sind in Verwendung?

Da die Netzwerkanschlüsse gleichberechtigt sind und es egal ist, wo Sie ein bestimmtes Netzwerkgerät anschließen, ist es nicht immer ganz einfach, den Überblick zu behalten, welche und wie viele Anschlüsse nun eigentlich in Verwendung sind. Klar kann man jederzeit einfach nachsehen, aber wenn die FRITZ!Box gut versteckt ist, macht das eventuell Umstände. Einfacher ist es, wenn Sie direkt in der Weboberfläche nachschauen. Hierbei ist der Energiemonitor hilfreich.

1. Stellen Sie sicher, dass die an die FRITZ!Box angeschlossenen Geräte eingeschaltet sind.
2. Öffnen Sie dann in der Weboberfläche das Menü *System/Energiemonitor*.
3. Gehen Sie auf der rechten Seite ganz nach unten bis zum Abschnitt *LAN-Anschlüsse*.
4. Hier sind die *LAN*-Anschlüsse sowie ggf. der *WAN*-Anschluss Ihrer FRITZ!Box aufgeführt und jeweils mit einem virtuellen Betriebslämpchen versehen. Leuchtet dieses Lämpchen grün, ist der Anschluss in Betrieb. Bleibt die Leuchte grau, ist entweder kein Gerät angeschlossen oder das angeschlossene Gerät ist derzeit ausgeschaltet.

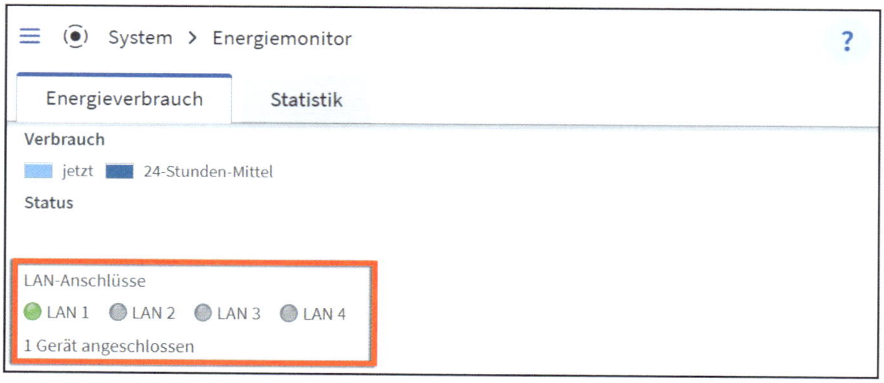

Die FRITZ!Box erkennt und verrät, welche Netzwerkanschlüsse verwendet werden

Welches Gerät steckt an welchem Anschluss?

Etwas aufwendiger zu beantworten ist die Frage, welches Netzwerkgerät an welchem Anschluss steckt.

Diese Information können Sie aber aus der Netzwerkübersicht gewinnen. Zumindest solange Sie nur wenige Netzwerkgeräte verwenden und daher ohne zusätzlichen Netzwerkswitch auskommen.

1. Öffnen Sie in der Netzwerkoberfläche das Menü *Heimnetz/Netzwerk*.
2. Hier sehen Sie nach kurzer Zeit auf der rechten Seite eine Übersicht aller Netzwerkgeräte. Warten Sie kurz, bis sie sich vollständig aufgebaut hat.
3. Klicken Sie nun in der zweiten Spalte ganz oben auf *Verbindung*. Damit wird die Übersicht nach der Art der Verbindung sortiert.
4. Nun sollte in der Liste ganz oben der Anschluss *LAN 1* stehen (sofern er verwendet wird), dann *LAN 2* usw. *LAN* ohne Nummer kommt zustande, wenn Sie in Ihrem Netzwerk einen Switch verwenden. Alle Geräte, die hinter einem Switch und somit nicht direkt an der FRITZ!Box hängen, werden mit der allgemeinen Verbindung *LAN* angegeben.
5. Im oberen Teil der Liste sehen Sie nur Geräte, die gerade eingeschaltet sind. Darunter folgen im Abschnitt *Ungenutzte Verbindungen* die Geräte, die schon einmal angeschlossen waren, derzeit aber getrennt oder einfach ausgeschaltet sind.

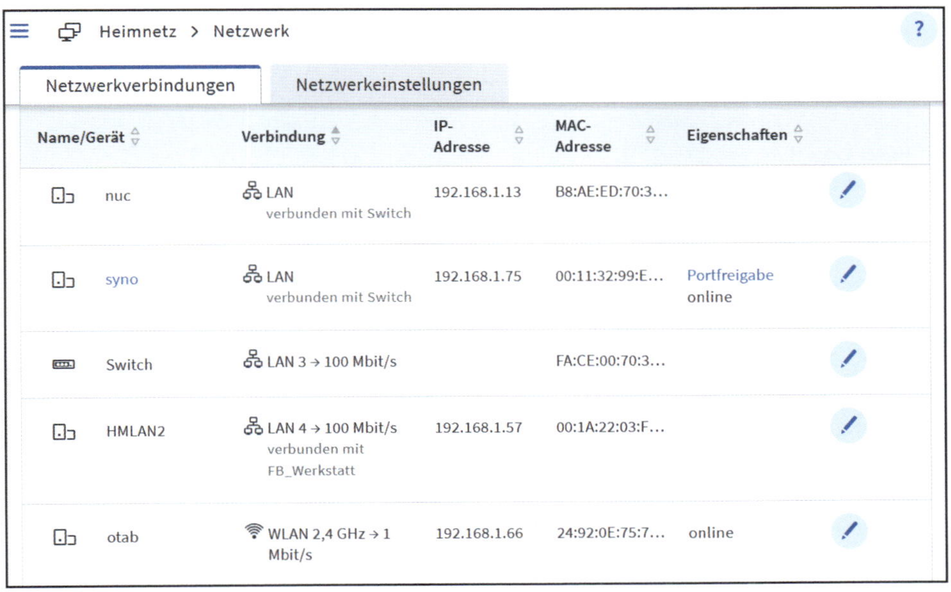

Die Stromspareinstellungen der Netzwerkanschlüsse

Eine an sich praktische Funktion der FRITZ!Box kann zugleich auch eine böse Stolperfalle werden, denn die Netzwerkanschlüsse kennen zwei Betriebsarten:

- **Power Mode**
  Dieser Modus verbraucht mehr Energie, ermöglicht dafür aber eine Geschwindigkeit von bis zu 1 bzw. 2,5 Gbit/s.
- **Green Mode**
  Dieser Stromsparmodus verringert den Stromverbrauch der Netzwerkanschlüsse, damit aber auch die Geschwindigkeit auf maximal 100 Mbit/s.

Leider wechselt die FRITZ!Box den Modus nicht automatisch, sondern er muss in den Einstellungen festgelegt werden. Das Problem: Ist ein Gerät, das an sich 1 Gbit/s oder mehr per Netzwerk übertragen könnte, an einem Anschluss im Green Mode eingesteckt, funktioniert es dort zwar, erreicht aber bei Weitem nicht die mögliche und erwartete Geschwindigkeit. Die Lösung ist dann einfach: Passen Sie den Modus in den LAN-Einstellungen entsprechend an.

1. Öffnen Sie dazu in der Weboberfläche der FRITZ!Box das Menü *Heimnetz/Netzwerk*.
2. Wechseln Sie dann auf der rechten Seite in die Rubrik *Netzwerkeinstellungen*.
3. Suchen Sie in den Optionen den Abschnitt *LAN-Einstellungen*.
4. Hier können Sie für jeden Anschluss den aktuell gewählten Modus sehen.

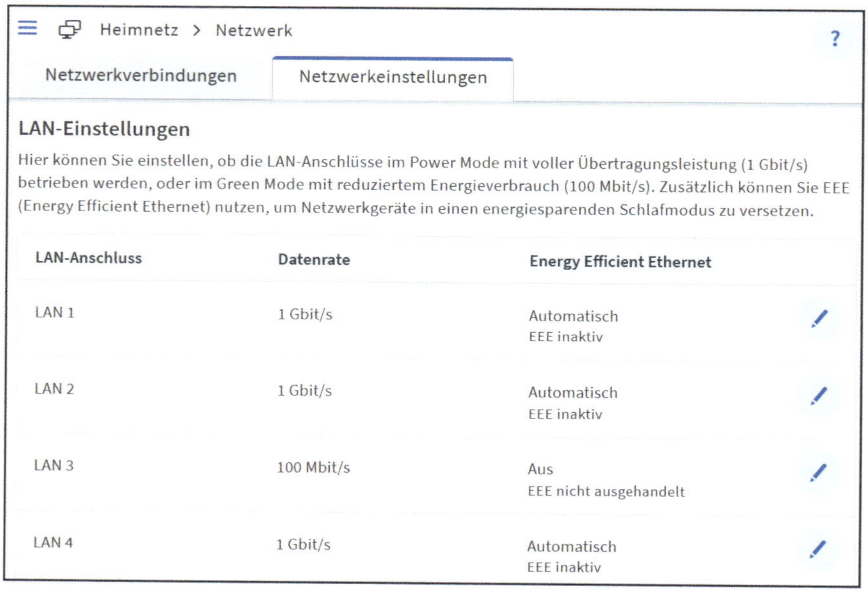

5. Mit dem Stift-Symbol rechts können Sie die Einstellungen für jeden Anschluss einzeln öffnen und anpassen.

Nun ist es sicherlich naheliegend, einfach alle Anschlüsse auf *Power Mode* zu stellen und besser mit einem ggf. erhöhten Energiebedarf zu leben, als das Risiko einzugehen, wegen des Green Mode irgendwann einmal Ärger mit langsamen Verbindungen zu bekommen. Andererseits läuft eine FRITZ!Box rund um die Uhr das ganze Jahr, sodass sich der Mehrverbrauch dann eben doch aufsummiert.

Es kann also sinnvoll sein, den Green Mode zumindest bei Geräten zu verwenden, die ihrerseits ohnehin keine Gbit/s-Verbindungen unterstützen. Und davon gibt es gerade im Peripheriebereich (beispielsweise Drucker oder Scanner) noch eine Menge. Auch Geräte, die über die FRITZ!Box »nur« das Internet nutzen, kommen meistens mit 100 Mbit/s aus, wenn der Internetzugang selbst seine Daten gar nicht schneller anliefert. Anders sieht es bei Datentransfers zwischen zwei Geräten aus, beispielsweise zwischen PC und Notebook oder bei einem angeschlossenen Netzwerkspeicher für Sicherungszwecke. Wenn die beteiligten Geräte 1 Gbit/s unterstützen, würde die Beschränkung der Verbindung auf 100 Mbit/s solche Transfers deutlich spürbar ausbremsen und verlängern.

Energy Efficient Ethernet (EEE)

Diese Funktion kann Netzwerkanschlüsse automatisch in einen energiesparenden Schlafmodus versetzen, wenn sie nicht benötigt werden. Auch aktuelle FRITZ!Box-Modelle beherrschen diesen Standard und setzen ihn standardmäßig ein, um den Strombedarf zu verringern. Allerdings kann es dadurch im Zusammenspiel mit älteren Netzwerkkomponenten zu Störungen kommen. Solange keine Probleme auftreten, würde ich EEE aktiviert lassen. Gibt es an einzelnen Anschlüssen Probleme, lohnt es sich aber, diese Funktion probeweise zu deaktivieren.

Netzwerk per DHCP automatisch konfigurieren

Damit Geräte im Heimnetzwerk untereinander und mit dem Internet kommunizieren können, sind eindeutige Adressen erforderlich. Dabei kann sich nicht einfach jedes Gerät selbst seine Adresse aussuchen, sondern es muss ein gemeinsamer Adressraum geschaffen werden. Sollen darüber hinaus anstelle von kryptischen IP-Nummern (192.168.1.25) sprechende Namen verwendet werden (Netzwerkdrucker), müssen diese Namen von einer zentralen Instanz aufgelöst, also vom IP-Namen in die entsprechende IP-Nummer übersetzt werden.

DHCP (**D**ynamic **H**ost **C**onfiguration **P**rotocol) ist ein Serverdienst, der Netzwerkgeräte bei der Anmeldung automatisch mit einer IP-Adresse versieht und ihnen dabei auch noch Angaben über bestimmte Serveradressen vermitteln kann (z. B. DNS-Server und Gateway für eine Internetverbindung). Die Anmeldung der einzelnen Rechner (DHCP-Clients) am DHCP-Server erfolgt mithilfe von UDP-Datenpaketen, die per **Broadcasting** über die **Ports** 67 und 68 ausgetauscht werden. Einer solchen DHCP-Funktion begegnet man beispielsweise bei der Interneteinwahl. Wenn Ihre FRITZ!Box eine Verbindung zum Internetanbieter herstellt (egal auf welchem Weg), bekommt sie eine dynamische IP-Adresse zugewiesen. Da solche IP-Adressen einzigartig sein müssen, muss auf dem Einwahlserver ein Dienst dafür Sorge tragen und die IP-Adressen den sich anmeldenden Clients zuweisen.

Aber Ihre FRITZ!Box fungiert auch ihrerseits (zumindest in den Standardeinstellungen) als DHCP-Server. Sie weist allen Teilnehmern am Heimnetzwerk bei der Anmeldung eine IP-Nummer zu und übermittelt Ihnen, wer im Heimnetzwerk als DNS-Server und Gateway arbeitet (meist die FRITZ!Box selbst). Gleichzeitig kann für jedes Gerät entweder durch die FRITZ!Box oder durch das Gerät selbst ein Name gewählt werden. Die FRITZ!Box sorgt dann als DNS-Server dafür, dass diese Namen bei Anfrage durch andere Teilnehmer auf das entsprechende Netzwerkgerät abgebildet werden. Einmal als praktisches Beispiel:

1. Sie schließen einen PC per Netzwerkkabel an Ihre FRITZ!Box an.
2. Beim Einschalten des PCs meldet der sich bei der FRITZ!Box als neuer Netzwerkteilnehmer.
3. Die FRITZ!Box teilt ihm daraufhin die IP-Nummer 192.168.178.23 zu (weil das im Beispiel die erste ungenutzte IP-Nummer im Netzwerk ist).
4. Außerdem teilt sie dem PC mit, dass der für ihn zuständige DNS-Server die IP-Nummer 192.168.178.1 hat und dass er als Gateway für Datenpakete ins Internet ebenfalls die Adresse 192.168.178.1 verwenden soll.
5. Zusätzlich können Sie in den Einstellungen der FRITZ!Box festlegen, dass der PC im Netzwerk unter dem Namen »Arbeitszimmer« bekannt sein soll.
6. Wenn Sie am PC eine Internetseite aufrufen, fragt er beim angegebenen DNS-Server unter 192.168.178.1 nach, unter welcher IP-Nummer er die entsprechende Seite findet. Die Anfrage landet in diesem Fall wiederum bei der FRITZ!Box, die sie entweder selbst beantworten kann oder sie ansonsten an den DNS-Server des Internetanbieters weiterleitet, der ihr wiederum bei ihrer Online-Anmeldung zugewiesen wurde.

7. Wenn andere Teilnehmer des Heimnetzwerks auf den PC zugreifen möchten (beispielsweise um freigegebene Dateien abzurufen), können sie bei der FRITZ!Box nachfragen, welche IP-Nummer derzeit dem Namen »Arbeitszimmer« zugewiesen ist. So landen die Anfragen immer beim richtigen Empfänger.

Den DHCP-Server der FRITZ!Box steuern

Der DHCP-Server in der FRITZ!Box ist in den Werkseinstellungen automatisch aktiviert. Das ist auch sinnvoll, denn ohne einen DHCP-Server muss man sich bei jedem einzelnen Netzwerkgerät selbst um die Netzwerkeinstellungen kümmern und diese zueinander passend wählen. Deshalb verwendet nicht nur die FRITZ!Box standardmäßig DHCP, sondern auch die meisten Netzwerkgeräte sind ab Werk darauf eingerichtet, sicher per DHCP eine IP-Nummer und die benötigten Internetzugangsdaten zu holen. DHCP funktioniert also in der Regel »ab Werk« und völlig problemlos.

> **Vorsicht bei Änderungen an den Netzwerkeinstellungen!**
> Bei den Änderungen an den IP-Einstellungen Ihrer FRITZ!Box sollten Sie Umsicht walten lassen. Fehlerhafte oder inkonsistente Einstellungen können im schlimmsten Fall dazu führen, dass Sie die FRITZ!Box nicht mehr erreichen können. Insbesondere falls Sie den DHCP-Server deaktivieren, müssen die Netzwerkeinstellungen von FRITZ!Box und PC zueinander passen, damit eine Verbindung möglich ist. In jedem Fall sollten Sie Änderungen dokumentieren und beispielsweise vor jedem Eingriff ein Vorher-Bildschirmfoto machen. Im schlimmsten Fall finden Sie auf Seite 374 Hilfe, wie Sie wieder Zugang zu Ihrer FRITZ!Box erlangen.

Wenn Sie Ihr Netzwerk auf ganz bestimmte Weise strukturieren oder einzelne Geräte vom DHCP-Verfahren ausschließen möchten, können Sie dies aber in den FRITZ!Box-Einstellungen tun.

1. Öffnen Sie dazu in der Weboberfläche Ihrer FRITZ!Box das Menü *Heimnetz/Netzwerk*.
2. Wechseln Sie auf der rechten Seite in die Rubrik *Netzwerkeinstellungen*.
3. Suchen Sie hier den Abschnitt *Erweiterte Netzwerkeinstellungen* und klicken Sie dort auf die Schaltfläche *Erweiterte Netzwerkeinstellungen ändern*.

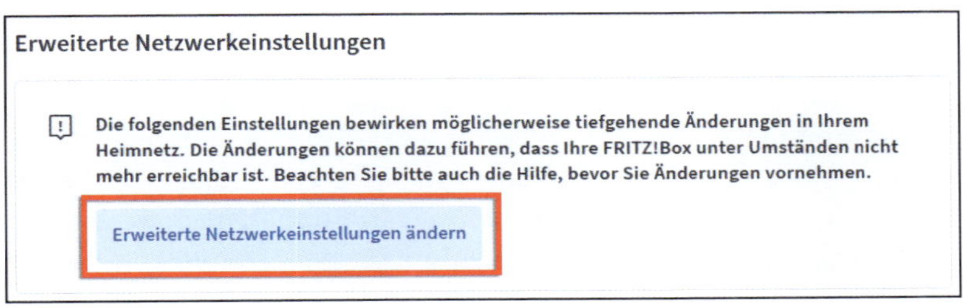

4. Wechseln Sie in den so geöffneten erweiterten Einstellungen in die Rubrik *IPv4*.

5. Im Bereich *Heimnetz* finden Sie hier ganz oben die derzeitige Adresse Ihrer FRITZ!Box. Ändern Sie diese nur, wenn es unbedingt erforderlich ist (siehe Warnhinweis oben).
6. Direkt darunter kann die Subnetzmaske angepasst werden. Diese gibt an, wie die IP-Adressen im Netz zu interpretieren sind.

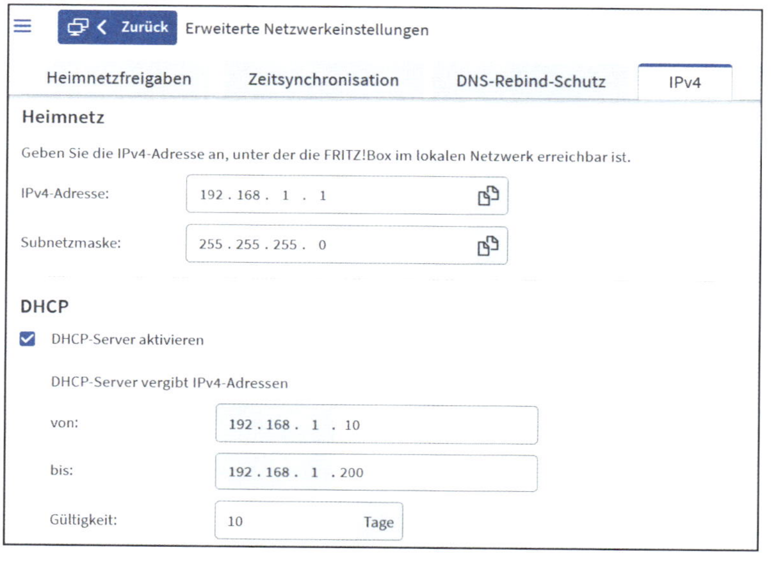

7. Darunter sollte die Option *DHCP-Server aktivieren* mit einem Häkchen versehen sein. Dann sind auch die darunter stehenden Einstellungen zugänglich. Diese sind ab Werk sinnvoll gewählt, können aber bei Bedarf angepasst werden. Da das Verständnis dieser Einstellungen wichtig ist, widme ich ihnen jeweils nachfolgend eigene Abschnitte.

Die Bedeutung der Subnetz-Angabe

Die IP-Adressen werden in einen Host-Anteil (255) und einen Client-Anteil (0) geteilt. Die Subnetzmaske 255.255.255.0 bedeutet also, dass die ersten drei Zahlen den Host-Teil – sozusagen die Straße – und die letzte Zahl den Client-Teil – sozusagen die Hausnummer – darstellen. Mit dieser Standardmaske können im Heimnetz die Adressen beispielsweise 192.168.178.1 bis 192.168.178.254 vergeben werden (.0 sowie .255 haben eine besondere Bedeutung und dürfen nicht verwendet werden).

Es können also maximal 254 Geräte gleichzeitig mit dem Netzwerk verbunden sein, was für private Heimnetze und die typischen Einsatzgebiete von FRITZ!Boxen aber locker ausreichend sein sollte. Mit der Subnetzmaske 255.255.0.0 könnte man wesentlich mehr Geräte adressieren. Es sind aber auch Subnetzmasken wie etwa 255.255.255.240 oder 255.255.128.0 möglich, wenn man ein Netzwerk in mehrere Subnetze unterteilen will. Für Ihre FRITZ!Box liegen Sie aber mit der vorgegebenen Subnetzmaske 255.255.255.0 in 99 % der Fälle richtig.

Der Adressbereich

Mit *von* und *bis* können Sie den Adressbereich beschränken, den der Server vergeben darf. Unterhalb und/oder oberhalb davon können Sie einen Bereich für Teilnehmer reservieren, deren IP-Nummern im Gerät festgelegt sind und die deshalb nicht von der FRITZ!Box vergeben werden dürfen. Wichtig: Die niedrigstmögliche Zahl ist immer die 1 (nicht die 0!) und die höchste ist immer die 254 (nicht die 255!). Das liegt daran, dass die 0 immer für das Netz selbst steht, nicht für einen einzelnen Teilnehmer. Und die 255 ist die Broadcast-Adresse, das heißt, Datenpakete an 192.168.178.255 gehen an alle Teilnehmer im Netzwerk.

Die Gültigkeit (lease time)

Im Feld *Gültigkeit* legen Sie fest, wie lange eine einmal vergebene IP-Nummer reserviert bleibt. Wenn ein Gerät sich aus dem Heimnetzwerk abmeldet, wird seine IP-Nummer solange für dieses Gerät reserviert und ihm bei erneuter Anmeldung wieder zugewiesen. Erst wenn das Gerät die hier festgelegte Anzahl von Tagen nicht mehr verbunden war, bekommt es bei der nächsten Anmeldung die nächste freie IP-Nummer. Welche Zuordnungen Ihre FRITZ!Box zurzeit gespeichert hat, können Sie in der Netzwerkübersicht (*Heimnetz/Netzwerk*) im Abschnitt *Ungenutzte Verbindungen* ablesen.

In der Regel kann die Voreinstellung von zehn Tagen beibehalten werden. Probleme kann es geben, wenn sich immer wieder sehr viele Geräte bei der FRITZ!Box anmelden (genauer ausgedrückt innerhalb der Gültigkeitsfrist mehr als 254). Dann sind irgendwann keine IP-Nummern mehr frei. Verkürzen Sie in diesem Fall die Gültigkeitsdauer beispielsweise auf drei Tage oder weniger, sodass reservierte Nummern schnell genug wieder freigegeben werden.

Der lokale DNS-Server

Die FRITZ!Box fungiert nicht nur als DHCP-, sondern gleichzeitig auch als DNS-Server für das Heimnetzwerk. Sie löst also Namen wie »Netzwerkdrucker« oder auch »www.gieseke-buch.de« in die dazugehörigen IP-Nummern auf. Für lokale Teilnehmer kann sie das aufgrund der registrierten Namen selbst machen, für Internetadressen leitet sie die Anfrage an einen Namensserver im Internet weiter. Für das typische Einsatzgebiet der FRITZ!Box ist das sinnvoll und ausreichend. Deshalb ist im Feld *Lokaler DNS-Server* standardmäßig die IP-Adresse der FRITZ!Box selbst eingetragen (also dasselbe wie oben bei IPv4-Adresse).

Wenn Sie lieber einen eigenen DNS-Server nutzen möchten, der sich im Heimnetzwerk befindet, geht dies selbstverständlich auch. Dann tragen Sie bei *Lokaler DNS-Server* dessen IP-Nummer ein. Beachten Sie aber bitte, dass eine Auflösung von in der FRITZ!Box hinterlegten Gerätenamen zu IP-Nummern in diesem Fall nicht möglich ist. Sie müssten dazu die IP-Nummern durch die FRITZ!Box immer fest zuweisen lassen und beim eigenen DNS-Server die Konfiguration entsprechend pflegen. Sinnvoller wäre es da, nicht nur den DNS-, sondern auch den DHCP-Dienst durch den anderen Server erledigen zu lassen. In dem Fall müssen Sie aber den DHCP-Server in der FRITZ!Box deaktivieren, da es in einem Netzwerk immer nur einen DHCP-Server geben sollte.

DHCP deaktivieren

Wenn Sie in Ihrem Heimnetzwerk bereits einen DHCP-Server betreiben, ist der DHCP-Dienst der FRITZ!Box nicht nur verzichtbar, sondern er wäre sogar schädlich. Rein technisch kann man zwar zwei DHCP-Server in einem Netzwerk betreiben, aber wenn ein Gerät sich beim Netzwerk anmeldet, sendet es einen Aufruf ins gesamte Netzwerk, dass der zuständige DHCP-Server ihm seine Adresse und Zugangsdaten mitteilt. Dann wartet es auf die erste Antwort, die darauf kommt, und verwendet diese Daten. Laufen zwei DHCP-Server im selben Netz, antworten beide auf die Anfrage.

Dann wäre es eine Frage der Netztopologie und der Leistungsfähigkeit und damit letztlich Zufall, welche Antwort schneller beim Gerät eintrifft. Ein Gerät bekäme also die Antwort von der FRITZ!Box, das nächste womöglich vom anderen DHCP-Server. Die Antworten könnten widersprüchlich sein, sodass die Geräte dann nicht untereinander kommunizieren können. Vor allem aber könnte es passieren, dass der zweite DHCP-Server eine IP-Nummer zuweist, die der erste schon an ein anderes Gerät vergeben hat. Dann haben zwei Netzwerkteilnehmer dieselbe Adresse und es bricht endgültig Chaos aus.

Deshalb sollten Sie, wenn ein anderer DHCP-Server im Spiel ist, das DHCP der FRITZ!Box grundsätzlich deaktivieren.

1. Dazu öffnen Sie wie vorangehend beschrieben die Einstellungen für IPv4-Adressen.
2. Dort entfernen Sie den Haken bei *DHCP-Server aktivieren*.

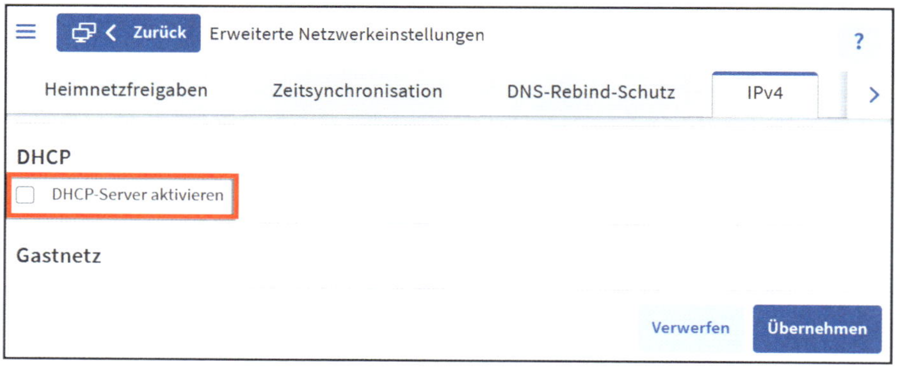

3. Dadurch werden die DHCP-Einstellungen darunter deaktiviert und entfernt. Sie haben nun keine Auswirkung mehr, und das DHCP der FRITZ!Box ist abgeschaltet.
4. Wichtig: Klicken Sie abschließend unten auf *Übernehmen*.

DHCP bei den verbundenen Geräten sicherstellen

Wenn die FRITZ!Box wie in den Standardeinstellungen einen DHCP-Dienst betreibt, müssen Sie nur sicherstellen, dass die Netzwerkgeräte ihrerseits DHCP verwenden. Viele gängige Geräte wie Windows-PCs oder Smartphones bzw. Tablets mit Android oder iOS tun dies ab Werk ohnehin. Bei Problemen sollten Sie allerdings sicherstellen, dass an diesen Netzwerkeinstellungen nichts geändert wurde. Im nachfolgenden Abschnitt wird für typische Betriebssysteme gezeigt, wie Sie diese manuell mit Netzwerkeinstellungen ohne DHCP konfigurieren. Dort findet sich auch jeweils die Option, DHCP zu aktivieren. Deshalb möchte ich darauf verweisen, anstelle hier die fast identische Anleitung vorwegzunehmen.

Interneteinstellungen der Endgeräte manuell einrichten

Wer nur ein kleines Heimnetzwerk mit einer überschaubaren Anzahl von Geräten betreibt, der kann auf die Verwendung eines DHCP-Dienstes verzichten. Allerdings muss man dann eben alle IP-Adressangaben von Hand festlegen. Aber dafür macht man sich eben vom DHCP-Server der FRITZ!Box unabhängig, beschleunigt den Verbindungsaufbau und macht das Netzwerk insgesamt etwas stabiler, da man eine mögliche Fehlerquelle ausschaltet.

Jedes Netzwerkgerät benötigt vor allem zwei Informationen:

- eine **IP-Nummer**, die im Heimnetzwerk gültig ist, aber noch von keinem anderen Gerät verwendet wird, sowie
- die **Subnetzmaske**, die in Ihrem Netzwerk verwendet wird (in der Regel 255.255.255.0).

Wenn das Gerät Internetzugang benötigt, sind außerdem weitere Angaben unerlässlich:

- die IP-Nummer des Gateways, über das der Kontakt zum Internet hergestellt wird. Auch ohne DHCP-Server dürfte das meistens die FRITZ!Box sein, sodass Sie deren IP-Nummer benötigen.
- die Adresse von mindestens einem, besser zwei DNS-Servern. Einer davon kann die FRITZ!Box sein, muss es aber nicht. Am sinnvollsten ist der DNS-Server Ihres Internetanbieters, da dieser – netzwerktechnisch gesehen – am nächsten ist und demzufolge am schnellsten antworten dürfte. Sie können aber auch einen der bekannten offenen DNS-Server verwenden. Google etwa betreibt sehr leistungsfähige DNS-Server unter der Adresse 8.8.8.8 bzw. 8.8.4.4.

Woher die Daten bekommen?

Falls Ihnen die Daten oder Teile davon fehlen, schauen Sie ggf. bei der FRITZ!Box nach:

- Die **Subnetzmaske** finden Sie unter *Heimnetz/Netzwerk* in der Rubrik *Netzwerkeinstellungen*, wenn Sie dort ganz unten auf *Erweiterte Netzwerkeinstellungen* klicken. Im so geöffneten Menü ist in der Rubrik *Heimnetz* die *Subnetzmaske* angegeben, die Sie bei Ihren Netzwerkgeräten eintragen müssen.
- An derselben Stelle sehen Sie auch die **IP-Nummer** der FRITZ!Box. Bei anderen Geräten dürfen Sie allerdings nicht dieselbe Nummer eintragen, da jede Nummer nur einmal vergeben werden darf. Ändern Sie an der vorhandenen IP-Nummer aber nur die

letzte der vier Zifferngruppen. Am besten legen Sie sich eine Liste an, welches Gerät welche IP-Nummer eingetragen bekommen hat. Auch ein Aufkleber am Gerät selbst wäre keine schlechte Idee.

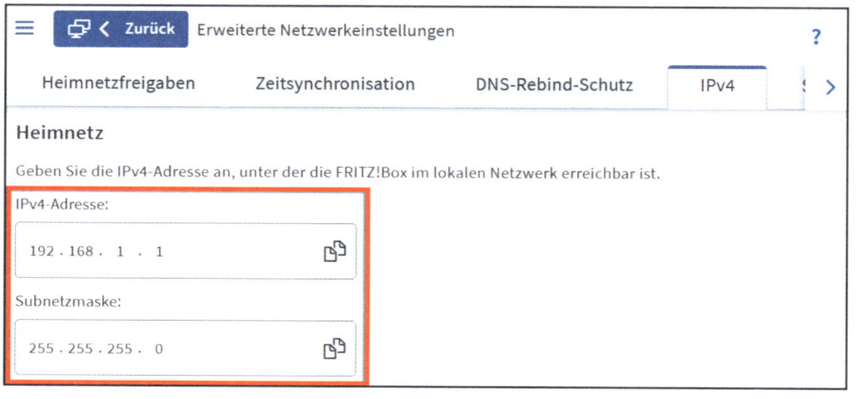

- Das **Gateway** wird in vielen Fällen die FRITZ!Box selbst sein. Sicher können Sie sein, wenn Sie im Bereich *Internet/Zugangsdaten* auf *Verbindungseinstellungen ändern* klicken. Befindet sich unter den dann angezeigten Einstellungen ein Abschnitt *IP-Einstellungen* und ist darin die Option *IP-Adresse manuell festlegen* aktiviert, verwenden Sie als *Standard-Gateway* die hier angegebene IP-Nummer. Ansonsten können Sie die IP-Nummer der FRITZ!Box selbst auch als Gateway nutzen.

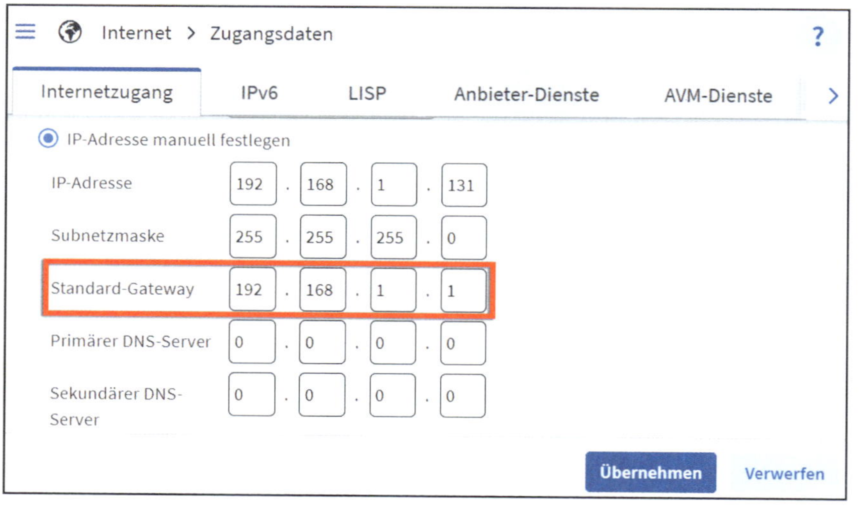

- Welche **DNS-Server** die FRITZ!Box verwendet, sehen Sie unter *Internet/Online-Monitor/Verbindungsdetails*. Diese Daten können Sie übernehmen, durch andere geeignete DNS-Server ersetzen oder Ihre FRITZ!Box selbst als lokalen DNS-Server nutzen, der die Anfragen ggf. an die angegebenen Dienste weiterleitet.

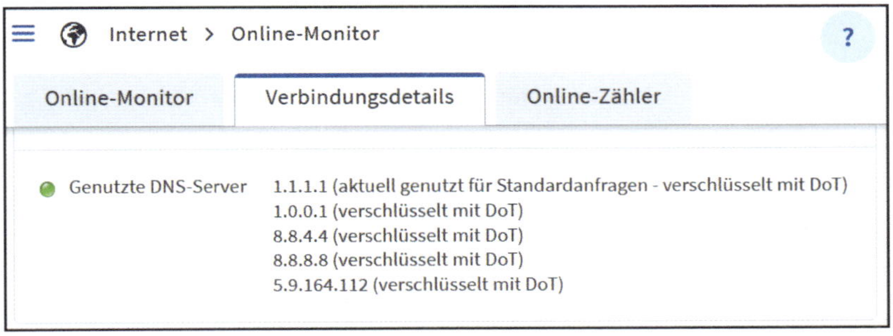

Windows-PCs ohne DHCP

Mit diesen Daten gerüstet, können Sie die Netzwerkverbindung konfigurieren:

1. Ohne einen DHCP-Server kann Windows in seinen Standardeinstellungen nicht automatisch eine Verbindung zum lokalen Netzwerk herstellen. In diesem Fall sehen Sie im Infobereich ein Netzwerksymbol mit einem Warnzeichen.

2. Klicken Sie mit der rechten Maustaste auf das Symbol und wählen Sie im Kontextmenü *Netzwerk- und Interneteinstellungen*. Alternativ können Sie auch direkt in den Windows-Einstellungen den Bereich *Netzwerk & Internet* öffnen.
3. Klicken Sie hier auf den Eintrag *Ethernet*, um die Einstellungen für den kabelgebundenen Netzwerkzugang zu öffnen.

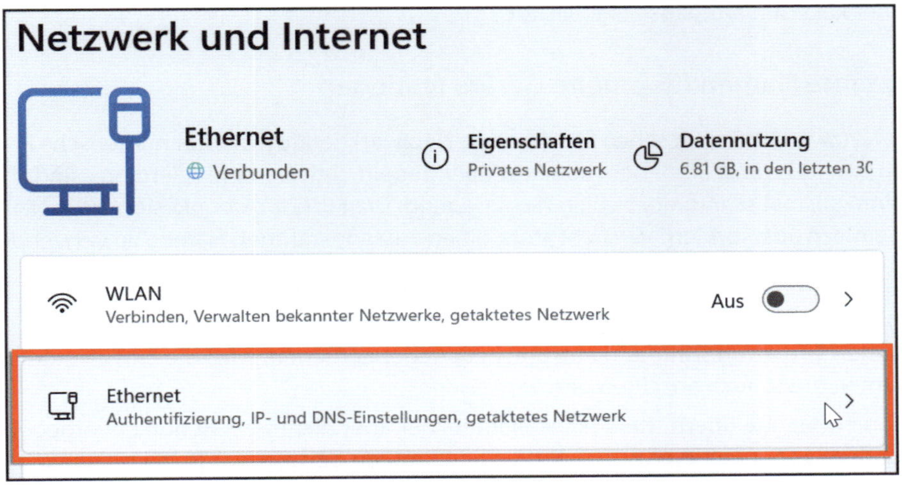

4. Klicken Sie auf der so geöffneten Seite zunächst bei *IP-Zuweisung* auf *Bearbeiten*.

5. Aktivieren Sie im anschließenden Dialog die Option *Manuell* und schalten Sie dann die Option *IPv4* auf *Ein*.
6. Geben Sie dann darunter die Daten Ihres Netzwerks an:

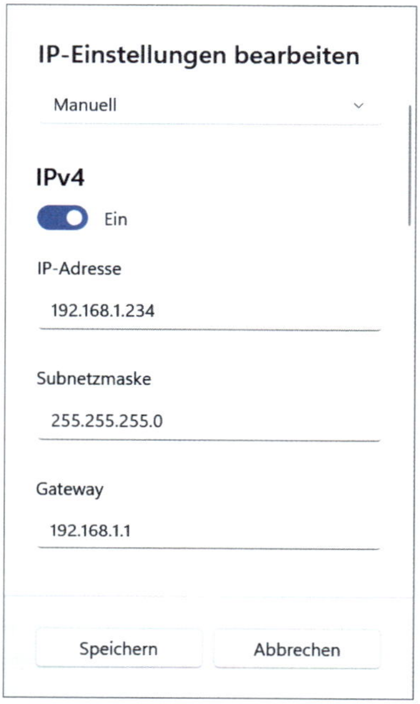

   - Bei *IP-Adresse* tragen Sie die IP-Nummer ein, die dieser PC verwenden soll. Sie muss zu den anderen IP-Nummern in Ihrem Netzwerk passen, darf aber von keinem anderen verwendet werden. In der Regel bedeutet das: Die ersten drei Teile der Nummer (z. B. 192.178.1) sollten bei allen Adressen identisch sein, und der letzte Teil muss sich bei allen unterscheiden.
   - Die Subnetzmaske lautet in privaten Netzwerken in der Regel 255.255.255.0. Wichtig hierbei: Diese Angabe muss bei allen angeschlossenen Geräten identisch sein, sonst klappt die Kommunikation nicht.
   - Bei *Gateway* geben Sie ggf. die IP-Nummer des PCs oder Netzwerkgerätes an, das die Verbindung zum Internet herstellt, also z. B. des Routers.
   - Tragen Sie für den Internetzugang außerdem bei *Bevorzugter DNS* mindestens einen DNS-Server ein.
7. Klicken Sie anschließend unten auf *Speichern*. Sie gelangen zurück zu den Netzwerkeinstellungen und können hier überprüfen, ob sich der Verbindungsstatus ggf. nach einer kurzen Wartepause aktualisiert.

Prägnante Namen für eigene Geräte festlegen

In der Netzwerkübersicht sehen Sie, dass Ihre Netzwerkgeräte nicht nur numerische IP-Adressen wie 192.186.1.34 haben, sondern auch regelrechte Namen. Allerdings sind diese mal sinnvoll, mal schräg oder völlig nichtssagend. Die FRITZ!Box denkt sich diese Namen nicht einfach aus, sondern versucht stets, einen aussagekräftigen Namen zu verwenden:

- Viele Geräte übermitteln bei der Anmeldung einen eigenen Namen. Wenn Sie beispielsweise Ihrem vernetzten Lautsprecher bei der Einrichtung einen sprechenden Namen wie »Wohnzimmer-Lautsprecher« gegeben haben, wird die FRITZ!Box diesen Namen meist auch anzeigen und verwenden.
- Manche Geräte übermitteln einen Namen, der aber nicht vom Benutzer vorgegeben, sondern anderweitig ermittelt wurde. So kommen beispielsweise bei manchen Android-Geräten Bezeichnungen wie »android-38264236a7« zustande.

- Andere Geräte machen überhaupt keine Vorgaben bezüglich des Namens. Da die FRITZ!Box nicht ahnen kann, um was für ein Gerät es sich handelt, verwendet sie in diesem Fall die MAC-Adresse oder die zugewiesene IP-Nummer. Das sind dann Bezeichnungen wie »PC-192-168-1-34« oder »PC-27-18-BC-43-D9«.

Bei vielen Netzwerkgeräten ist es tatsächlich auch nicht wichtig, welchen Netzwerknamen sie verwenden. Wenn Sie beispielsweise mit Ihrem Smartphone einfach nur den Internetzugang der FRITZ!Box per WLAN verwenden möchten, ist es egal, ob das Smartphone für die FRITZ!Box »MeinTelefon«, »android1234567« oder »PC-irgendwas« heißt.

Wichtig werden die Netzwerknamen erst dann, wenn Sie die Geräte über die FRITZ!Box kontrollieren möchten oder wenn Sie auf die Geräte zugreifen und dafür einen gut merkbaren und dauerhaften Namen brauchen. Für solche Fälle können Sie entweder das Gerät dazu bringen, der FRITZ!Box einen solchen sinnvollen Namen zu übermitteln. Oder – und das ist manchmal die einfachere und schnellere Lösung – Sie legen in der FRITZ!Box fest, dass dieses Gerät immer einen ganz bestimmten Namen haben soll. Die FRITZ!Box merkt sich diese Vorgabe anhand der eindeutigen MAC-Adresse (siehe Seite 84) des Gerätes und ordnet sie bei jeder erneuten Anmeldung automatisch korrekt zu.

Netzwerkgeräten in der FRITZ!Box Namen zuweisen

Damit Sie einem Netzwerkgerät einen Namen zuweisen können, muss es zumindest schon einmal mit der FRITZ!Box – drahtgebunden oder drahtlos – verbunden gewesen sein.

1. Öffnen Sie in der Weboberfläche der FRITZ!Box das Menü *Heimnetz/Netzwerk*. Handelt es sich um ein WLAN-Gerät, können Sie alternativ auch *WLAN/Funknetz* verwenden. Dort werden nur WLAN-Geräte angezeigt, was die Sache ggf. etwas übersichtlicher macht.
2. Suchen Sie in der Liste nach dem Gerät, dem Sie einen Namen zuweisen möchten. Eine gute Orientierung bietet die aktuell zugewiesene IP-Adresse, wenn Sie diese am Gerät selbst ablesen können. Ist das Gerät direkt in der FRITZ!Box eingesteckt, können Sie auch den LAN-Anschluss als Wegweiser nehmen.

> **Unsicher, welches das richtige Gerät ist?**
>
> Falls Sie nicht sicher ermitteln können, hinter welchem der Einträge sich das gesuchte Gerät versteckt, schalten Sie es ein und aus bzw. trennen die Verbindung zur FRITZ!-Box und stellen sie wieder her. Beobachten Sie dabei die Netzwerkliste (ggf. aktualisieren). Stellen Sie fest, bei welchem Eintrag sich etwas ändert, wer von aktiv zu ungenutzt wandert und umgekehrt.

3. Haben Sie Ihr Gerät in der Liste gefunden, klicken Sie in der Zeile ganz rechts auf das Stift-Symbol.

4. Im anschließenden Menü sehen Sie bei *Geräte-Informationen* im Feld *Name* die bisher vom Gerät oder von der FRITZ!Box vorgegebene Bezeichnung. Hier können Sie einfach den von Ihnen gewünschten Namen eintippen. Dieser kann Buchstaben und Zahlen enthalten, mit Sonderzeichen sollten Sie vorsichtshalber sparsam sein. Minus- und Pluszeichen oder auch der Unterstrich _ sind aber zulässig. Auf keinen Fall darf der Name ein Leerzeichen enthalten!
5. Klicken Sie dann unten auf *Übernehmen*, um die Namensänderung zu speichern.

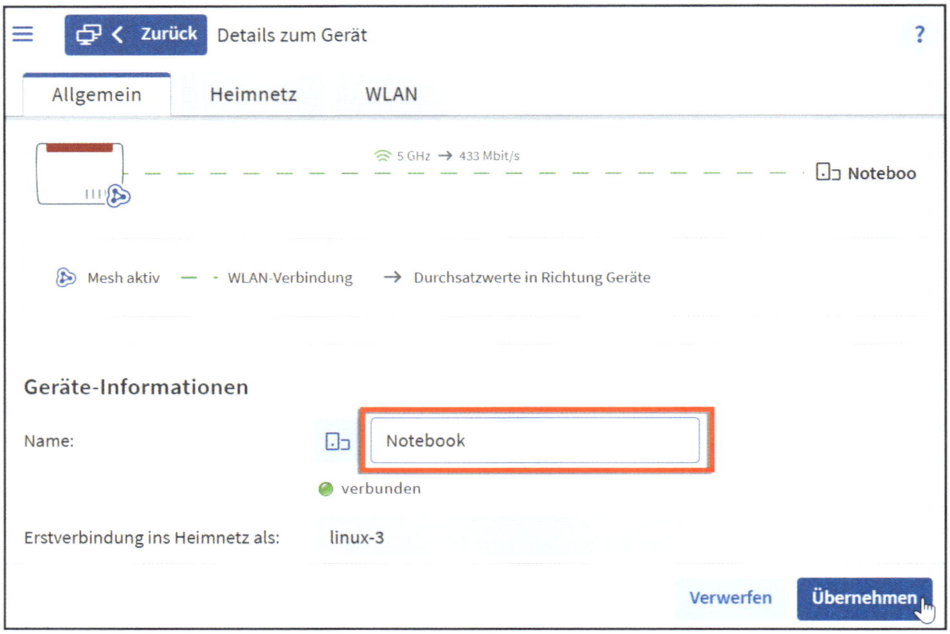

6. Sie gelangen nun zurück zur Netzwerkübersicht, und hier wird das Gerät bereits mit dem neuen Namen aufgeführt.

Ab sofort weist die FRITZ!Box dem Gerät diesen Namen bei jeder Anmeldung erneut zu. Vor allem verwendet auch der Namensserver der FRITZ!Box diese Zuordnung. Das Gerät ist also auch von allen anderen Teilnehmern im Heimnetzwerk unter diesem Namen erreichbar.

Die Geräte im Netzwerk verwalten

Auf den vorangegangenen Seiten haben wir bereits hier und da einen Blick in die Netzwerkverbindungen geworfen. Diese zeigen Ihnen nicht nur an, welche Geräte wie mit Ihrer FRITZ!Box verbunden sind. Sie geben Ihnen auch die Möglichkeit, die Netzwerkgeräte in einem gewissen Rahmen zu steuern.

Mesh Übersicht, Netzwerkübersicht oder Funknetz

Die Weboberfläche der FRITZ!Box bietet Ihnen gleich mehrere Übersichten der verbundenen Geräte an. Das kann leicht zu Verwirrung und Unklarheit führen, welche Übersicht denn nun gemeint ist oder welche Liste für welchen Zweck am besten geeignet ist. Deshalb werde ich an dieser Stelle einmal auf die Unterschiede der verschiedenen Übersichten eingehen.

- **Mesh Übersicht**
  Die Mesh Übersicht (*Heimnetz/Mesh*) zeigt alle verbundenen Geräte an. Das betrifft nicht nur Netzwerkgeräte (Kabel und WLAN), sondern auch Powerline-Adapter, DECT-Telefone und USB-Geräte. Dafür beschränkt sich diese Übersicht aber auf Komponenten, die derzeit verbunden und aktiv sind. Vorübergehend ausgeschaltete Geräte etwa werden also nicht angezeigt.
- **Netzwerkübersicht**
  Die Netzwerkübersicht (*Heimnetz/Netzwerk*) beschränkt sich auf Netzwerkgeräte, also Teilnehmer, die per Netzwerkkabel oder per WLAN mit der FRITZ!Box verbunden sind. Dabei werden auch VPN-Verbindungen (siehe Seite 197) berücksichtigt. Vor allem aber zeigt die Netzwerkübersicht neben den aktuell verbundenen Geräten auch solche an, die bereits verbunden waren, es im Moment aber nicht sind. Das ist praktisch, wenn man Einstellungen für ein Gerät vornehmen möchte, das gerade nicht aktiv ist.
- **Funknetz**
  Im Menü unter *WLAN/Funknetz* werden nur Geräte aufgeführt, die sich mit Ihrem WLAN-Funknetz verbunden haben. Aktuell verbundene Teilnehmer erkennen Sie am farbigen Empfangssymbol ganz links. Geräte mit einem rein grauen Symbol sind derzeit nicht verbunden. Diese Liste eignet sich, wenn Sie sich gezielt nur mit WLAN-Geräten befassen möchten.

Eines haben alle Übersichten gemeinsam: Ganz rechts bei einem Eintrag finden Sie eine oder mehrere Schaltflächen, die Sie zum Kontrollieren der Netzwerkteilnehmer verwenden können. Die meisten Symbole finden sich in der WLAN-Funknetzübersicht:

- *Feedback*
  Das Sprechblasen-Symbol ist nur in der WLAN-Funknetzübersicht zu finden. Sie können hiermit eine Meldung an FRITZ! erstellen, ob und wie zufrieden Sie mit dem Betrieb dieses Gerätes an Ihrer FRITZ!Box sind. Der Hersteller wertet diese Daten statistisch und angeblich ohne personenbezogene Daten aus, um die WLAN-Software der FRITZ!Box zu optimieren.
- *Bearbeiten*
  Mit dem Stift-Symbol öffnen Sie die Eigenschaften des jeweiligen Netzwerkgerätes und können sie bearbeiten. Mehr dazu im Folgenden.

- *Löschen*
  Mit dem Papierkorb-Symbol entfernen Sie den Datensatz dieses Gerätes aus der FRITZ!Box. Das bedeutet allerdings nicht, dass das Gerät sich nicht mehr mit Ihrer FRITZ!Box verbinden könnte oder dürfte. Nur werden die bisherigen Daten und Einstellungen für das Gerät verworfen, und bei der nächsten Verbindung wird ein neuer Datensatz erstellt. Dies kann manchmal hilfreich sein, um Verbindungsprobleme durch unkorrekte Einstellungen zu beheben oder einfach mal etwas Ordnung in einer umfangreichen Übersicht voller veralteter Einträge zu machen. Hinweis: Die Einträge kabelgebundener Geräte können Sie nur entfernen, solange diese nicht verbunden bzw. nicht eingeschaltet sind.

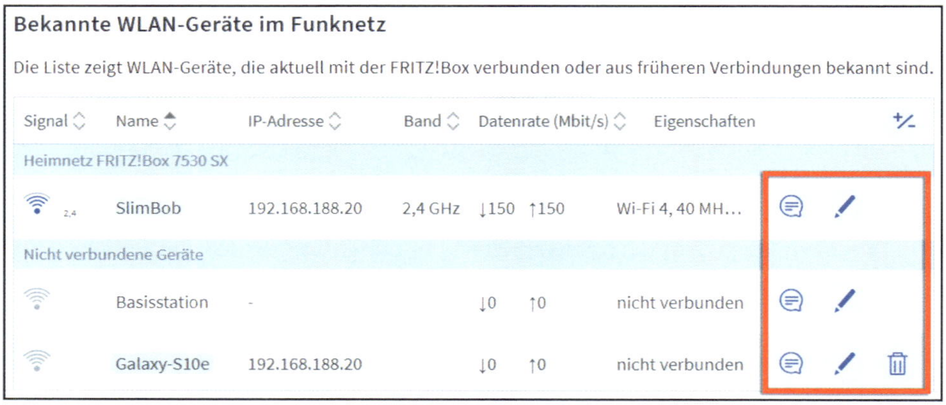

Um die Einstellungen eines Netzwerkgerätes zu bearbeiten, lokalisieren Sie also dessen Eintrag in der Netzwerkübersicht und klicken rechts auf das Stift-Symbol. Welche Einstellungen dann genau angezeigt werden, hängt vom Gerät und der Art der Verbindung ab.

- Die visuelle *Heimnetz-Anbindung* hilft Ihnen, den Zugang einzelner Geräte zum Heimnetzwerk besser zu verstehen. In den meisten Fällen ist es eine direkte Verbindung per LAN oder WLAN.

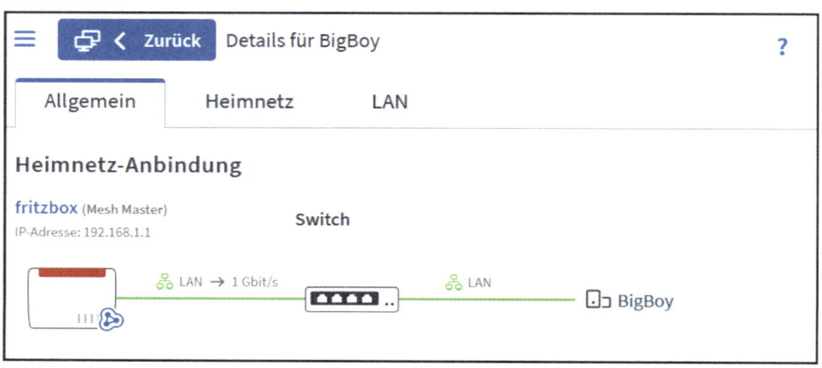

Bei LAN erkennen Sie zusätzlich, mit welchem der LAN-Ports an der FRITZ!Box dieses Gerät verbunden ist. Wenn Sie aber beispielsweise einen Repeater einsetzen, können Sie hier genau verfolgen, ob die Verbindung über diesen Repeater aufgebaut wird oder nicht.

- Im Abschnitt *Geräte-Informationen* können Sie Symbol und *Name* für dieses Gerät anpassen. Diese werden in der FRITZ!Box-Oberfläche verwendet, aber auch alle anderen Teilnehmer des Heimnetzwerks können das Gerät unter dem hier angegebenen Namen erreichen (mehr dazu auf Seite 160). Unterhalb dieses Feldes wird zusätzlich angezeigt, ob das Gerät gerade verbunden ist bzw. wann es das zuletzt war.

- Im Abschnitt *Internetnutzung* können Sie eine Sperre oder Priorisierung des Gerätes veranlassen. Mit *normal* läuft das Gerät als einfacher Netzwerkteilnehmer mit. Besonders wichtige Geräte werden mit *priorisiert* bevorzugt bedient, etwa für ungestörtes Streaming-Vergnügen beim Smart-TV. Umgekehrt können Sie mit *Gerät gesperrt* den Onlinezugang grundsätzlich unterbinden.
- Ganz unten in der Rubrik *Allgemein* können Sie jederzeit überprüfen, ob für ein bestimmtes Ihrer Netzwerkgeräte ein Zugang aus dem Internet über die externe Adresse der FRITZ!Box konfiguriert ist (siehe hierzu auch Seite 207).
- In der Rubrik *Heimnetz* verrät Ihnen der Bereich *Heimnetz-Eigenschaften* die IP-Nummer, die diesem Gerät derzeit zugewiesen ist. Bei Verwendung von IPv6 werden auch diese Nummern angezeigt. Mit der Option *IPv4-Adresse dauerhaft zuweisen* reserviert die FRITZ!Box die oben angezeigte IP-Nummer für dieses Gerät und weist sie ihm beim Verbinden automatisch immer wieder zu. Das erlaubt es, bei Serveranwendungen statt des Namens die zuverlässigere IP-Nummer fest anzugeben, da diese sich niemals ändern wird.

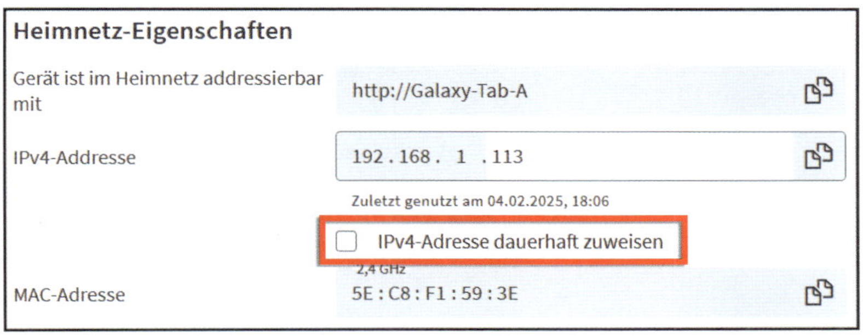

- Darunter im Abschnitt *Freigaben* finden Sie die Option *Selbstständige Portfreigaben für dieses Gerät erlauben*. Sie gestattet es dem Gerät bzw. darauf laufender Software, eigenständig Portfreigaben über UPnP zu erstellen. Dies sollten Sie keinesfalls standardmäßig erlauben, sondern nur bei Geräten aktivieren, die das tatsächlich benötigen. Portfreigaben sind beispielsweise für spezielle Internetanwendungen wie VPN oder Filesharing erforderlich. Beachten Sie hierzu bitte auch die Hinweise zu UPnP auf Seite 210.
- Bei WLAN-Geräten verrät die dritte Rubrik *WLAN* zahlreiche interessante Details zu den Funknetz-Eigenschaften des Gerätes. Die verschiedenen Angaben werden auf Seite 121 ausführlich vorgestellt.

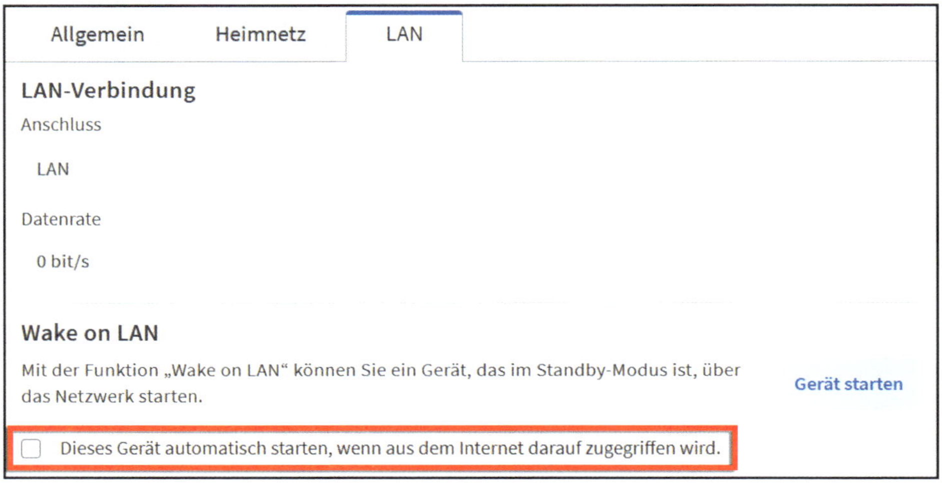

- Bei Geräten, die per LAN mit der FRITZ!Box verbunden sind, finden Sie stattdessen den Abschnitt *LAN*. Er verrät den verwendeten Zugang und bietet mit *Wake on LAN* die Möglichkeit, solche Geräte mithilfe eines speziellen Datenpakets aus dem Stand-by-Stromsparmodus zu wecken. Mit der Schaltfläche *Gerät starten* können Sie einen PC jederzeit direkt aus dem Energiesparmodus aktivieren.

  Wichtig ist aber auch die Option *Dieses Gerät automatisch starten, wenn aus dem Internet darauf zugegriffen wird*. Sie kann wichtig sein, wenn Sie von unterwegs per MyFRITZ! bzw. VPN auf Rechner in Ihrem Heimnetzwerk zugreifen möchten.

Wake on LAN

Wake on LAN (WOL) muss vom jeweiligen Gerät unterstützt werden. Bei Windows-PCs etwa muss diese Funktion sowohl im BIOS als auch in den Netzwerkadapter-Einstellungen von Windows selbst aktiviert sein, damit es klappt.

Das lokale Netzwerk durch Switches erweitern

Die meisten FRITZ!Boxen bieten an ihrer Rückseite vier bis fünf Netzwerkanschlüsse. Wenn Sie mehr als die entsprechende Anzahl von Netzwerkgeräten per Kabel anschließen möchten, müssen Sie Ihr Netzwerk erweitern. Eine solche Erweiterung erreichen Sie am einfachsten mit einem Netzwerkswitch. Das ist ein kleines Kästchen, das sich vor allem an einer Seite durch eine ganze Reihe von Netzwerkanschlüssen auszeichnet. Dazu kommen noch mehrere Kontrollleuchten pro Buchse und ein Stromanschluss. Bedienelemente oder Bildschirme haben zumindest preiswerte Modelle für den privaten Bereich nicht, und diese sind auch nicht nötig.

Denn ein Switch verteilt einfach nur die an einem Anschluss ankommenden Datenpakete an einen anderen Anschluss weiter. Seine gesamte Intelligenz besteht darin, sich zu merken, welcher Teilnehmer an welchem Anschluss sitzt. Teurere Modelle haben darüber hinaus noch weitere Funktionen zum Filtern und Priorisieren des Datenverkehrs, aber das ist für Heimnetzwerke meist übertrieben.

Mit einem Netzwerkswitch kann ein Netzwerk erweitert und verlängert werden

Kleine Switches kann man schon für kleine zweistellige Euro-Beträge kaufen. Achten Sie bei der Auswahl auf folgende Aspekte:

Die richtige Geschwindigkeit

Der Switch sollte die maximale Geschwindigkeit gewährleisten, die in Ihrem Netzwerk erreicht wird. Wenn Sie Geräte mit 1 Gbit/s verwenden, benötigen Sie auch einen Gigabit-Switch. Die Netzwerkgeräte würden sich zwar auch über einen Fast-Ethernet-Switch verbinden, damit aber höchstens 100 Mbit/s erreichen. Denken Sie dabei ggf. auch in die Zukunft: Auch wenn Sie bislang meinen, mit 100 Mbit/s auszukommen, kann sich das in absehbarer Zeit ändern. Ich würde also immer einen Gigabit-Switch kaufen, auch wenn der ein paar Euro teurer ist. Switches für 10 Gbit/s hingegen sind noch erheblich teurer und lohnen sich nur, wenn Sie diese Geschwindigkeit schon jetzt wirklich benötigen.

Die richtige Anzahl von Anschlüssen

Switches gehen üblicherweise ab fünf Anschlüssen los. Größere Modelle haben typischerweise 8, 16 oder 32 Ports, aber auch Zwischengrößen sind erhältlich. Selbstverständlich sollte das Gerät genügend Anschlüsse für Ihren Bedarf sowie ggf. etwas Reserve für die Zukunft haben. Wesentlich über dem Bedarf würde ich aber nicht kaufen. Zum einen steigen die Preise mit der Anzahl der Ports überproportional. Zum anderen steigt auch der Energiebedarf größerer Geräte deutlich an. Auf die Leistungsfähigkeit hat die Anzahl der Anschlüsse hingegen keinen Einfluss. Bei einem Switch mit 32 Ports ist die Datenrate also nicht schneller oder langsamer als beim selben Modell mit acht Ports.

Bedenken Sie beim Zählen der benötigten Ports, dass jeder Switch einen Uplink benötigt, also einen Anschluss für den Zugang zum Netzwerk. Sollen darüber hinaus mehrere Switches hintereinander geschaltet werden (kaskadiert), wird auch dafür jeweils ein Anschluss benötigt.

Die richtige Netzwerktopologie

Nicht nur wegen des günstigeren Preises kann es sinnvoll sein, besser mehrere kleinere Verteiler statt eines großen zu kaufen. Denn die Switches müssen immer nur mit einem Kabel mit der FRITZ!Box oder untereinander verbunden sein. Beispiel:

- Die FRITZ!Box steht unten im Keller beim Telefonanschluss.
- Im Erdgeschoss befinden sich mehrere Netzwerkgeräte im Wohnzimmer.
- Im Obergeschoss werden nochmals mehrere Anschlüsse für das Arbeitszimmer und die Kinderzimmer benötigt.

In dem Fall wäre es am sinnvollsten, ein Kabel vom Keller zum Wohnzimmer zu legen und dort einen Switch zu installieren. Dann legen Sie ein zweites Kabel vom Switch im Wohnzimmer ins Obergeschoss und schließen dort einen zweiten Switch an.

Switches anschließen

Jeder Netzwerkswitch benötigt einen Zugang zum Netzwerk, den man als Uplink (auf Deutsch etwa »Aufwärtsverbindung«) bezeichnet. Bei manchen Geräten ist einer der Netzwerkanschlüsse als Uplink gekennzeichnet. Dann verwenden Sie diesen Port dafür. Wenn nicht, können Sie einfach einen beliebigen Anschluss nehmen. Sinnvoll wäre es aber, immer denselben Anschluss (beispielsweise immer Port 1) für den Uplink zu verwenden. Dann kann man mit einem Blick auf die Kontrolllämpchen stets sofort erkennen, ob ein Netzwerkproblem durch einen fehlerhaften Uplink verursacht wird.

Verbinden Sie also den Uplink-Anschluss des Switches (oder einen beliebigen) mit einem freien Netzwerkanschluss an Ihrer FRITZ!Box. Achten Sie beim Einstecken der Netzwerkstecker darauf, dass diese an beiden Enden einrasten. Nach kurzer Zeit sollten die Kontrolllämpchen für den Anschluss 1 am Switch angehen bzw. zu blinken beginnen. Das bedeutet, dass die Verbindung steht und Daten ausgetauscht werden. Sie können nun an den restlichen freien Anschlüssen weitere Netzwerkgeräte anschließen.

Eine besondere Einstellung des Switches oder der FRITZ!Box ist nicht erforderlich. Das Netzwerk konfiguriert sich automatisch. Sie werden das Vorhandensein eines Switches an der FRITZ!Box nicht einmal auf den ersten Blick bemerken. Auch in der Netzwerkübersicht wird er nicht als eigenes Gerät angezeigt. Hier können Sie allerdings ein Indiz für seine Existenz finden: Wenn laut dieser Liste mehrere Geräte an einem LAN-Anschluss der FRITZ!Box verzeichnet sind, dann ist ein Switch im Spiel, der mit diesem Anschluss verbunden ist. Die daran angeschlossenen Netzwerkgeräte werden dann diesem einen Anschluss zugeordnet.

Sie können einen oder auch mehrere Switches anschließen, um sich Bedarf und Örtlichkeit anzupassen

Switches kaskadieren

Sie können an Ihrer FRITZ!Box mehrere Switches anschließen, um das Netzwerk mehrfach zu erweitern oder beispielsweise Netzwerkverteiler an verschiedenen Stellen zu realisieren. Sie können Switches aber auch kaskadieren, das heißt, an einen Switch einen weiteren anschließen, daran noch einen und so weiter, sodass eine Kette von Switches entsteht. Das ist technisch überhaupt kein Problem und auch auf die Geschwindigkeit des Netzwerks wirkt sich das nicht negativ aus. Ob ein Gerät direkt an der FRITZ!Box hängt oder über mehrere kaskadierte Switches damit verbunden ist, macht sich bei Zugriffsgeschwindigkeiten und Datenübertragungsraten nicht bemerkbar. Auch das Kaskadieren muss weder an der FRITZ!Box noch an den Switches eingestellt werden. Schließen Sie die Geräte einfach aneinander an, so wie Sie sie benötigen. Den Rest erledigen die Netzwerkprotokolle für Sie.

Ein Nachteil des Kaskadierens soll nicht verschwiegen werden: Es entstehen dabei Engpässe im Netzwerk, da einzelne Leitungen unter Umständen viele Verbindungen gleichzeitig bedienen müssen. Bei der hier gezeigten Abbildung etwa müssen fast alle Daten, die zur FRITZ!Box gelangen sollen, den Weg über das Kabel zwischen der FRITZ!Box und dem ersten Switch nehmen. Dieses kann maximal 1 Gbit/s übertragen, bei zehn gleichzeitigen Verbindungen sind das schon nur noch 100 Mbit/s für jede einzelne Verbindung.

Deshalb wird im Allgemeinen ein sternförmiger Aufbau des Netzwerks empfohlen, bei dem von einem zentralen Router aus direkte Verbindungen in alle Richtungen gehen. Allerdings spielen gerade im Heimnetzbereich die örtlichen Gegebenheiten eine wesentliche Rolle, da man nun mal nicht überall beliebige Mengen an Kabeln verlegen kann. Und andererseits wirken sich solche Engpässe in diesem Bereich nur selten spürbar aus. Kaskadieren Sie also ruhig, wenn Sie sich dadurch das Verlegen zusätzlicher Kabel ersparen können. Achten Sie allenfalls darauf, dass Geräte, die regelmäßig große Datenmengen miteinander austauschen, in Bezug auf die Netzwerktopologie eine möglichst kurze Verbindung zueinander haben und idealerweise am selben Switch hängen.

Beim Kaskadieren werden mehrere Switches hintereinander wie auf einer Kette aufgereiht

Netzwerklücken per Powerline-Adapter schließen

Nicht immer kann man ein Netzwerkkabel dort legen, wo man es bräuchte, bzw. es wäre mit großem Aufwand und Umbau- und Renovierungsmaßnahmen verbunden. Meist liegt an der betreffenden Stelle aber schon ein Kabel, das man nutzen kann: das Stromkabel.

Wobei Stromkabel im weitesten Sinne die im Haushalt verlegten Leitungen meint. So findet sich in der Nähe der FRITZ!Box eine Steckdose und in der Regel auch in dem Raum, in dem man einen Netzwerkanschluss benötigt. Da liegt es nahe, diese Verbindung für das Übertragen von Daten zu »missbrauchen«.

Genau das tut die Powerline-Technologie, auch als dLAN (directLAN) oder PowerLAN bezeichnet. Hierbei werden an einer Stelle des Stromnetzes von einem Sender die Daten eines Netzwerkanschlusses im Hochfrequenzbereich zwischen 2 und 68 MHz auf die Stromleitung moduliert und an einer anderen Stelle von einem Empfänger demoduliert und wieder als Netzwerkdaten bereitgestellt. In der Praxis verwendet man dazu Powerline-Adapter, die direkt in eine Wandsteckdose eingesteckt werden. Verteiler und Verlängerungskabel sind zu vermeiden, weil sie das Signal stark dämpfen könnten.

Standards bei Powerline

Ähnlich wie beim Kabelnetzwerk und bei WLAN gibt es verschiedene Standards, die im Laufe der Zeit entwickelt wurden und die Technik immer leistungsfähiger gemacht haben. Bei Geräten für den Privatbereich sind vor allem die HomePlug-Standards verbreitet:

- HomePlug: 14 Mbit/s
- HomePlug Turbo: 85 Mbit/s
- HomePlug AV: 200 Mbit/s
- HomePlug AV mit IEEE 1901: 600 Mbit/s
- HomePlug AV2 mit IEEE 1901: 1200 Mbit/s

Bei den Angaben handelt es sich um typische Brutto-Übertragungsraten. Die tatsächlich nutzbaren Datenraten liegen etwa bei der Hälfte. Durch herstellerspezifische proprietäre Erweiterungen des Standards sind bis zu 1.200 Mbit/s möglich. Geräte mit den Standards HomePlug AV und IEEE 1901 sind zueinander kompatibel. Ansonsten sollten die Standards nicht gemischt werden. Prinzipiell lassen sich Geräte verschiedener Hersteller, die denselben Standard unterstützen, miteinander kombinieren. Erfahrungsgemäß ist es aber sinnvoller, alle Komponenten vom selben Hersteller und idealerweise als Paket aufeinander abgestimmter Geräte zu beziehen. Damit lassen sich die stabilsten und schnellsten Verbindungen erreichen.

Auch der FRITZ!Box-Hersteller hat eigene Powerline-Adapter im Angebot, die unter der Bezeichnung »FRITZ!Powerline« vermarktet werden. Die verschiedenen Modelle unterscheiden sich in der erzielbaren Datenrate und in Ausstattungsmerkmalen. So kommen einige als Zwischenstecker, durch den die Steckdose weiter für einen beliebigen Verbraucher genutzt werden kann. Interessant sind auch die »FRITZ!Powerline...WLAN«-Modelle, die zugleich als WLAN-Basisstation bzw. -Repeater arbeiten können. So lässt sich das WLAN in Räume erweitern, zu denen kein Netzwerkkabel gelegt werden kann.

Das alles bieten aber auch andere Hersteller an. Vorteile der FRITZ!-Produkte aus Sicht eines FRITZ!Box-Besitzers wären allerdings:

- Die FRITZ!Powerline-Adapter werden von der FRITZ!Box als solche erkannt und in der Mesh Übersicht visualisiert.
- WLAN-fähige Powerline-Adapter können die WLAN-Einstellungen von einer FRITZ!Box per Knopfdruck übernehmen.
- Sie können ins WLAN-Mesh eingebunden und somit an der Optimierung des WLAN beteiligt werden.
- Die FRITZ!Box kann die Firmware-Version der Adapter auslesen, nach Aktualisierungen suchen und die Updates können direkt in der Weboberfläche der FRITZ!Box durchgeführt werden.

Drehstrom, Phasen und Koppler

Die im deutschsprachigen Raum üblichen Drehstromnetze basieren auf fünf Adern: drei Außenleitern (auch als Phasen bezeichnet), einem Neutralleiter und einem Schutzleiter. Die Phasen verteilen den Strom in verschiedene Bereiche des Haushalts, z. B. geht Phase 1 in die Küche, ins Bad und auf den Dachboden, Phase 2 ins Wohnzimmer, ins Gäste-WC und in die Kinderzimmer. Phase 3 könnte Keller, Flure und Arbeitszimmer versorgen.

Eine Powerline-Verbindung nutzt immer ein Adernpaar aus einer Phase und dem Neutralleiter. Wenn Sie also im obigen Beispiel einen Powerline-Adapter im Keller anschließen, sollte der andere im Flur oder im Arbeitszimmer eingesteckt werden, damit beide Adapter dieselbe Phase verwenden. In der Praxis können Sie den zweiten Adapter auch an einer anderen Phase anstecken (im Beispiel etwa im Wohnzimmer). Da die Phasen immer irgendwo ein Stück parallel verlegt sind, übertragen die aufmodulierten hohen Frequenzen sich durch Übersprechen von der einen auf die anderen Phasen. Allerdings geht das immer mit einer starken Dämpfung des Signals und einer verminderten Reichweite in diesen anderen Phasen einher. Eine phasenübergreifende Powerline-Verbindung wird also immer langsamer sein als eine innerhalb derselben Phase.

Es empfiehlt sich deshalb, ausgehend vom Zielort der Verbindung einen anderen Raum mit derselben Phase zu finden (die Beschriftungen im Sicherungskasten sollten dabei helfen), in dem ein Netzwerkanschluss vorhanden oder herstellbar ist. Alternativ kann man einen Phasenkoppler einsetzen, der die drei Phasen im Hochfrequenzbereich miteinander verbindet. Dieser muss an einer Stelle installiert werden, wo alle drei Phasen ohnehin dicht beieinander vorliegen, also üblicherweise im Sicherungskasten. Die Geräte kosten nicht viel, sollten aber von einem Elektro-Fachmann installiert werden.

Powerline-Adapter in Betrieb nehmen

Die Powerline-Adapter lassen sich recht einfach für den Betrieb einrichten. Sie werden gleichzeitig in eine Steckdose gesteckt. Zum Einrichten können sich die Steckdosen auch in einem Raum oder notfalls an einer Steckdosenleiste befinden. Ist das Einrichten abgeschlossen, stecken Sie die Adapter dann einfach an den Stellen ein, wo sie dauerhaft eingesetzt werden sollen. Die Verbindung untereinander stellen die Adapter auf Tastendruck automatisch her. Dabei wird ein Schlüssel ausgetauscht, der die übermittelten Daten vor Lauschern schützt (Pairing).

> **Powerline-Sets funktionieren meist ab Werk**
>
> Wenn Sie ein Startset mit zwei Powerline-Adaptern erwerben, sind diese meist schon ab Werk miteinander synchronisiert. Sie können die Adapter also einfach in die Steckdosen stecken und loslegen, ohne irgendeine Erstkonfiguration vornehmen zu müssen.

1. Stecken Sie beide Powerline-Adapter in freie Steckdosen. Für die Erstinstallation kann es einfacher sein, beide Adapter nahe beieinander und in der Nähe der FRITZ!Box anzuschließen.
2. Warten Sie kurz, bis beide Adapter Betriebsbereitschaft hergestellt haben.

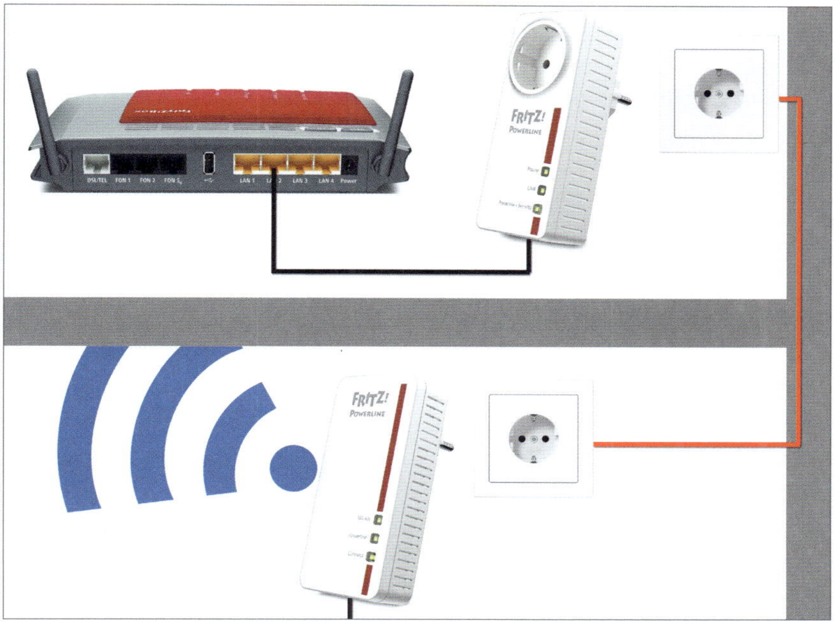

3. Drücken Sie nun nacheinander an beiden Adaptern die Verbindungstaste, mit der die Powerline-Verbindung hergestellt und der Schlüssel zum Schutz der Daten ausgetauscht wird.

4. Warten Sie kurz, bis die Adapter mit ihren Kontrollleuchten signalisieren, dass die Verbindung erfolgreich hergestellt werden konnte.

Diese Erstkonfiguration muss nur einmalig durchgeführt werden. Ab sofort können Sie die Adapter beliebig einsetzen, also auch jederzeit an anderen Steckdosen einstecken. Einer der Powerline-Adapter muss dabei stets per Netzwerkkabel mit der FRITZ!Box verbunden sein. Am Netzwerkanschluss des anderen Adapters können Sie ein Gerät oder einen Netzwerkswitch für mehrere Geräte anschließen.

Mehr als zwei Adapter

Die klassische Powerline-Verbindung verwendet zwei Adapter: einen in der Nähe der FRITZ!Box (oder eines damit verbundenen Netzwerkanschlusses) und einen an der Stelle, wo ein Netzwerkanschluss benötigt wird. Sie können diesem Paar aber zusätzliche Powerline-Adapter hinzufügen, um beispielsweise weitere Räume für das Heimnetzwerk zu erschließen. Drücken Sie hierzu beim Adapter an der FRITZ!Box und beim neuen Adapter die Verbindungstaste.

FRITZ!Powerline-WLAN-Adapter

Die Powerline-Modelle mit der Ergänzung WLAN im Namen sind mit einer eigenen WLAN-Basisstation ausgestattet. Diese kann ihr eigenes Funknetz aufspannen oder das Funknetz der FRITZ!Box erweitern.

Dazu sollten Sie diese Adapter jeweils von der FRITZ!Box entfernt verwenden (bei den Powerline-WLAN-Sets von FRITZ! ist jeweils ein Adapter mit und einer ohne WLAN-Funktion enthalten). Stellen Sie die Powerline-Verbindung wie beschrieben her, sofern es sich nicht um ein Geräte-Set handelt, das bereits gepaart ist. Soll der Powerline-WLAN-Adapter das Funknetz der FRITZ!Box erweitern, stellen Sie sicher, dass die Powerline-Verbindung funktioniert und der andere Adapter per Netzwerkkabel mit der FRITZ!Box verbunden ist.

1. Drücken Sie dann am Powerline-WLAN-Adapter die *Connect*-Taste für sechs bis zehn Sekunden.
2. Bei FRITZ!Boxen mit *Connect*- oder *WPS*-Taste drücken Sie dann kurz diese Taste, um die Verbindung zu bestätigen.

   Bei FRITZ!Boxen mit *WLAN/WPS*-Taste drücken Sie diese Taste so lange, bis die *WLAN*-Kontrollleuchte der FRITZ!Box zu blinken beginnt.
3. Der Powerline-WLAN-Adapter übernimmt nun von der FRITZ!Box die WLAN-Konfiguration.

Ab sofort können alle Geräte, die bereits am Funknetz der FRITZ!Box angemeldet waren, auch die WLAN-Erweiterung des Adapters verwenden. Unterstützen FRITZ!Box und Adapter WLAN-Mesh, wird der Adapter automatisch auch Teil des Meshs und bei der automatischen Optimierung des Funknetzes berücksichtigt.

Spezialfall: Gastzugang am LAN-4-Anschluss

Neben Ihrem regulären WLAN können Sie mit Ihrer FRITZ!Box auch Besuchern ein eigenes Gäste-WLAN mit beschränkten Möglichkeiten anbieten. Analog dazu können aktuelle FRITZ!Box-Modelle auch einen Gastzugang für kabelgebundene Geräte bereitstellen. Dabei werden alle Netzwerkgeräte, die über den *LAN 4*-Anschluss an der FRITZ!Box angeschlossen sind, in ein eigenes Subnetz eingeordnet. Sie können dadurch den Internetzugang der FRITZ!Box nutzen, aber nicht auf andere Geräte im Heimnetzwerk oder auch die Weboberfläche der FRITZ!Box selbst zugreifen.

Außerdem unterliegt der Internetzugang standardmäßig einigen Einschränkungen, was über ein Profil nach Ihren Wünschen angepasst werden kann.

Folgende Voraussetzungen müssen für den kabelgebundenen Gastzugang erfüllt sein:

- Die FRITZ!Box muss den Internetzugang über das integrierte DSL-, Kabel-, Glasfaser- oder LTE-Modem selbst herstellen. Wenn die FRITZ!Box Ihren Internetzugang über ein externes Modem oder einen Router herstellt, wird der Gastzugang deaktiviert.
- Netzwerkgeräte, die das Gastnetz nutzen wollen, müssen für den automatischen Bezug der Interneteinstellungen per DHCP eingerichtet sein (siehe Seite 152).

Den LAN-Gastzugang aktivieren

Sind die Voraussetzungen erfüllt, können Sie den Gastzugang jederzeit aktivieren:

1. Um den *LAN 4*-Anschluss als Gastnetz zu konfigurieren, öffnen Sie in der Weboberfläche Ihrer FRITZ!Box das Menü *Heimnetz/Netzwerk*.
2. Wechseln Sie auf der rechten Seite in die Rubrik *Netzwerkeinstellungen*.
3. Setzen Sie dann im Abschnitt *Gastzugang* ein Häkchen bei der Option *Gastzugang für LAN 4 aktiv*.

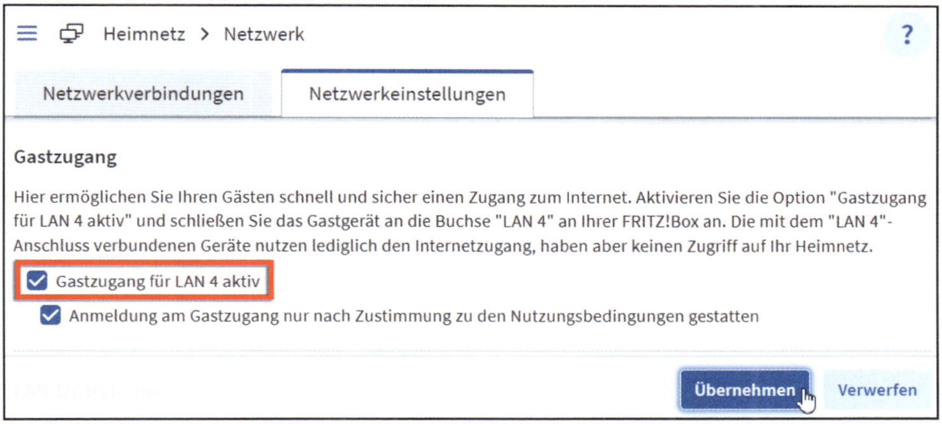

4. Soll bei jeder Internetnutzung eine Vorschaltseite angezeigt werden, die auf die Bedingungen hinweist, schalten Sie zusätzlich die Option *Anmeldung am Gastzugang nur nach Zustimmung zu den Nutzungsbedingungen gestatten* ein. Die Vorschaltseite für das Gast-LAN ist identisch mit der für das Gäste-WLAN und wird in den dortigen Einstellungen festgelegt (siehe Seite 137).
5. Klicken Sie abschließend unten auf *Übernehmen*, um die veränderten Einstellungen für den Gastzugang zu aktivieren.

Sie können nun am *LAN 4*-Anschluss ein Gerät anschließen. Sie können aber ebenso einen Switch anschließen, an dem dann mehrere Geräte hängen. Alle Verbindungen, die über den *LAN 4*-Anschluss in die FRITZ!Box gehen, unterliegen den Beschränkungen des Gastzugangs.

Einschränkungen beim Gastzugang

Die im Gastmodus an *LAN 4* angeschlossenen Geräte befinden sich in einem anderen Subnetz als der Rest Ihres Heimnetzwerks. Dadurch können keine Daten zwischen den Gastgeräten und den regulären »Bewohnern« ausgetauscht werden. Es besteht also keine Gefahr, dass Gäste auf Ihre Geräte und Daten oder auf die FRITZ!Box selbst Zugriff erlangen können. Außerdem gelten standardmäßig weitere Einschränkungen:

- Das Nutzen vieler Funktionen der FRITZ!Box wie etwa Telefonie oder Portweiterleitungen ist am Gastanschluss nicht möglich.
- Beim Websurfen werden alle Webseiten blockiert, die auf dem Index der Bundesprüfstelle für jugendgefährdende Medien (BPjM) stehen.
- Außerdem gelten alle inhaltlichen und zeitlichen Beschränkungen, die Sie ggf. für das Zugangsprofil *Gast* festgelegt haben.

Die automatische Anwendung des Gast-Zugangsprofils gibt Ihnen aber auch die Möglichkeit, den Spielraum für Gäste nach Wunsch zu erweitern oder strenger zu gestalten. Beachten Sie dabei, dass das Gast-Profil sowohl für das Gäste-WLAN als auch für den LAN-Gastzugang verwendet wird. Sie können diese Einstellungen also nur für beide gleichzeitig verändern. Auf Seite 144 ist beschrieben, wie Sie das Gast-Profil eigenständig anpassen können.

3.2 Internetzugriffe kontrollieren und begrenzen

Wie Ihre Netzwerkgeräte – egal ob LAN oder WLAN – mit dem Internet Daten austauschen, lässt sich durch eine ganze Reihe von Einstellungen optimieren und in Ihrem Sinne steuern. Das beginnt bei der Wahl des richtigen DNS-Servers und geht über das Priorisieren zeitkritischer Internetanwendungen und das sichere Einstellen verschiedener Filter wie dem Stealth-Modus bis hin zum Kontrollieren der Datenflüsse mit dem Online-Monitor.

Eigene DNS-Server einstellen

Während wir Menschen aussagekräftige und leicht zu merkende Namen wie *www.gieseke-buch.de* bevorzugen, können Maschinen sich grundsätzlich nur mittels numerischer Adressen miteinander verbinden, also etwa der IP-Nummer 217.160.233.211. Wenn Sie also im Webbrowser die oben als Beispiel verwendete Webadresse aufrufen, muss Ihr Rechner wissen, unter welcher IP-Nummer er die entsprechende Seite abrufen kann. Diese Auskunft übernehmen **D**omain **N**ame **S**erver (DNS).

Die kann man sich als gigantische Adressbücher vorstellen, die in einer großen Datenbank nachschlagen, die Ihnen zu jedem Namen die passende Nummer liefert. Tatsächlich schafft diese Arbeit nicht ein Server allein, sondern viele Server arbeiten zusammen. Jeder beantwortet das, was er selbst beantworten kann. Alles andere fragt er bei übergeordneten Servern nach. Aber dieses komplexe System arbeitet aus Anwendersicht automatisch und größtenteils störungsfrei, sodass man sich darüber keine Gedanken zu machen braucht.

Der optimale DNS-Server

Im Prinzip brauchen Sie sich über DNS-Server meist überhaupt keine Gedanken zu machen. Wenn Ihre FRITZ!Box sich beim Internetanbieter einwählt, bekommt sie von diesem die Adresse von seinem DNS-Server übermittelt. Diese IP-Nummer übermittelt die FRITZ!-Box wiederum per DHCP an alle Teilnehmer im Heimnetzwerk. So weiß jeder immer, wo er nachfragen muss, um zu einem Namen die passende IP-Nummer zu erhalten.

Man muss aber nicht den DNS-Server verwenden, den der Internetanbieter vorgibt. Es gibt im Internet eine Reihe von offenen alternativen DNS-Servern, die einige Anwender aus verschiedenen Gründen bevorzugen. Manchmal könnte ein alternativer DNS-Server ein wenig schneller oder aktueller sein. Vor allem aber befürchten manche Anwender, dass die Abfragen bei bestimmten DNS-Servern protokolliert, zensiert oder schlimmstenfalls sogar manipuliert sein könnten. Es gibt also eine Reihe von Gründen, warum man einen bestimmten alternativen DNS-Server bevorzugt. Ich möchte an dieser Stelle keine konkrete Empfehlung abgeben, eben weil die Gründe verschiedenartig sein können und weil empfehlenswerte Alternativen auch immer mal wieder wechseln können. Wenn Sie Bedenken wegen Überwachung und Zensur haben, sind Organisationen wie Digitalcourage e. V. (digitalcourage.de/support/zensurfreier-dns-server) eine gute Anlaufstelle.

Abweichende DNS-Server in der FRITZ!Box einstellen

Wenn Sie sich für einen alternativen DNS-Server entschieden haben, können Sie diesen in der FRITZ!Box einstellen. Die FRITZ!Box wird dann diesen DNS-Server für eigene Anfragen verwenden. Vor allem aber wird sie diese Server-Adresse per DHCP an alle Teilnehmer im Heimnetz übermitteln, sodass alle Ihre Geräte automatisch den gewünschten DNS-Server verwenden.

1. Öffnen Sie dazu in der Weboberfläche Ihrer FRITZ!Box das Menü *Internet/Zugangsdaten*.
2. Wechseln Sie rechts in die Rubrik *DNS-Server*.
3. Wählen Sie im Abschnitt *DNSv4-Server* die Option *Andere DNSv4-Server verwenden*.
4. Tragen Sie dann darunter bei *Bevorzugter DNSv4-Server* die IP-Nummer des gewünschten DNS-Servers ein.

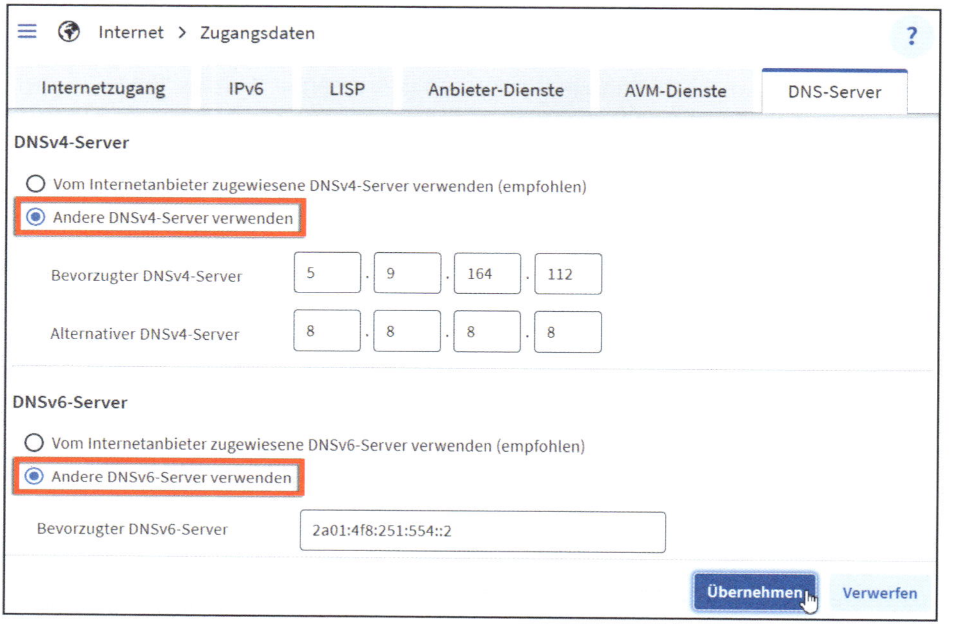

5. Zusätzlich sollten Sie bei *Alternativer DNSv4-Server* die IP-Nummer eines zweiten DNS-Servers angeben. Auf diesen wird automatisch ausgewichen, falls der erste mal nicht erreichbar sein bzw. nicht innerhalb einer bestimmten Zeitspanne antworten sollte (beispielsweise bei Überlastung).
6. Wenn Sie IPv6 verwenden, können Sie darunter in gleicher Weise die IPv6-Adressen der gewünschten DNS-Server angeben.
7. Klicken Sie abschließend unten auf *Übernehmen*, um die geänderten DNS-Server zu aktivieren und zu speichern. Wenn als Sicherheitsmaßnahme das Ändern wichtiger Einstellungen zusätzlich bestätigt werden muss (siehe Seite 339), drücken Sie abschließend eine der Tasten an Ihrer FRITZ!Box.

Die FRITZ!Box arbeitet ab sofort mit dem neuen DNS-Server. Bei den angeschlossenen Geräten kann es unter Umständen etwas dauern, bis die neue Vorgabe per DHCP angekommen ist.

> **Sinnvolle Einstellungen für DNS-Server**
>
> Die Adressen der bevorzugten und alternativen DNS-Server brauchen nicht vom selben DNS-Anbieter zu stammen. Das hat technisch oder anderweitig keinerlei Vorteil. Sie können Server verschiedener Anbieter für IPv4 und IPv6 nutzen. Wenn ein alternativer Betreiber sowohl IPv4- als auch IPv6-DNS anbietet, spricht aber auch nichts dagegen, beide Server von diesem zu nutzen.
>
> Im Hinblick auf bevorzugte und alternative Server bietet es sich allerdings an, für die alternativen DNS-Server Anbieter zu wählen, die sich jeweils vom bevorzugten Server unterscheiden. Wenn der bevorzugte Anbieter wegen technischer Probleme nicht erreichbar ist, wäre es sinnvoller, wenn die FRITZ!Box auf einen ganz anderen Anbieter ausweicht, der von den Schwierigkeiten idealerweise nicht auch betroffen ist.

Öffentliche DNS-Server als Notlösung

Die Option *Bei DNS-Störungen auf öffentliche DNS-Server zurückgreifen* im Abschnitt *Öffentliche DNS-Server* bietet eine zusätzliche Ausfallsicherung und arbeitet unabhängig davon, ob Sie die DNS-Vorgaben Ihres Internetanbieters übernehmen oder eigene DNS-Server festlegen. Ist die Option aktiviert und kommt es zu Problemen bei der DNS-Namensauflösung, dann greift die FRITZ!Box auf fest hinterlegte DNS-Server großer Anbieter wie Google, Cloudflare und Quad9 zurück, bei denen es allenfalls kurzzeitig zu Ausfällen kommen sollte, wenn überhaupt.

Diese Rückversicherung ist sinnvoll, gerade wenn Sie eigene DNS-Server kleinerer Anbieter eingetragen haben. Sonst könnte ein Ausfall bei diesen Ihren Internetzugang faktisch lahmlegen.

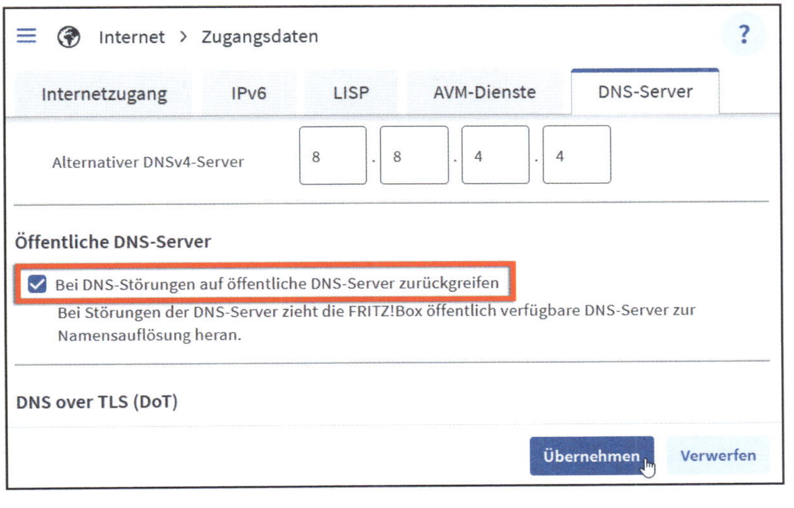

Zu beachten ist bei dieser Option, dass sie ab Werk standardmäßig aktiviert ist. Wer diese Ausfallsicherung **nicht** möchte, muss sie also ausdrücklich deaktivieren. Allerdings gilt das nur für FRITZ!Boxen, die nach der Einführung dieser Funktion in Betrieb genommen oder auf die Werkseinstellungen zurückgesetzt wurden. Wenn die FRITZ!Box schon vorher im Einsatz war und per einfachem Update aktualisiert wurde (also der Regelfall), dann bleibt diese Funktion standardmäßig **aus**geschaltet. Prüfen Sie also am besten einmal nach, ob diese Funktion bei Ihrer FRITZ!Box nach Ihren Wünschen konfiguriert ist.

Verschlüsselte Namensauflösung mit DNS over TLS

DNS-Abfragen werden im Klartext durchs Internet vermittelt. Wenn jemand Ihren Internetanschluss »belauscht«, kann er also problemlos mitlesen bzw. aufzeichnen, welche Internetadresse Sie wann und wie oft abrufen. Um das zu verhindern, kann man DNS-Anfragen schützen. Ähnlich wie bei HTTPS kommt dabei ein Verschlüsselungsverfahren zum Einsatz, sodass der Inhalt der Datenpakete für Dritte nicht mehr einsehbar oder manipulierbar ist. Dies funktioniert aber nur in Verbindung mit speziellen DNS-Servern, die dieses Verfahren ihrerseits unterstützen. Die FRITZ!Box unterstützt dabei das Protokoll **D**NS **o**ver **T**LS (DoT).

1. Um die sichere DNS-Auflösung zu verwenden, schalten Sie unter *Internet/Zugangsdaten* in der Rubrik *DNS-Server* ganz unten die Option *DNS over TLS (DoT)* ein.

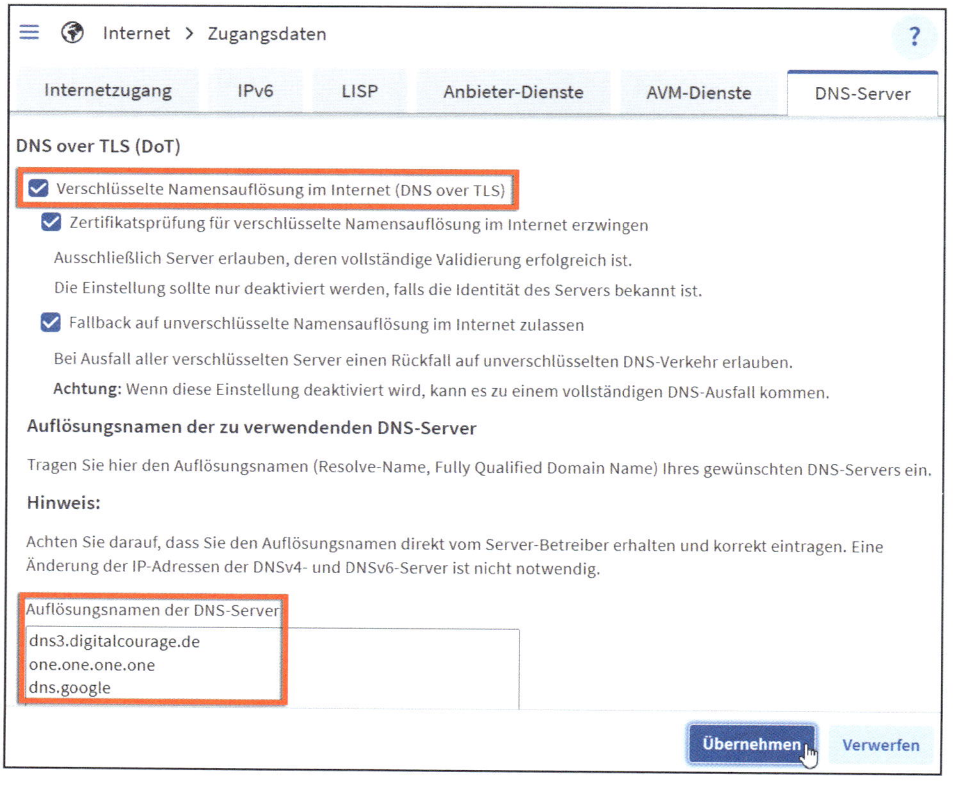

2. In den so zusätzlich ausgeklappten Einstellungen sollten die standardmäßig eingeschalteten Optionen beibehalten werden. Insbesondere sollten Sie *Fallback auf unverschlüsselte Namensauflösung im Internet zulassen*. Andernfalls wären bei einer Störung bei DoT keine Internetzugriffe mehr möglich.
3. Im Eingabefeld darunter geben Sie die vollständigen Namen der gewünschten DNS-Server ein. Bei mehreren Servern geben Sie jeweils einen Namen pro Zeile ein. Eine aktuelle Liste öffentlicher DoT-Server finden Sie beispielsweise bei Wikipedia unter http://de.wikipedia.org/wiki/DNS_over_TLS.
4. *Übernehmen* Sie die Einstellungen, um sie wirksam werden zu lassen.

Der Betreiber des verschlüsselten DNS-Servers kann derselbe sein wie der des »normalen« DNS-Servers oder aber auch ein anderer Anbieter. Die beiden Dienste haben insoweit nichts miteinander zu tun.

Wird bei DoT überhaupt ein herkömmlicher DNS-Server benötigt?

Wenn Sie *Verschlüsselte Namensauflösung* aktiviert haben, kommen die an anderer Stelle konfigurierten DNS-Server in der Tat gar nicht zum Einsatz. Mit folgenden Ausnahmen:

- Die Namen der DNS-over-TLS-Server müssen (zumindest gelegentlich) aufgelöst werden, damit die FRITZ!Box die IP-Nummer erfährt, unter der diese erreichbar sind. Das wird über die klassischen IPv4- bzw. IPv6-DNS-Server erledigt.
- Falls die DoT-Server mal nicht erreichbar sind bzw. nicht antworten **und** Sie die Option *Fallback auf unverschlüsselte Namensauflösung im Internet zulassen* eingeschaltet haben, nutzt die FRITZ!Box dann zumindest vorübergehend die für IPv4 bzw. IPv6 angegebenen DNS-Server.

Insofern ist es also auch bei Nutzung von DNS over TLS nicht völlig unwichtig, was Sie bei den DNS-Servern für Einstellungen wählen. Es spricht allerdings meiner Meinung nach nichts dagegen, es in diesem Fall bei den vom Internetanbieter automatisch zugewiesenen DNS-Servern zu belassen.

Zeitkritische Anwendungen priorisieren

In einem Netzwerk, das von mehreren Geräten und womöglich von einer ganzen Familie oder einem kleinen Unternehmen genutzt wird, passieren eine Menge verschiedener Datentransfers: Webseitenabrufe, Downloads, Updates, Chats, Telefonie, Internetradio, Podcasts, Audio- und Videostreaming, Onlinespiele, Cloud-Synchronisierung, Backups usw. Solange das alles hintereinander abläuft, gibt es wenig Probleme. Wenn aber mehrere datenintensive Dienste gleichzeitig die Internetverbindung auslasten, wird es eng. Bei Anwendungen wie Downloads oder Updates ist das nicht tragisch, die dauern dann halt nur etwas länger. Anders sieht es beim Streaming von Audio oder Video aus, wo Aussetzer und Ruckler lästig sind. Und gar nicht geht es beim Telefonieren, weil Gespräche dann kaum möglich sind.

Da heißt es, Prioritäten setzen und die Dienste bevorzugen, die nicht warten können. Aber wer will schon durchs ganze Haus laufen und Rechnern die Downloads abdrehen, nur weil man ein Telefonat führen möchte? Gut, dass die FRITZ!Box diese Aufgabe automatisch erledigen kann. Man kann in den Netzwerkeinstellungen bestimmte Dienste priorisieren. Das bedeutet: Wenn eine solche Anwendung aktiv ist, werden die ihr zugeordneten Datenpakete von der FRITZ!Box bevorzugt behandelt. Erst wenn alle diese Pakete abgearbeitet sind, kommen ggf. Daten anderer Anwendungen zum Zuge.

> **Einzelne Geräte priorisieren**
> Alternativ zum Bevorzugen bestimmter Dienste auf allen Geräten können Sie auch einzelne Geräte in Ihrem Netzwerk priorisieren. Dann werden alle deren Datenpakete bevorzugt, wenn der Internetzugang sich der Auslastungsgrenze nähert. Mehr dazu lesen Sie auf Seite 165.

Um Anwendungen zu bevorzugen, öffnen Sie das Menü *Internet/Filter* und wechseln auf der rechten Seite zur Rubrik *Priorisierung*:

- Der oberste Abschnitt *Geschwindigkeit im Heimnetz* ist interessant, wenn Sie ein zusätzliches Netzwerk für Gäste per LAN und/oder WLAN anbieten. Mit *Reservierung von Bandbreite deaktiviert* verzichten Sie auf Eingriffe in die Bandbreitenverteilung. Mit *Automatisch faire Verteilung der Bandbreite* können Sie die verfügbare Kapazität auf alle aktiven Geräte gleichmäßig verteilen. Alternativ legen Sie mit *Feste Reservierung von Bandbreite für das Heimnetz* einen fixen Anteil fest, der jederzeit für Geräte im Heimnetz vorgehalten wird.

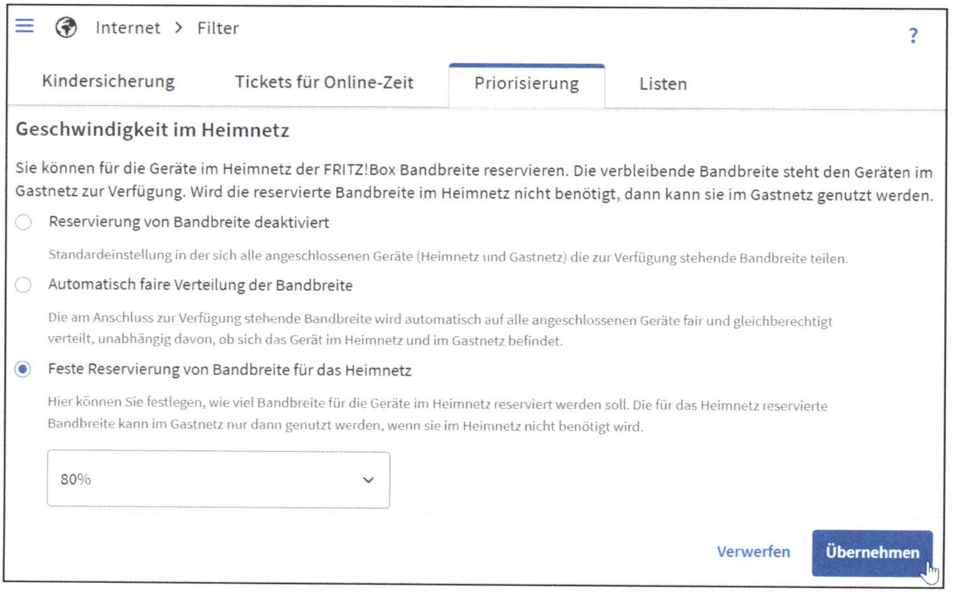

- Darunter in diesem Menü finden Sie die Rubrik *Echtzeitanwendungen*. Sie ist für Anwendungen gedacht, die absolute Priorität haben sollen, weil sie nicht sinnvoll genutzt werden können, falls andere Anwendungen ihre Datenrate ausbremsen. Erkennt die FRITZ!Box, dass eine hier definierte Anwendung aktiv ist und die gesamte Bandbreite des Internetzugangs benötigt, werden alle anderen Anwendungen solange pausiert. Standardmäßig ist hier die Anwendung *Internettelefonie* eingetragen, was für ungestörte Internettelefonate sorgt und am besten beibehalten wird.

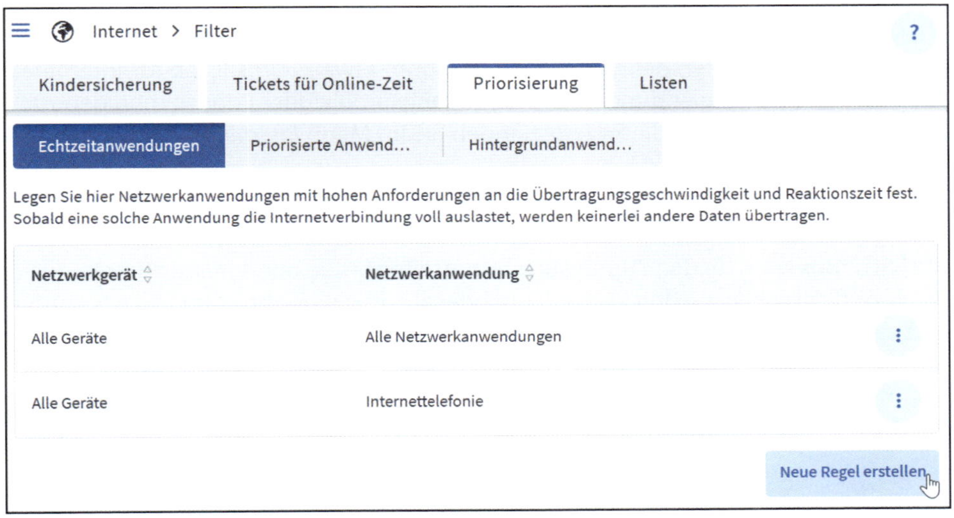

- Unter *Priorisierte Anwendungen* werden solche Dienste verstanden, die zwar auch von einer Bevorzugung profitieren, aber nachrangig zu den Echtzeitdiensten berücksichtigt werden sollen. Onlinespiele beispielsweise sind oft auf kurze Reaktionszeiten angewiesen, aber ein langsames Spiel ist nicht so schlimm wie ein wichtiges Telefonat, bei dem man wegen Störungen kaum etwas verstehen kann.
- Der dritte Abschnitt *Hintergrundanwendungen* ist für solche Dienste vorgesehen, die eben gerade nicht wichtig bzw. zeitkritisch sind. Filesharing oder Downloads etwa können ja jederzeit pausiert und später fortgesetzt werden, wenn Echtzeit- oder priorisierte Anwendungen die Internetverbindung auslasten.

Die drei verschiedenen Arten von Anwendungen können Sie jederzeit ergänzen, um weitere Internetdienste aufzunehmen.

1. Klicken Sie dazu im jeweiligen Abschnitt unten rechts auf *Neue Regel erstellen*.
2. Im anschließenden Dialog können Sie zunächst das *Netzwerkgerät* angeben, für das die Regel gelten soll. Meist wird man Regeln verwenden, die pauschal für *Alle Geräte* gelten sollen. Im Prinzip können Sie aber gezielt Regeln für einzelne PCs anlegen, bei denen bestimmte Anwendungen bevorzugt oder nachrangig behandelt werden sollen.

3. Darunter wählen Sie die *Netzwerkanwendung* aus, für die diese Regel gelten soll. Die FRITZ!Box stellt ab Werk eine Reihe von vordefinierten Anwendungen zur Auswahl.

   Wie Sie diese Definitionen ggf. anpassen oder eigene Anwendungen definieren können, beschreibt der nachfolgende Abschnitt.
4. Haben Sie Gerät und Anwendung gewählt, klicken Sie unten auf *Hinzufügen*.

Den Zugriff mit Listen steuern

Damit Sie Zugriffe und Anwendungen flexibel steuern können, lassen sich in Ihrer FRITZ!-Box verschiedene Listen definieren. Dazu gehören etwa Zugriffslisten für Internetadressen oder Netzwerkanwendungen, die für Zugangsprofile oder Priorisierung genutzt werden. Für die Bearbeitung dieser *Listen* finden Sie im Menü *Internet/Filter* ganz rechts eine gleichnamige Rubrik.

Filterlisten für Internetseiten

Die FRITZ!Box kann für den Zugriff auf Internetseiten Listen mit Adressen führen, zu denen der Zugriff entweder ausdrücklich erlaubt oder ausdrücklich untersagt ist. Dies ermöglicht es, Zugriffe entweder auf ganz bestimmte Seiten zu begrenzen oder einzelne unerwünschte Seiten vom Zugriff auszuschließen. Diese Listen gelten dabei nicht global, sondern können in Zugangsprofilen verwendet werden, die wiederum bestimmten Geräten (und damit Nutzern) zugeordnet werden.

Ein Beispiel, wo solche Listen Verwendung finden, sind spezielle altersgerechte Zugangsprofile für Kinder und Jugendliche (siehe Seite 220). Filterlisten bieten aber ebenso die Möglichkeit, einzelnen Netzwerkgeräten den Zugang zum Internet zu verwehren oder zumindest auf bestimmte Seiten zu beschränken, etwa um unnötige Kommunikation mit den Servern des Herstellers zu unterbinden.

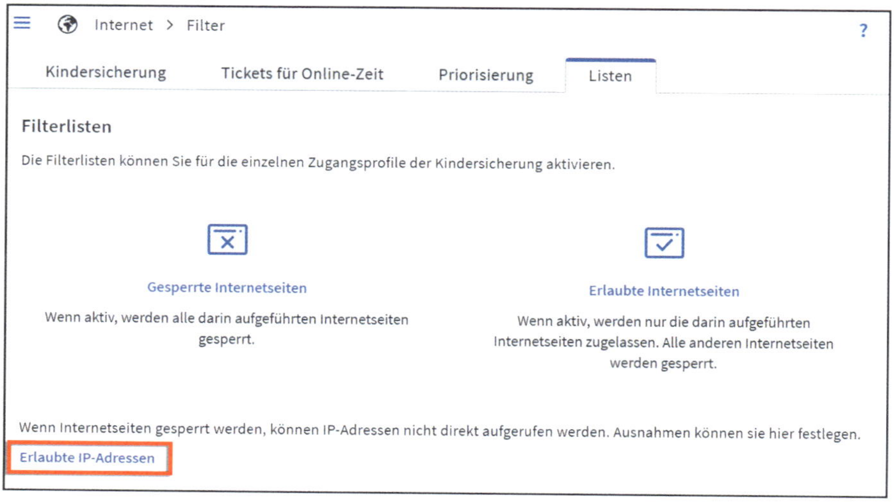

- *Erlaubte Internetseiten*
  Diese Liste enthält alle Adressen, zu denen der Zugang erlaubt werden soll. Sie eignet sich für sehr restriktive Zugangsprofile etwa für den Jugendschutz oder für einzelne Geräte, deren Zugriff aufs Internet streng begrenzt werden soll. Mit einem Klick auf *bearbeiten* rechts daneben öffnen Sie eine Übersicht der Liste, in der Sie neue Einträge hinzufügen können. Tragen Sie dazu die Adresse der Webseite (der Teil mit dem Servernamen reicht) in eine Zeile ein und drücken Sie am Ende die [↵]-Taste, um in die nächste Zeile zu gelangen. Klicken Sie abschließend unten auf *Übernehmen*.

- *Gesperrte Internetseiten*
  Die Blacklist sollte Adressen enthalten, zu denen der Zugriff ausdrücklich verwehrt werden soll. Auch hier können Sie beliebig Adressen hinzufügen und eine Druckvorschau der gesperrten Webseiten erstellen.

Druckvorschau der Adresslisten

Für jede Liste können Sie mit dem Drucker-Symbol oben rechts eine Übersicht der derzeit enthaltenen Adressen erstellen und ggf. ausdrucken. Das ist vor allem für eine restriktive Whitelist hilfreich, da man dadurch den Anwendern gleich eine Liste zur Verfügung stellen kann, welche Adressen sie überhaupt aufrufen dürfen. Die Liste wird im Webbrowser angezeigt und kann mit der browsereigenen Druckfunktion zu Papier gebracht werden.

- *Erlaubte IP-Adressen*
  Die dritte Liste ist dann wichtig, wenn Sie mit einer Blacklist arbeiten. In dem Fall erlaubt die FRITZ!Box es nicht, Webseiten per IP-Nummer direkt aufzurufen, da sich damit die Blacklist umgehen lassen würde. Gibt trotzdem jemand eine IP-Nummer ein,

wird diese blockiert, aber gleichzeitig in die Liste der IP-Adressen eingetragen. Hier können Sie die Verwendung einzelner IP-Adressen nachträglich genehmigen, indem Sie ein Häkchen an den Eintrag setzen. Weitere Aufrufe einer so zugelassenen IP-Nummer blockiert die FRITZ!Box dann nicht mehr.

Eigene Netzwerkanwendungen definieren

Ein weiterer wichtiger Bereich bei *Listen* sind die *Netzwerkanwendungen*, womit sich nicht nur der Zugriff auf bestimmte Dienste begrenzen, sondern vor allem auch die automatische Priorisierung wichtiger Anwendungen (siehe Seite 181) steuern lässt. Die Definition einer Netzwerkanwendung basiert dabei auf den von dieser Anwendung verwendeten Protokollen und Netzwerkports. Ab Werk kennt Ihre FRITZ!Box bereits einige wesentliche Netzwerkanwendungen wie Internettelefonie, Surfen, Filesharing, Remote-Desktop, HTTP- und FTP-Server, SSH oder Telnet.

Anwendung »alles außer Surfen und Mailen«

Die vordefinierte Netzwerkanwendung *alles außer Surfen und Mailen* demonstriert schön, wie flexibel man die Definition eigener Anwendungen einsetzen kann. Anstatt genau die Ports anzugeben, die eine Anwendung verwendet, kann man auch im Gegenteil die Portnummern eintragen, die von einer (oder mehreren) Anwendungen eben **nicht** genutzt werden. Da man Bindestriche verwenden kann, um ganze Portbereiche anzugeben, ist das kein allzu großer Aufwand. So lassen sich »inverse« Definitionen erstellen, die auf alles außer ganz bestimmte Anwendungen passen und so zielgenau zum Priorisieren oder für *alles außer Surfen und Mailen*-Blockaden genutzt werden können.

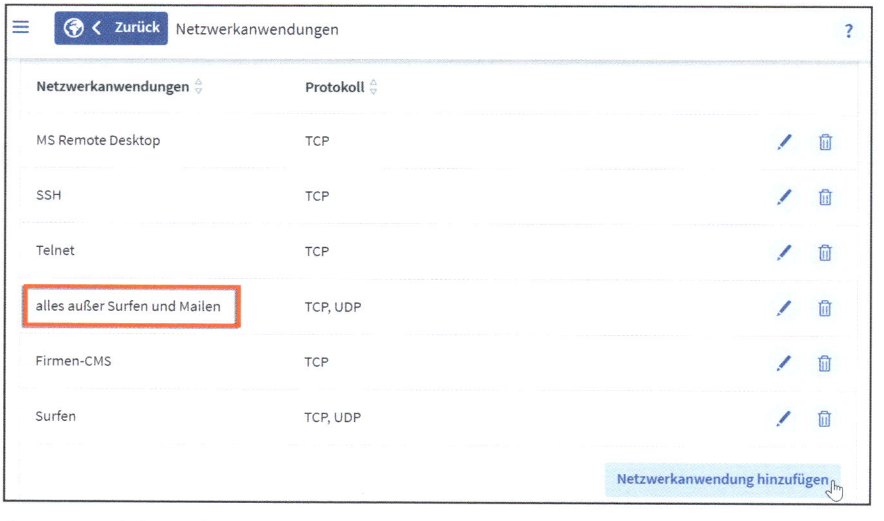

Die FRITZ!Box kennt bereits einige Netzwerkanwendungen, die Sie durch eigene Definitionen ergänzen können

Mit *Netzwerkanwendung hinzufügen* können Sie eigene Dienste definieren, die genau zu bestimmten von Ihnen genutzten Anwendungen oder beispielsweise Onlinespielen passen. Dazu müssen Sie lediglich die von der beteiligten Software genutzten Ports kennen. Diese erfahren Sie vom Hersteller oder meist auch in einschlägigen Benutzerforen.

Damit können Sie die Anwendung als Netzwerkanwendung definieren:

1. Klicken Sie unterhalb der Liste der *Netzwerkanwendungen* auf die Schaltfläche *Netzwerkanwendung hinzufügen.*
2. Im ersten Schritt des so gestarteten Assistenten geben Sie der Netzwerkanwendung einen Namen. Der bezieht sich nur auf die Darstellung in der Weboberfläche der FRITZ!-Box, kann also frei gewählt werden.
3. Klicken Sie dann unten rechts auf die Schaltfläche *Weiter.*
4. Wählen Sie nun zuerst das für die Übertragung verwendete *Protokoll* aus. In unserem Beispiel definieren wir zunächst die *TCP*-Ports gemäß den Vorgaben für die Anwendung.

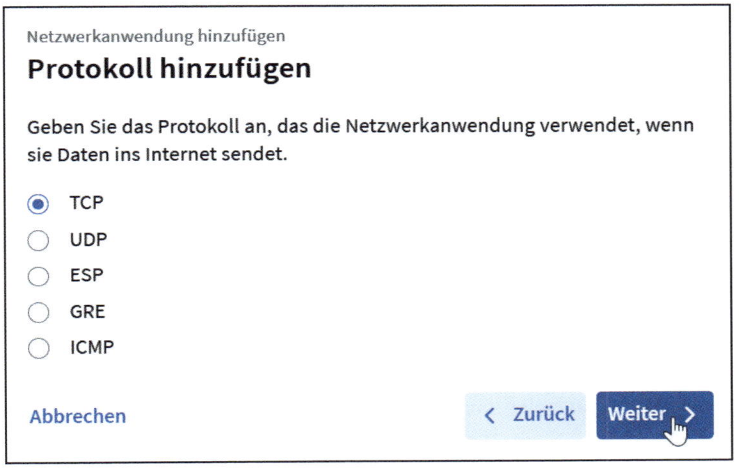

5. Bei *Quellport* können Sie es meist bei der Einstellung *Beliebig* belassen. Diese Angabe bezieht sich auf das Gerät im Heimnetzwerk, das den Datentransfer veranlasst. Es gibt allerdings beispielsweise *Portfreigaben* (unter *Internet/Freigaben*), bei denen die FRITZ!Box Datenpakete, die an einem Port ankommen, an einen anderen Port eines anderen Gerätes weiterleitet. Für solche Fälle können Sie auch Quellports angeben und eine Netzwerkanwendung speziell dafür definieren.
6. Wählen Sie bei *Zielport* die Option *Port Reichweite* und geben Sie im Feld darunter die Portnummer ein. Handelt es sich um einen ganzen Portbereich, geben Sie links die niedrigste und rechts die höchste verwendete Portnummer ein. Dadurch wird der gesamte zusammenhängende Zahlenbereich dazwischen erfasst.

7. Klicken Sie unten auf *Fertig*, um die Protokoll-Definition zu speichern.

Benötigt eine Netzwerkanwendung verschiedene Protokolle bzw. Portbereiche, öffnen Sie den einmal eingerichteten Eintrag in der Übersicht und können dann mit *Protokoll hinzufügen* weitere Freigaben ergänzen. Achten Sie darauf, jeweils das korrekte Protokoll (TCP bzw. UDP) anzugeben. Bei den Protokollen ESP, GRE und ICMP werden keine Portangaben benötigt, da diesen ohnehin feste Portnummern zugeordnet sind.

Netzwerkanwendungen zum Priorisieren nutzen

Auf Seite 181 ist beschrieben, wie Sie bestimmte Internetanwendungen bevorzugen oder drosseln können. Wenn Sie nun wie vorangehend beschrieben eine eigene Netzwerkanwendung definiert haben, wird diese ab sofort in der Auswahlliste der Anwendungen mit aufgeführt und Sie können sie beispielsweise als *Echtzeitanwendung* oder *Priorisierte Anwendung* bevorzugen lassen.

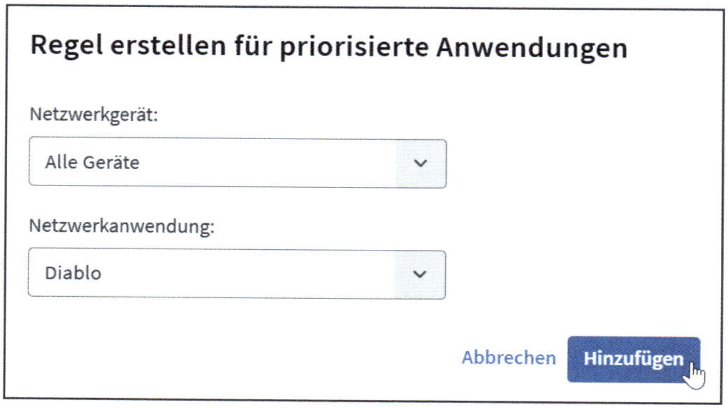

Extra-Schutz mit dem Stealth-Modus

Neben Filterlisten, die Sie selbst nach Ihren Bedürfnissen anpassen können, gibt es einige globale Filter, mit denen die FRITZ!Box Ihre Sicherheit vor Angriffen und Ausspähungen aus dem Internet erhöht. Allerdings sind nicht alle diese Filter ab Werk auch aktiv. Deshalb sollten Sie die Einstellungen überprüfen und ggf. anpassen.

Außerdem ist es wichtig, diese Filter zu kennen, um eventuelle Probleme zu verstehen, die sich dadurch ergeben könnten. Sie finden die Optionen für die Filter ebenfalls im Menü *Internet/Filter* in der Rubrik *Listen*. Klicken Sie dort ganz unten auf *Globale Filtereinstellungen*.

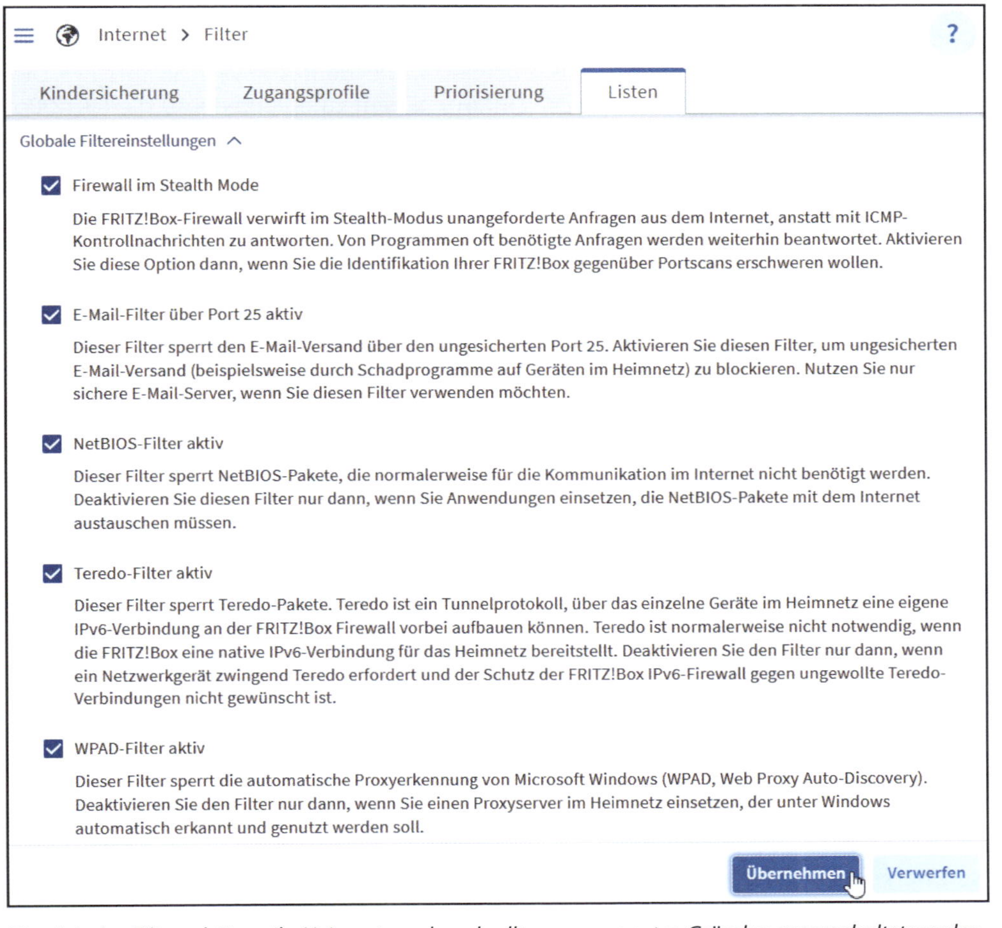

Die globalen Filter schützen Ihr Heimnetzwerk und sollten nur aus guten Gründen ausgeschaltet werden

Firewall im Stealth Mode

Über die Internetverbindung ist die FRITZ!Box Teil des Internets. Sie schützt die angeschlossenen Heimnetzgeräte, indem sie standardmäßige keine Datenpakete weiterleitet, die nicht von einem der Geräte angefordert wurden. Die FRITZ!Box selbst aber antwortet durchaus auf bestimmte Anfragen, und wenn die Antwort nur besagt, dass ein bestimmter Port gesperrt oder mit einem Zugangsschutz versehen ist. Das ist an sich kein Sicherheitsrisiko, aber es kann von Angreifern dafür genutzt werden, den Anschluss auszuspionieren (sogenannte Portscans). Besser wäre es, die FRITZ!Box würde Anfragen einfach ignorieren und so keine weiteren Hinweise auf ihre Existenz unter dieser IP-Nummer geben.

Genau dieses Verhalten lässt sich mit der Option *Firewall im Stealth Mode* erreichen. Ist diese Option aktiviert, ignoriert die FRITZ!Box Anfragen aus dem Internet, die Ports betreffen, für die keine Freigaben ins Heimnetzwerk definiert sind. Beantwortet werden weiterhin ICMP Echo Requests (auch als »Pings« bezeichnet) sowie Ident-Anfragen an Port 113. Dies erschwert es Angreifern, durch Portscans Informationen zu erlangen und die FRITZ!Box beispielsweise als solche zu erkennen. Das wiederum verhindert, dass eventuelle FRITZ!-Box-spezifische Sicherheitslücken ausgenutzt werden können, um Zugang zu Ihrem Heimnetz zu erlangen.

E-Mail-Filter über Port 25 aktiv

Auf dem Port mit der Nummer 25 können E-Mails ungesichert über Postausgangsserver verschickt werden. Früher war das mal die Standardmethode für den Postversand. Mittlerweile aber werden dafür in der Regel gesicherte und verschlüsselte Wege über andere Ports verwendet. Genutzt wird der Port 25 aber weiterhin von Schadprogrammen wie Trojanern, um mit ihren Urhebern zu kommunizieren.

Stellen Sie also sicher, dass die von Ihnen genutzten E-Mail-Anwendungen und -Apps zeitgemäße Sicherheitsverfahren auf den entsprechenden Ports verwenden, und aktivieren Sie dann diesen Filter. So verhindern Sie den potenziellen Missbrauch dieses Ports und machen Trojanern & Co. das Leben schwer.

NetBIOS-Filter aktiv

Das **Net**work **B**asic **I**nput **O**utput **S**ystem ermöglicht Datenverbindungen zwischen zwei Geräten über ein lokales Netzwerk. Dazu gewährleistet es die Namensauflösung, den Verbindungsaufbau und den Transport der Datenpakete. Und das alles auf eine »narrensichere« Art und Weise, die möglichst viel automatisch macht und dem Anwender wenig abverlangt. Und die auch keine besonders ausgeprägten Sicherheitsmerkmale bietet. Das ist nicht schlimm, da NetBIOS-Verbindungen üblicherweise eben nur innerhalb lokaler Netzwerke verwendet werden.

Allerdings gab es in der Vergangenheit immer wieder Sicherheitslücken, wodurch der Zugriff auf lokale Ressourcen via NetBIOS aus dem Internet ermöglicht wurde. Aus diesem Grund blockieren FRITZ!Boxen standardmäßig NetBIOS-Verbindungen mit dem Internet.

Das ist auch gut so und Sie sollten diese Option eingeschaltet lassen. Es gibt einige wenige Ausnahmen wie etwa den Online-Speicher HiDrive des Internetanbieters Strato. Um diesen nutzen zu können, müssten Sie die Option *NetBIOS-Filter aktiv* ausschalten.

Teredo-Filter aktiv

Teredo ist ein Protokoll, durch das man IPv6-Datenpakete über IPv4-Verbindungen tunneln kann. Es lässt sich damit also IPv6 nutzen, selbst wenn eine Teilstrecke der Verbindung nur IPv4 beherrscht. Teredo wird aber nur von wenigen Geräten und Diensten benötigt, insbesondere da sich zunehmend »echtes« IPv6 durchsetzt, auf das man im Zweifelsfall eher setzen sollte. Deshalb blockiert Ihre FRITZ!Box standardmäßig sämtliche Teredo-Datenpakete. Das sollten Sie auch so belassen, sofern Sie nicht Geräte oder Anwendungen nutzen, die ausdrücklich eine Teredo-Unterstützung voraussetzen.

WPAD-Filter aktiv

Web **P**roxy **A**uto-**D**iscovery ist ein 20 Jahre altes Protokoll, mit dem Proxy-Server im lokalen Netzwerk automatisch erkannt und konfiguriert werden können. Leider ist es nicht völlig sicher und kann missbraucht werden, um einen Proxy-Server in böswilliger Absicht in ein Netzwerk einzuschleusen, in dem er den Datenverkehr an sich ziehen, belauschen und manipulieren kann. Aus diesem Grund bringt die FRITZ!Box eine Funktion mit, die solche WPAD-Datenpakete automatisch herausfiltert. Nur falls Sie einen Proxy-Server für Ihr Netzwerk betreiben und die Geräte deshalb per WPAD automatisch eingestellt werden sollen, können Sie diese Option deaktivieren.

UPnP-Filter aktiv

Über das UPnP-Protokoll kommunizieren Geräte im Netzwerk untereinander und informieren sich so gegenseitig über verfügbare Dienste und wie diese genutzt werden können. Allerdings kann UPnP auch Sicherheitsrisiken mit sich bringen, da es potenziellen Angreifern ermöglicht, unbefugten Zugriff auf Geräte im Netzwerk zu erhalten oder Ports ohne Zustimmung des Benutzers zu öffnen. Der UPnP-Filter der FRITZ!Box verhindert, dass der Port 1900, über den UPnP-Geräte zusammenfinden und Verbindungsdetails aushandeln, für Anfragen aus dem Internet erreichbar ist. So können UPnP-Geräte nur innerhalb des lokalen Netzwerks miteinander kommunizieren, was in der Regel völlig ausreichend ist.

Direkte Kontrolle mit dem Online-Monitor

Der eingebaute Online-Monitor der FRITZ!Box erlaubt es, den Datenverkehr mit dem Internet in Echtzeit visuell zu verfolgen. So kann man gerade bei Engpässen schnell erkennen, wodurch diese verursacht werden. Denn die FRITZ!Box zeigt unter *Internet/Online-Monitor* nicht nur pauschal die Menge des Datenverkehrs an, sondern macht feine Unterscheidungen auf einen Blick möglich.

- Ganz oben wird der derzeitige *Downstream* dargestellt, also die Daten, die aus dem Internet in Ihr Heimnetzwerk fließen. Dabei unterscheidet die Anzeige farblich zwischen allgemeinen Internetdaten, IPTV und Datenpaketen, die dem Gastzugang zugeordnet werden. Die Farblegende finden Sie ganz unten.

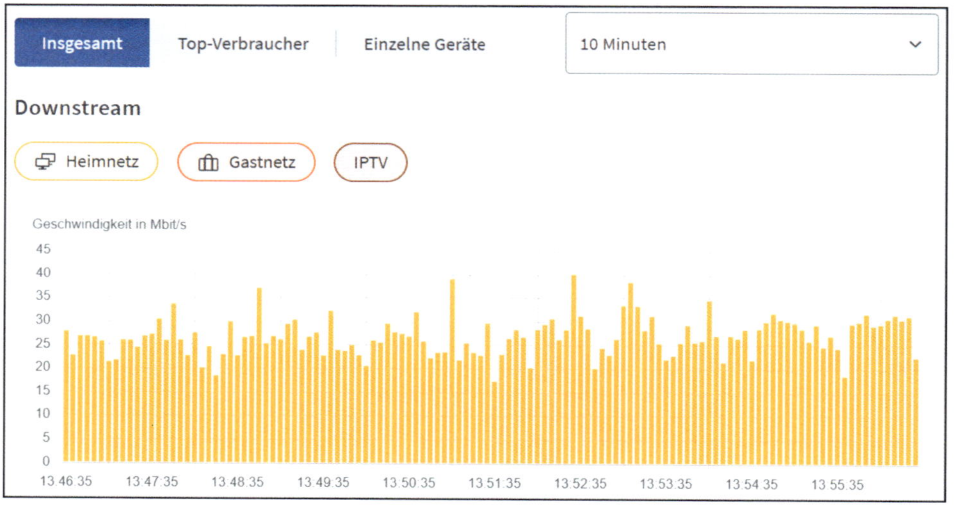

- Die Anzeige für den *Upstream* ist sogar noch feiner unterteilt. Hier können Sie auf den ersten Blick erkennen, ob laufende Echtzeit- oder priorisierte Anwendungen den Zugang exklusiv reservieren, ob Hintergrundanwendungen überdurchschnittlich viel Anteil erfordern oder ob unerwartete Aktivitäten von Gastanwendungen sich spürbar auswirken.

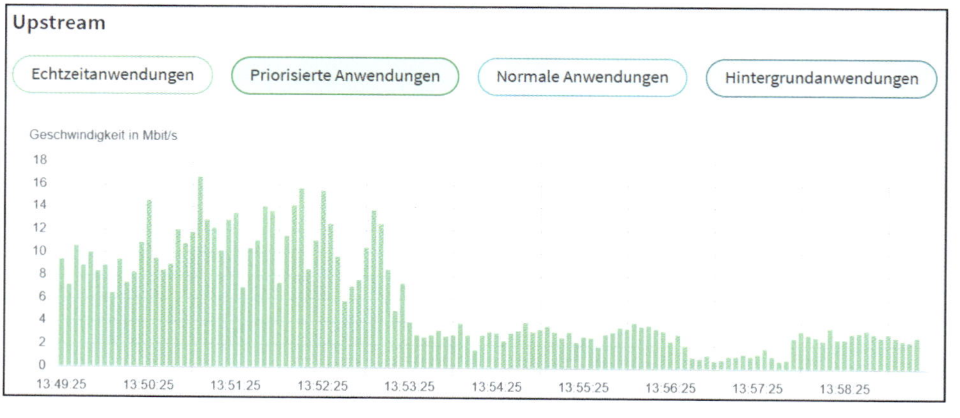

Der Online-Monitor ist nicht nur bei konkreten Engpässen nützlich, sondern kann auch dabei helfen, die Priorisierung wichtiger Anwendungen zu optimieren. Wenn Sie bestimmte Anwendungen priorisiert haben und dann ausführen, sollte sich dies in der Grafik deutlich widerspiegeln. Echtzeit- bzw. priorisierte Anwendungen sollten dann den größten Teil der Darstellung übernehmen. Wenn weiterhin normale oder Hintergrundanwendungen einen deutlichen Anteil haben, hat die FRITZ!Box die Netzwerkanwendung eventuell noch nicht als solche erkannt, und die Definition muss vervollständigt werden (siehe Seite 186).

Einzelne Geräte überwachen

Neben dem gesamten Internetverkehr können Sie auch die Transfers ausgewählter Geräte individuell überwachen. Dazu wählen Sie zunächst bis zu zwölf Geräte aus, deren Daten erfasst werden sollen. Lokalisieren Sie diese in der Liste unter *Heimnetz/Netzwerk* und öffnen Sie mit dem Stift-Symbol jeweils ganz rechts im Eintrag die Eigenschaften.

In der Rubrik *Allgemein* finden Sie recht weit unten den Abschnitt *Online-Monitor*, in dem Sie die Option *Internet-Datenraten (Downstream & Upstream) für dieses Gerät speichern* einschalten. Wiederholen Sie das bei allen (maximal sieben) Geräten, deren Transfers Sie interessieren.

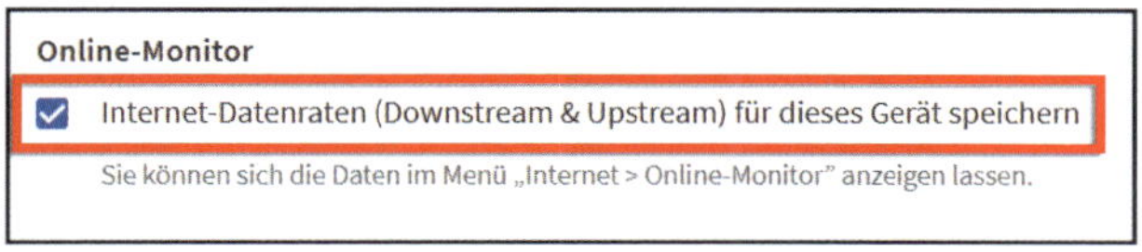

1. Nun können Sie unter *Internet/ Online-Monitor* in der Rubrik *Online-Monitor* zu *Einzelne Geräte* wechseln.

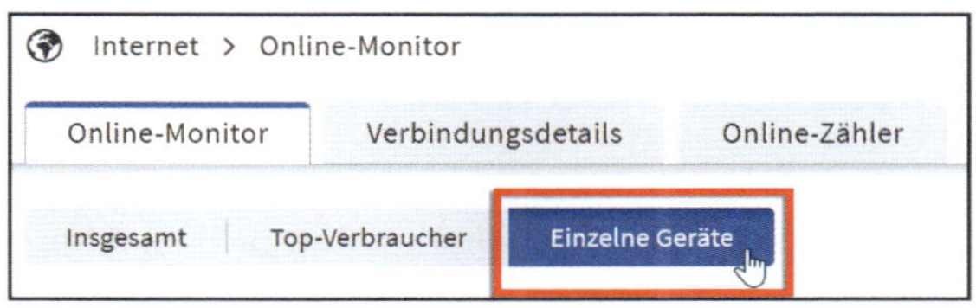

2. Klicken Sie hier zunächst auf *Auswahl anpassen* und setzen Sie im so geöffneten Dialog Häkchen bei den Geräten, die Sie vergleichen möchten. Bestätigen Sie Ihre Auswahl mit *Übernehmen*.

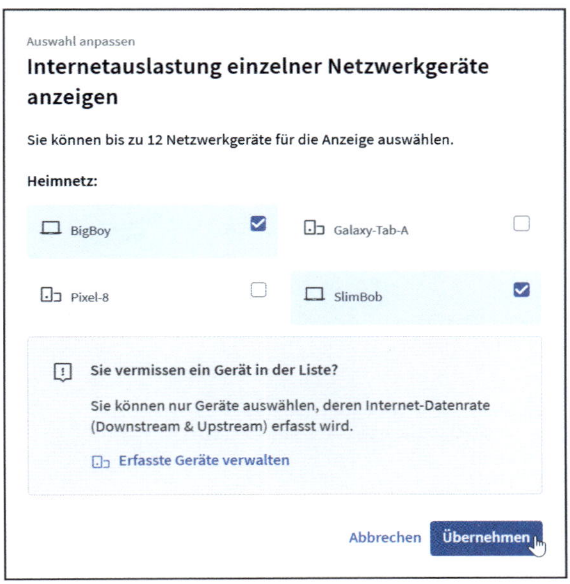

3. Sie sehen in den Diagrammen für Downstream und Upstream dann die Werte der gewählten Geräte, die jeweils mit anderen Farben gekennzeichnet sind.

4. Mit einem Klick auf eine der Schaltflächen für die verschiedenen Geräte können Sie deren Kurven nach Belieben ein- und ausblenden.

Verbindungsdetails

In der Rubrik *Verbindungsdetails* sehen Sie die aktuellen Daten der Internetverbindung einschließlich IP-Adressen, DNS-Servern und aktiver Portfreigaben. Ganz unten können Sie mit *Neu verbinden* die Onlineverbindung trennen und wiederherstellen, um beispielsweise eine neue IP-Adresse von Ihrem Anbieter zu erhalten.

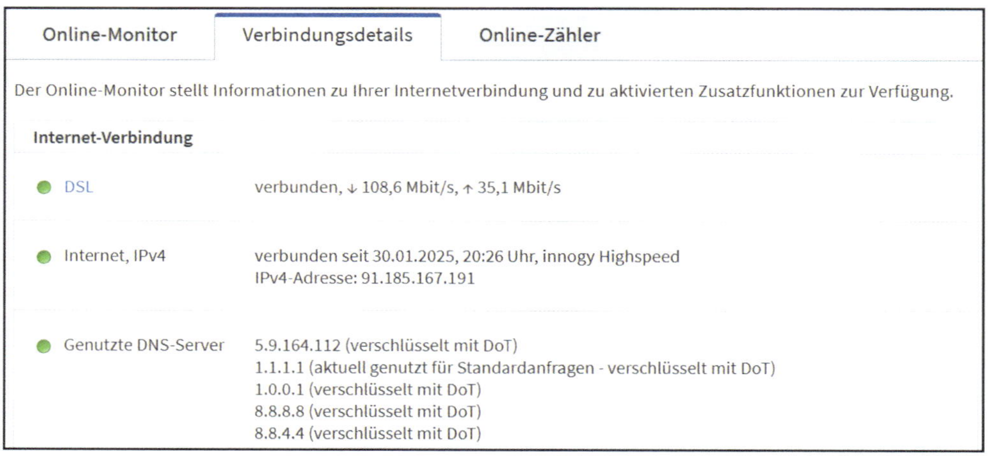

Onlinevolumen und -kosten überwachen

In der Rubrik *Online-Zähler* können Sie erfassen, wie viele Daten in einem bestimmten Zeitraum über Ihre Internetverbindung geflossen sind. Bei einer Flatrate spielt dies keine Rolle, kann allerdings interessant sein, um Änderungen im Nutzerverhalten oder eventuell ungewöhnliche Aktivitäten aufzudecken.

Wenn Sie hingegen einen Onlinetarif mit Volumen- oder Zeitbegrenzung gebucht haben, kann die FRITZ!Box dieses Volumen für Sie überwachen und Sie bei Erreichen darüber in Kenntnis setzen.

- Direkt in der Rubrik *Online-Zähler* finden Sie oben eine Tabelle der Verbrauchsübersicht, jeweils für verschiedene zurückliegende Zeiträume. Gerade der Vergleich *Aktueller Monat* gegen *Vormonat* kann aufschlussreich sein, um die Auswirkungen von veränderten Einstellungen oder neu hinzugekommenen Online-Anwendungen auszuwerten.

  Auch das Verhältnis zwischen gesendeten und empfangenen Daten kann aufschlussreich sein. Allerdings wird es nicht automatisch berechnet und angezeigt, sodass man dafür selbst zum Taschenrechner greifen muss.

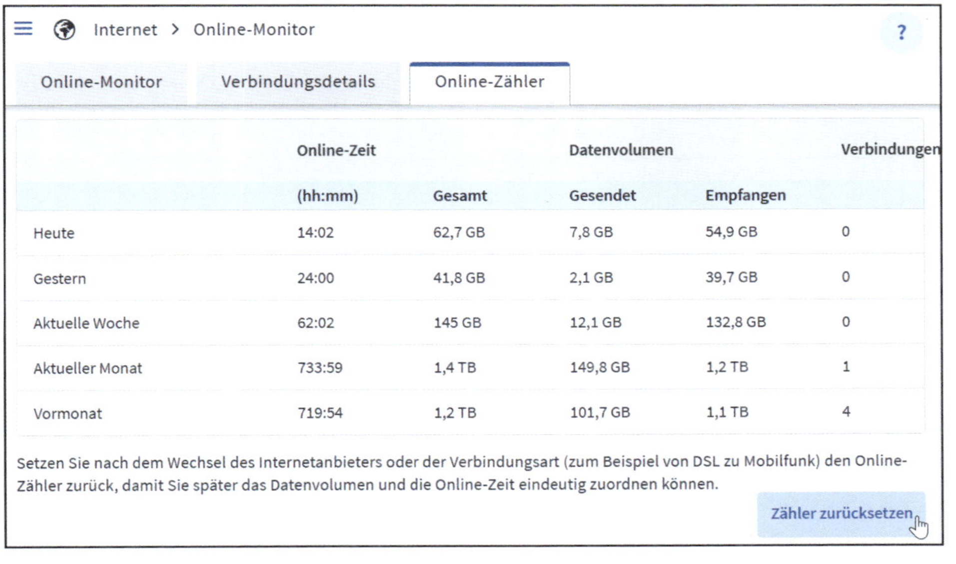

	Online-Zeit		Datenvolumen		Verbindungen
	(hh:mm)	Gesamt	Gesendet	Empfangen	
Heute	14:02	62,7 GB	7,8 GB	54,9 GB	0
Gestern	24:00	41,8 GB	2,1 GB	39,7 GB	0
Aktuelle Woche	62:02	145 GB	12,1 GB	132,8 GB	0
Aktueller Monat	733:59	1,4 TB	149,8 GB	1,2 TB	1
Vormonat	719:54	1,2 TB	101,7 GB	1,1 TB	4

- Darunter im Abschnitt *Verbrauch im Abrechnungszeitraum* können Sie mit *Tarif bearbeiten* einen weiteren Dialog öffnen. Aktivieren Sie hier die Option *Tarif-Informationen verwenden*, um die weiteren Einstellungen zu aktivieren. Wählen Sie dann zwischen *Volumentarif* und *Zeittarif* und geben Sie das verfügbare Volumen bzw. die Stunden pro Monat an. Wenn das Übertragungsvolumen pro Verbindung aufgerundet wird, können Sie die Einheit dafür angeben, damit die FRITZ!Box passend zu den Tarifvorgaben abrechnen kann. Zusätzlich können Sie festlegen, an welchem Tag des Monats jeweils ein neuer Abrechnungszeitraum beginnt.

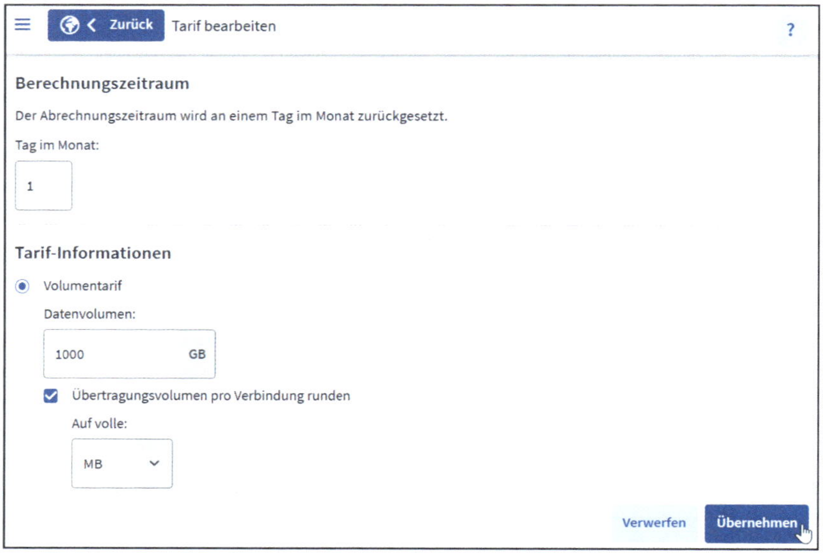

- Haben Sie einen Tarif festgelegt, sehen Sie direkt unter *Online-Zähler*, wie viel des Monatsvolumens bereits verbraucht wurde.

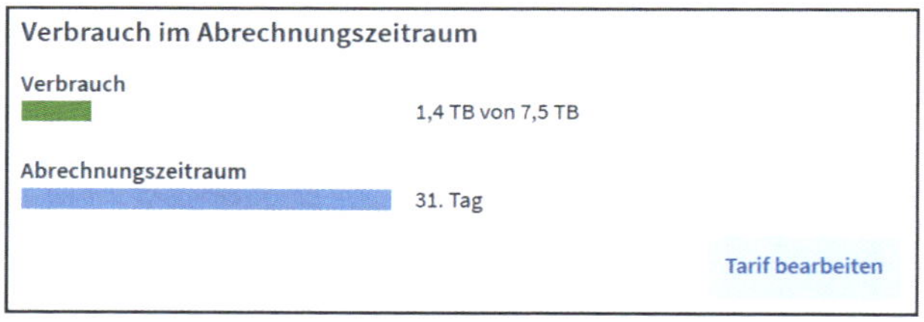

Warnung bei Erreichen des Volumens

Selbstverständlich müssen Sie nicht ständig nachschauen, ob das verfügbare Volumen für den Monat eventuell schon aufgebraucht ist. Zum einen können Sie sich regelmäßig per E-Mail vom Push-Service über den aktuellen Verbrauch informieren lassen. Aktivieren Sie dafür *FRITZ!Box-Info* und dort in den Einstellungen *Statistik zur Online-Zeit*. Darunter können Sie angeben, wie häufig diese Mail versendet werden soll (mehr zum Push-Service lesen Sie auf Seite 360). Unmittelbar bei Erreichen des Volumenlimits können Sie sich mithilfe der *Info*-Kontrollleuchte an der FRITZ!Box informieren lassen. Wählen Sie dazu unter *System/Tasten und LEDs* bei *Eines der folgenden Ereignisse können Sie mit der Info-LED anzeigen lassen* die Option *Freies Onlinevolumen/freie Onlinezeit aufgebraucht - LED blinkt*.

3.3 Mit MyFRITZ! von unterwegs auf das Heimnetz zugreifen

MyFRITZ! ist eine komfortable Alternative zur Weboberfläche Ihrer FRITZ!Box. Sie beschränkt sich auf wesentliche Funktionen und stellt nicht alle Details und Einstellungen bereit. Dafür präsentiert sie sich in einer schicken Oberfläche, die insbesondere auch für Touch-Geräte wie Smartphones und Tablets optimal bedienbar ist. Und wer möchte, kann die dazu passende kostenlose *MyFRITZ!App* installieren.

Das Besondere an MyFRITZ! ist aber, dass es nicht nur im Heimnetzwerk funktioniert. Wenn Sie sich für den kostenlosen MyFRITZ!-Dienst des Herstellers anmelden, können Sie Ihre FRITZ!Box per Webbrowser oder App von überall per Internet erreichen und so jederzeit bequem Nachrichten abhören, auf gespeicherte Dateien zugreifen oder auch Smart-Home-Geräte steuern.

MyFRITZ!-Konto anlegen und verbinden

Wenn Sie MyFRITZ! nicht nur innerhalb Ihres Heimnetzwerks nutzen möchten, sondern auch von unterwegs, bietet der Hersteller den kostenlosen MyFRITZ!-Dienst an. Der besteht im Wesentlichen aus einem speziell für die FRITZ!Box angepassten DynDNS-Server. Zusätzlich brauchen Sie sich dabei nicht um Domainnamen und Ähnliches zu kümmern, sondern können sich jederzeit über die Webadresse myfritz.net mit Ihren Zugangsdaten anmelden und werden von dort an Ihre persönliche FRITZ!Box »weitergeleitet«.

1. Um ein MyFRITZ!-Konto zu erstellen, rufen Sie in der Weboberfläche Ihrer FRITZ!Box das Menü *Internet/MyFRITZ!-Konto* auf.
2. Im anschließenden Dialog geben Sie zunächst *Ihre E-Mail-Adresse* ein. Sollten Sie diese E-Mail-Adresse früher bereits für MyFRITZ! registriert haben, wird diese FRITZ!Box dem bestehenden MyFRITZ!-Konto hinzugefügt, andernfalls wird ein neues Konto erstellt.

3. Sie erhalten nun eine Nachricht an die angegebene E-Mail-Adresse. Klicken Sie den darin enthaltenen Bestätigungslink an, um die Anmeldung fortzusetzen.

4. Kehren Sie dann zur Weboberfläche der FRITZ!Box zurück und warten Sie ggf. kurz ab, bis der Status dort aktualisiert wurde. Dies kann ein bis zwei Minuten dauern. Dann sollte dort die Meldung *Ihre FRITZ!Box ist bei MyFRITZ! angemeldet* stehen.
5. Klicken Sie hier unterhalb der Meldung auf den Link *myfritz.net*, um das Einrichten des Kontos abzuschließen.

6. Klicken Sie auf der Anmeldeseite auf *Kennwort vergessen oder noch keines hinterlegt?*. Überprüfen Sie im nachfolgenden Dialog die E-Mail-Adresse und klicken Sie dann auf *Link zum Kennwort vergeben anfordern*.

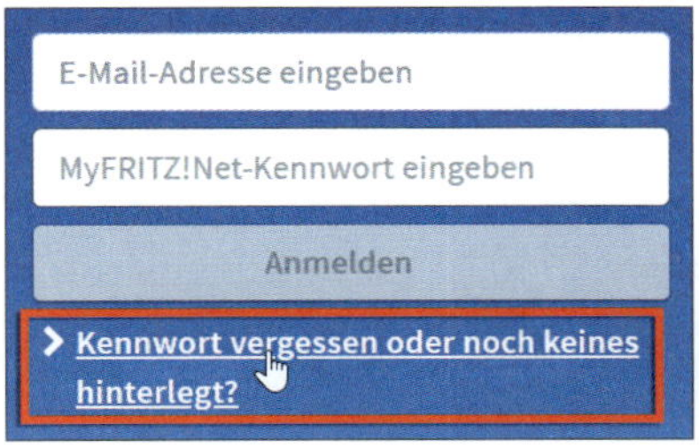

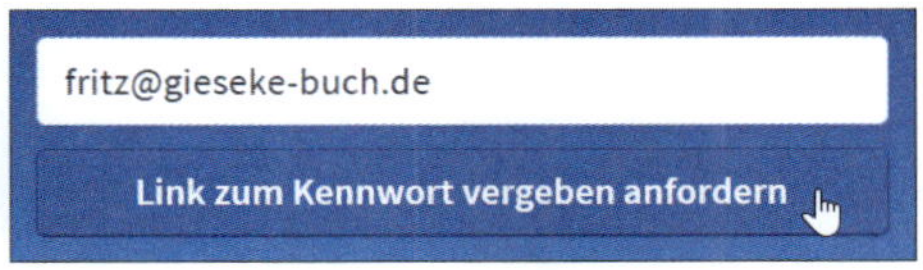

7. Sie erhalten dann erneut eine E-Mail an die registrierte Adresse. Klicken Sie darin auf den Link *Neues MyFRITZ!-Kennwort vergeben*.
8. Tippen Sie im so geöffneten Webformular (zweimal) das gewünschte Kennwort ein. Da dieses ggf. den Zugriff auf MyFRITZ! und auf Ihre FRITZ!Box ermöglicht, sollte es möglichst sicher gewählt werden.
9. Zusätzlich können Sie darunter einen persönlichen Text eingeben, der dem Betreff aller von MyFRITZ! an Sie gesendeten Nachrichten vorangestellt wird. An diesem Schlüsselwort können Sie die Authentizität dieser Nachrichten sofort erkennen und von Betrugsversuchen unterscheiden.

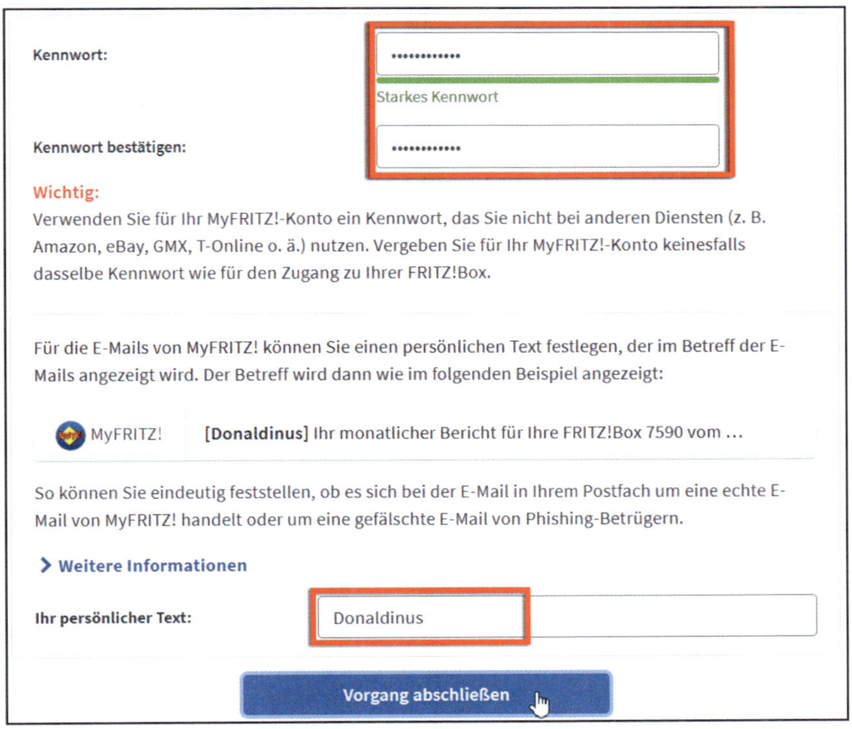

10. Klicken Sie dann ganz unten auf *Vorgang abschließen*, um das neue Kennwort festzulegen.
11. Kehren Sie nun nochmals zur Weboberfläche Ihrer FRITZ!Box zurück in den Bereich *Internet/MyFRITZ!-Konto* und klicken Sie hier im Abschnitt *MyFRITZ!-Internetzugriff* auf die Schaltfläche *MyFRITZ!-Internetzugriff einrichten*. (Sollte diese Schaltfläche nicht angezeigt werden, ist dieser Schritt bereits erledigt.) Alles Weitere erledigt die FRITZ!-Box allein.

Ist die Einrichtung abgeschlossen, können Sie jederzeit – auch außerhalb Ihres Heimnetzwerks – in einem beliebigen Webbrowser die Adresse myfritz.net abrufen und sich mit der E-Mail-Adresse und dem Kennwort dort anmelden. Sie erhalten dann einen Überblick über die bei diesem MyFRITZ!-Konto registrierten FRITZ!Boxen (meist nur eine).

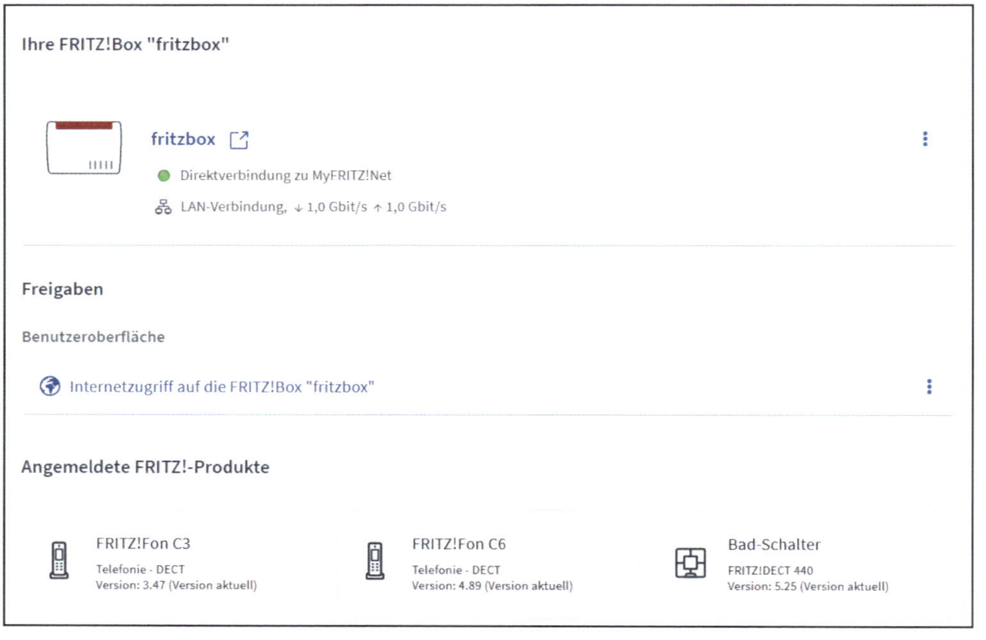

Zusätzlich werden dort auch die mit der FRITZ!Box verbundenen Geräte angezeigt. Der Name Ihrer FRITZ!Box in der Übersicht ist ein Link, der Sie direkt zur Weboberfläche Ihrer FRITZ!Box bringt.

Um sich dort auch von außerhalb Ihres Heimnetzwerks anmelden zu können, müssen Sie in Ihrer FRITZ!Box allerdings ein Benutzerkonto anlegen, dem der Zugriff aus dem Internet erlaubt ist (siehe Seite 231).

Die DynDNS-Adresse von MyFRITZ!

Wenn Sie Ihre FRITZ!Box erfolgreich für MyFRITZ! registriert haben und dann erneut das Menü *Internet/MyFRITZ!-Konto* öffnen, finden Sie hier nun im Feld *Ihre MyFRITZ!-Adresse* die Adresse, die MyFRITZ! für Ihre FRITZ!Box eingerichtet hat. Diese können Sie auch außerhalb von MyFRITZ! für externe Zugriffe auf Geräte im Heimnetzwerk verwenden. Allerdings müssen Sie die passenden Portfreigaben dafür manuell in der FRITZ!Box anlegen (mehr dazu ab Seite 203).

MyFRITZ!-Funktionen nutzen

Die MyFRITZ!-Weboberfläche ist im Großen und Ganzen recht intuitiv und selbsterklärend.

Sie besteht aus vier Bereichen:

- **Alle Anrufe**
  Hier sehen Sie eine Liste der letzten Anrufe sowie eingegangene Sprachnachrichten. Mit dem *Menü*-Symbol können Sie die Liste filtern, um sich beispielsweise nur Sprachnachrichten anzeigen zu lassen.
- **NAS-Speicher**
  Dieser Bereich ermöglicht den Zugriff auf die auf der FRITZ!Box bzw. auf den dort angeschlossenen Speichermedien abgelegten Dateien. Beachten Sie, dass Sie hier nur die Speicherordner sehen, die für den gewählten Benutzer freigegeben sind.
- **Komfortfunktionen**
  Dieser Bereich versammelt einige wichtige FRITZ!Box-Funktionen, die sich so leicht und komfortabel bedienen lassen. So können Sie hier das WLAN ein- und ausschalten, eine WPS-Anmeldung durchführen oder den Gastzugang aktivieren. Auch Rufumleitungen und Weckrufe lassen sich hier bequem einstellen.
- **Smart Home**
  Wenn Sie Smart-Home-Geräte von FRITZ! an Ihrer FRITZ!Box angemeldet haben, sehen Sie hier deren Status und können sie ggf. auch direkt steuern.

Beachten Sie, dass die MyFRITZ!-Oberfläche ein responsives Webdesign verwendet, das sich automatisch an die im Webbrowser verfügbare Bildschirmfläche anpasst. Das bedeutet, dass die Oberfläche beispielsweise auf einem Smartphone anders aussieht als an einem Tablet oder einem PC mit großem Bildschirm.

Außerdem spielt es beispielsweise unter Windows eine Rolle, wie groß das Browserfenster ist. Durch Ändern der Fenstergröße kann man die verschiedenen Varianten der Darstellung gut ausprobieren und seinen Favoriten finden.

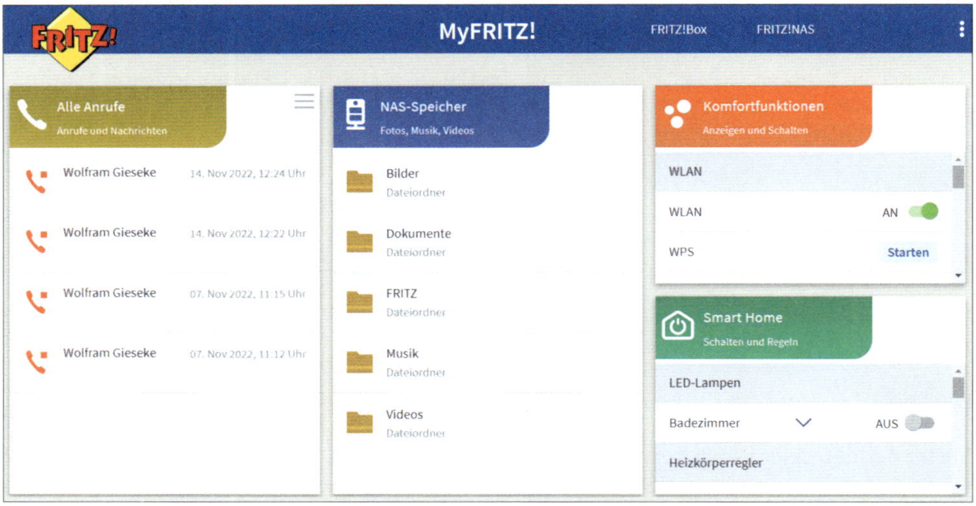

MyFRITZ! ist ein komfortabler, touchoptimierter Zugang zu den wichtigsten Funktionen und Informationen

Die MyFRITZ!App für Smartphones und Tablets

Wer den bequemen Zugriff auf sein Heimnetzwerk per Smartphone oder Tablet immer dabeihaben möchte, der sollte sich die *MyFRITZ!App* anschauen, die für Android- und iOS-Geräte kostenlos im jeweiligen App Store erhältlich ist. Sie verpackt den Zugriff auf Ihre FRITZ!Box in eine handliche Oberfläche und macht die Verwendung von Webbrowser und MyFRITZ!-Anmeldeseite überflüssig.

Beachten Sie dabei, dass Sie die App am besten zum ersten Mal starten, während Sie mit dem Gerät per WLAN im Heimnetzwerk angemeldet sind. Dann findet die App Ihre FRITZ!Box automatisch. Nachdem Sie sich mit dem Zugangspasswort angemeldet haben, werden die Daten abgeglichen und die App konfiguriert sich entsprechend. Ist Ihre FRITZ!Box für den Fernzugang eingerichtet, können Sie die App anschließend auch unterwegs nutzen.

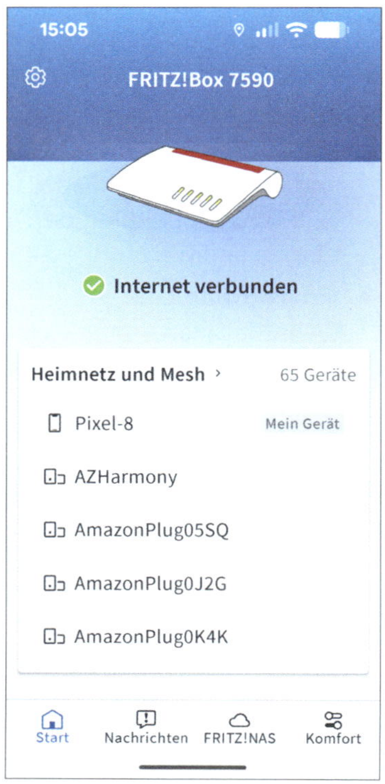

Das wesentliche Element der FRITZ!Box ist das Hauptmenü am unteren Bildschirmrand. Hier finden Sie wesentliche MyFRITZ!-Bereiche wie *Nachrichten* und *FRITZ!NAS* sowie *Komfort*-Funktionen wieder. Unter

Start/Heimnetz und Mesh finden Sie eine Übersicht Ihrer Heimnetzgeräte. Sofern diese über eigene Weboberflächen verfügen, können Sie auch diese von hier aus öffnen. Zusätzlich können Sie mit *Benutzerfläche öffnen* direkt auf die Weboberfläche Ihrer FRITZ!Box zugreifen.

3.4 Zugang aus dem Internet auf das Heimnetzwerk

Der Zugang von angeschlossenen Heimnetzwerkgeräten zum Internet ist eine der Hauptaufgaben einer FRITZ!Box und das bewältigt sie in der Regel auch ohne Schwierigkeiten. Es gibt aber auch den umgekehrten Weg, nämlich den Zugriff aus dem Internet auf Geräte im Heimnetzwerk. Wenn Sie beispielsweise unterwegs wichtige Dokumente benötigen, die Sie zu Hause auf Ihrem PC oder im Netzwerkspeicher der FRITZ!Box abgelegt haben, wäre es doch praktisch, sich mit dem Notebook oder auch einem Smartphone zu Hause einwählen und auf diese Dateien zugreifen zu können. Das ist auch möglich, wenn Sie die erforderlichen Vorbereitungen treffen und Ihre FRITZ!Box vorher einmalig dafür einstellen.

FRITZ!Box per DynDNS erreichbar machen

Die erste Schwierigkeit beim Zugriff auf das Heimnetzwerk von unterwegs ist die Internetadresse. Eine solche Internetadresse hat nur die FRITZ!Box selbst. Sie verteilt die ankommenden Daten dann an die angeschlossenen Geräte weiter. Aber auch die FRITZ!Box hat nicht unbedingt immer dieselbe Adresse. IP-Adressen sind nur begrenzt vorhanden und werden von den Internetanbietern dynamisch vergeben. Ihre FRITZ!Box ist deshalb unter Umständen nach jedem Herstellen der Internetverbindung unter einer neuen Adresse erreichbar.

MyFRITZ!-Konto

Wenn Sie wie im vorangehenden Abschnitt beschrieben ein MyFRITZ!-Konto eingerichtet und den MyFRITZ!-Internetzugriff konfiguriert haben (*Internet/MyFRITZ!-Konto*), nutzen Sie im Prinzip bereits DynDNS, denn MyFRITZ! verwendet genau diese Technologie. Unter der bei *MyFRITZ!-Internetzugang* angegebenen Adresse können Sie Ihre FRITZ!Box von überall aus dem Internet erreichen. Wer mit MyFRITZ! nicht zufrieden ist oder lieber auf einen unabhängigen DynDNS-Anbieter setzen möchte, kann aber stattdessen auch diesen in seiner FRITZ!Box einrichten.

Damit es trotzdem möglich ist, sich von außerhalb zuverlässig mit Ihrer FRITZ!Box und Ihrem Heimnetzwerk dahinter zu verbinden, gibt es Dynamisches DNS oder kurz DynDNS. Hierbei kommt wie beim normalen DNS ein DNS-Server zum Einsatz. Bei diesem melden Sie sich an und bekommen dort eine eindeutige IP-Adresse zugeteilt. Diese ist zwar nicht frei wählbar und etwas kryptisch, hat aber den Vorteil, dass Sie bzw. Ihre FRITZ!Box jederzeit darunter erreichbar sind.

Denn Ihre FRITZ!Box meldet sich automatisch nach jeder Interneteinwahl bzw. wann immer sich die vom Internetanbieter zugewiesene dynamische IP-Nummer geändert hat, beim DynDNS-Server und teilt diesem die aktuelle IP-Nummer mit. Somit kann dieser stets Verbindungen zur DynDNS-Adresse der FRITZ!Box an die korrekte IP-Nummer weiterleiten.

Kein DynDNS hinter einem anderen Router

Wenn Ihre FRITZ!Box den Zugang zum Internet nicht selbst herstellt, sondern dafür einen externen Router am *LAN 1*- bzw. *WAN*-Anschluss verwendet, hat sie keine eigene Internetnummer, sondern diese liegt beim Router. Da die FRITZ!Box die IP-Nummer nicht kennt, kann sie auch nichts an einen DynDNS-Server übermitteln. Sie können DynDNS in dieser Konstellation trotzdem verwenden, müssen es aber im Router einrichten, sofern dieser das unterstützt. Sollen die FRITZ!Box oder Heimnetzgeräte an ihr aus dem Internet erreichbar sein, müssen Sie außerdem im Router entsprechende Portweiterleitungen einrichten (siehe Seite 207).

Die FRITZ!Box für DynDNS einstellen

Für die folgende Anleitung gehe ich davon aus, dass Sie sich bereits bei einem DynDNS-Anbieter angemeldet haben. Andernfalls helfen Google & Co. dabei, einen geeigneten Dienstleister zu finden. Dieser stellt Ihnen alle Informationen bereit, die Sie für das Einrichten des DynDNS-Zugangs in Ihrer FRITZ!Box benötigen:

- *Domainname*
  Das ist der Name Ihrer individuellen DynDNS-Internetadresse. Sie setzt sich in der Regel aus dem Domainnamen des DynDNS-Anbieters (beispielsweise *dyndns.org*) und dem gewählten bzw. zugeteilten individuellen Subdomain-Namen (beispielsweise *meineurl12345*) zusammen. Insgesamt würde der Domainname in diesem Beispiel also *meineurl12345.dyndns.org* lauten.
- *Benutzername* und *Kennwort*
  Vom DynDNS-Anbieter erhalten Sie einen Benutzernamen und ein Passwort. Diese dienen nicht nur dem Verwalten Ihres DynDNS-Kontos, sondern auch die FRITZ!Box muss sich jeweils beim Übermitteln der aktuellen IP-Nummer an den DynDNS-Server damit ausweisen.
- *Update-URL*
  Der komplexeste Teil ist die Update-URL. Das ist eine Webadresse, die die FRITZ!Box aufruft, um dem DynDNS-Server eine neue IP-Nummer mitzuteilen. Diese Adresse sieht bei jedem Anbieter etwas anders aus. Sofern er keine »schlüsselfertige« Update-URL im FRITZ!Box-Format mitteilt, lesen Sie ab Seite 205, wie Sie diese ggf. selbst ermitteln.

Mit diesen Daten gerüstet, können Sie darangehen, Ihre FRITZ!Box für DynDNS zu konfigurieren:

1. Öffnen Sie in der Weboberfläche das Menü *Internet/Freigaben* und darin die Rubrik *DynDNS*.

2. Aktivieren Sie hier zunächst die Option *DynDNS aktiv*. Damit aktivieren Sie die darunterliegenden Einstellungen.
3. Geben Sie im Feld darunter die *Update-URL* an (siehe ggf. auch den nachfolgenden Abschnitt).
4. Darunter folgt bei *Domainnamen* die vollständige Bezeichnung Ihrer DynDNS-Domain (einschließlich der Hauptdomain des Anbieters).

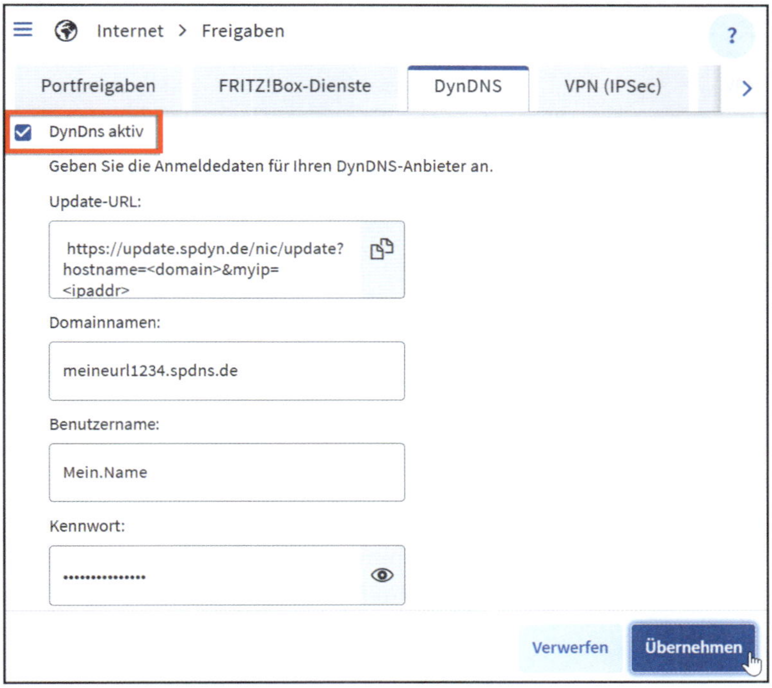

5. Darunter werden schließlich *Benutzername* und *Kennwort* eingetragen, mit denen Sie sich auch beim DynDNS-Konto anmelden würden.
6. Klicken Sie nun unten auf *Übernehmen*, um die Einstellungen zu aktivieren und zu speichern.

Die FRITZ!Box setzt sich ab sofort nach jeder Interneteinwahl (auch nach Stromausfall, Zwangstrennungen usw.) über die Update-URL mit dem DynDNS-Server Ihres Anbieters in Verbindung und übermittelt die aktuell zugewiesene IP-Adresse, unter der Ihre FRITZ!-Box derzeit im Internet erreichbar ist.

Die korrekte Update-URL ermitteln

Die Update-URL muss den formalen Anforderungen Ihres DynDNS-Anbieters entsprechen und zugleich die individuellen Angaben Ihres DynDNS-Zugangs enthalten. Dazu arbeitet sie mit Platzhaltern, an deren Stelle die FRITZ!Box beim Aufruf jeweils aktuelle Daten einfügt. Das alles macht den genauen Inhalt der Update-URL zu einer kleinen Wissenschaft. Am einfachsten ist es, wenn Sie auf den Hilfeseiten Ihres DynDNS-Anbieters nach »FRITZ!-Box« suchen. Da diese Geräte sehr verbreitet sind, geben viele Anbieter dort eine fertige URL an, die Sie direkt kopieren und in Ihrer FRITZ!Box einfügen können.

Falls Ihr Anbieter dies nicht tut und stattdessen nur eine allgemeine Update-URL angibt, müssen Sie diese ggf. anpassen. Dazu gibt es fünf verschiedene Platzhalter:

Information	FRITZ!Box-Platzhalter
IPv4-Adresse	<ipaddr>
IPv6-Adresse	<ip6addr>
Domänenname	<domain>
Benutzername	<username>
Kennwort	<pass>

Diese Platzhalter verwenden Sie, um die allgemeine Update-URL Ihres Anbieters für die FRITZ!Box umzugestalten. Ihr DynDNS-Anbieter gibt Ihnen beispielsweise folgende URL vor:

```
update.dyndns.de/update?hostname=<HOSTNAME>&myip=<IPNUMBER>&user=
<BENUTZERNAME>&pass=<KENNWORT>
```

Dann sind darin Platzhalter (alles in <spitzen> Klammern) enthalten, mit denen die FRITZ!-Box nichts anfangen kann. Ersetzen Sie diese jeweils durch den passenden Platzhalter, den die FRITZ!Box dafür kennt:

```
update.dyndns.de/update?hostname=<domain>&myip=<ipaddr>&user=
<username>&pass=<pass>
```

DynDNS und IPv6

Immer mehr DynDNS-Anbieter unterstützen auch IPv6 (siehe Seite 68). In diesem Fall können Sie auch die IPv6-Adresse für DynDNS verwenden. Neuere Modelle der FRITZ!Box, die IPv6 unterstützen, kennen dafür den Platzhalter *<ip6addr>*. Sie können nach Bedarf die IPv4- oder die IPv6-Adresse verwenden. Sie können aber auch beide Adressen nutzen, wenn die FRITZ!Box sowohl per IPv4 als auch per IPv6 erreichbar sein soll. Tragen Sie dazu im Feld *Update-URL* dieselbe Adresse zweimal ein, einmal mit *<ipaddr>* und einmal mit *<ip6addr>*. Als Trennzeichen zwischen den beiden URLs verwenden Sie ein Leerzeichen.

```
https://update.spdyn.de/nic/update?hostname=<domain>&myip=<ipaddr>
https://update.spdyn.de/nic/update?hostname=<domain>&myip=<ip6addr>
```

Ports freigeben und Geräten zuweisen

Die Erreichbarkeit Ihrer FRITZ!Box ist nur der erste Schritt, um von unterwegs auf Daten im Heimnetzwerk zuzugreifen. Denn mit DynDNS (oder auch MyFRITZ!) erreichen Sie aus dem Internet zunächst nur die FRITZ!Box selbst. Die Geräte im Heimnetzwerk dahinter lassen sich nicht direkt ansprechen, da sie eben keine eigene Internetadresse haben, sondern nur eine lokale Adresse im Heimnetzwerk. Die Lösung dieses Problems basiert darauf, dass alle Dienste im Internet bestimmte Ports verwenden. In der FRITZ!Box können Sie nun festlegen, dass Datenpakete, die auf bestimmten Ports ankommen, jeweils an ein festgelegtes Gerät im Heimnetzwerk weitergeleitet werden. Dadurch stellen Sie zugleich sicher, dass das Gerät eben nur für diesen Dienst erreichbar ist und ansonsten weiterhin von unerwünschten Kontaktversuchen verschont bleibt.

Freigaben per IPv4 oder IPv6

Bei einem Internetzugang per IPv4 oder IPv4 und IPv6 im Dual Stack reicht es aus, Freigaben einmalig in der FRITZ!Box festzulegen.

1. Öffnen Sie dazu in der Weboberfläche das Menü *Internet/Freigaben*.
2. Klicken Sie dann auf der rechten Seite auf die Schaltfläche *Gerät für Freigaben hinzufügen*.
3. Im so geöffneten Dialog wählen Sie zunächst ganz oben das Heimnetzgerät aus, an das die Datenpakete weitergeleitet werden sollen. Daraufhin werden die Felder unterhalb dieser Auswahl automatisch mit den Daten dieses Gerätes befüllt.

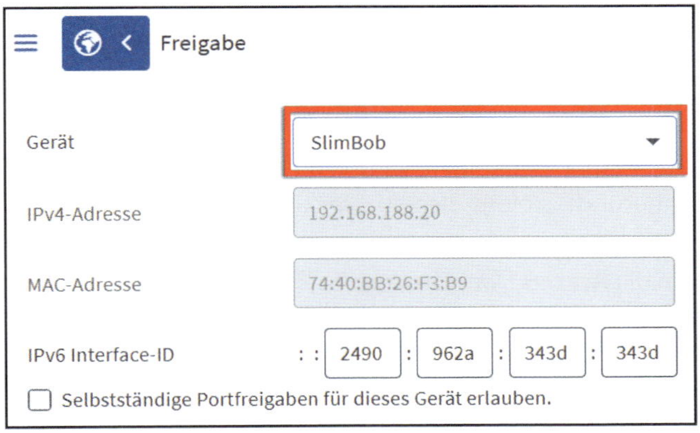

4. Die Optionen in den Abschnitten *IPv4-Einstellungen* sowie *IPv6-Einstellungen* können Sie in der Regel deaktiviert lassen und ignorieren. Die nachfolgenden Abschnitte gehen darauf ein, wann einige dieser Einstellungen sinnvoll sind.
5. Klicken Sie ganz unten bei *Freigaben* auf die Schaltfläche *Neue Freigabe*.
6. Wählen Sie im damit geöffneten Dialog zunächst unten die Option *Portfreigabe*.

7. Die FRITZ!Box kennt ab Werk eine Reihe von Standardanwendungen wie *HTTPS-Server*, *FTP-Server* oder *MS Remotedesktop*. Dann werden die weiteren Einstellungen dafür bereits passend ausgefüllt. Meist werden Sie aber eine *Andere Anwendung* mit eigenen Daten freigeben wollen.

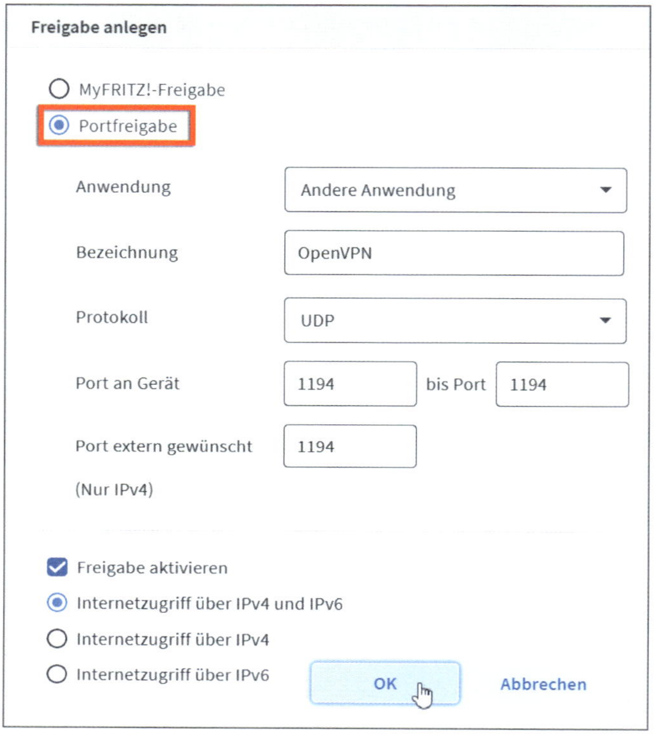

- Bei *Bezeichnung* geben Sie einen beliebigen Namen für diese Freigabe an. Sie dient nur Ihrer eigenen Orientierung. Es bietet sich an, hierfür beispielsweise den Namen der Anwendung zu verwenden.
- Bei *Protokoll* wählen Sie die Art des Datentransportprotokolls. In der Regel kommt entweder *TCP* oder *UDP* zum Einsatz. Wenn Sie dieselben Ports sowohl für TCP als auch UDP freigeben müssen, legen Sie dazu zwei Freigaben mit identischen Ports an.
- Bei *Port an Gerät* tragen Sie die Portnummer ein, unter der dieser Dienst am Heimnetzgerät selbst erreichbar ist. Für einen Nummernbereich füllen Sie zusätzlich *bis Port* aus.
- Bei IPv4-Freigaben können Sie zusätzlich bei *Port extern gewünscht* die externe Portnummer angeben, falls diese sich von der internen unterscheidet. Wenn Sie einen Nummernbereich verwenden, reicht es, den untersten Port anzugeben. Die FRITZ!Box gibt dann automatisch einen entsprechend großen Bereich frei. Für IPv6 ist die Angabe eines externen Ports nicht erforderlich.

8. Ganz unten können Sie sofort die *Freigabe aktivieren* (andernfalls würde sie zwar eingerichtet, aber zunächst inaktiv bleiben). Wählen Sie ggf. außerdem, ob Ports für IPv4, IPv6 oder beides freigegeben werden sollen.
9. Klicken Sie schließlich unten rechts auf *OK*, um diese Freigabe zu speichern.
10. Sie gelangen damit zurück zum vorherigen Menü, in dem diese Freigabe nun aufgeführt ist. Mit einem erneuten Klick auf *Neue Freigabe* können Sie weitere Freigaben erstellen, etwa wenn neben TCP- auch UDP-Freigaben benötigt werden oder wenn mehrere nicht zusammenhängende Portnummern freigegeben werden sollen.
11. Wichtig: Klicken Sie abschließend unten auf *Übernehmen*, um die für dieses Gerät erstellten Freigaben endgültig zu aktivieren und zu speichern.

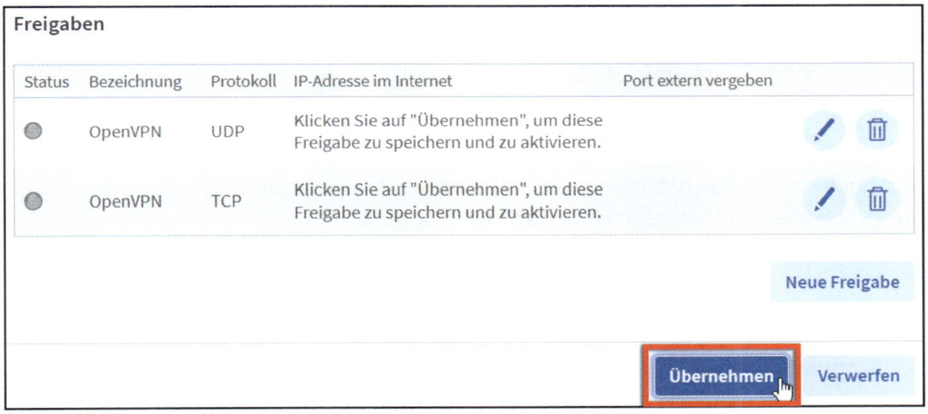

Per IPv4-Verbindung einen reinen IPv6-Anschluss (DS-Lite) nutzen

Manchmal steht für den Zugriff aufs Heimnetzwerk nur eine IPv4-Verbindung zur Verfügung, etwa im Mobilfunknetz oder wenn das Firmennetzwerk noch kein IPv6 unterstützt. Wenn Ihre FRITZ!Box an einem reinen IPv6-Anschluss hängt, ist eine direkte Verbindung nicht möglich, da sie keine öffentliche IPv4-Adresse hat, unter der sie erreichbar wäre. Sie benötigen aber eine öffentliche IPv4-Adresse, um für IPv4-Verbindungen erreichbar zu sein.

Die Lösung ist ein Zwischenschritt in Form eines Portmappers. Der stellt Ihnen eine öffentliche IPv4-Adresse zur Verfügung. Die dort eingehenden Datenpakete werden auf IPv6 umgesetzt und an die öffentliche IPv6-Adresse Ihrer FRITZ!Box weitergeleitet. Gleichzeitig müssen für die FRITZ!Box Freigaben eingerichtet sein, die diese eingehenden Datenpakete basierend auf den verwendeten Ports an das richtige Heimnetzgerät weiterleiten.

Anbieter wie feste-ip.net stellen solche Dienstleistungen für überschaubare Gebühren zur Verfügung. Voraussetzung dafür ist ein MyFRITZ!-Konto, mit dem Sie die entsprechenden Freigaben konfigurieren. Dadurch erhalten Sie eine MyFRITZ!-Adresse für diese Freigabe, die Sie dann im Portmapper des Anbieters als Ziel angeben und mit bestimmten Portnummern verknüpfen. Außerdem erhalten Sie von diesem Anbieter eine öffentliche IPv4-Adresse. Darunter ist Ihr Heimnetzgerät dann für IPv4-Verbindungen erreichbar, etwa unter einer Adresse wie der folgenden: *meinewebcam.feste-ip.net:21435*

Sicherheitsfalle UPnP

Bislang wurden nur Freigabevarianten beschrieben, bei denen Sie eine Freigabe ausdrücklich einrichten mussten, damit sie verwendet werden kann. Es gibt aber auch die Möglichkeit, Freigaben dynamisch nach Bedarf durch Anwendungen anlegen zu lassen, die solche Freigaben benötigen. Typische Beispiele dafür sind Filesharing und Videokonferenzen. Allerdings verwenden viele entsprechende Anwendungen abweichende Methoden, sodass man beim Einsatz verschiedener Programme alle möglichen Freigaben definieren müsste. Das können viele Programme aber auch selbst erledigen, wenn man ihnen die Möglichkeit dazu gibt.

Das Zauberwort hierfür heißt UPnP – **U**niversal **P**lug a**n**d **P**lay. Dieses Protokoll ermöglicht es Anwendungen, eigenständig Freigaben im für sie zuständigen Gateway anzulegen und auch wieder zu entfernen. Dadurch können sie benötigte Zugangspunkte für Verbindungen aus dem Internet nach Bedarf selbst schaffen.

Falls Sie jetzt denken: »Wie, Anwendungen dürfen einfach selbst Ports zum Internet hin öffnen, über die meine Geräte von außen erreichbar sind?«, dann denken Sie genau richtig. Denn ganz unproblematisch ist UPnP aus genau diesem Grund nicht. Solange man der Software vertrauen kann, ist es eine praktische und komfortable Funktion. Aber sie kann eben auch von Schadsoftware genutzt werden, um Löcher in die Firewall zu bohren, die das lokale Heimnetzwerk vor Angriffen aus dem Internet schützt. Deshalb sollte UPnP nur in dem Maße eingesetzt werden, wie es wirklich notwendig ist.

UPnP auf Basis einzelner Geräte erlauben

Die FRITZ!Box ermöglicht UPnP auf eine recht sichere Art und Weise. Denn sie bietet die Möglichkeit, selbstständige Freigaben gezielt nur für einzelne Geräte zu erlauben.

Standardmäßig darf erst mal kein Netzwerkgerät eigenständig Freigaben anlegen. Wenn Sie das einem Gerät erlauben möchten, müssen Sie das zuvor ausdrücklich angeben.

1. Öffnen Sie mit *Heimnetz/Netzwerk* die Übersicht der Netzwerkverbindungen.
2. Lokalisieren Sie in der Liste das Gerät, dem Sie selbstständige Freigaben gestatten möchten, und klicken Sie dort auf das Stift-Symbol.
3. In den Details des Gerätes wechseln Sie in die Rubrik *Heimnetz*.
4. Aktivieren Sie hier im Bereich *Portfreigaben* die Option *Selbstständige Portfreigaben für dieses Gerät erlauben*.
5. Klicken Sie dann unten auf *Übernehmen*, um diese Einstellung zu speichern.

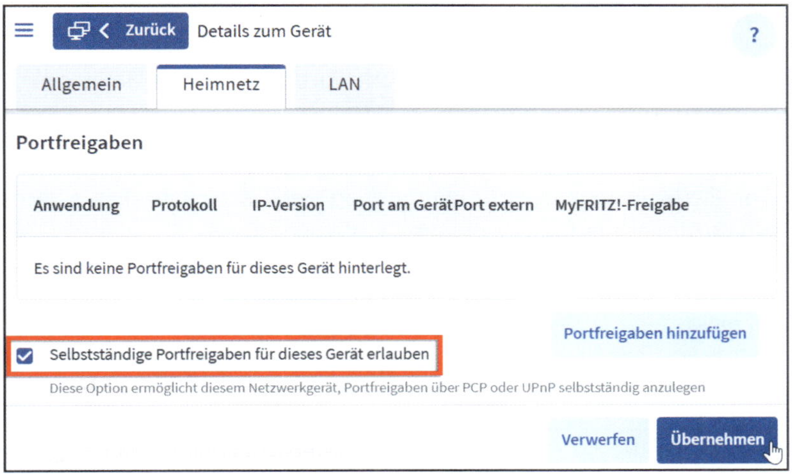

Freigegebene Ports kontrollieren

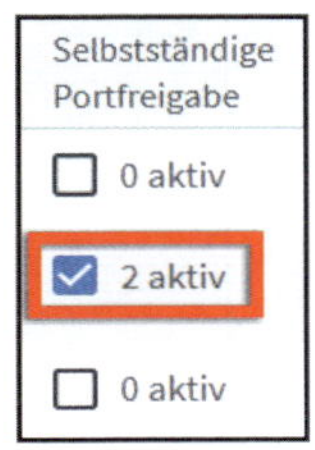

Ab sofort darf das Gerät bzw. darauf laufende Software eigenständig Freigaben per UPnP erstellen und entfernen. In der Netzwerkübersicht erkennen Sie solche Geräte leicht am Eintrag *Portfreigabe* in der Spalte *Eigenschaften*. Diese ist zugleich ein Link zur Übersicht unter *Internet/Freigaben*, wo es eine eigene Spalte für *Selbstständige Portfreigabe* gibt. Hier sehen Sie nicht nur, welche Geräte dazu befugt sind (dann ist das Häkchen gesetzt), sondern auch, ob und wie viele solcher Freigaben gerade aktiv sind.

Möchten Sie wissen, welche Ports genau freigegeben sind, öffnen Sie in einer der Übersichten den Eintrag des Gerätes. Im Abschnitt *Freigaben* finden Sie dann eine Tabelle mit den aktuellen Portfreigaben dieses Gerätes. Selbstständige Freigaben erkennen Sie an der Bezeichnung *UPnP*.

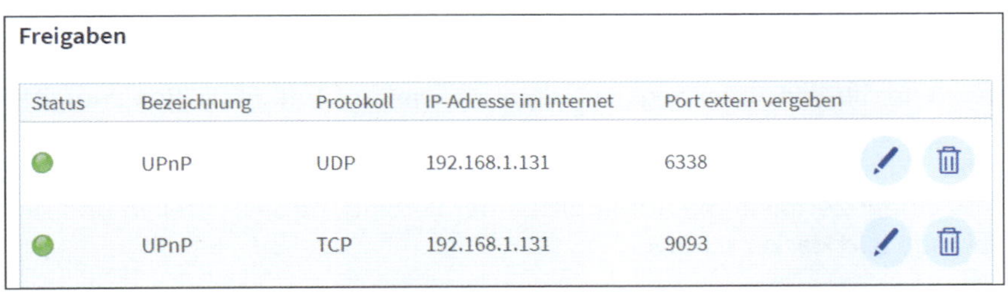

Selbstständige Portfreigabe deaktivieren

Wenn man Netzwerkgeräten das Recht auf selbstständige Portfreigaben einräumt, möchte man am Ende trotzdem noch die Kontrolle darüber behalten und Freigaben notfalls manuell beenden. Das geht auch bei der FRITZ!Box. Zum einen gibt es die Möglichkeit, das Recht auf selbstständige Portfreigaben wieder zu entziehen. Dazu entfernen Sie in den Details des jeweiligen Gerätes das Häkchen bei *Selbstständige Portfreigaben erlauben* einfach wieder. Wichtig: Wenn in diesem Moment eigene Portfreigaben des Gerätes aktiv sind, werden diese dadurch sofort unterbrochen.

Es wäre etwas mühsam, das Recht auf selbstständige Portfreigaben bei jedem Gerät einzeln zu entfernen, vor allem, wenn man nicht mehr genau weiß, wem man dieses Recht eingeräumt hat. Deshalb gibt es hierfür eine praktische Abkürzung:

1. Öffnen Sie mit *Internet/Freigaben* die Übersicht der Netzwerkfreigaben.
2. Klicken Sie unten rechts auf die *Deaktivieren*-Schaltfläche. Damit deaktivieren Sie die Option *Selbstständige Portfreigaben erlauben* bei allen Geräten, die das Recht dazu hätten, aber derzeit keine eigenen Portfreigaben angefordert haben.

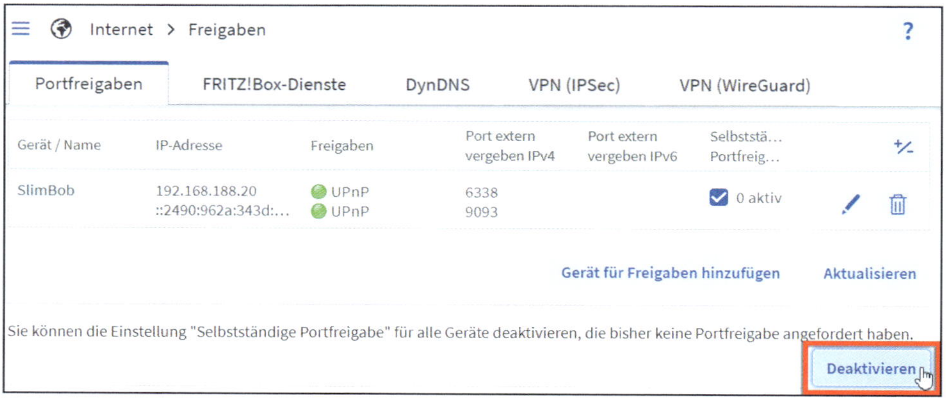

Nun bleiben nur noch die Geräte übrig, die derzeit aktive Portfreigaben angelegt haben. Diese sehen Sie aber in der Freigabe-Übersicht auf einen Blick und können die Berechtigung dafür ggf. manuell entfernen.

Sicherer FRITZ!Box-Zugriff per HTTPS und FTPS

Insbesondere wenn Sie von unterwegs aus dem Internet auf Ihre FRITZ!Box zugreifen möchten, sollten Sie dafür sichere Verbindungen verwenden. Die FRITZ!Box unterstützt dafür HTTPS für sicheren Webzugriff und FTPS für gesicherten Dateitransfer. Außerdem können Sie mit einem Zertifikat die Authentizität der Verbindung sicherstellen und sich so gegen Sabotage und Hacker schützen.

Sichere Verbindungen

Standardmäßig erfolgt die Verbindung zur Weboberfläche Ihrer FRITZ!Box im Heimnetzwerk per unverschlüsseltem HTTP. Das ist auch in Ordnung, da im eigenen lokalen Netzwerk in der Regel keine Gefahr droht. Anders sieht es aus, wenn Sie von unterwegs auf Ihre FRITZ!Box und die darauf gespeicherten Dateien zugreifen möchten. Dann sollten

Sie unbedingt HTTPS verwenden, das verschlüsselnde Gegenstück zu HTTP. Ansonsten werden Ihre Einstellungen und Konfigurationsdaten einschließlich Passwörter im Klartext durch das weltweite Netz transportiert.

Die Informationen und Einstellungen zum sicheren Onlinezugriff finden Sie im Bereich *Internet/Freigaben* in der Rubrik *FRITZ!Box-Dienste*:

- Stellen Sie im Abschnitt *Internetzugriff* zunächst sicher, dass die Option *Internetzugriffe auf die FRITZ!Box über HTTPS aktiviert* eingeschaltet ist.
- Gleich darunter finden Sie oben das Feld *TCP-Port für HTTPS*, mit dem Sie diese Einstellung auch verändern können. Das kann beispielsweise sinnvoll sein, falls der gewählte Port bereits von einer anderen Anwendung genutzt wird. Dann tragen Sie hier einen anderen ein. Dementsprechend verändern sich darunter die Adressen, unter denen Ihre FRITZ!Box erreichbar ist.
- Dann sind die öffentliche(n) Internetadresse(n) aufgeführt, unter der/denen Ihre FRITZ!Box derzeit erreichbar ist. Beachten Sie, dass sich diese Adresse bei jeder neuen Interneteinwahl verändern kann. Besser ist es deshalb, für den Zugriff aus dem Internet mit DynDNS (siehe Seite 203) oder MyFRITZ! (siehe Seite 197) zu arbeiten. Wenn Sie einen (oder mehrere) dieser Dienste in der FRITZ!Box eingerichtet haben, werden hier also weitere Adressen angezeigt, die Sie dann auch dauerhaft für den Zugriff nutzen können.

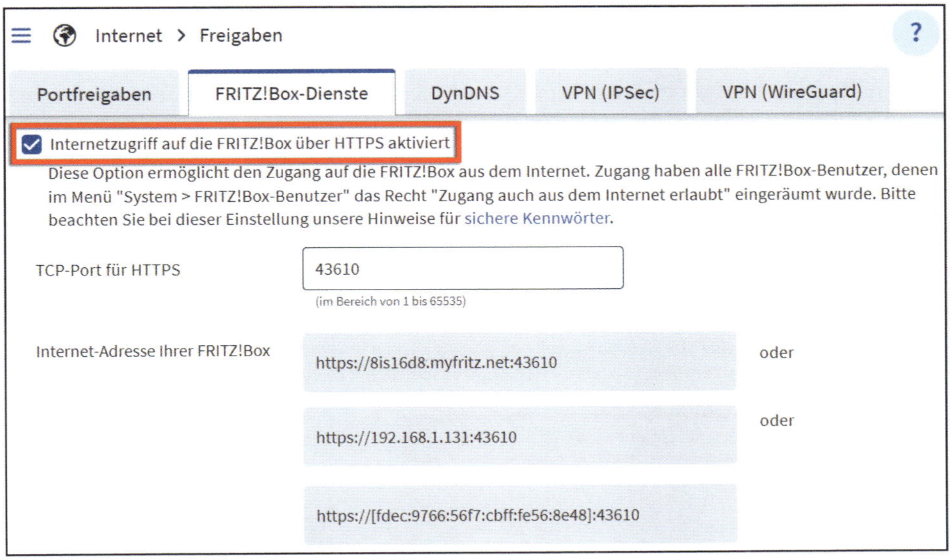

- Wollen Sie von unterwegs auch auf Speichermedien Ihrer FRITZ!Box zugreifen, schalten Sie die Option *Internetzugriff auf Ihre Speichermedien über FTP/FTPS aktiviert* ein. Dann wird hier die passende FTP-Adresse angezeigt. Darüber finden Sie wiederum die Portangabe, die Sie bei Bedarf verändern können.

> **Zertifikate zur Authentifizierung**
> Sichere HTTPS- und FTPS-Verbindungen basieren auf Zertifikaten, die das Authentifizieren und Verschlüsseln der Datenübertragung ermöglichen. Bei den *FRITZ!Box-Diensten* haben Sie die Möglichkeit, ein Zertifikat von Ihrer FRITZ!Box herunterzuladen, das Sie dann in Ihrem Webbrowser installieren können. Oder Sie statten die FRITZ!Box mit einem eigenen Zertifikat von einem anerkannten Anbieter aus. Das alles ist mit einem Zertifikat von Let's Encrypt (siehe nachfolgender Abschnitt) aber überflüssig, weshalb ich zu dieser Variante rate.

Zugriffe von außen mit Let's Encrypt absichern

Der Zugriff auf Ihre FRITZ!Box und Ihr Heimnetzwerk lässt sich am besten mit einem Zertifikat von Let's Encrypt absichern. Das ist eine Initiative, die sich für sichere Verbindungen im Internet einsetzt und dazu kostenlose SSL-Zertifikate anbietet. Da diese von einer offiziellen Ausgabestelle signiert werden, gelten sie als vertrauenswürdig und werden von allen Webbrowsern ohne Warnhinweise usw. akzeptiert.

Aktuelle FRITZ!Box-Modelle können ein solches Let's-Encrypt-Zertifikat automatisch beschaffen und kümmern sich auch um das notwendige regelmäßige Erneuern der Daten. Voraussetzung dafür ist ein wie vorangehend beschrieben eingerichteter MyFRITZ!-Zugang.

1. Öffnen Sie dann in der Weboberfläche das Menü *Internet/MyFRITZ!-Konto*.
2. Schalten Sie hier ganz unten im Abschnitt *Sicherheitshinweise im Browser* die Option *Zertifikat von letsencrypt.org verwenden* ein.

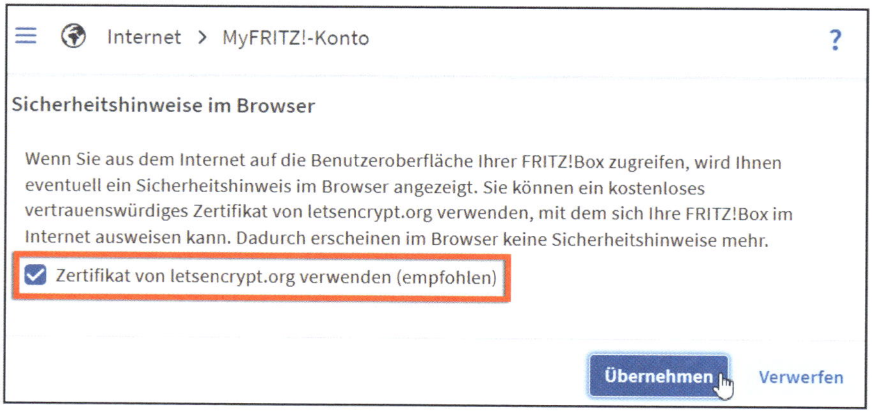

3. Klicken Sie dann auf *Übernehmen*.
4. Warten Sie kurz ab, während die Erstellung des Zertifikats läuft. Wenn alles funktioniert, steht unter *Status* anschließend *Zertifikat erfolgreich ausgestellt*.

Das so erstellte Zertifikat ist jeweils für 60 Tage gültig, wird von Ihrer FRITZ!Box aber rechtzeitig automatisch erneuert. Beachten Sie, dass das Zertifikat für Ihre MyFRITZ!-Adresse ausgestellt ist. Es wird deshalb nur bei Zugriffen über MyFRITZ! verwendet. Wenn Sie Ihre FRITZ!Box hingegen lokal beispielsweise über *fritz.box* oder über eine externe (dynamische) Internetadresse aufrufen, kommt es nicht zum Einsatz.

3.5 WireGuard: VPN sicher und komfortabel

Wie die vorangegangenen Seiten verdeutlicht haben, gibt es einiges zu bedenken und einzurichten, um von unterwegs zuverlässig und sicher Zugriff auf Geräte und Daten im eigenen Heimnetzwerk zu haben. Man muss dazu praktisch Löcher in den Schutzwall bohren, mit dem die FRITZ!Box das lokale Netzwerk eigentlich abschirmt. Das ist alles machbar und auch an sich nicht gefährlich, aber es sind einige Schritte nötig, und man muss den Überblick über alles behalten.

Einen etwas anderen Ansatz für den sicheren Zugriff von unterwegs verwendet ein **V**irtuelles **P**rivates **N**etzwerk (VPN). Dabei läuft auf dem Gerät, das man von unterwegs nutzt, eine spezielle VPN-Software. Diese richtet einen Tunnel durch das Internet zum Heimnetzwerk ein, der durch Authentifizierung und Verschlüsselung geschützt ist. Durch diesen sicheren Tunnel kann das Gerät genauso genutzt werden, als wenn es direkt mit dem Heimnetzwerk verbunden wäre. Es kann also ohne besondere Vorkehrungen von unterwegs direkt auf Ressourcen zugreifen, die im lokalen Netzwerk freigegeben sind.

WireGuard: schnell, einfach und effizient

FRITZ!OS enthält ab der Version 7.5 die Unterstützung für das moderne VPN-Protokoll WireGuard. Es lässt sich unkompliziert einrichten, etwa mithilfe von QR-Codes, die alle erforderlichen Informationen an Mobilgeräte übermitteln. Der praktische Einsatz ist unkompliziert, da WireGuard auch Medienwechsel beispielsweise vom WLAN ins Mobilfunknetz und zurück ohne spürbare Unterbrechung gewährleistet. Verbindungen werden sehr schnell aufgebaut, und auch die Übermittlung der Daten durch den VPN-Tunnel erfolgt mit hoher Geschwindigkeit.

Eine WireGuard-Verbindung einrichten

Damit Sie mit einem PC oder Mobilgerät per WireGuard auf Ihre FRITZ!Box zugreifen können, muss die VPN-Verbindung zwischen FRITZ!Box und Gerät jeweils einmalig eingerichtet werden. Voraussetzung dafür ist, dass Ihre FRITZ!Box bereits per MyFRITZ! oder DynDNS aus dem Internet erreichbar ist. Außerdem muss auf dem Mobilgerät eine WireGuard-App installiert sein. Die WireGuard-Macher selbst haben Apps für alle gängigen Plattformen entwickelt, die Sie unter www.wireguard.com/install finden. Apps für Android und iOS finden Sie auch direkt in den jeweiligen App Stores.

Sind diese Voraussetzungen erfüllt, können Sie Geräte per WireGuard mit Ihrer FRITZ!Box verbinden:

1. Öffnen Sie dazu in der Weboberfläche Ihrer FRITZ!Box den Bereich *Internet/Freigaben* und dort das Register *VPN (WireGuard)*.
2. Klicken Sie hier auf die Schaltfläche *WireGuard-Verbindung hinzufügen*.
3. Wählen Sie im nächsten Schritt die Option *Einzelgerät verbinden*.

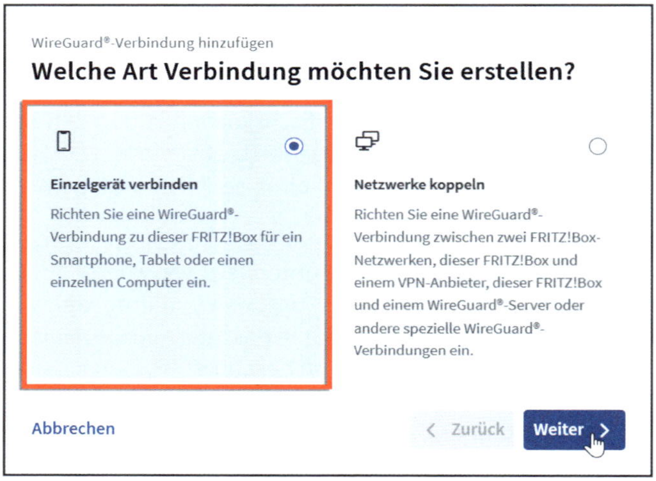

4. Legen Sie nun einen Namen für diese WireGuard-Verbindung fest. Er dient ausschließlich Ihnen selbst, um die Verbindung in der Übersicht wiederfinden zu können.
5. Da das Einrichten einer externen Verbindung zu Ihrem Netzwerk eine sicherheitsrelevante Maßnahme ist, muss diese ggf. zusätzlich bestätigt werden (siehe auch Seite 339).

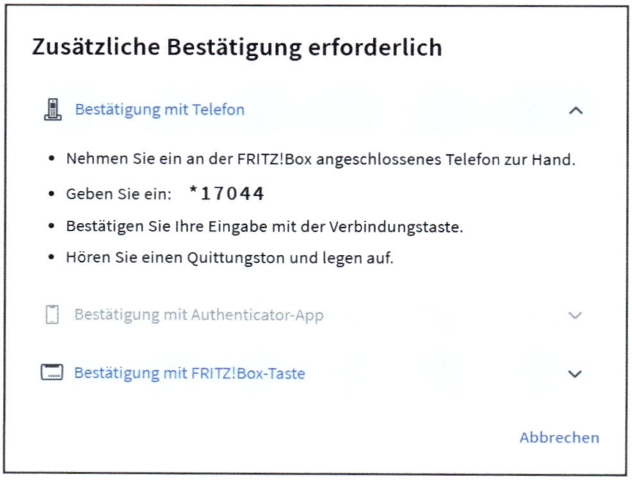

6. Ist die Bestätigung erfolgt, klicken Sie auf die *OK*-Schaltfläche des angezeigten Dialogs, um fortzufahren.
7. Die Verbindung wird nun eingerichtet, was einige Sekunden dauern kann. Warten Sie kurz auf den nachfolgenden wichtigen Schritt.
8. Nachdem die WireGuard-Verbindung auf Ihrer FRITZ!Box erfolgreich eingerichtet wurde, sehen Sie auf dem Bildschirm verschiedene Möglichkeiten, um das mobile Endgerät entsprechend konfigurieren zu können. Im Folgenden gehe ich ausführlicher darauf ein. Wichtig ist, dass Sie diesen Dialog nicht schließen, bis die Einrichtung des Gerätes abgeschlossen ist oder Sie die angezeigten Daten gespeichert haben (Einstellungen herunterladen).

Eine so eingerichtete Verbindung gilt jeweils genau für ein Gerät. Wenn Sie sich mit verschiedenen Geräten zu Ihrer FRITZ!Box verbinden möchten, müssen Sie den beschriebenen Vorgang für jedes Gerät wiederholen.

WireGuard am Smartphone oder Tablet einrichten

Wenn Sie ein Smartphone oder Tablet per WireGuard mit Ihrer FRITZ!Box verbinden möchten, geht das am besten über den QR-Code, der nach dem Einrichten einer Verbindung einmalig angezeigt wird (siehe oben). Die Apps nutzen die im Gerät verbaute Kamera, um den QR-Code zu erkennen und alle relevanten Daten für die WireGuard-Verbindung daraus zu gewinnen. Bei Android-Geräten etwa gehen Sie wie hier gezeigt vor (die iOS-App unterscheidet sich in der Optik, funktioniert prinzipiell aber genauso):

1. Starten Sie die WireGuard-App auf dem Mobilgerät und klicken Sie auf das Plussymbol, um eine neue Verbindung hinzuzufügen.

2. Im so angezeigten Menü wählen Sie *Von QR-Code scannen*. Prinzipiell können Sie auch eine der anderen Methoden verwenden, aber dieses ist die komfortabelste und schnellste.

3. Richten Sie nun die Kameralinse auf den QR-Code am Bildschirm, sodass dieser annähernd das Vorschaufenster ausfüllt, und halten Sie das Gerät möglichst ruhig. Die App sollte den QR-Code dann ganz automatisch erkennen und verarbeiten.
4. Anschließend legen Sie bei *Tunnelname* eine Bezeichnung für diese Verbindung fest. Dieser Name dient nur Ihnen selbst zur Unterscheidung, falls Sie verschiedene Verbindungen abwechselnd nutzen.
5. Damit ist das Einrichten auch schon abgeschlossen. Sie gelangen zurück zur Verbindungsübersicht der WireGuard-App. Hier können Sie die Verbindung durch Antippen des Schaltersymbols rechts jederzeit auf- und abbauen. Am besten probieren Sie es direkt aus.

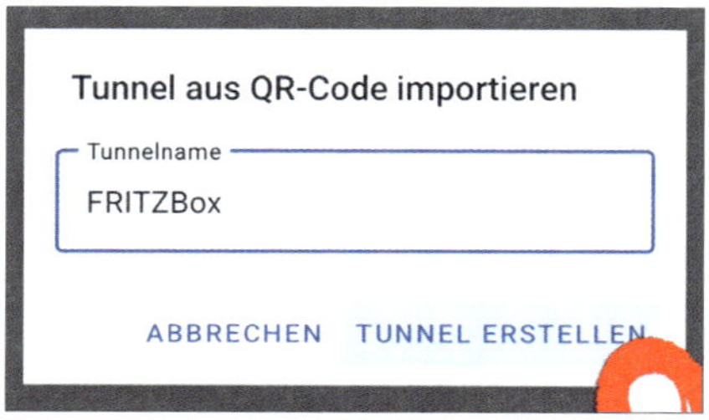

6. Beim ersten Mal wird das System aus Sicherheitsgründen ggf. nachfragen, ob Sie dieser App das Herstellen von VPN-Verbindungen erlauben wollen. Bestätigen Sie das einmal.

Solange die Verbindung aktiv ist, wird in der Titelleiste des Bildschirms dauerhaft ein Schlüsselsymbol angezeigt. Dieses erinnert Sie daran, dass Sie über eine sichere, vertrauliche Verbindung mit Ihrer FRITZ!Box verbunden sind. Wollen Sie die Verbindung später wieder beenden, tippen Sie erneut auf den Schalter in der Verbindungsübersicht der WireGuard-App.

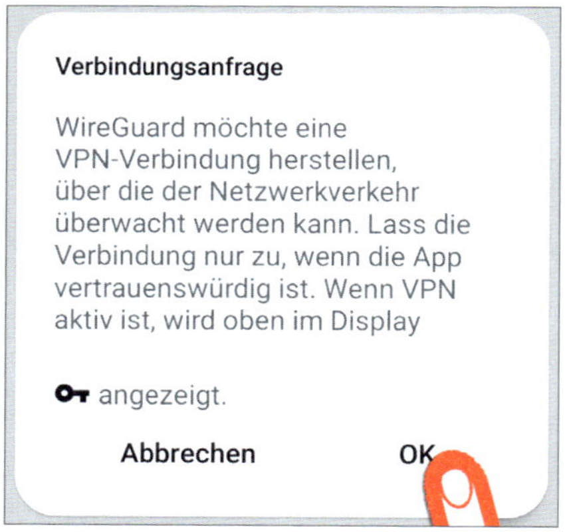

WireGuard am PC einrichten

Um WireGuard am PC einzurichten, laden Sie sich die passende Installationsdatei unter www.wireguard.com/install herunter und installieren die Anwendung auf dem PC.

1. Richten Sie dann wie vorangehend beschrieben eine neue WireGuard-Verbindung auf Ihrer FRITZ!Box ein. Am besten erledigen Sie das direkt auf dem PC, den Sie verbinden möchten. Folgen Sie der Anleitung auf Seite 216 bis zu Schritt 7.
2. Wenn der QR-Code mit den Zugangsdaten am Bildschirm angezeigt wird, klicken Sie auf die Schaltfläche *Einstellungen herunterladen*. Der Webbrowser lädt dann eine *.conf*-Datei herunter (und speichert diese ggf. im Standard-Download-Ordner).
3. Starten Sie die WireGuard-Anwendung auf dem PC und klicken Sie im Hauptfenster unten links bei *Tunnel hinzufügen* auf *Tunnel aus Datei importieren*.

4. Navigieren Sie im Dateiauswahldialog zum Download-Ordner (oder wo immer die *.conf*-Datei gespeichert wurde) und wählen Sie diese aus. Klicken Sie dann auf *Öffnen*.
5. Daraufhin übernimmt das Programm die Verbindungsdaten aus der Datei und richtet die Verbindung ein. Anschließend wird sie in der Liste im Hauptfenster der Anwendung angezeigt.
6. Um eine eingerichtete Verbindung herzustellen, wählen Sie den entsprechenden Eintrag in der Liste aus und klicken rechts auf *Aktivieren*.

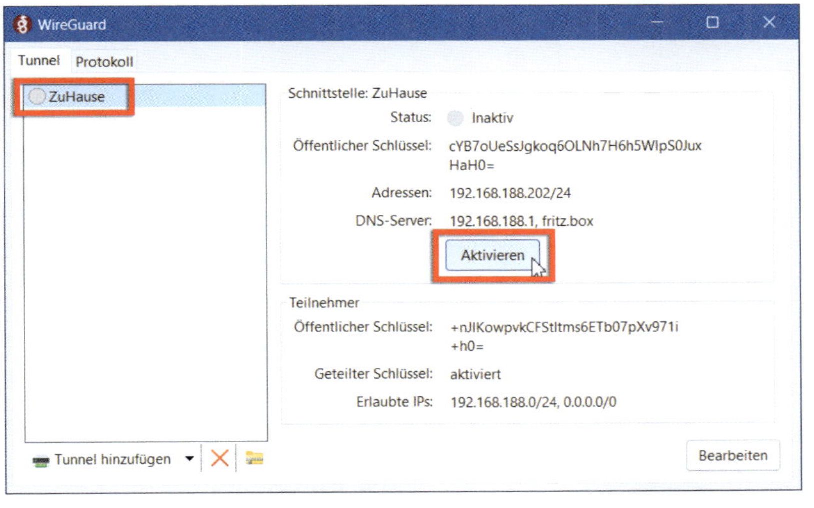

Sie erhalten jeweils eine Benachrichtigung über den Erfolg. Außerdem platziert WireGuard ein Symbol im Infobereich, solange eine Verbindung besteht. Das Hauptfenster können Sie also getrost schließen. Mit einem Linksklick auf das Infobereich-Symbol holen Sie die Anwendung später wieder hervor. Alternativ öffnen Sie mit der rechten Maustaste ein Kontextmenü. Darin können Sie die Verbindung auch gezielt beenden oder zu einer anderen Verbindung wechseln.

WireGuard-Verbindungen verwalten

In der Weboberfläche Ihrer FRITZ!Box finden Sie alle eingerichteten WireGuard-Verbindungen unter *Internet/Freigaben/VPN (WireGuard)* wieder. Hier können Sie sehen, welche der Verbindungen gerade aktiv genutzt wird. Mit dem Häkchen in der Spalte *Aktiv* können Sie einzelne Verbindungen bei Bedarf deaktivieren und später wieder freigeben. Mit dem Stift-Symbol lässt sich lediglich der Name nachträglich ändern, unter dem eine Verbindung in der FRITZ!Box angezeigt wird (das wirkt sich aber nicht auf den Namen der Verbindung im Mobilgerät aus). Mit dem Papierkorb-Symbol entfernen Sie Verbindungen. Diese können dann aber nicht wiederhergestellt werden. Soll das Gerät sich doch wieder zur FRITZ!Box verbinden können, müssen Sie die Verbindung auch auf dem Mobilgerät entfernen und eine ganz neue Verbindung einrichten.

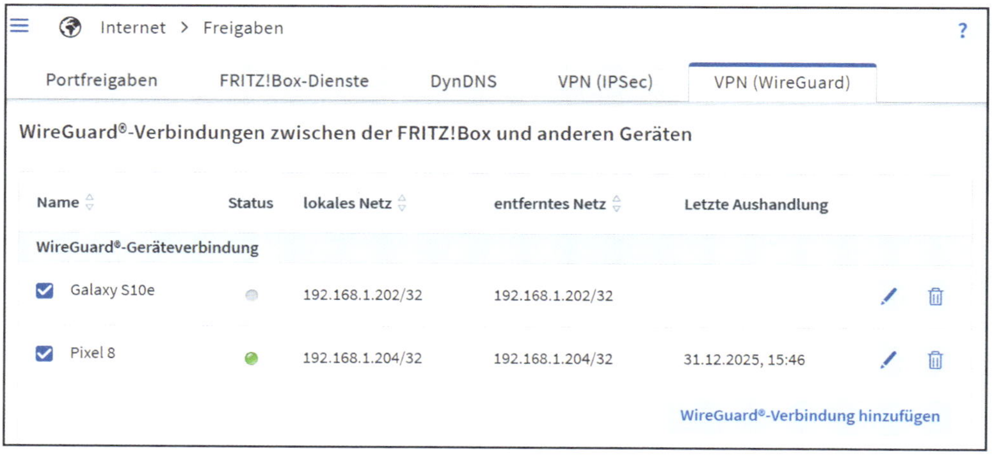

3.6 Kindersicherung für Nachwuchssurfer

Wenn der Internetzugang auch für Kinder und Jugendliche zur Verfügung stehen soll, ist es wichtig, sich Gedanken über die altersgerechte Nutzung zu machen. Man kann auf typischen Endgeräten wie PCs, Tablets oder Smartphones entsprechende Software installieren. Effizienter und manipulationssicherer kann aber die Kindersicherung direkt in der FRITZ!Box sein, die den Zugang zum Internet gewährt. Hier können zentral Zugangsregeln und Filterlisten angelegt und verwaltet werden, die man dann den Geräten zuweisen kann, die von jugendlichen Surfern genutzt werden. Nebenbei: Neben ihrer eigentlichen Aufgabe kann die Kindersicherung auch für andere Zwecke »missbraucht« werden. So können Sie damit beispielsweise dafür sorgen, dass bestimmte Geräte nur zu bestimmten Zeiten auf das Internet zugreifen und dort nur bestimmte Adressen aufrufen bzw. ganz bestimmte Adressen eben nicht aufrufen dürfen.

Altersgerechte Zugangsprofile anlegen

Basis der Kindersicherung in der FRITZ!Box ist ein (oder mehrere) Zugangsprofil(e), womit die Nutzungsmöglichkeiten altersgerecht begrenzt werden. Da Sie beliebig viele Profile anlegen können, ist es auch möglich, die Kindersicherung an verschiedene Altersgruppen und Schutzbedürfnisse anzupassen. Und ein solches Profil kann jederzeit angepasst werden und dadurch »mitwachsen«.

1. Um ein Zugangsprofil zu erstellen, öffnen Sie in der Weboberfläche Ihrer FRITZ!Box das Menü *Internet/Filter*.
2. Hier sehen Sie oben in der Rubrik *Kindersicherung* eine Übersicht der vorhandenen Zugangsprofile, denn einige bringt die FRITZ!Box bereits mit. So wird das *Standard*-Profil für alle Geräte verwendet, denen nicht ausdrücklich ein anderes Profil zugewiesen ist. Das *Gast*-Profil wird automatisch Nutzern des Gastnetzwerks zugewiesen. Mit der Schaltfläche *Neues Zugangsprofil* legen Sie ein weiteres Profil an.

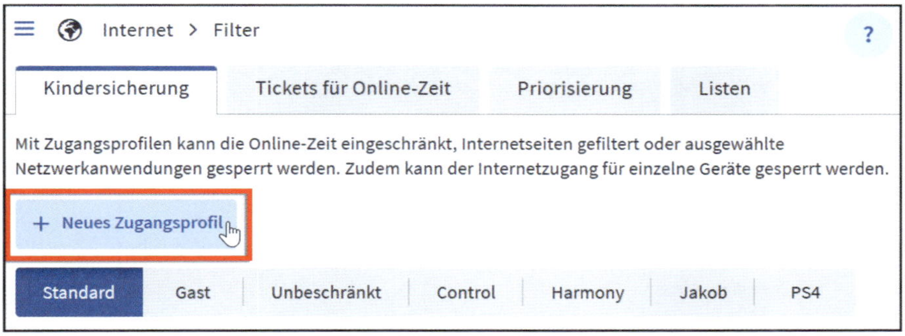

3. Ganz oben bei *Name* legen Sie zunächst eine Bezeichnung für dieses Zugangsprofil fest. Das kann der Name des Kindes oder auch ein anderer aussagekräftiger Titel sein.
4. Im Bereich *Zeitbeschränkung* können Sie bestimmen, wann Nutzern mit diesem Profil Zugang zum Internet gewährt werden darf:
   - Mit der Option *Zeitplan* können Sie den Zugang auf bestimmte Zeiten beschränken. Dann wird darunter der Zeitplan aktiviert. Diesen können Sie gestalten, indem Sie zunächst auf eine der Tasten *Internetnutzung erlaubt* oder *Internetnutzung gesperrt* klicken und anschließend mit gedrückter linker Maustaste über den entsprechenden Zeitraum ziehen.
   - Unabhängig vom Zeitplan haben Sie außerdem die Möglichkeit, ein *Zeitbudget* einzurichten. Tragen Sie dazu ein, wie viele Stunden der Internetzugang an jedem Tag genutzt werden darf. Sollen etwa am Wochenende andere Zeiten gelten, wählen Sie *Täglich individuelles Budget*, um Einträge für jeden Wochentag vornehmen zu können. Die Option *Gemeinsames Budget* ist wichtig, wenn das Zugangsprofil für mehrere Geräte gelten soll, denn dann müssen diese sich das tägliche Budget

teilen. Andernfalls wird es pro Gerät berechnet. Ist das Budget für einen Tag aufgebraucht, blockiert die FRITZ!Box weitere Internetverbindungen von Geräten mit diesem Profil.

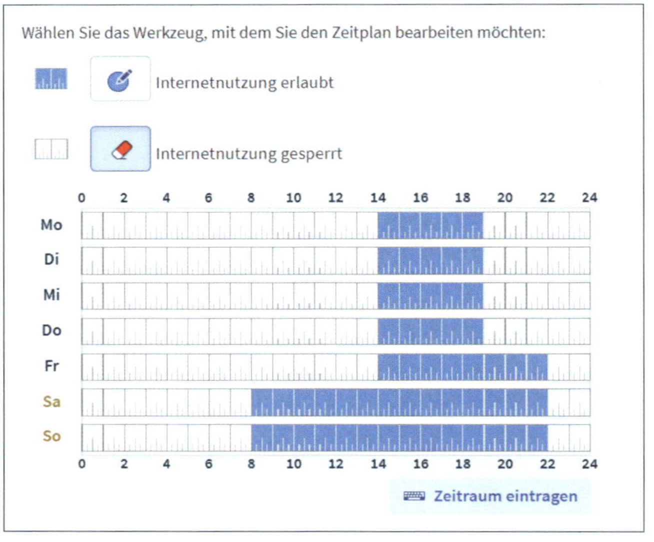

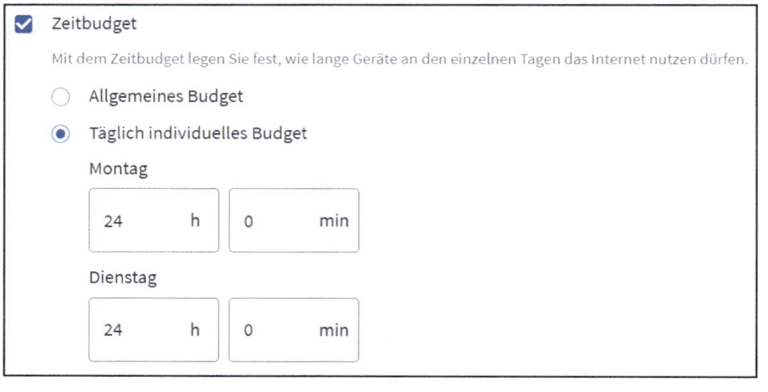

- Wollen Sie den Internetzugang ganz unterbinden, lassen Sie beide Optionen aus.

5. Im Abschnitt *Filter* können Sie Filterlisten erstellen. Um diesen Mechanismus grundsätzlich zu nutzen, aktivieren Sie zunächst die Option *Internetseiten filtern*. Mit den so angezeigten Einstellungen können Sie dann die Art des Filters wählen. Mehr zu diesem komplexen Thema finden Sie auf Seite 184.
6. Für jugendliche Besucher sollten Sie aber in jedem Fall die Option *Jugendgefährdende Internetseiten sperren* aktivieren. Dann wird das BPjM-Modul der Bundesprüfstelle für jugendgefährdende Medien aktiviert, das aufgrund einer ständig aktualisierten Liste indizierte Onlineangebote blockiert.

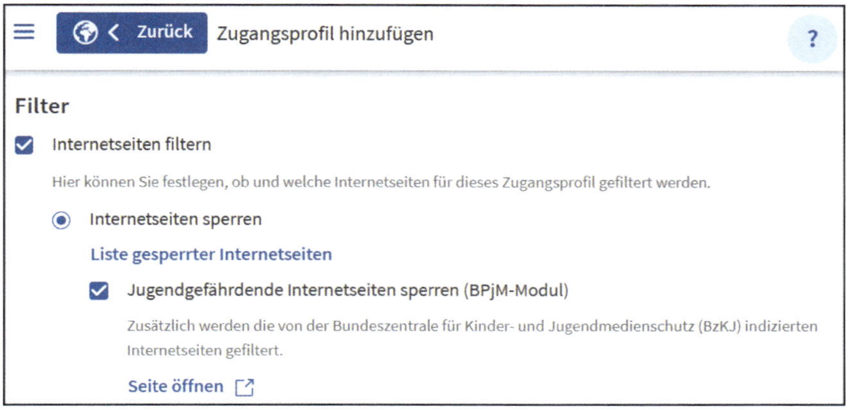

7. Wenn Sie ganz unten die *Filter für Netzwerkanwendungen* ausklappen, können Sie zusätzlich steuern, welche Dienste die Jugendlichen nutzen dürfen. Ein guter Ausgangspunkt ist das Sperren von *alles außer Surfen und Mailen*. Dann erlaubt das Profil nur das Nutzen dieser beiden Anwendungen. Für ältere Kinder ist es eventuell erforderlich, beispielsweise für bestimmte Onlinespiele zusätzliche Ports freizugeben. Dann nehmen Sie diese am besten ausdrücklich in diese Netzwerkanwendung mit auf. Unter *Internet/Filter/Listen* können Sie eigene Netzwerkanwendungen definieren (mehr dazu auf Seite 186).

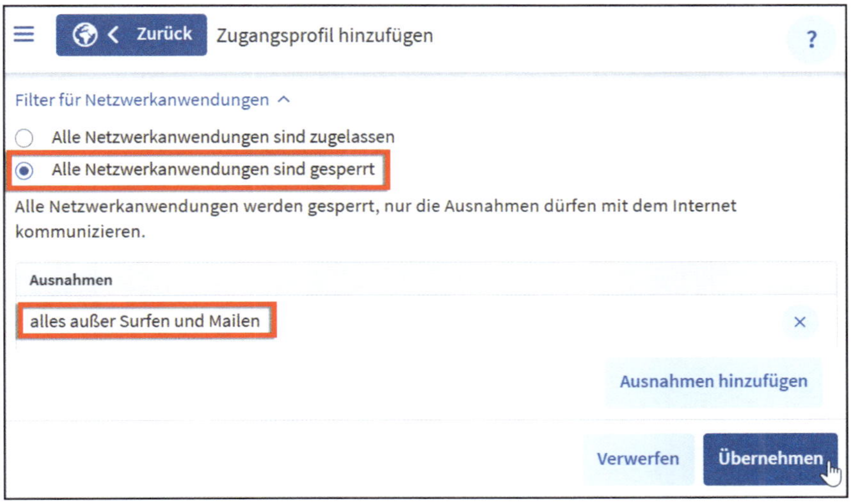

8. Haben Sie die Einstellungen des Zugangsprofils nach Ihren Vorstellungen gespeichert, vergessen Sie bitte nicht, unten rechts auf *Übernehmen* zu klicken, um das Profil zu sichern.

> **Tickets für mehr Online-Zeit**
>
> Wenn Sie mit Zeitbegrenzungen arbeiten, können Sie mit Tickets komfortabel zusätzliche Zeitkontingente einräumen. Dazu finden Sie unter *Internet/Filter* in der Rubrik *Tickets für Online-Zeit* eine Reihe von Tickets, die jeweils 45 Minuten zusätzliche Zeit ermöglichen. Wenn ein Gerät von einer Zeitbegrenzung betroffen ist und sein Kontingent ausgeschöpft hat, wird diesem Gerät unter *http://fritz.box* ein Formular angezeigt. Hier kann die *Ticket-Nummer* eingegeben werden, um die zusätzliche Online-Zeit freizuschalten.

Geräten bestimmte Zugangsprofile zuweisen

Wenn Sie ein Profil bereits erstellt haben, finden Sie es in der Liste unter *Zugangsprofile* wieder. Ganz unten finden Sie eine Liste der diesem Profil derzeit zugeordneten Netzwerkgeräte. Mit *Geräte hinzufügen* öffnen Sie eine Liste aller Netzwerkgeräte und können Häkchen bei denen setzen, für die das Zugangsprofil gelten soll. Alternativ können Sie auch einzelnen Geräten gezielt ein bestimmtes Profil zuweisen:

1. Öffnen Sie in der Weboberfläche das Menü *Heimnetz/Netzwerk*. Rechts wird dann automatisch die Liste aller registrierten Netzwerkgeräte angezeigt. Lokalisieren Sie darin das Gerät, das Sie einstellen möchten.
2. Klicken Sie bei dessen Eintrag ganz rechts auf das Stift-Symbol.
3. Lokalisieren Sie in den so geöffneten Einstellungen für dieses Gerät den Abschnitt *Kindersicherung*. Dort können Sie erkennen, welchem *Zugangsprofil* das Gerät aktuell zugeordnet ist (in der Regel *Standard*).

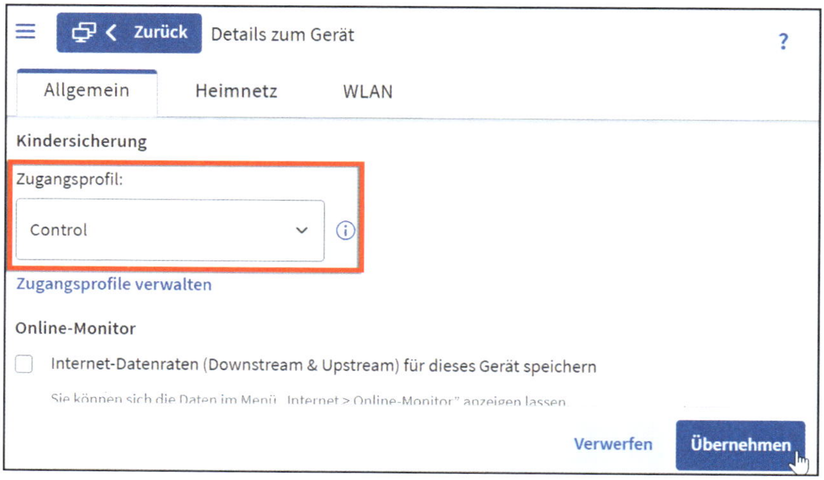

4. Möchten Sie an der Zuordnung zu den Profilen etwas ändern, klicken Sie rechts auf den Auswahlpfeil und wählen das gewünschte Profil aus.
5. Klicken Sie schließlich ganz unten auf *Übernehmen*, um alle Änderungen an der Profilzuordnung dauerhaft zu speichern.

Geräte bei Bedarf sofort sperren oder freischalten

In der Rubrik *Kindersicherung* (s. o.) haben Sie – ergänzend zu den Zugangsprofilen – auch die Möglichkeit, den Internetzugang für einzelne Geräte jederzeit zu sperren oder auch freizugeben:

1. In der Spalte *Internetnutzung* finden Sie für jedes Gerät den Eintrag *Sperren*, wenn dieses in der Internetnutzung derzeit unbeschränkt ist.

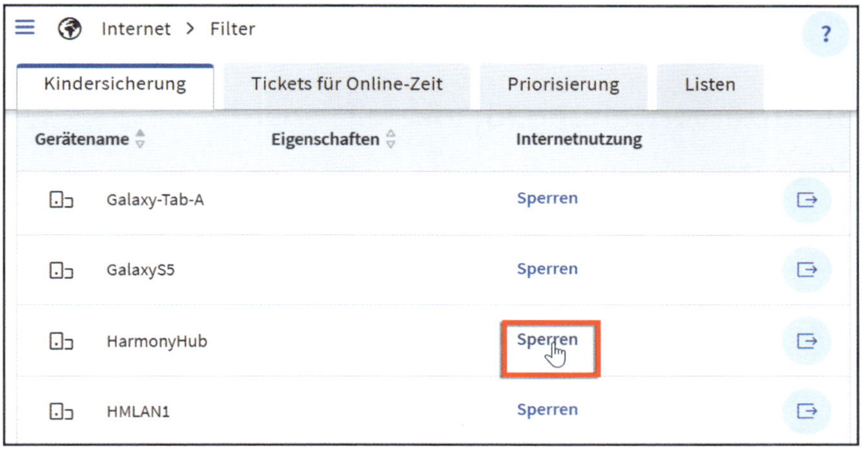

2. Dabei handelt es sich um einen Link, den Sie anklicken können. Dadurch wird der Internetzugang für dieses eine Gerät ohne weitere Rückfrage sofort gesperrt.

3. Der Eintrag in der Spalte *Internetnutzung* wandelt sich dabei zu *Entsperren*. Mit einem Klick darauf heben Sie die Sperre wieder auf.

Ist das Gerät einem Zugangsprofil mit Zeitbeschränkung zugeordnet, bleibt das manuelle Sperren (oder Entsperren) so lange in Kraft, bis Zeitraum oder Zeitbudget des Profils diesen Zustand automatisch wieder umkehren. Ist ein Gerät einem Zugangsprofil ohne Zeitbeschränkung zugeordnet (beispielsweise *Standard*), bleibt es so lange gesperrt, bis Sie die Sperre manuell wieder aufheben.

4. Heimnetzwerk mit allen Funktionen nutzen

Die FRITZ!Box sorgt für gute Verbindungen zu Internet und Telefonanschluss und ist auch ein kleiner Server, der grundlegende Dienste im lokalen Heimnetzwerk bereitstellen kann. Dazu gehört vor allem ein Dateiserver, der als geteiltes Netzlaufwerk oder für Sicherungen verwendet werden kann. Darauf gespeicherte Medien kann die FRITZ!Box aber auch als DLNA-Server an PCs, Tablets, Internetradios oder TV-Geräte ausliefern. Und die USB-Anschlüsse der FRITZ!Box können nicht nur für Speichermedien genutzt werden, sondern auch für Drucker, die so allen Geräten im Heimnetzwerk zur Verfügung stehen. Speziell für FRITZ!Fons stellt die FRITZ!Box die Schnittstelle zwischen Mobilteil und Internet dar und ermöglicht es z. B., am DECT-Gerät Musik zu hören oder E-Mails zu lesen und zu schreiben.

4.1 Benutzerverwaltung für lokale Dienste

Wenn Sie Ihre FRITZ!Box als Netzwerkspeicher für mehr als einen Benutzer bereitstellen möchten oder wenn Sie auf Speicher oder Dienste der Box auch von unterwegs zugreifen möchten, sollten Sie sich mit der Benutzerverwaltung befassen. Sie erlaubt es, für jede Person oder auch für spezielle Anwendungszwecke eigene Konten anzulegen. Für jedes Konto können Sie individuell festlegen, auf welche Informationen und/oder Funktionen die Person Zugriff haben soll. So können Sie es beispielsweise Familienmitgliedern erlauben, Anruflisten einzusehen und Nachrichten abzuhören, während Sie Konfigurationsänderungen an der FRITZ!Box nur Ihrem eigenen Konto vorbehalten. Insbesondere beim Verwenden der FRITZ!Box als Netzwerkspeicher ermöglichen Benutzerkonten außerdem eine ganz genaue Festlegung, welche Personen Zugriff auf welche Ordner und Dateien haben. Ab Werk kennt die FRITZ!Box nur einen zufällig generierten Benutzer, dessen Passwort Sie auf dem Schild an der Unterseite des Gerätes finden. Dabei handelt es sich um ein Administratorkonto, mit dem Sie alle Einstellungen Ihrer FRITZ!Box verändern können. Deshalb bietet es sich an, weitere Konten mit beschränkteren Zugriffsrechten für bestimmte Anwendungen einzurichten. Das früher allgegenwärtige Konto *ftpuser* wird auf neuen Geräten aus Sicherheitsgründen nicht mehr verwendet.

Kein ftpuser mehr seit FRITZ!OS 7.10

Einen *ftpuser* gab es, seit es FRITZ!Boxen gibt. Seit FRITZ!OS 7.10 verzichtet der Hersteller aber aus Sicherheitsgründen darauf. Bei einer neuen Box bzw. nach dem Zurücksetzen einer Box auf die Werkseinstellungen wird also standardmäßig kein solches Benutzerkonto mehr eingerichtet. Das kann der Benutzer nachholen, wenn es benötigt wird (beispielsweise zur Rechteverwaltung für die NAS-Funktionen). Für »Alt-Boxen« bleibt es allerdings wie gehabt: Wer auf seiner bestehenden FRITZ!Box einen *ftpuser* hatte und auf eine neuere FRITZ!OS-Version aktualisiert, behält diesen auch weiterhin.

Weitere Benutzer einrichten

Die Benutzerverwaltung Ihrer FRITZ!Box finden Sie in der Weboberfläche unter *System/ FRITZ!Box-Benutzer*. Darin finden Sie eventuell einen Eintrag für den Benutzer *ftpuser* (s. o.). Wenn die Anmeldung auf Ihrer FRITZ!Box nur mit Kennwort (ohne Benutzername) erfolgt, finden Sie ggf. einen Benutzer mit dem Namen *fritz1234* o. Ä. vor. Dieser wurde automatisch angelegt und wird verwendet, wenn Sie sich per Kennwort auf der Benutzeroberfläche anmelden.

1. Um ein weiteres Nutzerkonto anzulegen, klicken Sie unten rechts auf *Benutzer hinzufügen*.

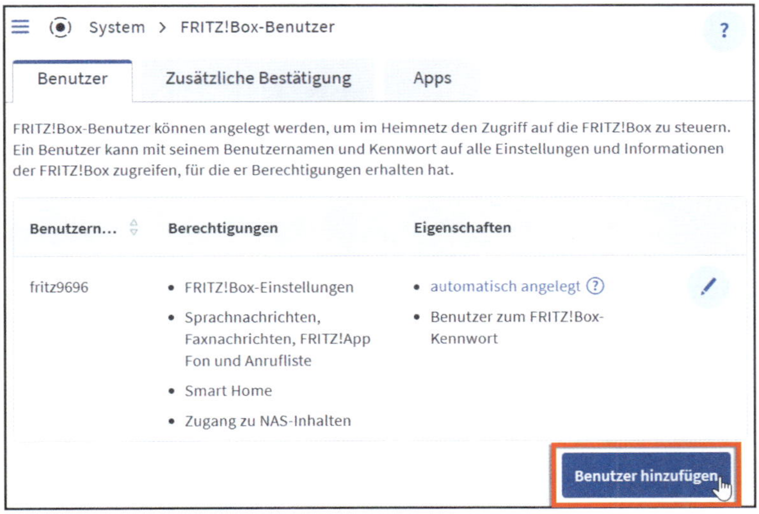

2. Stellen Sie im anschließenden Dialog oben sicher, dass die Option *Benutzerkonto aktiv* angehakt ist. Mit dieser Option können Sie das Benutzerkonto später vorübergehend deaktivieren, ohne es gleich löschen zu müssen.
3. Tragen Sie dann einen Benutzernamen ein. Benutzernamen müssen mit einem Klein- oder Großbuchstaben beginnen und dürfen insgesamt höchstens 32 Zeichen lang sein. Nicht erlaubt sind Umlaute und ß. Dafür können Sie aber auch Ziffern, Leerzeichen und die Sonderzeichen Minus (-), Unterstrich (_), Komma (,) sowie Punkt (.) verwenden.
4. Verwenden Sie ein möglichst sicheres Kennwort, wobei Ihnen das Eingabeformular bei der Bewertung hilft. Es sollte mindestens acht Zeichen umfassen, die eine Mischung aus Klein- und Großbuchstaben, Ziffern und Sonderzeichen sind. Vermeiden Sie Umlaute und ß sowie die Sonderzeichen § und ´.
5. Darunter folgen die *Berechtigungen* für dieses Benutzerkonto, auf die der folgende Abschnitt ausführlicher eingeht. Vorerst können Sie ganz unten auf *Übernehmen* klicken, um das neue Konto mit Standardeinstellungen zu erstellen.

6. Sollte die FRITZ!Box Sie darauf hinweisen, dass Sie noch keine NAS-Berechtigungen festgelegt haben, nehmen Sie das einfach mit *OK* zur Kenntnis.

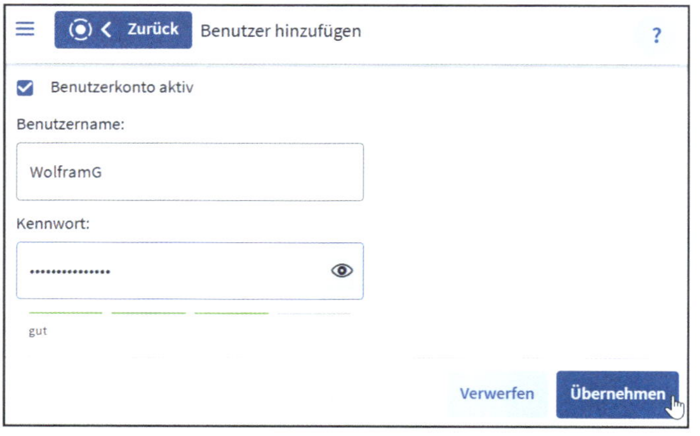

Zugriffsrechte für Benutzer festlegen

Für jedes Benutzerkonto können Sie über eine Reihe von Berechtigungen genau bestimmen, auf welche Informationen, Funktionen, Einstellungen und Daten der Benutzer Zugriff hat. Diese Regeln können Sie auch nachträglich jederzeit verändern. Öffnen Sie dazu in der Benutzerliste unter *System/FRITZ!Box-Benutzer* mit dem Stift-Symbol die Einstellungen für dieses Konto.

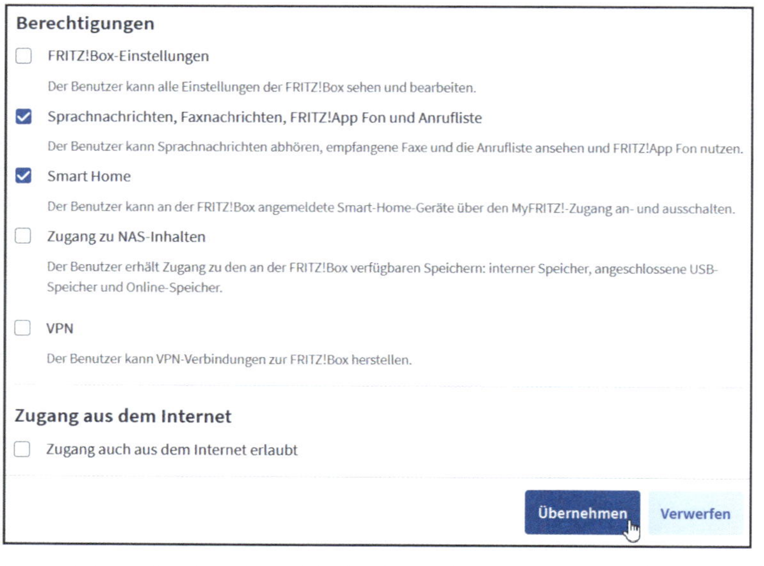

Im Konto jedes Benutzers lässt sich über Berechtigungen steuern, auf welche Funktion und Daten er Zugriff hat

Im Abschnitt *Berechtigungen* sind alle Zugriffsrechte einzeln aufgeführt und können in beliebigen Kombinationen vergeben werden. Aus Sicherheitsgründen sollte die Faustregel dabei sein: »so viel wie nötig – so wenig wie möglich«. Die nachfolgenden Abschnitte gehen auf die verschiedenen Zugriffsrechte und ihre Bedeutung ein.

FRITZ!Box-Einstellungen

Diese Berechtigung erlaubt es dem Benutzer, Einstellungen der FRITZ!Box zu sehen und zu verändern und hat dementsprechend eine große Bedeutung. Denn wer diese Berechtigung hat, der kann sich auch jede der anderen Berechtigungen selbst verschaffen. Deshalb sollte man mit dieser Option sparsam umgehen und sie nur einem oder wenigen kompetenten Anwendern zugestehen. Für das produktive Nutzen von Internet, Telefonie, Netzwerkspeicher und zahlreichen anderen Funktionen ist sie nicht erforderlich.

Sprachnachrichten, Faxnachrichten, FRITZ!App Fon und Anrufliste

Wie der Name schon sagt, berechtigt diese Option den Benutzer dazu, erhaltene Nachrichten abzuhören, empfangene Faxe anzusehen und die Anrufliste abzurufen. Außerdem darf er die *FRITZ!App Fon* benutzen, um sein Smartphone im heimischen WLAN als zusätzliches Mobilteil an der FRITZ!Box anmelden zu können (siehe Seite 272).

Smart Home

Wenn Sie an Ihrer FRITZ!Box Smart-Home-Geräte angemeldet haben (siehe *Heimnetz/ Smart Home*), erlauben Sie dem Benutzer hiermit, den Status dieser Komponenten einzusehen und selbst zu verändern. Er kann dann also Lampen schalten oder Thermostate verstellen. Interessant ist das auch in Verbindung mit Zugriff von außerhalb, etwa um die Heizung schon mal hochzudrehen, bevor man sich auf den Heimweg macht. Dazu muss aber zusätzlich oben die Berechtigung *Zugang auch aus dem Internet erlaubt* aktiviert sein. Sonst kann der Benutzer Smart-Home-Aktoren nur innerhalb des heimischen Netzwerks bedienen.

Zugang zu NAS-Inhalten

Soll die FRITZ!Box mit angeschlossenem USB-Speicher eine wichtige Rolle als Netzwerk-Dateiserver spielen, sind Benutzerkonten besonders wichtig. Denn Sie können damit nicht nur festlegen, dass ein Benutzer auf den NAS-Speicher zugreifen darf, sondern auch, auf welche Ordner er genau Zugriff haben soll. So kann jeder Benutzer seinen eigenen geschützten Bereich auf dem Netzwerklaufwerk erhalten.

Ebenso können sich Benutzer Speicherbereiche und die enthaltenen Dateien teilen und wechselseitig darauf zugreifen.

1. Soll der Benutzer grundsätzlich den Netzwerkspeicher der FRITZ!Box verwenden dürfen, aktivieren Sie die Option *Zugang zu NAS-Inhalten*.

2. Dadurch werden die Einstellungen an dieser Stelle um die Zugriffsberechtigungen erweitert.

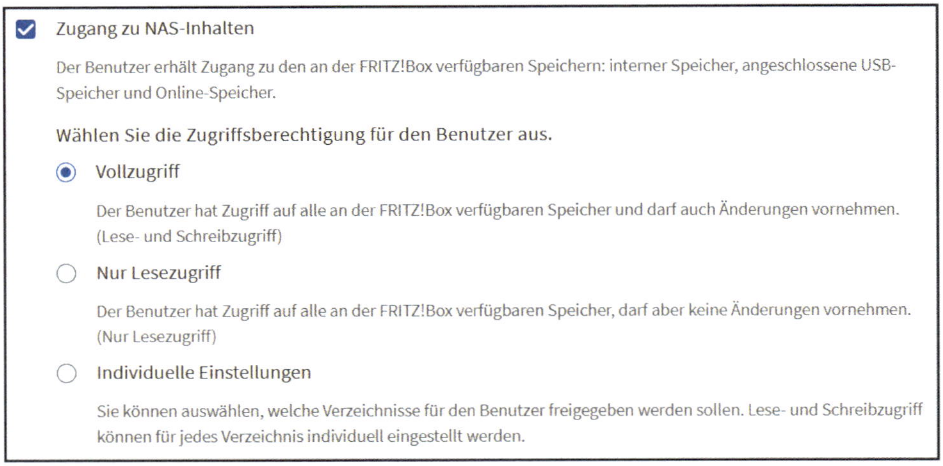

- Standardmäßig erhalten alle Benutzer *Vollzugriff* auf alle Verzeichnisse zum Lesen und Schreiben.
- Soll ein Benutzer nur lesen und nichts verändern dürfen, wählen Sie stattdessen *Nur Lesezugriff*.
- Alternativ blenden Sie mit *Individuelle Einstellungen* eine Übersicht der freigegebenen Verzeichnisse ein.

3. Klicken Sie auf *Zugriffsberechtigung einstellen*, um ein konkretes Zugriffsrecht einzuräumen.

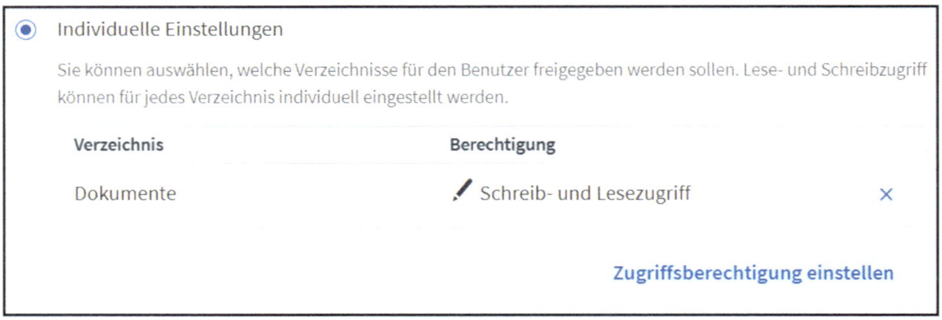

4. Wählen Sie im so geöffneten Dialog Verzeichnisse aus, auf die dieser Nutzer zugreifen darf. Mit dem Stift-Symbol rechts können Sie jeweils zwischen *Schreib- und Lesezugriff* bzw. *Nur Lesezugriff* wählen.

5. Klicken Sie darunter auf *Übernehmen*, um die Freigabe zu speichern.

VPN

Was es mit Virtual Private Networks auf sich hat, ist auf Seite 215 erklärt. Mit der Berechtigung *VPN* gestatten Sie es dem Benutzer, die für ihn freigegebenen Funktionen der FRITZ!Box auch von unterwegs über eine VPN-Verbindung zu nutzen. Das hat den Vorteil, dass er dann von unterwegs die gleichen Möglichkeiten wie direkt im lokalen Heimnetzwerk hat, ohne dass man sich dazu um Portfreigaben für die entsprechenden Dienste zu kümmern braucht.

Zugang auch aus dem Internet erlaubt

Im Abschnitt *Zugang aus dem Internet* finden Sie nur die Berechtigung *Zugang auch aus dem Internet erlaubt*. Diese Option regelt, ob der Benutzer die weiter unten zugestandenen Berechtigungen auch wahrnehmen darf, wenn er sich mit einem Computer anmeldet, der sich außerhalb des Heimnetzwerks befindet.

Prinzipiell können Sie den Zugang zur FRITZ!Box und ihren Funktionen auch für den Zugriff aus dem Internet freigeben. Die Möglichkeiten dafür sind ab Seite 197 beschrieben. Allerdings ist es nicht sinnvoll, diese Freigabe immer auch allen Benutzern zur Verfügung zu stellen. Stattdessen sollten Sie insbesondere diese Berechtigung auf die Personen beschränken, die sie benötigen und verantwortungsvoll damit umgehen können. Immerhin könnte es fatal sein, wenn ein Fremder die Unvorsichtigkeit eines Benutzers ausnutzt und sich dadurch Zugang zu Ihrer FRITZ!Box und deren Einstellungen verschafft.

Ist diese Option ausgeschaltet, gelten für den Benutzer die weiter unten festgelegten Berechtigungen, sofern er sich von einem Gerät im Heimnetzwerk anmeldet. Stellt er die Verbindung von unterwegs her, gelten hingegen keinerlei Berechtigungen.

4.2 Netzwerkspeicher mit FRITZ!NAS bereitstellen

Die FRITZ!Box ermöglicht es Ihnen, einen Netzwerkspeicher einzurichten, der allen Geräten und Benutzern im lokalen Netzwerk zur Verfügung steht. Der interne Speicher der FRITZ!Box selbst eignet sich dafür nur bedingt, da er nicht sehr groß ist und primär für das Speichern von Nachrichten, Ansagen und Faxen dienen sollte. Sie können diesen Speicher aber durch USB-Speichermedien erweitern, deren Ordner Sie dann als Netzwerkspeicher einrichten.

USB-Speicher an die FRITZ!Box anschließen

FRITZ!Boxen verfügen über mindestens einen USB-Anschluss, an den Sie einen USB-Stick oder auch eine externe USB-Festplatte anschließen können.

Die Anforderungen an USB-Medien sind überschaubar:

- Der Speicher muss in NTFS, exFAT, FAT/FAT32 oder ext2/ext3/ext4 formatiert sein.
- Es dürfen maximal vier Partitionen auf einem Laufwerk vorhanden sein.
- Eine Partition darf maximal 4 Terabyte groß sein.

Stromversorgung für USB-Speichermedien

Bei sehr großen Festplatten sollten Sie idealerweise eine externe Stromversorgung verwenden, um den USB-Port der FRITZ!Box nicht zu überlasten. Die FRITZ!Box liefert an den USB-Ports gemäß Spezifikation 500 mA (USB 2.0) bzw. 900 mA (USB 3.0). Festplatten mit einem höheren Bedarf werden ggf. laufen, können auf Dauer aber durch die Überlastung Schaden anrichten.

Wenn Ihre FRITZ!Box über zwei USB-Anschlüsse verfügt, ist es egal, welchen davon Sie verwenden. Sie können auch an jeden Anschluss einen USB-Steckplatz anschließen. Wenn Sie mehr als zwei USB-Geräte anschließen möchten, können Sie auch einen USB-Hub verwenden. Dann lassen sich bis zu vier USB-Geräte an der FRITZ!Box verwenden.

USB 2.0 vs. USB 3.0

Viele aktuelle FRITZ!Box-Modelle unterstützen USB 3.0, was man am blau eingefärbten Innenleben der USB-Anschlüsse erkennen kann. Der USB-3.0-Standard ermöglicht höhere Geschwindigkeiten und liefert mehr Strom für die angeschlossenen Geräte. Das spräche dafür, für einen möglichst schnellen Netzwerkspeicher eine USB-3.0-Festplatte anzuschließen. Allerdings hat sich in der Praxis gezeigt, dass solche Speichermedien an der FRITZ!Box zwar etwas schneller als USB-2.0-Speicher sind, aber bei Weitem nicht die technisch möglichen Datenraten erreichen. Der Flaschenhals ist dabei nicht so sehr der USB-Anschluss als die FRITZ!Box selbst, die die Daten nicht schnell genug liefern kann.

Wenn es Ihnen nicht auf das letzte Quäntchen Geschwindigkeit ankommt, können Sie also ebenso gut zu einer günstigeren USB-2.0-Festplatte greifen, die dabei oft noch leiser und sparsamer ist. Oder anders gesehen kann man dasselbe Geld vielleicht besser in eine größere USB-2.0-Festplatte investieren, auch wenn größere Datentransfers dann geringfügig länger dauern.

Wichtig ist allerdings, dass Sie den Modus der USB-Anschlüsse passend zu den angeschlossenen Geräten wählen:

1. Öffnen Sie in der Weboberfläche Ihrer FRITZ!Box das Menü *Heimnetz/USB/Speicher* und wechseln Sie rechts in die Rubrik *USB-Einstellungen*.
2. Hier können Sie ggf. für beide USB-Anschlüsse getrennt den Betriebsmodus wählen. Wählen Sie den *Power Mode*, wenn Sie eine USB-3.0-Festplatte angeschlossen haben und von deren Geschwindigkeit auch weitestmöglich profitieren möchten. Für USB-2.0-Geräte wählen Sie den sparsameren *Green Mode*. Sie können auch ein USB-3.0-Speichermedium im Green Mode betreiben. Es arbeitet dann einfach etwas unter seinen Möglichkeiten.

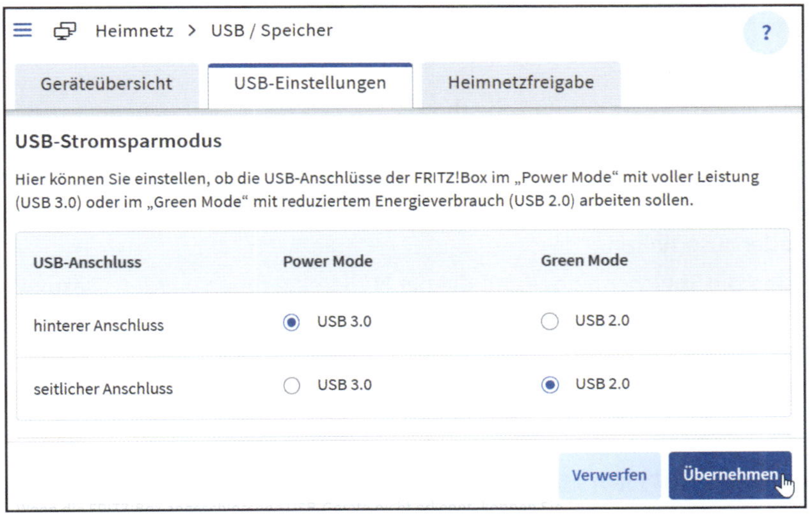

3. Speichern Sie die Einstellungen unten mit *Übernehmen*.

USB-Geräte verwalten

Sie können USB-Geräte jederzeit im laufenden Betrieb an der FRITZ!Box einstecken. Rufen Sie anschließend in der Weboberfläche das Menü *Heimnetz/USB/Speicher* auf. Hier sollte das USB-Medium rechts in der Rubrik *Geräteübersicht* angezeigt werden. Diese Übersicht dient vor allem der Information. Bevor Sie Speichermedien wieder abziehen, sollten Sie aber hier auf das *Auswerfen*-Symbol rechts klicken, um eventuell noch laufende Schreiboperationen abzuschließen.

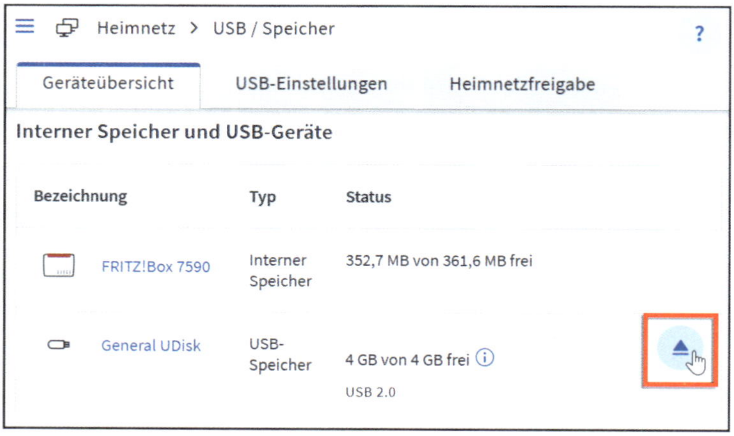

FRITZ!NAS einrichten und absichern

Ist die Netzwerkspeicherfunktion aktiv, werden hinzugefügte Speichermedien automatisch auch dem FRITZ!NAS hinzugefügt. Trotzdem können Sie entscheiden, ob und welche Medien freigegeben werden sollen.

1. Öffnen Sie dazu in der Weboberfläche Ihrer FRITZ!Box das Menü *Heimnetz/USB/Speicher* und darin die Rubrik *Geräteübersicht*.
2. Hier finden Sie im Abschnitt *NAS-Funktion von FRITZ!Box...* ganz oben die Option *NAS-Speicher-Funktion*. Damit können Sie die NAS-Funktion Ihrer FRITZ!Box jederzeit komplett ein- oder ausschalten.
3. Darunter sind die Speicher aufgelistet, die per NAS freigegeben werden. Dazu gehört grundsätzlich der interne Speicher der FRITZ!Box sowie ggf. eingesteckte USB-Speichermedien. Was es mit der Option *Online-Speicher* auf sich hat, lesen Sie im nachfolgenden Abschnitt.
4. Klicken Sie unten auf *Übernehmen*, um veränderte Freigabeeinstellungen zu speichern.

Speichermedien im FRITZ!NAS freigeben

Wenn Sie neue bzw. andere USB-Speichermedien ins FRITZ!NAS einbinden, werden die bestehenden Freigaben der Benutzer automatisch dafür übernommen. Ein Benutzer, der in seinen Einstellungen *Vollzugriff* hat, darf auch auf den Inhalt neu eingefügter Freigaben zugreifen. Für Benutzer, deren Zugang zu NAS-Inhalten beschränkt ist, müssen Sie für den neuen Speicher ggf. weitere Freigaben erstellen.

1. Öffnen Sie dazu mit *System/FRITZ!Box-Benutzer* die Benutzerübersicht und darin die Einstellungen für den betreffenden Benutzer.
2. Die Option *Zugang zu NAS-Inhalten* steuert grundlegend, ob dieser Benutzer auf angeschlossene Speichermedien zugreifen darf. Sie können *Vollzugriff* auf alles erlauben

oder auf *Nur Lesezugriff* beschränken. Für die flexiblere Rechtevergabe wählen Sie *Individuelle Einstellungen* und klicken darunter auf *Zugriffsberechtigung einstellen*.

3. Im so geöffneten Dialog wird jedes USB-Medium mit einem zusätzlichen Eintrag in der Verzeichnisliste angezeigt. Soll der Anwender Zugriff auf alle Daten eines USB-Speichers haben, setzen Sie das Häkchen links neben dessen Eintrag und klicken dann auf *Übernehmen*.
4. Wollen Sie den Zugriff auf bestimmte Ordner des USB-Speichers begrenzen, klappen Sie dessen Eintrag zunächst aus, indem Sie auf das Symbol links neben dem Namen des Laufwerks klicken. Sie können dann aus einer Liste mit den Verzeichnissen des Mediums einzelne Ordner markieren. Auf diese Weise können Sie die gesamte Verzeichnisstruktur des Speichers erreichen.
5. Mit dem Stift-Symbol rechts wechseln Sie vom *Schreib- und Lesezugriff* zu *Nur Lesezugriff*.

6. Wiederholen Sie den Vorgang ggf. mehrmals, um Freigaben für verschiedene Ordner auf dem USB-Laufwerk zu erstellen. Klicken Sie abschließend unten rechts auf *Übernehmen*, um die Freigaben endgültig zu speichern.

Online-Speicher aus der Cloud einbinden

Eine weitere Möglichkeit, FRITZ!NAS um Speicher zu erweitern, ist Online-Speicher bei Internetprovidern wie 1&1, GMX oder Telekom. Voraussetzung dafür ist allerdings, dass ein USB-Laufwerk angeschlossen ist, das mindestens so viel Speicher aufweist, wie Sie beim Online-Speicher nutzen wollen. Denn die FRITZ!Box nutzt den USB-Speicher als Puffer, den sie regelmäßig mit dem Online-Speicher synchronisiert.

1. Um einen Online-Speicher einzubinden, öffnen Sie in der Weboberfläche der FRITZ!-Box das Menü *Heimnetz/USB/Speicher* und darin die Rubrik *Geräteübersicht*.
2. Ist hier in der Liste ein USB-Speichermedium aufgeführt, können Sie weiter unten im Abschnitt *Online-Speicher* die Option *Abgleich zwischen lokalem und Online-Speicher aktivieren* einschalten.
3. Dadurch werden darunter die Einstellungen für den Online-Speicher aktiviert.
4. Wählen Sie hier im Feld *WebDAV-Anbieter* zunächst den Betreiber Ihres Online-Speichers aus.
5. Sollte Ihr Anbieter in der Liste nicht enthalten sein, ist das nicht schlimm. Solange er einen Zugriff per WebDAV ermöglicht, wählen Sie den Eintrag *Anderer Anbieter* und tragen dann zusätzlich dessen *WebDAV-URL* ein.
6. Bei von der FRITZ!Box unterstützten Anbietern reicht es, *Benutzername* und *Dienstpasswort* für den Zugriff auf den Online-Speicher zu hinterlegen.
7. Klicken Sie unten auf *Übernehmen*, um den Online-Speicher einzubinden. Eventuell dauert es kurz, bis die FRITZ!Box die Verbindung hergestellt hat.

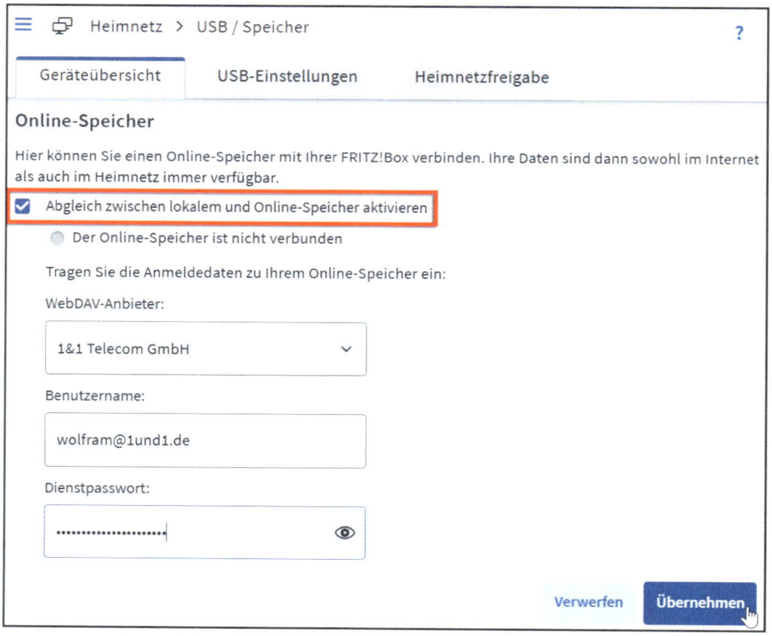

8. Sollte in der Übersichtsliste dauerhaft die Meldung *nicht verbunden* stehen, gelangen Sie mit einem Klick darauf ins Protokoll der FRITZ!Box, wo ggf. Hinweise zur Ursache der Verbindungsprobleme zu finden sind.

Auf den Netzwerkspeicher zugreifen

Ist FRITZ!NAS einmal aktiviert und sind die Freigaben eingerichtet, haben Sie verschiedene Möglichkeiten, auf die Dateien zuzugreifen: per Weboberfläche intern und extern, per Dateimanager oder per FTP.

Zugriff per Weboberfläche

Ohne weitere Vorkehrungen funktioniert der Zugriff per Webbrowser. Sie können dazu in der Weboberfläche Ihrer FRITZ!Box jederzeit oben auf *FRITZ!NAS* klicken.

Damit gelangen Sie zur obersten Ebene des Netzwerkspeichers, wo Sie immer gleich eine Reihe von Ordnern vorfinden:

- *Bilder*, *Dokumente*, *Musik* und *Videos*
  Diese Ordner gehören zum internen Speicher der FRITZ!Box. Sie können sie für eigene Zwecke nutzen, sollten dabei aber den begrenzten Speicher der FRITZ!Box berücksichtigen. Falls Sie den Medienserver der FRITZ!Box aktivieren, wird er unter anderem in diesen Verzeichnissen nach Mediendateien suchen.
- *FRITZ*
  Dies ist ein interner Ordner der FRITZ!Box. Er enthält verschiedene Unterordner, in denen die FRITZ!Box beispielsweise AB-Nachrichten, Faxe, Klingeltöne und Bilder ablegt.
- *Online-Speicher*
  Haben Sie einen Online-Speicher eingebunden, wird der mit dem Ordner dieses Namens verknüpft.

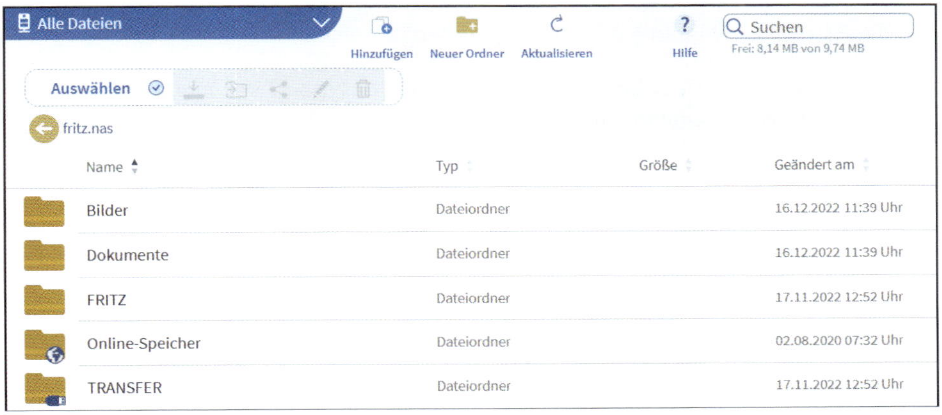

- *USB-Speicher*
  Weitere Ordner sind mit einem kleinen USB-Stecker-Symbol versehen und stehen für USB-Speicher, den Sie angeschlossen und in FRITZ!NAS eingebunden haben. Sie tragen den Namen des USB-Mediums.

Ordner können Sie durch Anklicken öffnen, sodass ihr Inhalt angezeigt wird. Enthält ein Ordner Dateien, können Sie diese durch Anklicken öffnen oder herunterladen. Außerdem können Sie oben einen *Auswählen*-Modus aktivieren. Dadurch wird bei jedem Eintrag – Ordner oder Datei – ganz links ein Kreis angezeigt, wodurch Sie per Anklicken ein oder mehrere Objekte im angezeigten Verzeichnis auswählen können. Die oben in der Symbolleiste bereitstehenden Funktionen wie Download, Kopieren oder Löschen beziehen sich dann jeweils auf alle im Moment ausgewählten Objekte. Mit *Auswahl aufheben* beenden Sie den Auswahlmodus jederzeit wieder.

Zugriff per MyFRITZ!

Eine Variante des Zugangs bietet MyFRITZ! (siehe Seite 197), insbesondere wenn Sie per Smartphone oder Tablet auf Dateien zugreifen wollen. Hierfür finden Sie in der touchoptimierten Oberfläche einen eigenen Bereich *NAS-Speicher*. Er bietet zwar nicht die Funktionsvielfalt der FRITZ!NAS-Oberfläche, aber um beispielsweise von unterwegs mal schnell ein wichtiges Dokument zu Hause nachzulesen oder herunterzuladen, bedient er sie schneller und einfacher.

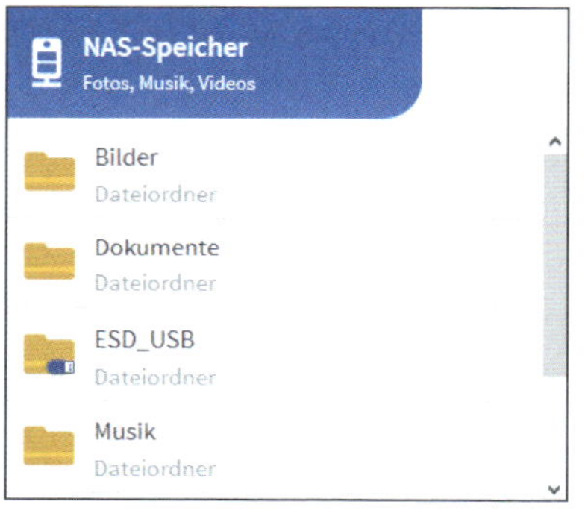

Zugriff per Dateimanager

Gerade wenn man zu Hause am PC sitzt, ist der bequemste Zugriff auf den Netzwerkspeicher derjenige, den man direkt im Dateimanager durchführen kann. Das geht auch mit der FRITZ!Box, wenn die richtigen Einstellungen gewählt sind.

1. Öffnen Sie in der Weboberfläche der FRITZ!Box das Menü *Heimnetz/USB/Speicher* und dort die Rubrik *Heimnetzfreigabe*.
2. Stellen Sie sicher, dass hier die Option *Zugriff über ein Netzlaufwerk (SMB)* eingeschaltet ist.
3. Darunter bei *Name* können Sie ggf. eine abweichende Bezeichnung für den Netzwerkspeicher angeben. Ansonsten heißt er genauso wie die FRITZ!Box selbst.
4. Wichtig ist auch das Feld *Arbeitsgruppe* darunter. Wenn Sie bereits eine Arbeitsgruppe für mehrere Windows-PCs im Heimnetzwerk eingerichtet haben (in der Windows-Systemsteuerung unter *System*), sollten Sie hier denselben Arbeitsgruppennamen angeben, damit die PCs auf die FRITZ!Box zugreifen können.

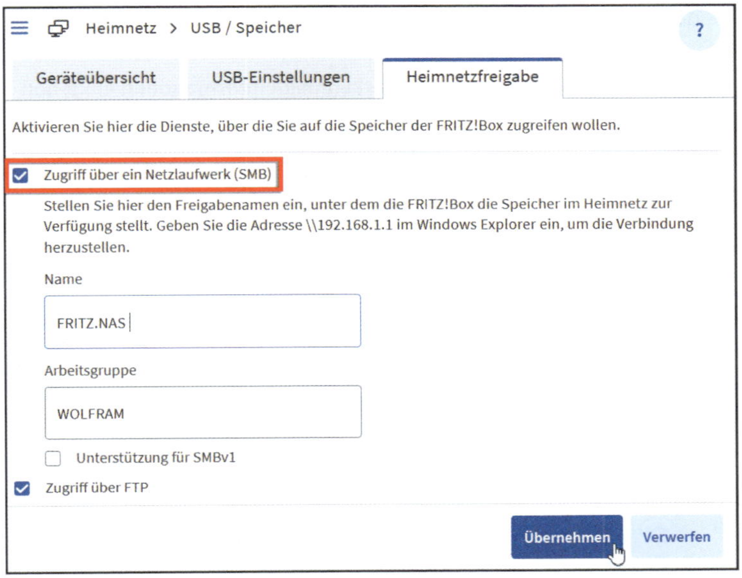

5. Standardmäßig verwendet die FRITZ!Box die sicheren SMBv3/v2-Protokolle. Sollten Sie noch mit sehr alten Geräten auf den Netzwerkspeicher zugreifen wollen, die nur SMBv1 beherrschen, können Sie die *Unterstützung für SMBv1 aktivieren*. Da diese SMB-Version veraltet und unsicher ist, empfehle ich das aber nur als Übergangslösung im Notfall. Aus Sicherheitsgründen wäre es sinnvoller, solche Geräte zu aktualisieren oder durch neuere Modelle zu ersetzen.
6. Denken Sie daran, die Einstellungen für die Heimnetzfreigabe zu *Übernehmen*.

Mit diesen Einstellungen können Sie jederzeit mit einem Dateimanager wie etwa dem Datei-Explorer von Windows oder dem Finder bei macOS auf das Netzlaufwerk der FRITZ!Box zugreifen:

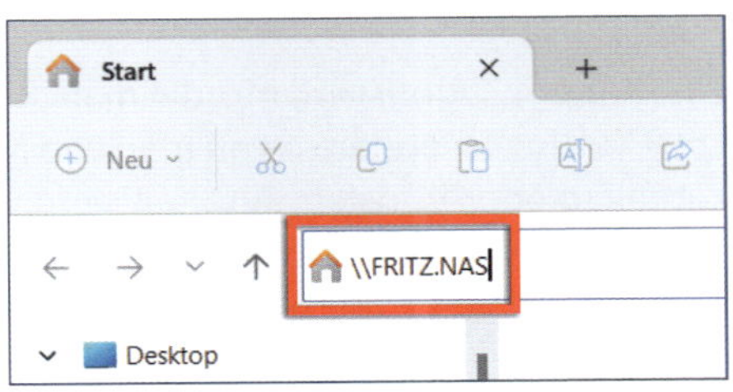

1. Geben Sie im Adressfeld des Datei-Explorer \\ ein, gefolgt vom Namen der Heimnetzfreigabe. Dieser entspricht entweder dem Namen der FRITZ!Box – also üblicherweise *fritz.box* – oder dem beim Einrichten der Heimnetzfreigabe (siehe vorangehenden Schritt 4) abweichend gewählten *Name* (im Beispiel *FRITZ.NAS*).
2. Da der Zugriff von der Benutzerverwaltung der FRITZ!Box geschützt wird, müssen Sie nun Benutzername und Kennwort eingeben. Verwenden Sie dabei nicht Ihr Windows-Benutzerkonto, sondern die Daten eines Benutzerkontos, die Sie in der FRITZ!Box unter *System/FRITZ!Box-Benutzer* finden. Hinweis: Dieses Benutzerkonto muss über die Berechtigung *Zugang zu NAS-Inhalten* verfügen.

3. Die Option *Anmeldedaten speichern* sorgt dafür, dass Sie diese Eingabe – an diesem PC – nur einmal machen müssen. Beim nächsten Mal verwendet Windows die erfassten Daten zur automatischen Anmeldung.
4. Nun werden im Datei-Explorer die freigegebenen Ordner und Dateien angezeigt, ganz wie dieser Benutzer sie auch in der Weboberfläche sehen würde.

Sie können die Verzeichnisse und Dateien jetzt genauso verwenden, als wären sie direkt auf der lokalen Festplatte des PCs gespeichert. Auch Drag and Drop per Maus ist möglich. Ebenso steht die Netzwerkfreigabe in den Öffnen- und Speichern-Dialogen der meisten Anwendungen zur Verfügung.

FRITZ!Box als Netzlaufwerk einbinden

Eine praktische Möglichkeit, jederzeit schnell auf den Netzwerkspeicher der FRITZ!-Box zuzugreifen, ist ein Netzlaufwerk. Klicken Sie dazu unmittelbar nach dem Öffnen des Netzwerkspeichers mit *\\fritz.box* mit der rechten Maustaste auf den dann angezeigten gleichnamigen Ordner. Wählen Sie im Kontextmenü den Befehl *Netzlaufwerk verbinden* und im anschließenden Dialog einen verfügbaren Laufwerkbuchstaben. Achten Sie darauf, dass die Option *Verbindung bei Anmeldung wiederherstellen* aktiviert ist. Klicken Sie dann auf *Fertigstellen*. Anschließend finden Sie den Netzwerkspeicher der FRITZ!Box dauerhaft als eigenes Laufwerk mit dem gewählten Buchstaben in der Navigationsleiste des Datei-Explorer vor.

Zugriff per FTP

Eine andere Zugriffsvariante, die mancher womöglich vorzieht, ist das **F**ile **T**ransfer **P**rotocol (FTP). Insbesondere wenn man von Nicht-Windows-PCs aus auf den Netzwerkspeicher zugreifen oder Transfers automatisieren möchte, ist das oft eine gute Lösung. Die FRITZ!-Box unterstützt sowohl FTP als auch verschlüsseltes FTPS – im Heimnetzwerk und auch beim Zugriff von außerhalb.

1. Öffnen Sie in der Weboberfläche der FRITZ!Box das Menü *Heimnetz/USB/Speicher* und darin die Rubrik *Heimnetzfreigabe*.
2. Stellen Sie sicher, dass hier ganz unten die Option *Zugriff über FTP* eingeschaltet ist.
3. Wollen Sie auch aus dem Internet per FTP auf den Speicher Ihrer FRITZ!Box zugreifen, öffnen Sie das Menü *Internet/Freigaben* und wechseln dort rechts in die Rubrik *FRITZ!-Box-Dienste*.

4. Stellen Sie sicher, dass hier im Abschnitt *Internetzugriff* die Option *Internetzugriff auf Ihre Speichermedien über FTP/FTPS aktiv* ist.
5. Sie finden dann darunter den *TCP-Port für FTP/FTPS*, unter dem der FTP-Dienst Ihrer FRITZ!Box von unterwegs erreichbar ist.
6. Am besten aktivieren Sie außerdem *Nur sichere FTP-Verbindungen zulassen (FTPS)*, sofern die Programme bzw. Apps, die Sie für den FTP-Zugriff verwenden möchten, dieses Protokoll beherrschen.

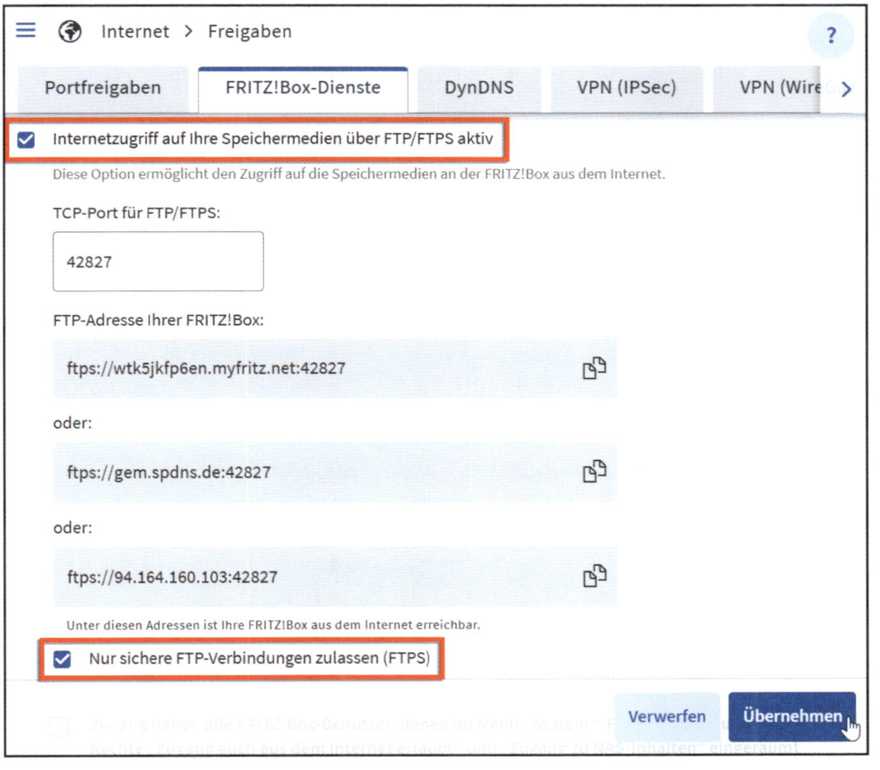

Sie können nun mit jedem beliebigen FTP-Programm eine Verbindung zum Netzwerkspeicher Ihrer FRITZ!Box herstellen. Zur Anmeldung verwenden Sie Benutzername und Kennwort des FRITZ!Box-Benutzerkontos. Für den Zugriff von unterwegs nutzen Sie Adresse und Port, die Sie unter *Internet/Freigaben/FRITZ!Box-Dienste* angezeigt bekommen.

Dateien für andere freigeben

Eine sehr hilfreiche Funktion für die Zusammenarbeit mit anderen sind externe Freigaben für bestimmte Dateien oder Ordner Ihres Netzwerkspeichers. Dazu geben Sie einzelne Objekte für einen bestimmten Zeitraum über einen Link frei. Diesen Link können Sie beispielsweise per E-Mail an Kollegen, Familie, Freunde oder Geschäftspartner verschicken.

Diese können sich mit dem Link die freigegebenen Dateien (und nur die) herunterladen und betrachten.

1. Um Dokumente für Gäste freizugeben, öffnen Sie die Weboberfläche von *FRITZ!NAS* und aktivieren zunächst oben den *Auswählen*-Modus.
2. Setzen Sie in der Liste darunter dann einen Haken bei dem Objekt, das Sie freigeben möchten. Es kann sich dabei um eine Datei oder um einen Ordner handeln. Sie können immer nur ein Objekt für eine Freigabe auswählen (andernfalls ist das *Freigeben*-Symbol deaktiviert). Wenn es sich um einen Ordner handelt, bezieht sich die Freigabe aber auf seinen gesamten Inhalt (ggf. einschließlich Unterordnern). Die Auswahl erfolgt durch langes Anklicken bzw. das Setzen eines Häkchens links davor.

Bei Ordnern Download und Upload

Beim Freigeben gibt es einen wichtigen Unterschied zwischen Dateien und Ordnern. Die Dateifreigabe bezieht sich immer nur auf das Herunterladen einer Datei. Geben Sie hingegen einen Ordner frei, können andere, mit denen Sie die Freigabe teilen, alle Dateien in diesem Ordner (einschließlich Unterordnern) herunterladen, aber auch selbst eigene Dateien in den Ordner hochladen (mit der *Hinzufügen*-Funktion). Das mag je nach Anwendungsfall auch so gewünscht sein. In jedem Fall sollte man dies beim Freigeben von Ordnern bedenken.

3. Klicken Sie nun oben in der Symbolleiste auf das *Freigeben*-Symbol.

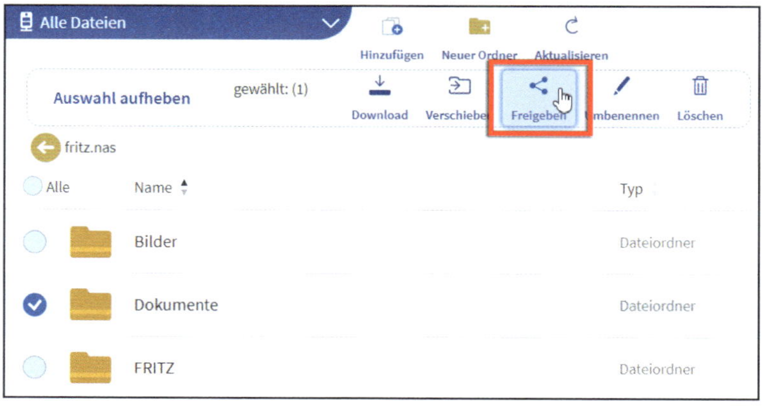

4. Im anschließenden Dialog finden Sie den Freigabelink vor. Mit *in Zwischenablage kopieren* übertragen Sie ihn in die Zwischenablage, um ihn in anderen Programmen weiterverarbeiten zu können.
5. Mit der Option *Gültigkeit einschränken* können Sie die Nutzungsdauer des Links von vornherein auf einen bestimmten *Freigabezeitraum* oder eine feste *Anzahl der Zugriffe* beschränken. Andernfalls ist die Freigabe so lange gültig, bis Sie sie manuell entfernen.

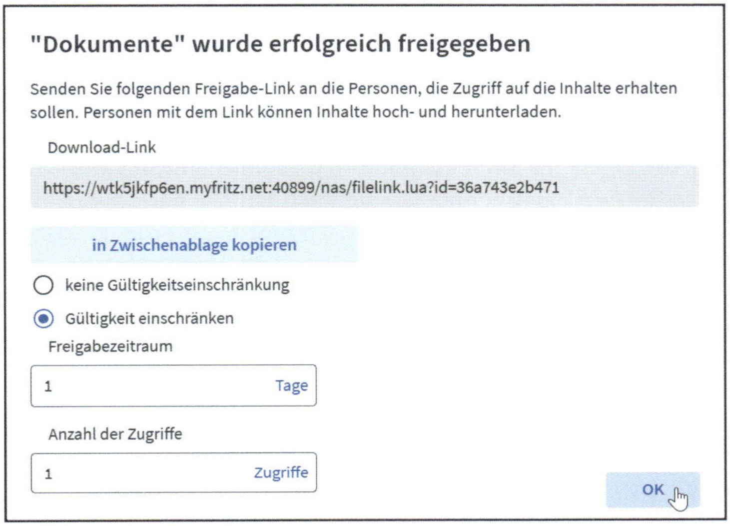

6. Klicken Sie unten rechts auf *OK*, um den Dialog zu beenden.

> **Freigaben beenden**
> Wenn Sie die Gültigkeit einer Freigabe schon beim Erstellen eingeschränkt haben, wird sie automatisch entfernt, wenn der Zeitraum abgelaufen ist bzw. die Anzahl der Zugriffe erreicht wurde. Unabhängig davon können Sie aber bestehende Freigaben jederzeit beenden oder nachträglich bearbeiten. Klicken Sie in der FRITZ!NAS-Weboberfläche oben links auf das blaue Auswahlfeld und wählen Sie darin die *Freigaben*. Damit öffnen Sie eine Liste der aktuellen Freigaben, die Sie mit den Symbolen rechts bearbeiten oder löschen können.

Wenn Sie jemandem einen Link zu einer Freigabe zukommen lassen, kann der diesen jederzeit anklicken und erhält dann ohne weitere Anmeldung o. Ä. Zugriff auf das freigegebene Objekt. Voraussetzung dafür ist, dass der Zugriff auf Ihrer FRITZ!Box mittels MyFRITZ! oder einer anderen VPN-Lösung möglich ist. Es wird dazu wie in der Weboberfläche Ihres FRITZ!NAS dargestellt, allerdings sind aus der Symbolleiste alle weitergehenden Funktionen entfernt.

Energiesparfunktionen für USB-Festplatten

Wenn Sie eine externe USB-Festplatte dauerhaft an Ihre FRITZ!Box anschließen, sollten Sie sich mit deren Energieoptionen befassen. Für USB-Sticks und SSD-Speicher spielt das keine Rolle, weil die keine beweglichen Teile haben und aus einem Energiesparschlummer auch ohne Verzögerung erwachen. Bei klassischen Magnetfestplatten sieht das anders aus, denn der Dauerbetrieb verursacht Stromverbrauch, Wärme und Geräusche. Außerdem sind handelsübliche Desktop-Festplatten nicht für einen 24/7-Dauerbetrieb ausgelegt. Deshalb sollten sie in einen Energiesparmodus versetzt werden, wenn sie nicht benötigt werden.

Andererseits braucht das Aufwachen ein paar Sekunden, verbraucht Extra-Energie und lässt die Festplatte – wenn es sehr häufig vorkommt – vorzeitig altern. Es gilt also, einen guten Kompromiss zu finden, der allerdings immer von Ihrem persönlichen Nutzungsverhalten abhängt. Nutzen Sie den Netzwerkspeicher nur gelegentlich, kann er nach dem Gebrauch schnell wieder schlafen gelegt werden (beispielsweise nach zehn Minuten Inaktivität). Greifen Sie hingegen im Laufe des Tages immer wieder darauf zu oder nutzen Sie ihn nebenbei noch als Medienserver, dann sollte die Festplatte besser länger durchlaufen, um nicht ständig ein- und ausgeschaltet zu werden (beispielsweise erst nach 30 Minuten Inaktivität).

1. Um die angeschlossene(n) USB-Festplatte(n) automatisch nach einer gewissen Zeit der Inaktivität abzuschalten, öffnen Sie das Menü *Heimnetz/USB/Speicher*.
2. Wechseln Sie auf der rechten Seite in die Rubrik *USB-Einstellungen*.
3. Hier können Sie mit dem Auswahlfeld bei *Energiesparfunktion für USB-Speicher* den Zeitraum bestimmen, nach dem die Festplatte(n) abgeschaltet werden soll(en).
4. Soll die Festplatte gar nicht in den Stromsparmodus gehen (etwa eine SSD, bei der das wenig sinnvoll wäre), wählen Sie die Einstellung *nie*.

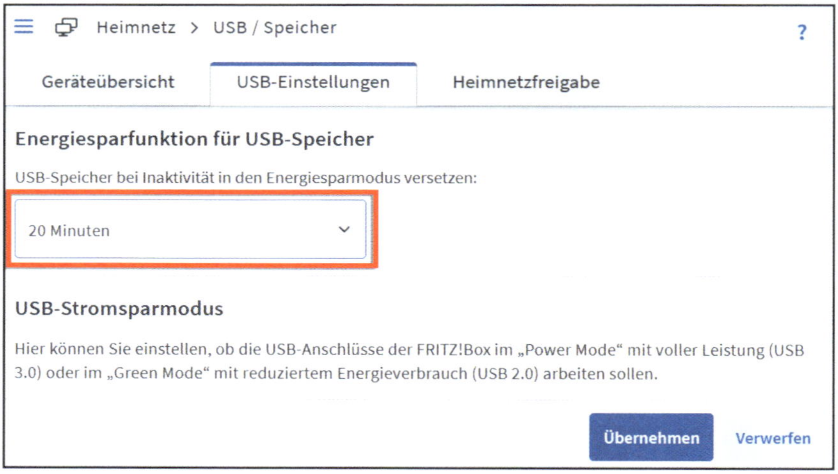

5. Klicken Sie unten auf *Übernehmen*, um die Einstellungen zu speichern.

Sollte die Festplatte sich nicht durch die FRITZ!Box in den Energiesparmodus versetzen lassen, informieren Sie sich beim Hersteller (der Festplatte), ob dieses Gerät dafür eine Unterstützung bietet. Bei vielen Festplattenherstellern können Sie sich ein Programm zum Analysieren und Konfigurieren herunterladen. Eventuell kann die Funktion damit aktiviert werden. Andernfalls können Sie damit oft eine Energiesparfunktion der Festplatte selbst aktivieren.

4.3 Weitere Nutzungsmöglichkeiten für USB-Anschlüsse

Sie können die USB-Anschlüsse nicht nur für das FRITZ!NAS nutzen. Auch Drucker, Scanner und Multifunktionsgeräte lassen sich an die FRITZ!Box anschließen. Sie können dann per Fernanschluss an allen Windows-PCs im Heimnetzwerk genutzt werden, genauso als wenn das USB-Gerät direkt am PC angeschlossen wäre.

> **Externe Mobilfunk-Modems am USB-Anschluss**
> Eine weitere Möglichkeit ist ein Mobilfunk-Modem, das in einen USB-Port der FRITZ!-Box eingesteckt wird und dann von dieser als zusätzliche Internetverbindung genutzt werden kann. Diese Variante ist auf Seite 64 beschrieben.

USB-Drucker und -Scanner an die FRITZ!Box anschließen

Bevor Sie einen USB-Drucker oder -Scanner an Ihre FRITZ!Box anschließen, sollten Sie das Gerät einmal an jedem PC in Betrieb nehmen, an dem es später per FRITZ!Box genutzt werden soll. Der Sinn dieser Maßnahme ist, dass auf dem PC die notwendigen Treiber sowie ggf. weitere erforderliche Software installiert werden. Da in der FRITZ!Box selbst keine Treiber installiert werden können, sollten diese schon lokal vorhanden sein, bevor Sie per Fernanschluss auf das Gerät an der FRITZ!Box zugreifen. Richten Sie das USB-Gerät also an allen PCs so ein, dass es voll funktionstüchtig ist. Dann schließen Sie es an einen freien USB-Port Ihrer FRITZ!Box an.

1. Öffnen Sie in der Weboberfläche der FRITZ!Box das Menü *Heimnetz/USB/Speicher* und wechseln Sie rechts in die Rubrik *USB-Einstellungen*.

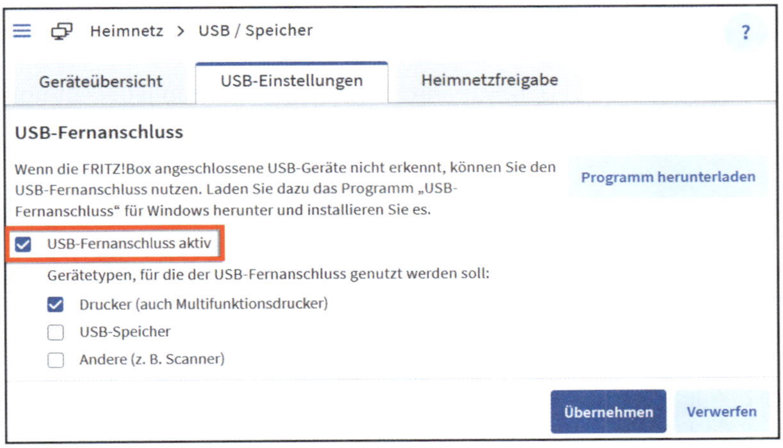

2. Schalten Sie hier im Abschnitt *USB-Fernanschluss* zunächst die Option *USB-Fernanschluss aktiv* ein.

3. Wählen Sie darunter den zum USB-Gerät passenden Gerätetyp.
4. Klicken Sie dann unten auf *Übernehmen*.
5. Wechseln Sie nun in die Rubrik *Geräteübersicht*. Hier sollte das Gerät ggf. nach einer kurzen Wartezeit angezeigt werden (wenn es eingeschaltet ist).

Programm für den USB-Fernanschluss installieren

Damit Sie das an der FRITZ!Box angeschlossene USB-Gerät genauso nutzen können, als wenn es direkt mit dem Windows-PC verbunden wäre, benötigen Sie eine Brücke zwischen dem USB-Anschluss der FRITZ!Box und Ihrem PC. Diese Rolle übernimmt eine spezielle Software, die der Hersteller kostenlos zur Verfügung stellt. Sie muss einmalig installiert und eingerichtet werden.

1. Öffnen Sie an einem PC, an dem Sie den Fernanschluss einrichten möchten, die Weboberfläche Ihrer FRITZ!Box und darin das Menü *Heimnetz/USB/Speicher*.
2. Wechseln Sie rechts in die Rubrik *USB-Fernanschluss*.
3. Hier finden Sie ganz unten einen *Hinweis* auf das Programm für den USB-Fernanschluss. Klicken Sie daneben auf *Herunterladen*, um die Download-Seite zu öffnen.
4. Klicken Sie auf dieser Seite auf die *Download*-Schaltfläche, speichern Sie die Installationsdatei lokal und führen Sie sie anschließend direkt aus.
5. Bestätigen Sie ggf. Rückfragen und Sicherheitswarnungen, solange sie sich auf die gewünschte Datei und den Herausgeber FRITZ! bzw. AVM beziehen.

Nach dem Abschluss der Installation wird das Programm *FRITZ!Box USB-Fernanschluss* automatisch erstmals gestartet. Wiederholen Sie diesen Vorgang an allen PCs, die USB-Geräte an der FRITZ!Box per Fernanschluss nutzen sollen.

Geräte per Fernzugriff am PC nutzen

Das installierte Programm für den USB-Fernanschluss können Sie nun jederzeit nutzen, um eine virtuelle USB-Verbindung zwischen Ihrem PC und dem Gerät an der FRITZ!Box herzustellen.

Exklusive USB-Verbindungen

USB-Verbindungen sind Punkt-zu-Punkt-Verbindungen zwischen zwei Geräten. Es ist eigentlich nicht vorgesehen, dass ein USB-Gerät gleichzeitig mit mehreren PCs verbunden ist. Deshalb stellen Sie mit dem Fernanschluss-Programm bei Bedarf jeweils die Verbindung zwischen PC und USB-Gerät her. Hinterher sollten Sie die Verbindung wieder trennen, damit das USB-Gerät später von einem anderen PC aus genutzt werden kann. Ausnahme sind USB-Drucker, bei denen die reine Druckfunktion auch von mehreren PCs zugleich benutzt werden kann. Bidirektionale Funktionen wie etwa die Übermittlung des Tintenfüllstands hingegen benötigen wieder eine exklusive Verbindung.

1. Nach dem Start des Programms geben Sie unter *Meine FRITZ!Box* unten *Benutzername* und *Kennwort* ein. Das verwendete Benutzerkonto muss die Berechtigungen für FRITZ!Box-Einstellungen und den Zugang zu NAS-Inhalten haben.

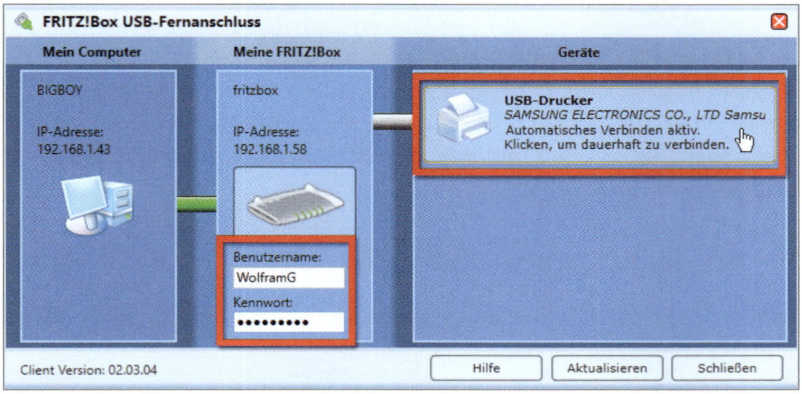

2. Ganz rechts bei *Geräte* werden die USB-Geräte angezeigt, die per Fernanschluss verfügbar sind. Klicken Sie auf das Gerät, das Sie nutzen möchten.
3. Das Programm stellt nun die Brückenverbindung zu diesem Gerät her. Nach kurzer Zeit sollte im Eintrag *Dauerhaft verbunden* stehen. Nun besteht eine virtuelle USB-Verbindung zwischen Ihrem PC und dem an der FRITZ!Box angeschlossenen Gerät.

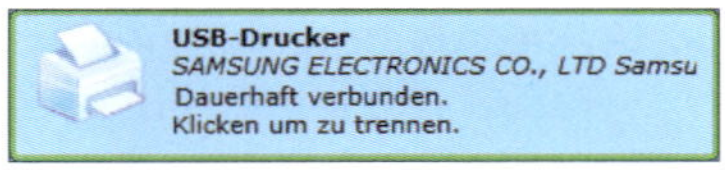

Sie können das USB-Gerät an der FRITZ!Box nun genauso nutzen, als wenn es direkt angeschlossen wäre. In Druckdialogen beispielsweise können Sie den Drucker auswählen und Dokumente damit ausdrucken. Software des Geräte-Herstellers sollte in den meisten Fällen ebenfalls reibungslos funktionieren. Um die Verbindung anschließend wieder zu trennen, klicken Sie erneut auf den Eintrag des Gerätes im USB-Fernanschluss-Programm.

Das Fernanschluss-Programm selbst verschwindet beim Schließen als Symbol im Infobereich der Windows-Taskleiste. Hier können Sie es jederzeit per Doppelklick wieder hervorrufen. Oder Sie öffnen mit einem Klick der rechten Maustaste darauf das Kontextmenü, in dem sich wichtige Funktionen wie der Autostart oder das automatische Verbinden von Druckern steuern lassen.

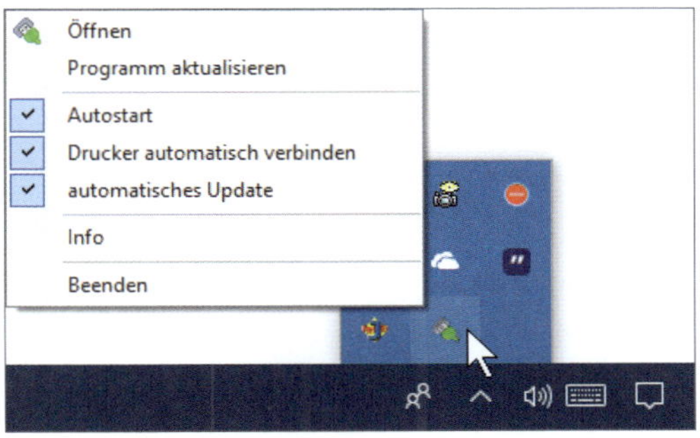

4.4 Medienserver für Musik und Videos

Eine oft unterschätzte Funktion der FRITZ!Box ist der eingebaute Medienserver. Er kann Musik, Bilder und Videos, die in der FRITZ!Box bzw. auf angeschlossenen Speichermedien bereitstehen, an Geräte im Heimnetzwerk per Stream ausliefern. Dazu verwendet er den UPnP-Media-Standard (auch mit dem Begriff DLNA bezeichnet). Jedes Gerät im Heimnetzwerk, das DLNA-fähig ist, kann dadurch auf die Medien der FRITZ!Box zugreifen. Das sind beispielsweise Smart-TVs und Internetradios bzw. WLAN-Lautsprecher, aber auch Windows-PCs. Und Smartphones und Tablets lassen sich mit Apps um die benötigte Funktionalität erweitern.

Den Media-Server der FRITZ!Box aktivieren

Der Media-Server ist auf Ihrer FRITZ!Box bereits installiert, aber ab Werk inaktiv. Wenn Sie ihn nutzen möchten, können Sie ihn jederzeit aktivieren.

1. Öffnen Sie in der Weboberfläche Ihrer FRITZ!Box das Menü *Heimnetz/Media-Server*.
2. Aktivieren Sie hier zunächst ganz oben den *Media-Server*, um die weiteren Einstellungen zugänglich zu machen.
3. Im Feld darunter können Sie dann einen Namen für den Media-Server angeben. Dieser wird von kompatiblen Mediengeräten angezeigt und ist vor allem wichtig, wenn Sie mehr als einen Medienserver im Heimnetzwerk betreiben. Wählen Sie den Namen möglichst kurz und prägnant.

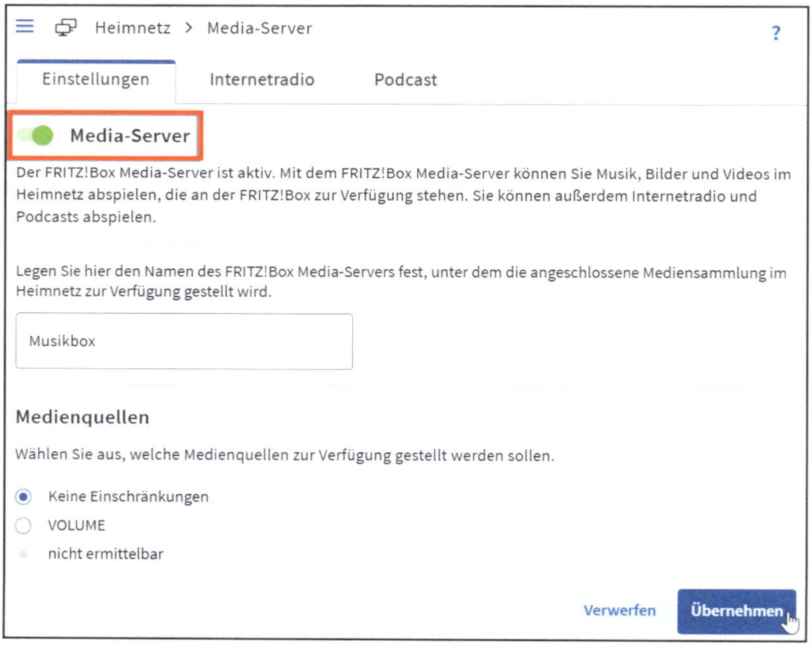

4. Darunter im Abschnitt *Medienquellen* können Sie die Mediensuche beschränken. Standardmäßig durchsucht der Media-Server mit *Keine Einschränkung* alle angeschlossenen Speicher. Sie können ihn aber auch auf eines der angeschlossenen USB-Laufwerke beschränken, wenn nur die darauf befindlichen Medien indiziert werden sollen.
5. Haben Sie außerdem Medien bei bestimmten Cloud-Anbietern gespeichert, können Sie auch diese einrichten und einbinden.
6. Klicken Sie abschließend unten auf *Übernehmen*, um die Einstellungen zu speichern.

Nun müssen Sie dem Media-Server nur etwas Zeit lassen. Er durchsucht die angeschlossenen Medien nach Fotos, Videos und Musik. Das kann je nach Umfang der Speichermedien einige Minuten dauern. Danach stehen die Inhalte automatisch zur Verfügung. Die nachfolgende Tabelle dokumentiert Dateitypen, die der Media-Server kennt und indiziert.

Medien	Dateitypen
Bilder	BMP, GIF, JPEG, PNG, TIF
Filme	3GP, ASF, AVI, DVR-MS, Flash, M1V, M4V, MJPEG, MKV, MP4, MPE, MPEG1, MPEG2, MPEG2-TS, MPEG4, MTS, M2TS, OGM, QuickTime MOV, Real Video, VDR, VOB, WMV
Musik	3GP, AAC, AC3, AIF, APE, ASF, FLAC, Karaoke CDG/BIN, LPCM, M4A, MKA, MP1, MP2, MP3, MPA, MPC, Ogg Vorbis, Real Audio, WAV, Wavpack, WMA
Playlisten	M3U, PLS, WPL
Internetradio	M3U, MP3, PLS
Podcasts	M3U, MP3, PLS

Auf gespeicherte Medien zugreifen

Um auf den Medienserver Ihrer FRITZ!Box zuzugreifen, benötigen Sie ein DLNA-fähiges Abspielprogramm, das Sie unter dem Stichwort »DLNA-Player« in den diversen App Stores finden. Gerade für die mobilen Plattformen Android und iOS gibt es eine gute Auswahl. Bei Windows-Apps habe ich noch nichts Überzeugendes gefunden. Hier machen klassische Desktop-Anwendungen wie VLC und Kodi die bessere Figur.

Das folgende Beispiel zeigt, wie Sie mit der Android-App *BubbleUPnP* schnell und bequem die Musiksammlung auf Ihrer FRITZ!Box durchsuchen und einzelne Stücke oder ganze Alben abspielen können.

1. Tippen Sie nach dem Start der App auf das *Menü*-Symbol oben links und im Menü auf den Eintrag unter *Library*.
2. Dieser wird dadurch ausgeklappt und alle Musikserver werden angezeigt, die im lokalen Netzwerk verfügbar sind. *Local Media Server* ist dabei der lokale Musikbestand auf Ihrem Tablet, den Sie mit *BubbleUPnP* ebenfalls nutzen können.

Alle anderen Einträge stehen jeweils für einen UPnP- bzw. DLNA-Server. Wählen Sie aus, welchen Sie verwenden möchten.

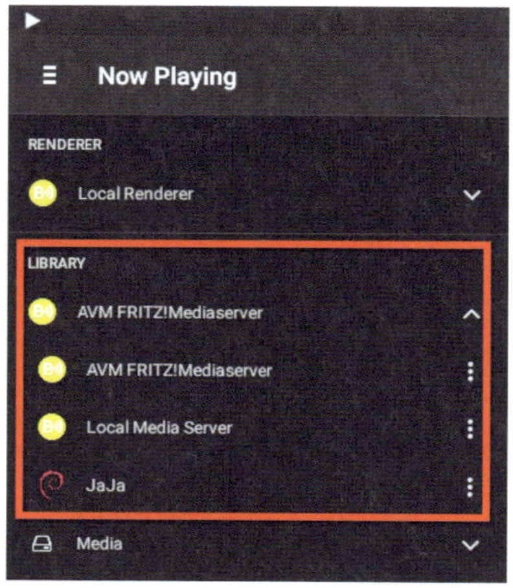

3. Wenn Sie nun darunter auf *Media* und dann auf *Musik* tippen, präsentiert Ihnen *BubbleUPnP* die Inhalte des Streaming-Servers, in denen Sie z. B. nach Interpreten, Alben oder Genres suchen können.
4. Wie genau die Navigationsmöglichkeiten sind, hängt vom verwendeten Server ab. Im Prinzip können Sie das Menü aber genauso nutzen, als wenn Sie den Server mit einem anderen Client wie z. B. dem Windows Media Player verwenden würden.

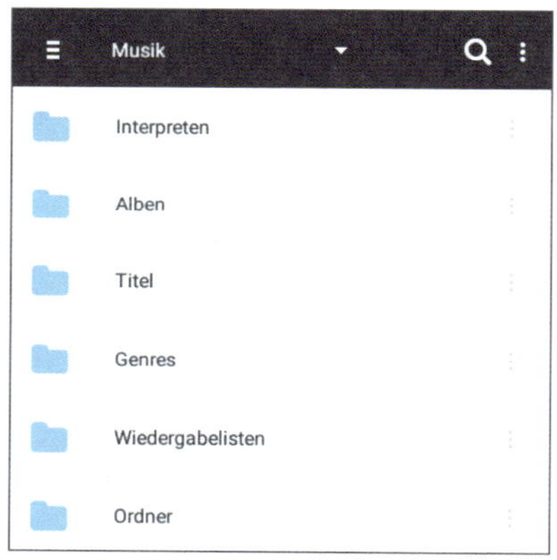

5. Haben Sie einen Titel oder eine Wiedergabeliste ausgewählt, puffert *BubbleUPnP* die Daten zunächst wenige Sekunden und beginnt dann mit dem Abspielen.

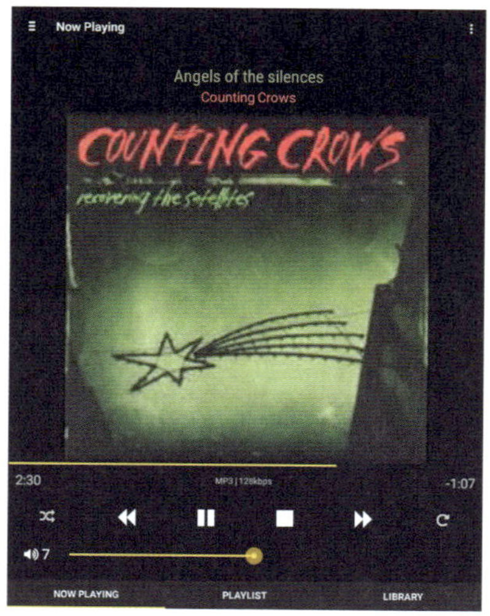

4.5 Internetdienste per Mobilteil nutzen

Unter dem Namen *FRITZ!Fon* bietet der Hersteller eigene DECT-Mobilteile an, die besonders gut auf die Funktionen von FRITZ!Boxen abgestimmt sind. Dazu gehört, dass Sie mit diesen Mobilteilen verschiedene Internetfunktionen per DECT-Verbindung nutzen können, etwa E-Mail, RSS-Feeds, Internetradio oder das Streamen von Musik vom Media-Server der FRITZ!Box.

Neue E-Mails am Mobilteil lesen und senden

Ein DECT-Mobilteil ist nun nicht gerade die erste Wahl, wenn es darum geht, längere E-Mails zu lesen oder gar welche zu schreiben. Aber um beim Nachhausekommen mal eben nachzusehen, ob es neue Mails gibt, dafür eignet es sich gut. Wenn Sie ein FRITZ!Fon verwenden, können Sie Ihr E-Mail-Konto in der FRITZ!Box einrichten und dann jederzeit schnell mal zum Mobilteil greifen, um Ihre Nachrichten zu checken.

E-Mail-Konto einrichten

Um Ihre E-Mails abzurufen, muss die FRITZ!Box Ihre Kontodaten kennen:

1. Öffnen Sie in der Weboberfläche Ihrer FRITZ!Box das Menü *Telefonie/Telefoniegeräte* und darin die Rubrik *E-Mail*.
2. Klicken Sie auf der rechten Seite auf die Schaltfläche *Neues E-Mail-Konto*.
3. Tragen Sie in der Rubrik *Kontodaten* die *E-Mail-Adresse* und das *Kennwort* ein. Ergänzen Sie außerdem Benutzername und Adresse des Posteingangsservers.

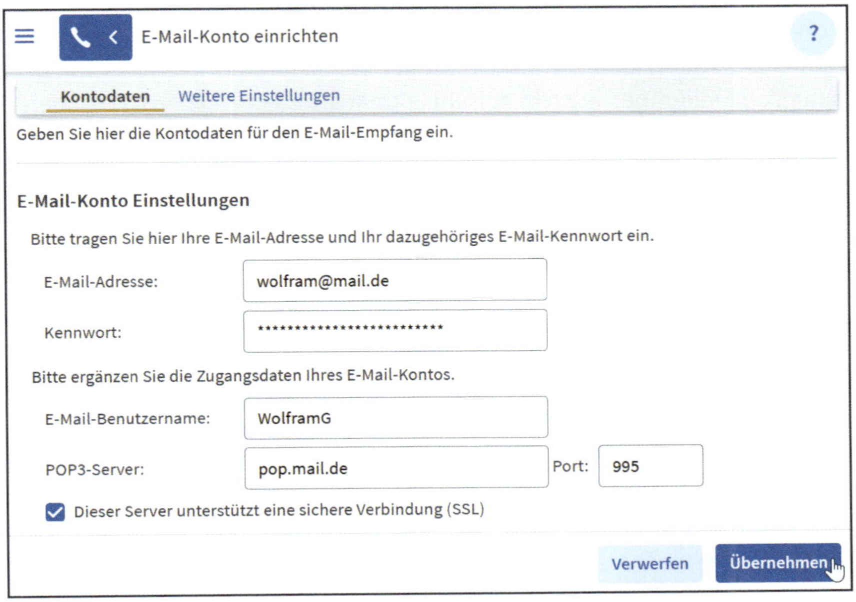

4. Unterstützt der Mailserver sichere Verbindungen per SSL, dann aktivieren Sie die Option ganz unten.
5. Klicken Sie ganz unten auf *Übernehmen*, um das E-Mail-Konto zu speichern.

Zurück in der Liste der E-Mail-Konten finden Sie nun einen Eintrag vor. Mit dem Stift-Symbol gelangen Sie erneut in die Einstellungen. Hier können Sie in der Rubrik *Weitere Einstellungen* noch einige Optionen festlegen. So lässt sich etwa das Abrufintervall verändern und der Postausgangsserver konfigurieren, falls Sie auch mal Nachrichten per FRITZ!Fon versenden möchten. Auch Sicherheitsfunktionen wie eine PIN oder das Beschränken auf bestimmte Mobilteile können sinnvoll sein.

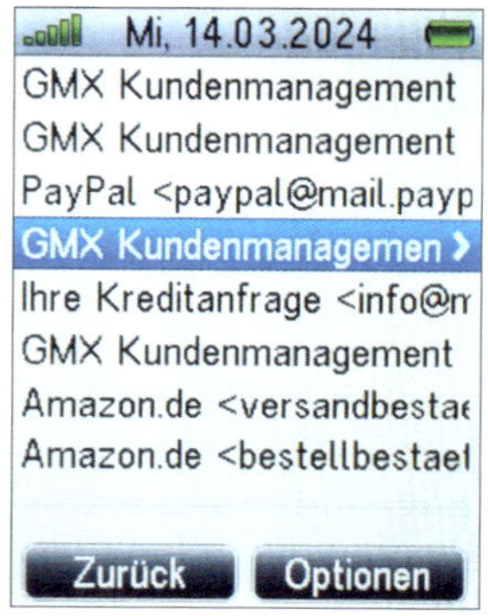

1. Um Ihre Nachrichten am Mobilteil zu lesen, drücken Sie die Menütaste.
2. Wählen Sie dann *Internetdienste/E-Mail*.
3. Damit gelangen Sie direkt in die Liste der aktuellen Nachrichten.
4. Um eine Nachricht zu lesen, wählen Sie diese mit den Pfeiltasten aus und drücken dann *OK* oder *Zeigen*.
5. Wenn Sie Nachrichten auch direkt löschen möchten, müssen Sie dies zunächst in den *Weiteren Einstellungen* des E-Mail-Kontos aktivieren. Dann können Sie über die *Optionen*-Schaltfläche auch eine Löschfunktion erreichen.

RSS-Nachrichten am Telefon lesen

RSS-Feeds sind digitale Nachrichtenticker, mit denen man sich über bestimmte Themen auf dem Laufenden halten kann. So bieten große Nachrichtenportale wie »Spiegel Online« ihre aktuellen Meldungen auch in diesem Format an. Ebenso gibt es aber auch viele kleinere Anbieter zu Spezialthemen.

Wenn Sie solche Nachrichtenticker in Ihrer FRITZ!Box einstellen, können Sie jederzeit per FRITZ!Fon die neuen Meldungen lesen.

1. Öffnen Sie in der Weboberfläche Ihrer FRITZ!Box das Menü *Telefonie/Telefoniegeräte* und wechseln Sie rechts zur Rubrik *RSS-Nachrichten*.
2. Hier sehen Sie eine Liste der ab Werk vordefinierten RSS-Feeds. Einträge, die Sie nicht interessieren, sollten Sie am besten direkt mit dem Papierkorb-Symbol ganz rechts entfernen. Das sorgt für mehr Übersicht am Mobilteil.
3. Außerdem sollten Sie mit *Reihenfolge ändern* die meistgenutzten Feeds nach oben sortieren, um den Zugriff per FRITZ!Fon zu optimieren.
4. Um weitere Ticker hinzuzufügen, wählen Sie unten bei *RSS-Feed hinzufügen* den Eintrag *Anderer RSS-Feed*.

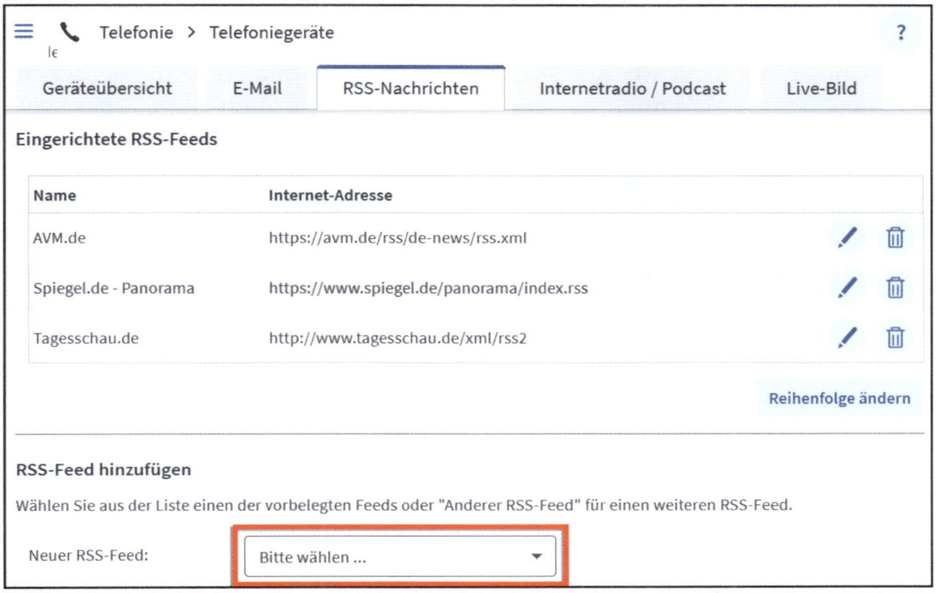

5. Das öffnet einen neuen Dialog, in dem Sie oben bei *Name* zunächst eine eigene Bezeichnung für diesen Feed festlegen. Gestalten Sie diese so, dass sie auf dem begrenzten Bildschirm der Mobilteile gut lesbar ist.
6. Geben Sie darunter die *Internet-Adresse* an, unter der der Feed verfügbar ist.
7. Darunter legen Sie bei *Abrufintervall* in Stunden und/oder Minuten fest, wie häufig bei diesem Feed auf neue Meldungen geprüft werden soll.
8. Sollen Mobilteile Sie über neue Nachrichten dieses Feeds informieren, aktivieren Sie die Option *Neue RSS-Nachricht am FRITZ!Fon signalisieren*.
9. Unten im Abschnitt *Telefon-Zuordnung* können Sie einstellen, auf welchen der angemeldeten Mobilteile dieser Feed bereitgestellt werden soll.
10. Klicken Sie unten auf *Übernehmen*, um die Einstellungen für diesen Feed zu speichern.

Um RSS-Nachrichten zu lesen, drücken Sie am FRITZ!Fon die Menütaste und wählen *Internetdienste/RSS-Nachrichten*. Das Mobilteil zeigt dann eine Liste der für dieses Gerät eingerichteten Ticker an. Wählen Sie einen davon mit *OK* aus, um die aktuelle Nachrichtenliste anzuzeigen. Auf die gleiche Art können Sie einzelne Meldungen auswählen, um den Inhalt zu lesen. Zu löschen brauchen Sie RSS-Meldungen nicht. Gelesene Nachrichten werden automatisch als solche gekennzeichnet und rutschen irgendwann von allein aus dem Ticker, wenn sie durch neue Meldungen abgelöst werden.

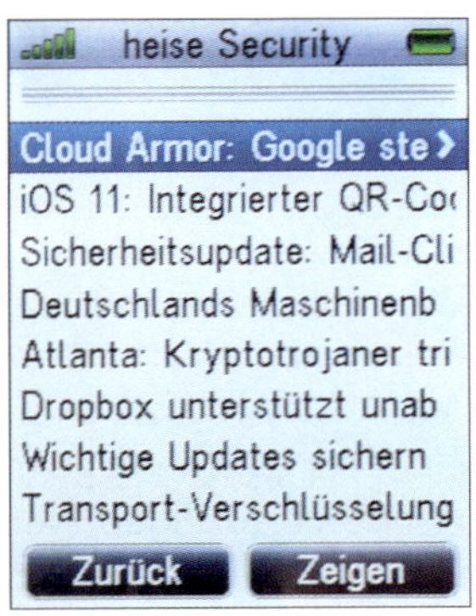

Internetradio und Podcasts hören

Internetradio und Podcasts sind Audiostreams, die per Internet verbreitet werden. Sie sind unter einer bestimmten Adresse abrufbar, sodass Sie diese nur zu speichern brauchen, um jederzeit den laufenden Livestream oder die letzte Ausgabe eines Podcasts abzuspielen. Nun sind die FRITZ!Fons keine Klangwunder, aber die Lautsprecher reichen für Musikberieselung im Hintergrund oder für wortlastige Podcasts durchaus. Auch hierzu müssen Sie aber zunächst in der FRITZ!Box festlegen, welche Audiostreams für die Mobilteile verfügbar sein sollen.

Öffnen Sie in der Weboberfläche Ihrer FRITZ!Box das Menü *Heimnetz/Mediaserver*. Hier finden Sie rechts die Rubriken *Internetradio* und *Podcast*. Beide enthalten jeweils eine Liste der ab Werk vordefinierten Audiostreams, die Sie bereinigen und um eigene Quellen ergänzen können. Das Einrichten und auch das Nutzen von Internetradio und Podcasts funktioniert analog zu den vorangehend vorgestellten RSS-Streams. Deshalb sollen die einzelnen Schritte hier nicht wiederholt werden.

Musik vom Mediaplayer abspielen

Auf Seite 248 stelle ich den in der FRITZ!Box eingebauten Media-Server vor. Dieser lässt sich von PCs, Tablets und Smartphones aus nutzen, aber auch von FRITZ!Fon-Mobilteilen.

1. Drücken Sie am FRITZ!Fon die Menütaste und navigieren Sie im Menü zu *Heimnetz/ Mediaplayer*.
2. Hier wird eine Liste der im Heimnetzwerk verfügbaren DLNA-Server angezeigt. Darin sollte zumindest der (aktivierte) Medienserver Ihrer FRITZ!Box angezeigt werden. Haben Sie noch weitere DLNA-Server, erkennt das Mobilteil aber auch die.
3. Wählen Sie nun den Menüpunkt *Musik* und suchen Sie dann anhand von *Interpreten*, *Alben* oder *Genres* die gewünschte Musik.
4. Haben Sie einen Titel oder ein Album ausgewählt, spielt das Mobilteil diese direkt über seinen Lautsprecher ab.

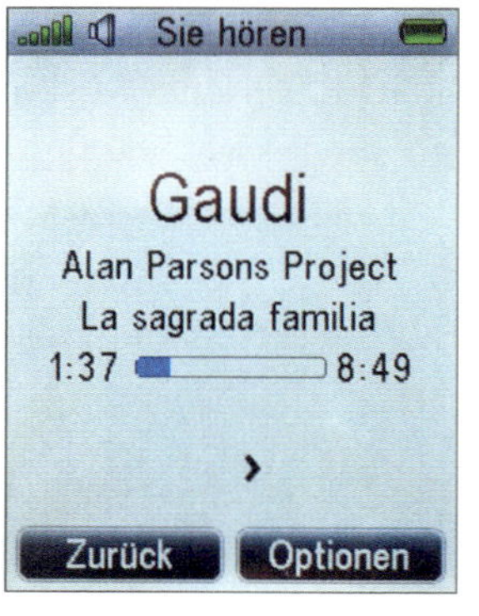

Webcam-Bilder am Mobiltelefon anschauen

Wenn Sie in Ihrem Haus Tür- oder Überwachungskameras haben, deren Bilder über das Heimnetzwerk abrufbar sind, können Sie diese in der FRITZ!Box als Live-Bilder einrichten. Auf FRITZ!Fons mit Farbbildschirm können Sie sie jederzeit abrufen. In Kombination mit einer Türsprechanlage (siehe Seite 284) können Mobilteile ein Bild der Haustür sogar automatisch anzeigen, wenn jemand klingelt.

1. Öffnen Sie in der Weboberfläche Ihrer FRITZ!Box das Menü *Telefonie/Telefoniegeräte* und wechseln Sie rechts zur Rubrik *Live-Bild*.
2. Klicken Sie hier auf die Schaltfläche *Neues Live-Bild hinzufügen*.
3. Im so geöffneten Dialog geben Sie bei *Name* eine eigene Bezeichnung für die jeweilige Kamera ein.
4. Bei *Live-Bild-URL* tragen Sie die Webadresse ein, unter der ein Bild der Kamera im Heimnetzwerk abgerufen werden kann. Dieses sollte in einem der Formate MJPG, JPEG, PNG oder GIF vorliegen und per HTTP oder FTP zum Abruf bereitgestellt werden. Testen Sie die URL am besten zuvor im Webbrowser.
5. Bei *Abrufintervall* legen Sie fest, wie häufig das Bild neu geladen werden soll.
6. Klicken Sie dann unten auf *Übernehmen*.

Am FRITZ!Fon können Sie jederzeit über die Menütaste und *Heimnetz/Live-Bild* eine Liste der eingerichteten Live-Bilder abrufen. Wählen Sie dort die gewünschte Kamera aus und drücken Sie *OK*, damit deren Bild auf dem Bildschirm des Mobilteils angezeigt wird.

5. Telefonie zuverlässig und komfortabel

Neben dem Internetzugang kann Ihre FRITZ!Box auch Ihre Telefonie zuverlässig abwickeln. Und oft geht das Hand in Hand, denn an immer mehr Anschlüssen werden Telefonverbindungen schon über das Internet als VoIP abgewickelt. Aber auch wenn Sie noch einen klassischen Analog- oder ISDN-Anschluss nutzen, können Sie die FRITZ!Box als Telefonanlage nutzen.

In allen Fällen kommen Sie so in den Genuss einer Vielzahl von Komfortfunktionen. Und mit FRITZ!Fon-Mobilteilen können Sie nicht nur telefonieren, sondern auch die FRITZ!Box steuern und verschiedene Internetdienste per DECT nutzen.

5.1 FRITZ!Box mit dem Telefonnetz verbinden

Damit Sie über die FRITZ!Box telefonieren können, muss diese mit dem Telefonnetz verbunden sein. Das ist in den meisten Fällen aber kein Problem:

- Wenn Sie über Ihren Internetanschluss per VoIP telefonieren (auch als All-IP-, Bitstrom-, NGN- oder entbündelter Anschluss bezeichnet), existiert diese Verbindung in der ohnehin bestehenden Internetverbindung per DSL, Kabel, Glasfaser oder LTE.
- Sollten Sie noch einen klassischen Analog- oder ISDN-Anschluss verwenden, müssen Sie zusätzlich zum Internetzugang die Verbindung zum Telefonanschluss herstellen.
- Prinzipiell können Sie Ihre FRITZ!Box sogar als reine Telefonanlage nutzen, ohne dass die Box selbst per DSL & Co. die Internetverbindung herstellt. Das ist beispielsweise interessant für spezielle Situationen wie den DSL-LTE-Hybrid-Anschluss der Telekom, für den man zwangsläufig einen anderen Router als Einwahlgerät verwenden muss. Die FRITZ!Box kann in diesem Fall hinter dem anderen Router als einfacher Netzwerkteilnehmer angeschlossen sein und trotzdem als Telefonanlage mit allem Komfort genutzt werden.

Automatische Konfiguration durch den Telekommunikationsanbieter?

Wenn Sie Ihre FRITZ!Box von Ihrem Telekommunikationsanbieter im Rahmen Ihres Vertrags gestellt bekommen haben, ist der Telefonanschluss möglicherweise bereits einrichtet bzw. konfiguriert sich bei der ersten Inbetriebnahme am Anschluss vollautomatisch. Das erkennen Sie daran, dass Ihre Telefonnummer(n) bereits in der FRITZ!-Box eingetragen ist/sind. In dem Fall müssen Sie keine weiteren Schritte unternehmen, sondern können direkt dazu übergehen, Ihre Endgeräte mit der FRITZ!Box zu verbinden (siehe Seite 262).

Standortangaben für den Anschluss

Damit die FRITZ!Box eingehende Anrufe richtig zuordnen und auch Ihre eigene(n) Rufnummer(n) bei abgehenden Gesprächen korrekt übermitteln kann, müssen Sie einmalig die Vorwahlnummern für den Standort der FRITZ!Box einstellen.

1. Öffnen Sie dazu in der Weboberfläche das Menü *Telefonie/Eigene Rufnummern*.
2. Wechseln Sie dann auf der rechten Seite in die Rubrik *Anschlusseinstellungen*.
3. Hier finden Sie ganz oben den Abschnitt *Standortangaben*, wo Sie zunächst Ihr Land auswählen.
4. Darunter wird dann automatisch die korrekte Landesvorwahl – links die führenden Nullen, rechts die eigentliche Zahl – eingefügt. In der Regel sollte hier keine Korrektur notwendig sein.
5. Darunter geben Sie nach demselben Schema die Ortsvorwahl an, also im linken Feld die führende(n) Null(en) und im rechten Feld den Rest.
6. Klicken Sie dann unten auf *Übernehmen*.

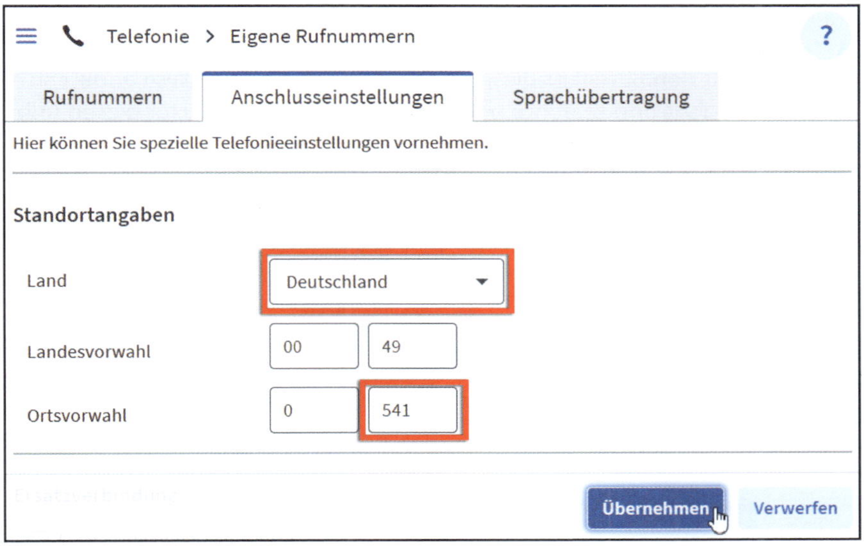

IP-Telefonnummern einrichten

Klassische Festnetzanschlüsse sterben zusehends aus und werden von All-IP-Anschlüssen abgelöst, bei denen Telefonie ebenfalls über Internetverbindungen abgewickelt wird (VoIP). Das hat den Vorteil, dass bei einem DSL-Anschluss das gesamte Frequenzband für mehr Bandbreite genutzt werden und bei anderen Anschlussarten ganz auf den Telefonanschluss verzichtet werden kann. FRITZ!Boxen ist es auch recht egal, ob Telefonieverbindungen über Festnetz oder Internet geführt werden. Sie behandeln alle Rufnummern gleich, sofern die verfügbaren Leistungsmerkmale dies erlauben. Nur der einmalige Aufwand beim Einrichten von IP-Rufnummern ist etwas höher.

1. Um eine neue IP-Rufnummer einzurichten, öffnen Sie in der Weboberfläche das Menü *Telefonie/Eigene Rufnummern*.
2. Hier sehen Sie rechts eine Übersicht der bereits eingerichteten Nummern. Um eine Nummer hinzuzufügen, klicken Sie unten rechts auf *Neue Rufnummer*.

IP-Telefonnummern bei aktivem Festnetzanschluss

Wenn Ihr FRITZ!Box-Modell noch klassische Festnetzanschlüsse unterstützt und diese Funktion aktiviert ist, zeigt der Assistent für neue Rufnummern zu Beginn zusätzliche Schritte an. Wählen Sie im ersten Dialog die Option *IP-basierter Anschluss* und dann die Option *Internetrufnummer*, um eine IP-Telefonnummer einzurichten.

3. Damit gelangen Sie zu den Einstellungen für diese Rufnummer. Was hier genau angegeben werden muss, hängt vom jeweiligen Anbieter ab. Die FRITZ!Box bringt für eine Vielzahl von VoIP-Anbietern bereits vorgefertigte Profile mit. Deshalb sollten Sie zunächst ganz oben das Auswahlfeld *Telefon-Anbieter* öffnen und dort nach einem passenden Eintrag für den Betreiber dieser IP-Rufnummer suchen. Dann ändert sich der untere Teil des Dialogs und zeigt nur noch die Elemente an, die Sie für diesen Anbieter benötigen. Die Daten dafür sollte der Anbieter Ihnen mitgeteilt haben.

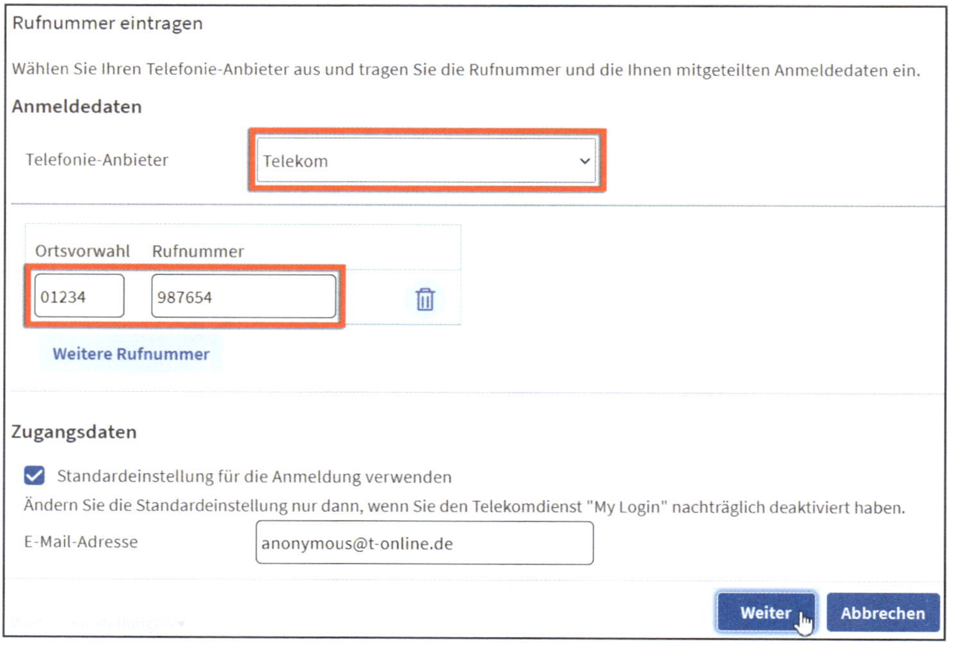

4. Ist der Betreiber Ihrer IP-Telefonnummer nicht in der Auswahl zu finden, wählen Sie stattdessen *anderer Anbieter* und füllen dann die Felder darunter mit den passenden Daten aus. Idealerweise stellt der Anbieter eine Anleitung für die FRITZ!Box bereit, nach der Sie dabei vorgehen können.
5. Sollten Sie mehr als eine Telefonnummer bei diesem Anbieter registriert haben, können Sie mit *Weitere Rufnummer* gleich mehrere Nummern mit denselben Zugangsdaten anlegen.
6. Haben Sie die Zugangsdaten für die IP-Telefonnummer eingegeben, klicken Sie auf *Weiter*. Die FRITZ!Box speichert nun die Daten und versucht, die Verbindung zum Anbieter der Rufnummer herzustellen. Hinweis: Auch falls das nicht gelingt, sollten Sie den Assistenten abschließen. So werden die Einstellungen zumindest gespeichert, und Sie können sie anschließend überprüfen und ggf. korrigieren.

Klassischer Telefonanschluss oder TK-Anlage

Falls Sie noch einen klassischen Telefonanschluss (Analog oder ISDN) verwenden oder die FRITZ!Box beispielsweise hinter einer TK-Anlage als Teilnehmer in Betrieb nehmen möchten, kommt das Y-Kabel zum Einsatz, das Sie im Lieferumfang der Box finden:

- Bei einem analogen *Telefonanschluss* muss der mit *Telefonanschluss* beschriftete TAE-Stecker des Y-Kabels in die (meist mittlere) *F*-Buchse der Telefondose gesteckt werden (ggf. unter Zuhilfenahme eines Adapters).
- Bei einem ISDN-Anschluss kommt der mit *Telefonanschluss* beschriftete Stecker des Kabels in eine der *S0*-Buchsen am ISDN-NTBA.
- Bei einer Telefonanlage gehört das mit *Telefonanschluss* bezeichnete Kabelende in einen Anschluss der Telefonanlage, der dafür konfiguriert ist, die Rufe für die FRITZ!Box an diesen Anschluss weiterzuleiten.

Sowohl bei einem analogen als auch bei einem ISDN-Anschluss müssen in der FRITZ!Box die Telefonnummern eingerichtet werden, auf die die FRITZ!Box reagieren soll. Beim Analog-Anschluss dient dies vor allem dazu, der FRITZ!Box Ihre eigene Rufnummer bekannt zu machen. Beim ISDN-Anschluss hingegen hat man oft mehrere Rufnummern und kann diese in der FRITZ!Box den Endgeräten zuordnen.

1. Um eine neue Telefonnummer einzurichten, öffnen Sie in der Weboberfläche das Menü *Telefonie/Eigene Rufnummern*.
2. Hier sehen Sie rechts eine Übersicht der bereits eingerichteten Nummern. Um eine Nummer hinzuzufügen, klicken Sie unten rechts auf *Neue Rufnummer*.
3. Wählen Sie im ersten Schritt die Option *Festnetzanschluss und Internetanschluss*. Diese Abfrage erfolgt nur beim Einrichten der ersten Rufnummer an Ihrer FRITZ!Box.
4. Wählen Sie im nächsten Schritt die Option *Festnetzrufnummer*, um eine Rufnummer für einen Analog- oder ISDN-Anschluss einzurichten. Selbstverständlich könnten Sie

auch mit einem solchen Anschluss zusätzlich *Internetrufnummern* verwenden, weshalb diese Option hier angegeben ist (mehr dazu im nachfolgenden Abschnitt).

5. Geben Sie dann an, ob Sie eine Rufnummer für einen analogen Anschluss oder mehrere Rufnummern für einen ISDN-Anschluss eintragen möchten.
6. Abhängig von der Auswahl im Schritt zuvor können Sie im nächsten Dialog eine einzelne Rufnummer für Ihren analogen Anschluss oder bis zu zehn ISDN-Rufnummern (MSNs) eintragen.
7. Abschließend sehen Sie eine Zusammenfassung der eingegebenen Rufnummer(n). Klicken Sie auf *Weiter*, um diese Nummern zu speichern.
8. Sie gelangen dann zurück zur Rufnummernübersicht, in der die neu angelegten Rufnummern nun aufgeführt werden.

Mobilfunknummern einrichten

Wenn Sie eine FRITZ!Box LTE verwenden oder an Ihre FRITZ!Box per USB ein Mobilfunk-Modem angeschlossen haben (siehe Seite 64), können Sie dessen Mobilfunkverbindung unter Umständen sogar zum Telefonieren verwenden. Voraussetzung ist, dass die verwendete SIM-Karte für den Sprachdienst freigeschaltet ist und das Mobilfunk-Modem das Protokoll **C**ircuit **S**witched **V**oice (CSV) unterstützt. Ob das der Fall ist, können Sie leicht ausprobieren, denn nur dann klappt die folgende Anleitung:

1. Öffnen Sie in der Weboberfläche Ihrer FRITZ!Box das Menü *Internet/Mobilfunk*.
2. Suchen Sie hier auf der rechten Seite nach der Option *Telefonie über Mobilfunk* und aktivieren Sie diese. Wird diese Option nicht angezeigt, erfüllen SIM-Karte und/oder Modem die Voraussetzungen dafür nicht.
3. Tragen Sie Ihre *Mobilrufnummer* ein.
4. Im Feld *Anzeigename* können Sie eine beliebige eigene Bezeichnung eingeben.
5. Klicken Sie zum Speichern der Einstellungen unten auf *Übernehmen*.

Eine so eingerichtete Rufnummer wird gleichberechtigt mit Festnetz- und IP-Rufnummern behandelt, in der Übersicht angezeigt und kann für die verschiedenen Telefonieeinstellungen verwendet werden. Beispielsweise können Sie ein angemeldetes DECT-Mobilgerät klingeln lassen, wenn ein Anruf für die Mobilrufnummer eingeht.

Rufnummern kontrollieren und verwalten

Haben Sie Rufnummern eingerichtet, finden Sie unter *Telefonie/Eigene Rufnummern* eine Tabelle mit hilfreichen Zusatzinformationen:

- Ist der *Status* grün, können Sie mit dieser Rufnummer telefonieren. Bei einem grauen Symbol sollten Sie bei einer IP-Rufnummer die Anmeldedaten überprüfen. Handelt es sich um eine Festnetznummer, kontrollieren Sie stattdessen die Verkabelung mit dem Telefonanschluss.

- In der Spalte *Anschluss* sehen Sie, ob es sich um eine *Internet*- oder eine *Festnetz*-Rufnummer handelt (nur bei FRITZ!Box-Modellen, die verschiedene Anschlussvarianten unterstützen).
- Bei IP-Rufnummern können Sie in der Spalte *Anbieter* den Dienstleister ablesen, der für diese Rufnummer zuständig ist.
- Mit dem Tastencode in der Spalte *Vorauswahl* können Sie bei einem eigenen Gespräch diese Rufnummer als abgehende Rufnummer festlegen, indem Sie am Telefongerät diesen Code gefolgt von der zu wählenden Rufnummer eintippen. Dem Angerufenen wird dann Ihre entsprechende Rufnummer als Anrufer signalisiert.
- Mit dem Stift-Symbol rechts öffnen Sie die Einstellungen für diese Rufnummer, und mit dem Papierkorb-Symbol entfernen Sie die Rufnummer.

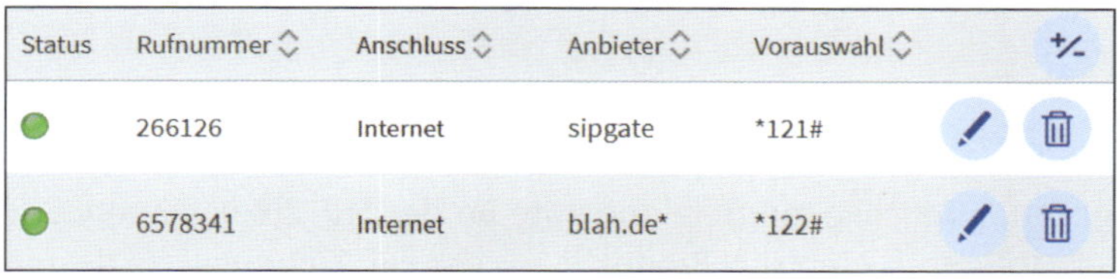

Anzeigename und weitere Einstellungen

In den Einstellungen können Sie für jede Rufnummer einen Anzeigenamen festlegen. Dieser wird bei angemeldeten FRITZ!Fons verwendet, um anzuzeigen, über welche Rufnummer ein Anruf hereinkommt. Auch in der Weboberfläche der FRITZ!Box wird er bei verschiedenen Einstellungen verwendet. Es ist deshalb sinnvoll, einen aussagekräftigen, nicht zu langen Namen anzugeben.

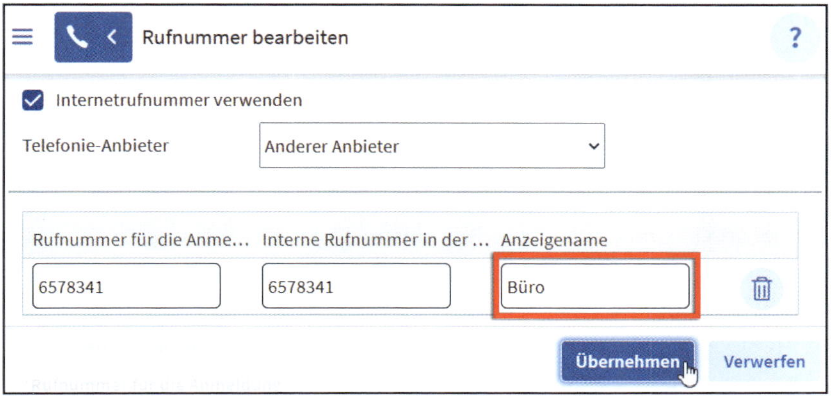

Der Anzeigename wird in der Weboberfläche und bei eingehenden Anrufen auf FRITZ!Fons angezeigt

Bei Internetrufnummern finden Sie darüber hinaus eine Vielzahl von Detaileinstellungen. Zum einen können Sie hier die Zugangsdaten vom Einrichten der Rufnummer nachträglich verändern. Zum anderen werden zusätzliche Optionen für die Abwicklung der Verbindung angeboten. Diese sollten Sie aber nur verändern, wenn es Probleme mit den Verbindungen gibt bzw. wenn Sie vom Anbieter einer IP-Rufnummer ausdrücklich dazu aufgefordert werden.

5.2 Telefone mit der FRITZ!Box verbinden

Sind Ihre Rufnummern in der FRITZ!Box eingerichtet, können Sie darangehen, Telefoniegeräte zu verbinden und anzumelden. Dies sollte man als zweiten Schritt tun, da man dann beim Einrichten der Geräte gleich die richtigen Rufnummern festlegen kann. An den meisten FRITZ!Boxen können Sie sowohl analoge Endgeräte als auch DECT-Mobilteile und IP-Telefone anmelden. Modelle mit *S0*-Ausgang erlauben außerdem das Anschließen von ISDN-Endgeräten.

DECT-Mobilteile an der FRITZ!Box verwenden

Zu den komfortabelsten Möglichkeiten, Telefongeräte an der FRITZ!Box zu verwenden, gehören Mobilteile. Besonders bieten sich Produkte aus der FRITZ!Fon-Palette desselben Herstellers an. Diese arbeiten optimal mit der FRITZ!Box zusammen und unterstützen dabei zahlreiche Komfortfunktionen bis hin zu E-Mail, Internetradio und Podcasts am Mobilteil. Darauf müssen Sie bei Geräten anderer Hersteller verzichten.

Prinzipiell lassen sich an Ihrer FRITZ!Box aber alle Geräte anmelden, die den DECT-Standard unterstützen.

Mobilteile anmelden

Sie können an Ihrer FRITZ!Box bis zu sechs DECT-Mobilteile anmelden:

1. Starten Sie den Anmeldevorgang stets mit dem Mobilteil. Die meisten dieser Geräte befinden sich ab Werk, bzw. solange sie nicht mit einer Basisstation verbunden sind, automatisch im Anmeldemodus, sodass Sie höchstens noch eine Taste drücken müssen. Ansonsten finden Sie eine entsprechende Anmeldefunktion meist in den Einstellungen bzw. Basiseinstellungen.
2. Sollte das Mobilteil (jetzt oder nach dem nächsten Schritt) nach einer PIN fragen, tippen Sie die PIN der DECT-Basisstation (ab Werk standardmäßig 0000) ein.
3. Wenn das Mobilteil nach einer Basisstation sucht, drücken Sie an der FRITZ!Box die *DECT*- bzw. *FON/DECT*-Taste so lange, bis die dazugehörende Kontrollleuchte zu blinken beginnt.

4. Nun brauchen Sie nur noch ein paar Sekunden abzuwarten, bis das Mobilteil eine erfolgreiche Verbindung zur Basisstation signalisiert.

5. Wenn Sie nun unter *Telefonie/Telefoniegeräte* die Geräteübersicht aufrufen, finden Sie hier ein neues Mobilteil mit dem Anschluss *DECT* vor. Klicken Sie rechts auf das Stift-Symbol, um die Eigenschaften zu bearbeiten.
   - In den Einstellungen in der Rubrik *Schnurlostelefon (DECT)* können Sie bei *Name* eine Bezeichnung für das Gerät festlegen. Diese dient nur der Organisation in der Oberfläche der FRITZ!Box bzw. für interne Gespräche.
   - Ihre FRITZ!Box kann ein oder mehrere Telefonbücher führen, die allen angeschlossenen Mobilgeräten zur Verfügung stehen. Im Auswahlfeld *Telefonbuch* legen Sie fest, welches Telefonbuch dieses Gerät verwenden soll (mehr zu Telefonbüchern auf Seite 288).
   - Darunter bei *Ausgehende Anrufe* wählen Sie, welche Rufnummer den Angerufenen standardmäßig übermittelt werden soll, wenn Sie mit diesem Gerät ein Gespräch führen.
   - Wichtig ist auch, ob das Gerät *auf alle Rufnummern reagieren* oder *nur auf folgende Rufnummern reagieren* soll. Im letzteren Fall haken Sie alle Nummern an, bei denen dieses Mobilteil klingeln soll.

Verschiedene Klingeltöne für verschiedene Rufnummern

Für DECT-Mobiltelefone können Sie in der FRITZ!Box verschiedene Klingeltöne bzw. Rufmelodien festlegen. So lässt sich schon beim Klingeln erkennen, welche Rufnummer der Anrufer gewählt hat, ob es ein internes Gespräch ist oder ob eine wichtige Person anruft. Für analoge, ISDN- und IP-Telefongeräte ist diese Einstellung an der FRITZ!Box leider nicht möglich. Hier sind Sie auf die Einstellungsmöglichkeiten der Geräte selbst beschränkt.

Klingeltöne abhängig von der angerufenen Nummer

Wenn Sie unter mehreren Rufnummern erreichbar sind, können Sie für jede davon einen eigenen Klingelton einstellen und so direkt am Klingeln erkennen, ob beispielsweise ein Anruf privat oder geschäftlich ist. Standardmäßig können Sie diese Einstellung aber nur vornehmen, wenn Sie das Mobilteil so einstellen, dass es nur auf bestimmte der registrierten Rufnummern reagiert. Nun werden für diese Rufnummern Auswahlfelder angezeigt. Wenn ein Mobilteil *auf alle Rufnummern reagieren* soll, fehlen die Auswahlfelder. Die Vorgehensweise ist in diesem Fall wenig intuitiv: Legen Sie in den Eigenschaften des Mobilteils fest, dass es *nur auf folgende Rufnummern reagieren* soll, und setzen Sie dann bei allen Rufnummern ein Häkchen. Das ist zwar logisch dasselbe wie *auf alle Rufnummern reagieren*, bringt die FRITZ!Box aber dazu, die Auswahlfelder anzuzeigen.

Die Einstellungen für *Klingeltöne* finden Sie für jedes DECT-Gerät in dessen Einstellungen in der gleichnamigen Rubrik:

- *Eigene Klingeltöne* bieten Ihnen die Möglichkeit, MP3-Dateien auf die FRITZ!Box hochzuladen, die dann als Klingeltöne verwendet werden. Dies funktioniert allerdings nur bei Mobilteilen, die dies ausdrücklich unterstützen, wie beispielsweise neuere FRITZ!-Fon-Modelle. Einen definierten eigenen Klingelton können Sie darunter als Klingelton für die verschiedenen Rufvarianten auswählen.
- Ist das Gerät so eingestellt, dass es nur bei bestimmten Rufnummern klingelt, können Sie für jede dieser Nummern einen abweichenden Klingelton auswählen (siehe Hinweiskasten).

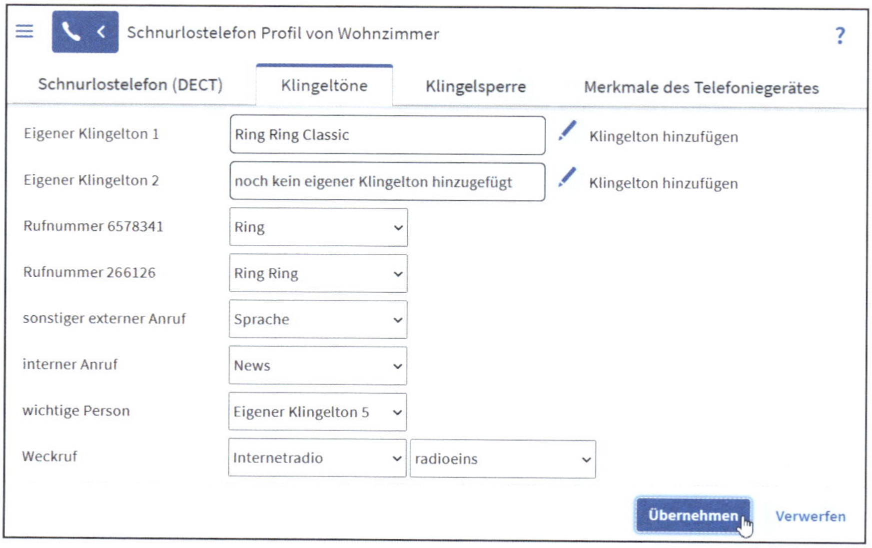

- Bei *interner Anruf* legen Sie fest, wie das Gerät klingeln soll, wenn es von einem anderen Telefon im Haushalt angerufen wird.
- Im Telefonbuch (siehe Seite 288) können Sie einzelne Kontakte als *wichtige Person* kennzeichnen. Ruft eine davon an, klingelt das Gerät mit dem hier eingestellten Rufzeichen.
- Haben Sie einen *Weckruf* eingestellt, meldet sich das Telefon mit dem hier festgelegten Ton. Als Besonderheit können Sie Internetradio und einen der definierten Sender auswählen (siehe Seite 254). Dann werden Sie mit dem Programm dieses Radiosenders geweckt.
- Ganz wichtig: Jedes DECT-Gerät verfügt über unterschiedliche Klingeltöne. Dafür ist ganz unten der Abschnitt *Klingelton-Test* vorgesehen. Stellen Sie hier einen der Klingeltöne ein und klicken Sie auf *Testen*. Dann klingelt das Mobilteil so, wie es mit dieser Einstellung einen Anruf signalisieren würde. Basierend darauf können Sie für jede Art von DECT-Mobilteil Klingeltöne auswählen, die angenehm, unterscheidbar und ausreichend laut sind.

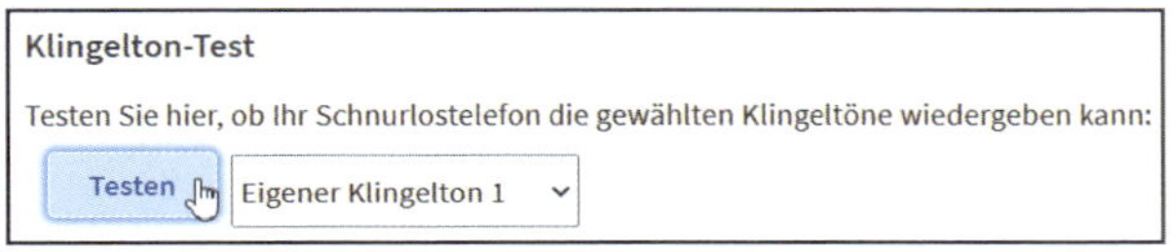

Namensansage bei bekannten Anrufern

Neuere FRITZ!Fon-Modelle unterstützen in Kombination mit FRITZ!OS 7.5 die Funktion *Sprachklingeln*. Ruft jemand an, dessen Rufnummer im Telefonbuch der FRITZ!Box verzeichnet ist, wird der Anrufername nicht nur auf dem Bildschirm des Mobilteils angezeigt, sondern kann von diesem auch angesagt werden. Unterstützt wird das von den FRITZ!-Fon-Modellen M2, C4, C5 und C6.

1. Um das Sprachklingeln zu aktivieren, wählen Sie im Bereich *Telefonie/Telefoniegeräte* ein entsprechendes FRITZ!Fon aus und klicken in dessen Eintrag auf das Stift-Symbol.
2. Wechseln Sie in den Eigenschaften des Gerätes zur Rubrik *Klingeltöne*.

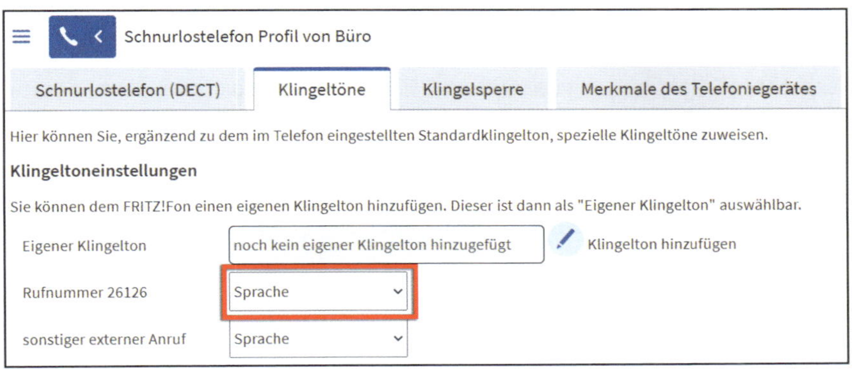

3. Wählen Sie dann bei den gewünschten Arten von Anrufen die Option *Sprache* (recht weit unten) in der Liste.
4. Weiter unten können Sie im Abschnitt *Einstellungen für Klingelton Sprache* wählen, ob eine *männliche Stimme* oder eine *weibliche Stimme* den Namen ansagen soll.
5. Außerdem können Sie bei *Zusätzlicher Klingelton* einen Klingelton wählen, der dann im Wechsel mit der Namensansage einen Anruf signalisiert, sodass Sie auch bei lauteren Umgebungsgeräuschen keinen Anruf verpassen.

6. Speichern Sie geänderte Einstellungen in diesem Dialog mit *Übernehmen*.

   Wichtig: Die Einstellungen im Abschnitt *Einstellungen für Klingelton Sprache* gelten für alle Geräte und werden immer verwendet, wenn für einen Anruf Sprache als Klingelton gewählt ist.

Bei FRITZ!Fon-Geräten können Sie viele dieser Einstellungen auch am jeweiligen Gerät selbst unter *Einstellungen/Audio* vornehmen.

Die DECT-Basisstation konfigurieren

Die DECT-Basisstation wird beim Anmelden des ersten Mobilteils automatisch aktiviert. Sie können in der FRITZ!Box aber zusätzlich eine Reihe von Einstellungen vornehmen, um sicher zu telefonieren, den Energieverbrauch zu optimieren und eventuelle Probleme mit Mobilteilen zu beheben:

1. Öffnen Sie in der Weboberfläche Ihrer FRITZ!Box im Bereich *Telefonie/DECT* die Rubrik *Basisstation*.
2. Auf der rechten Seite oben mit der Option *DECT-Basisstation aktiv* wird die Basisstation insgesamt ein- und ausgeschaltet.
3. Darunter im Abschnitt *Anmeldung* finden Sie das Feld *PIN*. Ab Werk lautet die PIN 0000. Es ist aber empfehlenswert, diese auf eine eigene vierstellige Zahl zu ändern. Andernfalls könnte sich jeder, der räumlichen Zugang zu Ihrer FRITZ!Box hat, mit einem eigenen DECT-Mobilteil anmelden.
4. Die Optionen im Bereich *Funkleistung* sind sinnvoll, wenn Sie in einem kleinen Haushalt leben, wo die FRITZ!Box an zentraler Position aufgestellt ist. Dann reicht meist eine verringerte Funkleistung, um trotzdem überall guten Empfang zu haben, und Sie können so Stromverbrauch und Elektrosmog reduzieren.

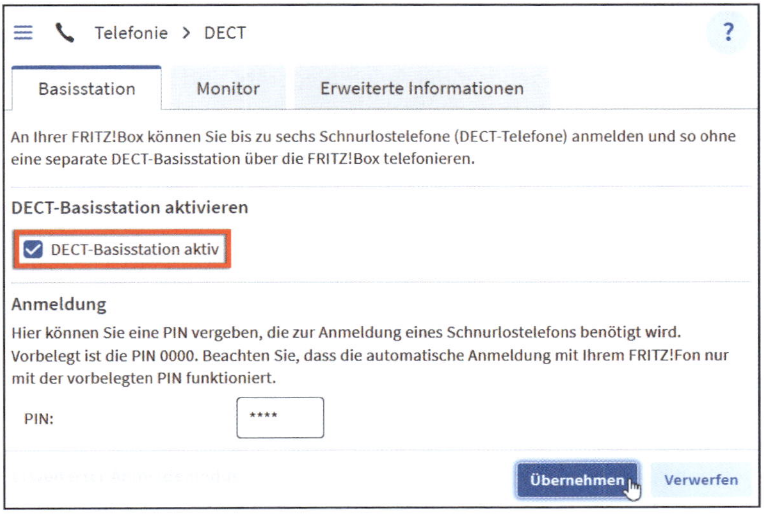

5. Die Option *DECT Eco* sorgt zusätzlich dafür, dass DECT abgeschaltet wird, wenn alle Mobilteile in den Stand-by-Modus gewechselt sind. Gerade wenn Sie nur ein oder zwei Mobilteile verwenden, können Sie die DECT-Funktion so bequem nach Bedarf steuern. Allerdings müssen alle Mobilteile DECT Eco unterstützen (in der Rubrik *Monitor* erkennbar). Hinweis: Wenn Sie andere FRITZ!DECT-Komponenten wie Repeater oder Smart-Home-Geräte nutzen, sollten Sie DECT Eco grundsätzlich nicht verwenden.
6. Im Bereich *Sicherheit* sollten Sie *Nur sichere DECT-Verbindungen zulassen*, damit Ihre Telefongespräche gegen Abhören geschützt sind. Nur wenn Sie auf das Verwenden von DECT-Geräten angewiesen sind, die damit nicht klarkommen, können Sie hier auf nicht verschlüsselte Verbindungen umschalten.

Komfortdienste nur bei sicheren DECT-Verbindungen

Wenn Sie die sicheren DECT-Verbindungen ausschalten, können einige der Komfortfunktionen für FRITZ!Fons nicht mehr genutzt werden (siehe Seite 251).

7. Bei Verbindungsschwierigkeiten mit einzelnen DECT-Geräten ist auch der unterste Abschnitt *Problembehebung* interessant. Probieren Sie in solchen Fällen, ob das Ein- oder Ausschalten dieser Optionen die Schwierigkeiten beseitigt.
8. Klicken Sie nach Änderungen an diesen Einstellungen unten auf *Übernehmen*, um die neue Konfiguration zu speichern.

Telefone und Faxgeräte an analogen Anschlüssen

Fast alle FRITZ!Boxen verfügen über ein oder zwei analoge Telefonausgänge mit den Bezeichnungen *FON 1* bzw. *FON 2*. Hier können Sie beliebige analoge Telefongeräte, aber auch Faxgeräte oder Anrufbeantworter einstecken. Auch speziellere Varianten wie etwa Wählautomaten von Alarmanlagen oder Seniorennotrufen können hier angeschlossen werden. Die zu diesen Anschlüssen gehörenden Telefoniegeräte sind in der FRITZ!Box ab Werk bereits eingerichtet. Sie finden sie in der Weboberfläche Ihrer FRITZ!Box unter *Telefonie/Telefoniegeräte* in der *Geräteübersicht* mit der Anschluss-Angabe *FON 1* bzw. *FON 2*.

Ungenutzte FON-Anschlüsse löschen

Wenn Sie keine analogen Endgeräte an Ihre FRITZ!Box anschließen wollen, können Sie die beiden vordefinierten FON-Anschlüsse auch löschen, um die Liste übersichtlicher zu gestalten. Falls Sie später doch noch analoge Endgeräte verwenden möchten, lassen sich die Einträge dafür schnell wiederherstellen.

Für analoge Endgeräte brauchen Sie also keine neuen Telefoniegeräte anzulegen, sondern passen die vorhandenen Einstellungen nach Ihren Wünschen an. Klicken Sie dazu rechts auf das Stift-Symbol.

- In den Einstellungen in der Rubrik *Telefon* können Sie eine *Bezeichnung* für das Gerät festlegen. Diese dient nur der Organisation in der Oberfläche der FRITZ!Box.
- Wichtiger ist darunter die Wahl einer Rufnummer für *Ausgehende Anrufe*. Wählen Sie hier, welche Rufnummer an Angerufene standardmäßig übermittelt werden soll, wenn Sie mit diesem Gerät ein Gespräch führen.
- Darunter legen Sie fest, ob das Gerät *auf alle Rufnummern reagieren* oder nur bei bestimmten Rufnummern klingeln soll.

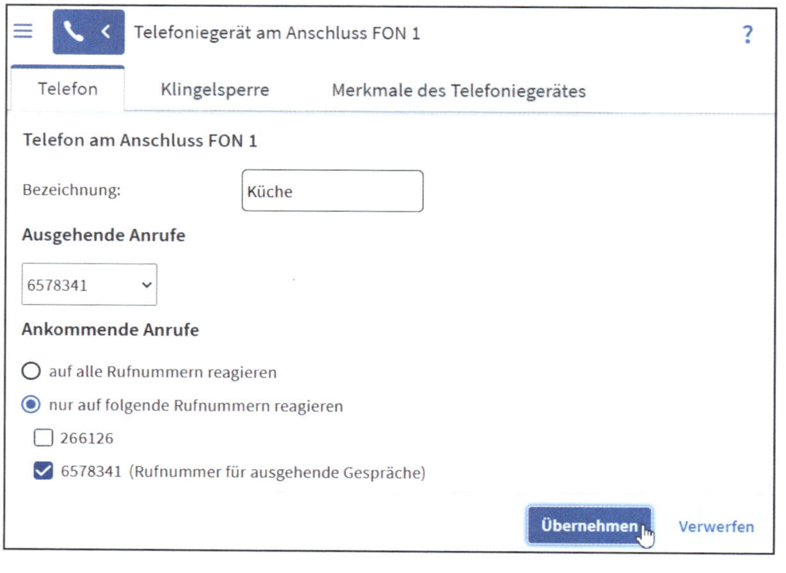

ISDN-Geräte anschließen

Wenn sich an der Rückseite Ihrer FRITZ!Box ein *S0*-Anschluss befindet, können Sie dort ISDN-Endgeräte anschließen. Direkt an den Anschluss passt zwar nur ein Kabel. Aber wenn Sie dort einen ISDN-Verteiler für wenige Euro einstecken, können Sie an diesen bis zu acht ISDN-Geräte anschließen.

Hinweis: Die FRITZ!Box selbst kann nur ein ISDN-Gerät mit Strom versorgen. Weitere Geräte müssten deshalb ein eigenes Netzteil verwenden.

1. Öffnen Sie in der Weboberfläche Ihrer FRITZ!Box das Menü *Telefonie/Telefoniegeräte*.
2. Klicken Sie auf der rechten Seite auf die Schaltfläche *Neues Gerät einrichten*.
3. Wählen Sie dann die Option *Telefon (mit und ohne Anrufbeantworter)* und klicken Sie auf *Weiter*.
4. Entscheiden Sie sich im nächsten Schritt für die Option *FON S0 (ISDN-Telefon)* und geben Sie darunter ggf. einen eigenen Namen für das Gerät an.
5. Wählen Sie nun die Rufnummer aus, die dieses Telefon standardmäßig für ausgehende Gespräche verwenden soll.
6. Überprüfen Sie die Zusammenfassung der Daten und klicken Sie zum Speichern der Einstellungen unten auf *Übernehmen*. Je nach Einstellung müssen Sie diese Änderung zusätzlich mit einem Mobilteil oder per Tastendruck an der FRITZ!Box selbst bestätigen.

Die FRITZ!Box leitet dem ISDN-Protokoll entsprechend alle eingehenden Anrufe an alle angeschlossenen ISDN-Endgeräte weiter. Welches Gerät auf welche Rufnummer reagieren und wann oder wie klingeln soll, muss deshalb in jedem Gerät selbst konfiguriert werden.

Orientieren Sie sich dazu an der Bedienungsanleitung des ISDN-Gerätes und gehen Sie folgendermaßen vor:

- Richten Sie die zuvor als standardmäßig abgehende Rufnummer gewählte Nummer als erste MSN im Gerät ein.
- Richten Sie alle weiteren MSNs ein, auf die das Gerät reagieren soll. Richten Sie hier aber nur MSNs ein, die auch als eigene Rufnummern in der FRITZ!Box angelegt sind.

IP-Telefone für die FRITZ!Box konfigurieren

Sie können auch IP-Telefone an Ihrer FRITZ!Box anmelden, die per Netzwerk mit Ihrem Heimnetzwerk verbunden sind. Der Begriff IP-Telefon ist dabei sehr weit gefasst.

Es kann sich um ein reales Telefon handeln, das anstelle eines Telefonkabels das vorhandene Netzwerk verwendet. Es kann aber auch eine reine Softwarelösung sein, die auf einem PC im lokalen Netzwerk läuft und dort über ein angeschlossenes Headset genutzt wird. Ein solches Telefon kann die FRITZ!Box als Telefonieserver nutzen und dadurch mit den dort eingerichteten Rufnummern kommunizieren.

Ein IP-Telefon in der FRITZ!Box einrichten

Voraussetzung dafür ist, dass das IP-Phone (bzw. der PC, auf dem die IP-Phone-Software läuft) per LAN oder WLAN mit dem Heimnetzwerk der FRITZ!Box verbunden ist. Dann richten Sie zunächst in der FRITZ!Box ein virtuelles IP-Telefon ein, mit dem sich das reale oder Software-IP-Telefon verbinden kann.

1. Öffnen Sie in der Weboberfläche Ihrer FRITZ!Box das Menü *Telefonie/Telefoniegeräte*.
2. Klicken Sie auf der rechten Seite auf die Schaltfläche *Neues Gerät einrichten*.
3. Wählen Sie dann die Option *Telefon (mit und ohne Anrufbeantworter)* und klicken Sie auf *Weiter*.
4. Entscheiden Sie sich im nächsten Schritt für die Option *LAN/WLAN (IP-Telefon)* und geben Sie darunter ggf. einen eigenen Namen für das Gerät an.
5. Tragen Sie nun einen Benutzernamen mit mindestens acht Zeichen ein. Auch das Kennwort sollte mindestens acht Zeichen lang sein. Notieren Sie sich diese Daten gemeinsam mit dem angegebenen *Registrar* (standardmäßig *fritz.box*).

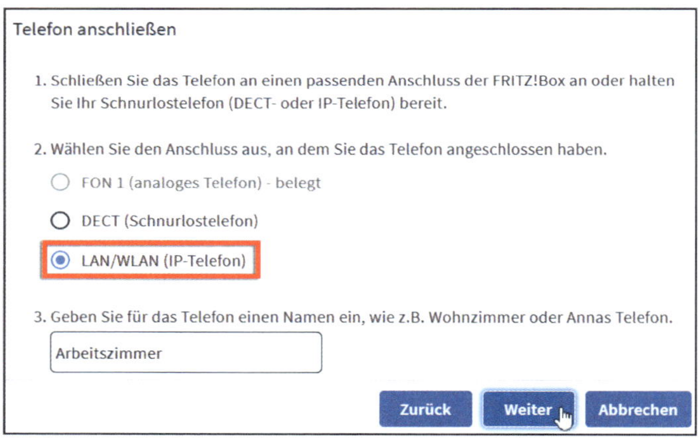

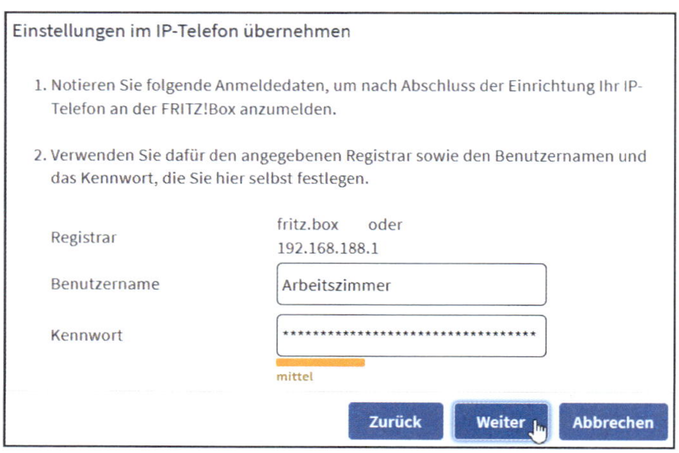

6. Wählen Sie nun die Rufnummer aus, die dieses Telefon standardmäßig für ausgehende Gespräche verwenden soll.
7. Dann legen Sie – wie bei anderen Telefoniegeräten auch – fest, ob das Gerät auf alle oder nur auf bestimmte Rufnummern reagieren soll.
8. Überprüfen Sie schließlich die Zusammenfassung der Daten und klicken Sie zum Speichern der Einstellungen unten auf *Übernehmen*. Je nach Einstellung müssen Sie diese Änderung zusätzlich mit einem Mobilteil oder per Tastendruck an der FRITZ!Box selbst bestätigen.

In der Übersicht unter *Telefonie/Telefoniegeräte* wird das neu erstellte IP-Phone mit der Anschlussart LAN/WLAN angezeigt. Nun können Sie darangehen, das eigentliche IP-Phone für das Telefonieren über die FRITZ!Box einzustellen.

IP-Phone aus dem Internet mit der FRITZ!Box verbinden

Damit sich ein IP-Phone auch von außerhalb Ihres Heimnetzwerks über das Internet mit Ihrer FRITZ!Box verbinden und dessen Telefonie verwenden kann, müssen Sie die Einstellungen dieses Gerätes öffnen und in der Rubrik *Anmeldedaten* die Option *Anmeldung aus dem Internet erlauben* aktivieren. In dem Fall müssen Sie als Registrar im IP-Phone allerdings eine öffentliche IP-Adresse Ihrer FRITZ!Box angeben.

Handelt es sich um eine IP-Phone-Software auf einem PC bzw. Notebook, wäre es allerdings sinnvoller, mit diesem eine VPN-Verbindung zur FRITZ!Box aufzubauen. Dann ist die Verbindung des IP-Phones zur FRITZ!Box unkomplizierter und sicherer.

Das IP-Telefon für die FRITZ!Box konfigurieren

Haben Sie virtuelle IP-Telefoniegeräte in der FRITZ!Box eingerichtet, können Sie mit deren Zugangsdaten das eigentliche IP-Phone konfigurieren:

1. Richten Sie dazu am IP-Phone eine Internetrufnummer mit den Anmeldedaten der FRITZ!Box ein.
2. Verwenden Sie dabei den notierten Benutzernamen des IP-Telefoniegerätes und das dazugehörende Passwort.
3. Tragen Sie als SIP-Registrar *fritz.box* oder die IP-Adresse der FRITZ!Box im Heimnetz ein. Falls Sie das Telefon aus dem Internet an der FRITZ!Box anmelden möchten, tragen Sie als SIP-Registrar stattdessen die öffentliche IP-Adresse der FRITZ!Box ein. Verwenden Sie hierfür nicht eine dynamisch zugewiesene IP-Nummer, sondern eine DynDNS-Adresse wie etwa bei MyFRITZ! (siehe Seite 203).
4. Weitere Angaben wie etwa ein STUN-Server sind nicht erforderlich.

Das Smartphone als Mobilteil nutzen

Ein weiteres Gerät, das Sie als »Mobilteil« an Ihrer FRITZ!Box nutzen können, ist Ihr Smartphone. FRITZ! stellt dafür kostenlos die *FRITZ!App Fon* zur Verfügung. Wann immer Ihr Smartphone mit dem lokalen WLAN-Netzwerk verbunden ist, wird es gleichzeitig auch als Mobilteil angemeldet. Es klingelt dann, wenn Anrufe an der FRITZ!Box eingehen. Ebenso können Sie über Ihren Telefonanschluss Gespräche führen und so Mobilfunkgebühren sparen. Und auch interne Verbindungen zu anderen Telefongeräten sind damit möglich.

1. Installieren Sie die App aus dem App Store für iOS oder Android und starten Sie sie.
2. Die App sollte Ihnen beim ersten Start automatisch den Namen Ihrer FRITZ!Box anzeigen. Tippen Sie auf diesen Eintrag und geben Sie dann das Anmeldepasswort der FRITZ!Box ein.
3. Entscheiden Sie, mit welcher der eingerichteten Rufnummern (sofern es mehrere gibt) ausgehende Gespräche von diesem Smartphone geführt werden sollen.
4. Bestätigen Sie ggf. an der FRITZ!Box die Anmeldung des Smartphones durch Drücken einer beliebigen FRITZ!Box-Taste oder durch Eintippen des Tastencodes an einem anderen bereits angemeldeten Mobilteil.
5. Nun stellt die App die Verbindung zur FRITZ!Box her, was ein paar Sekunden dauern kann.
6. Anschließend zeigt die App oben die Meldung *Telefonie über FRITZ!Box aktiv*. Solange Sie diese sehen, können Sie mit der App über die FRITZ!Box Gespräche führen, als wenn es sich um ein DECT-Mobilteil handeln würde.
7. Außerdem wird Ihr Mobiltelefon nun auch in der Geräteübersicht der FRITZ!Box unter *Telefonie/Telefoniegeräte* angezeigt (mit dem Namen *FRITZ!APP Fon* und einer Bezeichnung für das verwendete Mobiltelefon). Dort können Sie wie bei anderen Telefoniegeräten auch einen aussagekräftigen Namen angeben.

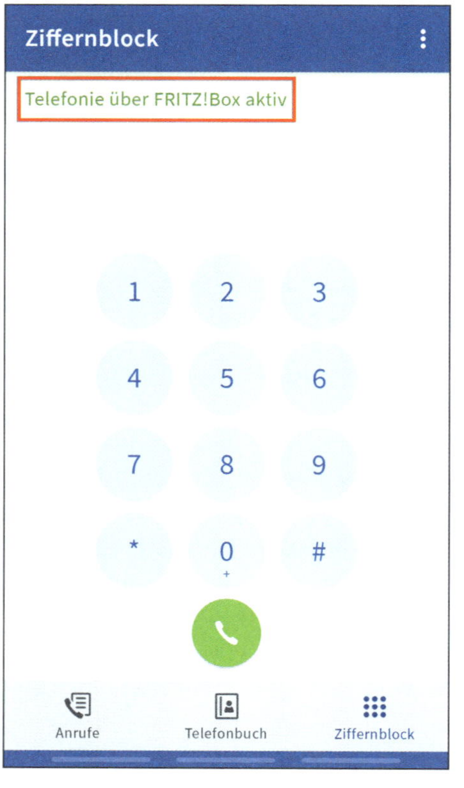

Diese Anmeldung brauchen Sie nur einmalig zu vollziehen. Ab dann meldet sich die App automatisch bei der FRITZ!Box an, wenn sich das Smartphone im Funknetz der Box befindet, und Sie können Ihr Smartphone als zusätzliches Mobilteil nutzen. Sowie Sie das WLAN der FRITZ!Box verlassen, wird in der App eine entsprechende Meldung angezeigt. Lassen Sie sich von der Aufforderung, die App neu einzurichten, nicht irritieren. Sowie Ihr Smartphone wieder mit dem WLAN der FRITZ!Box verbunden ist, stellt auch die App die Verbindung wieder her.

5.3 Weitere (virtuelle) Endgeräte nutzen

Neben Telefonen im eigentlichen Sinn können Sie mit Ihrer FRITZ!Box noch weitere Endgeräte nutzen. Dazu gehören etwa virtuelle Anrufbeantworter und Faxgeräte, die die FRITZ!Box selbst betreiben kann, sodass Sie dafür keine zusätzlichen Geräte benötigen. Als Sonderfall unterstützt die FRITZ!Box auch Türsprechanlagen, die als analoge oder IP-Geräte angemeldet und dann von angemeldeten Telefonen aus bedient werden können.

Anrufbeantworter in der FRITZ!Box einrichten

Sie können in Ihrer FRITZ!Box bis zu fünf virtuelle Anrufbeantworter einrichten. Diese nehmen eingehende Gespräche auf bestimmten Rufnummern entgegen, wenn niemand zu Hause ist. Dazu können Sie Standardansagen verwenden oder eigene aufsprechen. Ihre FRITZ!Box informiert Sie über aufgezeichnete Nachrichten an den angeschlossenen Telefonen oder auf Wunsch auch per E-Mail. Die Nachrichten können Sie auf angeschlossenen Telefonen abhören, aber auch über die Weboberfläche, MyFRITZ! oder per PIN-geschützter Fernabfrage.

Anrufbeantworter einrichten

Ab Werk verfügt Ihre FRITZ!Box über einen Anrufbeantworter, der aber deaktiviert ist. Wenn Sie ihn einschalten, reagiert er auf alle eingerichteten Rufnummern, wenn eingehende Anrufe nach zwanzig Sekunden noch nicht entgegengenommen wurden.

Es kommen Standardansagen zum Einsatz, die zwar etwas unpersönlich sind, aber für den Anfang völlig ausreichen. Außerdem können Sie dies genau wie alle anderen Einstellungen individuell anpassen.

1. Um den integrierten Anrufbeantworter zu aktivieren, öffnen Sie in der Weboberfläche Ihrer FRITZ!Box das Menü *Telefonie/Anrufbeantworter*.
2. Klicken Sie dann rechts im Abschnitt *Anrufbeantworter* auf den angedeuteten Schalter links neben *Anrufbeantworter deaktiviert*.
3. Das Schaltersymbol färbt sich grün ein und die Beschriftung ändert sich zu *Anrufbeantworter aktiviert*.

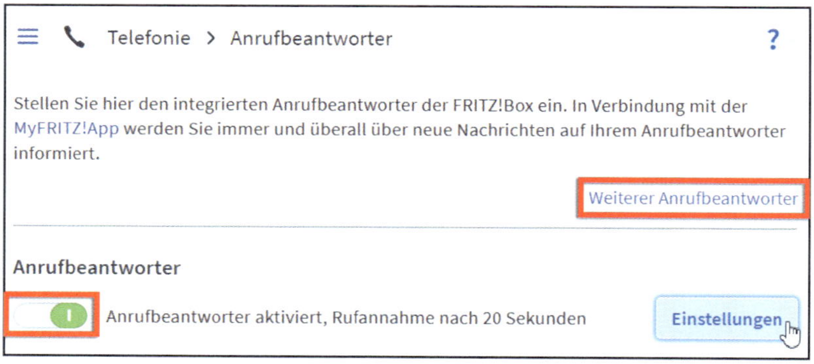

4. Der Anrufbeantworter ist nun aktiviert. Sollten Sie mehr als einen AB benötigen, etwa um verschiedene Einstellungen und Ansagen für unterschiedliche Rufnummern zu verwenden, können Sie oben mit *Weiterer Anrufbeantworter* bis zu vier hinzufügen.

Jeder Anrufbeantworter kann mit individuellen Einstellungen versehen werden. Dazu gehört insbesondere, auf welche Rufnummern er reagieren soll. Es sind aber auch andere Varianten möglich, etwa eine reine Ansage ohne Nachrichtenaufzeichnung oder ein gemischter Betrieb, um während der Geschäftszeiten Nachrichten anzunehmen und außerhalb davon nur eine Ansage abzuspielen.

Hierzu finden Sie bei jedem Anrufbeantworter eine Schaltfläche *Einstellungen*, mit der Sie das entsprechende Menü öffnen:

- Ganz oben bei *Name* können Sie eine aussagekräftigere Bezeichnung als »Anrufbeantworter« angeben, insbesondere wenn Sie mehr als einen AB in Betrieb haben. Diese Bezeichnung dient aber rein internen Zwecken und wird beispielsweise Anrufenden nicht mitgeteilt.

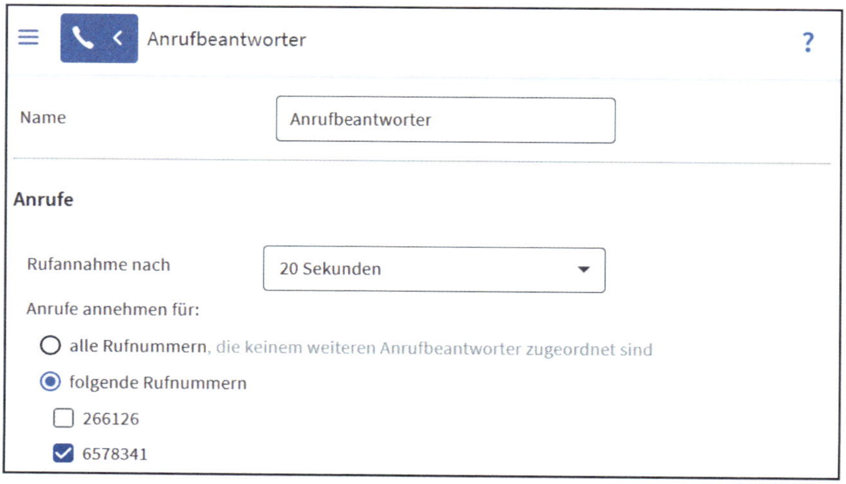

- Im Abschnitt *Anrufe* stellen Sie bei *Rufannahme nach* die Zeit ein, nach der der Anrufbeantworter eingehende Gespräche annehmen soll. Benötigen Sie etwas mehr Zeit, um selbst dranzugehen, können Sie die Wartefrist länger gestalten.
- Haben Sie mehrere Rufnummern und der AB soll nur bei bestimmten annehmen, wählen Sie darunter die Option *folgende Rufnummern* und wählen dann die gewünschten Nummern aus.
- Bei *Betriebsart* legen Sie fest, ob der Anrufbeantworter *Nachrichten aufnehmen* oder nur eine Ansage machen soll. Mit der Option *Zeitsteuerung* lässt sich weiter unten in einem Zeitplan für jeden Tag genau festlegen, wann der AB Nachrichten entgegennehmen, nur Ansagen machen oder ganz aus bleiben soll.

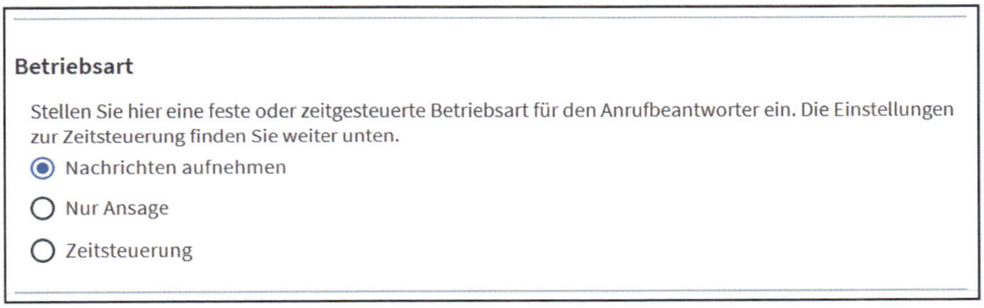

- Ab Werk arbeitet der Anrufbeantworter mit Standardansagen. Im Abschnitt *Einstellungen für Aufnahme und Ansage* können Sie stattdessen eigene Ansagen festlegen. Am besten geht das mit einem angeschlossenen Telefon (siehe nachfolgender Abschnitt). Sie können aber auch in der Weboberfläche passende Tondateien hochladen. Diese sollten im Format MP3 (128 Kbit/s, 44,1 kHz, Stereo) oder WAV (8.000 Hz, 16 Bit, Mono) vorliegen und nicht länger als 60 Sekunden sein.

> **Mehrere ABs für eine Rufnummer**
>
> Sie können einen Anrufbeantworter für mehrere Rufnummern verwenden. Ebenso können Sie aber mehrere ABs für eine Rufnummer nutzen und diese über die Zeitsteuerung so einstellen, dass beispielsweise außerhalb von Geschäftszeiten oder an Wochenenden andere Regeln gelten und andere Ansagen abgespielt werden. Wählen Sie dazu in der Zeitsteuerung des einen AB den Status *aus* für Zeiten, in denen ein anderer AB diese Rufnummer bedienen soll.

Eigene Ansagen aufsprechen

Anstelle der eingebauten Standardansage können Sie auch eigene Texte für die verschiedenen Ansagen verwenden. Dies geht in den vorangehend beschriebenen Einstellungen in der Weboberfläche. Allerdings müssen dafür bereits fertige Aufnahmen als Audiodatei (beispielsweise im Format MP3, WAV, WMA, OGG, MID oder M4A) vorliegen.

Etwas einfacher ist es, wenn Sie ein DECT-Mobilteil an der FRITZ!Box angemeldet haben. Dann können Sie die Aufnahme direkt mit diesem Telefon vornehmen.

Besonders komfortabel geht das mit einem FRITZ!Fon:

1. Drücken Sie auf die Menütaste am FRITZ!Fon und wählen Sie im Hauptmenü den *Anrufbeantworter*.
2. Drücken Sie dann rechts die Taste unter dem *Optionen*-Schriftzug.
3. Wählen Sie den Menüpunkt *Einstellungen* und drücken Sie erneut auf *Optionen*.
4. Nun wählen Sie oben die *Startansage* und gehen im anschließenden Menü auf *Aufnehmen*.

5. Bestätigen Sie ggf. das Löschen einer vorhandenen Ansage für diesen AB. Dann beginnt auch schon die Aufnahme, während der ein Sekundenzähler mitläuft.
6. Sprechen Sie Ihre Ansage auf und drücken Sie anschließend direkt wieder auf *OK*.
7. Nun können Sie sich die gerade erstellte Ansage *Anhören*. Falls etwas noch nicht passt, wiederholen Sie die Aufnahmen.
8. Anschließend gehen Sie im Menü eine Ebene *Zurück* und wiederholen den Vorgang ggf. für die *Endansage*.

Die aufgezeichneten Ansagen werden automatisch aktiviert. Sollten Sie später doch wieder den Standardansagen den Vorzug geben, können Sie die eigenen Ansagen ebenfalls per Mobilteil wieder löschen (in Schritt 4 auf *Löschen* anstatt *Aufnehmen* drücken). Oder Sie wechseln in den Einstellungen der Weboberfläche wieder auf *Standard-Ansage*.

Ansagen mit anderen DECT-Mobilteilen

Bei DECT-Geräten anderer Hersteller ist es zwar nicht ganz so komfortabel, aber auch mit diesen ist der Zugriff auf den Anrufbeantworter möglich. Sie müssen dazu lediglich die interne Nummer des AB wählen. Den ersten erreichen Sie üblicherweise mit ***600*, den zweiten mit ***601* usw. (siehe auch die Spalte *intern* unter *Telefonie/Telefoniegeräte*). Bei einigen Geräten etwa der Siemens-Gigaset-Serie können Sie die Komfortfunktionen der FRITZ!Box außerdem erreichen, indem Sie am Gerät die *Text*-Taste drücken. Wählen Sie im Menü dann *Nachrichten* und folgen Sie der sprachgestützten Menüführung, um Ansagen aufzunehmen.

Aufgezeichnete Nachrichten abhören

Hat der Anrufbeantworter Nachrichten aufgezeichnet, signalisiert die FRITZ!Box Ihnen das auf verschiedenen Wegen:

- Bei den meisten angemeldeten DECT-Mobiltelefonen blinkt ein kleines Lämpchen.
- An der FRITZ!Box selbst blinkt die *Info*-Kontrollleuchte, wenn Sie sie entsprechend eingestellt haben (siehe Seite 24).
- Auf der Übersichtsseite der Weboberfläche finden Sie im Abschnitt *Anrufbeantworter* einen Eintrag für die Nachricht vor. Sie können sie dort mit dem Wiedergabesymbol sogar direkt abspielen, sofern das benutzte Gerät (PC, Tablet, Smartphone) WAV-Dateien wiedergeben kann.

Auch hier bieten DECT-Mobilteile wieder die direkteste und unkomplizierteste Art, eine Nachricht abzuhören. Bei FRITZ!Fons brauchen Sie nur auf die blinkende Taste zu drücken, um neue Nachrichten sofort abzuhören. Bei DECT-Geräten anderer Hersteller gibt es meist auch eine Taste mit einem Nachrichtensymbol für diesen Zweck.

Sie können auch jederzeit in der Weboberfläche Ihrer FRITZ!Box nachschauen:

1. Öffnen Sie das Menü *Telefonie/Anrufbeantworter*.
2. Hier finden Sie rechts eine Übersicht der eingerichteten Anrufbeantworter und der darauf eingegangenen Nachrichten.

3. Mit dem Wiedergabesymbol können Sie die Nachricht abspielen. Dafür ist allerdings ein Programm erforderlich, das WAV-Dateien wiedergeben kann.

4. Mit dem Löschsymbol ganz rechts können Sie einzelne Nachrichten löschen.
5. Haben Sie alle vorhandenen Nachrichten abgehört und benötigen Sie sie nicht mehr, können Sie unten rechts auf *Alle Nachrichten löschen* klicken, um sie auf einen Schlag zu entfernen.

Nachrichten per E-Mail versenden

Sie können sich aufgezeichnete Nachrichten auch per E-Mail an eine beliebige E-Mail-Adresse schicken lassen. So erreichen Nachrichten Sie auch zuverlässig und schnell, wenn Sie unterwegs sind. Voraussetzung dafür ist, dass Sie den Push-Dienst Ihrer FRITZ!Box aktiviert haben (siehe Seite 360).

1. Öffnen Sie in der Weboberfläche Ihrer FRITZ!Box die Einstellungen des Anrufbeantworters.
2. Gehen Sie in der Einstellungsseite ganz nach unten und klappen Sie dort den Abschnitt *Weitere Einstellungen* aus.
3. Dadurch werden zusätzliche Optionen angezeigt, bei denen Sie zunächst ganz oben *Nachrichten per E-Mail versenden* aktivieren.
4. Im Feld *Versenden an die E-Mail-Adresse* wählen Sie die für den Push-Service festgelegte Adresse aus. Alternativ können Sie eine andere E-Mail-Adresse angeben, an die E-Mails mit den angehängten AB-Nachrichten gesendet werden sollen.

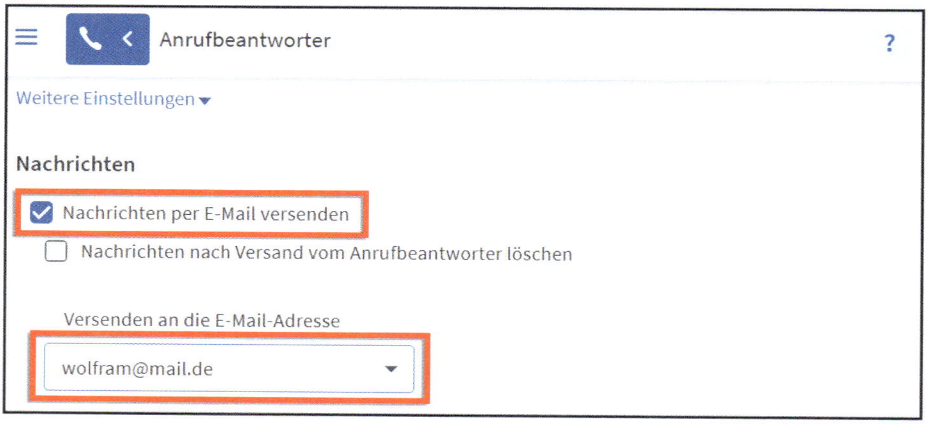

5. Speichern Sie die neuen Einstellungen mit *Übernehmen*.

So eingestellt, sendet Ihnen Ihre FRITZ!Box bei jeder neuen AB-Nachricht eine E-Mail, die Informationen zu Anrufer und Zeitpunkt und die Nachricht selbst als angehängte WAV-Datei enthält.

Nachrichten per Fernabfrage abhören

Eine weitere praktische Möglichkeit, Ihren Anrufbeantworter abzuhören, ist die Fernabfrage. Diese können Sie von jedem beliebigen Festnetz- oder Mobilfunkanschluss nutzen. Aus Sicherheitsgründen muss diese Fernabfrage aber zunächst aktiviert und mit einer PIN gesichert werden.

1. Öffnen Sie in der Weboberfläche Ihrer FRITZ!Box die Einstellungen des Anrufbeantworters.
2. Gehen Sie in der Einstellungsseite ganz nach unten und klicken Sie dort auf *Weitere Einstellungen*.
3. Suchen Sie in den so ausgeklappten Optionen den Abschnitt *Fernabfrage*.
4. Schalten Sie hier die Option *Fernabfrage aktiv* ein und geben Sie im Feld darunter eine PIN bestehend aus vier Ziffern ein, mit der die Fernabfrage geschützt werden soll.
5. Speichern Sie die neuen Einstellungen mit *Übernehmen*.

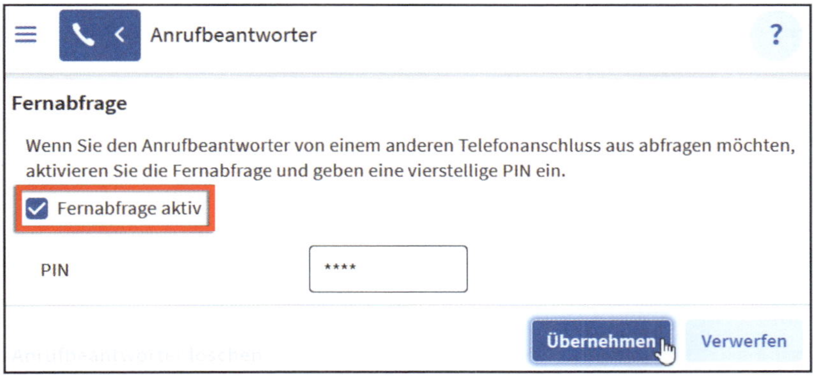

Wollen Sie nun eine Fernabfrage durchführen, rufen Sie bei sich selbst unter der Rufnummer an, auf die der Anrufbeantworter reagiert. Warten Sie, bis der Anrufbeantworter sich meldet und seine Ansage abspielt. Drücken Sie dann die *-Taste gefolgt von der festgelegten vierstelligen PIN. Der Anrufbeantworter erkennt diese Tastenfolge und meldet sich mit einem sprachgestützten Menü, dessen Anweisungen Sie folgen, um Nachrichten abzuhören und ggf. zu löschen.

Faxe mit der FRITZ!Box empfangen und senden

Falls Sie noch Faxe empfangen oder gelegentlich versenden möchten, können Sie dafür die eingebaute Faxfunktion Ihrer FRITZ!Box nutzen. Die interne Faxbox wird auf bestimmte Rufnummern angesetzt und nimmt darunter eingehende Faxe entgegen. Die so erhaltenen Dokumente kann die FRITZ!Box intern speichern oder per E-Mail weiterleiten.

> **Faxfunktion mit eigener Nummer**
> Wenn Sie die Faxfunktion der FRITZ!Box nutzen möchten, verwenden Sie dafür eine eigene Faxnummer. Dann können Sie die Faxbox so einstellen, dass sie nur Anrufe für diese Nummer entgegennimmt. Andernfalls würde die Faxfunktion auch bei jedem anderen Telefongespräch »drangehen«, was das normale Telefonieren unmöglich macht.

Faxfunktion aktivieren

Damit Sie die interne Faxbox Ihrer FRITZ!Box nutzen können, erstellen Sie dafür ein virtuelles Telefoniegerät:

1. Öffnen Sie in der Weboberfläche Ihrer FRITZ!Box das Menü *Telefonie/Telefoniegeräte*.
2. Klicken Sie rechts unten auf die Schaltfläche *Neues Gerät einrichten* und wählen Sie im anschließenden Dialog ganz unten die Option *Faxfunktion*.

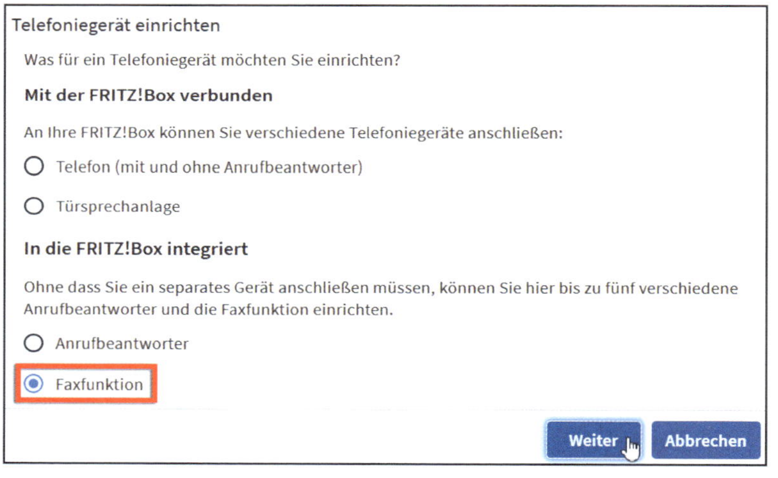

3. Geben Sie im anschließenden Dialog oben die *Faxkennung* ein, mit der die FRITZ!Box ausgehende Faxe als Absenderinformation versieht, also beispielsweise Ihre eigene Faxnummer.
4. Sollen Faxdokumente (auch) per E-Mail versendet werden, aktivieren Sie die Option *per E-Mail weiterleiten* und geben Sie darunter die E-Mail-Adresse an. Beachten Sie, dass hierzu auch der entsprechende Push-Service aktiviert sein muss (siehe Seite 360). Sie erhalten bei eingehenden Faxen dann eine E-Mail-Benachrichtigung, die den Inhalt des Faxes als Dateianhang enthält.
5. Sollen Faxdokumente durch die FRITZ!Box gespeichert werden, wählen Sie die Option *Intern ablegen* für den internen Speicher der FRITZ!Box (Pfad: *FRITZ\faxbox*).

6. Haben Sie einen USB-Speicher an Ihre FRITZ!Box angeschlossen, steht auch die Option *Auf dem USB-Speicher ablegen* zur Auswahl. Gerade wenn Sie Faxdokumente länger aufheben möchten, ist das eine sinnvolle Alternative zum begrenzten internen Speicherplatz.

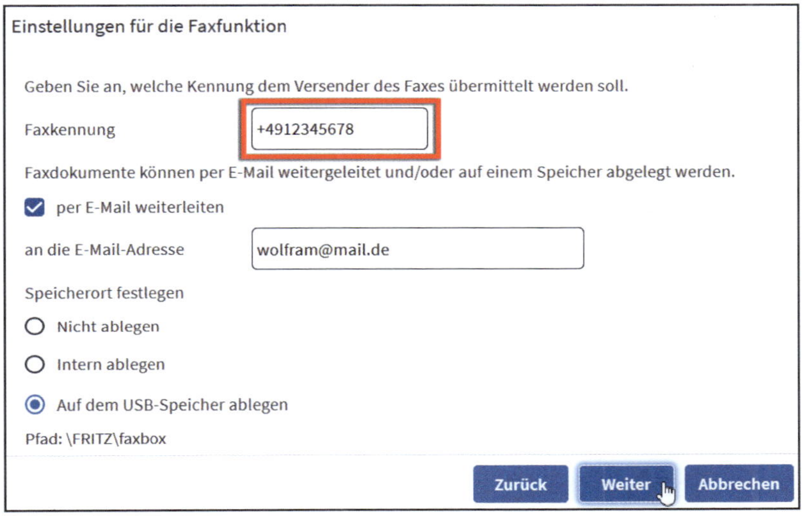

7. Klicken Sie unten auf *Weiter* und wählen Sie im nächsten Schritt die Telefonnummer(n) aus, auf denen die Faxbox Anrufe entgegennehmen soll. Geben Sie dazu oben an, ob die FRITZ!Box Faxe senden und empfangen soll. Dann können Sie über die unten gewählten Rufnummern keine Telefongespräche mehr führen. Wenn Sie sich hingegen auf *Faxe nur senden* beschränken, können auf den Nummern weiterhin auch Sprachanrufe entgegengenommen werden.

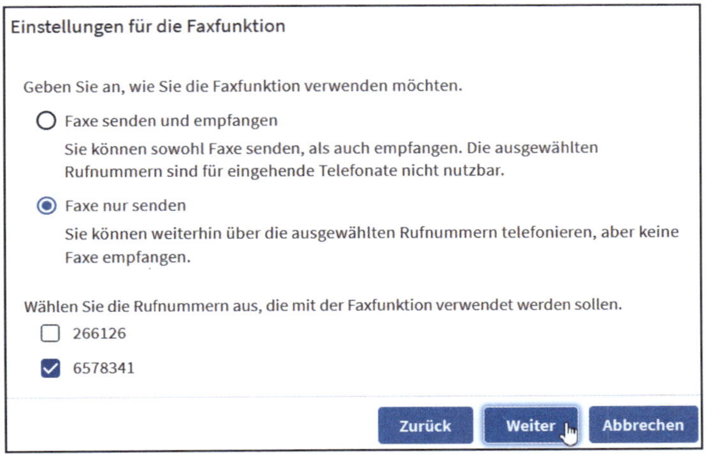

8. Wählen Sie darunter aus, welche Nummern für die Faxfunktion verwendet werden sollen.
9. Kontrollieren Sie die abschließende Zusammenfassung und klicken Sie dann auf *Übernehmen*, um die Faxbox dauerhaft einzurichten.

Faxe empfangen

Ist die interne Faxbox eingerichtet und aktiviert, nimmt sie Anrufe für eingestellte Rufnummern automatisch entgegen und empfängt Faxdokumente. Sind welche eingetroffen, werden sie je nach Einstellungen intern gespeichert und/oder per E-Mail weitergeleitet. Die FRITZ!Box signalisiert vorhandene neue Faxe außerdem durch das Blinken der *Info*-Kontrollleuchte am Gehäuse, sofern diese dafür konfiguriert ist (siehe Seite 24).

1. Um auf ein intern gespeichertes Faxdokument zuzugreifen, öffnen Sie in der Weboberfläche das Menü *Telefonie/Fax*.
2. Hier finden Sie im Abschnitt *Faxnachrichten* eine Übersicht der vermerkten Faxübertragungen. Die Spalte *Typ* erlaubt dabei das Unterscheiden zwischen empfangenen und versendeten Faxnachrichten.
3. Um ein Faxdokument zu öffnen oder herunterzuladen, klicken Sie auf das Augensymbol rechts.

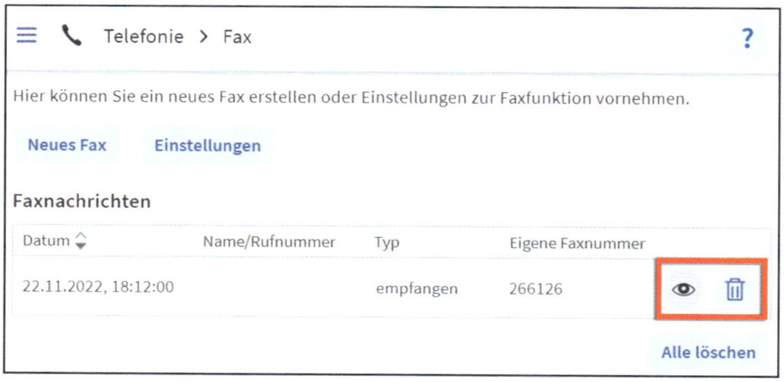

4. Das weitere Vorgehen hängt vom Webbrowser und seinen Einstellungen ab. Entweder die PDF-Datei wird direkt angezeigt, lokal gespeichert oder Sie werden in einem Dialog gefragt, wie Sie damit verfahren möchten.

> **Fax-PDFs direkt auf der FRITZ!Box**
>
> Haben Sie die Funktion zum Speichern der Faxdokumente aktiviert, können Sie die PDF-Dateien auch direkt auf der FRITZ!Box abrufen. Haben Sie den internen Speicher gewählt, finden Sie den Ort dafür unter *FRITZ\faxbox*. Beim Speichern auf einem USB-Gerät lautet der Pfad dafür *>\<USB-Gerät>\FRITZ\faxbox*. Hier können Sie Faxdokumente auch löschen, wenn Sie sie nicht mehr benötigen.

Faxversand per FRITZ!Box

Wollen Sie selbst ein Fax verschicken, geht das über die Weboberfläche Ihrer FRITZ!Box. Dabei können Sie den Inhalt als Text direkt im Webformular einfügen oder eine Bilddatei mit dem Inhalt anhängen. Reiner Text darf bis zu zehn Seiten umfassen. Das Bild sollte im JPEG- oder PNG-Format vorliegen.

1. Öffnen Sie in der Weboberfläche Ihrer FRITZ!Box das Menü *Telefonie/Fax* und klicken Sie rechts auf *Neues Fax*.
2. Damit öffnen Sie ein Formular, in dem Sie links oben den Absender aus Ihrem Telefonbuch wählen oder von Hand eintragen. Entscheidend ist dabei die Angabe der korrekten *Faxnummer*.

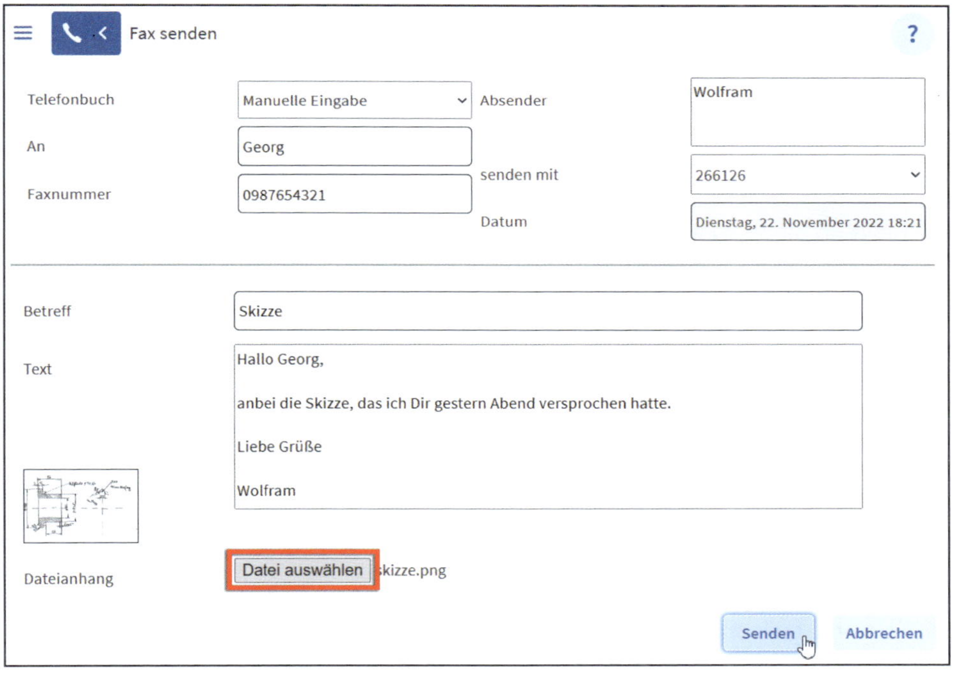

3. Rechts daneben können Sie die *Absender*-Angabe frei gestalten (oder weglassen). Haben Sie mehrere Rufnummern für den Faxempfang festgelegt, können Sie bei *senden mit* wählen, welche davon für den Versand dieses Fax verwendet werden soll.
4. Darunter können Sie eine *Betreff*-Zeile angeben und dann den eigentlichen *Text* frei gestalten.
5. Wollen Sie ein als Bilddatei vorliegendes Dokument versenden, klicken Sie ganz unten auf *Datei auswählen* und wählen die entsprechende Datei aus.
6. Klicken Sie dann unten auf *Senden*, um das Fax zu verschicken.

Haben Sie für die Faxfunktion einen Speicherort für empfangene Faxe eingestellt, werden auch Kopien von gesendeten Faxen dort gespeichert. Auch im Faxjournal unter *Telefonie/Fax* finden Sie jeweils einen Eintrag für gesendete Faxe vor.

Faxversand per Druckertreiber

Prinzipiell kann man auch Faxe per Druckertreiber direkt aus einer Windows-Anwendung versenden. FRITZ! bietet dafür das Programm *FRITZ!Fax* an, das allerdings noch für Windows 7 entwickelt wurde und offenbar nicht mehr weitergepflegt wird. Der Hersteller bietet es nur noch als kostenlose Zugabe ohne Gewähr an. Die Software läuft zwar auch unter neueren Windows-Versionen, aber insbesondere bei All-IP-Anschlüssen kommt es oft zu Problemen mit dem Fax-Versand. Wenn Sie regelmäßig Faxe versenden müssen und Ihnen der Umweg über die Weboberfläche der FRITZ!Box zu umständlich ist, empfehle ich Ihnen einen Mail-to-Fax-Anbieter, mit dem Sie Faxe per Mail verschicken, die dem Empfänger dann an seine Faxnummer gesendet werden.

Eine Türsprechanlage verbinden und bedienen

Ebenfalls an die FRITZ!Box anschließen können Sie eine Türsprechanlage, die über einen Telefonausgang verfügt. Klingelt dann jemand an der Tür, können Sie auch die Mobilteile der FRITZ!Box klingeln lassen. Man kann dann mit dem Besucher sprechen sowie ggf. per Tastencode die Haustür öffnen. Für die Installation der Türsprechanlage richten Sie sich am besten nach der Anleitung des jeweiligen Produkts. Dort finden sich auch Hinweise, wie die Telefonanlage (in diesem Fall also die FRITZ!Box) korrekt einzurichten ist. Im Folgenden sind die Schritte beschrieben, die Sie an der FRITZ!Box typischerweise vollziehen müssen, um ein zur Türsprechanlage passendes Gerät einzurichten.

Türsprechanlage am analogen Anschluss

Viele einfache Türsprechanlagen bringen einen analogen Ausgang mit, der an eine Telefonanlage (oder eben die FRITZ!Box) angeschlossen werden kann. Es muss also in jedem Fall ein Telefonkabel von der Türsprechanlage zu einem FON-Anschluss der FRITZ!Box gelegt werden. Informieren Sie sich dann, welche Rufnummern die Türsprechanlage dem oder den Tastern zuordnet und ob die Tür über einen Tastencode geöffnet werden kann.

1. Öffnen Sie in der Weboberfläche Ihrer FRITZ!Box das Menü *Telefonie/Telefoniegeräte*.
2. Sollte für den analogen Anschluss, an dem der Türöffner eingesteckt ist (*FON 1* oder *FON 2*) bereits ein Gerät eingerichtet sein, löschen Sie es.
3. Klicken Sie dann unten rechts auf *Neues Gerät einrichten* und wählen Sie anschließend die Option *Türsprechanlage*.
4. Wählen Sie dann den *FON*-Anschluss aus, an dem das Kabel der Türsprechanlage eingesteckt ist.

5. Legen Sie darunter eine eigene Bezeichnung für die Türsprechanlage fest. Diese wird intern in der Weboberfläche verwendet, aber beispielsweise auch auf dem Bildschirm von Mobilteilen angezeigt, wenn es klingelt.

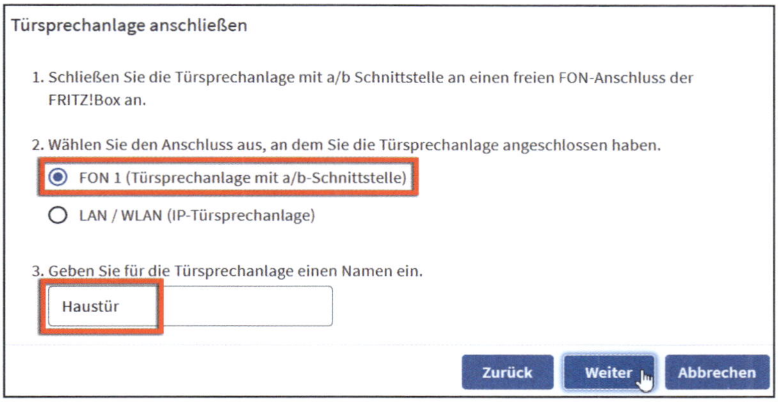

6. Im anschließenden Schritt können Sie eine Bezeichnung für die Klingeltaste(n) und die zugeordneten Rufnummern eingeben. Legen Sie außerdem fest, welche Telefone klingeln sollen, wenn diese Klingeltaste gedrückt wird. Hier können Sie einzelne Telefone, alle Telefone oder auch eine Rufgruppe mit mehreren Geräten festlegen.

Rufnummern für Klingeltasten

Wenn die Türsprechanlage sich bei der FRITZ!Box meldet, übermittelt sie mit der Rufnummer, welche Klingeltaste gedrückt wurde. Üblicherweise ist das 11 für die erste Taste, 12 für die zweite usw. Wenn Ihre Anlage davon abweicht, können Sie hier die entsprechenden Rufnummern eintragen.

7. Sollte die Türsprechanlage mehr als einen Klingeltaster haben, können Sie weitere Klingeltaster hinzufügen und dafür jeweils individuelle Einstellungen festlegen.

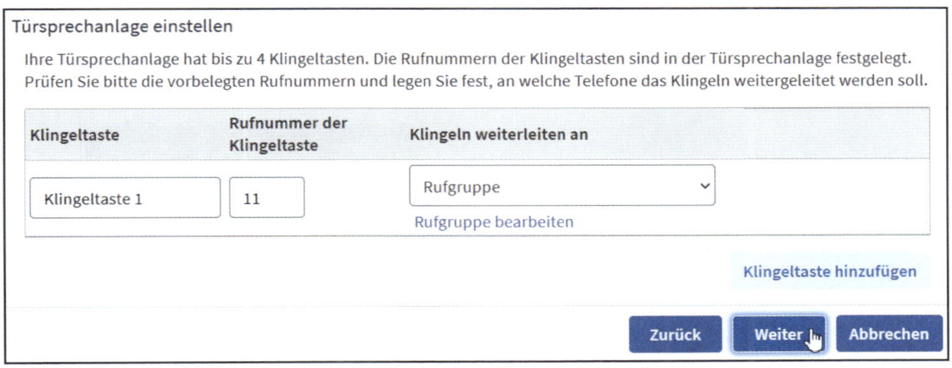

8. Kontrollieren Sie die Zusammenfassung der gewählten Einstellungen und klicken Sie auf *Übernehmen*, um die Türsprechanlage in der FRITZ!Box einzurichten.

Türsprechanlage per IP-Anschluss

Neuere Türsprechanlagen verwenden anstelle eines analogen Ausgangs einen IP-Telefonanschluss. Das hat den Vorteil, dass kein Telefonkabel zur FRITZ!Box gezogen werden muss. Stattdessen kann man ein vorhandenes Netzwerkkabel oder WLAN verwenden. Fehlt beides, lässt sich auch per Powerline eine Netzwerkverbindung über das Hausstromnetz herstellen.

Der Ablauf beim Einrichten einer solchen Anlage ist mit den Schritten für eine analoge Türsprechanlage fast identisch. Deshalb beschränke ich mich im Folgenden auf die Unterschiede. Ich gehe dabei davon aus, dass die Türsprechanlage bereits erfolgreich im Heimnetzwerk angemeldet ist.

1. Öffnen Sie in der Weboberfläche Ihrer FRITZ!Box das Menü *Telefonie/Telefoniegeräte*.
2. Klicken Sie unten rechts auf *Neues Gerät einrichten* und wählen Sie anschließend die Option *Türsprechanlage*.
3. Wählen Sie dann *LAN/WLAN (IP-Türsprechanlage)* aus und legen Sie eine Bezeichnung für die Türsprechanlage fest.
4. Tragen Sie im nächsten Schritt einen Benutzernamen mit mindestens acht Zeichen ein. Auch das *Kennwort* sollte mindestens acht Zeichen lang sein und muss sich vom Benutzernamen unterscheiden. Notieren Sie sich diese Daten gemeinsam mit dem angegebenen *Registrar* (standardmäßig *fritz.box*). Sie benötigen sie anschließend zum Konfigurieren der Türsprechanlage.

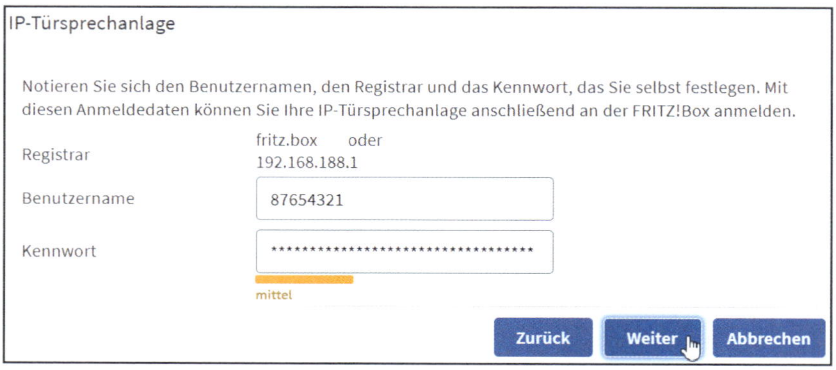

5. Ab hier geht es wie in der vorangehenden Anleitung zu analogen Türsprechanlagen ab Schritt 6 weiter.
6. Nach dem Übernehmen der Einstellungen müssen Sie das Anlegen der Türsprechanlage ggf. zusätzlich durch einen Tastencode an einem Mobilteil oder durch Drücken einer beliebigen Taste direkt an der FRITZ!Box bestätigen.

Komfortfunktionen für Türsprechanlagen

Für Türsprechanlagen mit analoger oder IP-Verbindung zur FRITZ!Box stehen einige Komfortfunktionen zur Verfügung, die Sie in den Eigenschaften des erstellten Telefoniegeräts aktivieren können. Öffnen Sie dazu die Übersicht unter *Telefonie/Telefoniegeräte* und klicken Sie rechts neben dem Eintrag der Türsprechanlage auf das Stift-Symbol:

- Im oberen Bereich können Sie die beim Definieren der Türsprechanlage vorgenommenen Angaben zu Namen und Klingeltaste verändern sowie nachträglich weitere Klingeltasten hinzufügen.
- Die Türsprechanlage kann nicht nur angemeldete Endgeräte klingeln lassen, sondern den Ruf auch an eine externe Rufnummer wie beispielsweise Ihr Handy weiterleiten. Dann erfahren Sie auch von unterwegs, wer klingelt, und können die Tür ggf. sogar aus der Ferne öffnen. Bedenken Sie allerdings, dass der angerufene Anschluss dann jedes Mal klingelt, wenn jemand zu Hause an der Tür ist. Bei *Ausgehende Rufe über* legen Sie die Abgangsrufnummer fest, mit der solche externen Anrufe gemacht werden.
- Wenn Ihre Türsprechanlage es erlaubt, die Tür mit einem bestimmten Tastencode zu öffnen, können Sie diesen im Feld *Zeichenfolge für Türöffner* hinterlegen. Bei FRITZ!-Fons wird dann auf dem Bildschirm eine *Öffnen*-Taste angezeigt, die bei Betätigen diesen Tastencode an die Türsprechanlage schickt.

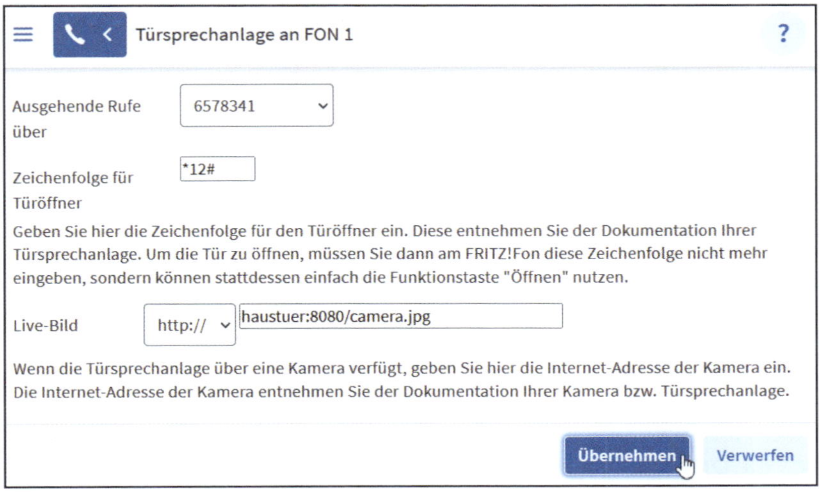

- Wenn die Türsprechanlage oder eine andere Kamera ein Bild von der Haustür im lokalen Netzwerk bereitstellt, können FRITZ!Fons mit Farbdisplay dieses automatisch anzeigen, wenn jemand klingelt. Auch ohne den Ruf entgegenzunehmen, sehen Sie dann direkt, wer vor der Haustür steht. Dazu muss die Kamera Bilder im Dateiformat JPEG, PNG oder GIF aufzeichnen und diese per HTTP oder FTP bereitstellen. Geben Sie dazu bei *Live-Bild* die Adresse an, unter der das aktuelle Kamerabild abgerufen werden kann.

Türsprechanlage für DECT und ISDN

Eher selten sind Türsprechanlagen, die sich per DECT oder ISDN mit einer Telefonanlage verbinden. Die FRITZ!Box bietet dafür zwar keine speziellen Einstellungen, arbeitet aber in den meisten Fällen auch mit solchen Geräten zusammen:

- DECT-Türsprechanlagen haben den Vorteil, dass kein Kabel zwischen Haustür und FRITZ!Box vorhanden sein muss. Allerdings sollten Sie bei der Auswahl darauf achten, dass die Anlage verschlüsseltes DECT unterstützt. Andernfalls müssen Sie diese Sicherheitsfunktion in der FRITZ!Box abschalten, wodurch einige Komfortdienste für FRITZ!-Fons nicht mehr genutzt werden können.

  Für DECT-Türsprechanlagen bringt die FRITZ!Box keine speziellen Einstellungen mit. Stattdessen melden Sie die Anlage wie ein herkömmliches DECT-Gerät an der FRITZ!-Box an. Dann stellen Sie in der Anlage ein, welche interne Nummer beim Drücken eines Klingelknopfes gewählt werden soll. Möchten Sie mehrere Endgeräte klingeln lassen, erstellen Sie dafür einen Gruppenruf (siehe Seite 303).
- Eine ISDN-Türsprechanlage können Sie nutzen, wenn Ihre FRITZ!Box über einen *S0*-Anschluss verfügt. Schließen Sie die Anlage direkt dort oder an Ihren ISDN-Verteiler an. Die Konfiguration erfolgt komplett in der Türsprechanlage. Richten Sie dort die MSN 99999 ein. Damit ist die Türsprechanlage ein internes Gerät, das keine Amtsleitung bekommt. Dann geben Sie als Ziel für die Klingeltaste(n) die interne Nummer des Endgerätes ein, das klingeln soll (siehe Übersicht unter *Telefonie/Telefoniegeräte*). Sollen alle Geräte klingeln, verwenden Sie die 9 als Ziel. Möchten Sie nur bestimmte Geräte klingeln lassen, richten Sie in der FRITZ!Box einen Gruppenruf ein (siehe Seite 303) und geben dessen Rufnummer als Ziel ein.

5.4 Zentrale Telefonbücher in der FRITZ!Box

Mit Ihrer FRITZ!Box können Sie ein oder mehrere Telefonbücher erstellen. Deren Einträge stehen insbesondere DECT-Telefonen zur Verfügung. Ruft ein bekannter Anrufer an, sehen Sie statt der Nummer den Namen der Person im Display.

Ebenso können Sie am Mobilteil Einträge im Telefonbuch suchen und die Nummer direkt anwählen. In der Weboberfläche lassen sich Einträge bequem erstellen und bearbeiten. Ebenso können die Daten aber auch exportiert oder per Cloud mit dem Smartphone abgeglichen werden.

Telefonbücher und Einträge per Weboberfläche verwalten

Ab Werk verfügt Ihre FRITZ!Box über ein Telefonbuch, das ebendiesen Namen hat. Sie können es in der Weboberfläche unter *Telefonie/Telefonbuch* abrufen. Es enthält aber zunächst meist nur einen Eintrag des Herstellers.

Eigene Einträge anlegen

Um einen neuen Eintrag im Telefonbuch anzulegen, klicken Sie auf die Schaltfläche *Neuer Eintrag*. Hiermit öffnen Sie ein Formular, in dem Sie alle Daten hinterlegen können:

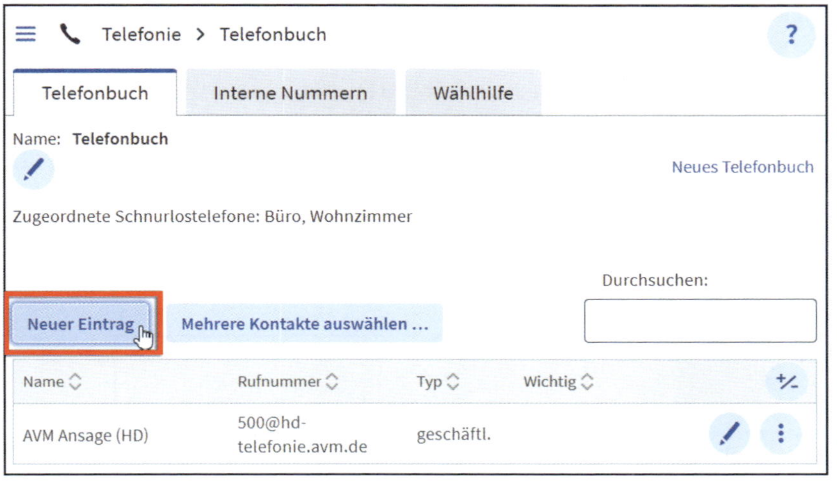

- Ganz oben geben Sie den Namen des Kontaktes an. Der ermöglicht es Ihnen, den Eintrag später insbesondere auf DECT-Mobilteilen schnell zu finden.
- Mit der Option *wichtige Person* markieren Sie bestimmte Kontakte, deren Anrufe beispielsweise auch signalisiert werden sollen, wenn die Telefone eigentlich durch die Klingelsperre (siehe Seite 311) stummgeschaltet sind.

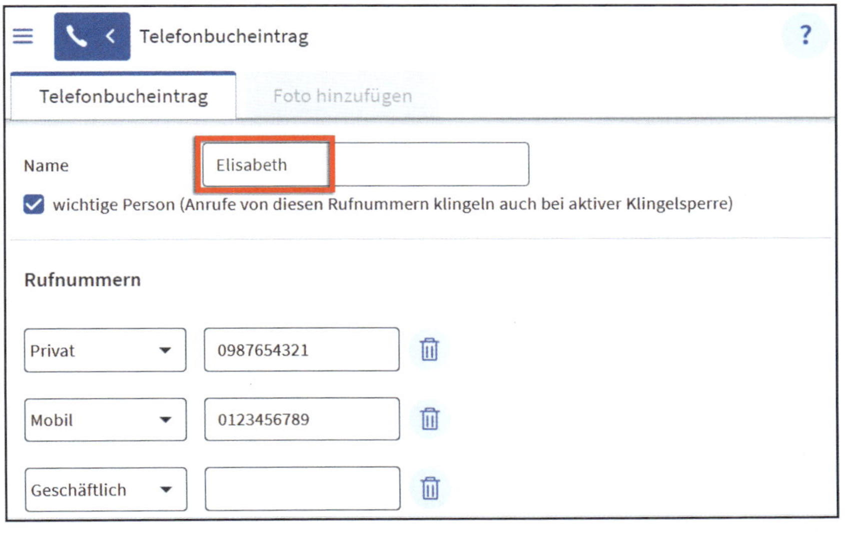

- Darunter können Sie gleich mehrere *Rufnummern* für den Kontakt festlegen, die sich jeweils den Bereichen *Privat*, *Mobil*, *Geschäftlich* oder *Fax* zuordnen lassen. Dies dient nur Ihrer eigenen Orientierung, damit Sie später die richtige Nummer auswählen können. Geben Sie als oberste Nummer die Rufnummer an, unter der Sie den Kontakt üblicherweise erreichen, da diese standardmäßig bei Auswahl des Kontaktes verwendet wird.
- Wenn Sie die *E-Mail-Adresse* des Kontaktes hinterlegen, können Sie mit FRITZ!Fons E-Mails vom Mobilteil aus versenden (siehe Seite 251).
- Wenn Sie den Abschnitt *Weitere Optionen* ausklappen, können Sie für eine Rufnummer des Kontaktes eine *Kurzwahl* festlegen. Diese ermöglicht es, oft benötigte Nummern mit einem kurzen Tastencode anrufen zu können. Wählen Sie dazu die gewünschte Rufnummer aus und übernehmen Sie die vorgeschlagene Kurzwahl oder ersetzen Sie diese durch einen anderen bislang ungenutzten Zahlencode. Am Telefon können Sie dann ***7* gefolgt von diesem Zahlencode wählen, um den Kontakt zu erreichen.

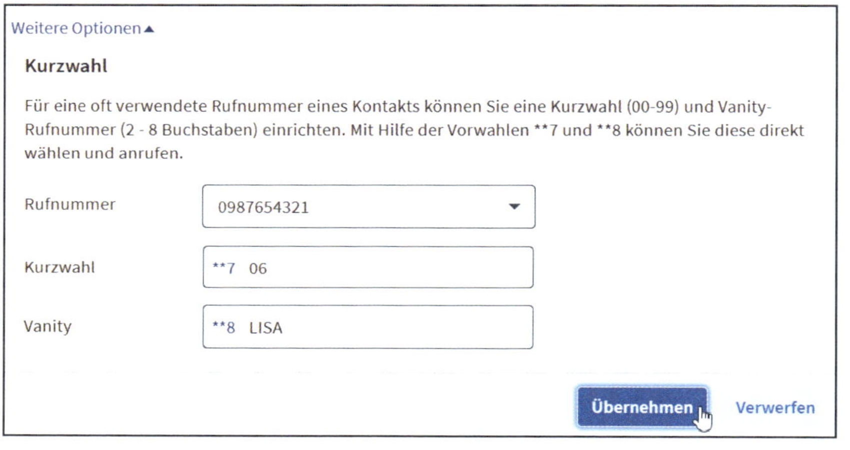

- Eine weitere Abkürzungsmöglichkeit ist der *Vanity*-Code. Hierbei geben Sie keine Zahlen, sondern Buchstaben ein. Am Telefon können Sie dann ***8* gefolgt von den Buchstaben (bzw. den Ziffern, die sich auf der Tastatur dahinter verbergen) wählen, um diesen Kontakt zu erreichen.

Klicken Sie abschließend unten auf *Übernehmen*, um den Kontakt zu speichern. Sie gelangen dann zurück ins Telefonbuch, wo der neue Eintrag nun in der Liste zu finden ist.

Einträge aus Anruflisten zuordnen

Eine andere praktische Möglichkeit, Kontaktdaten zu speichern, sind die Anruflisten unter *Telefonie/Anrufe*. Bei jedem Anruf, dem kein Kontakt aus dem Telefonbuch zugeordnet werden konnte – egal ob ankommend oder ausgehend, angenommen oder nicht –, finden Sie ganz rechts im Eintrag eine Schaltfläche mit Telefonbuchsymbol.

1. Klicken Sie auf diese Schaltfläche, um die Rufnummer ins Telefonbuch aufzunehmen.
2. Im so geöffneten Menü wählen Sie die Option *Telefonbuch* und wählen ggf. das gewünschte Telefonbuch aus, sofern Sie mehrere verwenden.
3. Entscheiden Sie dann, ob Sie einen Kontakt *neu anlegen* oder die Nummer einem vorhandenen Kontakt hinzufügen möchten. Wenn Sie die Option *hinzufügen zu* verwenden, können Sie im Auswahlfeld darunter einen der bestehenden Einträge wählen, dem die Nummer jetzt als zusätzliche Rufnummer beigefügt wird.

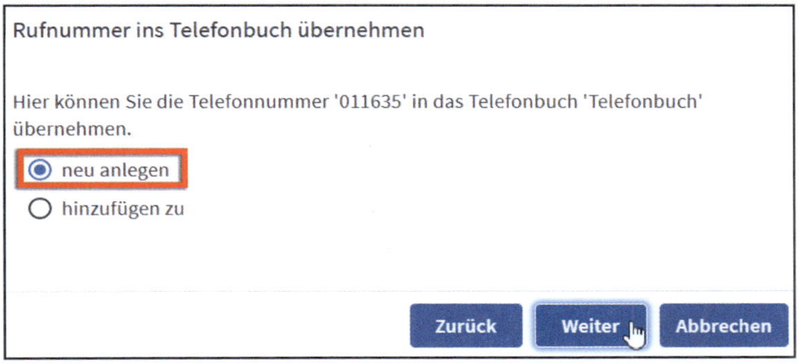

4. Sie gelangen dann zu dem vorangehend bereits beschriebenen Formular, in dem die Rufnummer aber schon eingetragen ist. Sie brauchen also nur noch die fehlenden Angaben zu ergänzen.

Mehrere Telefonbücher verwenden

Neben dem standardmäßig vorhandenen Telefonbuch können Sie weitere Telefonbücher anlegen und mit eigenen Einträgen versehen. So können beispielsweise Familienmitglieder jeweils eigene Telefonbücher haben oder Sie können private und geschäftliche Kontakte trennen.

Eine andere Anwendungsmöglichkeit sind Telefonbücher für spezielle Zwecke wie die Rufsperre (siehe Seite 307).

1. Um ein weiteres Telefonbuch anzulegen, klicken Sie unter *Telefonie/Telefonbuch* rechts oben auf den Link *Neues Telefonbuch*.
2. Im anschließenden Formular legen Sie oben bei *Name* eine eigene Bezeichnung für das Telefonbuch fest.
3. Um ein neues leeres Telefonbuch anzulegen, belassen Sie es bei der Option *Neu anlegen*. Alternativ können Sie mit *vorhandenes Telefonbuch kopieren* die Einträge aus einem bereits vorhandenen Nummernverzeichnis übernehmen.
4. Im Abschnitt *Telefon-Zuordnung* setzen Sie Häkchen bei den DECT-Mobilteilen, die dieses Telefonbuch verwenden sollen.

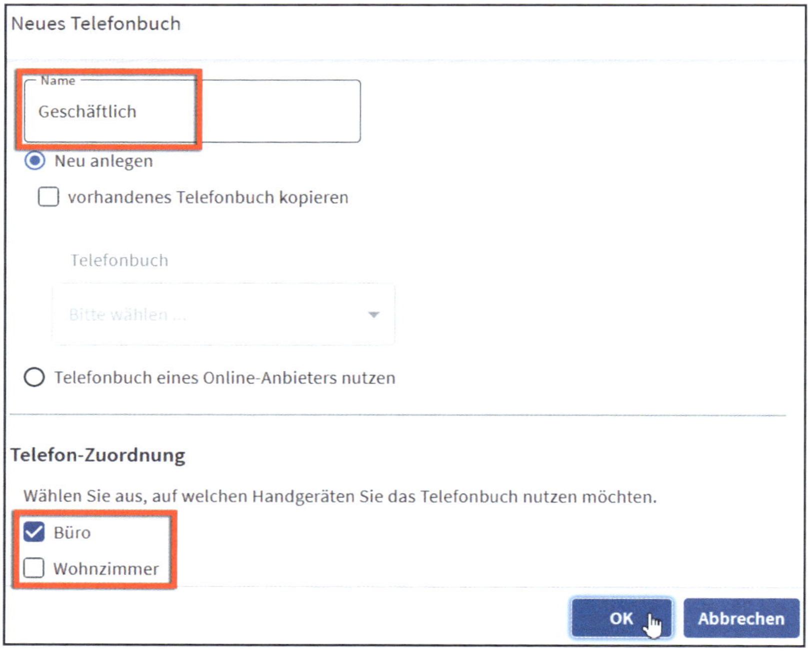

5. Klicken Sie dann unten auf *OK*, um das Telefonbuch anzulegen.

Wenn Sie mehr als ein Telefonbuch in Ihrer FRITZ!Box verwenden, sind einige Dinge zu beachten:

- Unter *Telefonie/Telefonbuch* wird jeweils nur ein aktuelles Telefonbuch angezeigt, auf das sich alle Aktionen in der Weboberfläche wie neue Einträge oder das Sichern und Wiederherstellen beziehen. Dafür finden Sie in dieser Ansicht oben zusätzlich Tabs, mit denen Sie jederzeit ein anderes Telefonbuch auswählen können.
- Jedes DECT-Mobilteil kann immer nur mit einem der Telefonbücher zusammenarbeiten. Bei eingehenden Anrufen wird also nur in diesem Telefonbuch nach einem passenden Kontakt gesucht, und Sie können auch nur aus diesem Telefonbuch Rufnummern auswählen. In den Eigenschaften jedes DECT-Telefons finden Sie ein Auswahlfeld *Telefonbuch*, in dem Sie das von diesem Gerät zu verwendende Verzeichnis auswählen.

Telefonbuch am Mobilteil auswählen

Sie können auch an jedem DECT-Telefon das zu verwendende Telefonbuch auswählen und so jederzeit schnell wechseln. Bei FRITZ!Fons geht das über die Menütaste, bei vielen anderen DECT-Geräten finden Sie stattdessen eine Text- oder Nachrichtentaste. Wählen Sie im Menü *Telefonbuch*, *Optionen* und dann *Telefonbuchauswahl*.

Telefonbuch mit Cloud und Smartphone synchronisieren

Eine weitere praktische Variante für Telefonbücher in der FRITZ!Box kann das Synchronisieren mit einem Online-Telefonbuch sein. Dabei werden unter anderem auch Google und iCloud (Apple) unterstützt. Insbesondere wenn Sie ein Smartphone haben, auf dem Sie ohnehin Ihre Telefonkontakte erfasst haben, können Sie diese so bequem in Ihre FRITZ!-Box importieren.

1. Um ein Online-Telefonbuch anzulegen, klicken Sie unter *Telefonie/Telefonbuch* rechts oben auf den Link *Neues Telefonbuch*.
2. Legen Sie dann bei *Name* eine eigene Bezeichnung für das Telefonbuch fest.
3. Wählen Sie darunter die Option *Telefonbuch eines Online-Anbieters nutzen* und wählen Sie darunter den *Anbieter* des Kontos aus. Für die weiteren Schritte verwende ich beispielhaft ein Google-Konto. Bei anderen Anbietern weicht der Ablauf ggf. etwas ab.

4. Klicken Sie dann unten auf *OK*.
5. Die FRITZ!Box zeigt Ihnen nun einen Freigabecode. Markieren und kopieren Sie diesen. Sie können ihn selbstverständlich auch einfach notieren. Klicken Sie dann auf *Freigabe starten*.

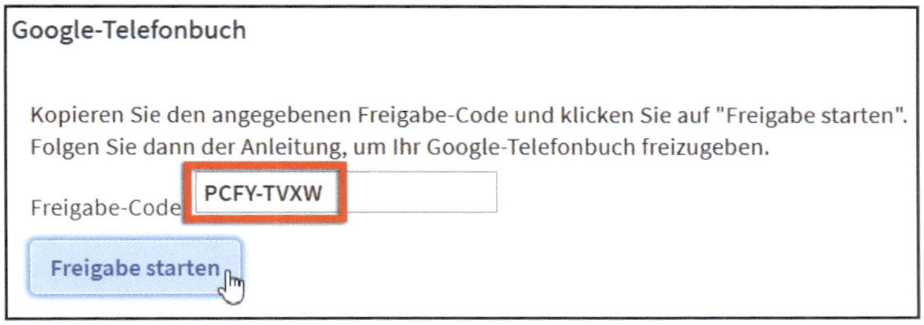

6. Nun wird in einem Extra-Browserfenster ein Dialog mit Google gestartet. Fügen Sie hier zunächst den Freigabecode ein.
7. Wählen Sie dann das Google-Konto aus, mit dem Sie die Kontaktdaten synchronisieren möchten. Gegebenenfalls müssen Sie sich dazu bei Google anmelden.

8. Erteilen Sie dann mit *Zulassen* der *AVM FRITZ!Box* die Erlaubnis, Ihre Google-Kontakte zu verwalten.
9. Anschließend gelangen Sie zurück in das Menü Ihrer FRITZ!Box. Hier ist nun zusätzlich der Abschnitt *Kontaktgruppen anzeigen* eingeblendet. Sollten Sie die Kontakte Ihres Smartphones gruppiert haben, können Sie so ggf. einstellen, welche dieser Gruppen von der FRITZ!Box berücksichtigt werden sollen. Andernfalls fahren Sie mit der Option *Alle Kontakte anzeigen* am besten.

10. Falls Sie Kontaktgruppen verwenden, können Sie ganz unten außerdem festlegen, welcher dieser Gruppen neue Telefonbucheinträge, die Sie auf der FRITZ!Box erstellen, zugeordnet werden sollen.
11. Klicken Sie schließlich ganz unten auf *OK*, um das Online-Telefonbuch endgültig zu erstellen.

Unter *Telefonie/Telefonbuch* wird nun der Inhalt Ihres Online-Telefonbuchs in einer eigenen Unterrubrik angezeigt. Es kann allerdings anfangs ein wenig dauern, bis die FRITZ!Box erstmals die Kontakte synchronisiert hat. Dieses Telefonbuch steht den DECT-Mobilteilen genauso zur Verfügung wie alle anderen.

Allerdings fehlen die Möglichkeiten zum Sichern und Wiederherstellen. Außerdem können Sie für Einträge keine Kurzwahl- oder Vanity-Codes festlegen. Dafür finden Sie ganz oben neue Symbole für das Bearbeiten, das Löschen und das Synchronisieren dieses Telefonbuchs.

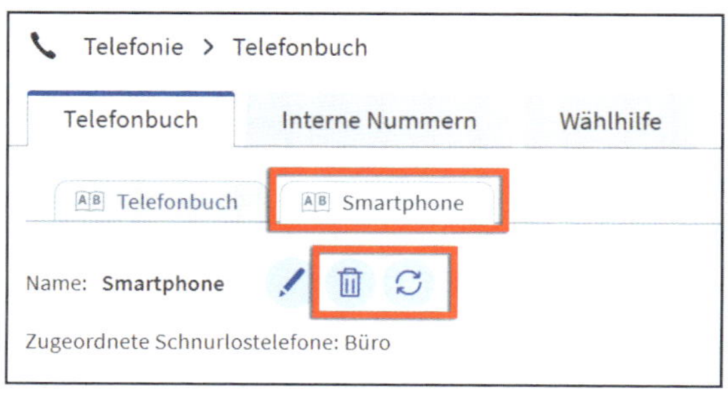

So werden Online-Telefonbücher synchronisiert

Die FRITZ!Box gleicht einmal täglich gegen Mitternacht das Telefonbuch mit den Online-Gegenstücken ab. Dabei werden Änderungen, die in der FRITZ!Box bzw. mit den Mobilteilen vorgenommen wurden, an das Online-Telefonbuch übermittelt. Umgekehrt werden auch Änderungen oder neue Rufnummern, die Sie am Smartphone oder online ergänzt haben, in die FRITZ!Box übernommen. Sie können also Ihre Kontakte jederzeit an beiden Enden der Partnerschaft bearbeiten, und die Änderungen werden spätestens nach einem Tag automatisch überall übernommen. Zudem können Sie in der FRITZ!Box mit der *Synchronisieren*-Schaltfläche (siehe oben) jederzeit manuell einen Abgleich veranlassen.

Telefonbücher sichern und wiederherstellen

Wer viel Arbeit in seine Telefonbücher gesteckt hat, möchte diese ungern verlieren. Theoretisch kann das bei einem Defekt aber passieren. Und auch beim Umzug von einer FRITZ!-Box zur anderen möchte man das Telefonbuch nicht ganz von vorn anlegen. Deshalb gibt es eine Export/Import-Funktion, mit der Sie eine Kopie des Telefonbuchs auf dem PC speichern und später auf derselben oder einer anderen FRITZ!Box wieder einspielen können.

Ein Telefonbuch sichern

Zum Sichern eines Telefonbuchs wird eine Datei erstellt und im Webbrowser heruntergeladen. Dies können Sie jederzeit und so oft und so häufig wie gewünscht durchführen:

1. Um ein Telefonbuch zu sichern, wählen Sie es unter *Telefonie/Telefonbuch* zunächst aus (falls Sie mehr als eines haben).
2. Klicken Sie dann unten rechts auf die *Sichern*-Schaltfläche.
3. Abhängig vom Webbrowser und dessen Einstellungen wird die Datei nun direkt heruntergeladen und im Standard-Download-Ordner abgelegt. Oder es wird ein Dialog angezeigt, in dem Sie festlegen, ob und wo Sie die Datei speichern möchten.

Auf dem PC finden Sie dann eine Datei mit dem Namen *FRITZ.Box_Telefonbuch_* gefolgt von Datum und Uhrzeit der Sicherung. Die Datei hat das Format XML, ein maschinenlesbares Format. Sie können die Datei in einem Texteditor öffnen und darin auch halbwegs sinnvolle Inhalte erkennen. Unterstehen Sie aber der Versuchung, die Daten darin manuell zu verändern. Kleinste Änderungen am XML-Format können dazu führen, dass die Sicherung beim Wiederherstellen nicht akzeptiert wird.

Ein Telefonbuch wiederherstellen

Um ein Telefonbuch aus einer Sicherung wiederherzustellen bzw. ein Telefonbuch aus einer anderen FRITZ!Box zu importieren, wählen Sie wieder unter *Telefon/Telefonbuch* das

Telefonbuch aus, in dem die gesicherten Einträge wiederhergestellt werden sollen. Beachten Sie, dass die vorhandenen Telefonbucheinträge beim Wiederherstellen komplett gelöscht und durch die Sicherung ersetzt werden.

1. Klicken Sie ganz unten auf die *Wiederherstellen*-Schaltfläche.
2. Im anschließenden Schritt klicken Sie auf *Durchsuchen* und wählen die Datei mit der Telefonbuchsicherung am lokalen PC aus. Klicken Sie dann auf *Telefonbuch wiederherstellen*.

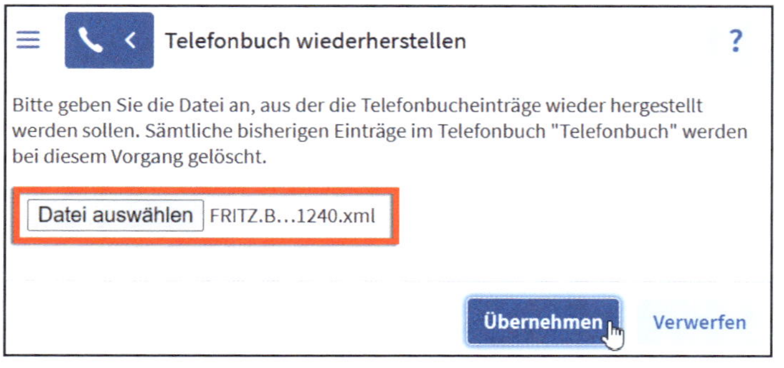

3. Die FRITZ!Box liest daraufhin die lokale Datei ein und ersetzt das vorhandene Telefonbuch durch deren Einträge.
4. Klicken Sie in der Erfolgsmeldung auf *Zum Telefonbuch*, um das wiederhergestellte Telefonbuch zu öffnen.

5.5 Die FRITZ!Box als Telefonanlage

Die FRITZ!Box leitet nicht nur einfach ankommende und abgehende Rufe zwischen Anschluss und Telefoniegeräten hin und her. Sie bietet auch verschiedene Komfortfunktionen, die denen einer Telefonanlage kaum nachstehen. So können etwa alle angeschlossenen bzw. angemeldeten Geräte interne Gespräche untereinander führen, indem man die interne Rufnummer des entsprechenden Anschlusses anruft. Aber es verstecken sich noch weitere hilfreiche und angenehme Telefoniefunktionen in den Menüs Ihrer FRITZ!Box.

Anruflisten und Benachrichtigung bei verpassten Anrufen

Ein Vorteil der FRITZ!Box als Telefonanlage sind die zentralen Anruflisten. Diese erfassen sowohl ein- als auch ausgehende Rufe mit Zeitpunkt und Dauer des Gesprächs. Sie sind über die Weboberfläche und an den DECT-Mobilteilen zugänglich. So kann man jederzeit schnell Personen zurückrufen, deren Anruf man verpasst hat, oder man hat durch die Liste der abgehenden Anrufe eine erweiterte Wahlwiederholung zur Verfügung.

Anruferlisten in der Weboberfläche

In der Weboberfläche finden Sie die Anrufliste(n) unter *Telefonie/Anrufe*. Wenn Ihnen die Standardansicht *Alle Anrufe* zu unübersichtlich ist, können Sie mit einem Mausklick in eine der anderen Rubriken wechseln, die jeweils nur ausgehende, ankommende, verpasste bzw. abgewiesene Anrufe auflisten.

Jeder Anruf wird mit einem eigenen Eintrag aufgeführt, der das genaue Datum, den Anrufer bzw. die Rufnummer, das entgegennehmende Telefoniegerät, die verwendete eigene Rufnummer sowie die Dauer angibt. Ganz rechts finden Sie bei einigen Anrufen Schaltflächen. Damit können Sie beispielsweise Nachrichten auf dem Anrufbeantworter abhören, empfangene Faxdokumente herunterladen oder für eine Rufnummer einen Kontakt im Telefonbuch anlegen.

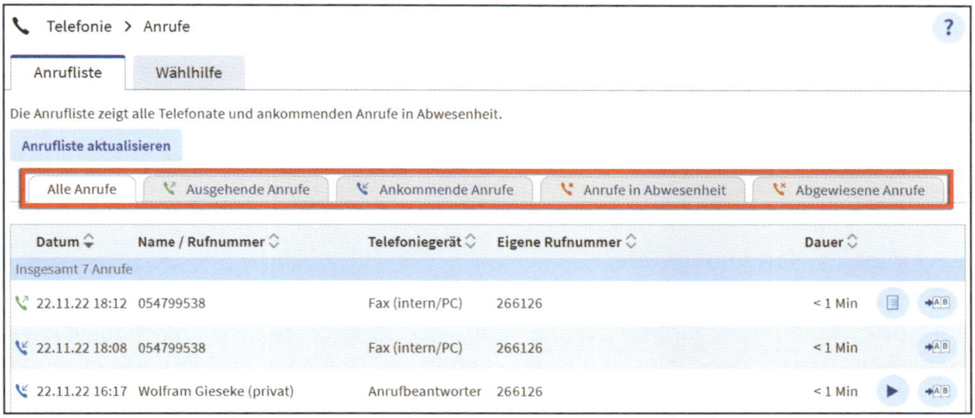

> **Anruflisten sortieren**
>
> Sie können die standardmäßig chronologischen Anruflisten anders sortieren, indem Sie auf die Überschrift einer der Spalten klicken. So lässt sich beispielsweise schnell nachvollziehen, wie oft und wann genau Gespräche mit einem bestimmten Teilnehmer geführt wurden, indem Sie die Liste anhand der Spalte *Name/Rufnummer* sortieren. Dann finden Sie alle Gespräche mit einem bestimmten Teilnehmer direkt untereinander in der Liste.

Anruferliste auf den DECT-Mobilteilen

Auch an den DECT-Mobilgeräten stehen Ihnen die Anruflisten jederzeit zur Verfügung. Und zwar nicht nur die Liste der mit dem jeweiligen Gerät geführten Gespräche, sondern wie in der Weboberfläche die gesamte Anruferliste der FRITZ!Box.

- An FRITZ!Fons drücken Sie auf dem Startbildschirm unten rechts auf *Anrufe*, um die gesamte Anrufliste anzuzeigen.

- Alternativ können Sie die Menütaste drücken und im Menü *Anrufliste* wählen. Damit gelangen Sie in ein Auswahlmenü, in dem Sie auch gezielt nach Nachrichten, entgangenen Rufen oder ausgehenden bzw. angenommenen Rufen unterscheiden können.
- Bei DECT-Mobilteilen anderer Hersteller können Sie meist eine Taste mit Nachrichten- oder Textsymbol drücken. Damit gelangen Sie in ein Auswahlmenü, in dem Sie Listen von entgangenen, angenommenen bzw. ausgehenden Rufen sowie Nachrichten abrufen können.

Komfortfunktionen beim Telefonieren nutzen

Die FRITZ!Box kann das Telefonieren durch verschiedene Funktionen besonders komfortabel machen. So unterstützt sie von Haus aus zahlreiche Komfortmerkmale wie Anklopfen, Makeln, Rückruf bei besetzt usw., deren Einsatz Sie aber selbst steuern können. Für Vieltelefonieren kann die Wählhilfe praktisch sein. Und bei Wartezeiten können Sie statt der Standardansage »Ihre Verbindung wird gehalten« auch eigene Musik- oder Tonaufnahmen abspielen lassen.

Merkmale der Telefoniegeräte

Abhängig vom Telefoniegerät kann die FRITZ!Box verschiedene Komfortmerkmale wie Anklopfen, Rufnummernunterdrückung oder auch eine besondere Sprachqualität ermöglichen. Dazu finden Sie in den Eigenschaften von analogen und DECT-Geräten die Rubrik *Merkmale des Telefoniegeräts*. Bei ISDN-Geräten heißt sie nur *Merkmale*. Nur für IP-Telefone und Sondergeräte wie AB, Fax oder Türsprechanlage wird diese Rubrik nicht angeboten. Welche Optionen jeweils genau vorhanden sind, hängt von den Geräten ab.

- *Laut mithören beim Anrufbeantworter*
  Dieses Merkmal steht nur bei FRITZ!Fons zur Verfügung und wenn der Anrufbeantworter der FRITZ!Box aktiviert ist. Ist es bei einem Gerät eingeschaltet, können Sie an diesem Gerät Aufzeichnungen des Anrufbeantworters über den Lautsprecher mitverfolgen.
- *Erleichterte Telefonbuchsuche (Vanity)*
  Die Vanity-Rufnummernsuche steht ebenfalls nur für FRITZ!Fons zur Verfügung und erleichtert das Auffinden eines bestimmten Telefonbucheintrags anhand des Namens. Dazu drücken Sie am FRITZ!Fon zunächst die Telefonbuchtaste. Dann tippen Sie die Nummerntaste, auf der der erste Buchstabe des Namens abgebildet ist, also beispielsweise die 2 für A, B oder C. Dadurch wird die Liste auf alle Einträge beschränkt, die mit einem dieser Buchstaben beginnen. Dann drücken Sie die Taste für den zweiten Buchstaben, wodurch die Liste weiter eingeschränkt wird. Meist haben Sie den gewünschten Namen schon nach zwei oder drei Tasten auf dem Bildschirm und können ihn dann direkt anwählen.

- *Eigene Rufnummer unterdrücken*
  Ist diese Option aktiviert, wird bei Anrufen mit diesem Gerät Ihre eigene Rufnummer nicht an den Angerufenen übermittelt.

Rufnummer fallweise unterdrücken

Möchten Sie Ihre Rufnummer nur gelegentlich nicht übermitteln, sollten Sie diese Option ausgeschaltet lassen. Setzen Sie der Rufnummer dann jeweils **31#* voran, wenn Sie Ihre Rufnummer nicht übermitteln möchten. Sie können eine Rufnummer auch mit dieser Ergänzung im Telefonbuch speichern, dann wird sie immer ohne Übermittlung angerufen.

- *Anklopfen*
  Ist das Anklopfen aktiviert und es ruft jemand an, während Sie bereits ein Gespräch führen, hören Sie an Ihrem Telefongerät ein Tonsignal, das diesen zusätzlichen Anruf anzeigt. Sie können das Gespräch dann annehmen oder abweisen. Beim Abweisen klingeln andere angeschlossene Telefone weiter bzw. der Anrufbeantworter würde das Gespräch nach der voreingestellten Wartezeit annehmen.

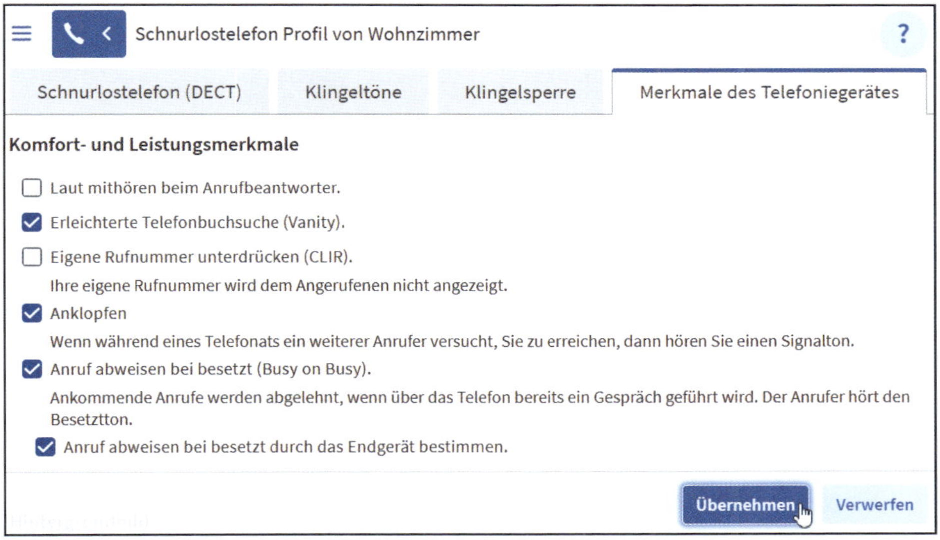

- *Anruf abweisen bei besetzt*
  Wenn während eines Gesprächs ein weiterer Anruf für dasselbe Telefoniegerät eingeht, können Sie dem Anrufer mit dieser Option ein Besetztzeichen übermitteln lassen. So klingelt es für ihn nicht endlos bzw. der Anrufbeantworter geht nicht irgendwann dran. Das Besetztzeichen signalisiert dem Anrufer, dass Sie anwesend sind und er es einfach später noch mal versuchen sollte.

- *Anruf abweisen bei besetzt durch das Endgerät bestimmen*
  Ist diese Option aktiviert, wird einem Anrufer durch dieses Gerät ein Besetztzeichen signalisiert, wenn damit bereits ein Gespräch geführt wird – egal, ob die angerufene Nummer diesem Gerät zugewiesen ist oder nicht.

Anklopfen, abweisen und besetzt im Zusammenspiel

Das Zusammenspiel der vorangehenden Optionen ist auf den ersten Blick nicht ganz einfach, deshalb hier mal aus der Sicht eines Anrufers geschildert, der Sie anruft, während Sie bereits ein Gespräch führen:

- Ist keine der Optionen aktiviert, bekommen Sie von dem zusätzlichen Anruf nichts mit. Geht der Ruf an mehr als ein Gerät, klingeln die anderen Geräte. Der Anrufer hört den Klingelton, bis er auflegt oder der Anrufbeantworter das Gespräch annimmt.
- Ist *Anklopfen* aktiviert, läuft es aus der Sicht des Anrufers genauso, aber Sie hören das Anklopfsignal am verwendeten Gerät und können das Gespräch dort annehmen oder abweisen.
- Nur wenn *Anruf abweisen bei besetzt* aktiviert ist, kann der Anrufer überhaupt ein Besetztzeichen hören. Es kommt dann, wenn er eine Nummer anruft, die (auch) dem bereits verwendeten Gerät zugewiesen ist. Die anderen Geräte mit dieser Rufnummer klingeln dann nicht und der AB würde das Gespräch auch nicht annehmen.
- Ist zusätzlich die Option *Anruf abweisen bei besetzt durch das Endgerät bestimmen* eingeschaltet, bekommt der Anrufer ein Besetztzeichen, wenn mit diesem Gerät (bzw. einem der Geräte mit dieser Option) in diesem Moment schon ein Gespräch geführt wird – unabhängig davon, ob diesem Gerät die angerufene Nummer zugewiesen ist oder nicht.

- *Übermittlung der Rufnummer des Telefons zum Anrufer unterdrücken*
  Bei ISDN-Geräten am *S0*-Anschluss steht zusätzlich diese Option zur Verfügung. Sie sorgt dafür, dass der Anrufer es nicht mitbekommt, wenn Sie seinen Anruf durch die FRITZ!Box weiterleiten lassen und beispielsweise am Mobiltelefon entgegennehmen.
- *Neue Nachrichten am Telefon signalisieren (MWI)*
  Für Telefone am analogen oder ISDN-Anschluss können Sie bestimmen, ob und wie neue Nachrichten signalisiert werden sollen, die bei Ihrem Telefonanbieter eingegangen sind. Wichtig: Diese Funktion bezieht sich nicht auf die FRITZ!Box selbst. Wenn dort neue Nachrichten eingehen oder Sie Anrufe verpasst haben, informiert diese Sie so oder so. MWI ist wichtig, wenn Sie beispielsweise eine Voicemail-Box für Ihren Anschluss bei Ihrem Telefonanbieter betreiben lassen. Der signalisiert neue Nachrichten per MWI am Anschluss, und die FRITZ!Box würde diese Signale dann an die Endgeräte weitergeben, für die hier die entsprechende Option aktiviert ist.

- *Hintergrundbild*
  Bei FRITZ!Fons mit Farbbildschirm können Sie hier eine JPEG-Datei auswählen, die als Hintergrundbild für dieses Gerät verwendet wird. Sie sollte annähernd quadratisch sein, um den Bildschirm gut zu füllen.
- *HD-Telefonie*
  Bei Telefonverbindungen via Internet kann durch spezielle Codecs ein größerer Teil des Frequenzspektrums übertragen werden, wodurch sich das Gegenüber natürlicher anhört und besser verständlich ist. Voraussetzung ist, dass beide Geräte sowie die ggf. an der Verbindung beteiligten Zwischenstationen HD-Telefonie-fähig sind. Mit *automatisch* wird HD-Telefonie verwendet, wenn die Gegenstelle es anbietet. Stellen Sie auf *HD bevorzugt*, bietet die FRITZ!Box der Gegenstelle von sich aus HD-Telefonie an und verwendet es, wenn diese darauf eingeht. Bei Problemen können Sie es aber auch ganz deaktivieren.
- *Equalizer-Einstellungen*
  Für DECT-Geräte können Sie hier die Klangfarbe verändern. Klingt ein Gerät zu dumpf, sollten Sie die Höhen verstärken und die Tiefen dämpfen. Bei einem dünnen, blechernen Klang hingegen sollten die Tiefen mehr betont werden.
- *Störfilter*
  Diese Option sollten Sie nur verändern, wenn Sie Probleme mit der Sprachqualität von DECT-Handgeräten an der FRITZ!Box haben. Erhöhen Sie den Filter in Richtung *Maximum*, kann es während des Telefonierens zu Unterbrechungen im Audiosignal kommen. Verschieben Sie in dem Fall den Regler nach links, bis die Unterbrechungen nicht mehr stören.

Wählhilfe

Für Vieltelefonieren kann die Wählhilfe eine praktische Erleichterung sein. Die Idee dabei ist, dass Sie Telefonnummern im Telefonbuch oder in Anruflisten in der Weboberfläche einfach anklicken und dann – nach kurzer Rückfrage – direkt ein Anruf zu dieser Nummer an einem bestimmten Gerät gestartet wird.

1. Um diese Funktion zu aktivieren, öffnen Sie in der Weboberfläche Ihrer FRITZ!Box das Menü *Telefonie/Telefonbuch* und wechseln rechts zur Rubrik *Wählhilfe*.

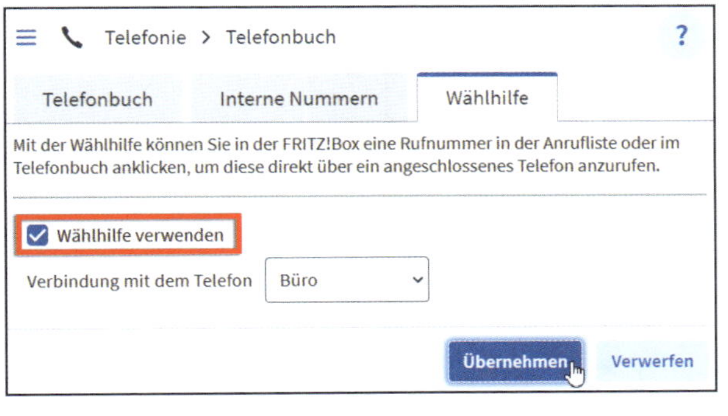

2. Schalten Sie hier zunächst die Option *Wählhilfe verwenden* ein.
3. Wählen Sie darunter aus, mit welchem Telefoniegerät diese Anrufe durchgeführt werden sollen. Mit der Schaltfläche *Telefon testen* ganz rechts können Sie ausprobieren, ob und wie es mit dem gewählten Apparat klappt.
4. Klicken Sie dann unten auf *Übernehmen*.

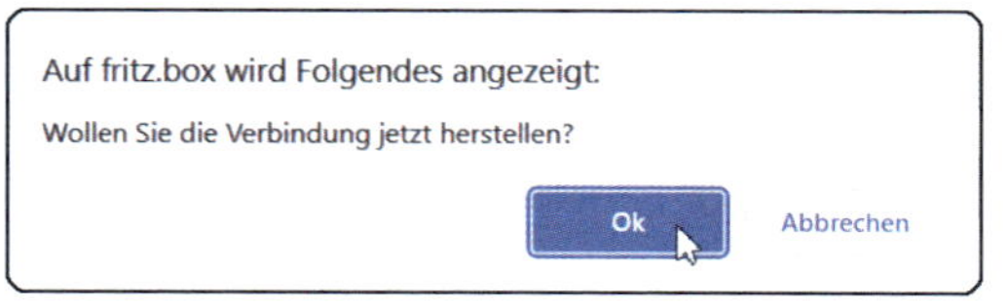

Wenn Sie nun eine Rufnummer in der Weboberfläche der FRITZ!Box anklicken, wird eine kurze Rückfrage angezeigt, die Sie mit *OK* bestätigen. Dann heben Sie den Hörer des für die Wählhilfe eingestellten Gerätes ab bzw. drücken die Taste zum Durchführen eines Gesprächs (meist mit einem grünen Hörersymbol versehen). Nun wird eine Verbindung zur angeklickten Rufnummer hergestellt. Sowie dort jemand den Anruf entgegennimmt, klingelt Ihr Gerät und Sie können Ihrerseits das Gespräch annehmen. Der Angerufene hört solange eine Halten-Ansage.

Eigene Wartemusik

In bestimmten Situationen wird eine Verbindung gehalten, etwa wenn Sie Funktionen zum Makeln verwenden. Dann hört der andere Teilnehmer eine Standardansage wie »Ihre Verbindung wird gehalten«. Dies können Sie durch Wartemusik oder eine eigene Audiodatei ersetzen, um es etwas angenehmer oder persönlicher zu gestalten.

1. Öffnen Sie in der Weboberfläche Ihrer FRITZ!Box das Menü *Telefonie/Eigene Rufnummern* und wechseln Sie rechts in die Rubrik *Anschlusseinstellungen*.
2. Suchen Sie hier fast ganz unten den Abschnitt *Wartemusik* und klicken Sie auf *ändern*.
3. Wählen Sie im anschließenden Menü *Musik*, um anstatt der Ansage die Wartemusik der FRITZ!Box abzuspielen.
4. Sie können auch eine *Eigene* Klangdatei verwenden, die im Format MP3 (128 Kbit/s, 44,1 kHz, Stereo) oder WAV (8.000 Hz, 16 Bit, Mono) vorliegen sollte. Nehmen Sie dazu die gleichnamige Option und klicken Sie auf *Datei auswählen*, um die gewünschte Datei auszusuchen.

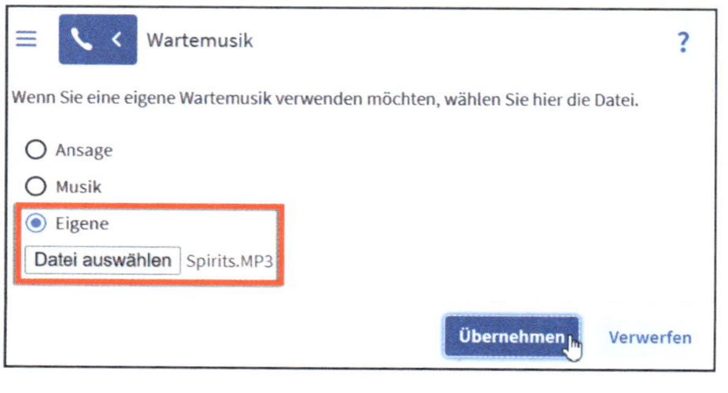

Gruppenrufe für bestimmte Endgeräte

Als Gruppenruf bezeichnet man interne Rufe, die an mehrere der an der FRITZ!Box angemeldeten Endgeräte gehen. Einzelne Geräte kann man direkt über ihre interne Nummer (siehe Übersicht unter *Telefonie/Telefoniegeräte*) erreichen.

So lassen sich Geräte am *FON 1*-Anschluss immer mit ***1* erreichen, das erste DECT-Gerät mit ***610*, das erste IP-Phone mit ***620* usw. Wollen Sie alle angemeldeten Geräte erreichen, geht das per Rundruf mit ***9*.

Was aber, wenn nur ganz bestimmte Geräte klingeln sollen? Dann richten Sie eine Gruppe mit diesen Geräten ein. Diese Gruppe erhält wiederum eine eigene interne Rufnummer. Rufe an diese Nummer gehen nur an die zur Gruppe gehörenden Geräte.

1. Öffnen Sie in der Weboberfläche Ihrer FRITZ!Box das Menü *Telefonie/Telefonbuch* und klicken Sie dort auf *Neuer Eintrag*.
2. Legen Sie oben einen eigenen Namen für den Gruppenruf fest.
3. Geben Sie dann die Rufnummer für die Gruppe ein. Diese setzt sich zusammen aus ** und den einzelnen internen Rufnummern (jeweils ohne führende **), wobei als Trennzeichen zwischen den Nummern jeweils ein # verwendet wird. Um die ersten beiden DECT-Geräte und das zweite IP-Phone zu einer Gruppe zusammenzufassen, müsste die Nummer also ***610#611#162* lauten.

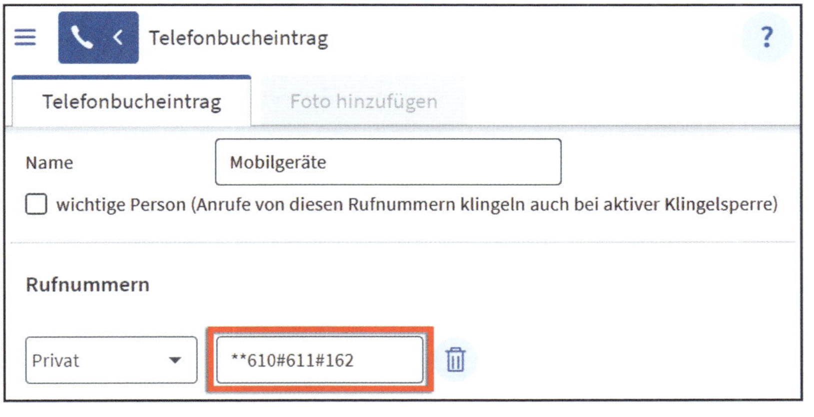

4. Klappen Sie den Abschnitt *Weitere Optionen* aus und wählen Sie unter *Kurzwahl* diese Rufnummer aus. Merken Sie sich die angegebene Kurzwahl oder ersetzen Sie sie durch eine eigene Kurzwahl, die noch nicht vergeben ist.
5. Klicken Sie unten auf *Übernehmen*.
6. Zurück im Telefonbuch finden Sie nun den neuen Eintrag vor. Hier steht auch die *Kurzwahl*, die Sie verwenden müssen, damit es bei genau diesen Telefonen klingelt.

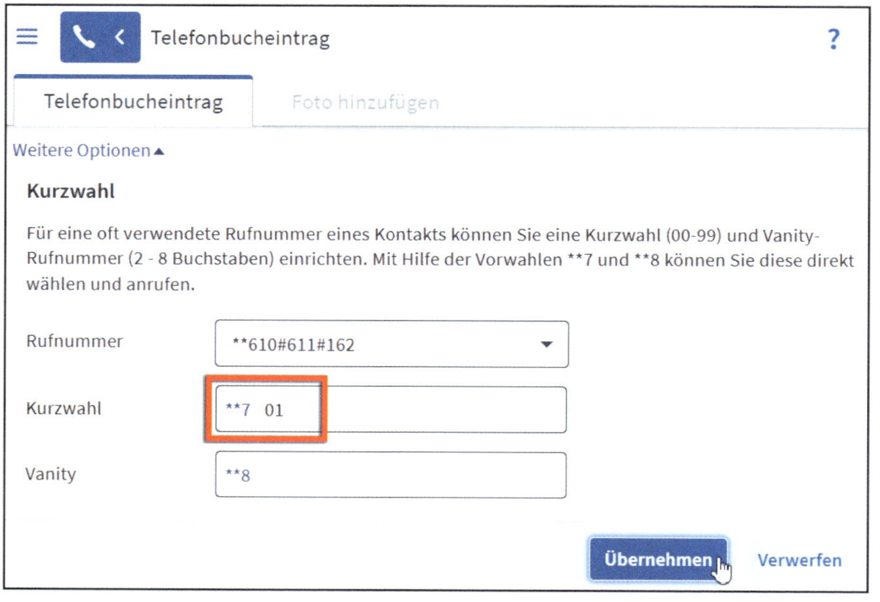

Wahlregeln für abgehende Gespräche (Call-by-Call)

Wahlregeln bestimmen, wie die FRITZ!Box sich beim Anwählen bestimmter Rufnummern oder Rufnummernbereiche verhält. So können Sie festlegen, dass Gespräche zu bestimmten Zielen etwa im Mobilfunknetz oder im Ausland über einen bestimmten Anbieter geführt werden. So lassen sich beispielsweise Call-by-Call-Anbieter nur für die Rufnummern nutzen, bei denen sie tatsächlich Kostenvorteile bringen.

Anbietervorwahlen definieren

Ab Werk kennt die FRITZ!Box nur den Standardanbieter, also den Betreiber des Telefonnetzes, zu dem Ihr Festnetz- oder Internetanschluss gehört.

Soll ein anderer Anbieter genutzt werden, müssen Sie diesen zunächst definieren:

1. Öffnen Sie in der Weboberfläche Ihrer FRITZ!Box das Menü *Telefonie/Rufbehandlung* und wechseln Sie rechts in die Rubrik *Anbietervorwahlen*.
2. Möchten Sie standardmäßig einen anderen Anbieter als Ihren Anschlussbetreiber nutzen, tragen Sie dessen Anbietervorwahl oben bei *Globale Anbietervorwahl* ein. Ansonsten lassen Sie dieses Feld leer.
3. Im Abschnitt *Weitere Anbieterwahlen* können Sie bis zu neun zusätzliche Anbietervorwahlen definieren, indem Sie einfach die entsprechende Call-by-Call-Vorwahl des Anbieters eintragen.

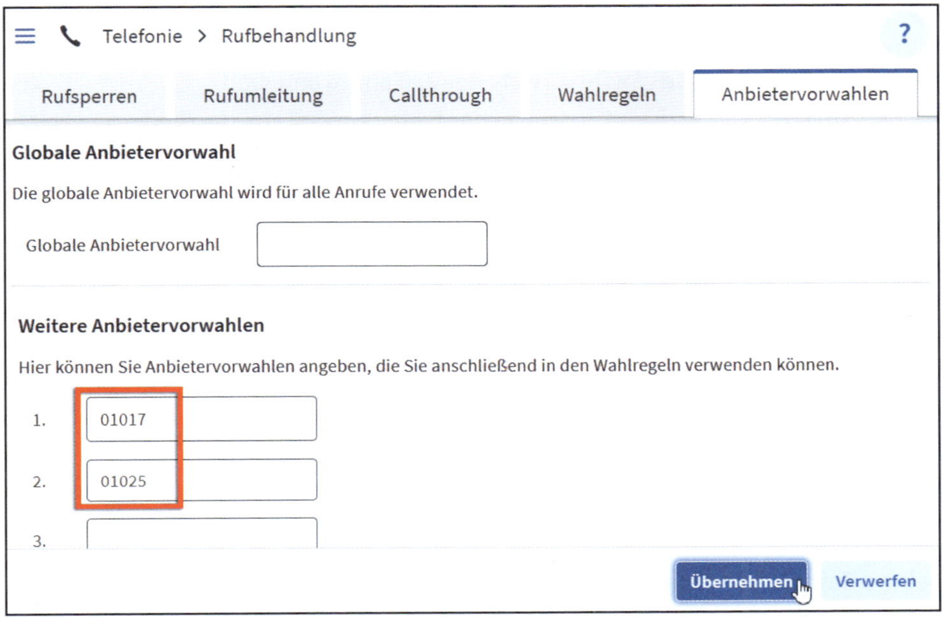

4. Klicken Sie unten auf *Übernehmen*, um hinzufügte Anbieter zu speichern. Bestätigen Sie die Änderung ggf. per Tastencode oder direkt an der FRITZ!Box.

Wahlregeln für bestimmte Ziele festlegen

Haben Sie zusätzliche Anbietervorwahlen definiert, können Sie in *Wahlregeln* festlegen, wann diese verwendet werden sollen:

1. Wechseln Sie dazu in die Rubrik *Wahlregeln* und klicken Sie dort auf *Neue Wahlregel*.
2. Im Auswahlfeld *Bereich* können Sie nun einen der vorgefertigten Bereiche wie *Mobilfunk*, *Ausland* oder *Sonderrufnummer* auswählen.

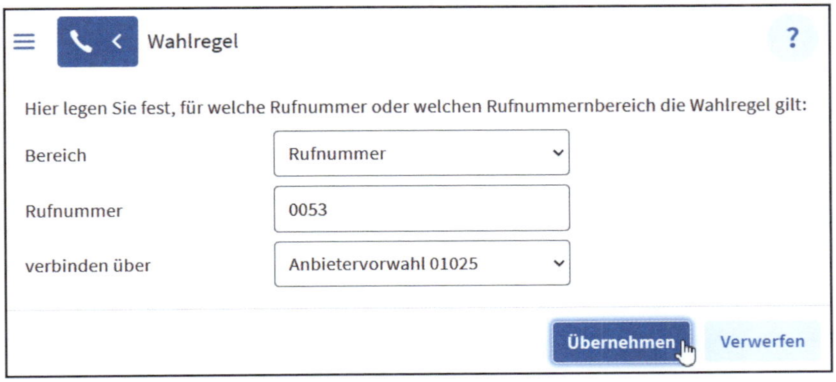

3. Oder Sie entscheiden sich für *Rufnummer* und geben dann im Feld darunter eine Rufnummer ein. Sie können aber auch einen Rufnummernbereich definieren, indem Sie beispielsweise nur die Landesvorwahl des Ziellandes angeben.
4. Bei *verbinden über* wählen Sie dann die Anbietervorwahl aus, die für die gewählte Rufnummer bzw. den gewählten Rufnummernbereich verwendet werden soll.

So konfiguriert stellt die FRITZ!Box jedem Anruf zu definierten Rufnummern automatisch die gewählte Anbietervorwahl voran, sodass die Verbindung über den entsprechenden Anbieter durchgeführt wird.

Mit Callthrough Telefongebühren sparen

Die FRITZ!Box unterstützt eine besondere Rufvariante, mit der Sie in bestimmten Situationen bares Geld sparen können. Nehmen wir an, Sie müssen von unterwegs mit dem Handy eine Auslandsnummer anrufen, aber Ihr Mobilfunkanbieter kassiert dafür sehr hohe Gebühren. Zu Hause in der FRITZ!Box hätten Sie für das Zielland einen günstigen Call-by-Call-Anbieter per Wahlregel definiert.

Beim Callthrough-Verfahren rufen Sie nun Ihre FRITZ!Box an, geben eine PIN ein und dann die gewünschte Auslandsrufnummer. Dadurch wird das Gespräch über die FRITZ!Box geführt, und dabei werden ggf. auch festgelegte Wahlregeln und Anbietervorwahlen mit geringeren Gebühren berücksichtigt. Die Verbindung vom Mobiltelefon zur FRITZ!Box ist mit einer der üblichen Flatrates kostenlos.

Damit das klappt, müssen Sie die Callthrough-Funktion Ihrer FRITZ!Box einmalig aktivieren und einrichten:

1. Öffnen Sie in der Weboberfläche Ihrer FRITZ!Box das Menü *Telefonie/Rufbehandlung* und wechseln Sie rechts in die Rubrik *Callthrough*.
2. Schalten Sie hier zunächst die Option *Callthrough aktivieren* ein.
3. Stellen Sie bei *Rufnummer ankommend* ein, auf welcher Rufnummer die FRITZ!Box auf eingehende Callthrough-Anrufe lauschen soll. Idealerweise verwenden Sie dafür eine Nummer, die nur für diesen Zweck reserviert ist.
4. Bei *Rufnummer ausgehend* legen Sie fest, welche Abgangsrufnummer die per Callthrough von der FRITZ!Box durchgeführten Anrufe verwenden sollen.
5. Legen Sie im Abschnitt *Sicherheitseinstellungen* im Feld *PIN* eine vierstellige Nummer fest, mit der Callthrough jeweils authentifiziert wird.
6. Darunter können und sollten Sie zusätzlich die Rufnummern der Geräte hinterlegen, die zum Nutzen der Callthrough-Funktion berechtigt sind. Geben Sie hier also beispielsweise die Nummer Ihres Mobiltelefons, Ihres Büros in der Firma usw. an.

7. Klicken Sie schließlich ganz unten auf *Übernehmen*, um Callthrough zu aktivieren und die Einstellungen zu speichern.

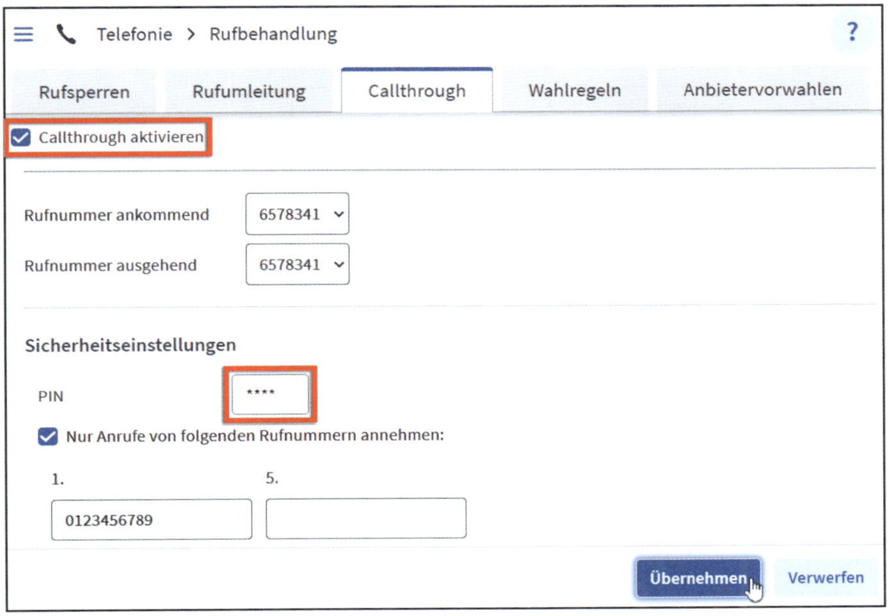

Wenn Sie nun beispielsweise mit Ihrem Mobiltelefon die bei *Rufnummer ankommend* hinterlegte Nummer anrufen und die Nummer des Mobiltelefons in der Liste der berechtigten Rufnummern steht, hören Sie nach dem Zustandekommen der Verbindung einen Signalton. Tippen Sie nun die festgelegte PIN ein. Die korrekte PIN wird ebenfalls mit einem Signalton quittiert. Um einen internen Anschluss Ihrer FRITZ!Box zu erreichen, tippen Sie nun direkt dessen interne Rufnummer ein, also beispielsweise ***610*. Für ein externes Gespräch drücken Sie zunächst die *0*. Wenn Sie dann einen Wählton hören, können Sie die eigentliche Zielrufnummer eingeben, genau als wenn Sie diese direkt am Telefon anwählen würden. Sie können für Rufnummern aus dem Telefonbuch der FRITZ!Box auch die festgelegten Kurzwahl- oder Vanity-Tastencodes verwenden.

Rufsperren festlegen

Wenn Sie regelmäßig von bestimmten Rufnummern belästigt werden, können Sie diese direkt in der FRITZ!Box sperren. Die Box fängt solche Anrufe dann ab und die angeschlossenen Telefone klingeln gar nicht erst.

Rufnummer per Weboberfläche sperren

In der Anrufliste der FRITZ!Box können Sie jede Rufnummer, die noch keinem Kontakt in einem Telefonbuch zugewiesen ist, auf die Sperrliste setzen.

1. Öffnen Sie in der Weboberfläche Ihrer FRITZ!Box die Anrufliste unter *Telefonie/Anrufe*.
2. Lokalisieren Sie den Eintrag der zu sperrenden Rufnummer und klicken Sie dort rechts auf das Telefonbuch-Symbol.
3. Wählen Sie im nächsten Schritt die Option *Rufsperren*.

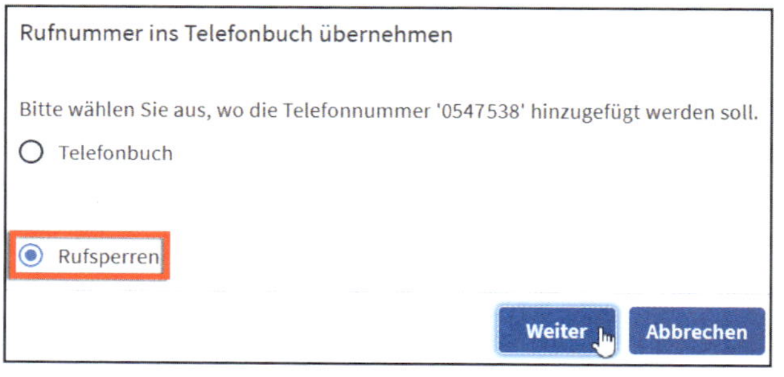

4. Klicken Sie dann unten rechts auf *Weiter*, um diese Nummer ohne weitere Rückfrage auf die Sperrliste zu setzen.

Weitere Anrufe von dieser Nummer werden an den angeschlossenen Telefongeräten nicht mehr signalisiert. Unter *Telefonie/Rufbehandlung* können Sie in der Rubrik *Rufsperren* die Liste *Gesperrte Rufnummern* anzeigen lassen. Hier lassen sich Sperren für einzelne Nummern auch ggf. rückgängig machen.

Rufnummern per Mobilgerät sperren

Noch schneller und bequemer ist es manchmal, zum Mobilgerät zu greifen und eine Nummer direkt nach dem Anruf zu sperren, etwa wenn man gerade einen lästigen Anruf abgewimmelt hat:

1. Öffnen Sie an Ihrem FRITZ!Fon die Liste der *Anrufe*.
2. Navigieren Sie in der Liste zum Eintrag der fraglichen Nummer.
3. Tippen Sie dann auf die Taste für *Optionen*.
4. Gehen Sie in dieser Liste ganz unten auf *Sperren*, um für diese Nummer eine Rufnummernsperre anzulegen.

Auch hierbei kommt die Rufsperren-Liste der FRITZ!Box zum Einsatz. Die Nummer wird also in der FRITZ!Box global für alle Telefoniegeräte gesperrt. Sollten Sie es sich später anders überlegen, können Sie eine Nummer auch am Mobilgerät freigeben. Wiederholen Sie dazu die Schritte und wählen Sie bei den Optionen diesmal *Entsperren*.

Ausgehende Rufe mit eigener Regel sperren

Die eingebaute Rufsperre behandelt nur eingehende Anrufe von bestimmten Rufnummern. Wollen Sie verhindern, dass von Ihrem Anschluss bestimmte Rufnummern oder Rufnummernbereiche gewählt werden, können Sie dies über eigene Regeln erreichen.

1. Öffnen Sie in der Weboberfläche Ihrer FRITZ!Box das Menü *Telefonie/Rufbehandlung*.
2. Lokalisieren Sie rechts in der Rubrik *Rufsperren* den Abschnitt *Rufsperren für ausgehende Anrufe* und klicken Sie dort auf *Rufsperre hinzufügen*.
3. Bei *Bereich* haben Sie dann entweder gezielt einzelne Rufnummern(bereiche) oder bestimmte Arten von Rufzielen auszuwählen:
   - *Rufnummer*
     Mit dieser Option wird ein zusätzliches Feld angezeigt, in dem Sie eine zu sperrende Rufnummer oder einen Rufnummernbereich eintippen können. Einen Bereich definiert man über die gemeinsamen ersten Nummern. 01234 würde also alle Nummern sperren, die mit 01234 beginnen.
   - *Mobilfunk, Ortsnetz, Ferngespräch, Ausland, Interkontinental, Sonderrufnummern* sowie *Auskunft*
     Es wird für ausgehende Rufe jeweils ein passender Sperreintrag erstellt, der Gespräche in den gewählten Bereich anhand der Vorwahl verhindert.

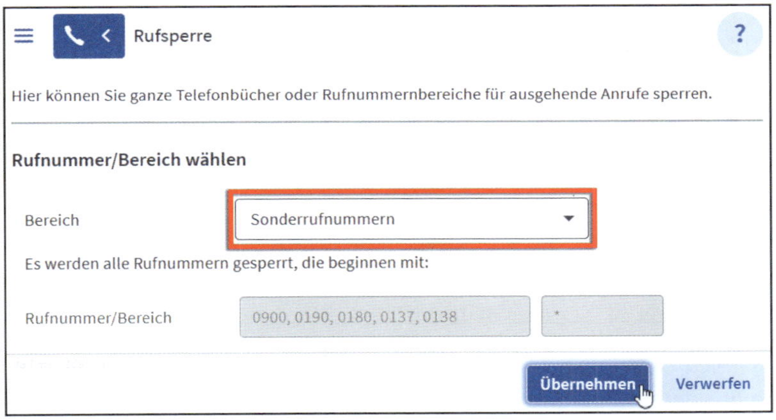

4. Bei Sperren nach Rufnummer(nbereich) können Sie zusätzlich jeweils einen Namen festlegen, um bei mehreren Rufsperren den Überblick nicht zu verlieren.
5. Haben Sie die Regel wunschgemäß konfiguriert, klicken Sie unten rechts auf *Übernehmen*, um die Rufsperre zu speichern und zu aktivieren.

Rufumleitungen einrichten

Eine Rufumleitung leitet einen eingehenden Anruf an eine andere Zielrufnummer weiter. Prinzipiell lassen sich Rufumleitungen direkt im Telefonnetz einrichten. Das hat den Vorteil, dass sie direkt im Netz ausgeführt werden, wodurch keine Verbindung zu Ihrem Anschluss erforderlich ist und keine Kosten entstehen. Sie können Rufumleitungen aber auch in Ihrer FRITZ!Box konfigurieren. Das wiederum hat den Vorteil, dass Sie mehr Kontrolle über die Rufumleitung haben und so beispielsweise Umleitungen basierend auf dem Anrufer einrichten können. Ebenso stehen zusätzliche interne Ziele wie etwa ein

Anrufbeantworter zur Verfügung. Beachten Sie aber, dass eine Rufumleitung auf eine externe Nummer (wie beispielsweise ein Mobiltelefon) eine zusätzliche Telefonverbindung benötigt und Kosten verursachen kann.

1. Öffnen Sie in der Weboberfläche Ihrer FRITZ!Box das Menü *Telefonie/Rufbehandlung* und wechseln Sie in die Rubrik *Rufumleitung*.
2. Klicken Sie rechts auf die Schaltfläche *Neue Rufumleitung*.
3. Legen Sie oben zunächst die *Anrufe, die umgeleitet werden* sollen, fest. Mit *Anrufe an* können Sie einzelne Rufnummern oder Geräte wählen. Oder Sie machen mit *Anrufe von* die Umleitung an einem Kontakt oder allen Kontakten eines extra dafür angelegten Telefonbuchs fest. Ebenso können Sie direkt Rufnummern angeben oder sich auf anonyme Anrufe beziehen. Alternativ kann eine Umleitung sich auch pauschal auf *alle Anrufe* beziehen.

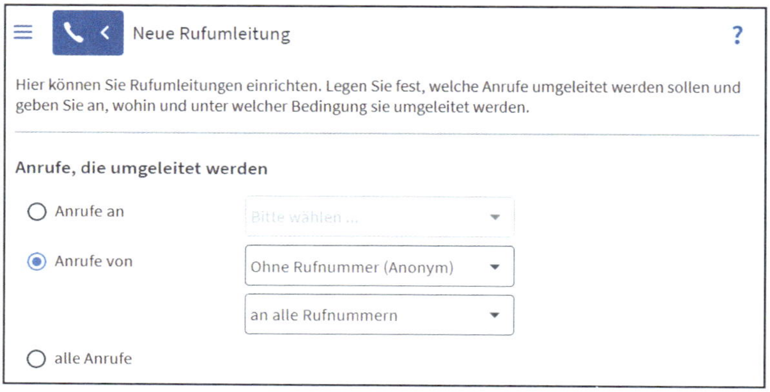

4. Darunter im Bereich *Umleitung der Anrufe* können Sie mit *an Zielrufnummer* das Ziel der Umleitung aus einem Telefonbuch auswählen oder direkt eine Rufnummer angeben. Alternativ leiten Sie den Anruf direkt *an Anrufbeantworter*, ohne dass Ihre Telefone überhaupt klingeln. Mit *an Telefon* können Sie Rufe gezielt an ein bestimmtes Telefon umleiten, auch wenn bei der angerufenen Nummer eigentlich mehrere Geräte klingeln würden.

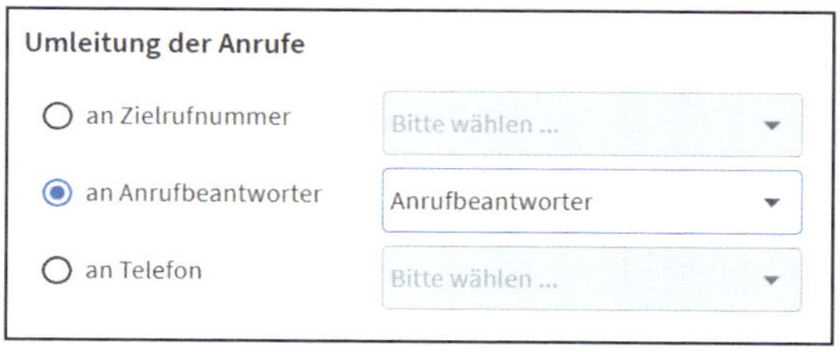

5. Bei *Eigene Rufnummer* legen Sie fest, mit welcher Ihrer eigenen Rufnummern die Umleitung erfolgen soll. Dies kann eine andere sein als diejenige, auf der der Anruf ursprünglich eingegangen war.

6. Bei einigen Umleitungsvarianten können Sie bei *Art der Umleitung* außerdem bestimmen, ob die Umleitung beispielsweise *sofort*, *verzögert* oder nur *bei besetzt* durchgeführt werden soll.

Rufumleitungen nur zu bestimmten Uhrzeiten

In der Rubrik *Rufumleitung* finden Sie (ab FRITZ!OS 7) ganz oben die Option *Rufumleitung zeitgesteuert an- und ausschalten*. Sie gibt Ihnen die Möglichkeit, sämtliche eingestellten Umleitungsregeln automatisch nur zu bestimmten Zeiten in Kraft treten zu lassen. Das bietet sich beispielsweise an, wenn Umleitungen nur außerhalb von Geschäftszeiten erfolgen sollen, oder wenn Sie beispielsweise abends bzw. nachts ungestört sein wollen und Anrufe solange direkt an den Anrufbeantworter Ihrer FRITZ!Box weiterleiten möchten.

Aktivieren Sie dazu diese Option und legen Sie in dem typischen Zeitauswahldialog der FRITZ!Box fest, wann die Rufumleitungen aktiv sein sollen (blauer Bereich) und wann nicht (weißer Bereich). Hinweis: Wenn Sie diese Zeitsteuerung aktivieren, wird in der Liste der Rufumleitungsregeln ganz links eine zusätzliche Spalte *Zeitgesteuert* eingeführt. Hier können Sie festlegen, ob eine Regel der Zeitsteuerung unterliegen soll oder nicht. Regeln ohne Häkchen gelten immer.

Klingelsperren für ungestörte Ruhezeiten

Die FRITZ!Box bietet die Möglichkeit, für jedes der angeschlossenen bzw. angemeldeten Telefoniegeräte individuelle Sperrzeiten festzulegen, in denen die Geräte grundsätzlich nicht klingeln. So kann man beispielsweise im Bereich der Schlafzimmer eine ungestörte Nachtruhe erzwingen, während Geräte im Rest der Wohnung trotzdem klingeln:

1. Öffnen Sie über *Telefonie/Telefoniegeräte* die Übersicht und dort die Eigenschaften eines bestimmten Endgerätes.
2. Wechseln Sie dann rechts zur Rubrik *Klingelsperre*.
3. Schalten Sie oben zunächst die Option *Klingelsperre aktivieren* ein, damit die Optionen darunter zugänglich werden.
4. Sie können nun ganz nach Vorliebe das Gerät *immer klingeln* oder es *immer gesperrt* lassen, jeweils mit der darunter festzulegenden Ausnahme.
5. Die Ausnahmezeit kann täglich oder nur werktags bzw. am Wochenende sein. Unten bei *Ruhezustand von* legen Sie fest, von wann bis wann die Ausnahmezeit von der oben bestimmten Regel (*immer klingeln* oder *immer gesperrt*) jeweils andauern soll.
6. Mit der Option *Bei aktiver Klingelsperre keine Ereignisse signalisieren* unterdrücken Sie auch die kurzen akustischen Hinweise auf neue Nachrichten oder E-Mails.
7. Übernehmen Sie die Einstellungen für die Klingelsperre mit *Übernehmen*.

Beachten Sie bitte, dass die Klingelsperre für jedes Telefongerät einzeln eingestellt werden kann und muss.

Weckruf per Telefon

Eine für manche vielleicht auch ganz praktische Funktion ist der Weckruf, mit dem die FRITZ!Box Sie morgens wecken oder anderweitig auf wichtige Termine aufmerksam machen kann. Der Vorteil gegenüber klassischen Weckern ist, dass Sie alle Geräte gleichzeitig klingeln lassen können, also den Weckruf beispielsweise in allen Räumen mitbekommen. Gleichzeitig können Sie ihn an jedem Gerät bestätigen und damit beenden.

1. Um einen Weckruf einzurichten, öffnen Sie in der Weboberfläche der FRITZ!Box das Menü *Telefonie/Weckruf*. Hier können Sie rechts einen von drei Weckern auswählen, die sich in der Zeit und den ausgewählten Geräten unterscheiden können.
2. Schalten Sie ganz oben zunächst die Option *Weckruf aktivieren* ein, um die Einstellungen für diesen Wecker zugänglich zu machen.
3. Stellen Sie darunter die *Uhrzeit* für den Weckruf ein.
4. Wählen Sie die Geräte aus, die klingeln sollen. Neben einzelnen Telefonen können Sie auch *alle Telefone* klingeln lassen.
5. Der *Anzeigetext* kann geändert werden, wenn Sie im Display der Geräte ablesen möchten, welchen Zweck dieser Weckruf hat.
6. Soll dieser Weckruf nicht nur einmalig stattfinden, wählen Sie die Option *täglich*. Für bestimmte Tage wählen Sie *immer an den folgenden Tagen* und setzen dann Häkchen an den Tagen, an denen der Wecker klingeln soll.
7. Vergessen Sie nicht, die Einstellungen für den Wecker unten zu *Übernehmen*.

Weckrufe per FRITZ!Fon steuern

Für den täglichen Gebrauch ist das Einstellen und Steuern der Wecker in der FRITZ!Box per Weboberfläche vielleicht etwas umständlich. Wenn Sie ein FRITZ!Fon an Ihrer Box angemeldet haben, können Sie die wesentlichen Einstellungen auch damit vornehmen:

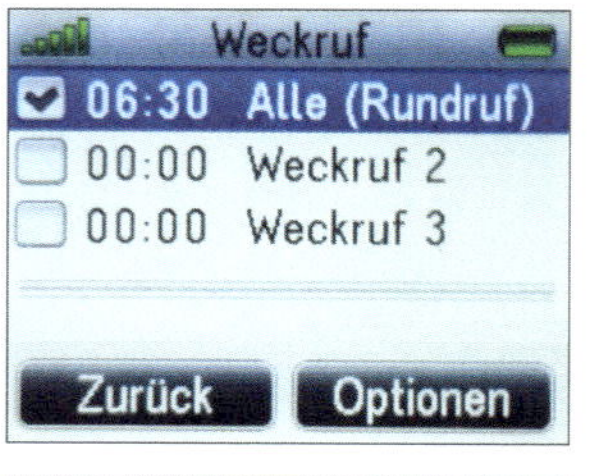

1. Drücken Sie am FRITZ!Fon auf die Menütaste und wählen Sie im Menü *Komfortdienste/Weckruf*.
2. Damit öffnen Sie die Liste der Weckrufe, in der Sie die einzelnen Wecker jederzeit ein- und ausschalten können (*OK*-Taste und *Weckruf abschalten* bzw. *Weckruf einschalten*).

3. Drücken Sie stattdessen auf die *Optionen*-Taste, gelangen Sie in ein Untermenü für den gewählten Wecker, wo Sie fast alle Einstellungen für diesen Weckruf verändern können.

Die so vorgenommenen Einstellungen wirken sich auf den Weckruf insgesamt aus, betreffen also alle Telefone, die als Ziel dieses Weckrufs festgelegt sind.

6. Smart Home mit der FRITZ!Box

Der Begriff »Smart Home« ist schon länger in aller Munde und wird angesichts steigender Energiepreise immer wichtiger. Denn ein vernetztes Heim mit steuerbaren Lichtern, Heizungen und anderen Energieverbrauchern verspricht nicht nur Komfort, sondern bietet auch ein erhebliches Einsparpotenzial. Der FRITZ!Box-Hersteller bietet unter dem Markennamen FRITZ!DECT verschiedene Produkte zur Heimsteuerung an, etwa LED-Lampen, Heizkörperthermostate, Steckdosen und Wandschalter. Wie der Name verrät, verwenden diese Produkte den DECT-Standard, den eine FRITZ!Box für das Verbinden mit Drahtlostelefonen ohnehin beherrscht. Dadurch kann die FRITZ!Box zugleich als Steuerzentrale für Ihr vernetztes Haus dienen. So lassen sich die Funktionen nicht nur zu Hause, sondern bei Bedarf auch von unterwegs per Webbrowser oder App steuern.

6.1 FRITZ!DECT-Geräte anlernen

Wenn Sie sich in der Weboberfläche Ihrer FRITZ!Box unter dem Menüpunkt *Smart Home* umsehen, werden Sie zunächst überwiegend leere Seiten vorfinden. Jedes FRITZ!DECT-Gerät, das Sie über Ihre FRITZ!Box steuern oder konfigurieren möchten, muss zunächst angelernt werden. Voraussetzung dafür ist, dass das Gerät bereits mit Batterien versehen ist und beispielsweise Heizkörperthermostate am Heizkörper angebracht sind.

Das Anmelden am FRITZ!DECT-Gerät auslösen

Für den nachfolgenden Vorgang müssen Sie im richtigen Moment eine bestimmte Taste am FRITZ!DECT-Gerät drücken, um das Verbinden mit der FRITZ!Box zu starten. Machen Sie sich deshalb am besten schon vorher mit dem Gerät vertraut und ermitteln Sie, welche Taste wie lange gedrückt werden muss. Bei neu in Betrieb genommenen Geräten reicht meist ein Druck auf die Menütaste. Die LED-Lampen von FRITZ! hingegen haben keinerlei Tasten, sondern befinden sich beim ersten Einschalten automatisch im Anlernmodus.

1. Öffnen Sie in der FRITZ!Box-Oberfläche den Bereich *Smart Home/Geräte und Gruppen*.
2. Klicken Sie dort ganz oben auf die Schaltfläche *FRITZ!Smart-Home-Gerät anmelden*.
3. Geben Sie dann an, dass Sie ein *Neues Gerät anmelden* möchten. Nur falls das Gerät zuvor bereits an dieser oder einer anderen FRITZ!Box verwendet wurde, wählen Sie *Bekanntes Gerät erneut anmelden* (der weitere Ablauf unterscheidet sich dann etwas).
4. Nun erhalten Sie die Aufforderung, das FRITZ!DECT-Gerät in Anmeldebereitschaft zu bringen. Drücken Sie dazu die Taste am Gerät oder schalten Sie die LED-Lampe ein (siehe hierzu auch den Info-Kasten).

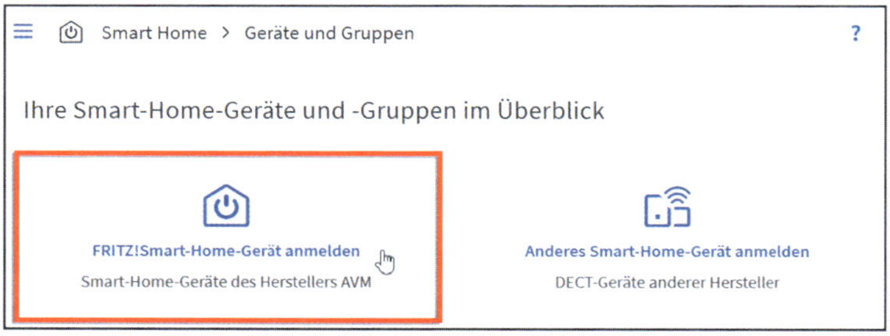

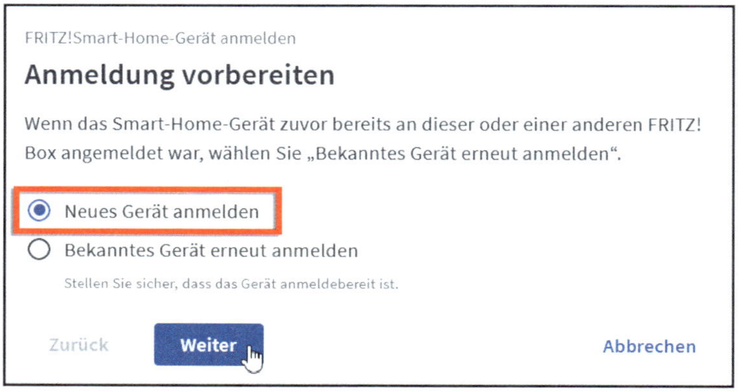

5. Warten Sie nun einfach ab, bis die FRITZ!Box die erfolgreiche Verbindung meldet. Lassen Sie sich dabei nicht irritieren, falls das Gerät selbst eventuell schon etwas früher den Erfolg meldet.

6. Anschließend können Sie das Gerät direkt einrichten oder zunächst zur Geräteübersicht zurückkehren, wo Sie nun einen neuen Eintrag für das angelernte Gerät vorfinden.

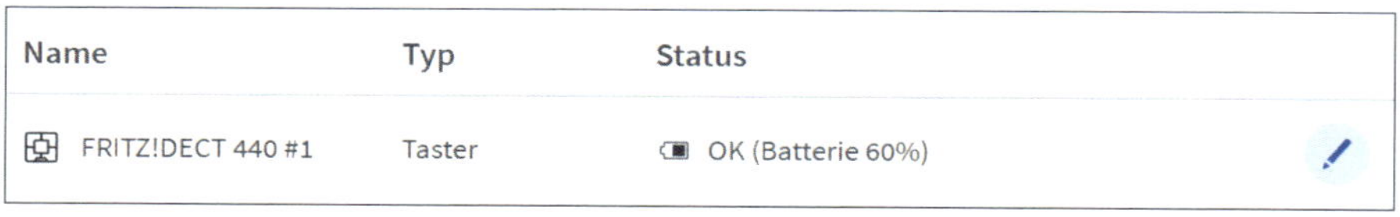

Geräte umbenennen

Beim Anlernen bekommen neue Geräte generische Namen, die in der Praxis wenig hilfreich sind. In den Geräteeinstellungen haben Sie deshalb die Möglichkeit, jedem Gerät eine individuelle Bezeichnung zu geben, was man am besten direkt nach dem Anlernen erledigt. Selbstverständlich können Sie den Namen aber auch später jederzeit wieder ändern, etwa wenn Sie ein Gerät in einen anderen Raum verlegen.

1. Öffnen Sie den Bereich *Smart Home/Geräte und Gruppen* und lokalisieren Sie das Gerät in der Liste.
2. Klicken Sie beim Eintrag des Gerätes ganz rechts auf das Stift-Symbol.
3. Im so geöffneten Menü können Sie im Register *Allgemein* den Namen des Gerätes bearbeiten. Im Rahmen der Namensregeln (siehe Info-Kasten) sind Ihrer Fantasie dabei keine Grenzen gesetzt.

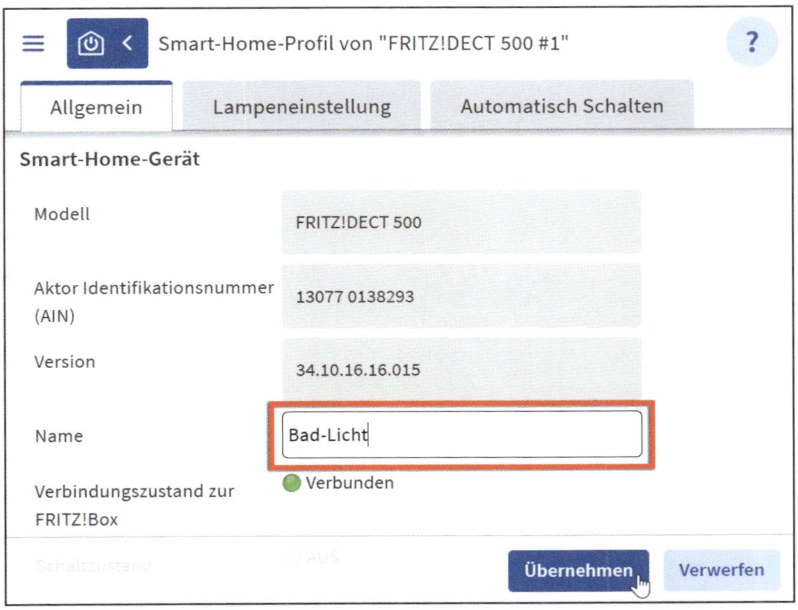

4. Sind Sie mit der neuen Bezeichnung zufrieden, klicken Sie unten auf *Übernehmen*.

> **Regeln für Gerätenamen**
> Namen für FRITZ!DECT-Geräte können bis zu 39 Zeichen lang sein und dürfen Leerzeichen enthalten. Erlaubte Zeichen sind die Buchstaben des Alphabets in Groß- und Kleinschreibung, Ziffern sowie Bindestrich bzw. Minuszeichen. Andere Sonderzeichen dürfen ebenso wenig verwendet werden wie Umlaute oder das ß.

Geräte automatisch steuern

Lampen, Steckdosen und Heizkörperthermostate lassen sich über Zeitpläne automatisch steuern, wobei die Bezeichnung »Zeitplan« eine leichte Untertreibung ist.

Gerade die FRITZ!DECT-Lampen bieten eine Vielzahl von Optionen, mit denen sich die unterschiedlichsten Anwendungszwecke umsetzen lassen. Sie müssen dafür lediglich im Register *Automatisch Schalten* die Option *Zeitschaltung aktiv* anwählen.

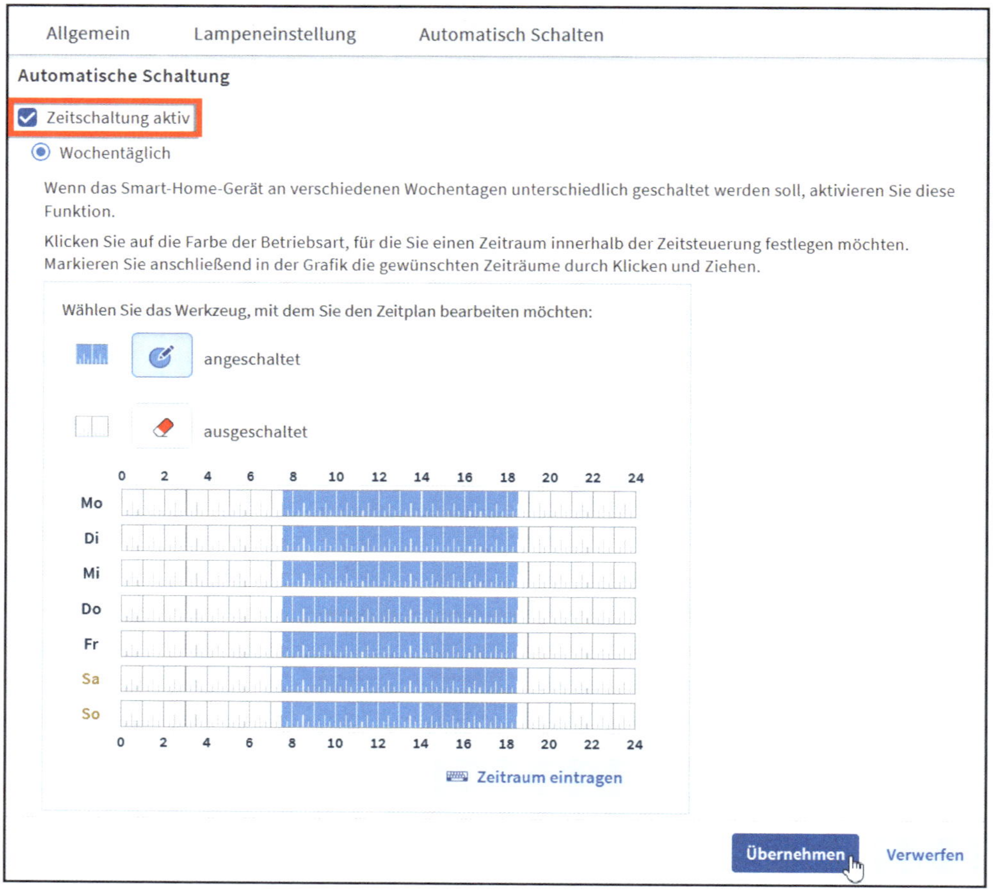

- *Wochentäglich und Täglich*
  Hiermit legen Sie feste Schaltzeitpunkte fest, wobei *Täglich* jeden Tag dieselbe Zeit verwendet, während Sie bei *Wochentäglich* individuelle Zeitpläne für jeden Tag erstellen können.

- *Zufällig*
  Mit dieser Option wird das Licht in einem festgelegten Zeitrahmen zufällig ein- und ausgeschaltet, bis eine maximale Leuchtdauer erreicht ist. Damit können Sie beispielsweise während eines Urlaubs eine Anwesenheitssimulation durchführen, die Einbrecher (hoffentlich) abschreckt.
- *Countdown*
  Unter diesem Begriff findet sich, was vielleicht als »Treppenhausschaltung« bekannt ist: Ein Gerät bleibt beim Einschalten für eine festgelegte Dauer an und wird dann automatisch ausgeschaltet. Umgekehrt können Sie ein Gerät auch nach einer bestimmten Zeit wieder einschalten lassen.
- *Rhythmisch*
  Diese Option bietet die Möglichkeit, ein Gerät nach dem Einschalten in einem bestimmten Intervall ein- und auszuschalten, bis es endgültig wieder ausgeschaltet wird. So könnte man beispielsweise Lüfter oder Pumpen über einen längeren Zeitraum immer wieder kurzzeitig laufen lassen.
- *Einmalig*
  Hiermit können Sie ein Gerät an einem bestimmten Datum zu einer festgelegten Uhrzeit einschalten und für einen bestimmten Zeitraum laufen lassen.
- *Astronomisch*
  Wer Geräte abhängig vom Tageslicht ein- oder ausschalten will, wird hier ganz ohne Lichtsensor fündig. Stattdessen wird die Geoposition genutzt, um den Zeitpunkt des astronomischen Sonnenauf- bzw. -untergangs zu berechnen. Abhängig davon können Verbraucher dann für einen bestimmten Zeitraum oder bis zu einer festen Uhrzeit ein- oder ausgeschaltet bleiben.
- *Kalender*
  Für etwas komplexere Schaltaufgaben können Sie das Gerät mit einem Google-Kalender verbinden. In diesem tragen Sie für jeden gewünschten Schaltvorgang einen Eintrag *AN* bzw. *AUS* ein.

Bei Steckdosen gibt es etwas weniger Optionen, weil spezielle Lichteffekte wie der simulierte Sonnenauf- und -untergang entfallen.

Für Heizkörperthermostate finden Sie Zeitpläne im Register *Allgemein* der *Eigenschaften*. Die Option *Adaptiver Heizbeginn* öffnet den Thermostaten rechtzeitig, sodass die gewünschte Temperatur zum angegebenen Zeitpunkt auch erreicht wird. Darunter können Sie im Zeitplan festlegen, wann die oben bestimmte Komforttemperatur und Absenktemperatur erreicht werden sollen. Weitere hilfreiche Einstellungsmöglichkeiten sind eine Urlaubsschaltung, mit der Sie längere Abwesenheiten schon im Voraus einplanen können, sowie Ende und Anfang der Heizperiode. Mit diesen Hilfsmitteln kann man die Heiztemperaturen praktisch für das gesamte Jahr planen und vollautomatisch steuern lassen.

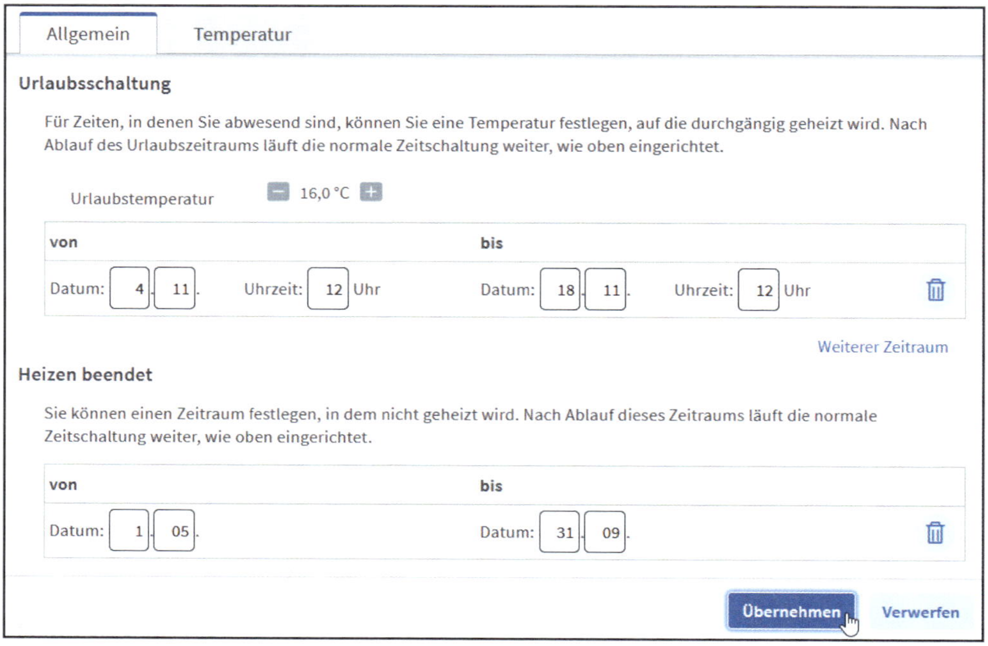

Temperaturabweichung definieren

Heizkörperthermostate schätzen oftmals die Raumtemperatur zu hoch ein, sodass es im Raum kälter als gewünscht ist. Im Abschnitt *Temperaturabweichung (Offset)* können Sie dem entgegenwirken, indem Sie den Temperatursensor des Reglers an die tatsächliche – beispielsweise mit einem Thermometer ermittelte – Raumtemperatur angleichen. Noch besser ist ein externer Temperatursensor beispielsweise in einem FRITZ!DECT-Taster, den Sie hier dem Heizkörperthermostaten zuordnen können.

Geräte in Gruppen zusammenfassen

Gruppen bieten Ihnen die Möglichkeit, mehrere Geräte zusammenzufassen, sodass Sie diese gemeinsam steuern können. Beispiel: Wenn Sie alle Heizkörperthermostate zu einer Gruppe »Heizung« zusammenfassen, können Sie beim Verlassen des Heims über diese Gruppe alle Heizkörper auf eine sparsame Absenktemperatur stellen. Auch bei Routinen und Vorlagen können Sie Gruppen anstatt einzelner Geräte ansprechen und sich so Arbeit ersparen.

1. Um eine Gruppe zu erstellen, klicken Sie unter *Smart Home/Geräte und Gruppen* im Abschnitt *Gruppen* auf *Gruppe erstellen*.
2. Geben Sie dann zunächst an, welche Art von Geräten Sie gruppieren möchten.

3. Dementsprechend ändert sich, welche Geräte im Auswahlfeld darunter angeboten werden. Dort haben Sie die Möglichkeit, alle Geräte dieses Typs zu wählen oder eben nur bestimmte Geräte, die der Gruppe angehören sollen.

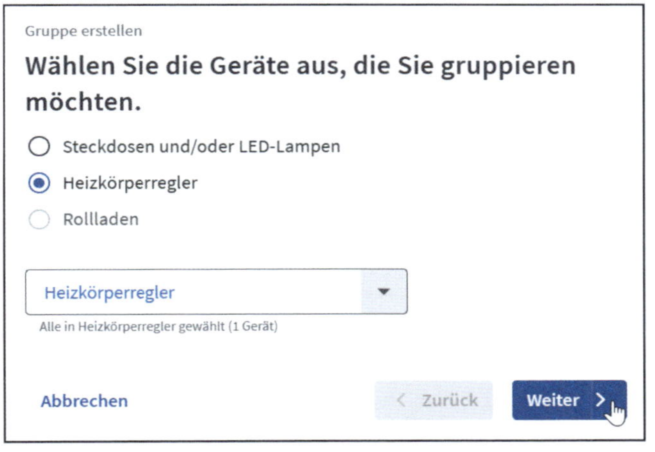

4. Klicken Sie auf *Weiter* und geben Sie im nächsten Schritt den Namen der Gruppe an.

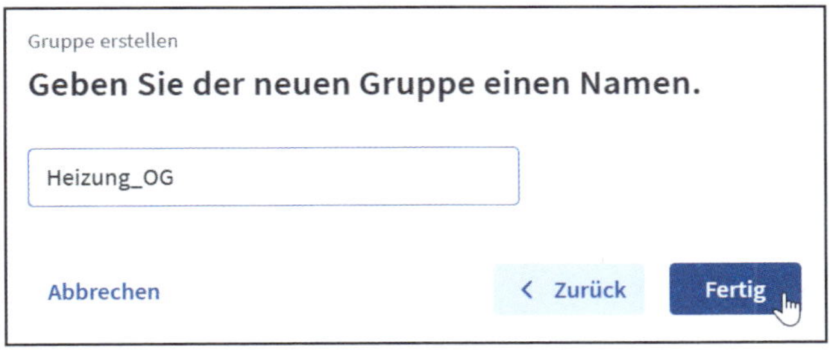

5. Klicken Sie schließlich auf *Fertig*, um das Einrichten der Gruppe abzuschließen.

Schaltmöglichkeiten für Gruppen

Gruppen haben grundsätzlich die gleichen Automatisierungsmöglichkeiten wie der Gerätetyp, den sie beinhalten. Wenn Sie mehrere LED-Lampen gruppieren, können Sie also automatische Schaltungen für die gesamte Gruppe konfigurieren. Öffnen Sie dazu die Eigenschaften der Gruppe und aktivieren Sie dort im Abschnitt *Automatische Schaltung* die Option *Gruppe automatisch schalten*. Dann werden die auf Seite 316 vorgestellten Schaltvarianten zur Auswahl angeboten.

Alternativ verwenden Sie die Option *Gruppe über ein Smart-Home-Gerät schalten ("Master")* und wählen dann das Gerät, das als »Leithammel für die Herde« dienen soll. Wird dieses (wodurch auch immer) ein- oder ausgeschaltet, vollziehen alle anderen Geräte der

Gruppe das umgehend nach. Das ist vor allem interessant, wenn das Gerät durch eine Vorlage (bzw. Szenario oder Routine) geschaltet wird. So können Sie die Wirkung solcher Programmierungen auf weitere Geräte ausdehnen, ohne an den Vorlagen und Routinen selbst etwas ändern zu müssen.

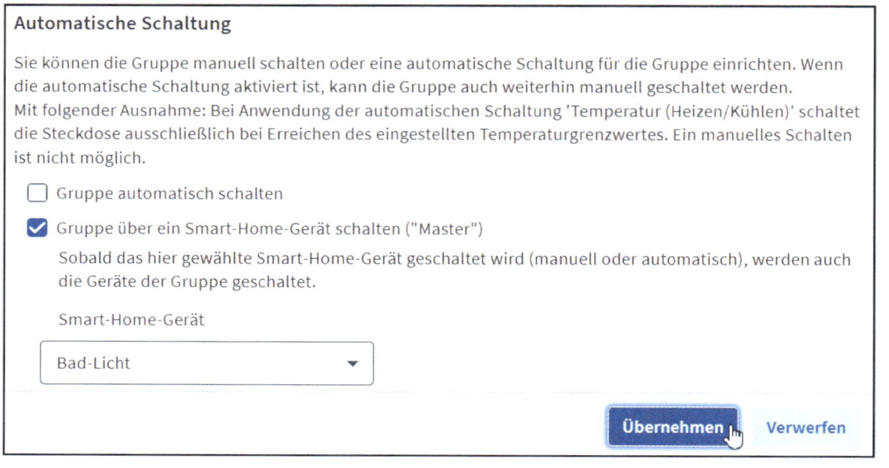

6.2 FRITZ!DECT-Geräte bedienen

FRITZ!DECT-Geräte lassen sich auf verschiedene Arten bedienen. Heizkörperthermostate etwa haben Bedienelemente direkt am Gerät und können bei Bedarf jederzeit direkt verstellt werden. LED-Lampen hingegen haben keine Tasten und können nur von anderen Geräten aus gesteuert werden.

Bedienung per FRITZ!Box-Weboberfläche

Alle angelernten Geräte lassen sich jederzeit über die Weboberfläche der FRITZ!Box steuern. Öffnen Sie dazu den Bereich *Smart Home/Bedienung*. Hier sind alle FRITZ!DECT-Geräte aufgelistet (und auch eingerichtete Vorlagen und Szenarien werden hier angezeigt). Die Hauptfunktion eines Gerätes lässt sich direkt in der Übersicht steuern, etwa die Temperatur bei Heizkörperthermostaten oder das Ein- und Ausschalten von LED-Lichtern und Steckdosen.

Bedienung per App

Wenn Sie ein Smartphone nutzen, können Sie über die passende App Ihre FRITZ!DECT-Geräte ebenfalls steuern. Ist der Fernzugriff per MyFRITZ! eingerichtet, geht das sogar von unterwegs aus. FRITZ! bietet zwei verschiedene Apps an:

- Wenn Sie ohnehin die *MyFRITZ!App* verwenden und nur gelegentlich Smart-Home-Geräte per Smartphone steuern wollen, können Sie diese App auch dafür nutzen. Im Hauptmenü der App finden Sie dazu den Punkt *Smart Home*. Er zeigt alle eingerichteten Geräte an und gibt Ihnen die Möglichkeit, diese auch direkt zu steuern.
- Möchten Sie Ihr Smartphone regelmäßig zum Steuern Ihrer FRITZ!DECT-Geräte nutzen, sollten Sie einen Blick auf die spezielle *FRITZ!App Smart Home* werfen. Wie der Name nahelegt, widmet diese sich speziell den Smart-Home-Funktionen und FRITZ!DECT-Geräten und bietet deshalb mehr Funktionen und Gestaltungsmöglichkeiten.

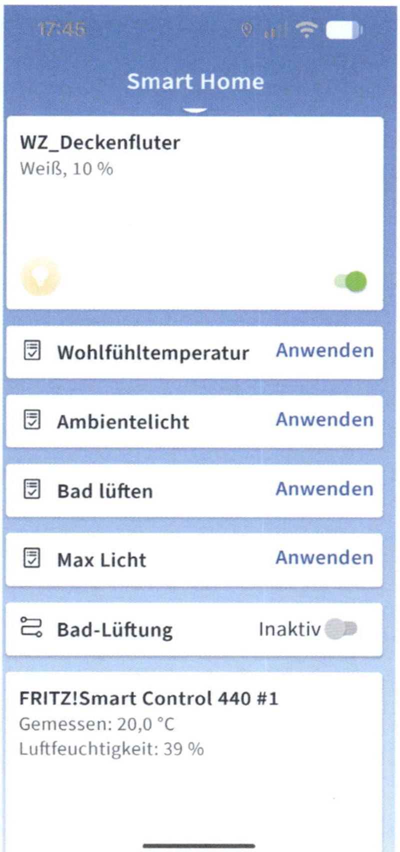

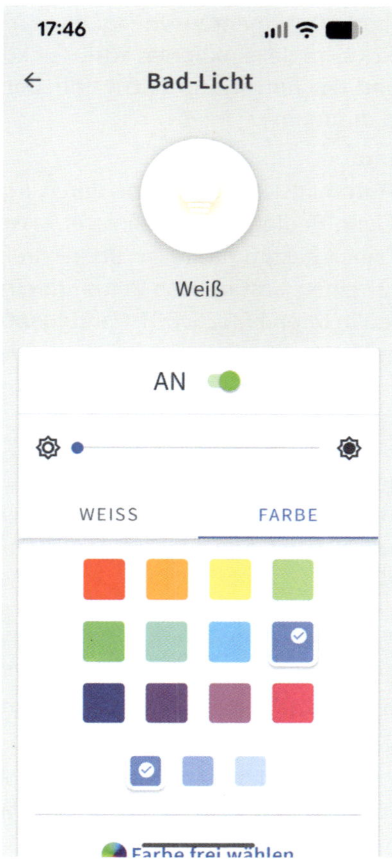

6.3 Das Smart Home automatisieren

Das Bedienen der FRITZ!DECT-Geräte per Webbrowser oder App ggf. auch aus der Ferne macht Ihr Heim zwar komfortabel, aber noch nicht »smart«. Damit die Geräte von selbst auf bestimmte Situationen reagieren oder sich komplexe Abläufe mit einem Mausklick oder Taster auslösen lassen, kommt die Automatisierung ins Spiel. Diese bietet Ihnen die Möglichkeit, bestimmte Aktionen zu definieren und Regeln festzulegen, wann Aktionen ausgeführt werden sollen.

Dazu sind drei Begriffe und ihre Unterscheidung wichtig:

- **Vorlagen**
  Mit dem etwas abstrakten Begriff Vorlagen sind Aktionen gemeint, die ausgeführt werden sollen, also beispielsweise das Einschalten einer LED-Lampe mit einer bestimmten Helligkeit und Farbe oder das Einstellen eines Heizkörperthermostats auf eine festgelegte Temperatur.
- **Szenarien**
  Ein Szenario fasst mehrere Vorlagen zusammen, sodass Sie mit einer Taste oder einem Mausklick komplexe Aktionen auslösen können, beispielsweise für einen gemütlichen TV-Abend die Temperatur leicht anheben und die Lichter in einem entspannenden Farbton dimmen.
- **Routinen**
  Echte Automatisierung kommt durch Routinen zustande, mit denen sich einfache Wenn-Dann-Bedingungen definieren lassen, beispielsweise wenn die Luftfeuchtigkeit im Bad einen bestimmten Wert überschreitet, wird die Steckdose für den Badezimmerlüfter für einen bestimmten Zeitraum eingeschaltet. Als Bedingungen kommen alle Sensoren in Ihren FRITZ!DECT-Geräten infrage. Die auszuführenden Aktionen können einzelne Vorlagen oder komplexe Szenarien sein.

Vorlagen definieren

Die Vorlagen sind die grundlegendsten Handlungsanweisungen für das Automatisieren Ihres Smart Homes. Sowohl Szenarien als auch Routinen bauen auf Vorlagen auf. Deshalb sollten Sie sich damit zuerst vertraut machen und eigene Vorlagen für gewünschte Aktionen erstellen.

1. Um eine Vorlage zu erstellen, öffnen Sie den Bereich *Smart Home/Automatisierung* und klicken dort auf *Szenario oder Vorlage erstellen*.
2. Wählen Sie im nächsten Schritt die Option *Vorlage* und klicken Sie auf *Weiter*.
3. Bestimmen Sie dann die grundlegende Art der Aktion. Neben *Licht/Strom schalten* und *Temperatur regeln* können Sie auch *Komfortfunktionen anwenden*. Damit sind Funktionen Ihrer FRITZ!Box wie das Steuern von WLAN oder Anrufbeantworter gemeint.

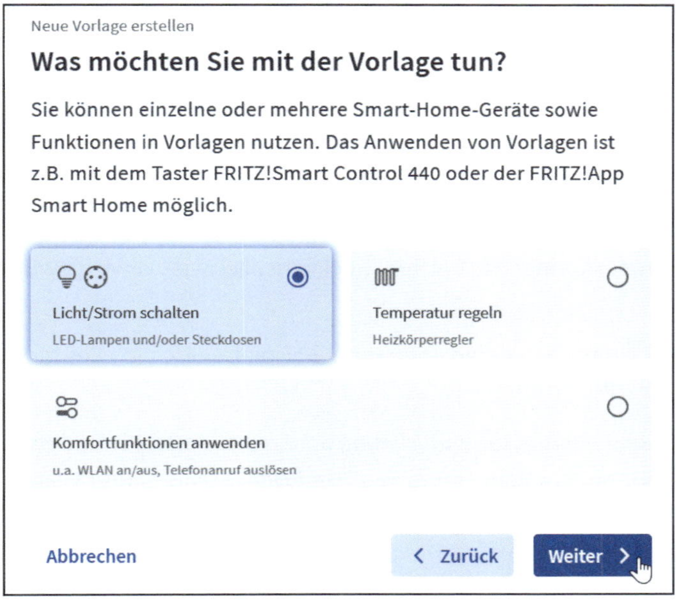

4. Legen Sie dann die Geräte oder Gruppen fest, auf die diese Aktion angewendet werden soll.
5. Nun können Sie wählen, ob Sie mit den Dialogen der FRITZ!Box selbst festlegen möchten, was das Ziel der Aktion sein soll. Alternativ können Sie auch die aktuellen Einstellungen von einem Gerät oder einer Gruppe übernehmen. Wollen Sie beispielsweise eine Vorlage für eine bestimmte Lichtstimmung erschaffen, stellen Sie eine LED-Lampe mittels FRITZ!Box-Weboberfläche oder App so wie gewünscht ein und übernehmen diese Einstellung dann hier für eine Vorlage.
6. Legen Sie schließlich einen Namen für die neue Vorlage fest.

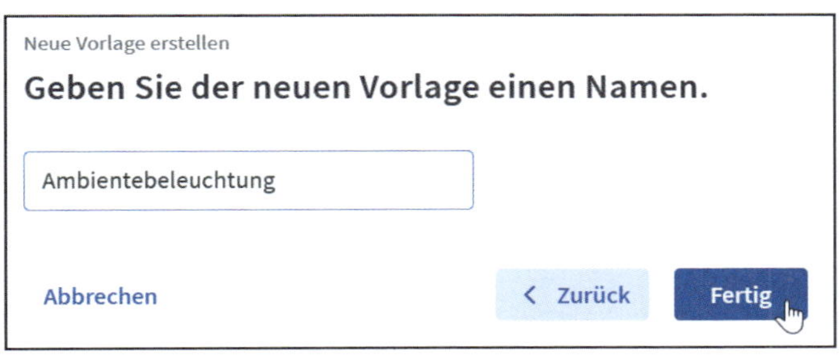

7. Haben Sie sich in Schritt 5 für *Vorlage neu einrichten* entschieden, werden Sie anschließend automatisch zum passenden Dialog weitergeleitet. Legen Sie hier die gewünschten Einstellungen fest und klicken Sie dann unten auf *Übernehmen*.

Szenarien für komplexe Aktionen einrichten

Ein Szenario kann mehrere Vorlagen umfassen und so komplexe Aktionen ausführen, die sich auf verschiedene Geräte und Gerätetypen auswirken können. Diese können dann per Tastendruck oder beispielsweise auch über die *FRITZ!App Smart Home* mit einem Tipp ausgelöst werden. Ein gutes Beispiel ist das »mitgelieferte« Szenario *Haus verlassen*. Das erlaubt es Ihnen, auf einen Schlag Heizungen herunterzuregeln, Lichter auszuschalten sowie Anrufbeantworter ein- und WLAN auszuschalten. Über das entsprechende Nach-Hause-kommen-Szenario können Sie bei Ihrer Rückkehr alles wieder wie gewünscht zurückstellen.

Aber Sie können auch ganz eigene Szenarien entwerfen, beispielsweise um alles für einen gemütlichen Filmabend vorzubereiten.

1. Klicken Sie im Bereich *Smart Home/Automatisierung* auf *Szenario oder Vorlage erstellen*.
2. Wählen Sie dann die Option *Vordefiniertes oder individuelles Szenario* und klicken Sie auf *Weiter*.
3. Entscheiden Sie sich anschließend für *Eigenes Szenario*, wenn Sie eine ganz individuelle Gruppe von Vorlagen zusammenfassen möchten.

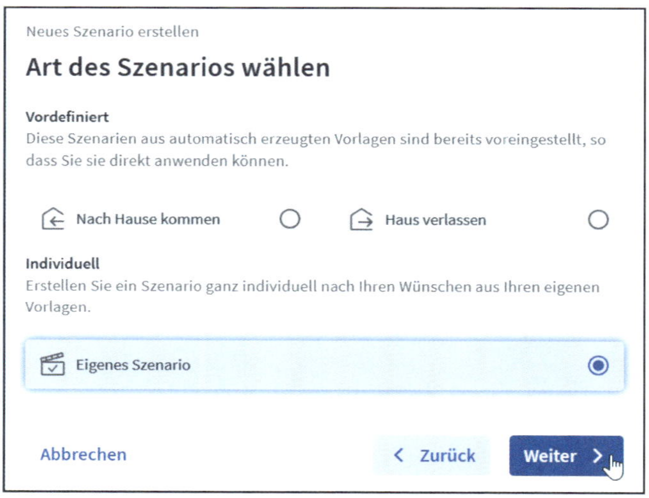

4. Legen Sie zunächst einen passenden Namen für das neue Szenario fest. Dieser sollte aussagekräftig, aber nicht zu lang sein, damit er beispielsweise auch in der *FRITZ!App Smart Home* gut dargestellt werden kann.
5. Anschließend erhalten Sie eine Übersicht der vorhandenen Vorlagen. Wählen Sie aus, welche der Vorlagen das Szenario jeweils ausführen soll. Bei Bedarf können Sie hier auch für Ihre Zwecke passend eine *Neue Vorlage erstellen*.

6. Sind alle gewünschten Vorlagen gewählt, klicken Sie auf *Fertig*, um das Szenario zu speichern.

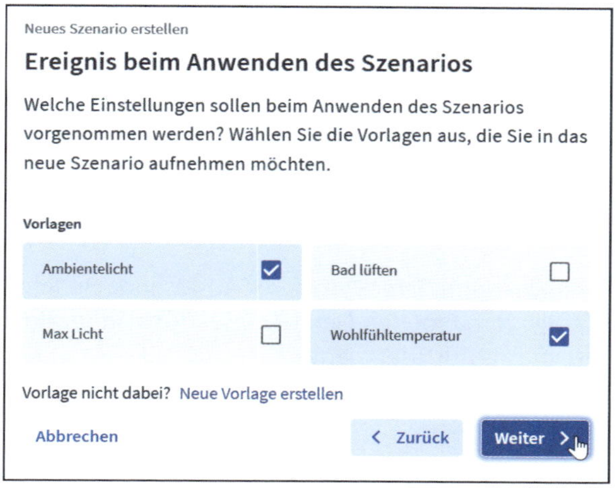

Alle eingerichteten Szenarien werden in der Übersicht unter *Smart Home/Automatisierung* angezeigt. Hier können sie allerdings nur bearbeitet werden. Um ein Szenario anzuwenden, wählen Sie *Smart Home/Bedienung*. Außerdem können Sie die *MyFRITZ!App* oder die *FRITZ!App Smart Home* dafür verwenden (siehe Seite 321) oder Szenarien mit FRITZ!-DECT-Tastern verknüpfen, sodass sie auf Tastendruck ausgeführt werden.

Automatische Abläufe als Routinen erstellen

Routinen geben Ihnen die Möglichkeit, Abläufe zu automatisieren. Wann immer eine bestimmte Bedingung erfüllt ist, wird eine festgelegte Aktion ausgeführt. Als Auslöser können dabei bestimmte sensorische Eigenschaften von FRITZ!DECT-Geräten dienen:

- Bei Heizkörperthermostaten kann auf die gemessene Temperatur reagiert werden.
- Wenn Tasten Werte wie Temperatur und/oder Luftfeuchtigkeit messen, kann eine Routine auf das Über- bzw. Unterschreiten oder das Erreichen eines bestimmten Wertes reagieren.
- Bei Lampen und Steckdosen kann der Schaltzustand als Auslöser dienen. Bei Lampen kann eine Routine zusätzlich auf die Helligkeit reagieren und bei Steckdosen mit einer Verbrauchsmessung auf den Verlauf des Stromverbrauchs.

In Routinen können nicht direkt die Geräte gewählt werden, auf die sich die Aktion beziehen soll. Sie können als Aktionen nur Vorlagen oder Szenarien wählen. Erstellen Sie also immer erst eine passende Vorlage (oder ein Szenario) für die Aktion(en), die eine Routine ausführen soll.

1. Klicken Sie im Bereich *Smart Home/Automatisierung* auf *Routine erstellen*.

2. Legen Sie dann zunächst einen passenden Namen für die Routine fest. Dieser dient lediglich der Verwaltung.

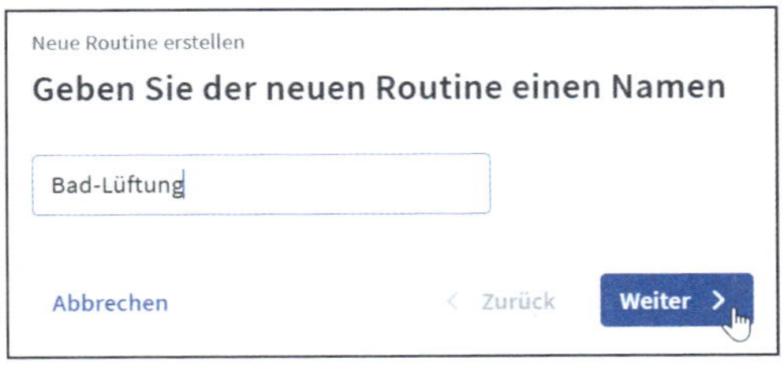

3. Wählen Sie im nächsten Schritt *Auslöser* und *Gerätetyp* für die auslösende Bedingung. Daraufhin werden im Feld *Gerät* alle vorhandenen Geräte dieses Typs angezeigt. Legen Sie hier die Komponente fest, die als Auslöser dient.

4. Nun werden die Sensorwerte dieses Gerätes angezeigt, die als Auslöser infrage kommen. Wählen Sie zunächst ganz links den Messwert bzw. Zustand. Legen Sie dann in der Mitte den Vergleichsoperator fest und tippen Sie dann ganz rechts den Vergleichswert ein (die exakte Vorgehensweise unterscheidet sich bei verschiedenen Geräten und Messarten etwas).

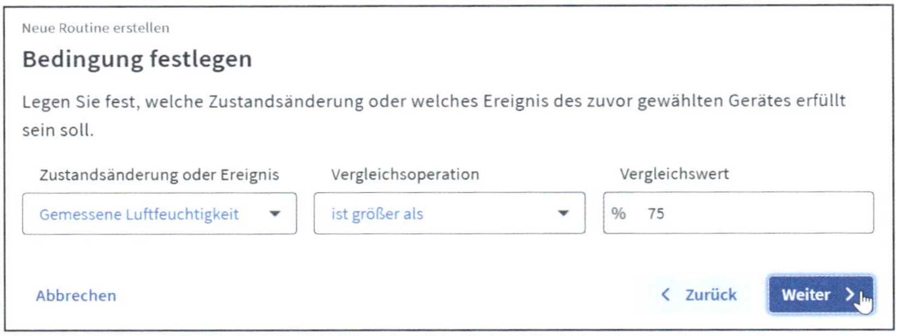

5. Wählen Sie schließlich die Vorlage oder das Szenario aus, das bei Zutreffen der formulierten Bedingung ausgeführt werden soll.

6. Abschließend sehen Sie eine Zusammenfassung der Routine. Überprüfen Sie alles noch mal, bevor Sie unten auf *Fertig* klicken.

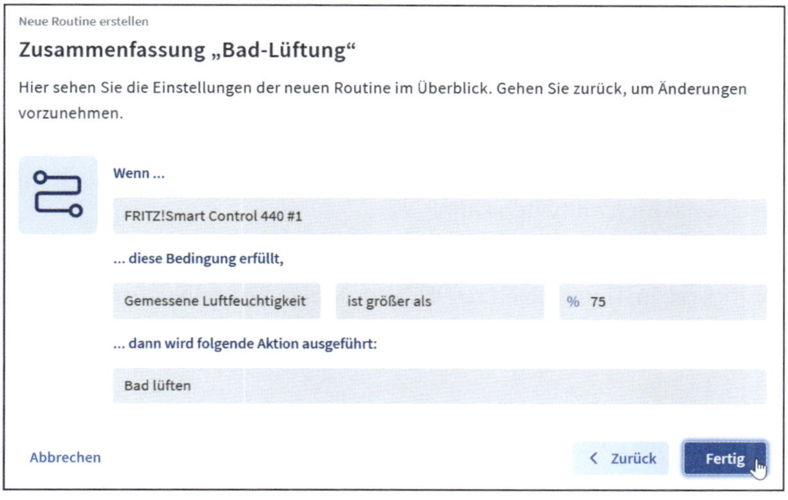

Fallstricke bei Routinen vermeiden

Da Routinen vollautomatisch ablaufen, ist etwas Umsicht bei der Gestaltung wichtig, damit Ihr smartes Heim nicht in Ihrer Abwesenheit »Amok läuft«. Auf folgende Fallstricke sollten Sie besonders achten:

- Routinen funktionieren immer nur in eine Richtung. Sie führen die Aktion aus, wenn die Bedingung erfüllt ist, aber sie machen die Aktion nicht rückgängig, wenn die Bedingung nicht gilt. Beispiel: Wenn Sie den Lüfter im Badezimmer einschalten lassen, wenn die Luftfeuchtigkeit höher als 75 % ist, schaltet die Routine ihn nicht wieder aus, wenn die Luftfeuchtigkeit auf 75 % oder darunter sinkt. Stattdessen würde der Lüfter ewig weiterlaufen.
- Solche Fallen können Sie schon beim Erstellen der Vorlage vermeiden, indem Sie beispielsweise den Lüfter nicht einfach einschalten lassen, sondern von vornherein einen Zeitraum von beispielsweise 30 Minuten Einschaltdauer festlegen.
- Alternativ können Sie eine zweite Vorlage und Routine erstellen, die für das Abschalten des Lüfters beim Erreichen eines Zielwertes sorgt. Dieser sollte ein wenig unterhalb des Einschaltwertes liegen, damit das Gerät nicht ständig ein- und ausgeschaltet wird.
- Nachdem die Bedingung einer Routine erreicht wurde und sie ausgelöst hat, muss die Bedingung einmal nicht erfüllt werden, damit die Aktion dann beim nächsten Zutreffen der Bedingung erneut ausgelöst wird. Wenn also wie beim Beispiel die Luftfeuchtigkeit über 75 % steigt und der Lüfter eingeschaltet wird, muss die Luftfeuchtigkeit anschließend wieder auf 75 % oder weniger absinken und dann erneut auf über 75 % steigen, damit der Lüfter erneut eingeschaltet wird.

6.4 Das Smart Home mit ZigBee erweitern

FRITZ! geht beim Thema Smart Home einen eigenen Weg, indem man bei der Kommunikation auf den DECT-Standard setzt. Das ist keine schlechte Lösung und bietet sich an, da FRITZ!Boxen die benötigte DECT-Technologie ohnehin für das drahtlose Telefonieren beherrschen.

Allerdings setzen praktisch alle sonstigen Hersteller auf andere Funkstandards, sodass die Auswahl an Komponenten nach wie vor überschaubar ist und bei Weitem nicht mit der Vielfalt bei anderen Systemen mithalten kann.

Dem möchte der Hersteller begegnen, indem man mit ZigBee nun zusätzlich eine weitere Technologie einführt, die im Unterschied zu DECT von vielen Herstellern unterstützt wird. Dadurch erweitert sich die Anzahl an verfügbaren Leuchtmitteln, Steckern, Schaltern und sonstigen Komponenten schlagartig um ein Vielfaches.

Die dafür erforderliche zusätzliche Funk-Hardware ist allerdings nur in ganz neuen bzw. zukünftigen FRITZ!Box-Modellen enthalten. Für alle anderen bietet FRITZ! mit dem FRITZ!Smart Gateway eine Nachrüstlösung an, mit der man eine vorhandene FRITZ!Box um die ZigBee-Funktionalität erweitern kann.

ZigBee – offener Standard für Smart-Home-Geräte

ZigBee ist eine Spezifikation für Funknetzwerke, durch die Geräte mit geringem Datenaufkommen und niedrigem Stromverbrauch miteinander kommunizieren können. Es kann für eine Vielzahl von Anwendungen genutzt werden und Smart Home ist eine davon.

Der ZigBee-Standard wird von einer Vielzahl von Smart-Home-Herstellern genutzt. Darunter sind bekannte Produkte wie Philips Hue oder Ikea Trådfri. Aber auch zahlreiche Billiganbieter aus Fernost setzen auf ZigBee. Da die Spezifikation schon verschiedene Versionen durchlaufen hat, ist ZigBee leider nicht immer gleich ZigBee. Deshalb führt FRITZ! auch eine Kompatibilitätsliste mit getesteten Komponenten, die perfekt mit dem FRITZ!Smart Gateway zusammenarbeiten. Bei anderen ZigBee-Geräten ist das nicht 100-prozentig garantiert. Aber erfahrungsgemäß sollten auch die meisten ZigBee-Produkte, die nicht auf dieser Liste stehen, problemlos am FRITZ!Smart Gateway funktionieren.

ZigBee funkt auf 2,4 GHz, wodurch es zu Überlappungen mit dem WLAN in diesem Frequenzbereich kommen kann. Deshalb wird empfohlen, das Gateway nicht unmittelbar neben der FRITZ!Box zu betreiben. In geschlossenen Räumen sind Reichweiten zwischen 10 m und 100 m möglich. Im Freien kann ZigBee Abstände bis zu mehreren Hundert Metern überbrücken. Es setzt dabei auf das Mesh-Prinzip und knüpft zwischen allen ZigBee-Komponenten ein Netzwerk. So können auch weiter entfernte Komponenten erreicht bzw. Teilausfälle kompensiert werden. Die Kommunikation erfolgt verschlüsselt.

FRITZ!Smart Gateway einbinden

Das FRITZ!Smart Gateway ist ein kompaktes Gerät, das ähnlich wie ein Repeater in eine Steckdose eingesteckt und per LAN oder WLAN mit der FRITZ!Box verbunden wird. Es erweitert Ihr Smart Home gleich in verschiedenen Bereichen:

- Sie können bis zu 20 Steckdosen oder LED-Lampen aus dem FRITZ!DECT-Programm anmelden. Für Taster, Sensoren und Heizkörperregler von FRITZ! gilt keine spezielle Begrenzung.
- Weiter lassen sich bis zu 40 ZigBee-Produkte und/oder bis zu 30 DECT-ULE/HAN-FUN-Geräte nutzen.
- Sie dürfen Produkte aus allen diesen Bereichen beliebig mischen. Insgesamt kann ein Gateway aber maximal 50 verschiedene Geräte ansteuern.

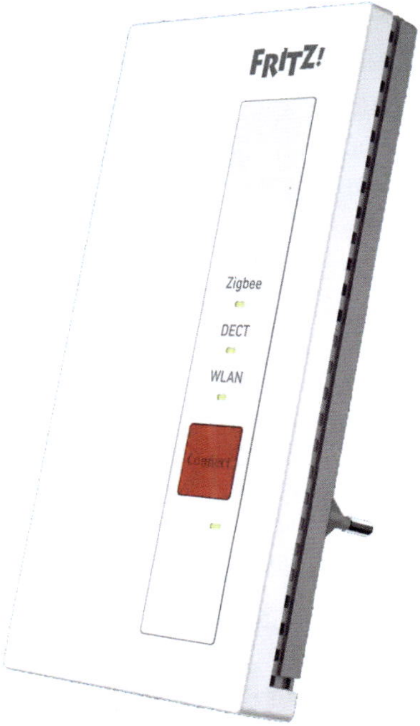

(Bild: FRITZ! GmbH)

Alle am FRITZ!Smart Gateway angeschlossenen Geräte können über die Smart-Home-Verwaltung der FRITZ!Box gesteuert und eingestellt werden. Dabei können sie ebenso Teil von Gruppen, Regeln und Szenarien werden wie Geräte, die direkt an der FRITZ!Box selbst angemeldet sind.

FRITZ!Smart Gateway per Netzwerk verbinden

Die Verbindung zwischen FRITZ!Box und Smart Gateway wird per Netzwerk hergestellt. Dies kann zum einen per kabelgebundenem LAN erfolgen, wofür das Gateway einen Netzwerkanschluss an der Unterseite hat. Diese Verbindungsart ist zu bevorzugen. Sie kann einfach angelegt werden, indem Sie die Netzwerkverbindung per Kabel herstellen und das Gateway dann in eine Steckdose stecken. Die Netzwerkverbindung muss dabei nicht direkt zwischen Gateway und FRITZ!Box bestehen, sondern kann auch über einen oder mehrere Switches hergestellt werden. Sie können das Gateway also an einer beliebigen Stelle in Ihrem Heim einstecken, wo sie möglichst zentral hinsichtlich der zu steuernden Smart-Home-Komponenten platziert ist.

Wenn keine Verbindung per Netzwerkkabel infrage kommt, kann das FRITZ!Smart Gateway sich auch per WLAN mit der FRITZ!Box verbinden. In diesem Fall müssen Sie darauf achten, dass das Gateway an einer Stelle platziert ist, an der die WLAN-Abdeckung durch die FRITZ!Box ausreichend ist.

Gehen Sie zum Herstellen der Verbindung dann so vor:

1. Stecken Sie das FRITZ!Smart Gateway in eine Steckdose in Funkreichweite der FRITZ!-Box. Warten Sie, bis die LED unterhalb der *Connect*-Taste langsam blinkt.
2. Drücken Sie dann die *Connect*-Taste am FRITZ!Smart Gateway und kontrollieren Sie, dass die dazugehörige LED nun schneller blinkt.
3. Starten Sie dann innerhalb von zwei Minuten an Ihrer FRITZ!Box den Verbindungsvorgang. An Modellen mit einer *WLAN*- bzw. *WLAN/WPS*-Taste drücken Sie diese so lange, bis die WLAN-LED an der FRITZ!Box zu blinken beginnt. Verfügt Ihre FRITZ!Box hingegen über eine *Connect*-, *WPS*- bzw. *Connect/WPS*-Taste, drücken Sie diese einmal kurz.
4. Während des Vorgangs blinkt die LED unterhalb der *Connect*-Taste am FRITZ!Smart Gateway weiterhin schnell. Wenn sie dauerhaft leuchtet, wurde die Verbindung erfolgreich hergestellt. Sollte die LED nach einiger Zeit wieder langsam blinken, konnte keine Verbindung hergestellt werden. Wiederholen Sie in diesem Fall den Vorgang. Verringern Sie dabei ggf. die Entfernung zwischen FRITZ!Box und Gateway (bei WLAN-Verbindung).

Das Smart Gateway verfügt über eine eigene Weboberfläche. Diese erreichen Sie über die *Mesh Übersicht* Ihrer FRITZ!Box oder direkt über die Adresse http://fritz.smartgateway, die Sie jederzeit direkt in einem beliebigen Webbrowser innerhalb Ihres lokalen Netzwerks eintippen können.

Die Weboberfläche des Smart Gateway

Das FRITZ!Smart Gateway verfügt über eine eigene FRITZ!OS-Weboberfläche. Sie ist ähnlich wie die Oberfläche Ihrer FRITZ!Box aufgebaut, bietet allerdings einen wesentlich geringeren Funktionsumfang. Haben Sie das Smart Gateway erfolgreich mit Ihrer FRITZ!Box verbunden, benötigen Sie diese Weboberfläche nur in Ausnahmefällen. Sie können hier beispielsweise das Kennwort für die Anmeldung (am Smart Gateway) ändern, die Zugangsart zur FRITZ!Box (WLAN oder LAN) ändern oder die Einstellungen des Gateways sichern. Für die eigentlichen Alltagsaufgaben wie das Anmelden, Einstellen und Steuern von Geräten benötigen Sie diese Oberfläche nicht. Das können Sie direkt in der Weboberfläche der FRITZ!Box selbst im Bereich *Smart Home* erledigen. Selbst Firmware-Updates für das Gateway können Sie direkt von Ihrer FRITZ!Box aus durchführen (in der *Mesh Übersicht*).

Mesh-Verbindung kontrollieren

Das FRITZ!Smart Gateway kommuniziert mit der FRITZ!Box über eine Mesh-Verbindung. Standardmäßig wird deshalb das Gateway beim Herstellen der Netzwerkverbindung per LAN oder WLAN auch in das Mesh-Netzwerk der FRITZ!Box eingebunden.

Überprüfen Sie, ob diese gelungen ist:

1. Öffnen Sie in der Weboberfläche der FRITZ!Box den Bereich *Heimnetz/Mesh* und warten Sie kurz, bis die *Mesh Übersicht* aufgebaut ist.
2. Lokalisieren Sie in der Liste rechts den Eintrag des FRITZ!Smart Gateway.
3. Überprüfen Sie, ob dieser wie in der Abbildung mit einem Mesh-Symbol versehen ist. In diesem Fall ist alles in Ordnung.

Sollte das Gateway gar nicht angezeigt werden, kontrollieren Sie, ob die LED-Leuchte der *Connect*-Schaltfläche am Gateway tatsächlich dauerhaft leuchtet. Wiederholen Sie ggf. den Vorgang der Netzwerkanmeldung. Wird das FRITZ!Smart Gateway ohne Mesh-Symbol angezeigt, war die Netzwerkverbindung erfolgreich, aber das Gateway ist noch nicht ins Mesh integriert. Holen Sie dies mit folgenden Schritten nach (egal ob LAN oder WLAN):

1. Starten Sie den Vorgang an der FRITZ!Box. Verfügt diese über eine *Connect-*, *WPS-* bzw. *Connect/WPS*-Taste, drücken Sie diese einmal kurz. Hat Ihr Modell hingegen eine *WLAN-* bzw. *WLAN/WPS*-Taste, drücken Sie diese so lange, bis die dazugehörige WLAN-LED an der FRITZ!Box zu blinken beginnt.
2. Drücken Sie nun innerhalb von zwei Minuten am FRITZ!Smart Gateway einmal kurz die *Connect*-Taste, um die Einbindung ins Mesh zu starten. Die dazugehörige LED blinkt kurz auf. Der Vorgang sollte nur wenige Sekunden dauern.
3. Kontrollieren Sie anschließend erneut wie beschrieben, ob das FRITZ!Smart Gateway in der *Mesh Übersicht* der FRITZ!Box nun mit einem Mesh-Symbol versehen ist.

ZigBee-Geräte am Smart Gateway anmelden

Haben Sie das FRITZ!Smart Gateway erfolgreich mit Ihrer FRITZ!Box verbunden, können Sie damit beginnen, ZigBee-Geräte für Ihr Smart Home einzurichten. Am einfachsten gelingt das, wenn diese Komponenten sich im Auslieferungszustand befinden, also direkt aus der Verpackung kommen und noch niemals mit anderen ZigBee-Geräten verbunden waren.

Dann gibt es zwei Möglichkeiten:

- Die Geräte verfügen über keinerlei Bedienelemente wie beispielsweise Leuchtmittel. Wenn Sie diese in eine Fassung einschrauben und mit Strom versorgen, befinden sie sich automatisch in einem »Anlernmodus«.
- Geräte wie Schalter, Zwischenstecker usw. verfügen ggf. über einen Taster, mit dem der Anlernmodus aktiviert werden kann. Ziehen Sie in diesem Fall die Bedienungsanleitung des Produkts zurate, um zu erfahren, wie der Anlernmodus genau gestartet wird.

Wenn ein Gerät zuvor bereits im Einsatz war und über kein Bedienelement für das Anlernen verfügt, müssen Sie es in die Werkseinstellungen zurückversetzen. Wie das genau geht, ist bei jedem Hersteller unterschiedlich, sodass ich dafür leider nur auf die jeweilige Bedienungsanleitung verweisen kann. Leuchtmittel etwa müssen meist fünf- oder sechsmal in Folge jeweils für einige Sekunden ein- und ausgeschaltet werden. Irgendwann blinkt die Glühbirne dann nach dem Einschalten kurz, was eine Bestätigung dafür ist, dass der Auslieferzustand erreicht ist. Nun kann sie an das FRITZ!Smart Gateway angelernt werden.

1. Starten Sie den Anlernvorgang grundsätzlich mit dem Gerät, das Sie an das Smart Gateway anlernen möchten:
   - Schrauben Sie Lampen in die Fassung ein und schalten Sie den Strom ein.
   - Bei Geräten mit einem entsprechenden Bedienelement betätigen Sie den Taster zum Anlernen des Gerätes.
   - Bei batteriegestützten Geräten wie Sensoren legen Sie die Batterie ein.
2. Drücken Sie dann innerhalb von zwei Minuten am FRITZ!Smart Gateway die *Connect*-Taste.
3. Warten Sie auf eine Reaktion des angelernten Gerätes. Lampen blinken beispielsweise kurz, um das Herstellen der Verbindung zu signalisieren. Bei Geräten mit Bildschirm wird ggf. eine Erfolgsmeldung oder ein Verbindungssymbol angezeigt. Bei anderen Geräten signalisiert eventuell eine LED den bestehenden Kontakt zum Gateway.
4. Wenn Sie das erste ZigBee-Gerät am Smart Gateway anmelden, erkennen Sie außerdem an der nun dauerhaft leuchtenden ZigBee-LED am Gateway den Erfolg.

Zusätzlich können Sie in der Weboberfläche Ihrer FRITZ!Box erkennen, ob das Gerät erfolgreich angelernt wurde (siehe den nachfolgenden Abschnitt).

Geräte per Assistent anlernen

Wenn ein Gerät beispielsweise von Philips Hue bereits mit einer Hue-Bridge verbunden ist bzw. wenn es ab Werk Teil eines Starter-Sets ist und bleiben soll, kommt ein Zurücksetzen zum Anlernen nicht infrage. Für diesen Fall gibt es einen Assistenten, den Sie über die Weboberfläche des FRITZ!Smart Gateway starten können.

Voraussetzung dafür ist, dass das Gerät mit einer eindeutigen Seriennummer versehen ist. Bei Philips-Hue-Geräten ist dies ein am Gerät selbst aufgedruckter, aus sechs Ziffern und Buchstaben bestehender Code. Achten Sie darauf, ihn nicht mit der Modellnummer zu verwechseln, die nur aus Ziffern besteht und länger ist.

Wichtig: Die folgenden Schritte müssen in der Weboberfläche des FRITZ!Smart Gateway ausgeführt werden, nicht in der FRITZ!Box!

1. Schalten Sie das anzumeldende Gerät ein.
2. Öffnen Sie in der Weboberfläche Ihres Smart Gateway (!) den Bereich *Smart Home/Geräte und Gruppen* und klicken Sie rechts auf die Schaltfläche *Anderes Smart-Home-Gerät anmelden*.
3. Wählen Sie im so geöffneten Assistenten im ersten Schritt die Option *Zigbee-Gerät anmelden*.

4. Entscheiden Sie sich dann für die Option *Neues Gerät anmelden*, wenn das Gerät neu und originalverpackt war. Bei bereits gebrauchten Smart-Home-Komponenten ist die Vorgehensweise etwas anders, weshalb Sie in diesem Fall *Gerät ist an einer anderen Smart-Home-Basis angemeldet* wählen sollten. Der Assistent gibt dann Hinweise, wie solche Geräte wieder in den Anmeldemodus versetzt werden können.

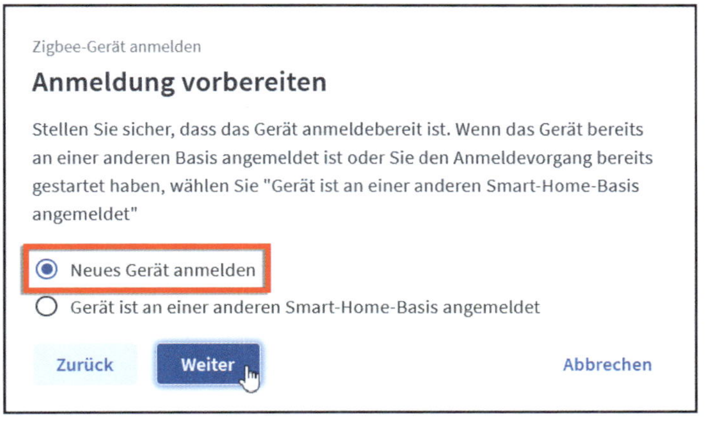

5. Sollte Ihr Smart-Home-Gerät mit einem Installationscode ausgeliefert werden, dann aktivieren Sie im nächsten Schritt die Option *Installation Code verwenden*. Dadurch werden Eingabefelder für den Code und die MAC-Adresse des Gerätes angezeigt, die Sie ausfüllen können. Bei Geräten ohne Code klicken Sie direkt auf *Weiter*.

6. Warten Sie nun kurz, während die Anmeldung vollzogen wird. Nach einigen Sekunden sollte die angemeldete Lampe kurz blinken. Gleichzeitig erhalten Sie vom Assistenten die Rückmeldung, dass der Anmeldevorgang erfolgreich abgeschlossen werden konnte.

ZigBee-Geräte in der FRITZ!Box-Oberfläche

Wenn Sie ein ZigBee-Gerät erfolgreich am Smart Gateway angemeldet haben, wird es in der Oberfläche angezeigt. Hier können Sie es steuern und einstellen.

1. Öffnen Sie in der FRITZ!Box-Weboberfläche den Bereich *Smart Home/Geräte und Gruppen*.
2. Hier sollte nun rechts unter *Geräte* ein neuer Eintrag zu finden sein. In der Regel wird er den Namen *Zigbee #* gefolgt von der Nummer des Gerätes tragen, also beim ersten Gerät beispielsweise *Zigbee #1*.
3. Klicken Sie ganz rechts auf das Stift-Symbol, um das Gerät zu bearbeiten und etwa die Bezeichnung zu ändern.

4. Im so geöffneten Dialog können Sie in der Rubrik *Allgemein* die Bezeichnung des Gerätes durch einen aussagekräftigeren Namen ersetzen.
5. Je nach Art des Gerätes werden weitere Rubriken angezeigt, mit denen Sie die eigentlichen Einstellungen für das Gerät vornehmen können. Bei Leuchtkörpern etwa finden Sie die *Lampeneinstellungen*, wo Sie je nach den Eigenschaften des Gerätes die Helligkeit sowie die Farbtemperatur festlegen.

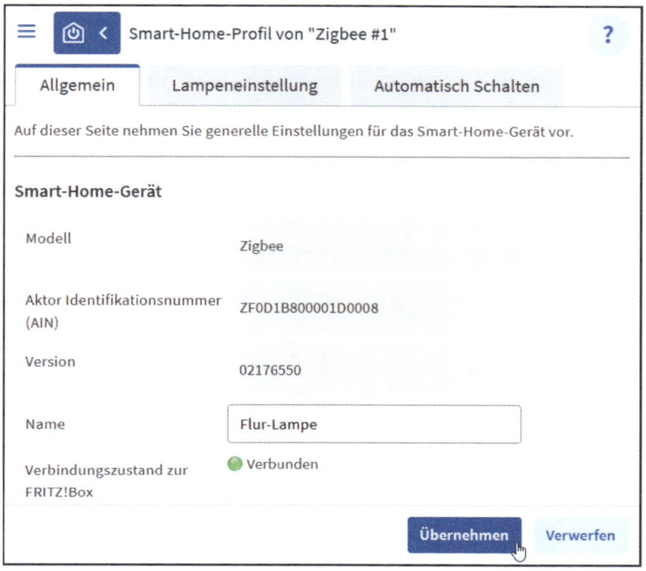

6. Zusätzlich können Sie bei passenden Komponenten im Abschnitt *Schaltzustand* festlegen, wie dieses Gerät im Anschluss an einen Stromausfall geschaltet werden soll. In der Regel dürfte die Option *letzter Zustand* sinnvoll sein, sodass das Gerät wieder in den Zustand vor dem Stromausfall versetzt wird. Bei Steckdosen bzw. Zwischensteckern kann es je nach angeschlossenem Gerät aber sicherer sein, diese standardmäßig aus- oder einzuschalten.

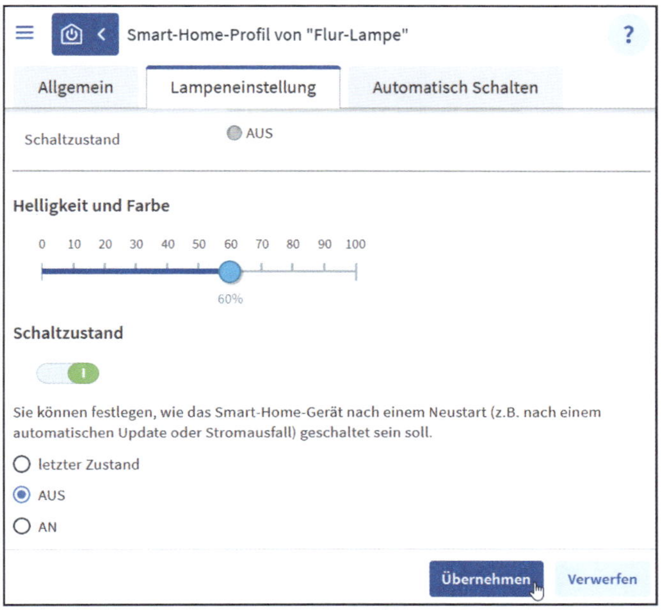

7. Bei Komponenten, die ein- und ausgeschaltet werden können, finden Sie in der Rubrik *Automatisch Schalten* zusätzlich die Möglichkeit, einen Zeitplan zu definieren, nach dem diese Komponente vom Smart Gateway automatisch ein- und ausgeschaltet wird. Aktivieren Sie dazu zunächst die Option *Zeitschaltung aktiv*. Die dadurch eingeblendeten Zeitplanoptionen sind auf Seite 98 ausführlicher beschrieben.

In Bezug auf Gruppen, Vorlagen und Routinen sind ZigBee-Geräte den FRITZ!DECT-Produkten gleichgestellt. Sie können also genauso Teile von Gruppen werden und lassen sich durch Szenarien und Routinen steuern.

7. Systemwartung, Tipps und Tricks

Wenn Sie Ihre FRITZ!Box in Betrieb genommen, den Internetzugang konfiguriert, WLAN mit Gastnetz eingerichtet, Telefone angeschlossen bzw. angemeldet und die gewünschten Funktionen im Heimnetzwerk realisiert haben, steht einem ruhigen, sorgenfreien Dauerbetrieb ja nichts mehr im Wege. Idealerweise ist das zumindest so, aber in der Praxis kann es schon mal zu Problemen kommen. Der letzte Teil dieses Buches befasst sich deshalb mit der Systemwartung, mit Diagnose, Sicherungen und Updates und weiteren Einstellungen rund um einen sicheren und stabilen Betrieb Ihrer FRITZ!Box. Abgerundet wird er mit einer Sammlung praktischer Tipps und Tricks, wie Sie das Beste aus Ihrer Box herausholen und dabei Zeit und Wege sparen können.

7.1 FRITZ!Box gegen Hacker absichern

Bei einem Gerät wie der FRITZ!Box gilt es immer, den richtigen Kompromiss zwischen Sicherheit und Komfort zu finden. In diesem Abschnitt stelle ich Ihnen kompakt die Einstellungen der FRITZ!Box vor, die mögliche Sicherheitsrisiken enthalten und die Sie deshalb nur bei Bedarf aktivieren bzw. deren Zugangsdaten Sie durch eigene individuelle Angaben ersetzen sollten.

Eigene Zugangsdaten verwenden

Die FRITZ!Box kommt ab Werk mit verschiedenen vorgegebenen Zugangsdaten. Diese sind entweder bei allen FRITZ!Boxen gleich, wie etwa die Standard-PIN 0000 für DECT, oder individuell für Ihr Gerät erstellt, wie die WLAN-SSID und der Netzwerksicherheitsschlüssel. Beides sollten Sie ändern und durch eigene Daten ersetzen. Denn Standard-PINs kennt jeder und die individuellen Zugangsdaten sind auf der FRITZ!Box selbst aufgedruckt und dort ggf. ablesbar. Wie die verschiedenen Zugangsdaten geändert werden können, ist in den entsprechenden Kapiteln beschrieben. Hier deshalb nur eine kompakte Übersicht, wo Sie welche Einstellungen finden:

- FRITZ!Box-Kennwort
  Das Passwort für die FRITZ!Box-Weboberfläche wird bei der ersten Anmeldung festgelegt oder steht bei neueren Modellen auf dem Aufkleber an der Gehäuseunterseite. Sie können es später jederzeit unter *System/FRITZ!Box-Benutzer* in der Rubrik *Benutzer* ändern. Statten Sie dazu den automatisch angelegten *Benutzer zum FRITZ!Box-Kennwort* mit einem neuen Passwort aus.
- WLAN-Zugangsdaten
  Die Zugangsdaten für Ihr WLAN finden Sie im Bereich *WLAN/Funknetz* ganz oben. Ersetzen Sie hier den *WLAN-Netzwerkschlüssel* durch ein eigenes möglichst sicheres Passwort. Sie können hier auch den Namen des WLAN abändern, sodass kein Rückschluss auf die Hardware mehr möglich ist.

- DECT-PIN
  Unter *Telefonie/DECT* finden Sie in der Rubrik *Basisstation* im Abschnitt *Anmeldung* das Feld *PIN*. Ersetzen Sie die Standard-PIN durch eine eigene vierstellige Zahl. Falls Sie keinerlei DECT-Geräte verwenden, sollten Sie diese Funktion oben bei *DECT-Basisstation aktiv* ganz abschalten.
- Standardbenutzer
  Ältere FRITZ!Box-Modelle wurden ab Werk mit dem Standardnutzer namens *ftpuser* ausgeliefert. Er erhält automatisch das Passwort, das Sie auch für die Weboberfläche vergeben. Wenn Sie unter *System/FRITZ!Box-Benutzer* in der Rubrik *Benutzer* ein solches Konto finden, sollten Sie es entfernen oder zumindest mit einem sehr langen und sicheren Kennwort versehen. Hinweis: Entfernen Sie das Konto nur, wenn es mindestens einen weiteren Benutzer mit Zugriffsrecht auf die FRITZ!Box-Einstellungen gibt.

Fernzugriffe und -wartung abschalten

Die FRITZ!Box unterstützt verschiedene Funktionen zur Fernwartung. Wenn man sie benötigt und davon profitiert, können sie ein Segen sein. Andernfalls aber kann man sie auch als überflüssige potenzielle Sicherheitslücken sehen, die sich schlimmstenfalls in einen Fluch verwandeln können. Deshalb sollte man auch hier nach dem Motto »so viel wie nötig – so wenig wie möglich« verfahren und Funktionen abschalten, solange sie nicht benötigt werden.

TR-069 bzw. TR-369 für den Internetanbieter

TR-069 sowie dessen Nachfolger TR-369 sind Protokolle, über die Internetanbieter die FRITZ!Box per Fernkonfiguration einstellen und beispielsweise Updates durchführen können. Zu diesem Zweck lauscht die FRITZ!Box auf einem bestimmten Port auf Kommandos aus dem Internet. Laut Hersteller ist dieser Kommunikationskanal durch Verschlüsselung und Zertifikate geschützt und kann nicht missbraucht werden. Wenn Sie trotzdem skeptisch sind, können Sie diese Protokolle in Ihrer FRITZ!Box deaktivieren.

Wenn Ihr Internetanbieter die Fernkonfiguration unterstützt, zeigt Ihre FRITZ!Box unter *Internet/Zugangsdaten* zusätzlich die Rubrik *Anbieter-Dienste* an. Welche Optionen dort genau angezeigt werden, hängt von Modell und Anbieter ab. Deaktivieren Sie hier die Funktionen, die Sie nicht genutzt wissen möchten.

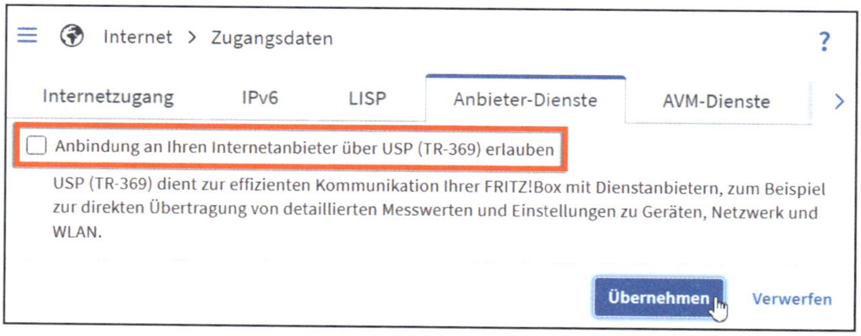

Wenn Sie die Rubrik bei Ihrer FRITZ!Box nicht vorfinden, nutzt Ihr Internetanbieter diese Funktion nicht. Laut Hersteller wird die Funktion in der FRITZ!Box dann automatisch deaktiviert.

TR-064 für Zusatzprogramme

Ein weiteres Protokoll für den Zugriff auf die FRITZ!Box ist TR-064, das FRITZ! als mehr oder weniger offizielle Schnittstelle für Programme pflegt, die per Netzwerk auf die FRITZ!Box zugreifen möchten, beispielsweise um Anrufe auf anderen Geräten zu melden oder wesentliche Funktionen zu steuern. Um die Verwendung von TR-064 zu kontrollieren, öffnen Sie in der Weboberfläche das Menü *Heimnetz/Netzwerk*. Wechseln Sie rechts in die Rubrik *Netzwerkeinstellungen* und klicken Sie dort ganz unten auf *Erweiterte Netzwerkeinstellungen ändern*. Auf der so geöffneten Seite steuert die Option *Zugriff für Apps erlauben* die Verwendung von TR-064. Wenn Sie keinerlei Programme oder Apps einsetzen, die auf die FRITZ!Box zugreifen, sollte die Option ausgeschaltet sein. Wollen Sie hingegen ein Programm verwenden und es beschwert sich, dass der Zugriff nicht gelingt, dann aktivieren Sie diese Option.

Zwei-Faktor-Authentifizierung per App

Seit der FRITZ!OS-Version 7 besteht die Möglichkeit, Einstellungsänderungen an der FRITZ!-Box via Internet zusätzlich mit einer Zwei-Faktor-Authentifizierung per separater App abzusichern. Dann wird bei sicherheitsrelevanten Änderungen an den Einstellungen jeweils ein Einmal-Code abgefragt, den Sie mit der App erzeugen und dann in der Weboberfläche der FRITZ!Box eintippen. Voraussetzung dafür ist eine App zum Authentifizieren mit Einmalpasswörtern, die das Verfahren TOTP (**T**ime-based **O**ne-**T**ime **P**assword) unterstützt. Bekannte Vertreter sind *Google Authenticator* oder *Microsoft Authenticator*. Es gibt aber auch unabhängige Alternativen wie *FreeOTP* oder *Authy* in den einschlägigen App Stores.

Zwei-Faktor-Authentifizierung aktivieren

Diese zusätzliche Absicherung wird jeweils für ein Benutzerkonto eingerichtet. Sie können also Konten mit und Konten ohne zweiten Faktor nutzen.

1. Wählen Sie im Bereich *System/FRITZ!Box-Benutzer* ein Benutzerkonto aus, für das Sie diese Schutzfunktion aktivieren möchten. Es muss sich hierbei um ein Konto mit der Berechtigung für *FRITZ!Box-Einstellungen* handeln.
2. Lokalisieren Sie in den Einstellungen für dieses Konto ganz unten den Abschnitt *Bestätigung per App (Einmalkennwort)* und klicken Sie dort rechts auf die Schaltfläche *Authenticator einrichten*.
3. Bestätigen Sie diesen Vorgang einmalig mithilfe eines Mobilteils oder durch Drücken einer Taste an der FRITZ!Box.
4. Geben Sie im anschließenden Dialog eine Bezeichnung für das Gerät ein, auf dem die App zum Erzeugen des zweiten Faktors läuft (dient nur Ihrer eigenen Orientierung).

5. Starten Sie dann die Authenticator-App auf dem Gerät und legen Sie darin ein neues Profil an. Wählen Sie dabei als Methode das Scannen eines QR-Codes und richten Sie die Kamera des Smartphones auf den QR-Code, der in der Weboberfläche der FRITZ!-Box angezeigt wird.

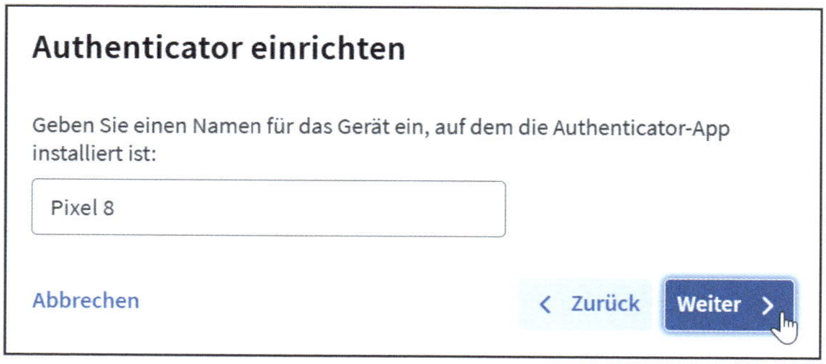

6. In der App können Sie dann eine Bezeichnung für das neue Profil angeben. Anschließend zeigt die App Ihnen einen Einmal-Code zum Bestätigen der Anmeldung an.
7. Klicken Sie in der Weboberfläche der FRITZ!Box auf *Weiter* und tippen Sie dann den Code vom Smartphone dort ein.

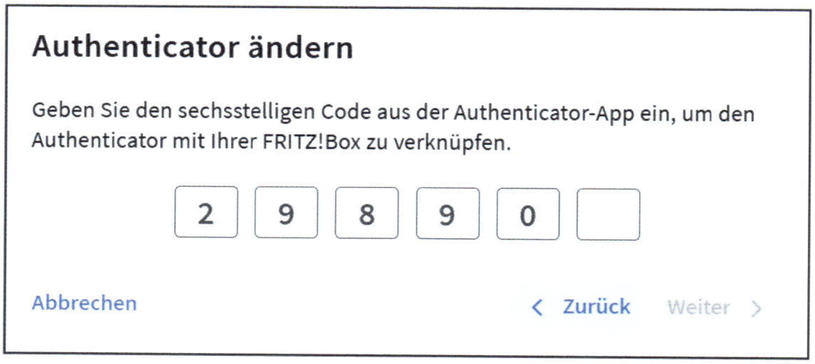

8. Damit ist das Einrichten der Zwei-Faktor-Authentifizierung abgeschlossen. Klicken Sie abschließend auf *Schließen*.

App ohne Kamera einrichten

Falls Ihre App keinen QR-Code-Scanner anbietet oder Sie diese Funktion aus anderen Gründen nicht nutzen können, geht es auch rein textbasiert: Wenn der QR-Code im Webbrowser angezeigt wird, finden Sie darunter den Abschnitt *Wenn Sie den QR-Code nicht scannen können*. Dort sehen Sie die Codes, die Sie händisch in die Authenticator-App eintippen können, um das Gerät mit der FRITZ!Box zu verknüpfen.

Einstellungen per App bestätigen

Wann immer Sie eine sicherheitsrelevante Änderung an den Einstellungen Ihrer FRITZ!Box vornehmen, wird weiterhin eine zusätzliche Bestätigung verlangt. Diese können Sie nun per App leisten:

1. Wenn der Bestätigen-Dialog angezeigt wird, klappen Sie darin den Abschnitt *Kein Telefon? Bestätigen mit FRITZ!Box-Taste oder App* aus.
2. Im so erweiterten Dialog finden Sie ein Code-Eingabefeld.
3. Starten Sie die App auf dem Smartphone und lassen Sie sich darin einen neuen Einmal-Code für Ihre FRITZ!Box anzeigen.
4. Tippen Sie diesen in das Eingabefeld im *Bestätigen*-Dialog und klicken Sie rechts daneben auf die *OK*-Schaltfläche. Damit ist der Änderungsvorgang bestätigt.

Nicht zu viel Zeit lassen

Die per App erzeugten Einmal-Codes sind immer nur 30 Sekunden lang gültig. Sie müssen den Code in dieser Zeit eintippen und auf *OK* klicken, andernfalls akzeptiert die FRITZ!Box den Code nicht mehr als zulässig. Lassen Sie sich davon aber nicht stressen! In der Regel zeigen die Apps einen Countdown an, wie lange der Code noch zulässig ist. Warten Sie ggf. einen neuen Zeitraum ab und nehmen Sie den dann angezeigten Code, um die volle Zeitspanne zur Verfügung zu haben.

Die Tastensperre der FRITZ!Box aktivieren

Wie im vorangehenden Abschnitt beschrieben, dienen die Tasten an der FRITZ!Box bei einigen Einstellungen als zusätzliche Bestätigung. Auch DECT-Mobilteile und WLAN-Geräte lassen sich per Tastendruck schnell und ohne weitere Umstände an der FRITZ!Box anmelden. Solange die FRITZ!Box vor unbefugten Zugriffen gut geschützt wird, ist das kein Problem. Wenn sie aber beispielsweise für Besucher oder Angestellte erreichbar ist, könnten diese das potenziell missbrauchen.

Deshalb bietet die FRITZ!Box die Möglichkeit, die Tasten am Gerät zu deaktivieren. Die Betätigung wird dann ignoriert und die entsprechenden Funktionen lassen sich nur anderweitig beispielsweise per Weboberfläche und damit nach einer kennwortgeschützten Anmeldung durchführen.

1. Um die Tastensperre zu aktivieren, öffnen Sie in der Weboberfläche das Menü *System/Tasten und LEDs*.
2. Wechseln Sie auf der rechten Seite zur Rubrik *Tastensperre*.
3. Schalten Sie hier die Option *Tastensperre* ein.

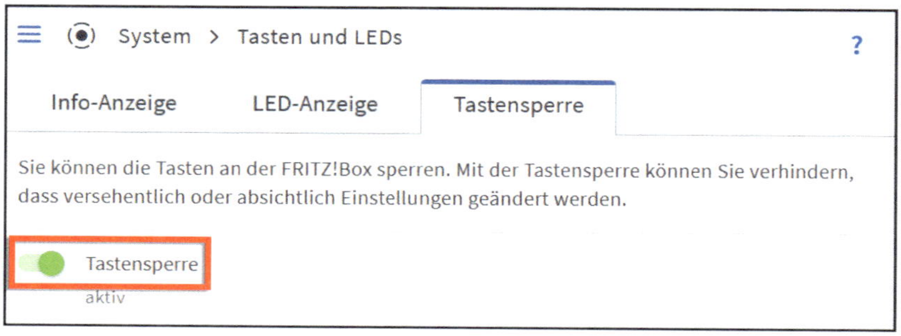

7.2 Schnelle Diagnose – Zustand der FRITZ!Box schnell prüfen

Die FRITZ!Box bringt von Haus aus einige Funktionen zur Selbstanalyse und Diagnose von Problemen mit. Diese erlauben es, bei Fehlfunktionen und anderen Schwierigkeiten schnell erste Anhaltspunkte zu sammeln.

Funktionen der FRITZ!Box überprüfen

Die Funktionsprüfung der FRITZ!Box ermittelt bei Bedarf den Status aller wesentlichen Funktionen des Gerätes und stellt diese übersichtlich dar. So erkennen Sie auf einen Blick, ob alles im grünen Bereich ist oder ob es gerade irgendwo hakt.

1. Öffnen Sie in der Weboberfläche Ihrer FRITZ!Box das Menü *Diagnose/Funktion*.
2. Klicken Sie im anschließenden Dialog oben auf die *Starten*-Schaltfläche.
3. Die FRITZ!Box beginnt nun, nacheinander die verschiedenen Funktionen zu testen, und baut damit nach und nach eine Ergebnisseite auf.

4. Ist allen Einträgen ganz links ein grünes Häkchen vorangestellt, dann ist alles im grünen Bereich. Sie brauchen sich also keine Sorgen zu machen, können aus den Details der Einträge aber ggf. weitere Informationen beziehen, etwa welche LAN-Anschlüsse derzeit belegt sind.
5. Sollte es in einem Bereich Probleme geben, wird dieser anstelle eines grünen Hakens mit einem blauen Ausrufezeichen (Warnung) oder einem x auf rotem Hintergrund (Fehler) gekennzeichnet. Diese Bereiche sollten Sie sich dann unbedingt näher anschauen.
6. Ganz unten haben Sie die Möglichkeit, das Ergebnis entweder per Push Mail (siehe Seite 360) zu versenden oder als strukturierten Text in einer CSV-Datei zu *Speichern*. Gerade Letzteres eignet sich gut für einen »Vorher-Nachher-Vergleich«.

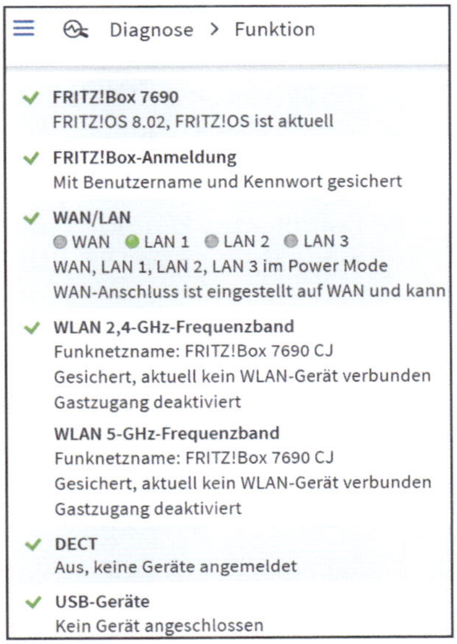

Den Sicherheitsstatus der FRITZ!Box testen

Eine weitere interne Diagnose-Funktion der FRITZ!Box befasst sich speziell mit den sicherheitsrelevanten Einstellungen und eignet sich gut, mögliche Schwachstellen und Sicherheitslücken aufzuspüren. Wenn Sie Ihre FRITZ!Box in Betrieb genommen und weitestgehend konfiguriert haben, sollten Sie diese Diagnose einmal durchführen und dann am besten regelmäßig wiederholen.

1. Öffnen Sie in der Weboberfläche Ihrer FRITZ!Box das Menü *Diagnose/Sicherheit*.
2. Sie sehen dann nach kurzer Wartezeit direkt den aktuellen Sicherheitsstatus, den Sie aber unten mit *Aktualisieren* jederzeit auf den neusten Stand bringen können.
3. Die Seite enthält in mehreren Abschnitten alle sicherheitsrelevanten Informationen. Einstellungen, die die FRITZ!Box selbst als problematisch einstuft, sind deutlich erkennbar rot eingefärbt. Oftmals findet sich direkt daneben auch ein *Bearbeiten*-Link, der Sie sofort zu der entsprechenden Einstellung bringt.
4. Aber auch Daten, die die FRITZ!Box nicht von sich aus bemängelt, sollten Sie überprüfen. Achten Sie insbesondere auf Folgendes:
   - Oben bei *Verbindung, Internet* finden Sie Tabellen mit den freigegebenen *FRITZ!-Box-Diensten* sowie den *Portfreigaben auf Heimnetzgeräte*. Prüfen Sie, ob hier auch wirklich nur die Portfreigaben bestehen, die Sie eingerichtet haben.
   - Kontrollieren Sie bei *Filter*, ob alle gewünschten Filter einschließlich des Stealth Mode aktiv sind.
   - Im Abschnitt *WLAN* werden der aktuelle Verschlüsselungsstatus angegeben und die angemeldeten Geräte aufgelistet. Prüfen Sie, ob sich Ihnen unbekannte Geräte darunter befinden.

- Im Bereich *Telefonie* sollten Sie insbesondere der Tabelle *Rufbehandlung* Beachtung schenken. Hier wird auf verschiedene Beschränkungen hingewiesen, mit denen Sie die Sicherheit des Anschlusses erhöhen bzw. Kostenrisiken minimieren können.
- Unter *FRITZ!Box-Benutzer* finden Sie eine Liste der Benutzerkonten und ihrer letzten Anmeldungen.
- Darunter bei *FRITZ!NAS* sind die Zugriffsrechte auf den Netzwerkspeicher zusammengefasst sowie aktuell bestehende externe Freigaben aufgelistet.

Den Ereignismonitor kontrollieren

Die FRITZ!Box führt ein Protokoll über alle wesentlichen Ereignisse, in denen auch Fehler, Verbindungsprobleme und andere besondere Vorkommnisse erfasst werden. Treten Schwierigkeiten auf, sollten Sie hier einen Blick hineinwerfen, um Hinweise auf die möglichen Ursachen zu erhalten.

1. Den Ereignismonitor öffnen Sie in der Weboberfläche mit *System/Ereignisse*.

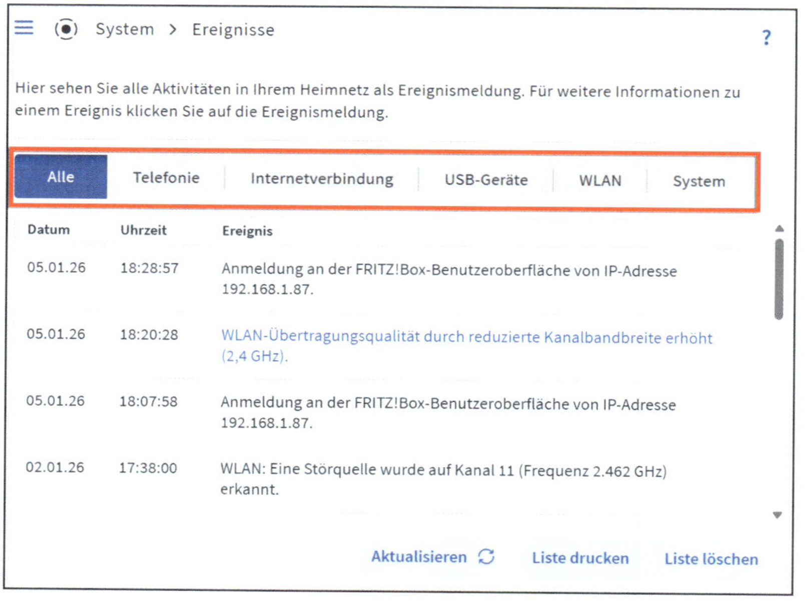

2. Sie sehen die aktuelle Ereignisliste, wobei die jüngsten Einträge ganz oben stehen. Sie sehen also oben immer, was zuletzt passiert ist. Weiter unten folgen die älteren Ereignisse.
3. Das Gesamtprotokoll der FRITZ!Box kann schnell unübersichtlich werden. Deshalb können Sie oben Filter aktivieren, die jeweils nur die Meldungen zu einem bestimmten Bereich anzeigen. So kann man das Protokoll beispielsweise schnell auf Meldungen zum Thema *Telefonie*, *Internetverbindung* oder *USB-Geräte* beschränken.

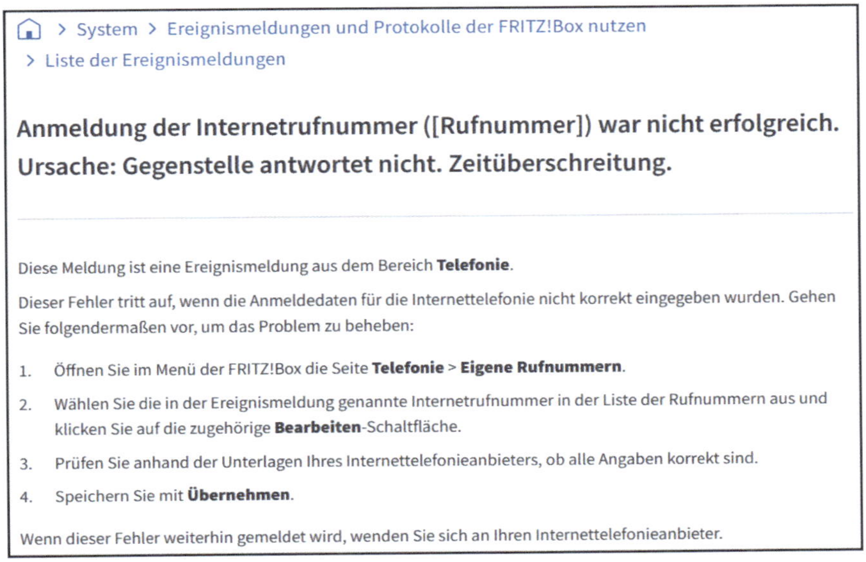
> System > Ereignismeldungen und Protokolle der FRITZ!Box nutzen
> Liste der Ereignismeldungen

Anmeldung der Internetrufnummer ([Rufnummer]) war nicht erfolgreich. Ursache: Gegenstelle antwortet nicht. Zeitüberschreitung.

Diese Meldung ist eine Ereignismeldung aus dem Bereich **Telefonie**.

Dieser Fehler tritt auf, wenn die Anmeldedaten für die Internettelefonie nicht korrekt eingegeben wurden. Gehen Sie folgendermaßen vor, um das Problem zu beheben:

1. Öffnen Sie im Menü der FRITZ!Box die Seite **Telefonie** > **Eigene Rufnummern**.
2. Wählen Sie die in der Ereignismeldung genannte Internetrufnummer in der Liste der Rufnummern aus und klicken Sie auf die zugehörige **Bearbeiten**-Schaltfläche.
3. Prüfen Sie anhand der Unterlagen Ihres Internettelefonieanbieters, ob alle Angaben korrekt sind.
4. Speichern Sie mit **Übernehmen**.

Wenn dieser Fehler weiterhin gemeldet wird, wenden Sie sich an Ihren Internettelefonieanbieter.

4. Teilweise sind die Meldungen im Ereignisprotokoll als Link dargestellt. Wenn Sie darauf klicken, erhalten Sie zwar keine detaillierteren Informationen zum konkreten Ereignis, aber zumindest eine Erläuterung, was hinter einer Ereignis- oder Fehlermeldung dieser Art steckt. Teilweise enthalten die Beschreibungen auch konkrete Hinweise zur Lösung des Problems.

Ereignisliste sichern

Die Ereignisliste kann wichtig sein, wenn es um das Dokumentieren von Problemen geht, beispielsweise um Schwierigkeiten beim Internetzugang mit dem Kundendienst des Providers zu klären. Leider ist die Ereignisliste recht »flüchtig«. Läuft die FRITZ!Box durch, werden ältere Einträge irgendwann gelöscht. Startet sie hingegen neu, wird die Ereignisliste jeweils ganz neu angelegt. Es gibt aber die Möglichkeit, die Einträge der Ereignisliste jeweils festzuhalten. Klicken Sie dazu rechts unten auf *Liste drucken*, um eine gut druckbare Darstellung der Ereignisliste anzuzeigen.

Energieverbrauch überwachen und optimieren

Ein weiteres interessantes Diagnosethema ist der Bereich Energieverbrauch. Insgesamt gehört die FRITZ!Box typischerweise nicht zu den Großverbrauchern in einem Haushalt. Aber da sie nun mal das ganze Jahr über 24 Stunden am Tag läuft, können sich kleine Unterschiede eben doch zu spürbaren Summen aufaddieren. Deshalb ist es sinnvoll, den Verbrauch von Zeit zu Zeit zu analysieren und ggf. nach Einsparpotenzial zu suchen.

1. Öffnen Sie in der Weboberfläche der FRITZ!Box das Menü *System/Energiemonitor*.

2. Auf der rechten Seite sehen Sie in der Rubrik *Energieverbrauch* den aktuellen Verbrauch des *FRITZ!Box Gesamtsystems* sowie der einzelnen Komponenten. Der hellblaue Balken zeigt den momentanen Verbrauch an, der dunkelblaue jeweils den Durchschnittswert für die letzten 24 Stunden.

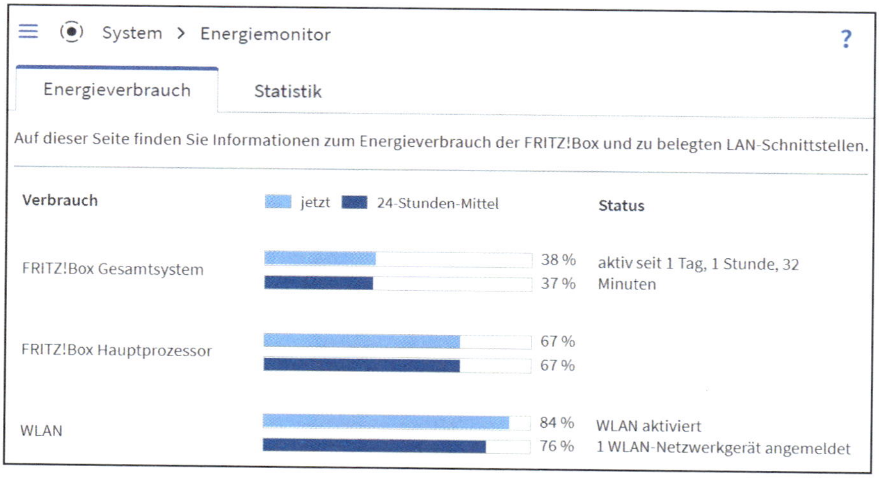

3. Bei der Interpretation der Daten sollten Sie beachten, dass es sich jeweils um Prozent vom maximal möglichen Verbrauch der jeweiligen Komponente handelt. Die einzelnen Prozentangaben addieren sich also nicht zu 100 % auf. Sie sollen vielmehr veranschaulichen, welche Komponenten »am Anschlag« laufen und welche eher wenig zu tun haben.
   - Der Hauptprozessor der FRITZ!Box lässt sich nicht beeinflussen und läuft üblicherweise mit einer recht stabilen Prozentzahl im oberen Bereich. Er lässt sich auch nicht sinnvoll entlasten.
   - Bei WLAN, USB und LAN-Anschlüssen gibt es Energiesparmodi. Wenn einer dieser Bereiche einen hohen Verbrauch zeigt, sollten Sie diese ausprobieren. Führt das nicht zu spürbaren Leistungs- oder Komforteinbußen, sollten Sie die verbrauchssenkenden Maßnahmen dauerhaft beibehalten.
   - Analoge FON-Anschlüsse und DSL lassen sich hingegen kaum beeinflussen. Sie können höchstens überlegen, ob Geräte am analogen Anschluss wirklich erforderlich sind. Anrufbeantworter und Fax beispielsweise lassen sich durch interne Funktionen der FRITZ!Box ersetzen, die unterm Strich Energie einsparen.

4. Wechseln Sie in die Rubrik *Statistik*, um mehr über die Auslastung der FRITZ!Box-Hardware zu erfahren:
   - *CPU-Auslastung*
     Die Auslastung des FRITZ!Box-Prozessors sollte in der Regel deutlich unter 100 bleiben. Einzelne zeitlich begrenzte Sprünge können gelegentlich auftreten, sollten aber Ausnahmen bleiben. Wenn sie keine wesentliche Auswirkung auf die Temperatur (s. u.) haben, sind sie aber unkritisch.

- *CPU-Temperatur*
  Die CPU-Temperatur sollte immer deutlich unter der roten Linie und eher im unteren Bereich des Spektrums bleiben. Kritisch kann es im Sommer in sonnenaufgeheizten Räumen werden. Dann sollten Sie hier gelegentlich nachschauen. Gegenmaßnahmen wären, der Passivkühlung der FRITZ!Box unter die Arme zu greifen. Dazu sollte sie vor allem nach allen Seiten frei stehen. Unter der Box sollte sich eine glatte Unterlage befinden, ein Teppich etwa behindert die Luftzirkulation eher.
- *RAM-Belegung*
  Hier wird in drei Farben angezeigt, wie sehr der Arbeitsspeicher Ihrer FRITZ!Box zuletzt belegt wurde. Entscheidend ist, dass oben immer noch etwas grüner Raum frei bleibt. Andernfalls ist die FRITZ!Box mit ihren Aufgaben überfordert. In dem Fall würde ich es erst mal mit einem Neustart versuchen. Besteht das Problem dauerhaft, sollten aber einzelne Funktionen deaktiviert oder der Wechsel zu einem leistungsstärkeren Modell erwogen werden. Aufrüsten lässt sich der Speicher leider nicht.

Strom sparen im Energiesparmodus

Seit der FRITZ!OS-Version 7.51 bieten FRITZ!Boxen einen Energiesparmodus an, mit dem sich der Strombedarf des Routers komfortabel steuern lässt. Die funktionellen Einbußen, die sich daraus ergeben, sind moderat und bei vielen typischen Einsatzszenarien ohne Weiteres zu verkraften. Alternativ zu den über die FRITZ!Box-Einstellungen verteilten Energiesparoptionen kann man damit die wesentlichen Funktionen zentral steuern. Dabei gibt es zwei Einstellungsmöglichkeiten: *Ausgewogener Modus* und *Energiesparmodus*.

Ausgewogener Modus

Der ausgewogene Modus entspricht in etwa den bisherigen Standardeinstellungen, sofern keine einzelnen Einstellungen vorgenommen wurden, die sich auf den Stromverbrauch auswirken:

- Beim WLAN werden 2,4-GHz- und 5-GHz-Frequenzen gleichzeitig aktiviert und können von der FRITZ!Box zum Optimieren der Datenübertragung dynamisch nach Bedarf gesteuert werden. Die WLAN-Sendeleistung sowie eine ggf. eingerichtete WLAN-Zeitschaltung bleiben von dieser Einstellung unberührt.
- Für die LAN-Anschlüsse wird die maximale Datenrate auf 1 Gbit/s gesetzt (bzw. bei Modellen mit schnelleren Anschlüssen auf die Maximalgeschwindigkeit).
- Bei den USB-Anschlüssen bleibt die gewählte Betriebsart (USB 2 oder USB 3) unverändert.

Energiesparmodus

Der Energiesparmodus soll den Stromverbrauch der FRITZ!Box reduzieren. Das Einsparpotenzial liegt zwar »nur“ im Bereich einiger Watt. Aber da ein Internetrouter üblicherweise das ganze Jahr über rund um die Uhr läuft, kann sich auch das zu einer nennenswerten Summe addieren. Und für viele typische Anwender dürften die Einschränkungen, die sich daraus ergeben, zu verkraften sein.

- Nur ein WLAN-Frequenzband wird verwendet. Sollten beim Aktivieren des Energiesparmodus beide Bänder aktiv sein, wird das 5-GHz-Band abgeschaltet. Ist nur ein Band (2,4-GHz- oder 5-GHz-Band) aktiv, wird dieses beibehalten. Die maximale Sendeleistung bleibt aber unberührt, sodass die Reichweite darunter nicht leiden sollte. Falls das 5-GHz-Band verwendet wird und sich die Reichweite im Energiesparmodus verringert, sollten Sie probeweise zum 2,4-GHz-Band wechseln, da dieses grundsätzlich eine höhere Reichweite hat. Eine ggf. eingerichtete WLAN-Zeitschaltung wird beibehalten.
- Für die LAN-Anschlüsse wird die maximale Datenrate auf 100 Mbit/s reduziert (*Green Mode*). Für den Internetzugang und Geräte wie Drucker oder Scanner ist das meist völlig ausreichend. Bei Datentransfers zwischen PC und NAS etwa kann sich das allerdings spürbar auswirken.
- Bei USB-Anschlüssen wird die energiesparende Betriebsart USB 2 verwendet. Auch dadurch kann es aber zu langsameren Datentransfers etwa bei angeschlossenen Speichermedien kommen.

Den Energiesparmodus steuern

Um den Energiesparmodus zu wählen, öffnen Sie in der Oberfläche Ihrer FRITZ!Box den Bereich *System/Energiemonitor*. Hier können Sie nun jederzeit zwischen *Ausgewogener Modus* und *Energiesparmodus* wechseln. Es ist also durchaus möglich, ohne größere Umstände vorübergehend zum ausgewogenen Modus zu wechseln, etwa um für einen umfangreicheren Datentransfer mit dem NAS die maximale Geschwindigkeit der LAN-Anschlüsse ausnutzen zu können. Anschließend wechseln Sie dann wieder zum Dauerbetrieb im Energiesparmodus.

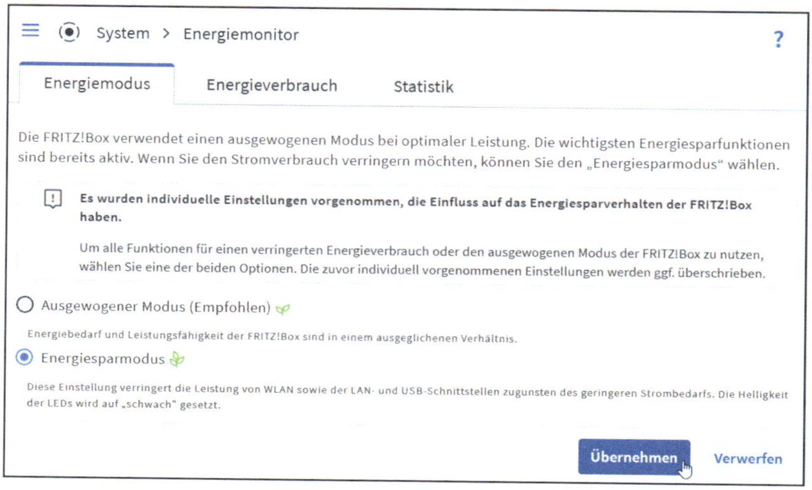

Der Energiesparmodus ist unabhängig von weiteren Funktionen zum Reduzieren von Stromverbrauch und Funkstrahlung. So können empfindliche Naturen weiterhin eine WLAN-Zeitschaltung nutzen, etwa um nachts ohne unnötige Strahlenbelastung ungestört schlafen zu können. Ebenso kann die WLAN-Sendeleistung gedrosselt werden. Für ein kleines Apartment etwa dürften auch 50 % oder 25 % Leistung ausreichen. Auch kann das WLAN unabhängig vom gewählten Modus jederzeit ausgeschaltet werden, wenn es (vorübergehend) nicht benötigt wird. Alle diese Einstellungen finden Sie unter *WLAN/Funkkanal* (dort ggf. zunächst *Funkkanal-Einstellungen anpassen* wählen) bzw. *WLAN/Zeitschaltung*. Bei den Energiespar-Einstellungen finden Sie unten im Abschnitt *Zusätzliche Energiesparfunktionen* Abkürzungen zu wichtigen Einstellungen.

7.3 Update – FRITZ!OS und Mobilgeräte aktualisieren

Das FRITZ!OS-Betriebssystem Ihrer FRITZ!Box kann per Internet aktualisiert werden. Erfahrungsgemäß liefert der Hersteller für seine Modelle einige Jahre lang Updates aus, die regelmäßig auch neue oder verbesserte Funktionen mitbringen. Für ältere Modelle gibt es allerdings irgendwann nur noch sicherheitsrelevante Updates, bis sie irgendwann überhaupt nicht mehr unterstützt werden.

Vollautomatisches Update Ihrer FRITZ!Box

Ihre FRITZ!Box prüft automatisch regelmäßig, ob eine neue Version von FRITZ!OS vorliegt. Ist dies der Fall, werden Sie auf der Übersicht der Weboberfläche sowie ggf. über angemeldete FRITZ!Fons darauf aufmerksam gemacht. Sind es besonders wichtige Updates, die beispielsweise Sicherheitslücken schließen, werden sie auch automatisch installiert. Dies geschieht allerdings nachts, wenn die Box üblicherweise nicht dringend benötigt wird. Da zum Einspielen eines Updates jeweils automatisch ein Neustart erfolgen muss, ist die FRITZ!Box für wenige Minuten nicht erreichbar. Das wirkt sich auch auf die angeschlossenen oder drahtlos verbundenen Geräte aus, aber nach dem Neustart spielt sich alles in kürzester Zeit automatisch wieder ein.

Updates, die nicht dringend sind, aber beispielsweise neue oder veränderte Funktionen mit sich bringen, werden nicht automatisch installiert. Hier werden Sie zunächst nur auf vorliegende Updates hingewiesen. Am besten informieren Sie sich, welche Änderungen aus dem Update resultieren und inwieweit Sie dies betrifft. Dann können Sie sich ggf. darauf vorbereiten und das Update dann mit dem Update-Assistenten zu einem beliebigen Zeitpunkt durchführen.

Welches Update darf es sein?

Alle Funktionen rund um das Update finden Sie unter *System/Update*. In der Rubrik *Auto-Update* können Sie festlegen, wie viel Update-Automatik Ihnen lieb ist:

- *Stufe I: Über neue FRITZ!OS-Versionen informieren (Nicht empfohlen)*
  Das ist die Variante für alle, die volle Kontrolle über ihre Box behalten wollen. Das Gerät prüft regelmäßig, ob Updates vorliegen. Ist das der Fall, wird der Anwender aber nur informiert. Auch sicherheitskritische Updates werden niemals automatisch durchgeführt. Das muss der Anwender jeweils selbst erledigen. Das bedeutet maximale Entscheidungsfreiheit, aber eben auch größere Verantwortung. Man muss die Hinweise der FRITZ!Box beachten und sich regelmäßig darum kümmern, die Box auf den aktuellen Stand zu bekommen.
- *Stufe II: Über neue FRITZ!OS-Versionen informieren und notwendige Updates automatisch installieren*
  In dieser Einstellung informiert die Box und installiert Updates, die vom Hersteller als wichtig erachtet werden, automatisch, wenn sie vorliegen. Ein sinnvoller Kompromiss, der es Ihnen ermöglicht, sich über funktionelle Änderungen am FRITZ!OS zu informieren, bevor sie auf Ihrer FRITZ!Box in Kraft treten. Wichtige Sicherheitslücken werden aber trotzdem zuverlässig geschlossen, auch wenn man sich mal eine Weile nicht kümmert.
- *Stufe III: Über neue FRITZ!OS-Versionen informieren und neue Versionen automatisch installieren (Empfohlen)*
  Das ist die Variante für Anwender, die sich nicht weiter um das Thema kümmern wollen. Vorliegende Updates werden automatisch eingespielt (wenn auch vorzugsweise in den Nachtstunden). So ist man vollautomatisch immer auf dem neusten Stand. Einziger Nachteil: Wenn der Hersteller Änderungen bei Funktionen vornimmt, erfährt man es erst, nachdem das Update bereits vorgenommen wurde.

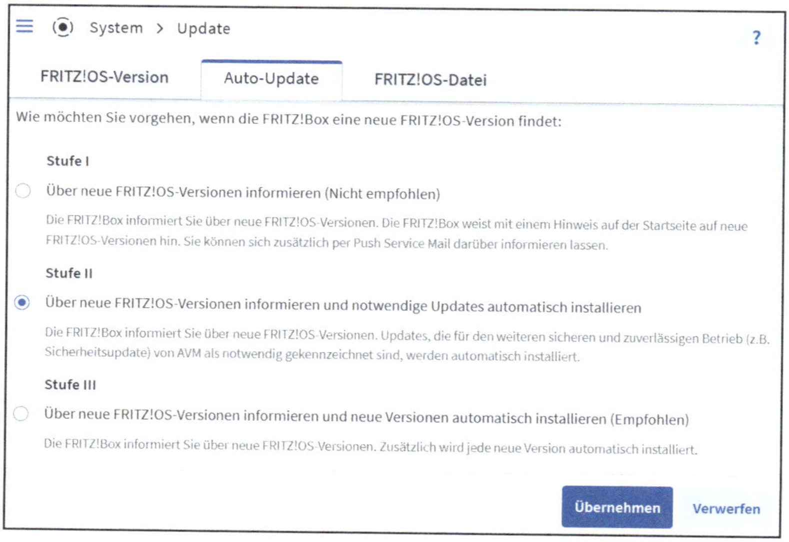

> **Updates über andere Heimnetzgeräte anstoßen**
> Mit dieser Option ganz unten auf der Seite ist es möglich, Updates nicht nur über die Weboberfläche Ihrer FRITZ!Box durchzuführen, sondern auch von Mobilgeräten wie den FRITZ!Fons aus. Sie bekommen dann auf deren Bildschirm einen Hinweis, wenn ein Update für die FRITZ!Box vorliegt, und können es dann auch gleich – ggf. nach Eingabe der Administrator-PIN – durchführen lassen.

Auch wenn Sie sich für die vollautomatische Update-Variante entschieden haben, können Sie trotzdem noch kontrollieren, ob und wann Updates eingespielt wurden und welche neuen Funktionen sie mitbringen. Dabei hilft Ihnen der Push-Dienst Ihrer FRITZ!Box (siehe Seite 360). Wenn Sie Push-Services eingerichtet und die Option *Neues FRITZ!OS* aktiviert haben, werden Sie per Mail an die konfigurierte Adresse über neue Updates informiert.

Automatische Updates per Zeitplan steuern

Wenn Sie sich für die Stufe II oder III entscheiden, werden notwendige bzw. alle Updates nach Erscheinen automatisch eingespielt. Allerdings ist es wenig wünschenswert, wenn die FRITZ!Box während einer Videokonferenz oder anderer wichtiger Online-Aktivitäten plötzlich ihre Software aktualisiert und einen Neustart durchführt. Deshalb können Sie über einen Zeitplan angeben, wann der Internetzugang üblicherweise nicht unbedingt benötigt wird. Liegt ein neues Update vor, wird dessen Installation dann automatisch in ein passendes Zeitfenster verschoben.

1. Aktivieren Sie dazu unter *System/Update* in der Rubrik *Auto-Update* die Option *Zeitraum festlegen*.

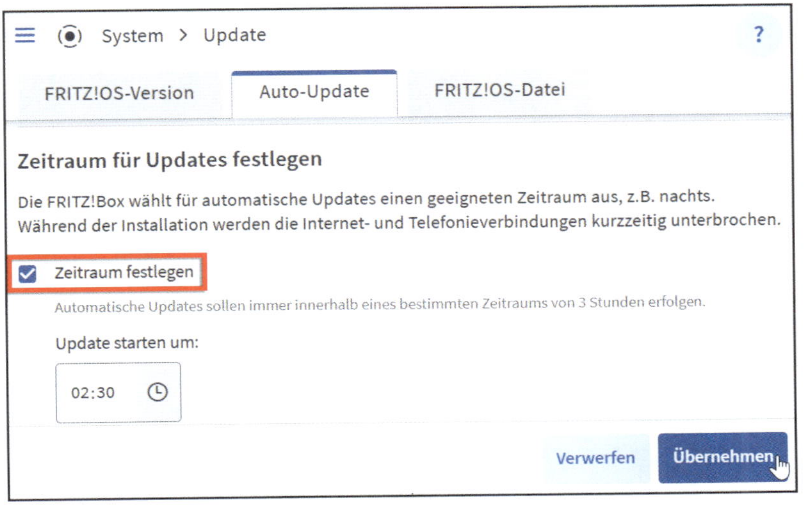

2. In den so angezeigten Eingabefeldern geben Sie die Startzeit für den gewünschten Zeitraum ein. Der standardmäßige Vorschlag ist dabei sicher keine schlechte Wahl, falls Sie nicht gerade eine ausgesprochene Nachteule sind.
3. Klicken Sie rechts unten auf *Übernehmen*, um den Zeitplan zu aktivieren.

Die FRITZ!Box wird vorliegende Updates nun in einem Zeitraum von drei Stunden ab dieser Startzeit einspielen und im Anschluss einen Neustart durchführen.

Volle Kontrolle mit dem Update-Assistenten

Wenn Sie bei den Einstellungen für *Auto-Update* eine der oberen beiden Optionen gewählt haben, sollten Sie regelmäßig den Update-Assistenten durchführen. Das stellt sicher, dass Sie keine wichtigen Updates verpasst haben.

1. Öffnen Sie in der Weboberfläche der FRITZ!Box den Punk *System/Update*.
2. Eventuell finden Sie hier auf der rechten Seite einen Hinweis auf eine neue Version des Betriebssystems vor (siehe Schritt 3). Andernfalls klicken Sie unten rechts auf *Neues FRITZ!OS suchen*.

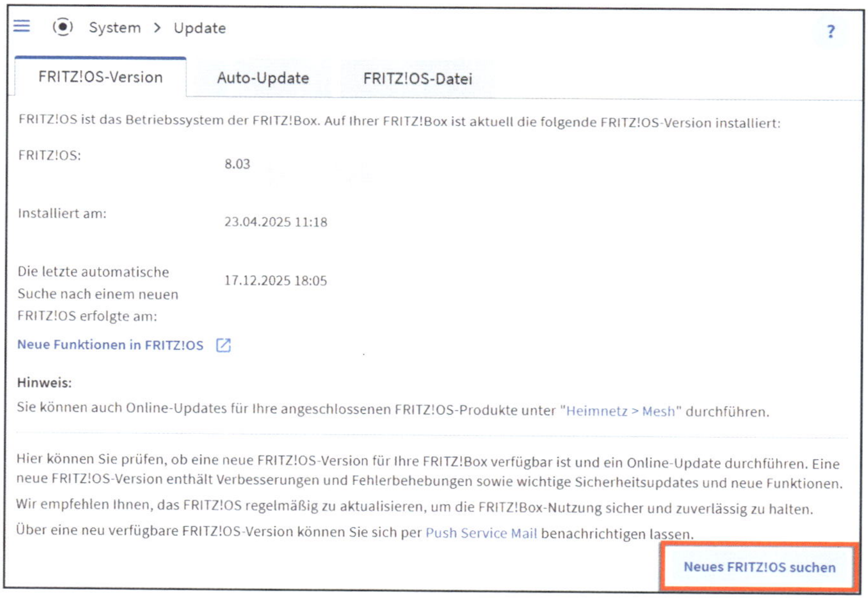

3. Die FRITZ!Box prüft nun, ob ein Update vorliegt. Ist das nicht der Fall, erhalten Sie die Meldung *Ihr FRITZ!OS ist auf dem aktuellen Stand.* Sie brauchen dann nichts weiter zu unternehmen.

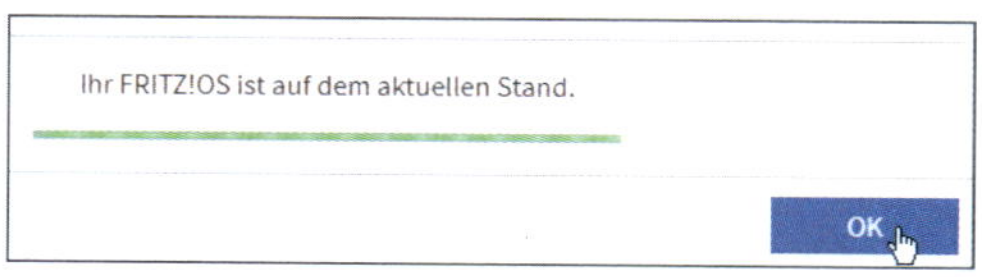

4. Liegt eine Aktualisierung vor, sehen Sie auf dem Bildschirm Details. Dazu gehören die neue Versionsnummer im Vergleich zur jetzigen und wesentliche Änderungen und Verbesserungen durch das Update.

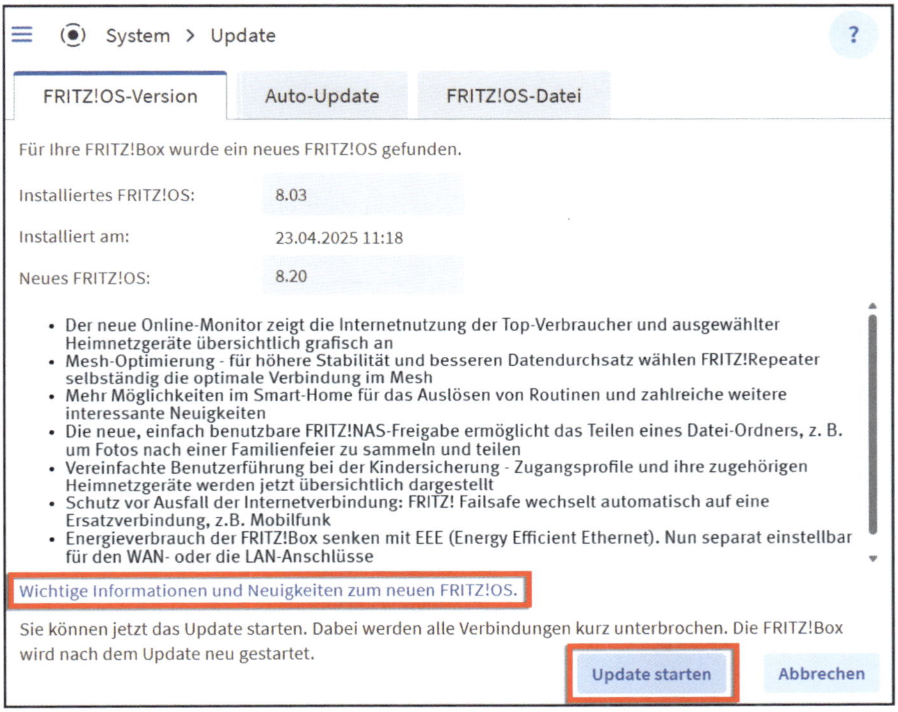

Wollen Sie es genauer wissen?

Wenn Sie ganz genau wissen möchten, welche Änderungen sich durch das neue Update ergeben, klicken Sie auf den Link *Wichtige Informationen und Neuigkeiten zum neuen FRITZ!OS* in den Update-Hinweisen. Damit öffnen Sie im Webbrowser die sogenannten Release Notes zum anstehenden Update. Hier können Sie im Detail nachlesen, was sich nicht nur durch das aktuelle Update ändert. Die Release Notes umfassen auch Zwischen-Updates, die Sie eventuell verpasst haben und deren Änderungen mit dem jetzt anstehenden Update ebenfalls mit eingespielt werden.

5. Möchten Sie das Update jetzt durchführen, klicken Sie auf die Schaltfläche *Update starten*. Bedenken Sie dabei, dass dadurch ein Neustart erforderlich wird. Währenddessen ist Ihre FRITZ!Box für ein bis zwei Minuten inaktiv und nicht erreichbar. Das gilt auch für das WLAN sowie Telefoniefunktionen, wenn diese über die FRITZ!Box abgewickelt werden. Sie sind in dieser Zeit nicht erreichbar und können auch selbst nicht telefonieren.

Während das Update läuft

Überlassen Sie die FRITZ!Box während des Updates einfach sich selbst. Auch wenn es mal etwas länger dauert, sollten Sie nicht eingreifen. Während des eigentlichen Update-Vorgangs blinkt die *Info*-Kontrolllampe am Gehäuse. Solange dies der Fall ist, dürfen Sie die Box auf keinen Fall vom Stromnetz trennen. Sollte die Lampe nicht mehr blinken und die FRITZ!Box auch nach mehr als einigen Minuten noch nicht wieder erreichbar sein, kann es aber helfen, sie einmal kurz vom Strom zu trennen.

6. Die FRITZ!Box lädt nun die Update-Datei von den Webseiten des Herstellers herunter. Das dauert normalerweise aber nur wenige Sekunden bis maximal ein bis zwei Minuten.

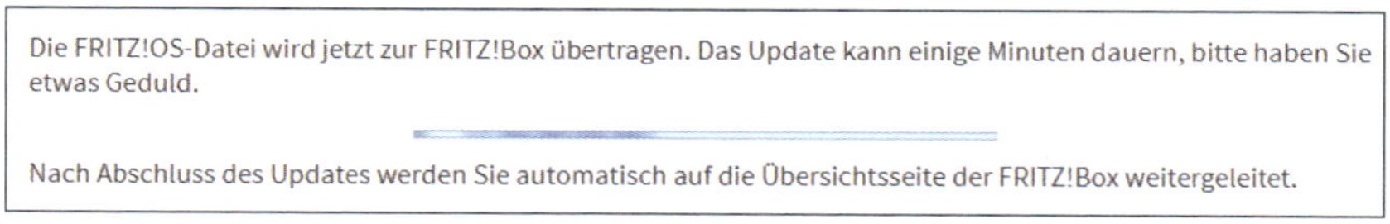

7. Dann wird in der Weboberfläche der Webseite ein Fortschrittsdialog angezeigt. Er signalisiert, dass das Update in der FRITZ!Box eingespielt und aktiviert wird. Das Ganze kann einige Minuten dauern. Unternehmen Sie so lange nichts.

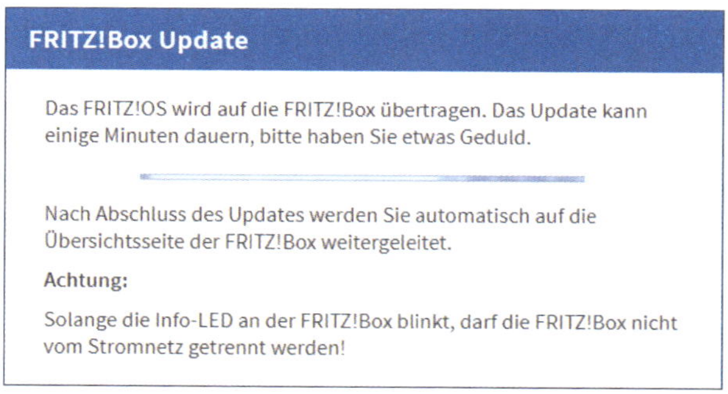

8. Am Ende des Update-Vorgangs startet die FRITZ!Box automatisch neu. Dann wird auch die Weboberfläche im Browser automatisch neu geladen und begrüßt Sie mit dem Kennwortdialog. Geben Sie hier Ihr Kennwort ein (das sich durch das Update nicht verändert hat).

FRITZ!Box-Updates per Hand einspielen

Eine weitere Möglichkeit ist, FRITZ!OS-Updates als Datei manuell einzuspielen, das ist beispielsweise eine Lösung für Geräte ohne Internetverbindung, die eventuell nur als Telefonanlage oder Dateiserver im lokalen Netzwerk dienen. Vor allem aber kann man auf diese Weise Vorabversionen neuer FRITZ!OS-Versionen testen, die noch nicht per Online-Update verteilt werden.

Das FRITZ! Labor

Unter https://fritz.com/pages/fritz-labor bietet der Hersteller regelmäßig Vorabversionen neuer FRITZ!OS-Entwicklungen an. Diese enthalten neue Funktionen oder wesentliche Erweiterungen vorhandener Funktionalität, die so von abenteuerlustigen Anwendern schon frühzeitig getestet werden können. Abenteuerlustig, weil FRITZ! diese Laborversionen ausdrücklich als Vorabversionen ohne Gewähr und auf eigenes Risiko anbietet und vom Einsatz auf produktiv genutzten Geräten abrät. Erfahrungsgemäß kann man solche Laborversionen durchaus nutzen. Sie sollten dies aber nur tun, wenn Sie sich von den neuen Funktionen konkreten Nutzen versprechen. Laden Sie sich dazu die aktuelle Labor-Firmware herunter und richten Sie sich nach der folgenden Anleitung.

1. Öffnen Sie in der Weboberfläche der FRITZ!Box das Menü *System/Update*, wechseln Sie rechts in die Rubrik *FRITZ!OS-Datei* und klicken Sie dort auf *Update aus Datei starten*.
2. Wählen Sie im anschließenden Dialog *Einstellungen sichern*. Legen Sie dann ein Kennwort für die Sicherungsdatei an und speichern Sie diese auf Ihrem PC für eine spätere Wiederherstellung. Nach Abschluss des Downloads klicken Sie auf *Weiter*.
3. Klicken Sie anschließend auf die Schaltfläche *Datei auswählen* und navigieren Sie zu der heruntergeladenen FRITZ!OS-Datei.
4. Klicken Sie dann auf die Schaltfläche *Weiter*.

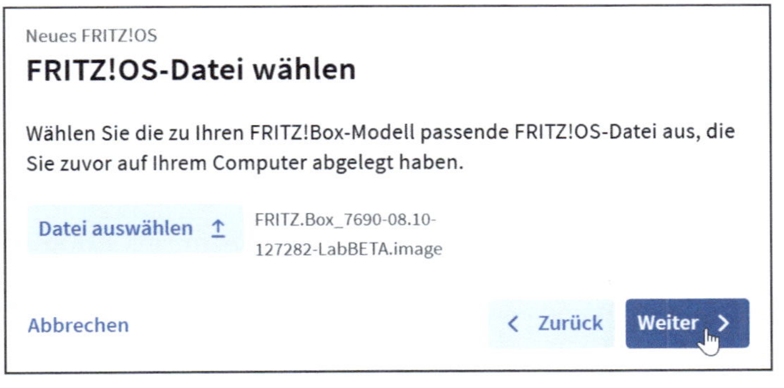

5. Die FRITZ!Box lädt nun die angegebene Datei hoch und führt damit das Update durch. Der Vorgang dauert ein paar Minuten und läuft genau wie bei einem Online-Update ab (siehe dort für Details).

Wollen Sie später von einer Laborversion doch wieder zur regulären »offiziellen« FRITZ!OS-Version zurückkehren, geht das nur mit dem Recover-Programm (siehe Seite 367). Hier kommt auch die Sicherungsdatei ins Spiel, denn nach dem Recover läuft die FRITZ!Box zunächst mit den Werkseinstellungen, was Sie durch Einspielen der gesicherten Konfiguration aber schnell beheben können (siehe Seite 357).

Andere FRITZ!-Geräte per FRITZ!Box aktualisieren

Ein Update ist nicht nur für die FRITZ!Box selbst möglich, sondern auch für andere Geräte des Herstellers wie FRITZ!Fon-Mobilteile, FRITZ!Repeater oder FRITZ!Powerline. Auch diese laufen mit einer Firmware, für die gelegentlich Updates veröffentlicht werden. Solche Updates können Sie bequem per Weboberfläche der FRITZ!Box einspielen.

1. Öffnen Sie in der Weboberfläche das Menü *Heimnetz/Mesh* und warten Sie kurz, bis die Mesh Übersicht aufgebaut ist.
2. Liegt für eines der verbundenen FRITZ!-Geräte ein Update vor, wird dieses mit einem Update-Symbol versehen.

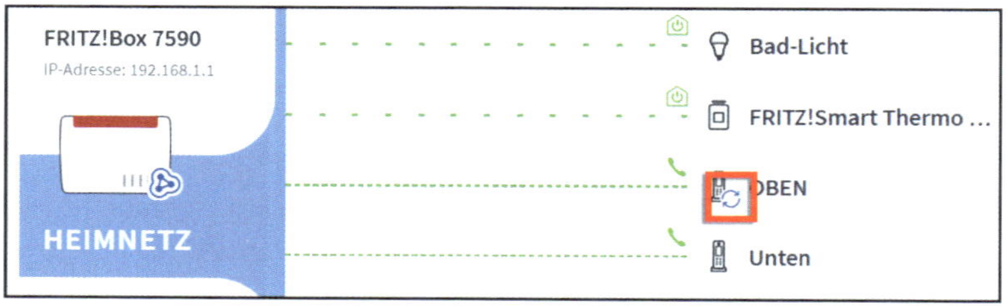

3. Bei sehr vielen angeschlossenen Geräten kann die Mesh Übersicht etwas unübersichtlich sein. In dem Fall gehen Sie auf der Seite nach unten, bis die Tabelle mit allen Verbindungen angezeigt wird.
4. Klicken Sie in der Tabelle auf die ganz rechte Spaltenüberschrift *Update*, um die Geräte anhand des Update-Status zu sortieren. Geräte mit Updates finden Sie anschließend entweder ganz oben oder ganz unten (je nachdem, wie oft Sie auf die Spaltenüberschrift geklickt haben).
5. Geräte, die in dieser Spalte den Eintrag *Version aktuell* haben, sind auf dem neusten Stand.
6. Sollten Sie stattdessen die Meldung *Update verfügbar* mit einem Link *Aktualisieren* vorfinden, liegt eine Aktualisierung für dieses Gerät vor. Klicken Sie auf den Link, damit das Update heruntergeladen und ausgeführt wird.

7.4 Einstellungen der FRITZ!Box sichern und wiederherstellen

In der Weboberfläche Ihrer FRITZ!Box können Sie eine Vielzahl von Einstellungen vornehmen, und erfahrungsgemäß dauert es eine Weile, bis man sich alles nach Wunsch zurechtkonfiguriert hat und alles »rund« läuft. Umso ärgerlicher wäre es, diese Einstellungen zu verlieren, wenn man die FRITZ!Box zwischenzeitlich zurücksetzen muss, wenn bei einem Update etwas schiefläuft oder wenn man zu einem anderen Gerät wechseln will oder muss. Für solche Fälle können Sie die gesamten Einstellungen Ihrer FRITZ!Box in einer lokalen Datei sichern und später wiederherstellen – und das auf demselben oder sogar auf einem anderen Gerät.

Was wird nicht gesichert?

Anstatt aufzulisten, was in der Sicherung enthalten ist, beschränke ich mich lieber auf das Wesentliche, das die Sicherung **nicht** enthält. Das sind die Daten der angemeldeten DECT-Geräte. Diese müssen nach dem Einspielen einer Sicherung neu angemeldet werden. Wenn Sie dabei das DECT-Menü verwenden (und nicht den Assistenten), sind die alten Einstellungen für diese Geräte anschließend aber wieder verfügbar. Außerdem müssen Telefonie-Daten separat gesichert werden.

Einstellungen sichern

Eine Sicherung Ihrer Einstellungen sollten Sie spätestens dann vornehmen, wenn alles nach Ihren Wünschen läuft. Danach wiederholen Sie das gelegentlich und spätestens vor einschneidenden Veränderungen. Beim Update auf eine neue FRITZ!OS-Version etwa bietet die FRITZ!Box von allein an, eine Sicherung zu erstellen. Sie können es aber auch jederzeit von sich aus machen.

1. Öffnen Sie in der Weboberfläche Ihrer FRITZ!Box *System/Sicherung* und wählen Sie auf der rechten Seite *Einstellungen oder Telefonie-Daten sichern*.

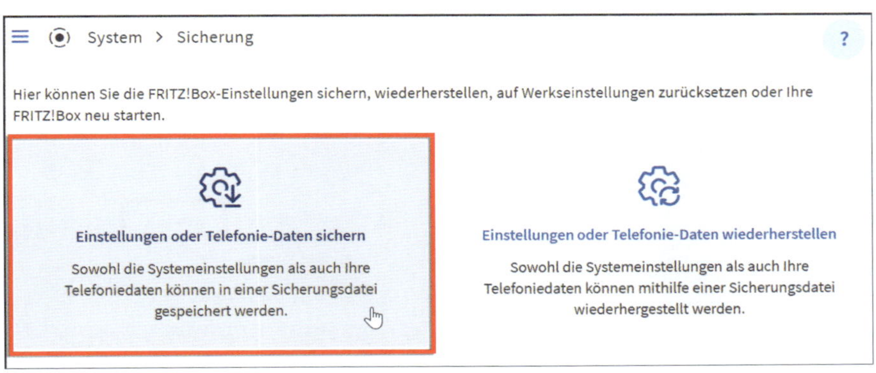

2. Wählen Sie *FRITZ!Box-Einstellungen*, um die Konfiguration Ihrer Box zu speichern. Alternativ sichern Sie mit *Telefonie-Daten* zusätzlich Klingeltöne, AB-Ansagen und -Nachrichten sowie Bilder aus Telefonbüchern. Möchten Sie beides sichern, führen Sie den Vorgang zweimal durch und wählen hier jeweils die passende Option.

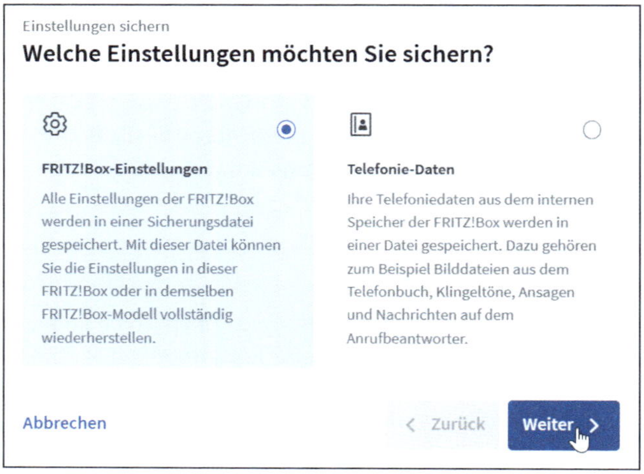

3. Geben Sie anschließend ein *Kennwort* ein, das Sie sich gut merken können oder ggf. an einer sicheren Stelle notieren. Denn Sie können die Sicherung später nur mit diesem Kennwort wiederherstellen. Der Schutz ist notwendig, weil die Sicherung sensible Informationen wie Zugangsdaten enthält, die sonst in falsche Hände gelangen könnten. Klicken Sie dann rechts unten auf *Weiter*.
4. Bestätigen Sie das Erstellen der Sicherung ggf. zusätzlich per Mobilteil, Taste an der FRITZ!Box oder App.
5. Je nach Webbrowser können Sie dann den Dateinamen und Zielordner angeben, oder die Datei wird automatisch im Download-Ordner abgelegt. Der Dateiname wird dabei automatisch aus »FRITZ.Box«, Modellnummer, Firmware-Version, Datum und Uhrzeit der Sicherung gebildet und mit der Endung *.export* versehen. Bei Telefonie-Daten folgt der Dateiname dem gleichen Schema, allerdings mit der Endung *.assets.zip*.

Sicherheitsfunktionen des Webbrowsers beachten

Manche Webbrowser wie etwa Chrome können das Herunterladen der Datei abhängig von den gewählten Einstellungen standardmäßig blockieren. Beachten Sie dazu ggf. Hinweise im Download-Dialog des Webbrowsers und bestätigen Sie das Herunterladen und Speichern, sofern nötig.

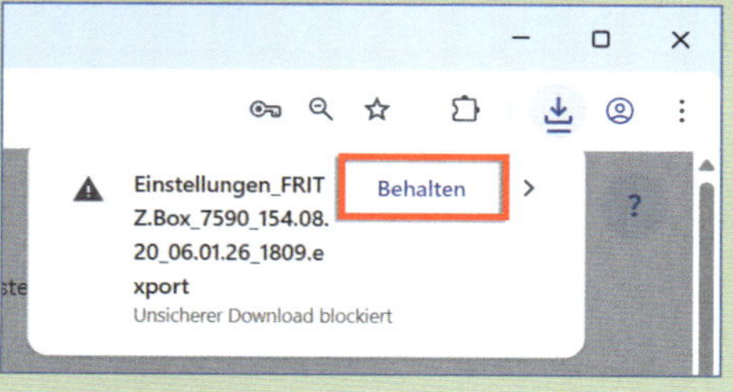

Eine Sicherung wiederherstellen

Das Wiederherstellen einer Sicherung auf derselben FRITZ!Box ist ähnlich geradlinig. Befindet sich die FRITZ!Box beispielsweise nach einem Zurücksetzen in den Werkseinstellungen, können Sie sich wie beim ersten Start an der Weboberfläche anmelden.

1. Öffnen Sie dort das Menü *System/Sicherung* und wählen Sie auf der rechten Seite *Einstellungen oder Telefonie-Daten wiederherstellen*.
2. Wählen Sie dann, ob Sie *FRITZ!Box-Einstellungen* oder *Telefonie-Daten* wiederherstellen möchten.
3. Klicken Sie dann auf die Schaltfläche *Datei auswählen* und wählen Sie im lokalen Dateisystem die Sicherungsdatei aus. Klicken Sie anschließend auf *Weiter*.

4. Nun können Sie auswählen, welche Einstellungen wiederhergestellt werden sollen:
   - *Alle Einstellungen wiederherstellen*
     Wenn Sie die Sicherung mit derselben FRITZ!Box oder mit einem baugleichen Gerät erstellt haben, können Sie die gesicherten Einstellungen mit dieser Option komplett wiederherstellen.
   - *Selbst auswählen, welche Einstellungen wiederhergestellt werden sollen*
     Wenn Sie die Sicherung mit einer FRITZ!Box von einem anderen Typ oder auch einer älteren FRITZ!OS-Version erstellt haben, sollten Sie diese Option wählen. Sie können dann in einem zusätzlichen Schritt sehen, welche Einstellungen übernommen werden können, und dies noch beeinflussen.
5. Tippen Sie dann das Kennwort ein, das Sie beim Erstellen dieser Sicherungsdatei festgelegt hatten.
6. Die FRITZ!Box liest nun die gesicherten Einstellungen aus der Sicherungsdatei ein. Haben Sie sich zuvor für *Selbst auswählen ...* entschieden, sehen Sie anschließend, welche Einstellungen schon vorhanden sind und ggf. aus der Sicherung überschrieben werden würden. Wählen Sie aus, was wiederhergestellt und was beibehalten werden soll.

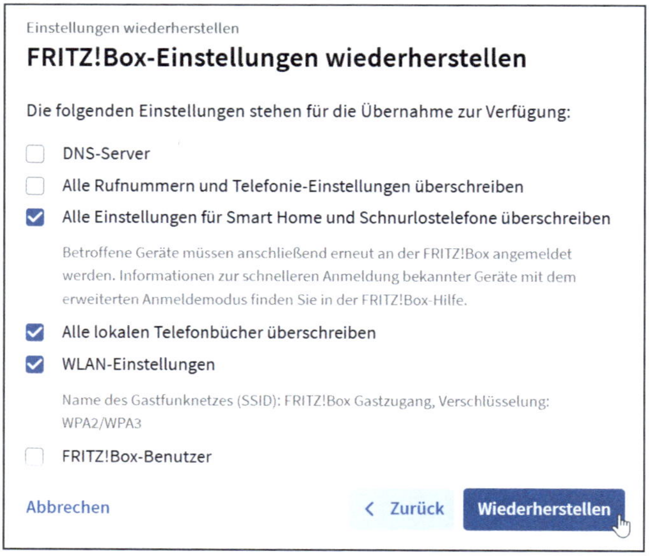

7. Klicken Sie dann unten auf *Wiederherstellen*, um den Vorgang fortzusetzen.
8. Die FRITZ!Box wird nun neu gestartet, was ein paar Minuten dauern kann. Nach dem Abschluss läuft sie mit den wiederhergestellten Einstellungen.

7.5 Push-Service – über wichtige Vorgänge informiert sein

Unter Push-Service versteht die FRITZ!Box die Möglichkeit, Sie bei Bedarf über bestimmte Sachverhalte per E-Mail zu informieren. Dabei kann es sich um regelmäßige Berichte handeln, aber auch um ereignisbezogene Informationen etwa bei neuen Nachrichten auf dem Anrufbeantworter oder empfangene Faxnachrichten.

Push-Services aktivieren

Damit die FRITZ!Box Push-Nachrichten versenden kann, muss dieser Dienst aktiviert und eingerichtet werden. Sie benötigen dazu die Nutzerdaten für den Postausgangsserver Ihres E-Mail-Anbieters. Da die FRITZ!Box selbst keine Mailnachrichten versenden darf, meldet sie sich stattdessen in Ihrem Namen an und schickt Mails so auf den Weg.

1. Um den Push-Service zu aktivieren, öffnen Sie in der Weboberfläche Ihrer FRITZ!Box das Menü *System/Push Service* und klicken hier zunächst unten rechts auf *Push Service einrichten.*
2. Geben Sie hier Ihre *E-Mail-Adresse* ein. Diese wird für die Anmeldung benötigt und gleichzeitig auch als Absender verwendet.

3. Bei *Kennwort* tippen Sie das Passwort ein, mit dem Sie sich bei Ihrem Postfach anmelden.

4. Bei bekannten E-Mail-Providern reichen diese Angaben schon aus, weil die FRITZ!Box den Rest selbst ergänzt. Andernfalls wird ein zusätzlicher Dialog angezeigt, in dem Sie die notwendigen Angaben eintragen, die Sie von Ihrem E-Mail-Betreiber erfahren. Hinterlegen Sie dort den E-Mail-Benutzernamen für das Anmelden beim Mailserver sowie die Adresse des SMTP-Servers. Wenn der Mailserver SSL unterstützt, aktivieren Sie darunter die Option für SSL und kontrollieren den Port mit den Vorgaben Ihres Mailanbieters.
5. Anschließend können Sie weitere Details für den automatisierten Versand von Status-Nachrichten festlegen:
   - Bei *Empfängeradresse* tragen Sie die E-Mail-Adresse ein, an die der Push-Service seine Nachrichten standardmäßig senden soll. Sie können aber bei einzelnen Push-Diensten abweichende Empfängeradressen angeben.

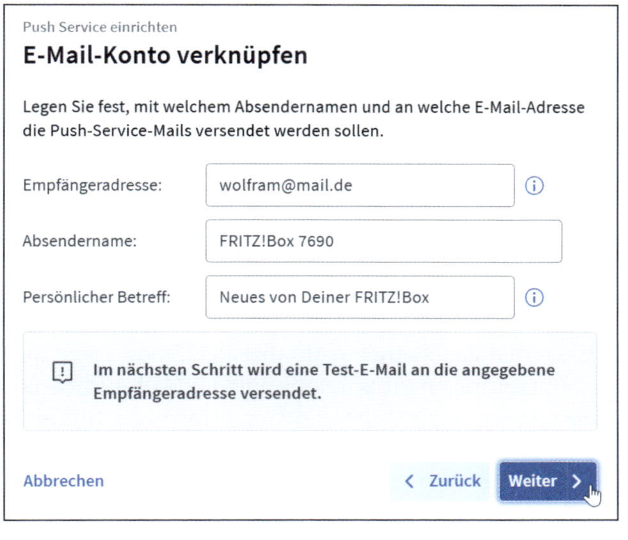

- Standardmäßig verwendet der Dienst die Bezeichnung der FRITZ!Box als *Absendername*, aber Sie können hier etwas anderes angeben.
- Bei *Persönlicher Betreff* können Sie die Betreffzeile der Nachrichten gestalten. Das kann besonders hilfreich sein, wenn Sie solche E-Mails automatisch verarbeiten oder zuverlässig vor einem Spamfilter bewahren möchten.

6. Wenn Sie auf *Weiter* klicken, wird eine Test-Mail an die so konfigurierte Adresse gesendet, um sicherzustellen, dass die E-Mail-Verbindung für den Push-Service ordnungsgemäß funktioniert.

Die FRITZ!Box sendet nun direkt eine Testnachricht mit den gewählten Einstellungen. Warten Sie kurz ab, aber üblicherweise sollte diese sich nach weniger als einer Minute in Ihrem Posteingangsfach befinden. Nach dem Aktivieren der Funktionen sollten Sie die Einstellungen der Push-Services kontrollieren (siehe nachfolgender Abschnitt), da einige Nachrichten standardmäßig aktiviert sind, die Sie vielleicht nicht benötigen.

Die gewünschten Push-Nachrichten wählen

Ist der Push-Service einmal aktiviert und eingerichtet, können Sie festlegen, welche Arten von Nachrichten Sie erhalten möchten. Einiges davon können Sie auch direkt bei den Einstellungen etwa für den Anrufbeantworter oder den Faxempfang festlegen. Unter *System/ Push Service* sind in der Rubrik *Push Services* alle Push-Dienste Ihrer FRITZ!Box zusammengefasst und können hier zentral gesteuert sowie konfiguriert werden.

- *FRITZ!Box-Info*
  Dieser Dienst kann Ihnen regelmäßig Infos zum Status Ihrer FRITZ!Box sowie aktuelle Anruflisten und Ereignisprotokolle schicken. In den Einstellungen wählen Sie, was die Nachricht genau enthalten und ob sie täglich, wöchentlich oder monatlich versendet werden soll.
- *WLAN-Gastzugang*
  Dieser Dienst informiert Sie über An- und Abmeldungen in Ihrem Gäste-WLAN. Wenn es dort Aktivitäten gibt, erhalten Sie eine Mail pro Tag mit einer Zusammenfassung. Bei sehr vielen Aktivitäten schickt die FRITZ!Box auch mehrere Mails am Tag, jeweils wenn 100 Ereignisse erfasst wurden.
- *Neues FRITZ!OS*
  Dieser Dienst informiert Sie, wenn ein neues Update von FRITZ!OS für Ihre FRITZ!Box vorliegt und installiert werden kann.
- *Kennwort vergessen*
  Eine praktische Hilfe, falls Sie mal das Kennwort für Ihre FRITZ!Box vergessen haben sollten. Es wird dann ein Zugangslink an die voreingestellte E-Mail-Adresse geschickt. Nutzen Sie diese Funktion nur, wenn Sie sicher sind, dass niemand Unbefugtes Zugang zu Ihrem Posteingangsfach erlangen kann.

- *Einstellungen sichern*
  Vor dem Einspielen eines Updates oder vor dem Zurücksetzen auf die Werkseinstellungen kann die FRITZ!Box automatisch eine Sicherung der Einstellungen erstellen und per E-Mail versenden. In den Einstellungen dieses Dienstes sollten Sie ein Sicherungskennwort für diese Datei festlegen. Mehr zum Thema Sicherungen lesen Sie auf Seite 357.
- *Änderungsnotiz*
  Dieser Dienst schickt Ihnen E-Mails, wenn wichtige Einstellungen in der FRITZ!Box verändert wurden oder wenn andere sicherheitsrelevante Ereignisse aufgetreten sind. Zusätzlich können Sie sich über Anmeldungen an der Weboberfläche Ihrer FRITZ!Box informieren lassen.
- *Aktuelle IP-Adresse*
  Mit dieser Funktion erhalten Sie jedes Mal eine E-Mail mit der aktuellen externen Internetadresse Ihrer FRITZ!Box, wenn diese sich neu ins Internet eingewählt hat und deshalb eine neue Adresse erhalten hat. Das kann praktisch sein, wenn man sich gelegentlich von unterwegs mit zu Hause verbinden möchte, ohne deshalb gleich MyFRITZ! oder eine VPN-Verbindung einzurichten.

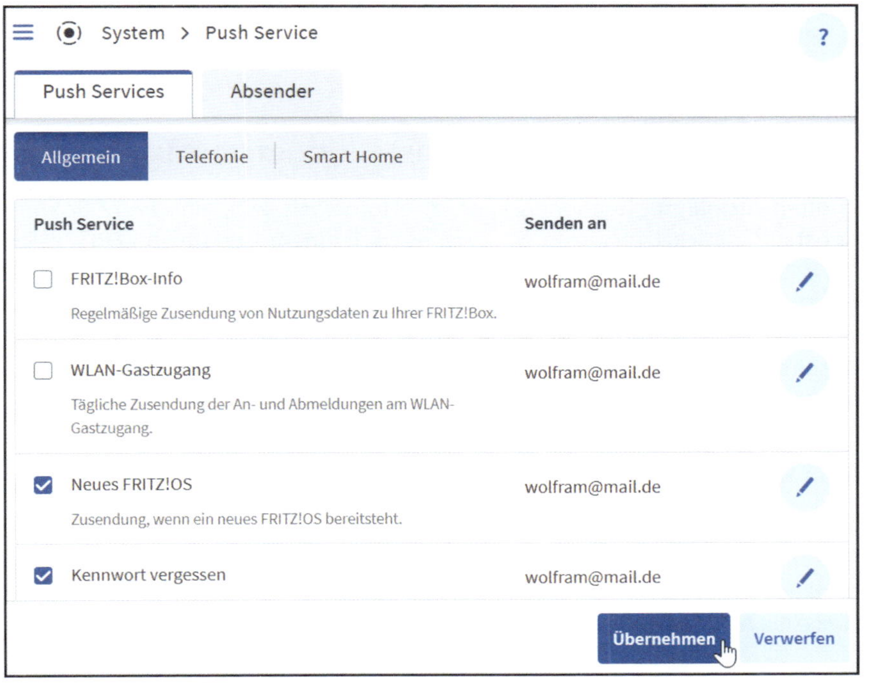

Wenn Sie ganz oben zur Rubrik *Telefonie* wechseln, können Sie weitere Push-Dienste aktivieren:

- *Anrufe*
  Hiermit können Sie sich über alle oder nur über verpasste Anrufe informieren lassen. In den Einstellungen lassen sich bei Bedarf einzelne Detaileinstellungen für mehrere Rufnummern vornehmen, die dann als Ausnahmen zu den allgemeinen Einstellungen gelten. So können Sie auch ganz gezielt eine einzelne Nummer überwachen lassen.
- *Anrufbeantworter*
  Ist dieser Dienst aktiviert, informiert er Sie nicht nur per E-Mail über neue Nachrichten auf dem AB, sondern hängt diese auch gleich als WAV-Datei an. Wenn Sie möchten, kann die FRITZ!Box die Nachrichten von der FRITZ!Box nach dem Versand auch direkt vom Anrufbeantworter löschen.
- *Faxfunktion*
  Analog zum Anrufbeantworterdienst leitet diese Funktion eingegangene Faxnachrichten per E-Mail weiter.

Nutzen Sie die Smart-Home-Funktionen Ihrer FRITZ!Box, können Sie in der gleichnamigen Rubrik auswählen, für welche der registrierten Geräte Sie E-Mail-Nachrichten erhalten möchten, etwa wenn der Batteriestand niedrig ist.

7.6 Die FRITZ!Box auf Werkseinstellungen zurücksetzen

In bestimmten Ausnahmesituationen kann es erforderlich sein, eine FRITZ!Box in den Auslieferzustand zurückzuversetzen. So kann es nach einem Update von FRITZ!OS oder nach dem Wiederherstellen von gesicherten Einstellungen eines anderen Gerätes unter Umständen zu Problemen durch fehlerhafte Einstellungen kommen, die sich nicht anders beheben lassen. Auch wenn Sie beispielsweise eine gebrauchte FRITZ!Box übernehmen oder Ihrerseits eine FRITZ!Box an jemand anderen weitergeben, ist dies ein sicherer Weg, vertrauliche Einstellungen zu entfernen und einen sauberen Neustart zu ermöglichen.

Kennwort vergessen?

Ein denkbares Motiv für das Zurücksetzen der FRITZ!Box könnte auch sein, dass Sie das Kennwort für den Zugang zur Weboberfläche vergessen haben. In diesem Fall müssen Sie nicht gleich die gesamte FRITZ!Box zurücksetzen. Zumindest nicht, wenn Sie den Push-Service (siehe Seite 360) und den Dienst *Kennwort vergessen* aktiviert haben.

1. In diesem Fall rufen Sie wie gewohnt die Weboberfläche der FRITZ!Box auf.
2. Anstatt ein Kennwort einzugeben, klicken Sie unten links auf den Link *Kennwort vergessen?*.

3. Die FRITZ!Box bietet Ihnen nun an, Ihnen per E-Mail einen Link für den Zugang zu Ihrer FRITZ!Box zuzusenden. Klicken Sie dazu auf *Push Service Mail senden*.
4. Warten Sie kurz, bis die Nachrichten in Ihrem E-Mail-Eingangspostfach angezeigt werden, und klicken Sie dann den enthaltenen Zugangslink an. Beachten Sie bitte, dass er nur innerhalb Ihres Heimnetzwerks funktioniert.

5. Nachdem Sie mit diesem Link wieder Zugang zur Weboberfläche erlangt haben, legen Sie ein neues Kennwort für den Zugang an.

Werkseinstellungen wiederherstellen

Wenn Sie noch Zugang zur Weboberfläche der FRITZ!Box haben, können Sie diese jederzeit mit wenigen Schritten in den Auslieferzustand zurückversetzen:

1. Öffnen Sie in der Weboberfläche das Menü *System/Sicherung*.
2. Wählen Sie rechts *Werkseinstellungen laden*.

3. Der so geöffnete Dialog weist darauf hin, dass Sie ggf. zuvor die Einstellungen Ihrer FRITZ!Box sichern sollten, damit Sie diese nötigenfalls später wiederherstellen können. Wenn Sie sich sicher sind, klicken Sie hier auf die Schaltfläche *Werkseinstellungen laden*.

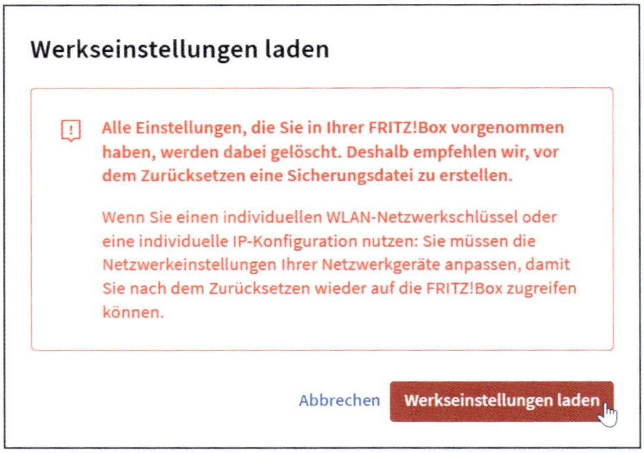

4. Die Einstellungen werden nun zurückgesetzt und die FRITZ!Box wird neu gestartet.

Nach wenigen Minuten können Sie sich wieder anmelden. Beachten Sie, dass nun wieder die Anmeldedaten »ab Werk« gelten, die auf dem Aufkleber an der Unterseite bzw. Rückseite der FRITZ!Box stehen.

Werkseinstellungen ohne Kennwort

Auch wenn Sie das Kennwort für den Zugang zu einer FRITZ!Box nicht kennen, etwa weil Sie die FRITZ!Box von jemand anderem übernommen haben, können Sie das Gerät in den Auslieferzustand versetzen:

1. Trennen Sie die FRITZ!Box zumindest für einige Minuten vom Stromnetz und schließen Sie sie dann wieder an.
2. Rufen Sie nun innerhalb von zehn Minuten die Weboberfläche der FRITZ!Box auf.
3. Tippen Sie im Anmeldedialog unten links auf *Kennwort vergessen?*.
4. Klicken Sie im anschließenden Dialog auf die Schaltfläche *Werkseinstellungen wiederherstellen*.
5. Die FRITZ!Box wird jetzt neu gestartet und dabei in den Auslieferungszustand zurückversetzt. Anschließend können Sie das Kennwort verwenden, das auf dem Aufkleber an der Unterseite der FRITZ!Box steht.

Werkseinstellung per DECT

Wenn Sie keinen Zugriff auf die Weboberfläche Ihrer FRITZ!Box mehr haben, aber ein Telefon angeschlossen bzw. angemeldet ist und sich nutzen lässt, können Sie die Werkseinstellung auch damit wiederherstellen:

1. Nehmen Sie den Hörer ab, sofern das Gerät einen Hörer hat.
2. Tippen Sie nun den folgenden Code mit den Tasten des Telefons ein.
   #991*15901590*
3. Bei einem Mobilteil drücken Sie dann die grüne Hörertaste zum Herstellen der Verbindung.
4. Halten Sie den Hörer ans Ohr und warten Sie auf einen Bestätigungston.
5. Legen Sie nun auf. Die FRITZ!Box sollte sich automatisch auf ihren Auslieferungszustand zurücksetzen.

Das Recover-Tool für Notfälle

Das Zurücksetzen einer FRITZ!Box auf die Werkseinstellungen erfordert wie vorangehend beschrieben immer irgendeine Art von Zugang zum FRITZ!OS. Wenn Sie diesen nicht haben, bleibt als letzter Ausweg ein spezielles Recover-Programm des Herstellers. Damit können Sie eine FRITZ!Box zurücksetzen, wenn sonst alle Methoden versagen.

Das Recover-Programm herunterladen

Das Recover-Programm muss zur FRITZ!Box passen. Der Hersteller bietet für jedes Gerät eine eigene passende Version an. Hierbei handelt es sich um ein Windows-Programm, das auf einem PC ausgeführt werden muss, der (wichtig!) per Netzwerkkabel direkt mit der FRITZ!Box verbunden ist.

1. Öffnen Sie im Webbrowser die Adresse https://download.avm.de/fritzbox/.
2. Damit gelangen Sie zu einer Übersicht der unterstützten Geräte. Suchen Sie hier den Ordner, der zur Bezeichnung Ihrer FRITZ!Box passt.
3. Wählen Sie anschließend das passende Land aus, falls mehr als eines angeboten wird. Für eine deutschsprachige Oberfläche sollten Sie aber in der Regel *Deutschland* wählen.
4. In diesem Ordner klicken Sie dann auf *recover*.
5. Hier findet sich nun endlich das eigentliche Recover-Programm als EXE-Datei zum Download.

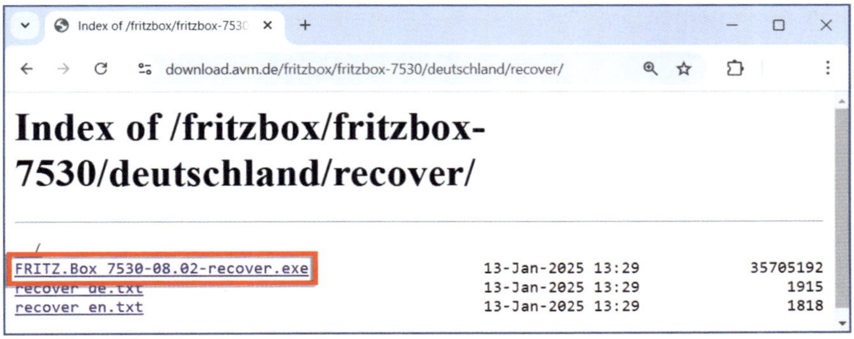

Falls mehr als eine Version angeboten wird, wählen Sie im Zweifelsfall die mit der höheren Versionsnummer im Dateinamen.

6. Laden Sie dieses Programm per Klick herunter und speichern Sie es auf dem lokalen PC.

Das Recover-Programm ausführen

Haben Sie das zum FRITZ!Box-Modell passende Recover-Programm heruntergeladen, verbinden Sie den PC per Netzwerkkabel mit der FRITZ!Box. Entfernen Sie ggf. alle anderen Netzwerkkabel aus der FRITZ!Box, sodass sie nur noch mit dem PC verbunden ist. Die FRITZ!Box sollte zu Beginn vom Stromnetz getrennt sein, am besten schon seit einigen Minuten, da das Folgende dann erfahrungsgemäß zuverlässiger funktioniert.

1. Führen Sie nun das Recover-Programm durch Doppelklick auf die EXE-Datei auf dem PC aus.

2. Klicken Sie auf *Weiter*, bis Sie vom Programm aufgefordert werden, die FRITZ!Box einzuschalten. Kommen Sie der Aufforderung nach.

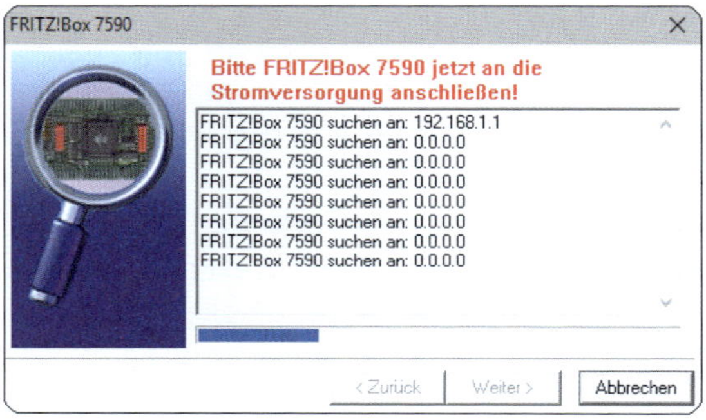

3. Das Programm versucht nun, eine Verbindung zur FRITZ!Box herzustellen. Das kann einige Minuten dauern. Den Fortschritt können Sie am Bildschirm verfolgen. Warten Sie einfach geduldig ab.

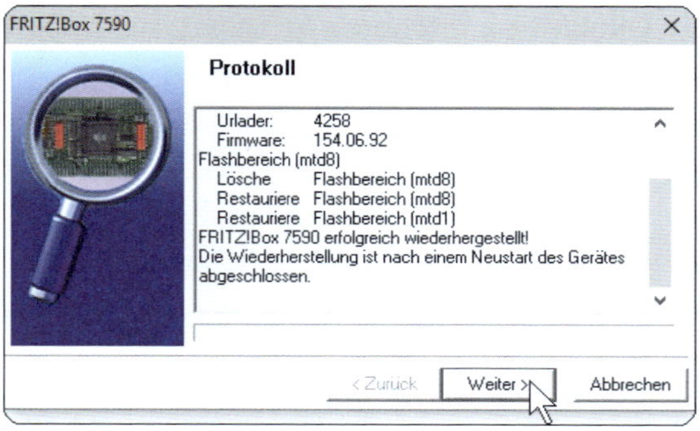

4. Hat das Programm die Verbindung zur FRITZ!Box herstellen können, löscht es die Einstellungen und den internen Speicher und versetzt das Gerät dadurch in den Auslieferzustand. Das kann kurze Zeit dauern.

5. Ist der Vorgang abgeschlossen, wird die *Weiter*-Schaltfläche des Programms aktiviert. Klicken Sie darauf und *Beenden* Sie das Programm dann.

Nach einem Neustart befindet sich die FRITZ!Box im Auslieferungszustand. Sie können sich nun mit den am Gerät angebrachten Daten anmelden.

7.7 Tipps, Tricks und Tools

Zum Abschluss dieses Buches möchte ich Ihnen noch einige Tipps mit auf den Weg geben. Zum einen handelt es sich dabei um Hinweise auf Zusatzsoftware, mit der Sie Ihre FRITZ!Box noch besser und komfortabler nutzen können. Zum anderen geht es um kleine, praktische Funktionen, die man leicht übersieht, die aber in bestimmten Situationen hilfreich sein können. Und schließlich habe ich noch einige Links zu Online-Informationen und Benutzerforen für Sie gesammelt, unter denen Sie bei Bedarf Hilfe und noch mehr Informationen und Tipps zu Ihrer FRITZ!Box finden können.

FRITZ!Box als Zeitgeber für das lokale Netzwerk

PCs und andere Netzwerkgeräte können sich mit dem **N**etwork **T**ime **P**rotocol (NTP) über das Netzwerk regelmäßig die aktuelle Uhrzeit beschaffen und ihre interne Uhr damit abgleichen. Das kann auch Ihre FRITZ!Box, aber vor allem kann sie die so ermittelte aktuelle Uhrzeit an die Geräte im Heimnetzwerk weitergeben, sodass diese sich mit der FRITZ!Box abgleichen können und alle stets dieselbe Uhrzeit haben.

1. Die NTP-Einstellungen der FRITZ!Box finden Sie in der Weboberfläche im Menü *Heimnetz/Netzwerk*. Wechseln Sie dort auf der rechten Seite in die Rubrik *Netzwerkeinstellungen*.
2. Klicken Sie dort ganz unten auf *Erweiterte Netzwerkeinstellungen*.
3. Wechseln Sie in den so geöffneten Einstellungen in die Rubrik *Zeitsynchronisation*.
4. Standardmäßig holt sich die FRITZ!Box ihre Internetzeit von einem Server aus dem offiziellen NTP-Pool. Sie können diesen im Feld *Zeitserver-Adresse* durch einen anderen NTP-Server Ihrer Wahl ersetzen. Unter www.zeitserver.de finden Sie beispielsweise die bekannten Internetprovider sowie Hochschulen und Bundesbehörden.
5. Soll die FRITZ!Box mit der online abgeglichenen Uhrzeit einen eigenen Zeitserver für das lokale Heimnetzwerk betreiben, schalten Sie die Option *FRITZ!Box als Zeitserver im Heimnetz verwenden* ein. Vergessen Sie nicht, die geänderten Einstellungen zu *Übernehmen*.

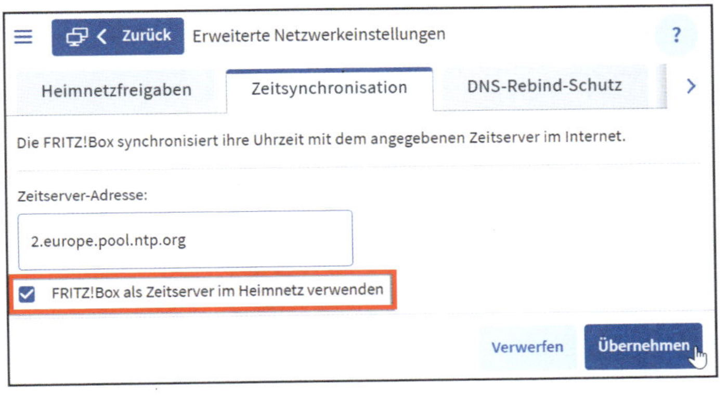

Sie können nun bei Geräten oder Programmen, die einen NTP-Abgleich vornehmen können, einfach die Adresse Ihrer FRITZ!Box – standardmäßig *fritz.box* – als Zeitserver angeben. Bei Windows finden Sie die Einstellung dazu in der klassischen Systemsteuerung unter *Datum und Uhrzeit* in der Rubrik *Internetzeit*.

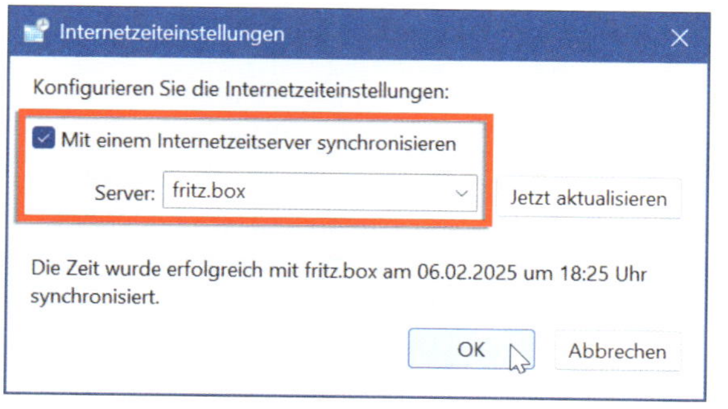

PCs aus dem Stand-by wecken

PCs haben selbst im Leerlauf einen recht hohen Stromverbrauch und eignen sich deshalb nicht als Dauerläufer. Wenn auf einem PC Daten gespeichert oder Dienste installiert sind, die Sie gelegentlich nutzen möchten, bietet sich als Kompromiss der Stand-by-Modus an. Damit verbraucht der PC im Tiefschlaf nur wenig Energie, kann aber jederzeit geweckt werden und ist dann innerhalb weniger Sekunden einsatzbereit. Damit Sie für dieses Wecken nicht jedes Mal zum PC laufen bzw. dies auch aus der Ferne ausführen können, kann die FRITZ!Box das per **W**ake **O**n **L**AN (WOL) für Sie übernehmen.

PCs bei Bedarf per Weboberfläche wecken

Voraussetzung für Wake On LAN ist die Unterstützung durch das Gerät. Bei PCs muss diese Funktion im BIOS (bzw. UEFI) aktiviert sein. Unter Windows kann in den Einstellungen des Netzwerkadapters in der Rubrik *Energieverwaltung* eingestellt werden, ob der PC auf Wake-On-LAN-Anfragen (Magic Packet) reagieren soll.

1. Um einen PC bei Bedarf aus dem Stand-by zu wecken, öffnen Sie in der Weboberfläche der FRITZ!Box das Menü *Heimnetz/Netzwerk*.
2. Suchen Sie den PC in der Liste der Netzwerkgeräte und öffnen Sie mit dem Stift-Symbol rechts seine Einstellungen.

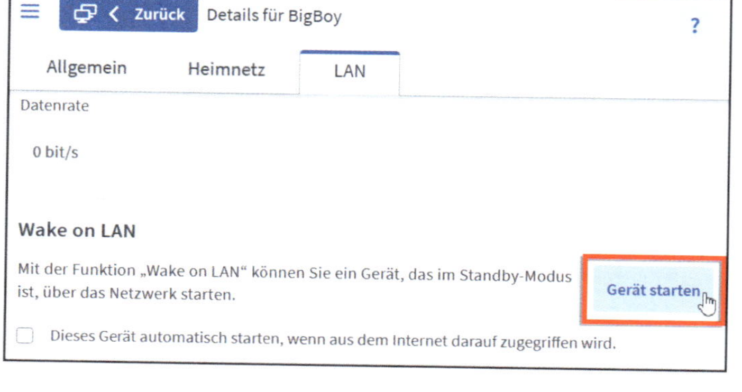

3. Wechseln Sie im so geöffneten Dialog in die Rubrik *LAN*.
4. Klicken Sie hier im Abschnitt *Wake on LAN* auf die Schaltfläche *Gerät starten*, um den PC aus seinem Tiefschlaf zu wecken.

PCs bei Zugriffen aus der Ferne automatisch wecken

Die FRITZ!Box kann PCs sogar automatisch aus dem Tiefschlaf wecken, wenn sie den Bedarf dazu erkennt. Voraussetzung dafür ist, dass eine Portfreigabe auf diesem PC eingerichtet ist (siehe Seite 207). Kommen nun Datenpakete auf den in der Freigabe definierten Ports an, sendet die FRITZ!Box automatisch ein »Aufwachen«-Signal an diesen PC. Das passiert allerdings nur bei Geräten, für die Sie diese Funktion ausdrücklich aktiviert haben. Zeigen Sie dazu wie vorangehend beschrieben für das jeweilige Gerät in der Rubrik *LAN* den Abschnitt *Wake on LAN* an und aktivieren Sie darin die Option *Dieses Gerät automatisch starten, wenn aus dem Internet darauf zugegriffen wird.*

Die Telefonanlage per Tastencodes steuern

Die FRITZ!Box enthält eine eigene Telefonanlage mit verschiedenen Komfortfunktionen. Diese lassen sich wie in Kapitel 5 »Telefonie zuverlässig und komfortabel« beschrieben über die Weboberfläche einstellen. Allerdings ist es manchmal einfacher, dies direkt über ein angeschlossenes Telefon zu erledigen.

Für diesen Zweck gibt es eine Reihe von Tastencodes, mit denen sich beispielsweise Rufumleitungen bei Bedarf schnell ein- oder ausschalten lassen. Nun will man sich solche Codes sicherlich nicht unbedingt merken oder immer einen Zettel damit griffbereit liegen haben. Aber Sie können regelmäßig benötigte Codes auch als Telefonbucheinträge mit einer passenden Bezeichnung abspeichern und so jederzeit schnell abrufen.

Tastencodes eingeben

Beim Eingeben eines Tastencodes unterscheidet sich die Vorgehensweise leicht zwischen zwei Arten von Telefonen:

- Klassische Telefone mit »Abnehmen und Auflegen«
  Bei solchen Geräten nehmen Sie ab und warten auf das Freizeichen im Hörer. Dann erst tippen Sie den Tastencode ein. Warten Sie nach der letzten Taste ggf. auf einen Bestätigungston. Dann legen Sie auf.
- Mobilteile mit grüner Annehmen- und roter Auflegentaste
  Bei solchen Geräten tippen Sie einfach direkt den Tastencode ein bzw. rufen einen entsprechenden Telefonbucheintrag ab. Drücken Sie dann auf die Taste mit dem grünen Annehmen-Symbol. Warten Sie nun, bis die Tastencodes automatisch gewählt werden und das Ausführen abschließend ggf. mit einem Ton bestätigt wird. Drücken Sie dann auf die Taste mit dem roten Auflegen-Symbol.

Spontane Amtsholung für die analogen Anschlüsse steuern

Wenn Sie mit Telefonen am analogen Anschluss mehr intern als extern telefonieren, können Sie verhindern, dass die Geräte beim Abheben automatisch eine Amtsleitung belegen. Sie können dann interne Gespräche einfach nur mit der Nummer des Anschlusses ohne vorangestellte ** wählen. Für Gespräche nach draußen müssen Sie dafür eine zusätzliche 0 voranstellen, also für eine Nummer in Hamburg etwa 0040... anstatt 040...

Um die spontane Amtsholung zu deaktivieren, verwenden Sie für den Anschluss _FON 1_ den Tastencode #11*0* und für _FON 2_ #12*0*. Wollen Sie die Amtsholung wieder einschalten, geht dies entsprechend mit #11*1* bzw. #12*1*.

Rufumleitung für alle Rufnummern

Eine Rufumleitung ist praktisch, um etwa zu Hause eingehende Anrufe unterwegs am Handy entgegennehmen zu können. Über Tastencodes können Sie verschiedene Varianten der Rufumleitung nach Bedarf jederzeit ein- und ausschalten.

- Sofortige Rufumleitung
  *21*<Zielrufnummer>*#
- Rufumleitung nach 20 Sekunden
  *61*<Zielrufnummer>*#
- Rufumleitung bei besetzt
  *67*<Zielrufnummer>*#

Um die Rufumleitung wieder auszuschalten, wiederholen Sie den entsprechenden Tastencode, lassen aber eine Zielrufnummer weg, also _*21**#_ bzw. _*61**#_ oder _*67**#_.

Rufumleitung für bestimmte Rufnummern

Wenn Sie mehrere Rufnummern haben, können Sie eine Umleitung auch nur für eine bestimmte Nummer vornehmen. Die Tastencodes dafür sind ähnlich, allerdings müssen Sie zusätzlich Ihre umzuleitende Rufnummer angeben.

- Sofortige Rufumleitung
  *21*<Zielrufnummer>*<Ihre Rufnummer>#
- Rufumleitung nach 20 Sekunden
  *61*<Zielrufnummer>*<Ihre Rufnummer>#
- Rufumleitung bei besetzt
  *67*<Zielrufnummer>*<Ihre Rufnummer>#

Deaktiviert werden solche Umleitungen durch Wiederholen des Tastencodes ohne Zielrufnummer, aber mit eigener Rufnummer, also _*21**<Ihre Rufnummer>#_ bzw. _*61**<Ihre Rufnummer>#_ oder _*67**<Ihre Rufnummer>#_.

Rufumleitung für die analogen Anschlüsse

Auch speziell für die analogen Anschlüsse können Sie Rufumleitungen einrichten. Im Folgenden sind die Tastencodes für den Anschluss *FON 1* abgedruckt. Für *FON 2* können Sie die gleichen Codes verwenden, nur dass Sie als dritte Ziffer die 2 anstelle der 1 verwenden, also beispielsweise **412** anstatt **411**.

- Rufumleitung sofort ohne Klingeln
  411*<Zielrufnummer>
- Rufumleitung nach 20 Sekunden
  421*<Zielrufnummer>
- Rufumleitung bei besetzt
  431*<Zielrufnummer>
- Rufumleitung nach 20 Sekunden, bei besetzt sofort
  431*<Zielrufnummer>
- Rufumleitung sofort mit Klingeln
  451*<Zielrufnummer>

Um eine dermaßen eingerichtete Rufumleitung zu beenden, wiederholen Sie den Tastencode ohne Angabe einer Zielrufnummer, also beispielsweise **401***.

Telefon als Babyfon

Für FRITZ!Fon-Mobilteile gibt es eine praktische Babyfon-Überwachungsfunktion, die man bequem im Menü des Mobilteils auswählen kann. Sie können aber jedes an der FRITZ!Box angeschlossene Telefon für diese Funktion verwenden. Dazu geben Sie am Gerät den folgenden Tastencode ein:

**4<Pegel>*<Zielrufnummer>#*

Hierbei bestimmt *Pegel* die Empfindlichkeit und kann Werte zwischen 1 (höchste) und 8 (niedrigste) annehmen. Als Zielrufnummer können Sie externe und interne Nummern angeben, wobei Sie bei internen Nummern die führenden ** weglassen.

Ankommende Anrufe heranholen

Wenn ein Anruf hereinkommt, können Sie ihn mit jedem beliebigen Telefongerät an der FRITZ!Box entgegennehmen, auch wenn das Telefon nicht für die Rufnummer konfiguriert ist und deshalb nicht klingelt. Das gilt sogar, wenn der Anrufbeantworter den Ruf bereits entgegengenommen hat. Geben Sie dazu an Ihrem Gerät den Tastencode **09* ein.

Rundruf an alle internen Anschlüsse

Andere intern an der FRITZ!Box angeschlossene bzw. angemeldete Geräte können Sie jederzeit über deren interne Nummer erreichen, die Sie in der Weboberfläche in der Übersicht der Telefoniegeräte unter *Telefonie/Telefoniegeräte* finden. Hier ist diese Nummer in der Spalte intern angegeben. Sie beginnt immer mit **. Sie können aber auch einen Rundruf starten, der an allen internen Geräten gleichzeitig signalisiert wird. Drücken Sie dazu ***9*.

Die FRITZ!Box per Notfall-IP erreichen

Wenn Sie die Weboberfläche Ihrer FRITZ!Box beispielsweise nach einer Einstellungsänderung nicht mehr erreichen können, gibt es eine Hintertür bzw. eine Notfall-IP (die Sie testweise aber auch jederzeit sonst verwenden können): Rufen Sie im Webbrowser die Adresse http://169.254.1.1 auf und schauen Sie, ob sich dann die bekannte Anmeldeseite zeigt. Wenn diese Adresse funktioniert, aber die normale Adresse (etwa *http://fritz.box*) nicht mehr, sollten Sie Folgendes überprüfen:

- Ist in den *Erweiterten Netzwerkeinstellungen* (im Menü *Heimnetz/Netzwerk* in der Rubrik *Netzwerkeinstellungen* ganz unten) unter *IPv4-Adressen* die Option *DHCP-Server aktivieren* eingeschaltet und sind die anderen Einstellungen hier sinnvoll gewählt?
- Wenn das Problem nur einzelne Geräte betrifft, prüfen Sie, ob diese ihre Internetzugangsdaten per DHCP beziehen. Wenn nicht, kontrollieren Sie, ob die manuellen Internetzugangsdaten zur FRITZ!Box passen und ob die FRITZ!Box als DNS-Server angegeben ist.
- Kontrollieren Sie, ob eventuell neu installierte Firewall- oder andere Sicherheitssoftware die Verbindung zur FRITZ!Box blockiert, indem Sie die Schutzfunktion vorübergehend abschalten. Richten Sie in diesem Fall eine Ausnahme für den Zugang zur FRITZ!Box ein.

Software für Ihre FRITZ!Box

Die FRITZ!Box lässt sich durch eine ganze Reihe von Apps und Programmen ergänzen, mit denen sich die Anwendungsmöglichkeiten und der Komfort Ihrer FRITZ!Box noch erhöhen lassen. Einige stellt der FRITZ!Box-Hersteller selbst bereit, andere kommen von Fremdanbietern.

Apps für Android & iOS

FRITZ! bietet eine ganze Reihe von Apps an, die sich gut ins FRITZ!Box-Ökosystem eingliedern. Einige davon habe ich in diesem Buch an den passenden Stellen auch vorgestellt. Unter https://fritz.com/pages/apps finden Sie eine Übersicht der Apps. In den Detailseiten sind direkte Links zu den jeweiligen App Stores enthalten. Die meisten Apps sind für Android und iOS erhältlich, einige aber auch nur für Android.

BoxToGo für Android

Wer seine FRITZ!Box regelmäßig von unterwegs oder auch vom Sofa per Android-Smartphone bedienen möchte, sollte sich die App *BoxToGo* anschauen. Sie bietet einen ähnlichen Funktionsumfang wie die *MyFRITZ!App*, verpackt diese aber in einer gefälligeren Oberfläche, bei der man nicht schon für Basisfunktionen wie das Abhören von AB-Nachrichten zur FRITZ!Box-Weboberfläche wechseln muss. Wer das Ganze von außerhalb des heimischen Netzwerks nutzen möchte, muss aber auch hierfür MyFRITZ! oder eine VPN-Verbindung einrichten. Auch in der kostenlosen Free-Edition bietet *BoxToGo* schon einiges, die Pro-Version enthält noch mehr Funktionen.

PC-Programme für Vieltelefonierer und FRITZ!Box-Experten

Es gibt auch PC-Programme, mit denen man sich die tägliche Arbeit bzw. Telekommunikation erleichtern kann. Anrufmonitore melden eingehende Gespräche am PC oder helfen auch dabei, selbst Anrufe per Mausklick durchführen zu können. Und auch für das FRITZ!-Box-Telefonbuch und Experteneinstellungen gibt es hilfreiche Software.

JFritz

JFritz (https://jfritz.org) ist ein Programm für PC-Arbeiter und -Telefonierer. Es ist in Java geschrieben und läuft unter Windows, macOS sowie Linux. Es verbindet sich mit der FRITZ!Box im Heimnetzwerk und gleicht automatisch die Anrufliste ab. Zwar kann es nicht auf das Telefonbuch der FRITZ!Box zugreifen, aber man kann ein eigenes Telefonbuch anlegen und ggf. per Inverssuche automatisch füttern lassen. Ein integrierter Anrufmonitor meldet Anrufe direkt am Bildschirm, und kombiniert mit der Wählhilfe (siehe Seite 301) können Sie Anrufe bequem per Mausklick starten. *JFritz* wird leider nicht mehr weiterentwickelt, aber solange es läuft, kann es für Vieltelefonierer eine wertvolle Hilfe sein.

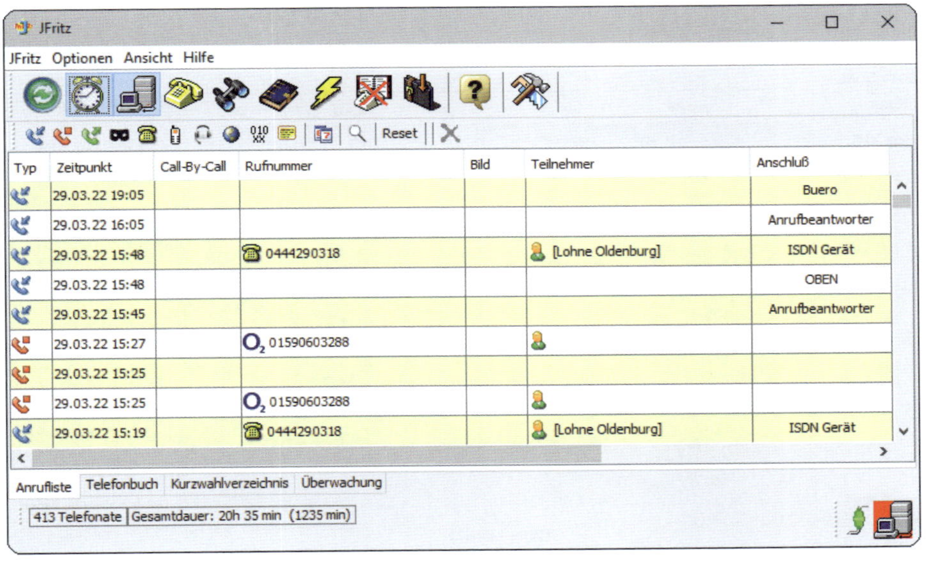

jAnrufmonitor

jAnrufmonitor ist eine weitere Software, die als Anrufmonitor auf PCs im Heimnetzwerk eingesetzt werden kann. Sie signalisiert eingehende Anrufe, kann dabei die Anrufer mittels Online-Telefonauskünften ggf. identifizieren, Anrufprotokolle erstellen, Benachrichtigungs-E-Mails bei verpassten Anrufen versenden. Zusatzfunktionen sind außerdem das Erfassen von Gesprächsnotizen und das regelbasierte Reagieren auf bestimmte Anrufer.

jAnrufmonitor ist in Java geschrieben und läuft unter Windows, macOS und Linux. Es unterstützt eine Reihe von Telefonieschnittstellen und kann deshalb auch mit anderen Telefonanlagen genutzt werden. Laden Sie daher unter https://www.janrufmonitor.de/fritzbox die speziell für die FRITZ!Box angepasste Version herunter. Anschließend können Sie das Programm um Module erweitern, die beispielsweise Anrufer identifizieren oder beim Blockieren von Telefonwerbung helfen.

Contact Conversion Wizard

Der *Contact Conversion Wizard* (https://github.com/Rillke/Contact-Conversion-Wizard) ist ein hilfreiches Programm, um Kontakte zwischen FRITZ!Box und anderen Quellen auszutauschen. Es kann (unter anderem) lokal gesicherte FRITZ!Box-Telefonbücher in andere Formate wie Outlook, vCard oder einfache CSV-Textdateien umwandeln (und umgekehrt). Ebenso kennt es Google-Kontakte oder die Telefonbücher von Gigaset, Snom, Auerswald, Panasonic oder Grandstream. Die etwas unübersichtliche Oberfläche benötigt ein wenig Eingewöhnung, bietet aber sinnvolle Einstellungsmöglichkeiten, um Telefonbucheinträge aus der FRITZ!Box heraus- und/oder hineinzubekommen.

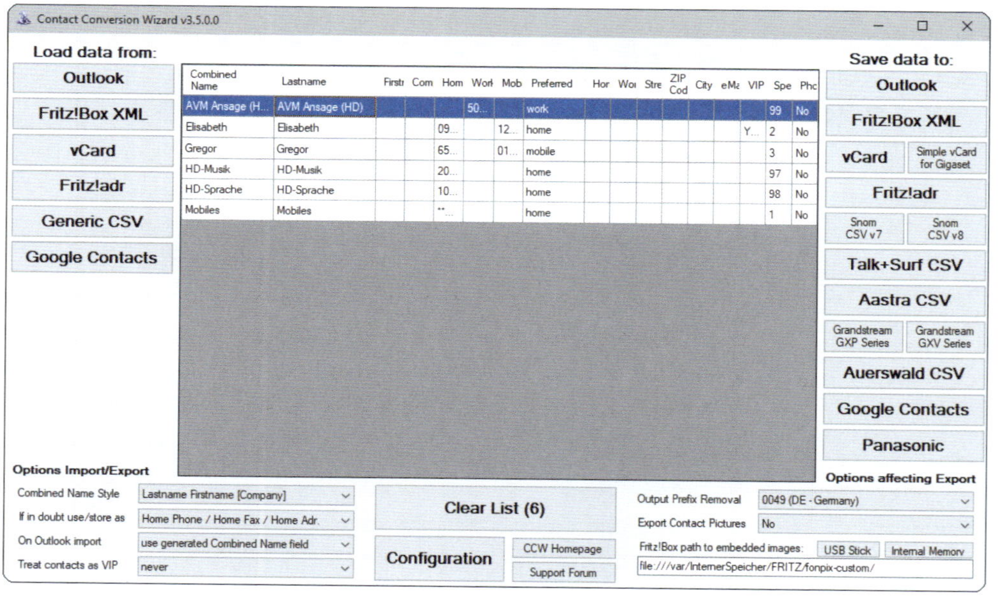

FBEditor für Experteneinstellungen

FBEditor ist ein sehr spezielles Programm, mit dem sich Einstellungen an der FRITZ!Box vornehmen lassen, die über die Weboberfläche nicht zugänglich sind. Dazu verwendet das Programm eine Sicherungsdatei der Einstellungen (siehe Seite 357). Diese wird auf einen PC heruntergeladen und dort im *FBEditor* bearbeitet. Anschließend kann die veränderte Datei in der FRITZ!Box wiederhergestellt werden, wodurch die neuen Einstellungen nach einem Neustart in Kraft treten.

Das ist allerdings nicht unbedingt trivial. Die Sicherungsdateien sind mit einer Checksumme versehen, die einfache Manipulationen ausschließt. Nach einer Änderung an der (Text-)Datei muss also eine neue, korrekte Checksumme errechnet werden, was der *FBEditor* beherrscht. Das bedeutet aber nicht, dass eine solche Änderung immer auch sinnvoll und problemlos ist. Das Programm richtet sich also vor allem an Anwender, die ihre FRITZ!-Box gut kennen und genau wissen, was sie tun. Wenn Sie das nicht abschreckt, können Sie *FBEditor* unter https://github.com/mypikachu/FBEditor herunterladen.

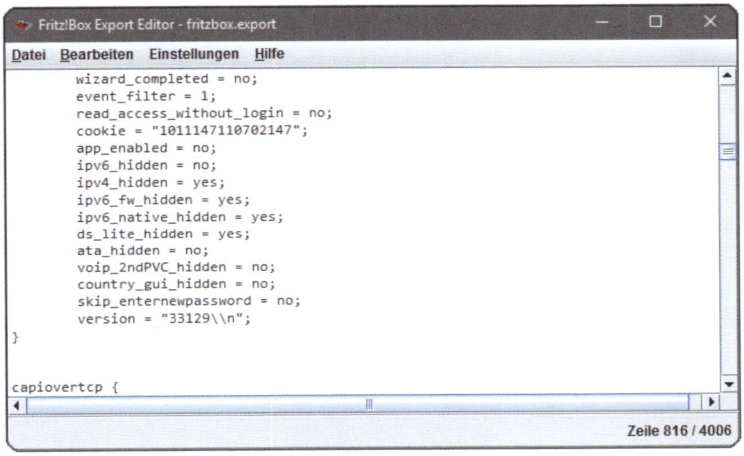

Weitere Informationen im Internet

Sie wollen noch mehr über Ihre FRITZ!Box wissen oder haben ein spezielles Problem mit Ihrem Gerät, für das Sie in diesem Buch keine Lösung finden? Dann kann das Internet mit hoher Wahrscheinlichkeit weiterhelfen.

Informationen von FRITZ!

Der Hersteller der FRITZ!-Produktfamilie stellt auf seinen Webseiten eine umfangreiche Wissensdatenbank zur Verfügung. Diese enthält gerätespezifische Informationen und berücksichtigt dadurch auch sehr gut Unterschiede bei Funktionen und Einstellungsmöglichkeiten der verschiedenen Produkte.

1. Um auf die Wissensdatenbank zuzugreifen, öffnen Sie im Webbrowser die Adresse https://fritz.com/pages/service.
2. Wählen Sie auf dieser Seite das fragliche Produkt aus. Sie finden dazu verschiedene Produktgruppen wie *FRITZ!Box*, *FRITZ!Fon* oder *FRITZ!WLAN* und darin jeweils die beliebtesten Produkte. Mit *Weitere Produkte* klappen Sie eine vollständige Liste aus.
3. Mit der Auswahl Ihres Gerätes gelangen Sie zur Service-Seite für dieses Produkt. Dort finden Sie jeweils speziell für dieses Modell ein Suchfeld für die Wissensdatenbank. Geben Sie hier einen Begriff ein, zu dem Sie Informationen benötigen.

4. Damit gelangen Sie zu einer Übersicht aller Beiträge, die für das gewählte Gerät relevant sind. Mit dem Auswahlfeld darüber können Sie die Beiträge auf ein bestimmtes Themengebiet beschränken.

In der FRITZ!-Wissensdatenbank finden Sie zahlreiche Anleitungen für gerätespezifische Probleme

Der Hersteller betreibt auch einen eigenen YouTube-Kanal, wo regelmäßig Videos mit Anleitungen, Tipps oder neuen Funktionen und Produkten veröffentlicht werden:
https://www.youtube.com/avm

IP-Phone-Forum zur FRITZ!Box

Neben den »offiziellen« Seiten von Herstellern sind auch offene Benutzerforen im Internet immer wieder gute Quellen für Informationen oder Tipps und bieten Gelegenheit zum Nachfragen und Austauschen von Erfahrungen. Das IP-Phone-Forum etwa befasst sich mit allen Aspekten der Internettelefonie. Hier haben auch die Geräte von FRITZ! einen festen Platz in Form von eigenen Unterforen. Dort findet man zahlreiche Tipps und darf nach der Anmeldung auch selbst mitmachen und Fragen stellen:
https://www.ip-phone-forum.de/forums/avm.361